国家级一流本科专业《会计学》《财务管理》配套教材

国家级一流本科课程《财务管理》指定教材

“十二五”普通高等教育本科国家级规划教材

财政部“十三五”规划教材

高等财经院校“十四五”精品系列教材

山东省普通高等教育一流教材

山东省高等学校优秀教材一等奖

JINGPIN XILIE JIAOCAI

财务管理学

（第五版·立体化数字教材版）

张　涛　主编

Financial Management

中国财经出版传媒集团

经济科学出版社
Economic Science Press

图书在版编目（CIP）数据

财务管理学/张涛主编．--5版．--北京：经济科学出版社，2022.4（2025.7重印）
高等财经院校“十四五”精品系列教材
ISBN 978-7-5218-3541-0

Ⅰ.①财… Ⅱ.①张… Ⅲ.①财务管理-高等学校-教材 Ⅳ.①F275

中国版本图书馆CIP数据核字（2022）第050978号

责任编辑：宋　涛
责任校对：杨　海
责任印制：范　艳

财务管理学
Financial Management
（第五版·立体化数字教材版）
张　涛　主编
经济科学出版社出版、发行　新华书店经销
社址：北京市海淀区阜成路甲28号　邮编：100142
总编部电话：010-88191217　发行部电话：010-88191522
网址：www.esp.com.cn
电子邮箱：esp@esp.com.cn
天猫网店：经济科学出版社旗舰店
网址：http://jjkxcbs.tmall.com
北京季蜂印刷有限公司印装
787×1092　16开　38印张　680000字
2022年7月第5版　2025年7月第3次印刷
印数：4001—6000册
ISBN 978-7-5218-3541-0　定价：49.00元
（图书出现印装问题，本社负责调换。电话：010-88191510）

总　序

大学是研究和传授科学的殿堂，是教育新人成长的世界，是个体之间富有生命的交往，是学术勃发的世界。① 大学的本质在于把一群优秀的年轻人聚集一起，让他们的创新得以实现、才智得以施展、心灵得以涤荡，产生使他们终身受益的智慧。

大学要以人才培养和科学研究为己任，大学教育的意义在于它能够给人们一种精神资源，这一资源可以帮助学子们应对各种挑战，并发展和完善学子们的人格与才智，使他们经过大学的熏陶，学会思考、学会反省、学会做人。一所大学要培养出具有健全人格、自我发展能力、国际视野和竞争意识的人才，教材是实现培养目标的关键环节。没有优秀的教材，不可能有高质量的人才培养，不可能产生一流或特色鲜明的大学。大学教材应该是对学生学习的引领、探索的导向、心智的启迪。一本好的教材，既是教师的得力助手，又是学生的良师益友。

目前，中国的大学教育已从“精英型教育”走向“平民化教育”，上大学不再是少数人的专利。在这种情况下，如何保证教学质量的稳定与提升？教材建设的功能愈显重要。

为了全面提高教育教学质量，培养社会需要的、具有人文精神和科学素养的本科人才，山东财经大学启动了“十二五”精品教材建设工程。本工程以重点学科（专业）为基础，以精品课程教材建设为目标，集中全校优秀师资力量，编撰了高等财经院校“十二五”精品系列教材。

① 雅斯贝尔斯著，邹进译：《什么是教育》，生活·读书·新知三联书店 1991 年版，第 150 页。

本系列教材在编写中体现了以下特点：

1. 质量与特色并行。本系列教材从选题、立项，到编写、出版，每个环节都坚持“精品为先、质量第一、特色鲜明”的原则。严把质量关口，突出财经特色，树立品牌意识，建设精品教材。

2. 教学与科研相长。教材建设要充分体现科学研究的成果，科学研究要为教学实践服务，两者相得益彰，互为补充，共同提高。本系列教材汇集各领域最新教学与科研成果，对其进行提炼、吸收，体现了教学、科研相结合，有助于培养具有创新精神的大学生。

3. 借鉴与创新并举。任何一门学科都会随着时代的进步而不断发展。因此，本系列教材编写中始终坚持“借鉴与创新结合”的理念，舍其糟粕，取其精华。在中国经济改革实践基础上进行创新与探索，充分展示当今社会发展的新理论、新方法、新成果。

本系列教材是山东财经大学教学质量与教学改革建设的重要内容之一，适用于经济学、管理学及相关学科的本科教学。它凝聚了众多教授、专家多年教学的经验和心血，是大家共同合作的结晶。我们期望摆在读者面前的是一套优秀的精品教材。当然，由于我们的经验存在欠缺，教材中难免有不足之处，衷心期盼专家、学者及广大读者给予批评指正，以便再版时修改、完善。

山东财经大学教材建设委员会

2012 年 6 月

前　言（第五版·立体化数字教材版）

当今的世界，已经全面进入“数字”时代。在人工智能、大数据、云计算、区块链等技术变革的冲击下，商业环境已经发生了颠覆性的重构和创新。新商业环境的出现导致传统商科教育不能适应新技术革命下的社会经济发展需求，高等教育创新发展势在必行。尤其是进入数字经济时代，基于数据的新商业思维和新商业规则将是新商科人才面临的新挑战。传统商科以工业经济为背景，而新商科以数字经济为背景，对应“知识－数据－智慧”三轮驱动的新商业经济，以及“商业－技术－人文”深度融合的新型商业文明和新商业生态，需要应用新的商业思维、遵循新的商业规则。在数字经济背景下，新商科教育需要关注数字经济时代赋予的新内涵，培养人才的全球视野和数字商业价值观等，突出对于创新性、高适应性、具备终身学习能力的新型商科人才的培育。

基于数字经济发展对财经人才培养的需要，作为培养新经济时代创新型人才的高等学校，如何推动商科教育与新时代、新技术、新产业进行不断融合？如何探索新业态、适应新趋势、培养新的商业思维与模式？如何在“关注社会发展变迁、面向未来，培养有自我价值观念的终身学习者的思想”下去重新定位商科教育？面对上述问题，数字经济背景下新财经人才的“新”主要体现在以下四个方面：打破学科知识壁垒，强调与产业发展相融合；源于信息时代，注重新前沿技术在商科教育中的应用；遵循学生的认知规律，“以学生为中心”；面向未来社会需求，注重培养学生的批判性思维、交流与协作能力、思考能力、终身学习及解决复杂问题的能力。

《财务管理学》教材自2008年出版至今已修订四版，先后获得：山东省高等学校优秀教材一等奖（2011）、教育部“十二五”普通高等教育本科国家级规划教材（2014）、财政部“十三五”规划教材（2017）、国家级一流本科专业《会计学》《财务管理》配套教材（2019）、国家级线上一流本科课程《财务管理》（2020）指定教材、山东省普通高等教育一流教材（2020）等荣誉称号，累计出版发行数万册，被一百余所高校选定为教学用书，受到学习者的广泛赞誉。

如今数字技术已经融入人们的生产生活，在给人们带来便利的同时，也深刻影响着市场经济环境。企业作为市场活动的主体，为了适应环境变化，也在利用数字技术调整自身的生产经营模式。财务管理是企业管理的核心，企业经营模式的改变迫使财务管理发生革命性变革。为了适应数字经济对人才培养的变革，我们对《财务管理学》教材（第四版）及《〈财务管理学〉学习指导》（第四版）进行修订，打造“新文科”教育理念下的“立体化数字”教材，以及满足新经济时代下线上与线下教学、混合式教学及数字技术发展的需要。

《财务管理学》教材（第四版）开始尝试“立体化”教材建设，经过多年努力，我们已经实现了“主教材、学习指导、在线视频”为标准的“三位一体”建设目标。目前，国家级线上一流本科课程《财务管理》与全球大型学分课程运营服务平台——智慧树合作，充分利用移动互联网、App等新技术手段，通过网络在线支持跨校远程学习，实现了优质教学资源共享。

本次教材修订变化主要包括：

1. 增加“学习思维导图”。“学习思维导图”可以引导学生更加清晰地了解教材各知识点的结构与学习思路，便于学生快速掌握各章节知识点的内在逻辑关系。

2. 优化教材结构。调整了第一章、第四章、第五章、第七章结构，删除了第三章，调整后教材体系更加符合新财经教学规律要求。

3. 更新教材内容。根据数字经济对财务管理发展的需求，更新了全部章节引导案例及案例链接；扩充了第二章、第四章、第五章；重新编写了第十五章。

4. 创建智慧课堂。在第四版智慧课堂基础上，补充、完善了知识点视频，使得本教材知识点视频全部覆盖了财务管理教学内容。全方位实现“实时互动”教学场景，为学习者远程学习提供便利。同时，更新、充实了包括术语解释、案例评析、延伸阅读等多种形式在内的微课二维码。

5. 修改学习指导。为了便于学习者对教材知识点的掌握和理解，我们同步更新、调整了《〈财务管理学〉学习指导》，使得学习者能够更加高效地掌握教材内容，提高了学习者分析问题、解决问题的决策能力。

《财务管理学》（第五版）及《〈财务管理学〉学习指导》（第五版）由国家级一流本科专业《财务管理》专业负责人、国家级一流本科课程《财务管理》首席教授、山东省教学名师、山东省有突出贡献的中青年专家、山东财经大学张涛教授负责修改，山东财经大学宋涛副教授、朱炜教授、田彩英副教授参与教材和指导书的修订工作。

本教材是首批国家级一流本科专业《财务管理》、首批国家级线上一流本科课程《财务管理》建设成果之一。

学习者可以登陆《国家高等教育智慧教育平台》官网（https：//higher. smartedu. cn），在线学习国家级线上一流课程《财务管理》全部教学资源。

本次修订过程中，尽管我们对教材几经推敲和修改，对存在的错误之处进行了改正，但难免还有疏漏和不当之处，敬请读者给予批评指正，以便再版时完善，更好地服务于读者。

张　涛

2022 年初春于泉城济南

前　言（第四版）

当今，我们这个时代正以前所未有的速度发生巨变，以世界经济一体化和计算机信息技术为主要特点的变革，改变了我们的生活方式，也改变了我们的思维方式。这个巨变就是来源于“互联网+”及大数据的普及运用。

“互联网+”是互联网思维的进一步实践，它推动经济形态不断地发生演变，从而带动社会经济实体的生命力，为改革、创新、发展提供了广阔的网络平台。“互联网+”代表着一种新的经济形态，它依托互联网信息技术实现了互联网与传统产业的联合，以优化生产要素、更新业务体系、重构商业模式等途径来完成经济转型和升级。“互联网+”代表一种新的社会形态，将互联网的创新成果深度融合于经济、社会各域之中，提升全社会的创新力和生产力，最后实现社会财富的增加。

当今的社会是一个高速发展的社会，科技发达，信息流通，人们之间的交流越来越密切，生活也越来越方便，大数据就是这个高科技时代的产物。哈佛大学社会学教授加里·金说：“这是一场革命，庞大的数据资源使得各个领域开始了量化进程，无论学术界、商界还是政府，所有领域都将开始这种进程。”

随着云时代的来临，大数据的应用越来越彰显出它的优势，其领域渗透到我们生活中的每个角落，各种利用大数据进行发展的领域正在协助企业不断地发展新业务，创新运营模式。有了大数据这个概念，消费者行为的判断，产品销售量的预测，精确的营销范围以及存货的补给均能得到全面的改善与优化。

随着互联网技术的发展和教育改革的全面推进，个性化、自主式学习逐渐成为普遍的社会需求。作为培养时代精英的高等学校，如何适应社会的变革与需求？如何满足工商界对人才培养的要求？如何实现学生自主学习的愿望？如何提升教育教学质量？等等问题摆在教育工作者的面前。为了适应上述变革，提高人才培养质量和竞争力，多媒介的深度融合成为教材立体化建设的一大趋势。

关于立体化教材，国内外有多种解释，如“一体化教材”“多元化教材”等等，尽管称谓各异，但是其目的是一样的，就是要为学生提供一种教学资源的整体解决方案，最大限度地满足教学需要，满足教育市场需求，形成教学能力，促进教学改革。立体化教材不同于传统的纸质教材，从内容看，它将纸质教材的内容与利用现代教育信息技术所开发的音视频、多媒体课件和其他数字化资源进行融合；从形式看，呈现出以纸质教材、光盘、数字网络资源为表现形式的多层次形态；从效果看，立体化教材可以提供丰富、实时、互动的学习体验，学习效果明显优于传统教材。

根据习近平总书记“五大发展理念”中的“创新理念”，结合教育教学发展规律与经济改革进程，我们对“十二五”普通高等学校本科国家级规划教材、财政部“十三五”规划教材《财务管理学》（第三版）及学习指导书（第三版）进行全面改革与创新，打造“互联网＋教材”模式，实现混合式教学和信息化教学管理的全面融合。

本次教材改革内容主要包括：

1. 丰富了教材内容。一是根据财务学领域的研究成果更新、调整了部分章节内容；二是增加了概念释义、名家小传、课堂讨论等项目，使得教材充分体现出前沿性和及时性特点。

2. 改革了主教材版式。扩大了《财务管理学》（第四版）教材的开本，新版式页边空白处可以供学生记录课堂笔记、学习心得、难点释疑、重点标识等，方便了学生的复习与思考。

3. 引进数字化教学资源。创建智能课堂，实现实时互动与信息化教学管理。本次教材修订的最大亮点就是引进“互联网＋”技术，主教材中的每个基本知识点均配有微课二维码，微课二维码包括术语释疑、名家介绍、短视频、延伸阅读、动态图、案例分析等多种形式。可以帮助学生课上、课下对各知识点进行扩展或自主学习，也可在线重复学习，与老师互动。

4. 充实了学习指导书。作为主教材的配套用学习指导书，我们根据教材结构的调整，同步对《财务管理学》学习指导书（第三版）进行了修改与补充，使指导书中的各知识点练习题更加贴近现实，与中国经济相融合，达到学生学以致用的目的。

《财务管理学》（第四版）由山东省有突出贡献中青年专家、山东省教学名师、山东财经大学张涛教授负责修改与完善。《财务管理学》（第四版）是教育部“本科教学工程”综合改革试点专业（会计学）、山东省省级特色专业（财务管理）研究成果，以及山东省本科教学改革研究项目《财务管理》在线开放课程（K2016M026）建设成果之一。

《财务管理》课程与全球大型学分课程运营服务平台智慧树合作，利用移动互联网时代下的二维码、App 等新技术手段，实行网络在线支持跨校授课，实现了优质课程资源共享。

教师和学生可登录山东财经大学网站（http：//www. sdufe. edu. cn/）山东省精品课程《财务管理》网页进行课程学习与讨论。

《财务管理学》教材及学习指导书自2008 年第一版公开发行迄今整整十年，累计发行量达数万册。凭借朴实的风格、流畅的文笔、科学的编排、丰富的内容、真实的案例，深受广大读者的喜爱，先后获得国家级、省部级规划教材等荣誉称号，成为目前财务管理类畅销教材之一。

真诚期望读者与我们一起分享阅读的快乐，同时希望本教材能给你的学习生活增加一份思考，助你在事业上取得成功。

张　涛

2018 年 8 月于泉城济南

前　言（第三版）

现代西方财务理论的形成与发展均是建立在经济学理论基础上的，应用经济学的一个分支在过去的20世纪得到蓬勃发展，最终从应用微观经济学中分离，形成现代财务理论。现代财务理论与应用微观经济学的历史分界线一般认为是1958年。其主要标志就是哈里·马科维茨（Harry M. Markowitz）的投资组合理论、莫迪格莱尼与米勒（Modigliani and Miller）的资本结构理论的诞生。

1958年6月，莫迪格莱尼和米勒（以下简称MM）在《美国经济评论》上发表题为《资本成本、公司理财和投资理论》一文，随后又发表题为《资本成本、公司理财和投资理论：答读者问》《税收和资本成本：校正》等文章。MM首次以科学、严谨的方法研究资本结构与企业价值的关系，形成了著名的"MM资本结构理论"。在现代财务理论的发展过程中，MM理论具有极其核心的作用。其基本观点绝非仅仅是对企业资本结构决策、股利政策等所做的政策性分析，而是在理论上对企业价值、资本成本、资本结构、现金流量、风险等重要的财务概念所做的深入、系统的分析，从而奠定了现代财务学大厦的基石。随后，1964年夏普（Sharp）提出资本资产定价模型（Capital Asset Pricing Model，CAPM），最终使得财务学真正成为一门成熟且缜密的学科。

20世纪70年代末开始的30年，是新中国历史上最为辉煌的30年。时至今日，中国已经成为世界第二大经济体，许多企业早已成为世界上知名的一流跨国公司，经营业绩与管理水平也得到了全面的提高和改善。与此同时，财务学领域也发生了翻天覆地的变化。在这个巨变的时代，有诸多问题困扰着理论学者和企业界领袖：财务目标究竟是什么？企业应该追求什么样的财务目标？如何处理财务目标与社会责任间的关系？财务管理的内容有哪些？投资者如何科学进行财务决策？等等。这些问题都需要我们做出解释和回答。

2008 年 6 月《财务管理学》及其学习指导书第一版公开发行，凭借朴实的风格、流畅的文笔、丰富的案例，它的首次出版发行取得巨大成功，赢得读者的喜爱，被众多高校广泛使用，并于 2011 年被评为山东省高等学校优秀教材一等奖。在保留上述特点的基础上，2012 年我们对《财务管理学》及其学习指导书进行了修订，修订后的教材以其独特的编排体系、鲜明的个性特征、丰富的研究内容，成为目前财务管理类畅销教材之一。

基于《财务管理学》（第二版）及其学习指导书（第二版）的高品质和良好的市场表现，2014 年 10 月，本教材及学习指导书被教育部确定入选“十二五”普通高等教育本科国家级规划教材。

今天，我们身处一个日新月异的变革时代。大数据、云计算、互联网、全球化、创新与变革……这个世界出现了从未有过的裂变。现有的市场秩序与商业规则正在不断面临新的冲击，无论是开拓本土市场还是跻身全球化竞争行列，企业都面临着转型、变革和崛起的挑战；企业的发展环境、经营理念、管理模式和价值观都在经受市场的考验。日益变化的信息技术、资本流动的国际化、生态文明与绿色经济的快速发展显著地改变了人们的决策行为与方式，同时，也影响着教师的教学方法与教学手段。为了更好地适应财务管理教学改革需要，我们不断地听取教师和学生、实践工作者反馈的信息，根据中国财务领域的新变化和在教学中发现的问题，我们对《财务管理学》进行了第二次修订与改进。

第三版教材的修订目标是满足教师和学生的学习需要，继承了前两版教材的风格特点，采用简洁的语言，理论联系实际，对基本术语、原理工具、技术方法进行阐释。它引入了一种已经被验证过的学习体系，该学习体系将基本概念、技术工具和教学方法有机地融合起来，能使教材很好地服务于教师和学生。

如同以往的教材修订，我们对全书的各个章节进行校正、补充和更新。本次修订的内容变化如下：

1. 关于体系结构。针对第二版教材，调整了第一章、第二章的结构体系；删除原第十章（财务预算）；将资本预算决策部分（原第十一章、第十二章）拆分为三章（现金流量估算、方法与应用、风险分析），调整后教材体系更具逻辑性。

2. 关于教材内容。本次修订每一章前均增加了一个引导案例——开篇故事；调整了第一章教学内容（增加了财务原则）；第三章增加了有效资本市场理论分析的内容；第五章内容进行了全新修改，增加了有效投资组合决策分析内容；第六章增加了债券收益率影响因素分析和债券风险估计内容；第七章增加了资本成本风险调整内容；重新编写了第九章（资本预算决策：方法与应用）、第十二章（融资决策）；将原第十二章中的资本预算风险分析单独成章（第十章），并更新、充实了相关内容；第十四章增加了现金预算内容。

3. 关于教学案例。根据目前财务领域发生的新变化，本次修改更新或充实了绝大部分案例，更加贴近企业实际环境，有利于教师和学生对教学内容的理解和把握。

4. 关于语言文字。为了让教材表述得更加流畅、清晰，我们对全书文字进行梳理，重新进行编排，语言表达更加准确。

根据本教材使用者的建议，我们对其配套用书（《财务管理学》学习指导）同时进行修改与充实，增加了大量练习内容。在当前的教学环境下，这些新的内容进一步扩展和丰富了教师与学生的视野。

本教材是山东省精品课程“财务管理”建设成果之一、山东省教学改革课题《财务管理课程教学改革与实践》及山东省特色专业——财务管理专业建设的研究成果之一。本教材由山东财经大学张涛教授任主编。具体分工如下：第一至第六章、第八至第十一章由张涛教授执笔；第七章、第十六章、第十七章由宋涛副教授执笔；第十二章由叶飞副教授执笔；第十三章由刘惠萍教授执笔；第十四章、第十五章由彩英副教授执笔。初稿完成后由张涛教授负责教材的修改、润色与总纂。

教师和学生可登录山东财经大学网站（http：//www. sdufe. edu. cn/）山东省精品课程《财务管理》网页进行课程学习与讨论，或者登录超星学术视频网站，观看由课程负责人、山东省教学名师张涛教授录制的《财务管理》课程教学录像，网址：http：//video. chaoxing. com/index. shtml。

近十年来，财务学领域发生了巨大变化，这对工商管理的教育产生了深远影响。要想在当今竞争激烈的市场中获取成功，即便是最优秀的学生或最优秀的实践管理者也必须拥有非凡的直觉、超强的创新能力、广博的实践阅历、良好的团队协作与沟通能力。而要实现这一切，除了接受严谨、规范且科学的专业知识教育外，更需要接受在管理学中运用定量分析技巧和定性推理判断的培养与训练。而现代财务管理恰好强调这些分析技巧与推断。我们应当牢记，无论企业做出什么样的决策，其财务理论和实践的发展与完善都是不可或缺的。

本书在写作过程中参阅了中外大量参考文献，在此，向那些未曾谋面的学者、同仁一并表示感谢。

企业财务既令人生畏、望而却步，又使人流连忘返、乐不思蜀。有许多谜底需要我们去破解和探知。衷心希望您对《财务管理学》

（第三版）的阅读和使用可以证实我们的信念：它比以前版本语言更准确、内容更丰富、体系更合理。我们同时也希望本书能够成为目前最优秀的财务管理畅销教材之一。

张　涛

2015 年 6 月于泉城济南

前　言（第二版）

《财务管理学》第一版发行至今已有4年，在过去的4年期间，《财务管理学》已经被许多高校广泛采用，作为山东省精品课程“财务管理”本科学生使用的教学用书，深受学生和读者的喜爱，同时本教材于2011年被评为山东省高等学校优秀教材一等奖。

为了更好地适应教学改革需要，为社会培养更多的有用人才，我们根据中国财务领域的新变化和在教学中发现的问题，认真听取教师和学生以及企业实践工作者反馈的信息，重新编写了《财务管理学》（第二版）教材。在第二版教材编写中，我们确定的目标是，在保留第一版教材特色的基础上，实现内容充实、体系创新、语言流畅，以反映当今财务管理的最新成果与实践应用。

财务管理是一门令人好奇、应用性强、充满挑战性的课程。日益变化的信息技术和快速发展的经济全球化显著地改变着财务决策方法和资本市场，同时也影响着教师的教学方法与教学手段。为此，本版教材中，我们从教与学的角度加大了教材体系的改革与创新，以便更好地为教学服务。

与第一版相比，本版的变化如下：

1. 章节体系优化。本版教材对第一版体系进行优化，调整内容为：将原第四章部分内容调整到第八章（财务报表分析）；第十一章、第十二章内容进行重新编写；将原第十四章、第十五章、第十六章合并为一章（第十四章融资决策）；删除原第二十一章（财务控制）、原第二十二章（财务绩效评价）。调整后的章节之间衔接自然，更具逻辑性。

2. 内容丰富、完善。短短的4年，企业理财环境发生很大变化，企业财务决策水平也有了显著提高。如何引导企业进行科学决策，给学生提供一个仿真的财务环境是本版教材修改所关注的重点。为此，我们对第一版教材内容进行全面的修改、充实与创新，尽量体现财务管理领域的最新实践成果。

3. 充实案例、强调应用。与第一版相比，本版教材在每一章都增加了许多小案例。这些案例均来自社会实践，经过我们精心挑选，使其尽量符合每一章的主题内容，有助于学生在学习过程中加深对教材内容的理解，不断强化学生财务决策技能和实际应用能力的训练。

4. 体例新颖、逻辑性强。在保留第一版教材体例特色基础上，本版教材增加了“学习重点与难点”“案例链接”等内容。同时，书中还设计了许多诸如“想一想”“试一试”“做一做”等形式多样、新颖的问题思考，从而加深学生对教材知识点的理解和把握。

本教材是山东省精品课程“财务管理”建设成果及山东省教学改革课题《财务管理课程教学改革与实践》研究成果之一。在本版教材编写中，我们坚持借鉴吸收与创新发展并重的原则，在遵循财务基本理论的前提下，注重中国企业财务改革实践成果，以中国企业财务环境为基础，同时考虑国际资本市场变化，来研究中国企业从事财务活动的每一个问题，为提高企业财务决策水平提供理论支持。

本教材由山东财经大学张涛教授任主编。具体分工如下：第一章至第六章、第十二章至第十三章及全部案例由张涛教授执笔；第七章由刘惠萍副教授执笔；第八章、第九章、第十五章、第十七章由宋涛副教授执笔；第十章由汪冬梅副教授执笔；第十一章、第十四章由叶飞副教授执笔；第十六章由朱德胜教授执笔。张涛教授最后负责教材的修改、润色与总纂。

与教材配套的《财务管理学学习指导》同时进行了修订。

读者可登录全球最大中文学术视频库：超星学术视频网站，观看由课程负责人、山东省教学名师张涛教授录制的《财务管理》课程教学录像。网址：http://video. chaoxing. com/serie_400001624. shtml，或者登录山东财经大学网站：山东省精品课程“财务管理”网页进行课程学习与讨论，网址：http：//123. 232. 100. 72/netclass/jiaoan/2006/caiwu/index. htm。

随着经济全球化的到来，财务理论也处于不断变化中，企业财务管理实践更是发展迅速。所有这一切都令人感到兴奋和期望，同时也给财务工作者带来巨大挑战，有时甚至是困惑。但是这都不妨碍我们对财务领域进行探索。因此，我们希望本教材能给您带来一定的收获。

尽管我们用心去做，但是限于作者的水平，书中仍难免存在一些不足甚至错误，敬请同行、读者给予指正，我们将虚心接受您的意见或者建议，以便教材第三版出版时做进一步完善。

张　涛

2012 年 7 月于泉城

前 言（第一版）

进入21世纪后，伴随着经济全球化的发展，企业管理制度的创新，市场金融化程度的提高，财务理论与实践发生了翻天覆地的变化，企业财务从未像今天这样富有挑战性和吸引力。

理论来自实践，是对实践的总结与抽象；同时，理论又指导实践，因此，其完善程度决定着实践的发展水平，企业财务同样如此。在发展过程中，企业财务慢慢从应用微观经济学中分离出来，形成现代财务理论。一般认为，现代财务理论与应用微观经济学的分离是在1958年。此前，财务学主要致力于描述性领域的研究；时至今日，企业财务已经发展成了比较规范的学科，许多著名的财务学家都在这一领域做出了巨大贡献。比如莫迪格莱尼与米勒的资本结构理论、股利理论，马科维茨的投资组合理论，夏普的资本资产定价模型，詹森的代理理论及自由现金流量理论，等等。这些理论不仅极大地丰富了财务学的内容，而且为人们提供了更好地进行理财实践、完善理财观念的工具。

财务学领域发生的这些变化，深刻地影响着财务学的教学工作。这些变化与发展既给财务教学提出了许多新的挑战，也在很大程度上推动了这门学科的创新与提高。

时至今日，价值理念已经深入人心，财务管理理论与方法也日渐成熟。在日趋激烈的市场竞争中，一个企业能否生存，继而有所发展并获得成功，实现企业价值最大化，很大程度上取决于其理财行为是否卓有成效，因为理财行为已渗透到企业的各个领域、各个环节中，直接关系到企业的生存与发展。从某种意义上说，理财行为是企业可持续发展的关键，而企业理财行为是否有效与财务理论和方法的研究不可分离。因此，尽管企业财务学是一门年轻的学科，但是对财务学知识的学习已经成为我们经济生活中不可或缺的内容。21世纪必然是以企业财务为核心的管理时代，财务理论的发展也必将进入一个新的时期。“财务管理正在以前所未有的速度持续发展，无论在理论方面，还是在实践领域，各种进步都随处可见。当企业管理者力图在企业体系中创造价值的同时，财务管理者都把目光聚焦在更远的战略焦点。冲突的股东权益、信息和财务信号作用、全球金融一体化、电子贸易的增长，以及其他种种因素都渗透在财务管理和决策制定的领域里。这是一个令人兴奋的时代”（美国著名财务学家詹姆斯·范霍恩）。

编写一本令读者满意的财务管理教材一直是我多年的心愿。目前有关财务管理教材在内容上大多将其归纳为融资决策和投资决策。融资决策是指企业如何选择投资所需要的资本；投资决策是指企业如何将有限的资本进行合理投放。然而，企业实践中，一个公司不可能天天去融资，也不可能日日去投资。企业经常面对的决策是营运资本的管理、财务预算的编制与执行、成本（费用）的控制、财务绩效分析与评价等诸多管理事项。为此，本书在框架结构和内容体系安排上大胆进行了创新尝试。

本书是山东省精品课程《财务管理》的建设成果之一。写作中力求吸收最新财务理论、财务管理实务的技术方法，在引进西方经典财务理论基础上，紧密结合我国财务改革实践。本书编写的目的是从企业可持续发展的角度去认识和理解财务管理理论、分析和评价不同财务目标选择对企业财务活动的影响；从价值创造的视角掌握融投资决策、营运资本管理、财务预算与控制、财务风险控制、企业绩效评价等财务决策和管理的技术方法，解决企业实践中的若干财务问题。

本书是作者多年从事财务管理教学与研究的结晶，集中展示了当今财务理论的创新成果、财务实践的管理技术。全书共分七篇二十二章，内容涉及财务管理导论、财务管理价值观念、财务分析与规划、资本预算、资本结构与融资决策、营运资本管理、财务预算、财务控制及财务绩效评价等。

本书与同类教材比较，其特色体现在以下几点：

第一，在价值理念上，突出价值创造在财务管理中的应用。追求价值最大化不但是股东、资本市场的意愿，而且现在已成为社会公众对企业的共同要求。通过财务管理活动，借助于财务规划、财务决策、财务预算、财务控制等手段，运用科学、高效的财务管理方法，去实现利益相关者要求的目标——价值最大化。人们从事财务管理活动的过程中，处处体现出以价值判断的标准：我们的融资是否满足投资的资本需求？项目投资的回报是否符合股东的最低标准？公司收益分配是否体现所有者的要求？能否实现股东价值最大化？企业日常财务管理与控制是否达到管理者的期望？等等。这一切的答案均体现在教材中。

第二，在内容体例上，坚持借鉴吸收与创新发展并重。现代财务管理起源于微观经济学，半个世纪以来，财务管理学伴随着经济学和管理学的发展而不断深入。本书本着“洋为中用、创新发展”的理念，在借鉴吸收西方经典财务理论的基础上，充分考虑我国与西方国家的经济、法律及政治等环境的差异，结合我国资本市场改革成果和财务管理实践，将财务管理置于我国经济转型期的大背景下进行分析阐述。

第三，在结构框架上，理论阐述与实践应用并举。以价值创造和现金流量为起点，以中国资本市场改革为基础，构建了以投资决策、融资决策、收益分配、营运资本管理、财务预算与财务控制、绩效评价为基本知识点的财务管理体系。理论方面，阐述财务理论的演进脉络、最新研究成果与趋势；实践方面，注重财务管理活动的环境与制度背景研究，系统地总结了中外企业财务管理的经验与规律。

第四，在写作风格上，本书将许多晦涩难懂、抽象的专业术语，以通俗易懂的语言予以表达。除对财务理论、相关假设、模型公式等做严谨规范论证分析外，对财务管理相关问题的论述尽量做到深入浅出、例证恰当、易于理解。同时，本教材还有配套的习题与案例，便于读者对教材内容的学习和理解。

本书是山东财政学院“十一五”重点精品教材建设项目，由山东财政学院张涛教授任主编，负责总体框架结构、大纲制定和全书总纂、定稿。具体分工如下：第一章至第八章、第十三章、第二十二章由张涛教授执笔，第九章、第十章由孙建民副教授执笔，第十一章、第十二章、第十八章、第二十一章由朱德胜教授执笔，第十四章至第十六章由叶飞副教授执笔，第十七章、第十九章、第二十章由宋涛副教授执笔。

在写作过程中，为了全面地反映财务学数十年发展所获得的不凡成就，也为了更好地了解国际上财务学界的学术前沿动向，我们借鉴和参阅了国内外最新财务理论的研究成果和财务学的相关文献，并在许多方面做了有益的探索与创新。在此，特向那些未曾谋面的国内外财务学者表示衷心的感谢。

同时还要感谢经济科学出版社的编辑们，正是他（她）们在成书过程中的出色工作，才使得本书得以顺利出版。

学习财务管理是一件极具趣味又非常辛苦的事情，必须扎扎实实地去领悟才能融会贯通，届时展现在您面前的将是一个充满新奇和诱惑力的迷人世界，它将会给您带来无穷的乐趣。

财务领域总是充满各种变化，这些变化使人感到刺激和兴奋，同时也是一种挑战，有时甚至是困惑。我们衷心希望《财务管理学》一书对您有所启迪和思考，并以此引导您为财务理论与实践的发展和创新做出新贡献。相信在金融化日益发展的21世纪，企业财务学必将成为您不可或缺的助手，给您的事业增彩，为您所服务的企业创造价值。

限于作者的水平，加上财务管理日新月异的变化，书中难免存在不少缺点乃至错误，在此敬请同行、读者给予批评指正，以便再版时修改完善。

张　涛

2008年7月

目 录

第一篇

财务管理导论

第一章 财务管理概览

学习目标

学习本章后，您应该做到：

1. 理解财务及财务管理的内涵；
2. 掌握财务管理的基本内容；
3. 理解财务原则的内涵，运用财务原则进行决策评价；
4. 熟悉不同企业组织形式的财务特点。

学习重点与难点

理解财务管理的内涵，熟悉财务管理的内容；理解并运用财务基本原则进行决策分析；区分不同企业组织形式的财务特征。

学习思维导图

- 财务导论
  - 财务概念
    - 财务
    - 财务管理
  - 财务内容
    - 投资决策
    - 融资决策
    - 收益分配
    - 营运资本管理
  - 财务原则
    - 竞争环境
      - 自利行为原则
      - 双方交易原则
      - 信号传递原则
      - 行为原则
    - 价值与经济效率
      - 有价值的创意原则
      - 比较优势原则
      - 期权原则
      - 净增效益原则
    - 财务交易
      - 风险报酬权衡原则
      - 分散化原则
      - 资本市场效率原则
      - 货币时间价值原则
  - 财务组织
    - 企业组织形式特征
    - 财务组织结构

引 导 案 例

“一个百年企业之所以能生生不息，就在于这个百年企业能够与每一个时代的特征进行互动。”这是青岛啤酒董事长黄克兴对拥有115年历史的青岛啤酒的高度概括。

“青岛啤酒全球化战略和基业长青的根基就是质量。每一瓶青岛啤酒不仅是酿酒师的尊严，也是向世界递出的一张中国名片。速度终有上限，质量永无止境。在推动中国制造向中国创造转变、中国速度向中国质量转变、中国产品向中国品牌转变的进程中，品质提升不仅是企业在经济新常态下的战略机遇，也是转型升级给消费者带来的最大红利。”

在黄克兴看来，质量管理首先就是“企业文化的管理”，是“企业价值观”的塑造，是顶层设计的核心。青岛啤酒“好人酿好酒”的品质文化，不仅是青岛啤酒独特的价值体现和差异化的品质竞争优势，还是青岛啤酒领先全球市场的核心竞争力。由此，他坚持用“文化引领、创新驱动和体系管理”相结合的“质量管理”战略，将青岛啤酒的品质管理带向了一个新高度。

黄克兴一直倡导“360度”的大质量观念，以此深化推行全面质量管理。将产品质量、品牌质量、服务质量、物流质量等涉及产品各个方面的工作都纳入质量管理体系，提升质量管理的系统性和全面性。在他看来，质量控制不仅仅是停留在传统的保证产品品质这一层面上，而是要向产品的上下游进行延伸，建立一整套从研发、原料、生产、物流、售后到消费者的全过程的品质保障体系的闭环式控制过程。

时代发展，企业如何创新产品、塑造品牌，以发展质量赢得速度，并借此提高企业的核心竞争力？

黄克兴认为，新时代的消费者视野开阔，需求更加多元化、细分化、个性化，对高品质的追求前所未有的趋向一致。人们从原有的重视外在、重视价格、重视表象逐渐回归到重视内涵、重视品质、重视精神世界，这些“以人为本”的回归都给青岛啤酒的发展带来了更大的机遇。青岛啤酒115年坚持“只为酿造好啤酒”的品质信仰和“有质量发展”经营理念在这个时代会得到更好的响应。

在黄克兴看来，青啤参与国内以及全球竞争的每一个关键阶段，以及每一项关键决策，背后都有青啤文化的支撑作用，而正是这样的文化，让青啤得以长盛不衰。

在解读青啤文化时，黄克兴告诉记者，“首先，青啤最核心的文化体现在和谐二字上。它不仅仅指内部员工的和谐，同时青啤也一直力求与外界所有利益相关方保持一种和谐的共赢。再往大，还会包括企业与自然、企业与社会的和谐等，这是青啤和谐的文化，很有特点。其次，青啤的文化体现在创新上。100多年来青啤在每个时代能存活下来并且都能发展，源自创新。如果墨守成规，青啤肯定活不下来。所以创新是青啤得以不断传承的重要基因。”

站在新的历史起点上，青岛啤酒要“因改革而强，向未来而行”，在新起点上乘势而上，实现新突破，提升中国品牌的全球影响力。面向未来，黄克兴认为，“对于一个企业，或者一个企业家来说，我认为非常重要的问题是处理好四个关系的平衡。”

第一是要有效地平衡好员工的利益、股东的价值、消费者的利益和社会价值四者的关系。第二是企业的经营利润和市场份额的关系。第三是企业短期内做大做强和长期待续发展的问题。第四是企业的成本质量和效益的关系。

（资料来源：屈丽丽：《32年“青啤时间”》，载于《中国经营报》2018年12月21日）

第一节　财务基本概念

一、财务管理的内涵

视频 财务内涵

你作为会计学或商科的一名优秀学生，假设决定创办一家公司。为此，你要按照有关法律规定去工商管理部门办理注册登记，还要到人才市场雇用一位经理，并招募一批员工为公司服务。为使公司正常高效运转，你需要通过一定渠道、利用不同方式筹集公司所需资金，并将这些资金投放于购买经营用房屋、机器设备、存货等诸多方面。在这一过程中，你可能经常思考一些关系企业生存与发展的重要问题：如何有效地运用这些资金？应该将它们投放于何种资产上？其投放比例如何确定？怎样才能不断增加公司的价值？怎样科学合理协调公司内部各部门间的利益关系？如何妥善处理公司与投资者、债权人、政府、客户、社区方面的关系？等等。

在现代公司制企业中，财务经理扮演着一个重要的角色。如今，外界因素对财务经理的影响日益加深。财务经理每天都要应对众多外界环境的变化，诸如公司间竞争的加剧、新技术的突变、通货膨胀和利率的变化无常、全球经济的不确定性、汇率的波动、贸易保护主义的抬头、民众消费观念的变化、财务活动中的道德问题等等。财务经理在公司中扮演的角色变得更为重要和更具战略性。

如果你成为一名财务经理，那么你在应变、融资、投资和精明管理等方面的能力将影响公司的成败，最终甚至会影响到行业的兴衰。所以，通过高效率的资产配置、融资决策与管理，财务经理对公司会有所贡献，对整个行业甚至整个经济的增长和保持经济的活力也会有所贡献。

一般意义上讲，企业存在的目的就是创造价值（Creating Value）。这一价值体现在企业简单的资产负债表上。图 1－1 揭示了企业资产负债表的基本理念，它可以帮助你了解企业财务的基本状况。

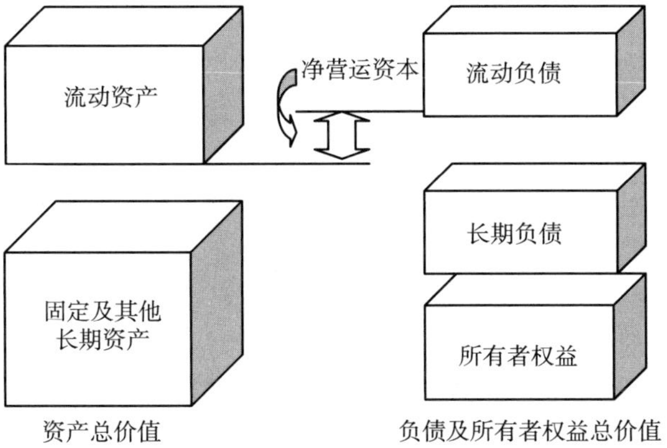

图 1－1 资产负债表模式

资产（Assets）： 是指由企业过去的经营交易或各项事项形成的，由企业拥有或控制的，预期会给企业带来经济利益的资源。

负债（Liabilities）： 是指企业过去的交易或者事项形成的、预期会导致经济利益流出企业的现时义务。

图 1－1 中，资产负债表的左边是企业的资产，这些资产可以划分为“流动资产”和“固定及其他长期资产”。流动资产是指那些预计在一年内或一个营业周期内变现、出售或耗用的资产，如应收账款、存货等。固定及其他长期资产是指那些使用寿命超过一个会计年度的资产，如机器、建筑物等。某些长期资产是有形的，如机器和设备；而某些长期资产是无形的，如专利、商标、管理者素质等。

在企业投资于一种资产之前，它必须获得资金，即融资，这意味着企业必须筹集资金来支付投资。资产负债表的右边表示企业的融资方式。企业一般通过发行债券、借贷或发行股票来筹资，企业的资本按其来源不同一般分为负债和所有者权益。正如资产有长期和短期之分一样，负债也可以分为“短期负债”和“长期负债”。短期负债是指那些在一年之内必须偿还的贷款和其他债务；而长期负债是指那些不必在一年之内偿还的贷款和其他债务。所有者权益等于企业的资产价值与其负债之间的差额。从这一意义上讲，所有者权益就是企业资产的剩余索取权。

从企业资产负债表的模式中可见，企业财务研究的内容主要是以下三个问题：

1. 企业应该投资于什么样的长期资产？这一问题涉及资产负债表的左边。当然，企业的资产和类型一般视业务的性质而定。我们使用“资本投资”和“资本性支出”这些专业术语描述这些长期固定资产及其他资产的投资和管理过程。

2. 企业如何筹集资本性支出所需的资金呢？这一问题涉及资产负债表的右边。回答这一问题又涉及“资本结构”，它表示企业短期及长期负债与股东权益的比例。

3. 企业应该如何管理它在经营中的现金流量？这一问题涉及资产负债表的上方。首先，经营中的现金流入量和现金流出量在时间上不对等。其次，经营中现金流量的数额和时间都具有不确定性，难以确切掌握。因此，企业财务经理必须致力于管理现金流量的缺口。从资产负债表的角度看，现金流量的短期管理与净营运资本有关。净营运资本（Net Working Capital）是指企业流动资产与流动负债之差。从财务管理的角度看，短期现金流量问题是由于现金流入量和现金流出量之间不对等引起的，它属于企业短期财务问题。

资本结构（Capital Composition）：是指企业各种资本的构成及其比例关系。一般有广义和狭义之分。

企业的资本结构决定了企业价值在股东和债权人之间的分配问题。在企业作出其投资决策后，其资产（如现金、存货、厂房、设备、土地等）的价值也就被决定了。我们把企业视为一个圆饼有助于理解企业的资本结构。首先，圆饼的规模大小将取决于企业已经做出的投资决策。在企业做出投资决策之后，企业的资产价值，如建筑物、土地、存货等也随之而定。其次，企业可以确定它的资本结构。企业可以事先发行比股权多的债务，筹集投资所需的资金；现在它也可以考虑改变一下二者的比例，企业用其所得清偿它的一些债务，从而使企业的资本来源比例发生变化。由此可见，这些发行债务和股权的决策影响到企业的资本结构。

我们想象中的企业资本结构这一圆饼如图 1－2 所示。圆饼的规模就是企业在资本市场的价值。

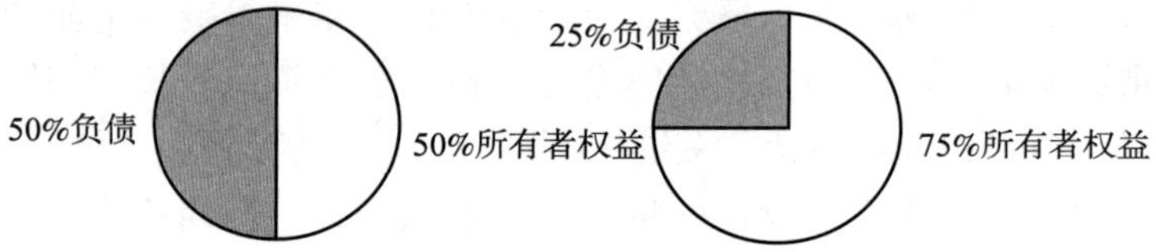

图 1－2　企业资本结构

图 1－2 考虑两种分割圆饼的方案：一是负债和股权各占 50%；二是 25% 的负债和 75% 的股权。由于如何确定资本结构将影响企业的价值，因此，财务经理的目标之一就是选择使得企业的总价值尽可能大的负债与所有者权益的比例。

我们可以将企业价值（Enterprise Value）表达如下：

$$V = B + S \tag{1-1}$$

式中，V——企业价值；

B——负债的价值；

S——股权或所有者权益的价值。

由此可见，财务（Financial）是企业为了创造价值而对资金筹集、使用、分配、回收等所开展的一系列财务活动以及体现出的财务关系。财务管理（Financial Management）是在一定的整体目标下，为创造价值而对资金筹集、资产配置、收益分配等一系列财务活动以及体现出的财务关系进行的管理决策。而完成这一活动使命的主角是企业的财务经理。

财务管理（Financial Management）：指在一定的整体目标下，为了创造价值而对资金筹集、资产配置、收益分配等系列财务活动及其财务关系所进行的管理决策。

二、财务管理的功能

假如你经过多年的奋斗，你的企业已经成为一家现代化的股份有限公司，你也荣升为公司董事长，企业的财务活动及其财务关系日趋复杂。现在，你必须学会驾驭和处理更为复杂的财务难题。你会面临诸多特殊的问题和挑战，其中可能需对如下问题做出决策：

决策一：（1）投资2 000万元购买制造设备，以迅速扩大公司的生产能力；（2）暂不建立新的生产线，利用已到更新期限的设备再运转一年，看市场对公司产品的需求是否能保持强劲的增长势头，或者看利息率是否会下跌再做决定。

决策二：是否应当采用风险管理与套期保值策略，以便：（1）稳定公司生产所需原材料的价格；（2）稳定公司以外币计价的应收账款金额；（3）稳定短期借款成本从而满足公司日常经营的需要。

决策三：公司拟在未来三年内实施一项重大资本投资方案，如何更好地确保迅速增长的资金需求？公司的内部资金远不能满足需要，但公司的投资银行向你保证，公司所发行的任何债券或权益性证券都会备受投资者的青睐。你可能需要权衡如下因素：（1）发行股票会对公司股东权益产生的稀释作用以及发行成本是多少；（2）借款筹资的利息支付是否会加剧企业自公司以来原本就已很紧张的现金流量问题。同时，你还敏锐地意识到，公司现在的债务与权益之间比率已经高于行业水平。

决策四：董事会向你咨询，是否应当执行一项针对公司高级管理人员的递延养老金计划。董事会下属的薪酬委员会向董事会提议，改革目前只包含短期股票期权、工资和年度奖金的养老金计划，将其扩展为包括递延养老金的报酬计划。按照新的规定，只有当管理人员达到规定业绩并为公司服务若干年后，才能领取该项养老金。推出这项新计划，目的显然是留住并激励关键管理人员，但董事会部分成员担心实施该计划的成本过高。

决策五：部分机构股东要求公司增加普通股的小额股利支付，甚至还有些股东提出公司应当回购已发行在外的股票，以增加剩余股东的股票价值。董事会请你测算公司的预期利润是否足以支付更高的股利，如果可能的话，新的股利应当是多少。在决定是否回购股票之前，董事会请你确认公司股东的投资是否得到了公平的风险调整收益，还请你预测一下股票回购对股票价格、股东所要求报酬率的可能影响。

决策六：最后，如果上述问题都不难解决的话，董事会又向你咨询：一家著名的大型企业看中本公司，并提出收购要约，如果我们不接受要约，对方可能会采取激进行动，以敌意收购方式收购本公司，董事会请你就该项收购要约是否符合广大股东利益提出对策方案。

面对上述一系列复杂的问题，你可能一时难以作出准确的回答，你可能陷入困境，而对以上问题能否作出科学的解释关系到企业的生死存亡。如何处理这些棘手的问题？你只有求助于现代企业财务理论和财务专家方可渡过难关。由此可以看出，财务管理在企业经营中的作用是其他任何部门或人员所不能取代的。

试一试： 利用业余时间，和同学一起找一家熟悉的公司，了解财务管理的主要功能包括哪些，并做比较分析。

具体而言，企业财务管理的功能可以归纳为以下五点：

（一）制定财务战略，指导财务活动

财务战略（Financial Strategy）： 指在企业总体战略目标统筹下，以价值管理为基础，以实现企业财务资源优化配置而采取的政策和策略。

财务战略（Financial Strategy）是以整个企业的财务目标为对象，根据企业长远发展需要而制定的。它是从财务角度对企业总体发展战略所作的描述，是企业未来财务活动的行动纲领和蓝图，是对企业的各项具体财务工作、计划等起着普遍的和权威的指导作用。

财务战略关注的焦点是企业资金流动，这是财务战略不同于其他各种战略的质的规定性；企业财务战略应基于企业内外环境对资金流动的影响，这是财务战略环境分析的特征所在。企业财务战略的目标是确保企业资金均衡有效流动而最终实现企业总体战略，企业财务战略应该具备注重全局性、长期性和创造性的特征。

（二）合理筹集资金，有效运营资产

资金是企业运行的血液，一旦流量不足，企业就会出现财务危机，生产经营就会面临停顿，甚至导致企业清算。因此，筹集资金，组织资金供应，是企业财务管理的首要任务。企业应当根据自己生产经营和发展战略的需要确定合理的资金需要量，依法、合理筹集生产经营所需资金。

企业资金利用效果取决于资产是否有效运营。资产运营过程也是资源配置过程，主要包括现金流量管理和资产管理。企业对筹集的资金实行统一集中管理，根据不同环节、不同业务的合理需要调度资金，

有计划地安排现金流量，防止现金收支脱节。在组织财务活动中，要注意开展资产结构动态管理，保持资产与负债的适配性，管好用好流动资产，避免盲目投资，不断调整和优化资产结构，提高资产质量，实现资源优化配置的效益。

（三）控制成本费用，增加企业收益

企业为了获得各项收入，必然要支付相关成本、费用，包括材料、人工等直接成本，销售及管理等各项费用以及依法纳税。企业在收入既定的情况下，成本消耗越少，企业收益越大。同时，相同产品的单位产品消耗越低，意味着其越具有市场竞争优势。因此，企业应建立相关的成本、费用管理责任制度，通过技术创新、优化流程、盘活资产、提高劳动生产效率等手段，有效地控制成本费用，从而增加企业的收益。

企业收益是补偿成本耗费的来源，也是企业对投资者以回报，改善员工生产条件和经济待遇，并实现企业扩大再生产所需资本积累的保障。为了实现企业价值最大化的财务目标，企业在市场竞争中需要努力开源节流，开拓国内外市场，提高产品或服务质量，建立有效的激励约束机制，提升企业核心竞争力，最终实现企业收益的增加。

财务监督（Financial Supervision）：是根据国家的法律、法规和财经纪律以及企业内部的财务管理制度，对企业生产经营活动和财务收支的合理性、合法性、有效性进行调节和检查，以确保企业遵纪守法地实现发展战略和财务目标。

（四）规范收益分配，增强企业活力

企业既是投资者获取投资回报的载体，又是经营者、员工等其他利益相关者提供劳动、创造价值并取得报酬的载体，还是依法缴纳税费的义务人。理顺企业与国家、投资者、员工等利益相关者之间的分配关系，建立有效的激励机制，对于调动各方面的积极性，改善企业财务管理的内部环境，增强企业核心竞争能力和可持续发展能力具有重要的意义。

（五）加强财务监督，实施财务控制

财务监督的目的在于督促财务活动符合国家有关政策、法规和企业经营、制度的规定，揭露财务活动中的弊端和违法行为，威慑和制约不法行为，保证财务活动的规范运行；促进企业资源的合理配置和有效利用，实现企业经营目标。通过财务监督揭示差错和弊端，不仅可以纠正核算差错，提高财务工作质量，还可以保护财产安全和完整，防止资产流失和非正常损失，有效防止资金使用中的铺张浪费，堵塞漏洞，促进勤俭节约，充分发挥资金的效益，维护国家利益。

财务控制（Financial Control）：是以财务预算和制度规定为依据，按照一定的程序和方式，对企业财务活动进行约束和调节，确保企业及内部机构和人员全面落实财务预算。

财务控制是对企业的资金投入及收益过程和结果进行衡量与校正，目的是确保企业目标以及为达到此目标所制定的财务计划得以实现。财务控制总体目标是在确保法律法规和规章制度贯彻执行的基础上，优化企业整体资源综合配置效益，厘定资本保值和增值的委托责任目标与其他各项绩效考核标准来制定财务控制目标，是企业财务活动的关键环节，也是确保实现财务目标的根本保证。

财务监督为企业实施财务控制，改进财务管理，提高经济效益提供了保障，财务控制是企业落实财务预算，开展财务管理的重要环节。

案例链接

2025年前中国重汽要实现三个“20万”战略目标

11月24日，中国重汽集团2020年商务大会在济南召开。中国重汽集团党委书记、董事长谭旭光再出豪言：“中国重汽2025年前的战略目标是实现三个‘20万’，即重卡国内销售稳定在20万台，中轻卡国内销售稳定在20万台，轻型商用车销售20万台。”

如何创造更大价值，中国重汽2025年前的三个“20万台”的战略目标如何实现？谭旭光表示，首先是发挥资源优势，提供更具竞争力的高端产品。一是山东重工与中国重汽完成重组后，将向中国重汽配置更优质的资源，为市场服务；二是中国重汽将持续加大研发投入和正向开发能力建设，加快从营销驱动向产品和技术驱动转型；三是全力推动市场点单制，只要有利于整车销售，集团内的发动机、变速箱、车桥有计划、有序推进点单制，即客户要什么就给什么，内部不保护。

其次是强化客户导向，持续优化商务政策和响应机制。一是推动营销、技术、应用工程深入一线，掌握客户真实诉求和营销突出问题；二是强化全价值链的客户导向思维和客户考核评价机制，快速响应，问题封闭；三是聚集客户全生命周期价值最优，不断优化、调整、创新商务政策；四是市场部和品牌部每年两次抽样调查客户满意度。

再次是优化营销网络，打造深度融合的命运共同体。一是对营销网络建设系统规划，加大培育支持力度，增强渠道渗透；二是强化考核，每年淘汰10%僵尸渠道，引进15%的优秀渠道；三是加大资源投入，实现双方高效协同、深度融合、互利共赢。

（资料来源：马文文，中国山东网，2019年11月27日）

第二节　财务管理内容

一、投资决策

资金（Capital）作为企业的一种稀缺资源，其数量总是有限的，财务人员应当通过科学的投资决策对资金进行最有效的使用。财务研究的一个重大课题即是为企业进行投资决策提供理论和方法上的支持，从而最大程度地保证投资决策的科学性。企业投资所要考虑的一些基本问题包括：

投资决策（Investment Decision）：指投资者为了实现其预期的投资目标，采取一定的方法和手段，对投资的可行性、投资目标与规模、投资方向与结构、投资成本与收益等问题所进行的分析、判断和方案选择。

1. 企业现在或将来有多少可供选择的投资项目？

2. 这些项目所产生的现金流量或者所节约的现金流量能否抵补投资支出并带来符合要求水平的盈利？

3. 项目的风险程度如何？等等。

投资决策（Investment Decision）所影响和改变的是企业的资产结构，亦即资产负债表的左方。现金、应收账款、存货、固定资产等构成了企业资产的主体。不同的投资决策，将产生不同的资产结构，进而影响到企业经营的风险报酬特征。例如，企业财务人员如果提高企业流动资产如现金、应收账款、存货等的比重，可以减轻企业的流动性风险，因为企业拥有较为充足的资金可以用于偿还到期债务。但同时也可能会由于流动资产过多而降低企业的收益水平。资产结构的改变通常与企业的生产经营状况有着密切的关系。最佳的资产结构应是创造最大价值的资产结构，要么在既定风险程度上带来较高（或满意）的报酬水平，要么在要求报酬水平下承担较小（或可承受）的风险。

投资决策的优劣决定了企业在项目运作后所获得的现金流量的多少，也就在很大程度上决定了企业价值的大小。现金流量越多，越稳定，企业价值越大；现金流量越少，越不稳定，企业价值越小。如果将企业比做一块蛋糕的话，进行投资决策的目的是要让这块蛋糕越做越大，以使与企业存在利益关系的各方都能从中受益，增加自身的财富，最终实现企业价值最大化。

视频　财务管理内容

一个企业能否获得长足发展，能否真正实现投资者财富的最大化，归根结底要取决于投资决策的质量，而一个企业的投资决策也从根本上决定了这个企业的发展方向和规模。从财务决策的顺序上讲，投资决策自然是第一位的、决定性的。因此，财务管理在投资决策中所要发挥的一个重大作用就在于对投资项目所涉及的所有现金流量及其风险程度进行规划与分析。

想一想：依据你的理解，你心中的投资是什么样的？假定让你去做一项投资决策，你应该考虑什么问题？

二、融资决策

投资决策一旦作出，财务人员必须进行融资决策，为企业投资筹措所需要的资金。企业融资所要考虑的一些基本问题包括：

1. 所需资金的数额有多大？
2. 需要短期资金还是长期资金？
3. 筹措资金所能承担的最高资本成本是多少？
4. 筹措与偿还资金的现金流量与投资项目的现金流量是否一致？

等等。

融资决策（Financing Decision）：指为了满足投资与经营目标，筹措所需要的资金、确定最佳的融资方案。融资一般包括债务融资和权益融资。

融资决策（Financing Decision）所影响和改变的是企业的资本结构，亦即资产负债表的右方。一般而言，企业的资金来源不外乎两条主要途径：负债资本融资（包括短期负债融资和长期负债融资）与股权资本融资（即自有资本融资）。短期负债融资属于日常财务控制的范围，一般将其包括在短期财务管理的内容之中。具有长期影响的、战略意义的融资决策通常是指长期负债融资决策与股权资本融资决策，又被称作资本结构决策。由于抵税的作用，负债的成本低于股权资本的成本。因此，许多企业偏好负债融资。但负债比重过高，会提高企业的财务风险，加大出现财务危机的可能性，严重者甚至导致企业破产。企业财务人员必须综合考虑企业内外部各种因素、目前及将来的各种变化，审慎而合理地选择融资方式，确定合理的资本结构，提高企业价值。

融资方式的选择对于企业财务人员而言是个极为重要的问题。财务人员不仅要知道是进行长期融资还是短期融资，有时更重要的是要知道采用何种融资方式。例如，是用银行借款、商业信用还是企业债券，等等？是发行固定利率债券还是浮动利率债券？是发行普通债券还是可转换债券？不同的融资方式不仅影响融资决策能否顺利实施，还影响到资本成本的高低，甚至影响到以后企业现金流量的安排。

在财务学中，一般认为投资决策与融资决策所解决的是长期决策问题。投资决策又称资本预算，是对企业长期投资进行规划和控制的过程。融资决策又称资本结构决策，是对企业资金来源中长期负债与股权资本的组合进行规划和控制的过程。

试一试：走访一家公司制企业，调查目前企业的融资渠道主要有哪些？并总结分析不同融资渠道的特点。

三、收益分配

收益分配（Income Distribution）是指企业的分配主体对分配对象（即企业经营收益）在各个分配参与者之间进行的分割和平衡。具体讲就是企业将净利润在投资者、经营者以及其他利益相关者之间进行合理有效的分配。

收益分配（Income Distribution）：有广义与狭义之分。广义是指企业收入的分配；狭义是指税后净利润的分配。

从企业外部看，收益分配管理体现了国家引导和监督企业合理确定对经营成果分配的办法和标准，以保证企业之间、员工之间应有的公平，保护分配主体的合法权益，保障国家财经法规的有效执行和经济秩序的正常运转。从企业内部看，收益分配管理体现着企业是否遵守了国家有关收益分配的规定；是否贯彻了多劳多得的分配原则；是否实施了公平与效率的分配原则；有无个别分配主体侵害其他分配主体利益的不公平现象。

四、营运资本管理

企业财务中，营运资本（Working Capital）有多种解释。一是人们通常所说的流动资金；二是净营运资本，即流动资产与流动负债之差；三是营运资本需求，是指非货币流动资产减去非货币流动负债的余额，即企业在生产经营过程中占用的资金净额。总之，营运资本管理的内容包括了企业流动资产的管理和流动负债的管理，它涵盖了企业财务管理的日常活动，是企业财务管理的重点和难点，也是企业财务经理日常花费精力最多的。

营运资本管理（Working Capital Management）：指企业对流动资产和流动负债所制定的政策与措施。

营运资本管理近年来又被称作“短期财务管理”，被认为是与企业流动性控制紧密相关的财务管理工作。必须清楚的是，虽说流动资产的占用不能直接创造现金流、增加企业价值，但流动资产的循环与周转却在很大程度上左右着企业价值的实现。换言之，资本投资项目决定了企业创造价值的能力，而这个能力能否顺利实现，营运资本管理是一个不容忽视的重要因素。

海尔的零营运资本管理实践

近年以来，随着“零营运资本”（Zero Working Capital）概念的提出和运用，营运资本政策日益受到企业界和学术界的重视，研究成果日益增加。学术界较为关心的问题是：营运资本——尤其是存货、应收账款等的占用与企业绩效、与企业现金流量的相关性如何？再进一步讲，流动资产的占用与企业价值的创造之间有无关系？能否验证流动资产占用与企业价值的创造无关？按照现代财务理论，唯有资本投资是创造现金流量的唯一源泉，那么，流动资产占用便与现金流量的创造无关，充其量只会影响企业的偿债能力。如果这一结论能够得到检验，那么，“零营运资本”政策便获得了理论支持，我国企业界减少大量流动资产的占用也就有了理论依据。

第三节　财务管理原则

世界上每一个研究领域都存在有助于引导你理解该领域的基本规律或原则，财务也不例外。在财务中也存在着重要的、基本的原则帮助我们认识未知的世界。

假如你是一个公司的老板，你现在想出售你所拥有的一项资产，你是否希望得到可能的最高价格？你是否认为想买你资产的人希望支付尽可能低的价格？结果不可置疑。假如你想对外投资一笔资金，你是否愿意在下一年让它成倍增长？回答当然是肯定的。但是你是否愿意冒失去你所有资金的风险？这就不一定了。你可曾想过你为了得到较高的报酬就不得不冒一定的风险？如果有人保证在完全没有风险的情况下，6 个月内使你的钱变为两倍，我们希望如此，可是你会相信他们吗？如果我们欠你 100 元，你宁愿今天收回呢还是 3 年以后？答案当然是今天。

面对上述这些问题的答案是显而易见的。因为它们来源于你已经发展起来的直觉，建立在你对现实世界理解的基础之上。在比较复杂的情况下，答案并不总是如此容易就能得出，因此就需要有一定的原则来帮助你。

道格拉斯 · R. 爱默瑞与约翰 · D. 芬尼特

了解和掌握财务原则（Financial Principle），是我们学习财务管理的基础和前提。这些原则将帮助你理解它们在财务活动中的应用，以提高你的分析和决策能力。本节主要介绍美国财务学家道格拉斯 · R. 爱默瑞和约翰 · D. 芬尼特关于财务原则的论述①。

一、竞争环境原则

（一）自利行为原则：人们按照自己的财务利益行事

一项科学的财务决策合乎情理地要求对人们的行为作出正确的判断。尽管可能存在例外情况，但我们还是假定人们的行动遵循一条经济而理智的方式。也就是说，人们是按照他们自己的财务利益行事

① 本部分主要根据道格拉斯 · R. 爱默瑞和约翰 · D. 芬尼特著，王化成等译的《公司财务管理》（中国人民大学出版社 1999 年版）整理。

的，这正是自利行为原则的内涵。

自利行为（Self-serving Act）原则的依据是来自理性经济人假设，经济人假设认为，人们对每一项交易都会衡量其代价和利益，并且会选择对自己最有利的方案。自利行为原则是假设决策者对决策目标和决策过程都有一个理智的认知，并对如何实现其行动方案、达到其目标有充分的了解。因此，决策者在决策中会采取对他自己最有利的行动方案。当然自利原则并不认为资本或收益代表所有一切，但具体到企业行为问题上，我们必须明确，企业进行交易的目标是获取收益，在考虑决策时首先要看方案能否给他们带来一定的经济利益。否则他们不可能与对方开展交易活动。

视频　竞争环境原则

自利行为是指当其他条件都相同时，对于财务交易，所有组织都会选择使自己经济利益最大的行动方案。我们利用自利行为原则可以很好地解释现实生活中的企业行为，因为大部分企业互相影响的是“公平”交易。在这些非人格化的交易中，能否以可供使用的资源获得最大利益是首要的考虑。

当然，你也可能认为现实生活中有人把钱捐赠给慈善机构、养育子女以及在填报税单时表现诚实就是违背了自利行为原则。这些决定包含着感情和愿望在内而不仅仅指金钱。不可否认，现实世界中许多人为了获得直接经济利益而不向慈善机构捐款或养育子女。但是，即使某些行为确实违背了自利行为原则，但该原则对我们的财务活动仍然是有一定用处的。

自利行为原则在财务中有一个重要的应用，就是有竞争力且值得投资的方案经常地被采纳。当决策者采取了某一方案时，就取消了其他可能的方案。一个方案的价值和最佳选择的价值之间的差异构成机会成本。当机会成本小时，作出错误选择的成本就小。同样地，当机会成本大时，不能作出最佳选择的成本就大。

机会成本（Opportunity Cost）： 是指由中选方案所承担的、按照所放弃的次优方案的潜在收益计算的经济利益。

自利行为原则在财务上的另一个重要应用是代理理论。代理理论（Agency Theory）分析了在委托代理关系中利益和行为的矛盾。在委托代理关系中，一个人（代理人）作出的决策必然影响另外一个人（委托人）。企业是各种契约的集合体，组建企业的许多契约都可以看作是委托代理关系。企业与其利益相关者之间存在着重要的委托代理关系。

想一想： 假如你正在进行一笔交易，交易中你是如何理解和运用自利行为原则的？

资源稀缺与机会成本

（二）双方交易原则：每一项财务交易都至少存在两方

双方交易（Our Business）原则的含义比较容易理解。但是当交易情况变得复杂时，它可能就会被人们所遗忘。理解双方交易要求我们在交易过程中不要总是以我为中心。要知道当我们遵循自利行为原则并且根据我们的经济利益作决策时，交易的对方也在按照他们自己的经济利益行动，可能对方比我们更加明智，做出的决策更加科学合理。

零和博弈（Zero-sum Game）：是指一个人获利只能建立在另外一个人付出的基础之上。一方的所得与另一方的所失是一样的，从总体上讲双方的收益之和等于零，最终构成零和博弈。

例如，在证券市场中进行证券（如股票）买卖时，每一笔交易都有买卖双方。如果你想到自利原则，那么，说那些处于买方的人们有意购买价值将要下跌的股票就是毫无意义的。事实上，这些人是认为这种股票将会保值或升值。结果证明，可能购买者判断错了。道理非常简单，正是因为人们对股价的不同预期导致在一开始就产生了金融证券的买方和卖方。

我们可以把这种情形描述为是对股票价值高估的人多于对股票价值低估的人。这种认识上的差别可能导致销售订单多于购买订单。然而，尽管购销双方不平衡，但是卖出一股股票就一定恰好有人买入一股。在这种情况下，人们或买或卖直到市场价格达到他们所认为的股票的实际价值时为止。

实践中，大部分财务交易是零和博弈。

在零和博弈中，交易双方都各自按照自利行为做事，双方都想获利而不想亏损。那么，为什么交易还会成功呢？这主要是信息不对称所导致的。买卖双方由于信息不一致，因而对证券产生不同的预期。不同的预期导致了高估证券价值的人买进，低估证券价值的卖出，直到市场价格达到他们的预期时交易才停止。因此，在决策时不仅要考虑自利行为原则，还要考虑能否使对方有利，否则任何交易都无法实现。

双方交易原则要求决策者在从事财务交易时不要“以我为中心”，不要总是“自以为是”。过分自私的投资者经常忽视双方交易原则，例如企业并购业务中的接管者。并购企业的管理者对要收购的目标企业经常支付超额的款项，他们判断出如此高价是因为他们说现行市场价格太低或声称他们能够更好地管理目标企业，比目标企业当前的管理更具获利能力，从而提高它的价值。这些管理者是在暗示说市场对这只股票估值偏低，或者目标企业的管理不具有竞争力。然而这种判断并不一定正确，在许多情况下，只有根据事实才可能作出准确的估计。

“开窗难题”的巧妙解答

双方交易原则还要求企业进行财务活动时要注意税收的影响。由于税收的存在，使得一些交易表现为“非零和博弈”（如利息的抵税作用）。政府是不请自到的第三者，在市场经济中发生的各种交易政府均要从中收取税金。政府对税收的调整，可能会使交易双方均受益或受损，避税是寻求减少政府税收的合法交易方式。避税的结果使得交易双方受益但会使其他纳税人承担更重的税收负担，从整个社会角度来看仍然没有改变“零和博弈”的性质。

（三）信号传递原则：行动传递信息

信号传递（Signal Transmission）原则是自利行为原则的延伸。由于自利行为，一项资产买卖决策能暗示出这项资产的状况或有关决策者对未来预期的信息。同样地，一个企业决定进入一个新的行业反映出管理者对企业实力的信赖和对未来的前景充满信心。同理，当企业宣告股利、进行股票分割，或者发行新的证券时，人们经常可以根据企业未来的收益状况解释这些行为。事实上，当行动和企业的宣告不一致时，行动通常比语言更具有说服力。

信号传递原则要求依据决策者行为活动判断它未来的收益状况。例如，一家公司决定进入一个新领域，反映出管理者对自己公司的实力以及新领域的未来前景充满信心。一个盈利能力较强但又经常用配股进行融资的公司，很可能自身产生现金能力较差；一个大量支付现金股利的公司，很可能是缺少良好的投资机会；内部持股人出售股份，常常是公司盈利能力恶化的重要信号。

信号传递原则还要求企业在决策时不仅要考虑行动方案本身，还要考虑该方案的实施可能给人们传达的信息。在资本市场上，每个人都在利用他人交易的信息，自己交易的信息也会被别人所利用，因此应考虑交易的信息效应。例如，当把一件商品的价格降至难以置信的程度时，人们就会认为它的质量不好，它本来就不值钱。如果一家会计师事务所从简陋的办公室迁入豪华的写字楼，会向客户传达收费高、服务质量高、值得信赖等信息。因此，在决定降价或迁址时，不仅要考虑决策本身的收益和成本，还要考虑信息效应的收益和成本。

想一想：中国人民银行决定于2022年4月25日下调金融机构存款准备金率0.25个百分点（不含已执行5%存款准备金率的金融机构）。为加大对小微企业和“三农”的支持力度，对没有跨省经营的城商行和存款准备金率高于5%的农商行，在下调存款准备金率0.25个百分点的基础上，再额外多降0.25个百分点。本次下调后，金融机构加权平均存款准备金率为8.1%。当你听到这一消息时，你会有什么样的反应？

（四）行为原则：当所有的方法都失败时，寻求其他的解决途径

行为（Action）原则是信号传递原则的直接运用。信号传递原则是说行动传递信息，而行为原则，简言之，即“让我们试图使用这些信息”。

为帮助你理解行为原则的内涵，让我们作一假设：如果现在你已经获得会计学或相关专业毕业证书并拿到学士学位证书，目前已经在一个跨国公司任职5年。最近，你务实的工作态度和工作才能已经得到你老板的认可。为了对你的工作业绩表示肯定，公司老板邀请你参加一个由公司客户和企业界精英组成的年末答谢豪华宴会。

当你来到一家五星级宾馆进入宴会厅时，你为能有幸参加一个非常正式的宴会而无比高兴。这个宴会厅豪华无比（你以前从未参加过如此高档的宴会）。当你在指定的位置上落座时，你才发现餐桌上摆满了各式各样的餐具，你一时弄不清楚哪件是在吃什么时使用。此时，你应该如何是好？

只有一种合理的办法可供采用：去问一问你的公司老板。但这是不可能的——因为你的老板在另一餐桌前正与其他人交谈。你将怎么办？你只能尽快地在你周围选择一位，看别人是如何使用这些样式各异的餐具的。如果没有我们特别信赖的人，我们中的大部分都将会随大流。

现在让我们从上述假设中回到企业财务问题上。假如你是一位财务经理，你正面对一项重大决策，这项决策看上去似乎没有唯一、明显正确的方案。例如，假定董事会要你估计企业目前的资金筹集情况如何并且可能要你提出改进建议。但是现在没有现成的答案供你选择，你该怎么办呢？

一种可行的办法就是从和你的企业类似的其他企业中寻找答案，看他们目前和近来是如何做的，或者你可以模仿你认为最有可能作为最好的向导的那些企业的做法，或者你也可以模仿绝大多数企业的做法。这种行为方式有时被称为“行业效应”。这正是我们通过财务的行为原则所要说明的：当所有的方法都失败时，寻求其他的解决途径。

我们在运用行为原则时，要注意不要将该原则混同于“简单（或盲目）模仿”。行为原则不会帮助我们找到最佳的行动方案，但它可以使决策者避免采取最差的行动，它是一个次优化方案的选择标准。行为原则经常是在我们遇到理解力、成本或信息受到一定限制，而无法找到最优方案的情况下所采用的原则。在企业实践中，行为原则一个重要的应用就是行业标准的选择，例如资本结构的选择，理论上很难对这个问题提供一个明确的解决方法。有时理论上也可能提供

明确的解决办法，但收集必要信息的成本超过了潜在的利益。在这种情况下，我们就只能利用行为原则以较低的代价获得正确答案的近似值。

行为原则如果能被明智地运用，你必须判定什么时候不存在唯一的、明显正确的、最好的行动方案。进一步讲，一旦已经得出没有最好的行动方案，你必须判定是否能够找到其他“最好”的或一组其他的方案可供遵循。最后，你必须从他们的行动方案中定出你的最佳方案是什么。实际上，行为原则是一个次优原则。它最好的结果就是得出近似的结论，最糟的情况就是模仿了别人的错误。尽管行为原则有潜在的不足，但是在某些情况下它仍然是有用的。

行为原则在财务上另一个重要应用就是“自由跟庄”概念。一个“领头人”花费资源得出一个最佳的行动方案，其他“追随者”通过模仿节约了信息处理成本。“领头人”资助追随者，有时“领头人”甚至成了“革命烈士”，而追随者却成了“成功人士”。专利法和著作权法是在知识产权领域中保护“领头人”的法律，强制追随者向“领头人”付费，以避免“自由跟庄”问题的影响。在财务领域中并不存在这种限制。许多小股民经常跟随“庄家”或机构投资者，以节约信息成本。当然，“庄家”也会利用“自由跟庄”现象，进行恶意炒作，掠夺小股民的资金。因此，各国的证券监管机构都禁止操纵股价的恶意炒作，以维持证券市场的公平性。

试一试：你和同学准备利用暑期进行一次旅行，在旅行中你如何运用行为原则？

二、价值与经济效率原则

（一）有价值的创意原则：新创意能获得额外报酬

新产品或新技术能创造价值，因此，如果你有一个新的创意（Originality），那么你就有可能将它转化为生产力从而获得超额报酬。竞争理论认为，企业的竞争优势可以分为经营奇特和成本领先两方面。经营奇特（Manage Strange）是指产品本身、销售交货、营销渠道等客户广泛重视的方面在产业内独树一帜。任何独树一帜都来源于新创意。创造和保持经营奇特性的企业，如果其产品溢价超过了为产品的独特性而附加的成本，它就能获得高于平均水平的利润。正是许多新产品的发明，使得发明人和生产企业变得非常富有。

视频 价值与经济效率原则

大多数有价值的新创意发生在实物资产市场上。例如美国的苹果电脑公司在高科技企业中以创新而闻名世界，其创始人乔布斯因发明并成功地将系列新产品推向市场而变得非常富有。

托马斯·阿尔瓦·爱迪生

实物资产可以在多方面显示其唯一性，如专利权。托马斯·爱迪生由于发明了大量的唯一产品，如灯泡、电影、动画以及其他许多东西而变成一个非常富有的人。如果不存在专利权的保护，他就不可能变得如此富有。拥有生产唯一产品的特殊权利的能力增强了实物资产的价值。即使没有专利权保护，一些企业在建立信誉品牌上也已经获得成功。它们以它们是唯一能生产特殊种类产品的企业而使消费者信服。这种信服产生了更多的重复购买和对相关产品的购买。像中国的海尔公司，它在短短的十几年中就迅速成长为世界上著名的家电企业，创造了一个家电帝国的神话。

有价值的创意原则还应用于经营和销售活动。例如，中国互联网企业的创始人、阿里巴巴集团董事局主席马云以及连锁经营方式的创意使得国美电器的创始人黄光裕、美国的肯德基和麦当劳的投资人变得非常富有。

由此可见，任何企业只有不断地创新产品、创新技术、创新管理，才能在激烈的竞争中取得优势，才能立于不败之地，从而领先对手，获得可持续发展的机会，最终才有可能实现企业价值最大化的财务目标。

案例链接

创新让“芯”链更韧更强　近六成半导体公司业绩翻倍

“不断创新，我们的芯片具有领先的性能、超低的功耗，可以满足TWS耳机等消费电子的需求。”普冉股份董事长王楠告诉上海证券报记者。

借助于创新，A股已经涌现出一批像普冉股份这样的优秀半导体公司。据上海证券报记者统计，上半年有近六成的半导体公司实现业绩翻倍，九成以上公司业绩实现同比增长。抓住全球产业链重构机遇，像晶瑞电材一样，跨界到半导体行业收获转型“硕果”的也比比皆是。

从抗击新冠肺炎疫情到助力解决汽车缺“芯”，中国半导体产业在一场又一场“大考”中，快速提升自身段位，强韧自身创新链、产业链、供应链，产业“成长价值”凸显。不断成长的半导体产业，也有力支撑了新能源汽车、光伏等新兴产业，支撑着中国产业数字化和经济转型升级。

普冉股份成立5年即登陆科创板，在今年上半年交出了一份亮丽的成绩单——实现营业收入5.12亿元，同比增长87.47%；实现归属于上市公司股东的净利润1.14亿元，同比增长325.23%。

在NOR Flash（闪存）这一“成熟”的领域，普冉股份如何迅速成长、后来居上?“不断创新，我们的芯片具有领先的性能、超低的功耗，可以满足TWS耳机等消费电子的需求。”王楠告诉记者。

在A股市场，像普冉股份、中微公司这样的优秀半导体公司绝非个例。据统计，在78家半导体公司（统计标准为申万行业分类2021版）中，上半年业绩翻倍的有45家，九成以上公司业绩实现同比增长。

（资料来源：李兴彩：《上海证券报》，2021年8月31日）

（二）比较优势原则：专长能创造价值

比较优势（Comparative Advantage）原则是指专长能创造价值。在市场上要想赚钱，必须发挥你的专长。每个企业都想获利、都想赚钱，但怎样才能获利、赚钱？你必须在某一方面比别人强，并依靠你的强项来赚钱。例如，美国的著名球星迈克尔·乔丹无可争议的是最好的篮球运动员，但是出于个人原因，他曾经离开了篮球而为一个棒球队参加预赛。迈克尔·乔丹在“承认失败”之前只打过棒球联赛的一个赛季。他把棒球留给比他打得好的人，然后又回来打篮球，在这个项目上他比任何人都优秀。迈克尔·乔丹的专长是打篮球，当他改行去打棒球时就违背了比较优势原则。同样，如果让姚明放弃在NBA打篮球，而让他去搞艺术，结果不言而喻。至少他无法取得在世界篮坛上这样辉煌的成就。

比较优势原则的依据是社会分工（Social Division of Labor）理论。让每一个人去做最适合他做的工作，让每一个企业生产最适合它生产的产品，这样社会的经济效率才会提高。

比较优势原则的一个应用是“人尽其才、物尽其用”。在有效的市场中，你不必要求自己什么都能做得最好，但要知道谁能做得最好。对于某一件事情，如果有人比你自己做得更好，就支付报酬让他代你去做。同时，你去做比别人做得更好的事情，让别人给你支付报酬。如果每个人都去做能够做得最好的事情，每项工作就找到了最称职的人，就会产生经济效率。每个企业都做自己能做得最好的事情，一个国家的效率就提高了。国际贸易的基础，就是每个国家生产它最能有效生产的产品和劳务，这样可以使每个国家都受益。

田忌赛马

比较优势原则的另一个应用是优势互补。合资、合并、收购等，都是出于优势互补原则。一方有某种优势，如独特的生产技术，另一方有其他优势，如杰出的销售网络，两者结合可以使各自的优势快速融合，并形成新的优势。

比较优势原则要求企业把主要精力放在自己的比较优势上，而不是日常的运行上。建立和维持自己的比较优势，是企业长期获利的根本。

想一想：与他人相比，你有什么优势，在你的工作与学习中你如何发挥你的优势？

（三）期权原则：期权是有价值的

期权的演变

期权（Option）是做某种事情的权利，没有任何义务。期权是有经济价值的，期权原则是指在估价时要考虑期权的价值。

期权概念最初产生于金融期权交易，它是指所有者（期权购买人）能够要求出票人（期权出售者）履行期权合同上载明的交易，而出票人不能要求所有者去做任何事情。在财务上，一个明确的期权合约经常是指按照预先约定的价格买卖一项资产的权利。

广义的期权不限于财务合约（Financial Contract），任何不附带义务的权利都属于期权。许多资产都存在隐含的期权。例如，一家企业可以决定某项资产出售或者不出售，如果价格不令人满意就拒绝出售，如果价格令人满意就出售。这种选择权是广泛存在的。一个投资项目，预期可以获取满意的投资回报，因此项目被采纳并实施了，但项目实施后发现它并没有原来设想的那么好。此时，决策者一般不会让事情按原计划发展下去，而会决定下马或者修改方案，使损失减少到最低。这种后续的选择权是有价值的，它增加了项目的净现值。

（四）净增效益原则：财务决策建立在净增效益基础上

净增效益（Net Profit）原则是指财务决策建立在净增效益的基础上，一项决策的价值取决于它和替代方案相比所增加的净收益。

一项决策的优劣，是与其他可替代方案（包括维持现状而不采取行动）相比较而言的。如果一个方案的净收益大于替代方案，我们就认为它是一个比替代方案好的决策，其价值是增加的净收益。在财务决策中净收益通常用现金流量计量，一个方案的净收益是指该方案现金流入量减去现金流出量的差额，也称为现金流量净额。即一个方案的现金流入量是指该方案引起的现金流入量的增加额；一个方案的现金流出量是指该方案引起的现金流出量的增加额。“方案引起的增加额”，是指这些现金流量依存于特定方案，如果不采纳该方案就不会发生这些现金流入和现金流出。

净增效益原则的应用领域之一是差量分析法，也就是在分析投资方案时只分析它们有区别的部分，而省略其相同的部分。净增效益原则初看似乎很容易理解，但实际应用中需要决策者保持清醒的头脑，周密地考察方案对企业现金流量总额的直接和间接影响。例如，一项新产品投产的决策引起的现金流量，不仅包括新设备投资，还包括动用企业现有非货币资源对现金流量的影响；不仅包括固定资产投资，还包括需要追加的营运资金；不仅包括新产品的销售收入，还包括对现有产品销售积极或消极的影响；不仅包括产品直接引起的现金流入和现金流出，还包括对企业税务负担的影响等。

净增效益原则的应用领域之二是对沉没成本概念的运用。沉没成本（Sunk Cost）是一种历史成本，对现有决策而言是不可控成本，会很大程度上影响人们的行为方式与决策。沉没成本与将要采纳的决策无关，因此人们在进行分析决策方案时应将其排除，否则会做出错误决策。现实世界中有些人不顾净增效益原则，似乎对沉没成本有一种感情依托。尽管他们决策时知道能卖掉这项资产，把钱再投资在其他更有利的地方，但这些人还是依旧要继续持有这项资产。显然，他们并没有运用净增效益原则进行最优决策判断，而是在继续蒙受机会成本的损失。

沉没成本（Sunk Cost）： 指以往发生的，但与当前决策无关的费用。

三、财务交易原则

（一）风险报酬权衡原则：二者关系对等

风险报酬权衡（Risk Reward Trade-off）原则是指风险和报酬之间存在一个对等关系，投资人必须对报酬和风险作出权衡，为追求较高报酬而承担较大风险，或者为减少风险而接受较低的报酬。所谓“对等关系”，是指高报酬的投资机会必然伴随着巨大的风险，风险小的投资机会必然只有较低的报酬。

视频 财务交易原则

在财务交易中，当其他一切条件相同时人们倾向于高报酬和低风险。如果两个投资机会除了报酬不同以外，其他条件（包括风险）都相同，人们会选择报酬较高的投资机会，这是自利原则所决定的。如果两个投资机会除了风险不同以外，其他条件（包括报酬）都相同，人们会选择风险小的投资机会，这是风险反感决定的。

如果人们都倾向于高报酬和低风险，而且都在按照他们自己的经济利益行事，那么竞争结果就产生了风险和报酬之间的权衡。你不可能在低风险的同时获取高报酬，因为这是每个人都想得到的。即使你最先发现了这样的机会并率先行动，别人也会迅速跟进，竞争会使报酬率降至与风险相当的水平。因此，现实的市场中只有高风险同时高报酬和低风险同时低报酬的投资机会。

如果你想有一个获得巨大收益的机会，你就必须冒可能遭受巨大损失的风险，每一个市场参与者都在他的风险和报酬之间作权衡。有的人偏好高风险、高报酬，有的人偏好低风险、低报酬，但是每个人都要求风险与报酬对等，不会去冒没有价值的风险。

案例链接

A股三大指数跌幅超2%，逾4 300只股票下跌创纪录

今日（1月25日）A股沪深两市低开低走，三大指数集体跳水，跌幅均超过2%。截至今日收盘，上证指数报3 433.06点，跌2.58%；深证成指报13 683.89点，跌2.83%；创业板指数报2 974.96点，跌2.67%。其中沪指失守3 500点，创5个月新低；创业板指数跌穿3 000点，续创上年5月份以来新低。

据Wind统计，在今日沪深两市正常交易和停牌的股票（暂停上市公司不纳入统计）中，有4 323只股票下跌，其中91家跌停。综合腾讯自选股统计数据，今日A股的单日下跌个股数已经远远超过2021年9月29日创下的纪录（3 969只个股下跌）。

从板块分布上来看，今日白酒、元宇宙、医药、锂电池、半导体等多数概念股下跌，数字货币、通信、烟草板块大幅下挫。仅贵金属、机场航运、酒店餐饮板块有所飘红。

日前市场对俄乌局势骤然升温，以及美联储加快加息步伐的担忧加剧。多地股市震荡。

当地时间24日，美股三大指数盘中剧烈震荡。道指盘中一度跌超1 000点，纳指盘中一度跌近5%、标普500指数一度跌近4%。不过尾盘快速反弹，实现集体收涨，跌幅依次为0.29%、0.63%和0.28%。但这种V形反转并没有出现在A股市场上。

此外，澳大利亚股市收跌2.49%创8个月新低；日股收跌1.66%创5个月新低；韩国股市收跌2.56%创10个月最大日跌幅。在亚太股市收盘后，今日欧洲和俄罗斯股市开盘反弹。欧股主要指数一度涨幅超1%，俄罗斯RTS指数一度涨幅达4%。北京时间1月27日，美联储FOMC将公布利率决议，美联储主席鲍威尔将召开新闻发布会，将进一步引发市场关注。

（资料来源：观察者网，2022年1月25日）

想一想：投资股票是一项风险活动，能否运用风险与报酬均衡原则进行分析，并和同学们讨论。

（二）分散化原则：分散可以降低风险

分散化（Decentralization）原则，是指不要把全部财富都投资于一个企业，而要分散投资。

分散化原则的理论依据是投资组合理论。马克维茨的投资组合理论认为，若干种股票组成的投资组合，其收益是这些股票收益的加权平均数，但其风险要小于这些股票的加权平均风险，所以投资组合能降低风险。

如果一个人把他的全部财富投资于一个企业，这个企业破产了，

他就失去了全部财富。如果他投资于 8 个企业，只有 8 个企业全部破产，他才会失去全部财富。8 个企业全部破产的概率，比一个企业破产的概率要小得多，所以投资分散化可以降低风险。

分散化原则不仅仅适用于证券投资，企业各项决策都应注意分散化原则。不应当把企业的全部投资集中于个别项目、个别产品和个别行业；不应当把销售集中于少数客户；不应当使资源供应集中于个别供应商；重要的事情不要依赖一个人完成；重要的决策不要由一个人做出。凡是有风险的事项，都要贯彻分散化原则，以降低风险。

当然，分散化要适度。分散投资如果超过一定范围，其风险不但会降低，可能还会增加。这一点对初学者而言是至关重要的。

想一想：在中国进行多元化投资经营的企业很多，例如海尔、联想、娃哈哈等著名企业，它们既有成功者，也有失败者。你是如何理解多元化的？

（三）资本市场效率原则：资本市场能迅速反映所有信息

资本市场（Capital Market）：指进行中长期（一年以上）资金（或资产）借贷融通活动的市场。

资本市场效率（Capital Market Efficiency）原则是指在资本市场上频繁交易的金融资产的市场价格反映了所有可获得的信息，而且面对新信息完全能迅速地做出调整。

资本市场效率原则要求理财时重视市场对企业的估价。资本市场既是企业的一面镜子，又是企业行为的校正器，股价可以综合反映企业的业绩，弄虚作假、人为地改变会计方法对于企业价值的提高毫无用处。一些企业把巨大的精力和智慧放在报告信息的操纵上，通过“创造性会计处理”来提高报告利润，企图用财务报表给使用人制造幻觉，这在有效市场中是无济于事的。用资产置换、关联交易操纵利润，只能得逞于一时，最终会付出代价，甚至导致企业破产。市场对企业的评价降低时，应分析企业的行为是否出了问题并设法改进，而不应设法欺骗市场。妄图欺骗市场的人，最终会被市场所抛弃。

市场有效性原则要求企业理财时慎重使用金融工具。如果资本市场是有效的，购买或出售金融工具的交易的净现值就为零。企业作为从资本市场上取得资金的一方，不要期望通过融资增加股东财富。因为资本市场与商品市场不同，其竞争程度高、交易规模大、交易费用低、资产具有同质性，使得其有效性比商品市场要高得多。所有需要资本的企业都在寻找资本成本低的资金来源，大家都平起平坐。机会均等的竞争，使财务交易基本上是公平交易。在资本市场上，只获得与投资风险相称的报酬，也就是与资本成本相同的报酬，不会增加股东财富。在资本市场上获取超额收益，靠的是能力而不是运气，这就如同企业不能靠买彩票增加股东财富一样。有些经理人员过高地估计自己，以为可以发现被市场低估的金融资产，结果付出了惨重代价。

案例链接

连续20个涨停！如此彪悍的大牛股，背后竟是……

截至今天，*ST天成已经拉出了连续20个涨停，累计涨幅高达165.99%。其间虽多次出现开板的情况，但都未阻碍其涨停的步伐。

此前，*ST天成曾于2月18日触及0.86元的低点。若以此计算，其在4个多月时间里的累计涨幅已超过300%。

24日晚间，*ST天成公告，公司股票价格近期累计涨幅较大，自2021年6月18日起至2021年6月24日收盘，连续5个交易日涨停，累计涨幅高达27.78%。鉴于公司股价近期波动较大，公司将就股票交易波动情况进行核查。公司股票自6月25日起停牌。

如此彪悍的大牛股，背后是有大利好吗？从基本面来看，完全不是。

由于公司截至2020年底的净资产为负，且被审计机构出具了无法表示意见的审计报告，公司股票已被实施“退市风险警示”。

2020年7月8日，公司及相关当事人因涉嫌信息披露违法违规，被中国证监会立案调查，目前仍在调查中。

截至目前，公司控股股东资金占用发生总额为5.14亿元，资金占用余额为3.12亿元，公司违规担保总额为4.51亿元，违规担保余额为1.12亿元。

控股股东合计持有上市公司8 860.38万股股票，占公司总股本的17.40%，已全部被质押、冻结。

此前，市场曾有传言称，公司有涉及酒企的“借壳”“重组”的洽谈，但公司对此进行了澄清。公司日前还披露，公司、公司控股股东、实际控制人不存在关于本公司的应披露而未披露的重大信息，包括但不限于重大资产重组、发行股份、上市公司收购、债务重组、业务重组、资产注入和资产剥离等重大事项。

（资料来源：《上海证券报》，2021年6月24日）

（四）货币时间价值原则：今天的钱比明天的钱更值钱

货币时间价值（Time Value of Money）：指货币在经过一定时间的投资和再投资所增加的价值。

货币时间价值（Time Value of Money）原则，是指在进行财务计量时要考虑货币时间价值因素。

货币具有时间价值的依据是货币投入市场后其数额会随着时间的延续而不断增加。这是一种普遍的客观经济现象。要想让投资人把钱拿出来，市场必须给他们一定的报酬。这种报酬包括两部分：一部分是时间价值即无风险投资的投资报酬；另一部分是风险价值即因为有风险而附加的投资报酬。

货币时间价值原则的首要应用是现值概念。由于现在的1元货币比将来的1元货币经济价值大，因此，不同时间的货币价值不能直接加减运算，需要进行折算。通常，要把不同时间的货币价值折算到“现在”时点，然后进行运算或比较。把不同时点的货币折算为“现在”时点的过程，称为“折现”。折现使用的百分率称为“折现率”。折现后的价值称为“现值”。财务估价中，广泛使用现值计量资产的价值。

货币时间价值的另一个重要应用是“早收晚付”观念。对于不附带利息的货币收支，与其晚收不如早收，与其早付不如晚付。货币在自己手上，可以立即用于消费而不必等待将来消费，可以投资获利而无损于原来的价值，可以用于预料不到的支付，因此早收、晚付在经济上是有利的。

国民教育成本账

货币时间价值原则可能是在财务管理课程中应用最为广泛的概念，它甚至可以影响你的理财观念。

我国财政部2006年12月4日颁布、2007年1月1日实施的《企业财务通则》，也对财务原则做出规定。主要原则包括：

1. 资本结构优化原则。资本结构是企业财务的核心问题之一，资本结构优化原则是指在资金筹集中要充分考虑资本成本的高低，发挥财务杠杆的作用，选择最佳的筹资方式，以保证实现企业发展战略和财务目标的资本结构。

2. 资源有效配置原则。市场经济中，资源的稀缺性是企业面临的一种普遍现象。如何利用企业有限资源是每个企业必须考虑的。资源有效配置是指企业在生产经营过程中，对拥有的各项资源进行有效配置和优化组合，并随着生产经营和市场竞争情况的变化而不断地调整，使其发挥最大的利用效果。

3. 现金收支平衡原则。现金是一个企业流动的血液，是企业经营活动的润滑剂。现金流转涉及企业方方面面。现金收支平衡是指企业在组织财务活动中，力求达到现金收支在数量上和时间上的动态平衡，实现资金链条环环相扣，以保证企业生产经营活动持续不断地进行。

4. 成本效益最优原则。成本是企业实现收益的前提，成本的高低对于企业竞争能力的提高有着巨大影响。成本效益最优是指企业在生产经营活动中，要树立成本效益观念，加强成本管理与控制，实现以尽可能少的成本耗费获得最大化的效益，从而提升企业的成本竞争优势。

5. 收益风险均衡原则。即指在企业财务活动中，对于存在的收益与风险相互依存的关系，要经过充分评估后进行慎重选择，以尽可能小的风险去获取尽可能高的收益。

6. 分级授权管理原则。现代企业是一个关系复杂、内部机构众多的组织，单纯的集权管理或完全的分权管理都不可能实现企业的经营目标。因此分级授权管理是企业现实的选择。分级授权管理是指企业要建立内部分级、归口的财务管理制度，规定企业内部不同管理层次、不同部门的财务管理权限及其相称的责任，明确相互制约、相互配合的管理关系。

7. 利益关系协调原则。企业与不同的利益关系人之间的利益分享是不一样的，对这一关系的处理显然会影响到财务目标的实现。利益关系协调是指利用经济手段处理企业相关利益主体的财务关系，兼顾投资者、经营者及其他员工、债权人和国家等各方利益，为企业持续发展创造和谐的运行环境。

第四节　财务组织

一、企业组织形式

企业是组织许多个体进行经济活动的一种方式。企业存在的根本问题在于如何筹集资金，一般而言，企业的组织形式主要有三种：独资企业、合伙企业和公司企业。在此我们主要探讨三种企业组织的基本法律性质及在财务上的特点。

（一）独资企业

独资企业（Sole Proprietorship）：即个人出资经营、归个人所有和控制、由个人承担经营风险和享有全部经营收益的企业。

独资企业（Sole Proprietorship）是一种历史悠久的组织形式，是指由一个自然人投资，投资人以其个人财产对企业债务承担责任的经营实体。假设你决定开始创办一家独资企业，手续非常简单，你只要到工商管理部门进行注册登记并申请工商执照即可完成。此后，你可以开始雇用你所需要的人，筹措你所需要的资金。到了年末，无论盈利或亏损都是你个人的事情。

独资企业在形式上具有以下特点：

1. 设立费用低。独资企业是费用最低的企业组织形式。不需要正式的章程，而且在大多数行业中，政府对独资企业的限制和规定极少。

2. 只缴纳个人所得税。独资企业不需要支付企业所得税，企业所有的利润按个人所得税规定缴纳。

3. 负无限责任。独资企业对企业债务负无限责任，即投资人以其个人财产对企业的债务承担无限责任。

4. 存续期较短。独资企业的存续期受制于业主本人的生命期。

5. 融资数量有限。由于独资企业的投资来源属于业主个人的资金，所以个体业主筹集的权益资本仅限于业主本人的财富。

（二）合伙企业

合伙企业（Partnership）是由两个或两个以上的人自愿组织创办的企业。合伙企业可分为两类：（1）普通合伙制企业；（2）有限合伙企业。

合伙企业（Partnership）：指由各合伙人订立合伙协议，共同出资，共同经营，共享收益，共担风险，并对企业债务承担无限连带责任的营利性组织。

在普通合伙企业中，所有的合伙人同意提供一定比例的资金、承担一定的工作，并且分享相应的利润或亏损。每个合伙人承担合伙企业中的相应债务。一份合伙企业的协议标明这种分配的实质，合伙协议一般是以书面正式文字订立。

有限合伙企业允许某些合伙人的责任仅限于其在合伙企业的出资额。有限合伙企业通常要求：（1）至少有一人是普通合伙人；（2）有限合伙人不参与企业管理。

合伙企业的特点是：

1. 费用较低。合伙企业的费用一般较低。在相对较复杂的准备过程中，无论是有限合伙或普通合伙，都需要书面文件，企业经营执照和申请费用是必需的。

2. 负无限责任。普通合伙人对所有债务负有无限责任。有限合伙人仅以其认缴的出资额为限对合伙企业的债务承担责任，如果一个普通合伙人不能履行他（或她）的承诺，不足部分由其他普通合伙人承担。

3. 寿命期较短。当一名普通合伙人死亡或撤出时，普通合伙企业随之终结。这一点不同于有限合伙企业。对于一个合伙企业，在没有宣布解散的情况下转让产权是很难的。一般来说，所有的普通合伙人必须一致同意，但有限合伙人可以出售他们在企业中的利益。

4. 筹集大量资金困难。合伙企业要筹集大量的资金十分困难，权益资本的贡献通常受到合伙人自身能力的限制。许多企业始于独资企业或合伙企业，但到了一定程度，他们都选择转换为公司制企业形式。

5. 缴纳个人所得税。合伙企业的收入按照合伙人缴纳个人所得税，而不缴纳企业所得税。

6. 管理权共享。管理控制权归属于普通合伙人。重大事件，如企业利润的留存数额，通常需要通过多数投票表决来确定。

（三）公司制企业

公司（Corporation）：指依照公司法在中国境内设立的有限责任公司和股份有限公司，是以营利为目的的企业法人。

在众多企业组织形式中，公司制企业（Corporation）最为重要。公司是一个拥有资产并承担责任的法人组织，公司是依照《公司法》组建并登记的以营利为直接目的的企业法人。由于各个国家《公司法》对设立企业的要求不尽相同，所以公司的法律概念也不尽一致。传统的《公司法》规定，公司由两个以上的投资人组成，所以传统观念认为，公司是由两个以上投资人组成的法人实体。直到现在，多数国家的《公司法》仍然是要求公司须由两个以上的投资者组成，但也有部分国家允许单一投资人公司的存在。

无论怎样讲，凡是公司都必须是依照《公司法》的要求设立，都必须在法定机关登记注册，都应当是以营利为目的，都是要从事生产经营活动的组织。正因如此，公司要有一个合法的名称，并享有很多像自然人一样的法律权利。例如，公司可以购买和交换财产；可以签订合同；可以起诉和被起诉。从司法的角度看，公司制是一种以公司身份出现的法人或公民。当然，它没有公民投票权。

创办一家公司制企业比创办一家独资企业或合伙制企业复杂得多。公司创办人必须建立企业章程和一系列细则。在简单的公司制企业中，公司主要由三类不同的利益者构成：股东或所有者、董事会成员、企业高层管理人员。传统上，股东控制公司的发展方向、重大政策和经营活动；股东选举董事会成员，董事会成员选择高层管理人员；高层管理人员以股东的利益为重，管理企业的经营活动。在股权集中的公司，股东、董事会成员和企业高层管理人员三者可能相互交叉。但是，在大型公司制企业中，股东、董事会成员、企业高层管理人员可能是来自各不相同的集团。

与独资企业和合伙企业相比，公司制企业一般具有如下特点：

1. 开办手续较为复杂。设立企业时一般需提供下列文件：（1）企业名称；（2）经营范围；（3）股本金额；（4）董事人数、姓名和地址。

企业发起人还应制定有关企业内部管理的文件：（1）董事选举（包括各届董事会的任期）文件；（2）企业股东购买新发行股票优先权的有关规定；（3）对企业管理机构及其责任的有关规定。

2. 资金来源渠道广。企业的资金来源，可由股东共同出资，也可在资本市场发行股票、债券等各种有价证券筹措资金。

3. 实行有限责任。即股东对企业的债务只负有限责任，企业以其全部财产对企业债务负责。在企业破产时，股东所遭受的损失只以其在该企业的出资额为限。

4. 经营寿命较长。即使企业最初的投资者或管理者死亡，企业仍然可以继续经营下去，企业经营寿命期很长。

5. 股权转移比较方便。对股份有限公司而言，所有者的股权以股票形式被划分为若干等份，公司股票可以自由地在证券市场上交换。

6. 实行两权分离。在企业经营中，实行所有权与经营权相分离，企业最高管理层并非是由企业的股东担任，而是选聘受过良好专业教育，且善于实际管理的优秀人才，其经营管理水平远远高于其他组织形式。

7. 政府对企业管制严格。政府对公司制企业的管制严于独资企业和合伙企业，且征收双重税负，即公司必须缴纳企业所得税，股东还必须缴纳个人（股息）所得税。

公司制企业与独资企业、合伙企业相比，其最大优点是承担有限责任、股权容易转移、经营寿命周期较长以及筹资渠道宽广等，其缺点是组建复杂和双重纳税。

公司是股份制企业的组织形式，根据我国《公司法》的规定，我国股份制企业主要有两种组织形式：股份有限公司和有限责任公司。

股份有限公司（Company Limited by Shares）是指全部注册资本由等额股份构成并通过发行股票（或股权证）筹集资本的企业法人。其基本特点是：（1）公司的资本总额分为金额相等的股份，股东以其所持股份为限对公司承担责任，公司以其全部资产对公司的债务承担责任；（2）经批准，公司可以向社会发行股票，股票可以交易或转让；（3）股东数有最低人数限制，但没有最高人数限制。我国《公司法》规定，设立股份有限公司，应当有 2 人以上、200 人以下为发起人；（4）每股有一份表决权，股东以其持有的股份，享有权利，承担义务；（5）公司应将注册会计师审查验证过的会计报告公开等。

有限责任公司（Company with Limited Liability）是指由两个以上股东共同出资，每个股东以其所认缴的出资额对公司承担有限责任，公司是以其全部资产对债务承担责任的企业法人。其基本特点是：（1）公司资本不分为等额股份，公司向股东签发出资证明书，而不是发行股票，这是有限责任公司与股份有限公司最主要的区别；（2）公司股份的转让有严格的限制；（3）股东人数不得超过一定限额，我国《公司法》规定，有限责任公司由 50 人以下股东共同出资设立，但也可以设立国有独资有限责任公司；（4）股东按其出资比例，享受权利，承担义务。

二、企业财务组织与财务经理职责

（一）财务组织

在现代大型公司制企业中，企业财务提供了众多就业机会，企业财务活动通常与企业高层管理人员相关。图 1-3 主要描述了公司制企业的内部组织结构，特别突出了企业财务活动。

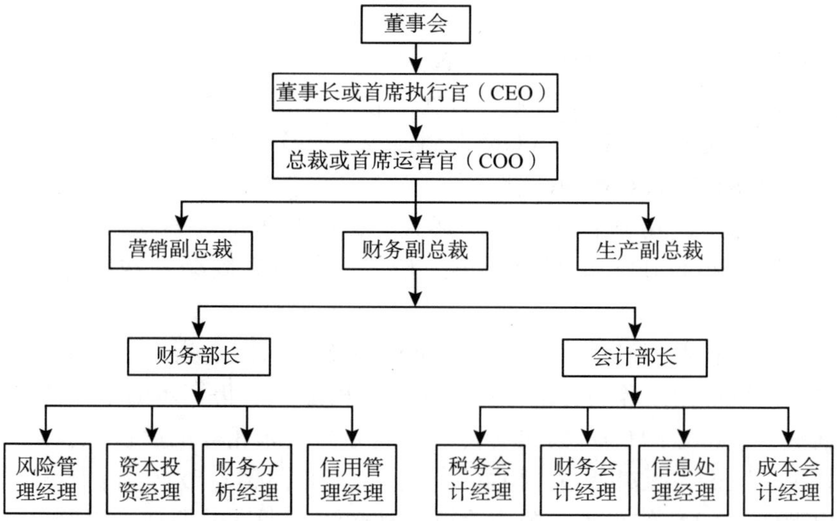

图 1-3　公司财务组织结构

（二）财务经理基本职责

财务经理（Finance Manager）的职责主要是帮助企业获得并且运用相关资源，实现企业的价值最大化。对于一般公司制企业而言，财务经理职责体现在以下几个方面：

1. 预测与计划。财务经理必须参与并协调计划过程。这意味着他们在推进并制订计划的同时，必须与其他部门的人员接触，创造企业的未来。

2. 重大的投资与融资决策。成功的企业通常表现为销售收入的快速增长，这就要求不断地投资于工厂、设备以及存货。财务经理必须帮助确定最优的销售增长率，协助决定应该获取哪些具体资产，并选择最佳的途径为获取这些资产筹集相应的资金。例如，公司应该通过债务融资还是通过股权融资，或者是进行这两者的结合，而如果选用了债务融资，其中多少部分采用长期债务融资，多少部分采用短期债务融资？

3. 协调与控制。财务经理必须与企业内的其他人员接触，以保证企业尽可能有效地运作。所有业务决策都会牵涉财务问题，所有的经理人员——无论是财务领域的还是其他领域的——都必须考虑这个问题。例如，营销决策会影响销售收入的增长，这反过来又会影响对投资的需求。因此，营销决策的制定者必须考虑他们的行为与有关因素之间的相互影响，比如资金是否有保障、存货政策以及生产能力利用率等。

4. 金融市场运作。财务经理必须与货币市场（Money Market）和资本市场（Capital Market）打交道。在金融市场（Financal Market）中，当企业筹集资金、公司证券在市场上进行交易，以及投资者盈利和亏损时，企业都不能回避与金融市场之间的相互影响。

5. 风险管理。所有的企业都面临着风险，包括自然灾害（比如火灾和水灾）、商品市场和证券市场的不确定性、利率的波动以及外汇汇率的波动。然而，许多这类的风险都可以通过购买保险或者通过衍生证券市场的套期保值（Hedging）来规避。财务经理应该负有对整个企业的风险管理（Risk Management）的责任，包括识别风险，以及通过最有效的方式来管理风险。

总之，财务经理要对有关问题作出决策，包括本企业应该获取何种资产、相应的资金如何筹集、企业应该如何开展经营等。如果这些职责能够得到最佳的履行，财务经理就可以帮助企业实现价值最大化，从而最终将有助于消费者和企业员工福利的提高与改善。

试一试：利用周末与同学组成一个调研组，到企业进行走访，了解企业财务组织的设置，并讨论它们的优势与劣势。

本章主要名词概念

资产	负债	资本结构	财务管理
财务战略	财务监督	财务控制	投资决策
融资决策	收益分配	营运资本	零和博弈
沉没成本	独资企业	合伙企业	公司

本 章 小 结

本章主要介绍了企业财务的若干基本问题，从财务的内涵、财务功能，到财务管理的内容、财务原则等内容。具体包括：

1. 财务管理（Financial Management）是指在一定的整体目标下，为创造价值而对资金筹集、资产配置、收益分配等一系列财务活动及体现出的财务关系进行的管理决策。

2. 财务管理的功能主要包括：（1）制定财务战略，指导财务活动；(2) 合理筹集资金，有效运营资产；(3) 控制成本费用，增加企业收益；(4) 规范收益分配，增强企业活力；(5) 加强财务监督，实施财务控制。

3. 财务管理的内容主要包括：(1) 投资决策；(2) 融资决策；(3) 收益分配；(4) 营运资本管理。

4. 财务原则（Financial Principle）是认识企业财务活动的基础和前提，财务原则一般包括三个层次共12项。

5. 竞争环境原则：(1) 自利行为原则；(2) 双方交易原则；(3) 信号传递原则；(4) 行为原则。

6. 价值与经济效率原则：(1) 有价值的创意原则；(2) 比较优势原则；(3) 期权原则；(4) 净增效益原则。

7. 财务交易原则：(1) 风险与报酬权衡原则；(2) 分散化原则；(3) 资本市场效率原则；(4) 货币时间价值原则。

8. 我国《企业财务通则》规定的财务原则包括：(1) 资本结构优化原则；(2) 资源有效配置原则；(3) 现金收支平衡原则；(4) 成本效益最优原则；(5) 收益风险均衡原则；(6) 分级授权管理原则；(7) 利益关系协调原则。

9. 企业的组织形式主要有三种：独资企业、合伙企业和公司制企业。

10. 独资企业（Sole Proprietorship）指个人出资经营、归个人所有和控制、由个人承担经营风险和享有全部经营收益的企业。

11. 合伙企业（Partnership）是指由各合伙人订立合伙协议，共同出资，共同经营，共享收益，共担风险，并对企业债务承担无限连带责任的营利性组织。

12. 公司（Corporation）是一个拥有资产并承担责任的法人组织，公司是依照《公司法》组建并登记的以营利为直接目的的企业法人。

第二章

财务目标与代理关系

学习目标

学习本章后，您应该做到：

1. 了解财务目标的性质；
2. 理解并评析财务目标的不同观点；
3. 描述企业财务契约模型；
4. 理解和掌握企业代理关系的内涵；
5. 理解并掌握企业与各利益关系人的矛盾冲突与协调；
6. 理解财务报告透明度对公司治理的意义。

学习重点与难点

理解并比较不同财务目标的主要观点；掌握价值最大化财务目标内涵；熟悉、理解企业各种财务代理问题的表现方式；掌握处理企业各种不同代理冲突的方法与路径。

学习思维导图

- 财务目标与代理关系
  - 财务目标
    - 利润最大化
    - 股东财富最大化
    - 企业价值最大化
  - 代理关系
    - 股东与经营者
      - 代理冲突
      - 矛盾协调
    - 股东与债权人
      - 代理冲突
      - 矛盾协调
  - 财务报告透明度

引导案例

瑞幸咖啡于2017年6月注册成立，2017年10月开始营业，2019年5月17日在纳斯达克成功上市（以下简称“IPO”），创造了创业公司最快的IPO纪录。但是由于财务造假，瑞幸咖啡于2020年6月29日正式退市，又创造了最快的退市纪录。瑞幸咖啡的财务造假在国内引起了广泛关注，财政部联合其他政府部门经过近两个月的调查于2020年7月31日发布调查报告，认定“自2019年4月起至2019年末，瑞幸咖啡公司通过虚构商品券业务增加交易额22.46亿元，虚增收入21.19亿元，占对外披露收入的41.16%，虚增成本费用12.11亿元，虚增利润9.08亿元”。

瑞幸咖啡上市后依靠资本市场巨额融资迅速扩张，截至2019年底，其门店在两年多的时间内快速增长到4 500多家，超越其竞争对手星巴克。但是，瑞幸咖啡依靠高额补贴用户的快速扩张模式能否持续，一直受到市场的质疑。知名做空机构浑水公司于2020年1月31日发布了匿名方耗时数月做出的调查报告，认为瑞幸咖啡虚增收入和费用，引起市场震惊。

瑞幸咖啡在2020年2月3日对这份质疑其财务造假的报告做出回应称，做空报告中展示的数据与公司自身系统内的数据存在重大不一致。客户在瑞幸咖啡的每笔订单都是通过线上下单的，并会被自动记录在公司系统中，订单付款程序通过第三方支付服务提供商完成。因此，公司所有的关键运营数据均可被实时追踪，包括门店日均销售商品数量、单均商品数量和有效销售价格等，并且可以被验证。然而，在舆论的压力下，直至2020年4月2日，瑞幸咖啡公布了独立特别委员会的调查结果并承认造假。通过瑞幸咖啡所发布的公告可知，安永会计师事务所在审计公司2019年财报时，发现第二季度至第四季度存在虚假交易，其后瑞幸咖啡成立了由三名独立董事组成的特别委员会并且聘请了外部法律顾问和会计专家调查造假事件，最终确认财务造假。

股权高度集中、创始团队背景、董事会结构不合理、公司内部治理失效是瑞幸咖啡造假的内在动因；承销商、审计师和财务分析师因利益驱动导致其证券市场看门人职能大打折扣；做空机构由于内在经济利益的驱动，部分弥补了跨境证券监管机制的缺陷，在揭露财务造假方面发挥了独特的作用。

（资料来源：贾建军、陈欣：《制度建设和市场机制的共同作用——瑞幸咖啡案例研究对上市公司治理的启示》，载于《上海证券报》2022年1月12日）

第一节 财务目标

一、财务目标的性质

目标是人们行动的指南。正确的目标可以引导人们作出科学、正确的行动计划，用较低的成本实现利益的最大化。相反，如果选择了错误的目标，其成本是巨大的、灾难性的。在某种程度上说，东欧、前苏联等国家的一些国有企业的崩溃，一方面是因为没有为企业家确立明确的目标函数；另一方面可能是企业采取了错误的目标所致。

那么，选择什么样的目标才是“正确”的？一个好的目标函数一般具有以下特征：

1. 明确而不含糊。一个模棱两可的目标会因项目或者决策者的变化而变化。

2. 可以清晰地用来度量、评价决策的成功与失败。不能提供度量机制的虚华而不实用的目标往往是失败的。例如，如果我们将目标定义为社会福利最大化，但是并不清楚“社会福利”到底应该包括哪些内容，从而不知道如何将目标函数转化为决策。

3. 不会产生消除企业特有利益或者减少总社会福利的负面成本。

4. 可以使企业长期健康成长和企业价值协调一致。

以上目标的特征可以用来检验其他可供选择的目标“正确性”。

财务目标（Financial Goals）：是企业进行财务活动在一定环境和条件下所期望达到的根本目的。

近年来，关于财务目标（Financial Goals）的争议较多，并引发了许多有意义的话题。那么，企业的合理的财务目标到底是什么呢？严格而论，财务目标问题并不是一个实证性的命题，在研讨过程中，极有可能陷入“公说公有理，婆说婆有理”的研究困局。但一个简单而且明确的标准是不容忽视的，那就是，财务目标的界定应当与财务决策的取舍准绳、与财务行为的优劣判断标准相互协调①。

财务目标是公司财务理论与实践研究的起点。财务目标，又称理

① 人们在讨论财务目标的时候，往往是以规范的、价值判断式的方法予以界定和分析，将感觉上的、道德上的所谓“合理性”放在一个极为核心的位置上。这种分析方法无疑是不科学的，无助于财务目标问题的解决。财务目标的科学性与合理性，必须满足如下两个标准：（1）财务目标应当与企业的本质、与企业经营的本质属性相一致，没有冲突。企业存在的本质使命乃是为投资者尤其是股权资本投资者创造足够多的财富，这是企业这一经济实体存在的基本价值。实现这一价值正是企业财务的要旨所在。（2）财务目标不仅仅是一个理念，尤为重要的是，财务目标应当是进行各种财务决策的基本准绳。换言之，能够实现财务目标的财务决策是好的财务决策，而不能实现财务目标的财务决策是不好的财务决策，必须予以摒弃。考察学界许多财务目标的提法，除了道德层面的振振有词之外，对于财务决策不能有丝毫的约束力和影响力。财务目标不是政治口号，而是优化财务决策、完善财务行为的基本准绳。

财目标、财务管理目标，是企业优化理财行为结果的理论化描述，是评价企业财务活动是否合理的标准。同时财务目标还是对企业财务行为的理性化牵引，恰当的财务目标有助于财务决策的科学性与合理性。对于公司财务人员而言，确立明确合理的财务目标是极为紧要的，它能够帮助财务人员建立科学的财务理念，有助于科学的财务决策，也有助于保持日常理财行为的高效与规范化。

在西方企业界，关于目标设定一般有如下三个层次①：

1. 企业宗旨。比如“致力于人类的幸福”“为社会创造价值”等提法均可以归入企业宗旨之列，申明了企业经营的远大志向，代表着企业文化。

2. 财务目标。比如“股东财富最大化”。

3. 战略目标。战略目标往往具有时效性，比如，“在10年之内，跨入业内前十名”。

值得一提的是，不同性质甚至不同规模的企业，在企业宗旨的提法上，会有着重大的差异。毕竟，企业文化的差异直接决定了企业宗旨的不同提法。

二、财务目标评价

（一）利润最大化

从传统上看，当经济学家和企业界人士论及企业的经营目标时，一般认为就是利润最大化。所谓利润最大化（Profit Maximization），一般是指企业利润总量最大化。正是由于这一原因，第二次世界大战以后，财务会计将计量的中心转向了收益计量的方法上。在微观经济学中，尽管有人对将利润最大化作为厂商的唯一目标提出了质疑，但不容否认的是，利润最大化仍然是进行微观经济分析时所采用的目标函数假设。例如，在进行厂商生产决策分析时，认为最佳产量水平是能够使企业获得最大利润或最小损失的那个产量水平。许多经济学家坚持认为，将追求最大利润作为分析的基本假设或出发点是合乎情理的，因为如果企业没有任何利润，其结果只能是趋于破产。

视频 财务管理目标比较

---

① 英国董事会协会在《董事会标准：改善你的董事会效果》的报告中，将企业目标体系分为如下四种：(1) 愿景（Vision），在愿望和理想中对公司未来状态的描绘以及公司通过努力将取得的成就；(2) 使命（Mission），对必须要做的事的陈述，以达到最好是可以测量的设想的状态；(3) 目标（Goals），与实现使命相关的可测量的指标（Target）；(4) 目的（Objectives），与实现公司战略相关的可测量的指标（Target）。其中的所谓目标就是这里的理财目标。参见英国董事会协会著，李兆熙、杨威译：《董事会标准：改善你的董事会效果》，中国财政经济出版社2004年版，第10页。

可口可乐公司在1998年的年报中，对于财务目标的提法是，“Our mission is to maximize share-owner value over time。”

我国企业界对于追求利润更是有着极端的偏好，将利润视为企业经营的根本目标，甚至是唯一目标。这与我国历史上曾经出现的错误政策有关。在一段很长的时期里，我国企业不做经济核算，更谈不上追求利润等经济目标。进入20世纪80年代以后，随着改革开放的不断深入，讲核算、讲利润逐渐成为人们经营企业的法宝，从而利润表也成为我国企业界人士最为关注的一张财务报表。然而，人们在追求利润的同时，往往只注意到了追求利润的正向一面，而忽略了早已被西方企业界认识到的追求利润的负向作用，即容易导致短期行为、数据失真，等等。20世纪80年代我国的“承包制”已经证明，单纯追求利润势必会严重伤害企业长远的可持续发展。只有改变了对企业理财目标的认识，才能够从根本上改善我国企业的管理行为，提升我国企业的管理质量。

利润最大化是一个着眼于管理者的目标假设，是一种极具技术性的目标假设。

利润最大化并没有被财务学家确定为是合理的财务管理目标，其原因大致包括以下几点：

1. 利润的追求与企业投资者报酬的满足之间没有直接的关联。企业利润是所得大于所费的余额，是对企业某一特定时期内生产经营绩效水平的一种直接度量。如果有理论上的约束或者法律上的约束，企业利润必须全额、没有阻碍地分派给企业的投资者，换言之，在利润分派方面，没有股东的要求报酬率（资本成本）问题，没有股利政策问题，那么，利润最大化就适合于作为财务目标；否则，就不适于作为财务目标。因为，在这个目标假设中，没有投资者对于企业未来报酬的期望，而这恰恰是企业发展的一个根本动力。

作为对企业经营活动绩效水平评价的一种应用历史极为悠久的工具，利润在绩效评价系统中的地位是极为重要的。尤其是在以生产技术为导向的企业管理时期（始自美国的大工业生产时期，或者是说在所谓的科学管理时期），由于人们——也包括股权资本投资者都高度关注企业的生产经营情况，生产能力、设备运行能力往往决定了这个企业的实力以及在市场上的地位。在这种情况下，生产经营利润也就成为人们考察一家企业时所使用的主要评价工具。在这种状态下，无论是投资者还是管理者，对于自己在企业运营中所应当具有的权利和义务等，并没有一个完全清醒的、科学的认识。必须承认，单向的追求利润的行为的确反映了人们对企业性质、对企业运营的性质尚停留在一个较低的水平。

2. 利润最大化作为财务目标，很难与财务决策的标准相吻合。财务目标的认可与确定绝非仅仅是表明公司理财的一种态度，更为重要的是，这种目标假设的确定将从根本上制约企业所有的财务决策。

能够实现财务目标的财务决策是好的决策，应当被采纳；而不能够实现财务目标的财务决策则是不好的决策，应当被否决。如果采纳了利润最大化作为企业的财务目标假设，那么，在企业的投资决策、融资决策、股利政策和营运资本政策中均应当以能否实现利润最大化为判断准绳，这在现实中很难适用，更谈不上其科学性了。利润是对企业某一特定时期内生产经营绩效水平的一种度量和评价。但财务决策的做出，在很多情况下往往并不是以整个企业作为评判的单位，而是着眼于对于某一特定财务行为的分析和研究。很难想象，在股利政策制定过程中，如何将利润因素作为一个决定取舍的标准。因此，财务目标的确定不能脱离具体的财务决策技术。

会计政策（Accounting Policies）：指企业在会计核算时所遵循的具体原则以及企业所采用的具体会计处理方法。

3. 利润是一个极具财务会计（Financial Accounting）技术含量的指标，受到会计政策选择的重大影响，而会计政策的选择权利又归属于企业的管理当局。例如，在通货膨胀时期，存货计价选用先进先出法要比后进先出法实现的当期利润更高，甚至差异很大。再如，固定资产折旧选用加速折旧法要比选用直线折旧法实现的利润更低。这样，利润额的变化可能并非由于经营状况出现了变化，而仅仅是源于会计政策的调整。如果这种对于会计政策的选择被纳入了更多的、有利于管理层私利的因素的时候，利润指标便会被管理意志所扭曲，难以发挥一个评判标准的功能。无疑，一个合理的、可以作为对管理层工作进行优劣评判的目标追求，其实现与否无论如何也不能掺杂有管理层的私利因素在内。

4. 利润没有考虑与风险的内在关系。利润是一个单一指向的会计指标，如果不与风险程度相权衡，单纯地追求利润额往往是没有意义的，甚至是危险的。如何处理风险问题，如何权衡报酬与风险之间的关系，是现代财务理论中高度关注的问题之一，当然也是财务目标假设中不容忽视的一个方面。利润指标恰恰在处理风险的问题上无计可施。

由于利润概念的性质及其会计技术问题，利润最大化可能只适宜用作单期目标而非多期或长期目标。以利润最大化为财务目标势必会形成大量的短期行为，也就是说，这一目标很难实现当期绩效与未来发展之间的良好沟通，当期利润极大并不意味着企业可以维持一个持续发展的态势。必须明确的一点是，一切短期行为的本质都是以未来企业综合实力的下降或丧失为代价来换取当前的利益，它必将严重影响企业的未来发展，给企业投资者造成难以弥补的损失。杜绝短期行为是企业财务管理过程中必须坚持的一个基本原则。

一个科学的财务目标，应当有助于财务行为的科学化与高效化。如果将利润最大化作为企业的财务目标，管理当局势必将很大一部分精力用在对企业利润的操纵以及利润表的管理上，而这种行为无论是对优化企业的财务状况，还是增加企业价值，都终将于事无补。在我国企业界，管理人员普遍关注利润表的编制以及对利润表有关数据的分析，说明利润最大化观念已经深入人心。但客观事实已经证明，片面地、孤立地追求利润，尤其是短期利润，将给企业的可持续发展造成非常不利的影响。

利润操纵

利润最大化不能作为企业财务的目标，并不意味着利润指标在企业财务活动中的作用完全丧失。在财务管理活动中，利润额以及多种形式的利润率仍然是判断企业获利水平的重要指标。

想一想：企业追求利润最大不对吗？一个企业利润越多不就是对社会贡献越大吗？与同学们一起讨论。

案例链接

西南航空的经营铁律：追求利润最大化

西南航空公司有一条铁的纪律：要求每一年都必须赢利，即使在整个行业都亏损的情况下也要求自己必须赢利。从1990年到2003年，美国航空业在这14年里只有6年实现了赢利。在20世纪90年代初，航空业亏损了130亿美元，裁员超过10万人，但是，西南航空在这期间每年都保持了赢利，而且没有解雇一名员工。

追求“利润最大化”并不是“追求利润率最高”，这是完全不同的经营思维。利润率最高并不一定能让企业利润最大化，总利润等于利润率乘以营业收入，如果企业追求利润率最高，就可能会降低市场份额，使得营业收入降低，进而降低利润总额，这实际上和“利润最大化”的经营原则相悖。西南航空不追求净利润率最高，而是将净利润率控制在一个合理的范围之内，以保证能够吸引更多的顾客乘坐飞机，增加市场份额。比如，西南航空在开辟新市场时，常常通过价格战，把票价下降到竞争对手的60%～70%，这样肯定会降低净利润率，但却增加了客流量，常常能使客流量增加30%，这样就增加了营业收入，从而实现了利润最大化。

在西南航空，“利润最大化”是经营的“铁律”，为了提高利润总额，它一方面通过设计合理的利润率来增加营业收入，另一方面又长期推广成本节约措施，提高全体员工的成本控制意识，从不放松对成本的控制。1999年，当时国际油价大幅下跌，最低的时候只有每桶10美元。有些员工一度变得大手大脚起来，非燃料开支增加了22%。针对这种情况，西南航空立即采取了两大措施：一是要求员工削减非燃料支出，公司创始人赫伯·凯莱赫亲自给员工写信要求每人每天节省5美元，使当年开支削减了5.6%。二是提倡节省燃油，大大减少

了公司的用油量，因此当后来油价升到每桶22美元甚至更高时，西南航空已经有了充分的准备。

（资料来源：曹仰锋：《组织韧性：如何穿越危机持续增长?》，中信出版社2020年版）

（二）股东财富最大化

“股东财富最大化”是目前国际上被众多大型公司普遍采用的财务目标，经历了近一个世纪的历史检验，证明确实有助于企业的发展，甚至有助于整个社会的富裕。

股东财富最大化（Stockholder Wealth Maximization）是指企业通过合法经营，采取科学的财务管理策略，在考虑货币时间价值与风险价值的基础上，为股东增加尽可能多的财富。以股东财富最大化为财务目标，首先要求管理当局尤其是高层财务人员如CFO高度专注股东财富的变化，在进行各种财务决策时，始终将股东财富的增加放在第一位。也就是说，能够实现最大化股东财富的财务决策是好的财务决策；反之，不能够实现最大化股东财富甚至毁损股东财富的财务决策是不好的财务决策。以此为财务工作的基本准绳，既可以确保股东财富最大化目标的实现，又可以确保企业的长远可持续发展。

信守并强调公司以“股东财富最大化”为财务目标，有助于培养公司对于股东即广大投资者的亲和力，以求得投资者的认可。股票投资者可以通过股票的买卖行为，来表达自己对于公司管理和发展的意见，向公司管理层传递相关信息。近年来，国外学界对于不同环境下的不同理财目标对于企业与经济发展的影响进行了大量的研究，其中有证据表明，追求股东财富最大化目标有助于公司的长远发展，有助于社会的共同富裕，同时，也有助于协调各方面之间的利益关系，是一个较为理想的理财目标。

一个公司要想增加股东的财富，途径主要有两种：一是支付给股东股利；二是提高股票的市场价格。在任一时点上，股东财富可计算如下：（1）将当期每股股利乘以持有的股份数；（2）将当期股票价格乘以持有的股份数；（3）就上面计算的股利额与股票市场价值加总即可得股东财富的价值。

所谓的“股东财富最大化”，具体言之，就是股利越多越好，股票价格越高越好。股东财富最大化这一财务目标是通过满足股东的最低报酬率要求来实现的，即：

股东财富最大化 = 股东最低报酬率要求的满足

“最大”与“最低”，在这里实现了绝妙的统一。

以一个完全股权资本企业为例，假如其股东必要报酬率是15%。按照“股东财富最大化”的财务目标，财务人员进行财务管理工作

巴菲特创造
“复利奇迹”

的基本要求便是实现股东的必要报酬率15%。而这15%，就是该企业的资本成本，是该企业进行投资的最低盈利水平。为了实现这一目标，企业管理人员必须找到能够带来超过15%报酬率的投资项目，使得项目报酬率大于股东的必要报酬率。只有这样，股东财富才能得以增加。

在财务管理活动中，以股东财富最大化为财务目标，要求财务人员：

1. 关注企业的财务决策、财务行为对企业股价进而对股东财富的影响。股东作为投资者，理应成为企业发展的最大受益者，这在财务管理活动中应当得到充分的体现。

2. 合理确定企业的股利政策。股利政策的制定直接决定了股东收益的一部分，对于财务目标的实现具有极为重要的作用。从某种意义上说，不关注股利政策，不制定有助于企业可持续发展的股利政策，就等同于无视股东财富的增加。

3. 关注企业的社会形象。企业的社会形象直接关系到股票投资者对于企业的了解，以及对于企业股票的要求报酬率的高低。

正如阿兰·C. 夏皮罗教授所说的，在运行良好的资本市场中，投资者可以自由地以最低的交易成本购买和销售金融证券，股东财富最大化目标可以理解为最大限度地提高现在的股票价格。

“公司的目标是为股东增加价值，公司制企业力图通过采取行动提高现有企业股票的价值，以使股东财富最大化”①。

美国著名财务学家詹姆斯·范霍恩也持同一观点。

当然，我们也应看到，股票价格最大化也存在一些缺陷：

1. 如何恰当地处理好股东利益与其他利益者的利益？否则，影响到财务目标实现。

2. 股票价格的升降受内外部多种因素的共同影响，并非企业自身所能完全控制。

3. 股东财富最大化只适用于上市企业，对大量的非上市企业则难以适用。

做一做：走访几家公司，调查了解公司管理层对于财务目标是如何定位的？实务中公司财务目标选择与理论阐述是一致的吗？分析其原因。

（三）企业价值最大化

1. 利益相关者分析。当今，随着经济全球化的发展，企业与各

---

① 斯蒂芬·A. 罗斯：《公司理财》（第5版），机械工业出版社2000年版，第13页。

方面均存在一系列复杂的财务关系，与企业相关的利益者众多，企业在确定财务目标时，不能不考虑相关利益者（stakeholder）对企业财务目标的不同要求和影响。与企业相关的利益者虽然众多，但概括起来主要有以下四大利益相关者集团：

利益相关者（Stakeholder）： 包括企业的股东、债权人、雇员、消费者、供应商等交易伙伴，也包括政府部门、本地居民、本地社区、媒体、环保主义等，甚至包括自然环境、人类后代等受到企业经营活动直接或间接影响的客体。

（1）企业所有者利益集团。所有者出资创办企业，通过股东大会和董事会行使其法定权利，并对企业财务目标产生影响。

（2）企业债权人利益集团。债权人向企业提供资金，必然要求企业按合同约定使用资金并能到期归还本金和支付利息，并保持良好的资本结构和较强的偿债能力。尽管各国的法律有所不同，但债权人对企业财务目标的影响是不言而喻的。

（3）企业员工（包括一般职员与管理者）利益集团。他们为企业直接提供了智力与体力劳动，必然要索取合理的报酬。市场经济条件下，企业员工的利益与企业的利益融为一体，企业的生死存亡直接影响到员工的切身利益。显然，确定财务目标时，不能不考虑员工的利益。

（4）政府利益集团。政府向企业提供了各种公共服务和政策支持，因此要参与企业利益的分配，即要求企业依法纳税；市场经济条件下，政府通过政策的制定与实施来达到对企业财务目标的影响。

因此，由于上述各相关利益者的存在，我们在确定企业财务目标时，不能只强调某一利益者的利益，而忽略其他利益者的利益，企业财务目标的确定应当是各相关利益者利益的集中体现。

企业价值（Enterprise Value）： 指企业预期自由现金流量以其加权平均资本成本为折现率折现的现值。

2. 企业价值最大化（Enterprise Value Maximization）是指企业合理有效地配置资源，采取恰当的财务政策，树立货币时间价值、风险与报酬均衡观念，以企业可持续发展为基础实现企业未来价值最大化。简单来讲，企业价值最大化是指企业预期的未来现金流量现值最大化。这一概念的核心是将企业可持续发展摆在首位，强调在企业价值增长中满足各方利益关系。其含义包括：

（1）强调资源的有效利用，提高资本使用效率；

（2）树立风险与报酬均衡理念，将风险限制在企业可以承担的范围之内；

（3）协调股东之间的利益关系，努力培养稳定性股东；

（4）以和谐为基础，关心企业员工利益；

（5）加强与债权人的沟通，培养可靠的资金供应者；

（6）客户利益至上，注重客户价值，不断开发新产品来满足顾客的要求，保持销售收入的持续、稳定增长；

（7）重视诚信建设，维护企业信誉，关注企业形象。

企业价值概念已经成为现代企业财务学的核心概念之一，对它的理解与运用在很大程度上决定着一个企业财务管理水平的高低。1958年MM理论的提出，奠定了现代企业价值理论的基础。从财务学研究的角度讲，进行各种深入的财务分析的前提和基础便是明确企业价值的性质。事实上，企业管理当局与投资者可以从不同的角度来认识和理解企业价值。正因为如此，我们可以运用不同的方法来估算持续经营状态下的企业价值。

按照微观经济学的观点，所谓价值，是指未来现金流量的现值。随着折现技术在资本预算中的应用，财务学家们也接受了关于价值的这一定义。具体言之，企业价值就是企业未来现金流量的现值。这一定义意味着：

（1）从财务意义上讲，企业是由不同收益索偿权持有人即不同性质的投资者构成的，如普通股股东、债权人等。因此，企业未来现金流可以细分为收益索偿权持有人的未来现金流量之和，尽管不同的持有人获得未来现金流量的风险是各不相同的。从本质上讲，企业价值就是属于其投资者——股权资本投资者与债务资本投资者的财富。

（2）企业价值是企业在其未来经营期间内所获得的现金流量的函数。未来经营期间内的现金流量越多，企业价值越大；现金流量越少，企业价值越小。与销售额、利润额等表明企业绩效的会计数据相比，现金流量具有所指明确、计量单一的特征。因为销售额、利润额等是以权责发生制与历史成本制度为基础确认和计量的，在许多情况下，并不表明企业可支配资源的真实增加，它们的性质不符合财务决策对目标函数的要求。对于财务人员而言，现金流量是至关重要的。

（3）企业价值大小受必要报酬率（折现率）的影响。除了现金流量以外，影响企业价值的另一个重要因素是对未来现金流量进行折现的必要报酬率（折现率）。这一折现率的高低，取决于各收益索偿权持有人投资于企业而提出的报酬率要求，如股权资本要求报酬率、债权资本要求报酬率。它们在实质上是由企业投资决策所承担的风险大小而决定的。企业的投资风险越大，折现率越高；投资风险越小，折现率越低。

“企业价值就是指企业未来现金流量的现值”这一定义表明，企业价值最大化是一个具有前瞻性、复合性和实在性的企业目标函数。所谓前瞻性，是指企业价值及其最大化是着眼于未来时期的财富生成与分配的一个概念，而不是一个历史的概念。这种前瞻性一方面延续了企业截止到目前所拥有的有助于可持续发展的一切特征，另一方面，或者更重要的是，也隐含着企业管理当局对于未来发展的控制实力。这种控制实力越雄厚，企业价值最大化实现的可能性也就越大。

所谓复合性，是指企业价值概念涵盖了一些极其重要的概念，比如现金流量、风险、可持续发展等。追求企业价值最大化，必须科学地协调与权衡这些因素。例如，如果不顾及风险程度，单纯地追求现金流量的最大，势必会带来一些极其严重的问题，其结果不仅无法实现企业价值最大化（折现率过高会降低企业价值），严重者甚至会造成企业的破产倒闭。所谓实在性，是指企业价值对于企业的各类投资者而言，是实实在在的现金流量，而不是观念上的什么东西。而现金流量的变化代表着实际的、可控制财富的变化。

企业价值是未来时期内期望现金流量按照加权平均资本成本进行折现之和，即：

$$V = \sum_{t=1}^{\infty} \frac{FCF_t}{(1 + WACC)^t} \tag{2-1}$$

式中，V——企业价值；

FCF——企业自由现金流量；

WACC——企业加权平均资本成本。

从形式上看，这一企业价值等式将反映未来收益的自由现金流量、反映风险程度的折现率与企业价值有机地联系在了一起。更深一步讲，这一价值等式很好地体现了企业价值的性质，即企业价值从本质上讲所反映的是企业投资者对企业现金流量索偿权的大小。企业之所以存在是由于它对其投资者有价值，而这种价值正好体现在企业能够向其投资者提供足够多的现金流量。现金流量是企业价值的根源，这是一种客观存在；但现金流量的量，换言之，也就是企业价值的量，在很多情况下，尤其是在投资者必须做出投资选择的时候，却是一个充满了主观因素的数据。

在财务管理活动中，追求企业价值最大化，意味着：

1. 在企业管理中，尤其是在财务管理中，要关注现金流量，通过科学的管理行为，力争实现经营活动现金流量的可持续发展。“现金流量至高无上”（Cash Flow is King）这一提法充分反映了西方企业界对于现金流量重要性的认识。对于财务人员而言，一个基本的观念就是：实现企业可持续发展的重要基础是现金流入必须大于现金流出。

2. 加强风险管理，将经营风险与财务风险纳入可控制范围之内。这里的可控制范围是指承担一定程度的风险可以获得足够的风险补偿，有助于企业绩效的提高。如何权衡风险与收益之间的关系，是财务人员在追求企业价值最大化的过程中所必须慎重对待、科学解决的问题。在现代经济社会中，任何经营都必然要承担一定的风险。规避风险或盲目地承担高风险都不是科学的管理经营的途径。

3. 注重企业的可持续发展，这是实现企业价值最大化的前提条件之一。没有企业的可持续发展（Sustainable Development），便无法实现企业价值的最大化。

“企业价值最大化”与“股东财富最大化”两种提法，虽然用词不同，但其内涵是完全相同的。财务理论中所谓的“馅饼理论”，是把企业看成一个馅饼，这个馅饼的大小就是企业价值。而有权力分享这一馅饼的只有两类人：一类在前，即受到法律保护的债权人投资者；另一类在后，即企业剩余收益的分享者即股东。由于债权人的报酬是既定的，因此，馅饼做得越大，企业价值越大，股东的财富也就越大。

案例链接

国资委加强央企市值管理　企业价值最大化是目标

“其实，在新一轮的国企国资改革中，市值管理方法已得到广泛运用，整体上市、资产重组、兼并收购、引进战略投资者等方式，都是市值管理方法中的一部分。”昨日，中国国有企业改革研究会研究员周丽莎在接受《证券日报》记者采访时表示，当前，探索建立市值管理制度可以说正当其时。

在国有资本管理从“管资产”向“管资本”的转变过程中，针对上市公司国有股权的市值管理，无疑是一项重要内容。国务院国资委提出，中央企业要继续加强市值管理，推动控股上市公司优化股权结构。通过优化股权结构，完善公司治理、强化激励机制，最终实现企业价值最大化。

事实上，国务院国资委不止一次提出，中央企业要加强市值管理、增强股东回报。尤其是要支持上市公司持续提高发展质量和效益，对于亏损的上市公司，可以通过并购优质资产、盘活存量资源等方式，实现价值提升；积极行使股东权利，督促上市公司规范运作、诚信经营、加强与投资者有效沟通，不断健全股东回报机制。

在周丽莎看来，国有控股上市公司可以从以下几个方面完善价值创造：一是树立价值导向，打造主业，优化业务经营的各个环节，提高盈利能力和资本效率；二是建立董事问责机制，强化经营投资责任追究，从股权、股东、董事会等多方面完善公司治理，健全现代法人治理结构；三是积极引入战略机构投资者和外部董事，实现盘活国有资本存量，提升国有资本增量。

值得关注的是，为了更好地监督与管理上市公司国有股权，去年5月份国务院国资委、财政部、证监会联合发布了《上市公司国有股权监督管理办法》，对上市公司国有股权监管、界定以及对于出资人权限及各级国资委的管理权责等，做出了明确规定。可以预计，在管资本为主的国有企业改革背景下，央企市值管理将成为国资监管体制改革中的重要内容。

（资料来源：《证券日报》，2019年2月15日）

三、财务目标与社会责任

企业或其他经济组织无论选择何种财务目标，并不意味着可以忽视社会责任和伦理道德问题。

社会责任（Social Responsibility）：指一个组织承担的高于组织自己目标的社会义务，主要包括企业环境保护、安全生产、社会道德以及公共利益等方面。

社会责任（Social Responsibility）一般指企业对于超出法律和公司治理规定的对利益相关者最低限度义务之外的、属于道德范畴的责任。这种责任可以分为两类：

1. 企业与合同利益相关者的社会责任。主要包括：劳动合同之外的员工福利、改善工作条件、尊重员工的个人利益、人格和习俗、设计人性化的工作方式、友善对待供应商、合理的就业政策等。

2. 企业与非合同利益相关者的社会责任。例如环境保护、产品安全、市场营销、公益活动等。

中国控烟利益冲突

一般认为，从伦理上讲，企业应当承担相应的社会责任并遵守商业道德（Business Ethics）。许多企业制定有履行社会责任和遵守商业道德的政策或者声明。但是，绝大多数企业的实际行动与社会公众的期望存在较大差距，企业在自觉履行社会责任方面还无法满足人们的要求。由此产生一个问题，企业如何才能满足社会公众对于社会责任的要求？企业如何合理地处理财务目标与社会责任之间的关系？由于承担社会责任的行动要花费企业的成本，并不是所有企业都自愿主动地支付这种成本。如果某些企业承担了部分社会责任，而另外一些企业不承担社会责任，那么，承担社会责任的企业在吸引资本方面就处于不利地位。例如，假设在一个给定的行业里，所有的公司都接近于"正常"的利润和投资回报率，也就是说，所有的公司都接近于平均的盈利水平，都恰好足以吸引资本。如果一家公司尝试承担社会责任，为了补偿追加的成本，就要提高其产品的价格。如果该行业其他的公司不这样做，就可以保持较低的成本和价格。肩负社会责任的公司就没有办法在市场上与其他公司进行竞争，最终这样的公司也将不得不放弃在社会责任方面的努力。因此，任何主动促进社会责任的公司都将面临成本的上升，导致其经营发生困难，在竞争激烈的行业尤其如此。

寡头垄断（Oligopoly）：指一种由少数卖方（寡头）主导市场的市场状态。

那么为何寡头垄断企业可以获得超过正常水平的利润呢？这样的企业为什么不能将资源贡献给社会项目呢？无疑，它们可以贡献，而许多大型的企业和成功的企业的确已经致力于社区项目、员工福利项目以及其他类似的项目，与单纯地追求利润或者财富最大化的目标相比，它们在这些项目上的投入要大得多。此外，许多此类企业还大量地向慈善机构捐赠。然而，上市公司却受制于资本市场的力量。例如，假设有个储蓄者想进行投资，正在考虑两个公司之间的选择。一家公司将自己的大量资源贡献给社会公益活动，而另一家公司则专注于利润和股票价格的上升。许多投资者都不会选择从社会责任出发进行决策的公司，从而使此类公司在资本市场上处于不利地位。可是，为什么一家公司的股东要比另外公司的股东给予社会更大的补偿呢？究其原因，即使是获利丰厚的公司（除非公司股权集中，而不是分散地由公众持股），在开展促进社会福利的行为方面通常也是受到限制的，这些行为会引起公司成本的上升。

那么，这些是否意味着企业不应该承担社会责任呢？答案恰恰相反。但这的确意味着绝大多数的代价高昂的社会公益行动不能通过自觉自愿的倡导来实现，而必须通过强制命令，让所有的企业均衡地分担费用。因此，这些社会公益项目，比如公平招聘、最低培训、产品安全、消除污染以及反垄断法案等，如果建立起可行的规则，并通过政府机构强制执行，是最为有效的方法。当然，在建立有关企业的行为规则时，准确估计和考虑有关行动的成本和收益，政府与行业之间进行密切配合是至关重要的。

尽管事实上许多的社会责任必须通过政府来强制执行和承担，但近些年来，越来越多的企业开始主动采取行动，特别是在环保领域，因为这样的行动有助于促进企业产品的销售。比如，许多清洁剂的生产厂商现在已经采用可回收纸作为它们产品的包装；食品公司越来越多地采用消费者可以回收或者可以被微生物分解的材料作为包装材料。再比如麦当劳就采用了更易于分解的纸巾。还有些企业认为，企业的职责是促进公众福利，而不仅仅是企业股东的福利，将企业从社会责任中分离开来是不可能的。对某些企业而言，社会公益活动也未必是需要付出高昂代价的——企业可能会强力宣传他们的社会公益活动，而许多的消费者们也更愿意从对社会负责的企业购买产品，而不是从回避社会责任的企业购买产品。

财务目标还与伦理道德相关。在韦氏大词典中，伦理一词被定义为“行为和道德标准”。企业伦理可以看作是企业对于其员工、客户、社区以及股东的态度和行为。伦理行为的高标准要求企业对待任何一方都采取公正和诚实的态度及方式。企业对于企业伦理的追求可以通过各种方式来检验，包括企业及其员工遵纪守法的情况与态度，而应遵守的法律法规涉及这样一些方面，比如产品安全和质量、公平聘用、公平营销和销售、运用机密信息谋取个人利益、社区参与、贿赂以及通过非法支付而赢得业务等。

道德准则的作用

如今，绝大多数企业都制定了严格的伦理行为规范，许多企业还开设了行为培训项目，以确保在各种业务领域的员工理解企业的行为规范。然而，对于最高管理层——包括董事长、总裁以及副总裁来说，公开地追求伦理行为，并将这种追求通过他们的个人行动以及通过企业的政策、行动指引和奖惩机制传达给员工是非常必要的。

企业出现利润与伦理相冲突的时候，有时伦理方面的考虑更为重要，以至于其显然应该被优先考虑。然而，在许多情况下，伦理和利润之间的轻重并不是那么一清二楚。比如，假设某煤炭公司的经理知道其运煤货车将会对线路周围造成污染，而同时，这种污染没有超出法律许可的范围，而防治这种污染的行为将耗费巨额成本。那么，经理应该遵从伦理的考虑减少污染吗？类似地，假设一家医药产品公司内部的研究表明，公司的一种新产品有可能会引起问题。然而，这些方面的证据相对不足，而其他有利于病人的证据又相对充分，而政府机构的检测并没有得出存在不利影响的结论。公司是否应该将这种潜在的问题公之于众？如果公司的确公布了不利的信息（有可能会出问题），这将会影响公司的销售和利润，病人也会拒绝使用公司的药品，而其中某些病人本来可以通过使用公司的药品受益。在这种情况下，究竟应该作何选择？对于这类问题，似乎没有明确的答案，但是公司必须经常处理这些问题，如果不能够成功地处理这些问题，有可能导致巨大的产品责任诉讼，甚至有可能会因此受罚而导致公司破产。

案例链接

今年12家绿色企业登陆A股市场
上市公司环保信披数量质量双升

从10月26日到11月5日，不到半个月的时间，陆续发布的两份重磅文件都提到支持符合条件的绿色企业上市融资和再融资。

“我国经济正在由高速增长向高质量发展转变，绿色发展逐步成为高质量发展的底色。”华鑫证券首席策略分析师严凯文在接受《证券日报》记者采访时表示，借助资本市场的大力支持，绿色产业将发展得更顺畅。绿色生产覆盖全产业链，绿色技术创新是核心驱动力，绿色产业具备资本投入大、投资周期长等特点。资本市场可以为绿色企业提供更多资金支持，缓解绿色企业的融资难题，更好地支持绿色经济发展。

据《证券日报》记者统计的最新数据显示，今年以来，共有12家生态保护和环境治理业企业登陆A股，IPO募资44.92亿元；235只绿色企业债券募资1 357亿元，较上年全年增长逾74%。绿色企业在资本市场融资成效显著。此外，上市公司强制性环境信息披露制度不断完善，沪深两市上市公司环保信披数量及质量持续提升。

11月5日，工信部、人民银行、银保监会、证监会联合发布的《关于加强产融合作推动工业绿色发展的指导意见》提出，将支持符合条件的绿色企业上市融资和再融资，降低融资费用。依托科创属性评价，研究建立绿色科创企业培育引导机制，支持“硬科技”企业在科创板上市。

光大银行金融市场部宏观研究员周茂华对《证券日报》记者表示，这是监管部门助力经济绿色低碳转型的重要举措，支持充分发挥资本市场投融资功能，为绿色企业提供融资便利和拓宽融资渠道，让更多社会资金参与绿色企业发展，壮大绿色经济，加快实现“双碳”目标。

（资料来源：孟珂、邢萌：《证券日报》，2021 年 11 月 8 日）

第二节 代理冲突与矛盾协调

一、财务契约

企业实际上是一个契约的集合体，我们把企业与其利益关系人之间的经济利益关系视为财务契约（Financial Contracts）。图 2－1 列示了企业与其主要的利益关系人，他们与企业均订有契约。

契约（Contracts）： 指“依照法律订立的正式的证明、出卖、抵押、租赁等关系的文书”。财务契约是指企业在理财过程中，为达到合理预期，在平等互利的基础上与各个权利主体确立的一种权利关系。

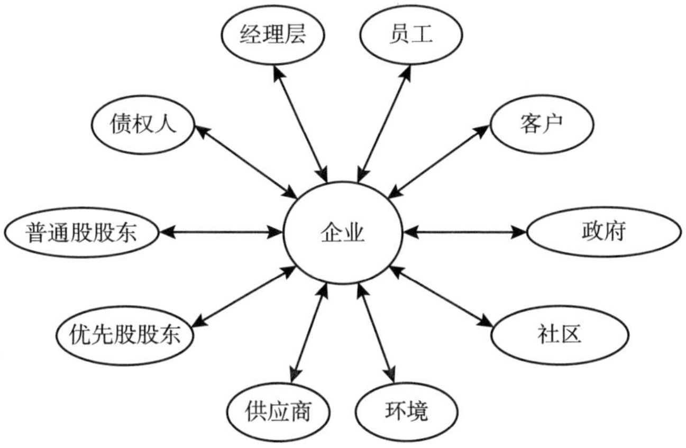

图 2－1 企业契约模型

企业契约模型中包括明确的和模糊的契约。企业与投资者诸如股东或债权人之间订有明确的契约，企业保证在未来特定日期向他们支付特定的报酬（股利或利息）。其他类似的明确契约还有产品售后担保合约、辞退员工的解雇金和员工养老金，等等。

企业也有模糊的契约合同。员工与企业间的模糊契约，如员工对企业的承诺是诚实和努力工作。经理层与股东之间的模糊契约，如经理层承诺按股东的意愿去从事活动，按股东的最大利益做事。

政府行政监管和法律强制方面的契约，如工作场所安全标准和产品赔偿责任，既包括明确的也包括模糊的内容。必要时法庭可以就模糊性契约的内容规定特定的义务。

许多契约有赖于未来特定结果的发生，譬如，当企业利润达到某一既定水平时员工才能获得奖金。这种奖金依利润水平而定，有许多类似的或有契约。政府节假日的法律规定，参与退休计划可能根据为企业工作的最低年限而定。此类契约亦称“或有求偿”，其结果取决于某项资产的价值或特定事件的发生。

企业存在许多或有求偿，一项贷款可能成为或有求偿，债权人对企业资产的求偿取决于企业的行为。如果企业不偿还贷款，债权人可以要求抵押。从而，如果企业无法履行其义务，债权人将对企业的行为施加某种控制。当然，行使控制的权利取决于企业履约失败。没有这种失败，债权人就无权控制企业的行为。

二、代理问题与管理激励

（一）代理关系

对现代企业而言，股东、债权人作为投资者，以不同方式向企业提供了财务资源，但他们却不直接参与企业的经营管理，而是将其资源委托给经营者代理从事各种财务管理及其他经营活动。由此在委托人（股东、债权人）与受托人（经营者）之间产生各种各样的代理关系（Agency）。

代理关系（Agency）：指委托人雇用并授权给被委托人（代理人）代其行使某些特定的权利、彼此之间所形成的契约关系。

在现代企业中，代理关系错综复杂，但最主要的代理关系包括：（1）股东（所有者）与经营者之间的代理关系；（2）股东与债权人之间的代理关系。由于各方在利益上的不一致性，从而使股东（所有者）、债权人、经营者之间产生矛盾冲突，进而影响到企业财务目标的实现。从我国企业改革的实践来看，这种矛盾的冲突也日渐明显。

（二）股东与经营者之间的代理冲突

1. 股东与经营者之间的矛盾冲突。股东—经营者关系之所以产生，是由于所有权和控制权的分离。在股权简单的公司里，所有者就是经营者。在股权更复杂一些的公司里，许多股东与公司的日常经营没有任何关系。在理论上，经营者是为所有股东工作的，如果经营者干得不好，股东们可将其解雇并雇用新经营者。虽然如此，你可以想象出，在实际中这样做既麻烦又困难，难以实现。

不耐烦的股东与负责的经理

只要管理者持有公司普通股的比例小于100%，就会产生潜在的代理问题（Agency Problem）。严格地说，一家公开发行股票的股份有限公司的普通股股东甚至并不拥有公司；他们只是拥有普通股股票，使他们有投票权和某些其他权利。这类股份有限公司是由专门的经营者经营的，公司的董事会雇用经营者，经营者们自己可以拥有也可以不拥有股票。虽然董事是由股东选出的代表，并对股东负有法律责任，但他们通常是由最高管理层提名参选的。

因此，经营者是主要的决策人，他们对公司及其财产有相当大的控制权。在某些情况下，人们甚至指责经营者们使用公司财产来反对股东。于是出现了两个重要问题：经营者的利益与处在非管理层的股东的利益是不同的吗？如果不同，那么经营者实际上在促进谁的利益？

对股东（所有者）来说，其财务目标是实现股东（所有者）财富最大化（即所有者权益最大化）。所以，股东（所有者）就会想方设法要求经营者尽最大可能去实现这一目标。企业的经营者尽管也是最大合理效用的追求者，但是，由于切身利益的不同，其追求目标与股东（所有者）要求的目标并不完全一致。经营者要求股东（所有者）能给予较高的报酬（包括物质和非物质的）；安逸舒适的工作条件；较小的劳动强度，不愿意为了股东财富最大化而冒决策风险；等等。因此，委托人与代理人之间开始产生利益上的冲突。因为经营者所得到的利益正是股东（所有者）所失去的利益（即经营者的享受成本），一方的多得必然是另一方的损失，经营者享受成本（Enjoy Cost）必然影响到股东（所有者）财富的增加。

根据自利行为原则，财务理论允许经营者的目标不同于股东财富最大化的目标。据称，由于种种原因经营者会偏好公司的发展速度和追求较大规模。经营者看重薪金、权力和地位，而这些与公司的规模都是正相关的。据有关论证，规模较大会提供给经营者：（1）更稳固的就业保证；（2）更高的报酬。较快的发展会为低层和中层经理创造更多的内部提升机会。发展还可提供种种机会，使个人显得像是组织中能力很强的一个成员，是一个值得提升的成员。经理层其他的潜在目标包括更高的声誉和随意开支。由于股东和经营者之间目标的不同，产生的矛盾冲突表现为多个方面。例如，经营者不尽心尽力工作，不愿为股东（所有者）的利益而冒必要的风险，欺上瞒下，向政府提供不真实的信息；由于我国目前法制尚不健全，监督不得力，经营者的消极可能导致经营者权责分离、责利不清的局面，并最终导致企业资产大量流失。这种不利于股东（所有者）的表现很难构成法律上的责任，一般只能从道德上予以谴责。再如经营者为了实现自己的目标，可能会违背股东的意愿而乱花股东的钱财；为追求享受而装修豪华办公室，购置高档小汽车、手机，公款吃喝等；气派的公务旅行；或者故意压低公司股票价格，以自己的名义购回，从中渔利，致使股东（所有者）的利益受损。

视频 代理冲突与协调－上

案例链接

上市公司高管辞职，原因不少，有一种暗藏危机！

2022年3月23日，*ST天首、深南股份等8家A股上市公司相继发布了关于公司高管辞职的公告。东方财富Choice数据显示，2022年以来截至3月23日，已有511家上市公司披露公司高管辞职的公告。据记者梳理上市公司公告，高管离职最常见的原因是“个人原因”，还有的是“因工作调动”，另外还有一个就是“身体原因”。虽然公告中的辞职原因从字面看似乎很简单，但部分上市公司高管辞职背后或另有隐情。恺英网络董事、董事会秘书、副总经理骞军法告诉《证券日报》记者：“高管变动，无外乎主观或客观寻求改变。主观方面，为了更好的发展前景或者规避从业风险。客观方面，行业前景、监管环境、公司生态等发生较大变化，不得不做出改变。”

记者发现，在公司控制权变更、资产重组、面临重大处罚或出现违法违规行为等情况下，也容易导致高层变动。值得注意的是，在511家披露高管辞职的上市公司中，有68家上市公司董秘离任，25家上市公司财务负责人离任。记者通过整理发现，上述公司的董秘或财务负责人都选择在公司年报披露前提交辞呈。

市场对核心高管离职的消息十分敏感。“核心高管流失对公司而言，意味着管理层的不稳定以及公司战略执行的有效性存疑，是不利于市场信心的。”IPG中国首席经济学家柏文喜在接受《证券日报》记者采访时表示。

（资料来源：吴奕萱、邬霁霞：《证券日报》，2022年3月24日）

2. 股东与经营者之间矛盾的协调。为了确保经营者的所作所为均能保证股东（所有者）的利益不受侵害，缓和二者之间的矛盾冲突，股东（所有者）可能会设计一套激励、约束和惩罚机制，以便促使管理层的行为能够满足股东利益最大化。然而，为减少代理冲突，激励管理层努力实现股东的意愿而非其个人利益为目标，股东需要为此承担相应的成本即代理成本。代理成本（Agency Cost）一般包括：（1）监督管理层行为的成本（如审计费用）；（2）建立合适的组织机构以限制管理层的不当行为而发生的费用（如在董事会中设置外部董事）；（3）由于管理层受到组织机构限制，以致无法适时进行决策而丧失提高股东财富的机会成本。

代理成本（Agency Cost）：指因代理问题所产生的损失，以及为了解决代理问题所发生的成本。

如果股东不采取任何影响管理层行为的措施，当然也不会产生任何代理成本。那么，管理层不恰当的管理行为几乎一定会导致股东财富的损失。相反，如果股东希望确保所有的管理行为都与其利益完全一致，代理成本会高得无法想象。因而，在处理股东与管理层代理冲突的问题上存在两个极端：一是若在确定管理层薪酬时仅以长期股票价格为基础，这样，管理层所得到的报酬高低将完全视企业的股价而定——股价越高，其报酬越高；反之，亦然。因此，在上述做法下，可避免管理层享受过量的闲暇与特权，管理层就会有强烈的动机来实现股东财富最大化，从而代理成本会相当低。但是，由于企业的利润、现金流、股票价格、管理层薪酬等会受到许多管理层无法控制的因素影响，几乎不可能以此薪酬条件雇用到有能力的管理层。同时，确定管理行为的长期效果需要花费很长时间，在此期间也需要向管理层支付薪酬。二是由企业的股东（所有者）密切监视管理者的每一项管理行为。但这种做法不但毫无效率可言，而且企业要承担昂贵的代理成本。所以，解决问题最好的方法应该是介于上述二者之间的做法，即一方面让管理者的报酬与其业绩结合，另一方面则花费必要的成本以监督管理层的行动。其常用方法有：

（1）管理层薪酬计划。企业设计一套科学合理的薪酬计划（Compensation Plan）以满足管理层的需求。薪酬计划结构的设计要体现以下两个基本目标：一是吸引并能留住有能力的管理层；二是使管理层的行为尽可能与股东利益即股票价格最大化保持一致。不同公司的薪酬计划各不相同，但是一般要包括以下三部分：①固定年薪，用以满足管理层基本的生活支出；②年终分红（现金或股票红利），这主要取决于企业当年的盈利状况；③股票购买期权或者实际发放的股份，这是对管理层关注长期绩效的奖励。

从现代企业实践来看，激励已成为一种被企业广泛接受的管理工具。企业应根据自身的实际情况，选择恰当的激励方式，使经营者愿意采取可以提高企业股票价值的行动。激励的方式主要有：①股票期权（Stock Option）。行使期权时，享有期权的员工只需支付期权价格，而不管当日股票的交易价是多少，就可得到期权项下的股票。因此，为了获取高额报酬，管理层必须竭尽全力为提高股价而工作。②绩效股（Performance Shares）。即运用财务评价指标体系（如每股收益、资产报酬率、净资产收益率等）来评价经营者的业绩，并视其业绩优劣给予一定的股票作为报酬的一种激励行为，从而将管理层个人收益与企业利益结合在一起。从企业实践中看，大多数企业的股东（所有者）是采取监督与激励相结合的方式来协调自己与经营者之间的矛盾冲突，以期望实现股东财富最大化。

股票期权（Stock Option）： 指企业给予管理层在一定期限内以一种事先约定的价格购买公司普通股的权利。

（2）股东直接干预。现在股份有限公司的大多数股票持有者为机构投资者，如保险公司、各种基金机构等。这些机构投资者有能力对大多数企业的经营施加影响：第一，他们能够与企业管理层直接对话，并就如何运营企业进行提议。第二，股东只要持有企业股票，就可以直接或者联合其他股东就年度股东大会表决内容发起提议，从而影响到企业高层管理者。第三，机构投资者在一定条件下可能还拥有更换业绩不佳管理团队的投票权。

（3）解雇（Fire）威胁。股东（所有者）通过对管理层的监督，若发现管理层未能使股东财富（企业价值）达到最大，则应解雇管理层。管理层因害怕解雇不仅要考虑自身利益，而且也要考虑股东的利益。尽管从实践上来看，这一措施的效果难尽如人意（主要原因是由于公司股权比较分散，公司股东解雇管理层的难度很大），但是，对股权比较集中的大股东而言是相对容易做到的。

（4）接管（Take Over）威胁。如果由于管理层决策失误、经营不力，未能采取有效措施使股东财富（企业价值）最大，导致企业股价被低估，那么，企业可能会被其他企业并购，并购方通常会解雇被并购企业的管理层。如果在被并购企业中，有任何一名管理者侥幸被留下来，他也会丧失其在企业并购前所享有的各项权力。因此，为了避免企业被其他企业强行并购，企业管理层就会采取相应措施以提高公司股价。站在股东（所有者）的立场上，他们采取的各项监督措施固然有利，但是这种监督有时也很难奏效，其原因之一就是股东（所有者）对管理层实行全面有效的监督其代价是昂贵的，甚至有时可能超过监督所带来的收益。例如，股东（所有者）可以聘请注册会计师对企业进行审计，以审核其信息的准确性与真实性，这种审查仅仅是针对财务报表而非全部管理活动，管理层比股东（所有者）在管理上具有更直接的优势，他们知道怎么做对企业更有利或更不利。股东（所有者）通过监督可以减少经营者背离股东（所有者）意愿的行为，但是却无法完全消除。

监督成本

实践中股东通常是将上述方法综合起来使用，来协调自己与管理层的矛盾。尽管如此，管理层仍然可能采取一些对自己有利而不符合股东目标的决策，从而给股东带来一定的损失。增加监督成本（Supervision Cost）和激励成本（Incentive Cost）可以减少偏离股东目标的损失，而减少监督成本和激励成本可能会增加偏离股东目标的损失。因此股东应在监督成本、激励成本和偏离股东目标的损失之间进行权衡，力求找出使三者之和最小的方法。

一些学者认为，没有必要将代理问题看得如此严重。管理层的兴趣在于企业的增长和规模，因为管理层的薪水和其他福利是与销售额或全部资产相关的，这就刺激管理层增加企业普通股的价值；并且，股东在实际上行使更换管理层的最终权力。这种胡萝卜加大棒的方法足够使代理问题得到控制。对于上市公司来说，可以将金融市场看作企业状况的监视器。如果管理层对在其管辖之下的资产潜力没有有效地利用的话，过不了多久，便会在较低的股票价格上得到反映，形成价格保护。此外，还有两种机制来控制经理行为。第一种控制机制是经理市场，这种市场以潜在的或协议的业绩与实际业绩相对照为基础，不断对管理者的人力资本进行再评估。如果评估是不利的话，管理层的竞争会使更换势在必行。第二种控制机制是接管公司的市场。蹩脚的管理会导致企业股票价格下跌，致使企业被另一个公司所接管。

案例链接

中央企业高管薪酬有多少？来看看他们的“工资条”

96家央企近日统一对外披露了2020年度的高管薪酬。中央企业高管的薪酬普遍从30多万元至80多万元不等，通常同一行业的薪酬差别不大，但不同行业的薪酬差距还是比较悬殊的。

此次公开的信息显示，2020年度薪酬最高的为中国移动通信集团有限公司党组书记、董事长杨杰，应付年薪达到87.82万元。位居第二位的是中国建筑集团有限公司原党组书记、董事长周乃翔，应付年薪为87.65万元。第三位是中国第一汽车集团有限公司党委书记、董事长徐留平，应付年薪为86.33万元。薪酬收入较低的则多在30多万元，其中中国航天科工集团有限公司董事长袁洁应付年薪为39.98万元，中国兵器装备集团有限公司董事长许宪平应付年薪为37.88万元，中国通用技术（集团）控股有限责任公司董事长于旭波应付年薪为38.25万元。

作为较受社会关注的能源类央企的高管薪酬，中国石油、中国石化、中国海油三家企业负责人的薪酬并没有太显眼。中国海油董事长、党组书记汪东进的2020年度应付年薪高于中国石油和中国石化的一把手，达到84.54万元，社会保险、企业年金、补充医疗保险及住房公积金的单位缴存部分共计19.96万元，也是这三家央企高管中最高的。

中国联通是目前唯一一家在集团层面整体进行混合所有制改革试点的中央企业。根据此次公布的数据，中国联通董事长、党组书记王晓初的2020年度应付年薪为78.12万元，社会保险、企业年金、补充医疗保险及住房公积金的单位缴存部分共计21.87万元，另外还有0.72万元的政府津贴。与其相比，公司总经理李国华的应付年薪相差明显，仅为19.53万元，社会保险、企业年金、补充医疗保险及住房公积金的单位缴存部分共计5.67万元。公司副总经理邵广禄应付年薪更是仅为5.65万元。

根据国资委考核分配局公布的数据显示，中央企业负责人的薪酬收入主要由三个部分组成，包括税前薪酬（含应付薪酬加社会保险）、企业年金、补充医疗保险及住房公积金的单位缴存部分+其他货币收入如补贴。其中，应付薪酬由国资委核定。

（资料来源：张钦：《北京青年报》，2022年1月7日）

（三）股东（所有者）与债权人之间的代理冲突

视频 代理冲突与协调－下

1. 股东（所有者）与债权人之间的矛盾冲突。当债权人将资金借给企业后，二者之间的委托代理关系随之产生，债权人出借资金的目的在于到期收回本金并获得约定的利息收入；而企业借款的目的是用它扩大投资，期望能给企业带来杠杆效益。债权人对企业贷款时已将其风险纳入借款利率中，因此，借款利率应考虑的因素包括：（1）企业现有资产的风险；（2）对企业未来增添新资产风险的预期；（3）企业的负债比例，即企业资本结构；（4）对企业未来资本结构变动的预期。

债权人的资金一旦出借，债权人则失去对其直接的控制权，股东（所有者）就有可能借助于经营者之手，为了自身利益而损害债权人的利益，其常用方式有：

（1）进行投机活动。股东（所有者）未经债权人同意，就促使经营者投资于比债权人原先预期风险更高的项目。由于新项目的风险较原先预期的高，负债的必要报酬率随之提高，以致使得已流通在外的负债价值降低。如果高风险的项目获得成功，由于债权人只能得到固定的报酬，所有额外的收益均归股东（所有者）所有；如果新项目失败，债权人必须和股东共同负担由此而产生的损失。

投机（Speculation）：指根据对市场的判断，把握机会，利用市场出现的价差进行买卖从中获得利润的交易行为。

（2）提高财务杠杆比率。提高企业财务杠杆（Financial Leverage）比率会使现有债权人的境况变差，尤其是在财务杠杆比率增幅加大并影响企业的违约风险、债权人利益得不到保护时，情况更是如此。股东（所有者）为了提高企业的利润，在未征得债权人同意的前提下，就会迫使管理当局发放新债，从而导致原负债价值下降，并使得原债权人蒙受损失，企业破产的可能性增大；如果企业破产，原债权人必须同新债权人共同分配企业破产后的财产价值。

（3）增加股利支付。股利政策（Dividend Policy）是导致股东与债权人发生利益冲突的又一表现。较高的股利会导致股票价格上升还是下降，在理论上还存在很大争议，但是实践经验证明：股利增加一般导致股价上升，股利降低会导致股价下跌。相反，股利增加会使债券价格下跌，股利的减少会使债券价格上升，这一变动关系影响到股东和债权人之间的利益平衡。

2. 股东与债权人之间矛盾的协调。基于上述问题，债权人为了防止其自身利益受到侵害，就会在向企业发放贷款时采取一系列防护性措施。

（1）寻求立法保护，企业破产时优先接管分配剩余财产；

（2）在借款契约中加入各种限制性条款（如规定资金用途），以保护自己的合法利益；

(3) 如果债权人认为企业确有剥夺其财富以扩大股东（所有者）财富的意图时，就应拒绝进一步合作，不再向企业提供新的借款，或者提前收回贷款，或者向企业要求高于正常水平的报酬率，以作为其财富可能被剥夺的补偿。

第三节　公司治理与财务报告透明度

一、代理冲突与公司治理

现代企业都存在利益冲突，其中做出决策的经理人的利益可能偏离于股东的利益。简单来说，公司治理（Corporate Governance）作为财务的一个领域考察了如下问题：即怎样才能更好地约束和激励经理人按照企业股东的利益行事？从一般意义上讲，指导企业行为的程序、政策、法律和制度都属于广义的公司治理。公司治理也包括股东、管理层、员工、董事会、供应商、社区等不同利益相关者之间的关系。正因为如此，公司治理是个很宽泛的话题。

公司治理（Corporate Governance）：从广义上讲是研究关于企业权力安排的问题。从狭义上讲是居于企业所有权层次，研究如何授权给职业经理人并针对职业经理人履行职务行为行使监管职能的科学。

大家知道，财务经理通过采取增加企业价值的行动，可以最大限度地保障股东的利益。然而，在大型企业中，所有权分散在大量的投资者手中，所有权的分散意味着管理层实质上控制了企业。在这种情况下，管理层必然会最大限度地保护股东的利益吗？换句话说，管理层是否会牺牲股东的利益而追求自身的目标？

在全球各地，公司治理各不相同。例如，在美国和英国之外的大多数国家，公众上市公司通常被一个或多个大股东所控制。而且，与美国、英国这些股东保护较好的国家相比，在股东保护较差的国家中，大股东侵害小股东利益的机会更多。

在基本的公司治理架构下，股东选举董事会，董事会随后任命公司高层管理者，例如首席执行官。首席执行官通常也是董事会成员，公司治理中的董事长问题这些年引起社会广泛的关注。在美国的大多数公司中，首席执行官和董事长往往是同一人担任。反对者认为，首席执行官和董事长两职合一的结果会导致公司治理效率降低。当我们比较美国与英国的公司治理时，英国的公司治理通常评价较高，其主要原因归结于90%以上英国公司的董事长是外部董事而不是由首席执行官兼任。

二、财务报告透明度

在基于市场的财务体系中，股票价格通过投资者买卖形成。通过此过程，管理层会收到关于其经营业绩的反馈——事实上，股票价格多用于为管理层评级，且是确定薪酬的依据。然而，此系统取决于自由的准确的信息流。如果信息准确可靠，且所有市场参与者都可以获得该信息，则称其为具有市场透明度。

透明度（Transparency）是一家企业财务报告质量的重要特征，我国会计基本准则明确规定了财务报告的目标是向财务报告使用者提供决策有用的信息，并反映企业管理层受托责任的履行情况。要使财务报告有助于决策者科学决策，就必须透明度高、信息质量好，换言之，财务报告必须客观真实。财务报告质量越高，所表现的实际计量对象与旨在计量的对象之间的一致性就越高。我国企业会计准则对企业财务报告的会计信息质量提出明确要求，这些要求就是指财务报告中所提供会计信息对投资者等使用者决策有用应具备的基本特征，它包括可靠性、相关性、可理解性、可比性、实质重于形式、重要性、谨慎性和及时性等。

对于有效的财务信息，透明度是至关重要的。因而，可采取多种保障措施以保证财务信息的完整性。

1. 上市公司在向股东报告财务成果时须使用同一套会计准则，即企业会计准则（CAS）。企业会计准则体系包括基本准则、具体准则和应用指南。CAS 由财政部制定实施。

2. 上市公司财务报表须经由独立审计师审计以确保其准确性。

3. 上市公司还必须向证券交易委员会提交财务报表，并由证券交易委员会将其提供给任何可能向公司投资的各方。

4. 上市公司应当以一种能够使所有投资者同时获取信息的方式发布所有的新信息。这意味着不允许公司有选择地向某些外部人或者外部人集团发布信息。

5. 投资银行或中介公司雇用证券分析师，这些分析师应当收集并消化所有可用信息，形成有关各证券价值的观点，并向客户企业提出中肯建议。

6. 对于规则的违反者，政府监管等机构应当迅速严厉地提出诉讼，以对那些企图侵害投资者利益的人形成威慑。

如果所有这些保障措施都能够按照设计思路执行，那么投资者和股东则能够在一定程度上确保：（1）公司准确报告的财务信息反映了公司过去的经营绩效；（2）所有市场参与者都能获取同样的信息。这样，资本市场才是一个公平竞技场，才能提升投资者信心，从而能够降低资本成本、增加企业投资，进而使整个经济更为有效地运行。

然而，现实社会中这些保障措施并未能如愿实施，众多企业被指涉嫌欺瞒（或欺诈）。当管理层不正当行为的证据暴露时，对企业充满信任的退休人员丧失了生活积蓄，许多其他投资者则只能眼睁睁地看着其投资组合价值暴跌。政府监管机构指出，信任危机将会导致资本枯竭、减缓资本支出并终将导致严重的经济衰退。因此，各国政府监管机构根据有关问题相应采取一些措施，保护合法投资者的投资行为和信心。以下给出三个例子来说明财务报告透明度对于规划资本市场、保护投资者利益的重要性。

（一）安然公司造假案

安然事件始末

20 世纪 90 年代早期，安然公司是一家拥有石油与天然气管道以及发电厂的能源公司。90 年代中末期，安然公司开始改组为能源贸易公司，进行电力与天然气的批量买卖，并建立了从事电力与天然气的期权、期货合约交易的分部。由于其在电力市场上（尤其在加利福尼亚州）进行了违规操作，这些新兴市场上的销售额激增，安然的年销售额由 20 世纪 90 年代早期的 55 亿美元增至 2000 年的 1 000 亿美元之多。截至 2000 年 9 月，安然的股票价格高达 90 美元/股，其市值高达 600 亿美元。

然而，安然公司显然涉嫌欺瞒行为——它虚增了收入与利润并隐匿了债务，使其财务状况显得比实际情况要好得多。此外，安然公司利用了表外融资为其大部分增长提供资金。在此交易过程中，安然公司为由其高管人员拥有的合伙企业的债务提供担保，后者利用借款资金从安然公司购入资产，安然公司再利用资产出售所得减少其公开债务。安然并未披露这些事项，因此其财务看起来要比实际情形好得多。同时还有些交易的成交价格使合伙企业能够迅速获取巨额利润，从而有效地将资金从安然公司转移到其高管人员所有的合伙企业里。此外，安然公司还将那些需要报亏的资产转移到这些合伙企业以削减亏损，并再次为用于此类交易的资金提供贷款担保，因此，其事实上遭受了亏损但却有能力抵消这些亏损。通过这些违规会计操作，安然公司的财务报表存在高度的误导性。

在引致颠覆企业的灾难性亏损之前，这些合伙企业的安排本应当中止。为了保护投资者，公开上市公司需要雇用外部审计师对财务报表进行审计，以证明报表的可靠性。然而，安然公司聘请的安达信（Arthur Andersen LLC）会计师公司，没能够识别并揭露其违规会计操作，为安然出具了合格的年度审计报告。当 2001 年问题开始凸显的时候，安然的股票价格开始滑落，到 2001 年 10 月上旬跌至 30 美元/股。当资产负债表外融资及所有其他问题在 10 月下旬最终披露时，安然的股票价格再度急剧下跌近65%，现在几乎一钱不值。

同时有人也提出了这个问题："安然公司的董事哪里去了？他们都在干些什么？为什么在事态无法控制之前他们不制止这些欺诈行为以保护投资者?"显然，这些董事在紧要关头麻木了。或许其不作为是因为他们每年都能收到高达7万美元的薪酬，甚至是因为大多数董事都是由首席执行官Kenneth Lay个人安排的，如果必要，他随时能够将其解聘。无论如何，安然公司的董事们的拙劣表现进一步摧毁了公众对美国企业界的信任，并促进了NYSE与SEC提议要加强对董事的控制、要求其与公司管理层间关系更为独立且应当对投资者更为负责。

安然公司的董事长及其他高管人员曾鼓励员工将退休金投资于公司股票，当问题凸显时甚至还禁止员工从股票中撤出资金。由此导致的结果是，成千上万的员工在丧失工作的同时还丧失了他们的生活积蓄。与此同时，Lay以及其他管理层则抛售了自己所持有的股票，获得了基于虚假利润的年终奖金，整个2001年，他们总计从公司攫取了约为7.5亿美元的巨额资金。①

（二）美林证券造假案

个人投资者对证券分析师的推荐非常依赖，尤其是在那些佣金收费相对较高的全面服务型经纪公司里工作的证券分析师，这些经纪公司会为其分析师的才能做广告。然而在2001年，分析师的诚信出现了严重的问题。一起尤为惊人的案例牵涉到了美林证券及其首席网络股票分析师Henry Blodgett。美林证券是一家主要的经纪公司，其投资银行部也承担了新证券发行的承销、并购咨询及其他类似业务。此外，其投资银行收入通常超过了经纪佣金收入。因此，诸如美林证券一类的公司热衷于参与更多的投资银行业务。

证券分析师能够为经纪公司带来投资银行业务。如果某位知名且受到广泛关注的分析师发布了某家公司业绩良好的报告，则该公司的股票价格会因此提升。公司显然都希望以较高的价格发行股票。由此，投行业务部若能够告知潜在客户，其分析师将为其发布肯定报告并吹嘘其股票，则能够为经纪公司带来投行业务。同时，倘若分析师的薪酬大部分基于其为经纪公司带来的投行业务，则分析师具有强烈的动机发布肯定性投资建议。

据报道，在20世纪90年代末、21世纪初，此类事件层出不穷。投资者因依照证券分析师不公正的投资建议而遭受了损失，他们以客户名义提起过一些共同法律诉讼。然而，由于很难获得证券分析师不法操作的证据，能够胜诉的案件并不多。不过，纽约总检察长Elliot

① 资料来源：http：//baike. baidu. com/item/安然事件/2875381？fr = aladdin。

Spitzer 先生却成功获取了一些文档（电子邮件消息等），这些文档清晰揭露了 Henry Blodgett 在已知美林证券某客户公司极有可能破产的情况下，发表了强烈建议购入其股票的推荐意见。2002 年 5 月，美林证券同意支付 1 亿美元的罚金以解决其证券欺诈诉讼。虽然美林证券还解决了其他一些由个人投资者提起的诉讼，但其仍将面临更多由个人及其他各州检察长提出的诉讼。毫无疑问，所有这些将严重损害美林证券的名誉，并将对其未来经营产生不利影响。其他财务公司也受到了类似调查，它们也许面临着与美林证券一样的命运。美国国会、证券交易所以及 SEC 均对此作出了反应，并修订了可能导致证券分析师利益冲突的相关法规。

（三）康美药业造假案

康美药业由马兴田与许冬夫妇于 1997 年创建，2001 年登陆了中国资本市场。2016～2018 年，康美药业合计虚增营收 275.15 亿元，占同期公告营业收入 40% 以上，虚增营业利润 39.36 亿元，占同期公告营业利润的 1/3。

为了配合虚增的营业收入，康美通过财务不记账、虚假记账，伪造、变造大额定期存单或银行对账单，伪造销售回款的方式虚增货币资金。2016 年年报，康美虚增货币资金 225.49 亿元；2017 年年报虚增 299.44 亿元；2018 年半年报虚增 361.88 亿元。到了 2018 年年报，已被立案调查的康美药业再也无法继续遮丑，发布了一份经过更正的财务报表，将 2017 年的大部分财务数据一一推翻，其中最令人惊叹的当属“消失”的 299.44 亿元货币资金，以及“从天而降”的 195.46 亿元存货。

康美药业败局始末

按照康美药业的狡辩，这只是一场美丽的误会，美其名曰“会计差错”，但偌大而悠久的资本市场上，从未有过如此规模的“会计差错”。按照康美药业的说辞，公司账上有 195 亿元花出去，用来购买原材料了，只是这么多的存货放在仓库里，上至财务、下至仓管，没有人注意到而已。2019 年 4 月，马兴田还公开表示，“财务差错和财务造假是两件事，货币资金减少 299 亿元的问题，并不是一笔勾销，而是大部分转为存货，我们的存货还是很有价值的。”

直到 2019 年年报，康美药业依然坚持自己的存货金额达到 314.08 亿元，存货跌价准备从上年末的 6 583 万元提高到了 6 亿元，但还是微乎其微。这“最后的倔强”在 2020 年年报中不见了，期末 301 亿元的账面存货，被计提了 211 亿元的跌价准备，也就是说，康美药业和会计师事务所共同认可的存货价值，只有 90.4 亿元。随便一挤，又是 211 亿元的水分。

如果从财务造假（Financial Fraud）的手段来看，康美药业以存货为幌子的手法其实相比虚增货币资金更为高明一些。相比应收账款和货币资金造假，固定资产和存货的造假，更不容易被发现。只可惜康美药业一开始选错了剧本，等到被广泛质疑后才明目张胆地推翻数据，造假存货，未免过于自欺欺人了。

中国证监会于2020年5月14日宣布，证监会依法对康美药业违法违规案作出行政处罚及市场禁入决定。决定对康美药业责令改正，给予警告，并处以60万元罚款，对21名责任人员处以90万元至10万元不等罚款，对6名主要责任人采取10年至终身证券市场禁入措施。相关中介机构涉嫌违法违规行为正在行政调查审理程序中。同时，证监会已将康美药业及相关人员涉嫌犯罪行为移送司法机关。

证监会最终认定，2016年至2018年期间，康美药业虚增巨额营业收入，通过伪造、变造大额定期存单等方式虚增货币资金，将不满足会计确认和计量条件的工程项目纳入报表，虚增固定资产等。同时，康美药业存在控股股东及其关联方非经营性占用资金情况。上述行为致使康美药业披露的相关年度报告存在虚假记载和重大遗漏。

康美药业有预谋、有组织，长期、系统实施财务欺诈行为，践踏法治，对市场和投资者毫无敬畏之心，严重破坏资本市场健康生态。证监会发现案涉违法行为后，立即集中力量查办，持续公布执法进展，疫情期间通过多地远程视频会议方式召开听证会，听取当事人陈述申辩，并在坚持法治原则下进行了从严从重从快惩处。①

信息披露（Information Disclosure）制度是资本市场健康发展的制度基石，依法诚信经营是最基本的市场准则。一些上市企业无视法律和规则，实施财务造假等侵害投资者利益的恶劣行为，相关中介机构未履职尽责、勤勉从业，严重阻碍资本市场健康发展。对此，证监会将始终保持高压态势，用足用好法律赋予的职责，综合运用行政处罚、刑事追责、民事赔偿及诚信记录等追责体系，对财务造假等行为重拳出击。

随着新《证券法》颁布实施和资本市场改革的不断推进，财务造假等证券违法违规成本将大幅提升，行政处罚决定作出后，相关责任单位和人员也将面临投资者民事诉讼索赔，付出更高昂的代价。上市公司应该引以为戒，坚守诚信底线，相关中介机构归位尽责，共同助力市场健康发展。证监会要持续加强投资者保护，提高上市公司质量，压实中介机构责任，精准监管执法，坚决净化市场环境，更好发挥资本市场服务实体经济和投资者的功能。

---

① 相关内容根据康美药业（600518）公告及网页、新浪财经等媒体资料整理。

本章主要名词概念

财务目标	利润最大化	股东财富最大化	企业价值最大化
利益相关者	社会责任	代理成本	管理层薪酬计划
财务契约	公司治理	代理关系	监督成本
投机行为			

本章小结

本章围绕财务目标、代理冲突等问题进行阐述。评价了不同财务目标的主要观点，探析了企业的各种代理问题与冲突，全面评述了解决代理问题的方法，并对公司治理及财务报告透明度进行介绍。主要内容包括：

1. 财务目标（Financial Coals）是企业财务理论与实践研究的起点。财务目标是企业进行财务活动在一定环境和条件下所期望达到的根本目的。

2. 不同的社会环境和管理体制会产生不同的财务目标。目前企业财务目标主要有几种：(1) 利润最大化目标；(2) 股东财富最大化目标；(3) 企业价值最大化目标。

3. 企业价值最大化（Enterprise Value Maximization）是指企业合理有效地配置资源，采取恰当的财务政策，树立货币时间价值、风险与报酬均衡观念，以企业可持续发展为基础实现企业未来价值最大。

4. 财务契约（Financial Contracts）是企业与其利益相关者之间的经济利益关系。

5. 代理关系（Agency）是指委托人雇用并授权给被委托人代其行使某些特定的权利、彼此之间所形成的契约关系。在现代企业中，代理关系主要包括：(1) 股东（所有者）与经营者之间的代理关系；(2) 股东与债权人之间的代理关系。

6. 股东与经营者之间矛盾的协调方法主要有：(1) 管理层薪酬计划；(2) 股东直接干预；(3) 解雇威胁；(4) 接管威胁。

7. 对股东与经营者矛盾协调时必须在监督成本（Supervision Cost）、激励成本（Incentive Cost）和偏离股东目标的损失之间进行权衡，力求找出使三者之和最小的方法。

8. 股东与债权人之间矛盾的协调方法主要是：债权人在向企业发放贷款时主动采取一系列防护性措施，以保障自身的合法权益。

9. 透明度是一家公司财务报告质量的重要特征，财务报告透明度决定公司的治理结构与效率。

第二篇

风险与估值

第三章

货币时间价值

学习目标

学习本章后，您应该做到：

1. 理解货币时间价值的基本含义和内在本质；
2. 熟练掌握复利终值和复利现值的计算与应用；
3. 熟练掌握各种年金终值和年金现值的计算技巧与应用分析；
4. 理解和掌握货币时间价值特殊条件下的计算问题；
5. 理解和掌握利率构成要素及计算。

学习重点与难点

理解货币时间价值在财务决策中的功能；掌握货币时间价值计算原理；能够运用货币时间价值公式进行财务决策；熟练掌握各种年金形式的计算、利率之间的换算方法及应用。

学习思维导图

- 货币时间价值
  - 时间价值内涵
    - 时间价值概念
    - 时间价值本质
  - 时间价值计算
    - 单利与复利
    - 终值与现值
      - 复利终值
      - 复利现值
    - 年金
      - 后付年金
      - 先付年金
      - 递延年金
      - 永续年金
  - 利率
    - 利率构成
      - 无风险利率
        - 纯利率
        - 通货膨胀率
      - 风险溢价
        - 违约风险
        - 流动性风险
        - 到期风险
    - 名义利率与实际利率

引导案例

传说两千年前的印度，战乱四起，民不聊生。人们热衷于战争，互相残杀，情景惨不忍睹。为了消灭战争，维持和平，聪明能干的宰相达依尔想出一个好主意：发明一种类似两军打仗的游戏，将人们的精力吸引到棋盘上来，借以消灭战争，保持和平。这种游戏就是早期的国际象棋。

国际象棋发明以后，正如达依尔所期待的那样，这种走子别致、棋路新颖的棋戏果真具有巨大的魔力，很快受到了人们的喜爱。于是，好战的狂热情绪逐渐被切磋棋艺的热情所代替，随之而来的是国家的繁荣与昌盛。

人们非常感谢达依尔，国王舍罕答应他提出一个要求作为发明国际象棋的奖赏。聪明的达依尔灵机一动："我的要求很简单，国王只要在国际象棋棋盘的第一个格子上放一粒麦子，第二个格子上放两粒，第三个格子上放四粒，以后按此比例每一个格加一倍，一直放到第 64 格，我就感恩不尽了。"国王想："这么点麦子有多少！"当即答应了宰相的要求。但是，当国王让人扛来一袋小麦后，不一会儿就用完了，再来几袋，很快又没有了。国王十分纳闷，连忙请来研究数学的人计算，好长时间才得到结果。原来这是个很大的天文数字，就是拿出当时全印度的所有粮食也不够这个数字。

第一节　货币时间价值与财务决策

一、货币时间价值的含义

现在我们开始讨论企业财务中一个十分重要的概念：当前的 1 元与未来的 1 元之间的关系。考虑下面一个例子：某公司正考虑是否投资 100 万元，该项投资在以后的 10 年中每年产生 15 万元的报酬。你认为该公司是否应接受这一项目呢？乍一看，谁都会说当然应该。但是要知道这 100 万元是要马上付出的，而那每年 15 万元的报酬是在将来才能得到的。并且，当前的付出是确定无疑的，而未来的报酬只能是预期的。这样，在决定一个项目时，我们还需了解当前的 1 元与未来（有可能是不确定的）的 1 元之间的关系。

在商业活动中，货币时间价值（Time Value of Money）至关重要。悉顿·海默（Sidney Homer）曾举例①：假如将 1 000 美元按 8%的利率投资，400 年后，这笔钱将变成 23×10^{24} 美元。这个简单的计算直观地显示了货币时间价值的威力。

货币的时间价值并不是一个新理论。200 年前，本杰明·富兰克林（Benjamin Franklin）就对货币的时间价值有着深刻的认识。他曾给费城和波士顿各捐献了 1 000 英镑，两个城市将这笔钱年复一年地进行放贷收息增值活动。100 年后，这笔投资增值的一部分用在城市建设和福利事业上，另一部分继续进行再投资。200 年后，人们用富兰克林在波士顿的那笔增值的资金组建了富兰克林基金，以极优惠的贷款方式帮助了无数医科学生，还盈余 300 多万美元。富兰克林给费城的 1 000 英镑同样获得了丰厚的投资增值，这一切都来自那原始的 2 000 英镑和它们的时间价值。

本杰明·富兰克林

货币是在一定的时间和空间中组织筹集和投放的。“时间”主要指货币投入、运用时期的长短和投入、回收时间的先后。“空间”主要指货币配置运用的方向和货币筹集的来源。货币时间价值是客观存在的经济范畴，任何企业的财务活动，都是在特定的时空中进行的。离开了货币时间价值这一因素，就无法正确计算不同时期的财务收支，也无法正确评价企业的盈亏。货币时间价值的原理揭示了不同时点上货币之间的核算关系，这是企业财务决策的基本依据。

什么是货币时间价值？理论界迄今为止尚未作出统一解释，从投资者的角度看，现在投入一定量的货币，它的价值一定会大于若干年后等额的货币价值。所以，不同时间的货币收入不宜直接进行比较，需要把它们换算到同一时间的基础上，方可进行评价分析。随着时间的推移，投入周转使用的货币价值将会发生增值（Value-added），这种增值的能力或数额，就是货币的时间价值。例如，企业现将一笔 10 万元的货币存入银行，若银行存款年利率为 12%，则一年后该笔货币的本利和为 11.2 万元，所获得的 1.2 万元的利息就是货币时间价值。再如，某投资者本来可以将一笔货币存入银行获取利息，但他放弃这一机会而将这笔货币用于某项投资，那么，只有投资所得收益大于其利息时，该项投资方可实施，由此可知，货币时间价值也属于机会成本的范畴。显然，决定货币时间价值的因素有两个：一是时间的长短；二是收益率的高低。这两个因素是企业财务人员从事财务管理活动必须考虑的问题。

货币时间价值（Time Value of Money）：指货币经过一定时间的投资和再投资所增加的价值。

① ［美］悉尼·霍默、理查德·西勒：《利率史》（第四版），中信出版社 2010 年版。

二、货币时间价值的本质

货币在周转使用中为什么会产生时间价值呢？这是因为任何货币使用者将货币投入生产经营后，劳动者借以生产新的产品或从事某项活动，创造出新的价值，带来一定量的利润，从而实现资金的增值。周转使用的时间越长，所获取的利润越多，货币实现的增值就越大。所以，货币时间价值的实质是货币周转使用后发生的增值额。

货币时间价值可以用绝对数表示，也可以用相对数表示，即用利息额和利息率来表示。实际工作中对此并不作严格的区分，货币时间价值既可能指利息额这一绝对数指标，也可能指利息率这一相对数指标。利息率（Interest Rate）的实际内容是社会平均利润率。各种形式的利率（如借款利率、债券利率、股利率等）水平的确定，都是依据社会平均利润率而定的。然而，我们常说的利息率除了包括货币时间价值因素外，还包括风险价值和通货膨胀等因素。换言之，只有在没有风险和通货膨胀条件下，利息率才完全等同于社会平均利润率。所以，作为货币时间价值表现形式的利息率，应以社会平均利率为基础，而又不应高于社会平均利润率。

平均利润率（Average Rate of Profit）：指社会剩余价值总额与社会总资本的比率。

西方关于货币时间价值的解释是：货币持有者要进行投资活动，必然要放弃或推迟现在的消费，为此，货币持有者要求为放弃或推迟消费而应给予补偿，这种给予的补偿即为货币的时间价值。显然，这种解释过于笼统、模糊。因为：

第一，未能揭示时间价值是如何产生的。假若说放弃或推迟消费就应当给予其补偿，那么，货币持有者将货币闲置不用是否就能使其得到相应的报酬？显然，这是根本不可能的。对此，马克思作了精辟的论述。“作为资本的货币本身就是目的，因为只是在这个不断更新的运动中才有价值的增值”。“如果把它从流通中取出来，那它就凝固为贮藏货币，即使贮藏到世界末日，也不会增加分毫。”货币只有作为资本投入生产经营过程中才会增值。

第二，未能说明货币时间价值是如何计算的。以凯恩斯为代表的西方经济学家认为，时间价值量的衡量主要取决于消费意识和消费倾向、耐心等待程度等非计量因素。显然，这些因素很难准确地计量，它完全否定了社会平均利润率这个基础标准，因而是不合理、不科学的。

第三，这种解释掩盖了时间价值的真正来源。货币时间价值的真正来源是，马克思指出：“G—W—G′过程所以有内容，不是因为两极有质的区别，而只是因为它们有量的不同。最后从流通中取出的货币，多于起初投入的货币……因此，这个过程的完整形式是 G—W—

G′。其中的 G = G + ΔG，即等于原预付货币额加上一个增值额。我们把这个增值额或超过原价值的余额叫作剩余价值。”由此可见，货币时间价值的实质是工人所创造的剩余价值，而并非由“时间”或“耐心”创造而来。

货币的时间价值在企业财务活动中诸如财务估价、资本项目投资、租赁还是购买决策、应收账款分析、筹资管理、兼并以及养老金基金等领域，都会涉及，因而货币时间价值是一个十分重要的概念。

案例链接

1797 年 3 月 28 日，法兰西执政者拿破仑在参观卢森堡第一国立小学时，受到该校师生的热烈欢迎。在学校的欢迎大会上，拿破仑手举一束价值 3 路易的玫瑰花，激动地说道：“为了答谢贵校对我的盛情款待，我今天向贵校献上一束玫瑰花，并且向你们承诺，只要法兰西存在一天，每年的今天，我都会派人送给贵校一束等价的玫瑰花，作为法兰西与卢森堡两国友谊的象征！”拿破仑慷慨激昂的演说，使全校师生激动不已。那束鲜红的玫瑰，就像跳动的火焰，在人们心中熊熊燃烧着……可是，回国后的拿破仑很快就把赠送玫瑰的承诺给忘得干干净净，与此相反，卢森堡第一国立小学的师生却把这一承诺深深地记在了心里。

第二年的 3 月 28 日，这所小学的师生们穿上节日的盛装，跳着欢快的舞蹈，准备迎接拿破仑派人送来的玫瑰花。可是，他们从清晨盼到天黑，也没有见到玫瑰花的影子。大家非常失望，孩子们眼含热泪，抽泣着问老师，拿破仑什么时候派人送玫瑰花来？老师们也不知该如何回答。

第三年的 3 月 28 日，师生们又从早盼到晚，但还是没有收到玫瑰。

就这样，每年的 3 月 28 日，卢森堡第一国立小学的师生都会盼望着有人送来玫瑰。尽管希望一次次地破灭，但他们依然相信拿破仑会实践他的诺言。

他们还把 3 月 28 日作为学校的纪念日，写进了校史。每年的新学期开学典礼上，校长都会在致辞时，热情洋溢地叙说当年拿破仑参观学校时许下的承诺。

沧海桑田，物换星移。两个世纪过去了，尽管拿破仑早已作古，但卢森堡第一国立小学的师生依然会在 3 月 28 日这一天，等待着玫瑰的到来。可是，望眼欲穿的等待，每次都以希望破灭而告终。

将近 200 年的等待，将近 200 次的失望。第一国立小学的师生们这下真的生气了，他们要让法国政府给个说法！

1984 年，卢森堡第一国立小学一纸诉状，将法国政府告上了国际法庭，他们向法国政府提出两点要求：一、从 1798 年起，用 3 个路易为本金，以 5 厘的年息计算，清偿这么多年来的所有金额；二、在法国各大报纸上，公开承认拿破仑是个言而无信的小人。

接到国际法庭的传票，法国政府不敢怠慢，查阅了相关历史资料后，证实了拿破仑的确许下过赠送玫瑰的诺言。他们计算了一下赔偿金额，结果让他们大吃一惊：原本 3 路易的一束玫瑰花，至今本息竟已高达 1 375 596 法郎！而在报纸上承认拿破仑言而无信的要求，法国政府表示更不可能接受。

经过反复斟酌，法国政府终于给出了一个令双方都满意的解决方案：一、马上给卢森堡第一国立小学建一座现代化的教学大楼，这所小学的毕业生将来如果愿意到法国留学，一切费用将由法国政府提供；二、以后无论在精神上还是物质上，法国政府将坚定不移地支持卢森堡的中小学教育事业，以弥补当年拿破仑的食言之过。

一场跨越了200年的等待终于画上了圆满的句号。从此，卢森堡第一国立小学的大门口竖立起了一座玫瑰花束的雕塑，雕塑的下方刻着“1797～1984”字样。每当人们从这座雕塑前走过，内心总是荡起层层涟漪，久久不能平静……

（资料来源：孙君飞：《拿破仑的玫瑰誓言》，载于《涉世之初》2007年第8期）

第二节　货币时间价值计算

一、单利条件下的终值与现值

终值（Future Value）与现值（Present Value）：终值是在既定投资利率和给定的到期日条件下，现有货币的未来价值；现值是在给定的利率水平下，未来一定量货币的目前价值。

1. 单利终值。单利（Simple Interest），简言之，就是只计算本金的利息，利息只有在提出后再以本金的形式投入才能生息。单利的本金即为现值（Present Value），而单利的本金加利息则为终值（Future Value）。例如，现在有1元钱，年利率为15%，自第1年至第5年，各年年末的单利终值计算如下：

1元1年的终值 $=1\times(1+15\%\times1)=1.1500$（元）

1元2年的终值 $=1\times(1+15\%\times2)=1.3000$（元）

1元3年的终值 $=1\times(1+15\%\times3)=1.4500$（元）

1元4年的终值 $=1\times(1+15\%\times4)=1.6000$（元）

1元5年的终值 $=1\times(1+15\%\times5)=1.7500$（元）

假若用F表示终值，P表示现值，i表示年利率，n表示计息时间，则单利终值的计算公式如下：

$$F=P\cdot(1+i\cdot n) \qquad (3-1)$$

2. 单利现值。单利现值可用倒求本金的方式计算，即根据终值求得现值，例如，年利率为15%，自第1年至第5年，各年末的1元钱的单利现值计算如下：

1年1元的现值 $=\dfrac{1}{1\times(1+15\%\times1)}=0.8696$（元）

2年1元的现值 $=\dfrac{1}{1\times(1+15\%\times2)}=0.7692$（元）

3年1元的现值 $=\dfrac{1}{1\times(1+15\%\times3)}=0.6897$（元）

$$4\text{ 年 1 元的现值}=\frac{1}{1\times(1+15\%\times4)}=0.6250\text{（元）}$$

$$5\text{ 年 1 元的现值}=\frac{1}{1\times(1+15\%\times5)}=0.5714\text{（元）}$$

根据上述计算模式，可得单利现值计算公式如下：

$$P=F\cdot\frac{1}{1+i\cdot n} \qquad (3-2)$$

二、复利条件下的终值和现值

货币时间价值的计算一般都是按复利（Compound Interest）计算的。与单利不同，复利方式下，不仅本金要计算利息，利息也要生利，即所谓的“利滚利”。

本金（Principal）：即贷款、存款或投资在计算利息之前的原始金额。

1. 复利终值。复利终值（Future Value with Compounding）是指现在投入的一笔资金，按照必要报酬率（折现率）折算至最后一期（n 期）期末的资金价值，即本利和。例如，现在的 1 元钱，年利率为 15%，以第 1 年至第 5 年，各年末的复利终值计算如下：

复利（Compound Interest）：指某一周期的利息是由本金加上先前周期所累积利息总额来计算的计息方法。

1 元 1 年的复利终值 $=1\times(1+15\%\times1)=1.1500$（元）

1 元 2 年的复利终值 $=1.1500\times(1+15\%)=1=1\times(1+15\%)^2$
$=1.3225$（元）

1 元 3 年的复利终值 $=1.3225\times(1+15\%)=1\times(1+15\%)^3$
$=1.5209$（元）

1 元 4 年的复利终值 $=1.5209\times(1+15\%)=1\times(1+15\%)^4$
$=1.7490$（元）

1 元 5 年的复利终值 $=1.7490\times(1+15\%)=1\times(1+15\%)^5$
$=2.0114$（元）

由此可得复利终值的计算公式如下：

$$F=P\cdot(1+i)^n \qquad (3-3)$$

式中，F——复利终值；

P——复利现值；

i——利率（折现率）；

n——时间（期数）。

$(1+i)^n$ 简称“1 元复利终值系数”，可通过查阅“1 元复利终值系数表”求得（见附表 1）。

复利终值公式的计算原理可以描述如图 3－1 所示。

视频 复利终值与复利现值

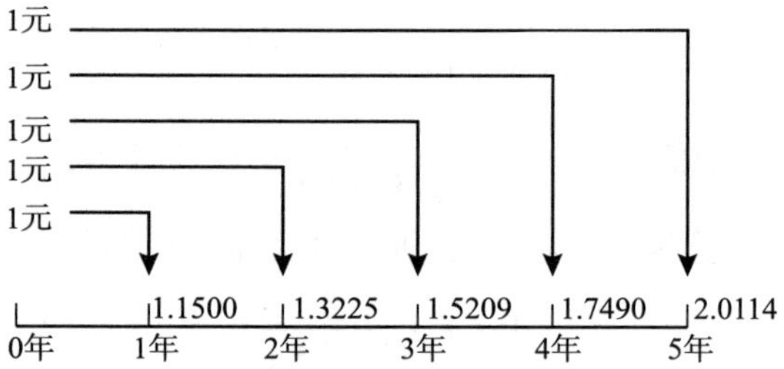

图 3－1　复利终值

【例 3－1】 东方股份公司拟将 1 000 000 元投资于甲项目，年必要报酬率为 16%，问：5 年后可获多少资金？

依题意得：

$$F = P \cdot (1+i)^n$$
$$= 1\ 000\ 000 \times (1+16\%)^5$$
$$= 1\ 000\ 000 \times 2.1003$$
$$= 2\ 100\ 300\ （元）$$

【例 3－2】 东方股份公司现有资金 20 000 万元，欲投资于期望报酬率为 12% 的项目。问：经过多少年后方可使现有资金增加一倍？

依题意得：

$$F = P \cdot (1+i)^n$$

$$20\ 000 \times 2 = 200\ 000 \times (1+12\%)^n$$

即：$2.000 = (1+12\%)^n$

查“1 元复利终值系数表”可知：i＝12%，n＝6 时，复利终值系数最接近于 2（系数值为 1.9738），所以，该项投资大约要经过 6 年后，方可使现有资金增加一倍。

共管公寓价格是多少？

【例 3－3】 东方股份公司现有资金 10 000 万元，欲在 10 年后使其达到原来的 2.6 倍。问：东方股份公司应选择的最低报酬率是多少？

依题意得：

$$F = P \cdot (1+i)^n$$

$$2.6 \times 10\ 000 = 10\ 000 \times (1+i)^{10}$$

即：$2.600 = (1+i)^{10}$

查“1 元复利终值系数表”可知：i＝10%，n＝10 时，复利终值系数最接近于 2.600（系数值为 2.5937），所以，该项投资应选择的报酬率最低不小于 10%。

2. 复利现值。复利现值（Present Value with Compounding）是复利终值的对应概念。它是指企业第 n 期的资金按必要报酬率折算到现在的资金价值。例如，从第 1 年至第 5 年，各年年末的 1 元钱，若年利率为 15%，其复利现值的计算如下：

1 年末 1 元的复利现值 $=1\times(1+15\%)^{-1}=0.8696$（元）

2 年末 1 元的复利现值 $=1\times(1+15\%)^{-2}=0.7561$（元）

3 年末 1 元的复利现值 $=1\times(1+15\%)^{-3}=0.6575$（元）

4 年末 1 元的复利现值 $=1\times(1+15\%)^{-4}=0.5718$（元）

5 年末 1 元的复利现值 $=1\times(1+15\%)^{-5}=0.4972$（元）

由此可得复利现值计算公式如下：

$$P=F\cdot(1+i)^{-n} \tag{3-4}$$

（3－4）式中，$(1+i)^{-n}$简称为“1 元复利现值系数”，可通过查“1 元复利现值系数表”求得（见附表 2）。复利现值的计算原理可描述如图 3－2 所示。

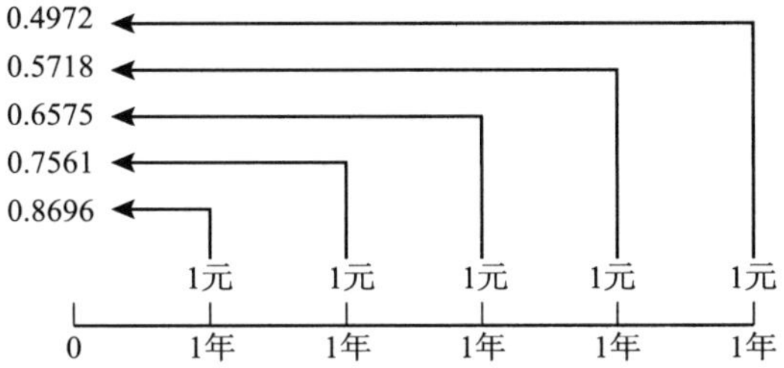

图 3－2　复利现值

【例 3－4】 东方股份公司希望 5 年后用 200 000 元投资某项目，若预期报酬率为 10%，问：现在应投入多少元？

$P=F\cdot(1+i)^{-n}$

$=200\,000\times(1+10\%)^{-5}$

$=200\,000\times0.6209$

$=124\,180$（元）

储蓄债券成本是多少?

三、年金终值和年金现值

年金（Annuity）是企业常见的一种款项收付形式，如分期付款赊购、分期偿还贷款、发放养老金、直线法下每期折旧额、支付租金等通常都可采用年金的形式。年金一般包括后付年金、先付年金、递延年金和永续年金等四种类型，无论何种年金均是建立在复利基础上的。

年金（Annuity）： 指每隔一定相等的时期，收到或付出相等数量的款项。

（一）后付年金

后付年金（Annuity in Arrears）又称普通年金（Ordinary Annuity），是指在未来若干均等间隔期每期期末发生的等额系列收款或付款，它是最常见的年金类型。

普通年金

1. 后付年金终值。后付年金终值是指在未来若干均等间隔期每期期末发生的等额收款或付款，按必要报酬率计算至最后一期（n 期）期末的复利终值之和。例如，现在自第 1 年至第 5 年每年年末取得 1 元钱，年利率 15%，第 5 年年末的年金终值计算如下：

1 元 1 年的终值 = 1.0000（元）

1 元 2 年的终值 = $1\times(1+15\%)^1$ = 1.1500（元）

1 元 3 年的终值 = $1\times(1+15\%)^2$ = 1.3225（元）

1 元 4 年的终值 = $1\times(1+15\%)^3$ = 1.5209（元）

1 元 5 年的终值 = $1\times(1+15\%)^4$ = 1.7490（元）

1 元 5 年年金的终值 = 6.7424（元）

年金终值的计算原理如图 3－3 所示。

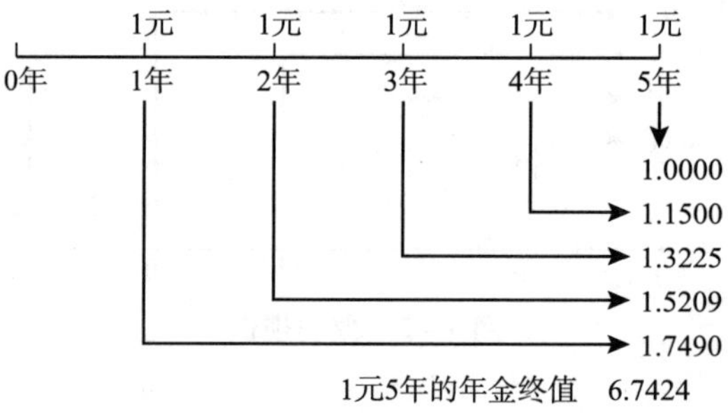

图 3－3 年金终值

若设：A——年金，F_A——年金终值，i——利率，n——期数。

则年金终值计算公式如下：

$$F_A = A(1+i)^0 + A(1+i)^1 + A(1+i)^2 + A(1+i)^3 + \cdots + A(1+i)^{n-1} \quad (3-5)$$

将（3－5）式两边同乘（1 + i），得：

$$F_A(1+i) = A(1+i)^1 + A(1+i)^2 + A(1+i)^3 + \cdots + A(1+i)^{n-1} + A(1+i)^n \quad (3-6)$$

（3－6）式减去（3－5）式得：

$$F_A(1+i) - F_A = A(1+i)^n - A(1+i)^0$$

即：

$$F_A = \frac{A(1+i)^n - A}{(1+i)-1} = A\cdot\frac{(1+i)^n-1}{i} \quad (3-7)$$

（3－7）式中，$\frac{(1+i)^n-1}{i}$简称“1 元年金终值系数”，实际工作

中为简化计算，可通过查阅“1 元年金终值系数表”求得（见附表3）。

【例 3-5】东方股份公司计划从现在起每年年末存入银行资金 50 000 万元，4 年后用于某项目技术改造，若银行存款年利率为 16%，问：4 年后东方股份公司可得到多少款项？

父母提供多少奖学金？

依题意，查“1 元年金终值系数表”，得 4 年 16% 的年金终值系数为 5.0665，所以：

$$F_A = A \cdot \frac{(1+i)^n - 1}{i}$$

$$= 50\ 000 \times 5.0665 = 253\ 325 \text{（万元）}$$

2. 后付年金现值。后付年金现值是指在未来若干个均等间隔期每期期末发生的等额收款或付款，按必要报酬率换算至第一期期初的复利现值之和。例如，自第 1 年至第 5 年每年取得 1 元钱，年利率为 15%，5 年的年金现值计算如下：

1 年 1 元的现值 $= 1 \times (1+15\%)^{-1} = 0.8696$（元）

2 年 1 元的现值 $= 1 \times (1+15\%)^{-2} = 0.7561$（元）

3 年 1 元的现值 $= 1 \times (1+15\%)^{-3} = 0.6575$（元）

4 年 1 元的现值 $= 1 \times (1+15\%)^{-4} = 0.5718$（元）

5 年 1 元的现值 $= 1 \times (1+15\%)^{-5} = 0.4972$（元）

1 元 5 年的年金现值　　　　　　3.3522（元）

年金现值的计算原理如图 3-4 所示。

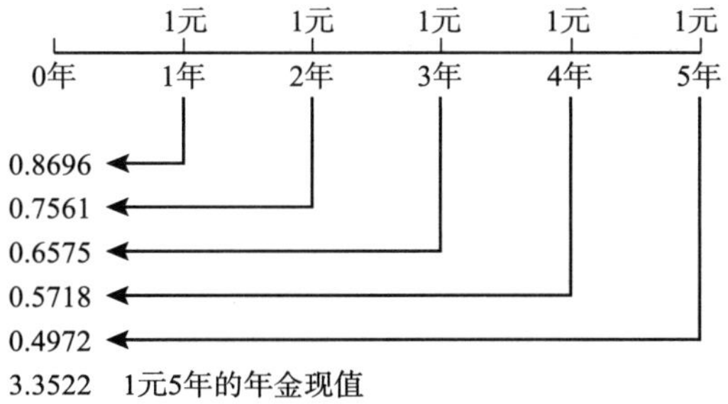

图 3-4　年金现值

若设 P_A 为年金现值，由图 3-4 可得年金现值的计算公式如下：

$$P_A = A(1+i)^{-1} + A(1+i)^{-2} + A(1+i)^{-3} + \cdots + A(1+i)^{-n} \tag{3-8}$$

将（3-8）式两边同乘（1+i），得：

$$P_A(1+i) = A + A(1+i)^{-1} + A(1+i)^{-2} + \cdots + A(1+i)^{-(n-1)} \tag{3-9}$$

（3-9）式减去（3-8）式得：

$$P_A(1+i) - P_A = A - A(1+i)^{-n}$$

$$P_A \cdot i = A[1-(1+i)^{-n}]$$

整理后可得年金现值计算公式如下：

$$P_A = A \cdot \frac{1-(1+i)^{-n}}{i} \quad (3-10)$$

式中，$\frac{1-(1+i)^{-n}}{i}$简称“1元年金现值系数”。实际工作中为简化计算，可以通过查阅“1元年金现值系数表”求得（见附表4）。

【例3-6】东方股份公司拟投资开发一项目，投资额为200 000元，有效期10年，若期末无残值，该项目当年建成并投产，预计每年可回收资金40 000元，该笔资金来源于银行借款，年利率16%，问该项投资是否合算？

依题意知，该项目投产后每年获取等额资金，属于年金问题。

查“1元年金现值系数表”得：10年16%的年金现值系数为4.8332，则：

$$P_A = A \cdot \frac{1-(1+i)^{-n}}{i}$$

$$=40\ 000 \times 4.8332 = 193\ 328\text{（元）}$$

可见，10年回收的全部资金总额折算现值后，还达不到原投资额，所以，该项投资方案不可行。

【例3-7】东方股份公司计划从本年保留盈余中提取100 000元进行投资，希望今后5年内每年年末能得到等额资金用于职工福利，若预期报酬率为20%，问：东方股份公司每年年末可得多少收益？

依题意知：

$$P_A = A \cdot \frac{1-(1+i)^{-n}}{i}$$

查“1元年金现值系数表”得：5年20%的年金现值系数为2.9906，即：

$100\ 000 = A \times 2.9906$

$A = 100\ 000 \div 2.9906 = 33\ 438.11$（元）

即东方股份每年年末可得33 438.11元资金。

【例3-8】东方股份公司现在拟对生产设备进行技术改造，预计现在一次支付50 000元，每年平均节约成本10 000元，若银行存款年利率为14%，问：该设备更新后至少使用多少年才合算？

依题意知：

$$P_A = A \cdot \frac{1-(1+i)^{-n}}{i}$$

即：$50\ 000 = 10\ 000 \times \frac{1-(1+14\%)^{-n}}{14\%}$

让退休生活
高枕无忧

$$\frac{1-(1+14\%)^{-n}}{14\%}=5.000$$

查“1 元年金现值系数表”，14% 这一栏中，与 5.000 相邻的系数分别为：

9 年，14% 的年金现值系数为 4.9464；

10 年，14% 的年金现值系数为 5.2161。

现采用插值法计算如下：

$$\left.\begin{array}{l}\left.\begin{array}{l}9\text{ 年}\\ ?\text{ 年}\end{array}\right\}X\\ 10\text{ 年}\end{array}\right\}1\qquad \left.\begin{array}{l}\left.\begin{array}{l}4.9464\\ 5.000\end{array}\right\}0.0536\\ 5.2161\end{array}\right\}0.2697$$

即：$\frac{X}{1}=\frac{0.0536}{0.2697}$　$X=0.2$

所以，该设备至少使用：9 + 0.2 = 9.2（年）。

（二）先付年金

先付年金（Annuity in Advance）是指在未来若干均等间隔期每期期初发生的系列等额资金收付事项。先付年金与后付年金比较，其差别仅在于收付款时间的不同。

1. 先付年金终值。先付年金终值是指在未来若干均等间隔期每期期初发生的等额收款或付款，按照必要报酬率折算至最后一期期末的复利终值之和。先付年金终值与后付年金终值之间的关系如图 3 - 5 所示。

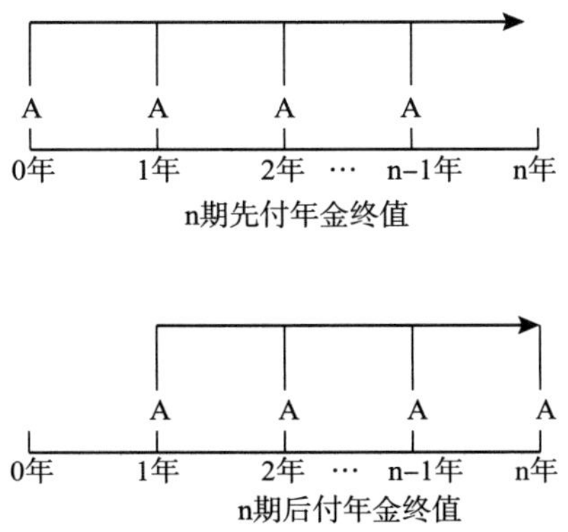

图 3 - 5　先付年金终值与后付年金终值

从图 3 - 5 中可以看出，n 期先付年金与 n 期后付年金的付款次数相同，但是由于付款的时间先后有别，n 期先付年金终值比 n 期后付年金终值要多计算一期利息。因此，可将先付年金终值的计算公式作推导如下：

视频 预付年金、递延年金、永续年金

$$F_A = A(1+i)^1 + A(1+i)^2 + A(1+i)^3 + \cdots + A(1+i)^n$$

式中各项为等比数列，首项为 $A(1+i)^1$，公比为（1+i），根据等比数列的求和公式可得：

$$F_A = \frac{A(1+i)^1 \times [1-(1+i)^n]}{1-(1+i)}$$

$$= \frac{A \cdot [(1+i)-(1+i)^{n+1}]}{-i}$$

$$= A \cdot \left[\frac{(1+i)^{n+1}-1}{i} - 1\right] \qquad (3-11)$$

式中：$\frac{(1+i)^{n+1}-1}{i}-1$ 简称为“1 元先付年金终值系数”，它与“1 元后付年金终值系数”$\frac{(1+i)^n-1}{i}$相比，其关系为：期数加 1，系数减 1。这样，我们可以借助查阅“1 元年金终值系数表”（见附表 3）计算先付年金终值系数。

【例 3－9】 东方股份公司每年年初向人寿保险公司存入职工养老保险金 50 000 万元，连存 10 年，银行存款年利率为 14%，问：10 年后公司共得多少资金？

依题意，查“1 元年金终值系数表”，得（10+1）年 14% 的年金终值系数为 23.045，则：

F_A =50 000×(23.045－1)=50 000×22.045

=1 102 250（万元）

即该公司 10 年后共得本息 1 102 250 万元。

2. 先付年金现值。先付年金现值是指在未来若干均等间隔期期初发生的等额收款或付款，按必要报酬率折算至第一期期初的复利现值和。先付年金现值与后付年金现值之间的关系如图 3－6 所示。

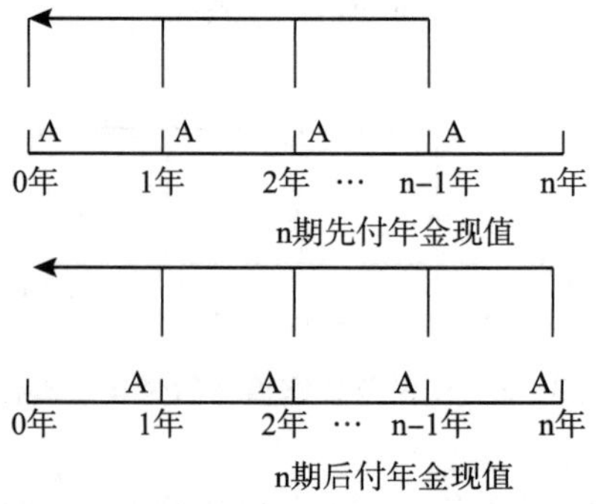

图 3－6　先付年金现值与后付年金现值

从图3-6中可以看出，n期后付年金现值与n期先付年金现值的付款次数相同，但是由于n期后付年金是期末付款，n期先付年金是期初付款，计算现值时，n期后付年金现值比n期先付年金现值的折现期多一期。因此，可将先付年金现值的计算公式推导如下：

$$P_A = A + A(1+i)^{-1} + A(1+i)^{-2} + A(1+i)^{-3} + \cdots + A(1+i)^{-(n-1)}$$

式中各项为等比数列，首项为A，公比为$(1+i)^{-1}$，根据等比数列的求和公式可得：

$$\begin{aligned} P_A &= A \cdot \frac{1-(1+i)^{-n}}{1-(1+i)^{-1}} \\ &= A \cdot \frac{[1-(1+i)^{-n}]\cdot(1+i)}{i} \\ &= A \cdot \left[\frac{1-(1+i)^{-(n-1)}}{i} + 1\right] \end{aligned} \quad (3-12)$$

式中：$\frac{1-(1+i)^{-(n-1)}}{i}+1$ 简称“1元先付年金现值系数”。它与“1元后付年金现值系数”$\frac{1-(1+i)^{-n}}{i}$相比，其关系为：期数减1，系数加1。这样，我们可以借助查阅“1元年金现值系数表”（见附表4）计算先付年金现值系数。

【例3-10】假设某投资者采用分期付款方式购置房产一套，合同约定每年初支付50 000元，连续支付15年。假若银行存款年利率为14%，问：该项分期付款总额相当于一次现金购置房产的多少元？

依题意，查“1元年金现值系数表”得：（15-1）年14%的年金现值系数为6.0021，则：

$$\begin{aligned} P_A &= 50\ 000 \times (6.0021 + 1) \\ &= 350\ 105\ (\text{元}) \end{aligned}$$

即某人在15年内分期付款总额为750 000元（50 000×15）相当于一次现金购房资金的350 105元。

试一试：你能够运用所学知识，为自己设计一套养老保险计划吗？把你的养老计划与同学们的进行比较，谁的更加合理？

（三）递延年金

递延年金（Delayed Annuity）也称延期年金，是指第一次收付发生在第一期以后的年金。假设最初有m期无收付的款项，自m期后有n期的等额的收付款项，该种形式的年金即递延年金。递延年金的原理如图3-7所示。

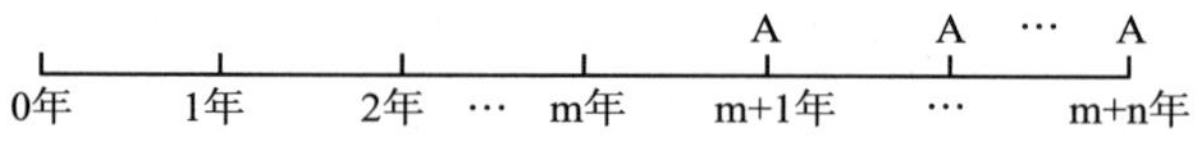

图3－7　递延年金

递延年金终值的大小，与递延期无关，故计算方法与后付年金终值计算完全相同。

递延年金现值的计算与后付年金现值不完全相同。计算方法有两种：

1. 先将递延年金视同普通年金，计算出递延期末的年金现值，然后再按复利计算到第一期的现值。该计算过程如图 3－8 所示。

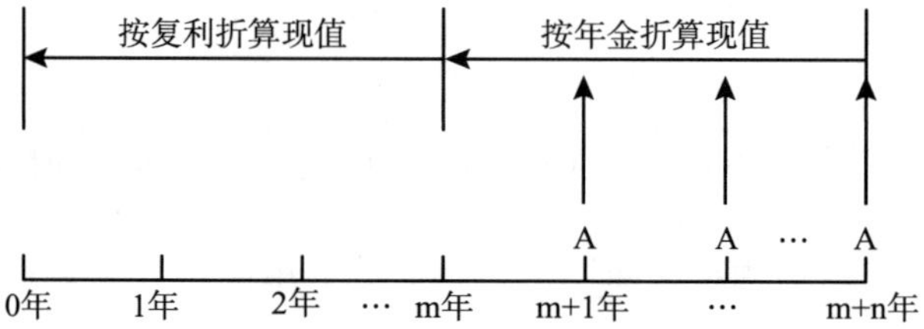

图3－8　递延年金现值

2. 假设递延期内也有年金发生，先一次按年金折算到第一期期初，然后再扣除递延期内的年金现值。该计算过程如图 3－9 所示。

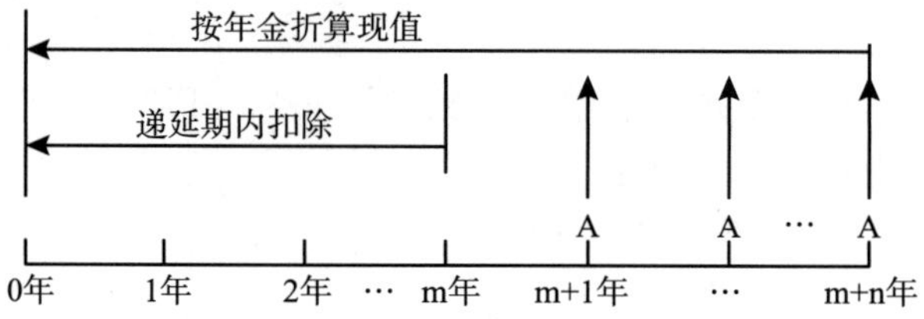

图3－9　递延年金现值

【例 3－11】 东方股份公司现有一投资项目，投资额为 500 000 元，有效期 15 年，期满无残值，该项目预计从第 4 年起每年年末可实现现金流入 100 000 元。若预期报酬率为 16%，问：15 年内的现金流入现值是多少？

依题意，本例递延期为 3 年，实际资金流入期为 12 年，

按第一种方法：

查“1 元年金现值系数表”得：12 年 16% 的年金现值系数为 5. 1971；查“1 元复利现值系数表”，3 年 16% 的复利现值系数为 0. 6407。

$P_A = 100\ 000 \times 5.1971 = 519\ 710$（元）

$P = 519\ 710 \times 0.6407 = 332\ 978.20$（元）

按第二种方法：

查“1 元年金现值系数表”得：3 年 16% 的年金现值系数为 2.2459；15 年 16% 的年金现值系数为 5.5755。

$$\begin{aligned} P_A &= 100\ 000 \times (5.5755 - 2.2459) \\ &= 100\ 000 \times 3.3296 \\ &= 332\ 960 \text{（元）} \end{aligned}$$

想一想：在你的生活中，你遇到过递延年金吗？如果存在它是以什么方式表现的？与同学们讨论。

（四）永续年金

永续年金（Perpetuity）是指连续无限期收付的年金。如优先股因为有固定的股利而又无到期日，所以，优先股股利有时可以视为永续年金。再如，西方国家有些公司债券为无期限债券，其债券利息也可视为永续年金。

永续年金的终值是无穷大，因此没有必要计算。永续年金的现值可以用普通年金现值的计算公式得出：

$$P_A = A \cdot \frac{1-(1+i)^{-n}}{i}$$

当 n 趋向∞时，$(1+i)^{-n}$的极限为零，故上式可调整为：

$$P_A = \frac{A}{i} \qquad (3-13)$$

【例 3-12】某财经大学拟建立一项永久性奖学金，计划每年度颁奖全额为 120 000 元，若银行存款年利率为 15%，学校现在应当一次存入多少款项？

依题意知：

$$\begin{aligned} P_A &= \frac{A}{i} \\ &= \frac{120\ 000}{15\%} = 800\ 000 \text{（元）} \end{aligned}$$

即：学校现在应当存入银行 800 000 元，方可每年保证 120 000 元用于奖学金。

四、货币时间价值的进一步讨论

（一）复利和间隔期不为一年

1. 一年内多次复利计息。到目前为止，我们都假定复利计息和折现都是以年为单位进行。然而在现实中，复利计息会在一年之中发生几次。例如，公司债券利息可能会半年支付一次，甚至每季度支付一次等。当计息周期小于一年时，必须把年利息率和计息期进行换算。

【例 3－13】 假如一家银行声明付给储户 10% 的年利率，半年复利计息。这就意味着银行中的一笔 1 000 元的存款半年后变成 1 000 × 1.05 = 1 050（元），再过半年就又变成 1 050 × 1.05 = 1 102.50（元）。

这样，一年后存款价值就是：

$$1\ 000 \times \left(1 + \frac{10\%}{2}\right)^{2}$$

$$= 1\ 000 \times (1.05)^{2}$$

$$= 1\ 102.50\ (元)$$

当然，这笔 1 000 元的存款如果以年为单位复利计息，一年后就会值 1 100 元（1 000 元 × 1.10）。注意，半年复利计息的终值要高于年复利计息的终值。如果以年为单位复利计息，这最初的 1 000 元是全年计息的本金。而半年复利计息中，这 1 000 元只是前 6 个月计息的本金，而下半年计息的本金变为 1 050 元。这样，本年复利计息投资者获得了“利息的利息”。

因为 1 000 × 1.1025 = 1 102.50（元），这样 10% 的年利率半年复利计息，实际上与 10.25% 的利率每年计息是一致的。换句话说，理性的投资者会认为 10% 的利率半年复利计息与 10.25% 的利率每年复利计息之间没有差别。

而 10% 的年利率每季复利计息一年末的终值为：

$$1\ 000 \times \left(1 + \frac{10\%}{4}\right)^{4}$$

$$= 1\ 103.81\ (元)$$

再推而广之，一年中一项投资复利计息 m 次的年末终值计算公式如下：

$$F = P \times \left(1 + \frac{r}{m}\right)^{m} \qquad (3-14)$$

式中，P——投资者的初始投资；

　　　r——名义年利率。

同理，一年中复利计息 m 次的年初现值公式如下：

$$P = F \times \left(1 + \frac{r}{m}\right)^{-m} \qquad (3-15)$$

名义年利率是不考虑年内复利计息的。它在不同的银行或金融机构中会有不同的称谓，年百分比率大概是其比较常用的同义词。

2. 多年期复利计息。（3－14）式给出了经过 1 年一项投资终值的计算公式，如果一项投资历经多年，其终值计算公式如下：

$$F = P \times \left(1 + \frac{r}{m}\right)^{mn} \qquad (3-16)$$

同理，多年中复利计息 m 次的年初现值公式如下：

$$P = F \times \left(1 + \frac{r}{m}\right)^{-mn} \qquad (3-17)$$

【例 3-14】假设你以 12% 的名义年利率投资 50 000 元，每季复利计息，那么，你所投资的资金 5 年后会变为多少元?

根据题意可得：

$$F = P \times \left(1 + \frac{r}{m}\right)^{mn}$$

$$= 50\ 000 \times \left(1 + \frac{0.12}{4}\right)^{4 \times 5} = 50\ 000 \times 1.8061 = 90\ 305.00 \text{（元）}$$

3. 连续复利计息。前面的分析说明了复利计息一年可不止一次。人们可以半年、每季、每天、每小时、每分钟复利计息，甚至还可以在更短的时间内进行复利计息。最极限的情况是对无穷短的时间间隔进行复利计息，也就是一般所称的连续复利计息，令人惊讶的是，银行和其他金融机构经常用连续复利计息方式，这也正是我们要学习它的原因。

也许你一想到复利计息如此复杂便会觉得摸不着头绪，但是我们可以导出一个很简单的公式。连续复利计息，r 年后的终值可以表达如下：

$$F = P \times e^{rt} \qquad (3-18)$$

式中，P——最初的投资；

r——名义利率；

t——投资所持续的年限；

e——一个常数，其值约为 2.718。

【例 3-15】假设你打算以连续复利计息方式将 1 000 元投资 1 年，年利率为 10%。那么，在年末你的投资将变为多少?

由上式可得：

$F = 1\ 000 \times e^{10\%} = 1\ 000 \times 1.1052 = 1\ 105.20$（元）

显然，利率为 10% 的连续计息等于利率为 10.52% 的年复利计息方式。换句话说，将你的资金以 10% 的利率连续计息或是以 10.52% 的利率年复利计息是没有差别的。

（二）增长年金

由于企业的实际增长或通货膨胀等原因，企业的现金流量常常会随时间的延续而增长，从而构成一种永续年金。但是，现实生活中永续年金的情况比较少见，更多的是一种在一定有限期限内增长的现金流量，也就是我们在此提到的增长年金（Growing Annuity）。增长年金现值的计算公式如下：

$$P_A = NCF_1 \cdot \left[\frac{1}{r-g} - \frac{1}{r-g} \cdot \left(\frac{1+g}{1+r} \right)^t \right] \qquad (3-19)$$

式中，NCF_1——第一期末开始的现金流量；

r——利率；

g——每期增长率；

t——年金发生持续期限。

【例 3－16】 假如你是一所大学一名会计学专业三年级的学生，目前你在一家咨询公司做兼职，有人向你咨询业务：他得到一份每年 80 000 元薪金的工作，他估计他的年薪每年会增长 9%，直到 40 年后他退休为止。若年利率为 15%，他工作期间工资的现值为多少？

为了便于计算，我们假设正好从今天起 1 年以后开始支付其 80 000 元的年薪，而且在以后每年的同一时期支付。适用的折现率为 15%，由上式可得：

$$P_A = 80\,000 \times \left[\frac{1}{15\% - 9\%} - \frac{1}{15\% - 9\%} \times \left(\frac{1+9\%}{1+15\%} \right)^{40} \right]$$

$$= 1\,176\,988.24 \text{（元）}$$

尽管增长年金的用途十分广泛，但它的计算比起其他的年金简化公式来说显得冗长乏味。许多复杂的计算如永续年金、增长永续年金、年金都有简便的计算公式，但增长年金的计算却没有简便方法，我们必须按上式计算。

【例 3－17】 假设有人前来向你进行咨询：李先生夫妇开始为他们刚出生的女儿李小珊进行大学教育存款，李先生夫妇估计当他们的女儿上大学时，每年的费用将达 30 000 元，在以后几十年中年利率估计为 14%。这样，他们现在要每年存多少钱才能够支付女儿四年大学期间的费用？

为了便于计算，我们假定李小珊今天出生，她父母将在她 18 岁生日那年支付第 1 年的学费。在以后的 17 年中，他们每年都在李小珊生日那天存入相同金额的存款。第 1 次存款是在 1 年末。这一情况如图 3－10 所示。

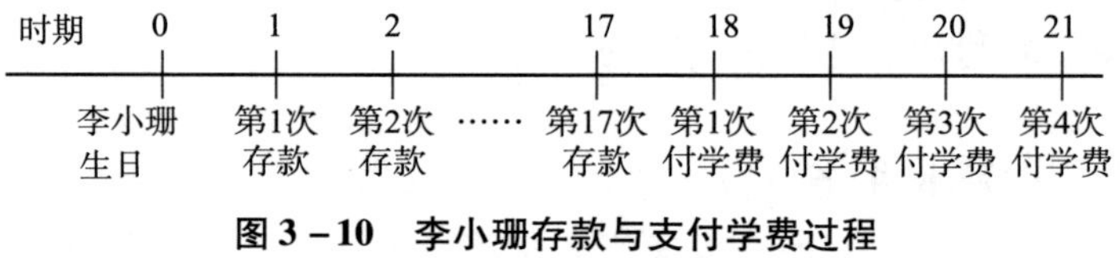

图 3－10　李小珊存款与支付学费过程

李先生夫妇将在以后的17年中，每年都到银行进行等额的存款，而在随后的4年中每年支付30 000元。我们确信，如果李先生夫妇以后17年存款的现值等于其最后4年所交学期的现值，他们将恰好可以用存款来支付女儿4年的学费。

计算过程有三步：前两步要计算最后4年要支付学费的现值，然后再计算李先生每年要存多少款，其现值才等于所支付学费的现值。

（1）用年金公式计算4年学费的现值：

$P_A = 30\ 000 \times (P_A/A, 4, 14\%) = 30\ 000 \times 2.9137 = 87\ 411$（元）

（2）计算4年学费在第0年的现值：

$P_A = 87\ 411 \times (P/F, 17, 14\%) = 87\ 411 \times 0.1078 = 9\ 422.91$（元）

（3）假设李先生夫妇以后17年中每年末存款，可知其每年存款的现值应为9 422.91元方能支付学费。也就是：

$A \times (P_A/A, 17, 14\%) = 9\ 422.91$（元）

$A = \frac{9\ 422.91}{6.3729} = 1\ 478.59$（元）

这样，以后17年中每年以14%的利率存入1 478.59元，就恰好能够支付李小珊在大学四年间每年30 000元的学费支出。

现在我们在〖例3－17〗中再追加一个条件：李先生夫妇希望他们每年的存款以4%的速度增长，那么在这种情况下，他们第一年的存款应当是多少？

由题意可知，令上述计算结果9 422.91元等于增长年金计算公式，即：

$$P_A = NCF \cdot \left[\frac{1}{r-g} - \frac{1}{r-g} \cdot \left(\frac{1+g}{1+r}\right)^t\right]$$

$$9\ 422.91 = NCF \cdot \left[\frac{1}{14\% - 4\%} - \frac{1}{14\% - 4\%} \cdot \left(\frac{1+4\%}{1+14\%}\right)^{17}\right]$$

$$NCF = \frac{9\ 422.91}{7.9002} = 1\ 192.74\text{（元）}$$

所以，李先生在他们女儿的第一个生日存款应为1 192.74元，第二个生日应存入1 240.45元（1 192.74×1.04），以此类推。

（三）永续增长年金

永续增长年金（Growing Perpetuity）是指一个现金流量预计会以某一固定比例的速度永久持续增长。假如一个房屋建筑在扣除各项费用后，房屋所有者预计有100 000元的现金收入，这笔现金流量预计会以每年5%的速度持久增长下去，这就构成一个永续增长年金。永续增长年金的计算公式如下：

$$P_A = \frac{NCF}{r-g} \tag{3-20}$$

假设房屋所有者期望的收益率为10%，则房屋所有者出租房屋所得现金流量的现值计算如下：

$$P_A = \frac{100\ 000}{10\% - 5\%} = 2\ 000\ 000（元）$$

关于永续增长年金的计算公式有三点需要注意：

1. 关于分子。公式中的分子是现在起一期后即第二期的现金流，而不是目前的现金流。例如，某公司正准备付给股东每股3元的股息，投资者估计以后每年的股息将会以6%的速度增长。适用的利率是11%，目前公司股票的价格应是多少呢？

公式中分子是下一期要收到的现金流，由于股息增长率是6%，因而下年的股息应为3.18元（3.00×1.06）。这样今天股票的价格应是：

$$股票价格 = 3.00 + \frac{3.18}{11\% - 6\%} = 66.60（元）$$

这66.60元的价格既包括马上要收到的股息，也包括一年后开始发放的各期股息的现值。上式只能用来计算一年以后各期股息的现值。对这一例子要能够真正理解透彻，因为有不少同学会在有关这部分的测试题中出错。

2. 关于利率和增长率。这里，利率 r 一定要高于增长率 g，这样永续增长年金公式才会有意义。假始增长率与利息率数值十分接近，公式中的分母就会趋于无穷小，现值就会变得趋于无穷大。事实上，如果增长率 g 高于利率 r，现值是没有意义的。

3. 关于时间的假定。现实世界中，企业现金的流入或流出是随机的，并且几乎是连续不断的。但是在上式中我们假定现金的收入和支付是有规律和确定的。在那个租房的例子中，我们假设100 000元的现金流入每年只发生一次。而现实中，房租往往是要每月支付的。而管理费用和其他一些费用的支出也会在一年中的任一时间发生。永续增长年金的计算公式只适用于有规律和确定型的现金流。这种假定可以节省很多计算时间，因而也是合理的，但是使用者一刻也不应忘记这只是一个“假定”。

（四）不等额现金流

以上我们所介绍的各种年金均是等额的，但是如果现金流收付不相等时，应如何处理这一问题。在企业财务活动中常常需要对一系列不相等的现金流量进行计算。假若遇到现金流量不等时，计算原则是：对不等额的现金流量可按复利折算现值或者折算终值；对等额的流量可按年金折算现值或折算终值。

【例 3-18】 东方股份公司现有一投资项目，预计第一年现金流量 20 000 元，第二年现金流量 30 000 元，第三年至第八年每年现金流量 50 000 元，第九年现金流量 40 000 元，第十年为 50 000 元，若预期报酬率为 14%，问：该项目 10 年的现金流量现值总额是多少？

依题意，由于 10 年内每年现金流量有时不等，有时又相等，因此，可分别计算如下：

第一年：

$P = F \cdot (1+i)^{-n} = 20\,000 \times (1+14\%)^{-1} = 17\,544$（元）

第二年：

$P = F \cdot (1+i)^{-n} = 30\,000 \times (1+14\%)^{-2} = 23\,085$（元）

第三年～第八年：

$P_A = A \times (P_A/A, n, i) = 50\,000 \times 3.8887 = 194\,435$（元）

$P = F \cdot (1+i)^{-n} = 194\,435 \times (1+14\%)^{-2} = 149\,617.73$（元）

或：

$P_A = A \times [(P_A/A, 8, 14\%) - (P_A/A, 2, 14\%)]$

$= 50\,000 \times (4.6389 - 1.6467)$

$= 149\,610$（元）

第九年：

$P = F \cdot (1+i)^{-n} = 40\,000 \times (1+14\%)^{-9} = 12\,300$（元）

第十年：

$P = F \cdot (1+i)^{-n} = 50\,000 \times (1+14\%)^{-10} = 13\,485$（元）

所以，该项目 10 年现金流量现值总额为：

$P = 17\,544 + 23\,085 + 149\,617.73 + 12\,300 + 13\,485 = 216\,931.73$（元）

五、货币时间价值与利率

（一）利率构成

金融市场上，利率是资金使用权的价格，即在金融市场上购买资金的价格。任何利率都可以分成两部分，即无风险利率和风险溢价。

无风险利率（Risk Free Rate）： 将资金投资于某一项没有任何风险的投资对象而获得的利息率。

1. 无风险利率。无风险利率由纯利率和贷款期限内的预期通货膨胀率组成。

（1）纯利率。纯利率（Pure Interest Rate）是指无通货膨胀、无风险情况下的平均利率。例如，在没有通货膨胀时，国库券的利率可以视为纯利率。纯利率的高低，受平均利润率、资金供求关系和国家调节的影响。

通货膨胀（Inflation）：指货币供给大于货币实际需求导致货币贬值，而引起的一段时间内物价持续而普遍上涨的现象。

首先，利息是利润的一个部分，所以利率依存于利润率，并受平均利润率的制约。一般情况下利率随平均利润率的变动而同方向变化。

其次，在平均利润率不变的情况下，金融市场上的资金供求关系决定市场利率变化。当经济高速增长时，资金需求量上升，若资金供应量不变，则利率上升；反之，当经济处于衰退时期，资金需求量大大减少，导致利率下降。

最后，政府要从宏观上调控经济发展，若经济发展过热，可通过中央银行紧缩银根，减少货币供应量，使资金供应相对减少，利率则上升。同样，政策为刺激经济复苏与发展，可适度增加货币供应量，推动利率下降。

（2）通货膨胀率。由于通货膨胀使货币贬值，投资者的真实报酬下降。他们在把资金交给借款人时，会在纯粹利息率的水平上再加上通货膨胀率（inflation premium），以弥补通货膨胀造成的购买力损失。因此，每次发行国库券的利息率都随预期的通货膨胀率变化，它等于纯利息率加预期通货膨胀率。

风险溢价（Risk Premium）：指投资人要求较高的收益以抵销更大的风险。财务学上一般把一个有风险的投资工具的报酬率与无风险报酬率的差额称为“风险溢价”。

2. 风险溢价。借贷中的风险是指出借者收回的金额要少于本金加上按约定利率计算出的利息的可能性。一般来说，贷款都具有不同程度的风险。某些贷款是非常安全的，所以不能全额偿还的可能性几乎就是零。其他的就都具有一定的可能性，即出借方得到的比他预期的要少。

大多数的出借方愿意贷款中含有一定的风险。但是，他们会因为承受较高的风险而要求得到补偿，这就意味着他们希望在风险贷款上得到的回报高于无风险贷款。因为出借方得到的回报是利息，所以在发放贷款时，他们会要求更高的利率。风险贷款的利率与无风险贷款的利率之间的差被称为贷款的风险溢价。

风险溢价一般包括：违约风险、流动性风险和到期风险。

（1）违约风险。违约风险（Default Risk）是指借款人到期不能偿还本金和利息的可能性。违约造成的损失可以是从全部贷款额到部分已到期利息，所以要记住违约风险不仅仅与无法在贷款期末偿还本金有关，借款人任何时候不能支付期间利息都会造成违约。

视频 利率及其构成

出借者对违约风险溢价的要求取决于他们对借款企业信用水平的认识。这种认识建立在公司财务状况和过去偿还借款记录的基础之上。溢价从0%到6%或8%。我们应该注意到溢价不会无限制地增长。当一个公司具有太高的风险时，它支付任何的利率都不可能筹集到借款。

违约通常发生在企业状况恶化、借款人没有资金偿还借款的情况下，但这些情况不一定会导致破产或大的损失。当经营出现问题时，延迟支付利息是相当普遍的。

相应的问题出现时，不一定会出现违约。一家企业通过发行债券借得资金，但随后陷入了财务困境。假如贷款本金未到期，而企业也还可以支付必要的利息，但财务分析师认为每次的利息支付仅仅是侥幸。换句话说，企业并没有违约，但它避免违约发生的能力已经出现了问题。新的投资者不会愿意以全价购买这家公司的债券，为了卖出去，当前债券持有人不得不降价出售。

违约风险（Default risk）：指借款人因种种原因，不愿或无力履行合同条件而构成违约，致使交易对方遭受损失的可能性。

时间跨度也影响违约风险。如果大型的有实力的企业发行了一年期的债券，对这个债券有兴趣的投资者可以不用考虑违约，因为一年之内企业不太可能发生严重的财务恶化状况。但是，如果发行的是一个长期债券，投资者就要关心违约风险溢价，因为即使是最具有实力的公司也可能在一个较长的时期内陷入困境。

这样的考虑表明，对于有实力的企业，短期债券的违约风险较小，而长期债券来说就很重要了。

（2）流动性风险。有时，一些企业即使不存在任何问题，它们的债券也比其他公司难销售。小企业的债券在市场中是极难进行交易的，因为仅有知晓它们的投资者或管理者会有兴趣购买。这样的债券被认为是缺乏流动性，所以必须降低价格来吸引以前不了解公司的投资者，这样就可能有一定的损失。

流动性风险（Liquidity risk）：指企业虽然有清偿能力，但无法及时以合理成本获得充足资金支付到期债务的风险。

流动性风险（Liquidity Risk）指的就是这种损失的可能性，流动性风险即为投资者要求的作为承受流动性风险的补偿。

流动性风险因证券期限的不同而不同。短期负债一般并不涉及太多的流动性风险，因为需要资金的出借人完全可以等到到期日。

（3）到期风险。债券价格变动的首要原因是债券市场利率的变动。金融学和经济学的一条基本原理就是债券价格和利率反方向变动。

到期风险（Maturity risk）：指因到期期间长短不同而形成的利率变化的风险。

利率变动产生的价格变化对于债券投资者来说是一种风险。如果在购买债券后，利率上升，债券的价格就会下跌，而如果投资者想尽快出手，必定会遭受一定的损失。如果债券是短期的，这个损失会很小或者可以被忽略，但如果债券的期限较长，损失会是巨大的。

这意味着对投资者而言，长期债券比短期债券更具风险。我们称之为到期风险。因为此风险会随着债券的期限而变化。投资者要求一个到期风险溢价（Maturity Risk Premium），短期债券从0%～2%到2%的变化，长期债券会再高一点。

需要注意的是，如果投资者持有债券直到到期日，那么我们这里讨论的损失就不会发生，损失只在投资者以一个不尽如人意的价格提前卖出债券时才会产生。

现在我们将上述分析结果汇总，可得出利率的组成公式：

利率 = 纯利率 + 通货膨胀率 + 违约风险溢价
+ 流动性风险溢价 + 到期风险溢价 (3 – 21)

案例链接

央行发布最新LPR利率：5年期以上LPR为4.6%，下调5个基点

1月20日，据央行发布最新LPR利率：LPR下调，5年期以上LPR为4.6%，上次为4.65%。1年期为3.70%，上次为3.80%。这是LPR 5年期时隔21个月后首次出现下调，贷款市场出现降息。

此次央行LPR数据发布，从过去的每月20日上午9：30发布调整为9：15。类似调整，看似常规，实际有深意。从此前1月18日国新办发布会内容看，央行副行长提出了“充足发力、精准发力和靠前发力”三个原则。换句话说，积极及时向市场释放明确信号，成为当前金融监管部门关注的。而且从资本市场来看，9点15分恰是股票市场集合竞价时间点，LPR作为基础利率，此时发布，对于引导资本市场预期将产生积极作用。这说明当前对利率调整的传导效应提出了更高要求。

此次LPR利率中，5年期利率下调了5个基点，为4.60%。该数据具有三个特点。第一，这是21个月以来首次出现5年期LPR下调的情况。上次调整出现在疫情后开复工的关键阶段，即2020年4月份，本次调整也有相似性，和经济下行压力较大有关。第二，此次下调也是在央行持续降准、MLF降息、国外市场加息等大环境下进行的，总体上市场各方对降息的预期较为强烈。第三，此次降息恰处于年初，进一步体现了今年货币政策释放流动性、降低资金成本、稳定经济增长的导向。

（资料来源：中国人民银行网站，2022年1月20日）

（二）名义利率与实际利率

名义利率（Nominal Interest Rate）：指提供资金借贷的机构所公布的未调整通货膨胀因素的利率，即指包括补偿通货膨胀（包括通货紧缩）风险的利率。

一般情况下，政府、金融机构等公布的利率都是年利率，即计息周期为一年。前已述及，企业进行财务决策时，其复利的计息周期不一定总是一年，可能会出现短于一年的情况。当利息在一年内要复利一次以上时，给出的年利率叫名义利率（Nominal Interest Rate）；按照实际计息周期计算出的利率叫实际利率（Actual Interest Rate）。

【例3－19】 假定目前金融机构的名义年利率是12%，每月复利计息，你所拥有的1元投资年末价值为多少？

根据题意得：

$$1\times\left(1+\frac{12\%}{12}\right)^{12}=1.1268\text{（元）}$$

这也就是说每年投资回报率实际上是 12.68%。这个回报率就叫“实际年利率”或“实际年收益率”（Effective Annual Rate）。由于复利计息的缘故，实际年利率要高于名义利率，因此，实际年利率的计算公式如下：

实际利率（Actual Interest Rate）：指剔除通货膨胀率后投资者得到利息回报的真实利率。

$$\text{实际年利率} = \left(1 + \frac{r}{m}\right)^{m} - 1 \qquad (3-22)$$

有些同学经常会因为（3－22）式中要减去 1 而迷惑。要注意年末的价值包括年内的利息以及本金。我们要从公式中减去 1 才能去除本金，从而得出真正的利息回报率。

为进一步说明名义利率与实际利率之间的关系，我们现将本金 1 000 元，年利率为 10%，不同计息次数下的数据进行整理，结果如表 3－1 所示。

表 3－1　　不同计算周期的名义利率与实际利率

本金	名义利率	复利计息次数	本利和	实际利率
1 000	10%	每年一次	1 100	10%
1 000	10%	每半年一次	1 102.50	10.25%
1 000	10%	每季度一次	1 103.81	10.381%
1 000	10%	每日一次	1 105.16	10.516%

名义利率和实际利率之间的差别对一些同学来说也许是个有些困惑的问题。名义利率只有在给出计息间隔期的情况下才是有意义的，认识到这一点有助于澄清此处的混淆。例如，若名义利率为 10%，1 元在半年复利计息情况下的年末终值为：

$$\left[1 + \left(\frac{10\%}{2}\right)\right]^{2} = 1.1025\text{（元）}$$

在季度复利计息情况下的终值为：

$$\left[1 + \left(\frac{10\%}{4}\right)\right]^{4} = 1.1038\text{（元）}$$

如果仅给出名义利率为 10%，但是计息间隔期没有给出，就不能计算终值。也就是说，人们不知道该按年、月、季或是其他间隔期进行计息。

相反，实际利率本身就有很明确的意义，它不需要给出复利计息的间隔期。例如，若实际利率为 10.25%，就意味着 1 元的投资在一年后就可变成 1.1025 元。你可以认为这是名义利率为 10%，半年复利计息情况下所得到的，或是名义利率为 10.25%，年复利计息，抑或其他的复利计息方式所得来的。

本章主要名词概念

货币时间价值	单利和复利	复利终值	复利现值
年金	后付年金	先付年金	递延年金
永续年金	增长年金	名义利率	实际利率

本章小结

企业财务决策经常涉及这样的情形：资金的支付在某一个时点发生，但资金的收回却是在某一个更晚的时点发生。当资金收付发生在不同的时点时，这种由于时间上的不同造成的价值差异就是货币的时间价值。货币时间价值是我们认识财务活动、进行财务决策的重要工具。本章主要内容如下：

1. 货币时间价值（Time Value of Money）是指货币经过一定时间的投资和再投资所增加的价值。货币时间价值的实质是货币周转使用后发生的增值额。

2. 复利终值（Future Value with Compounding）是指企业现在投入的一笔资金，按照必要报酬率（利率）折算至最后一期（n 期）期末的资金价值，即本利和。

3. 复利现值（Present Value with Compounding）是复利终值的对应概念，是指企业第 n 期的资金按必要报酬率折算到现在的资金价值。

4. 年金（Annuity）是指企业在未来若干均等间隔期所发生的等额收入或支出。年金一般包括后付年金、先付年金、递延年金和永续年金等多种形式。

5. 后付年金（Annuity in Arrears）又称普通年金，是指一定时期的每期期末发生的等额系列收入或支出。

6. 后付年金终值是指企业在未来若干均等间隔期发生的等额收入或支出按必要报酬率计算至最后一期（n 期）期末的复利终值之和。

7. 后付年金现值是指在未来若干个均等间隔期发生的等额收入或支出，按必要报酬率换算至第一期期初的复利现值之和。

8. 先付年金（Annuity in Advance）是指未来若干均等间隔期每期期初发生的系列等额资金收付事项。

9. 先付年金终值与后付年金终值系数的关系为：期数加 1，系数减 1。先付年金现值与后付年金现值系数的关系为：期数减 1，系数加 1。

10. 递延年金（Delayed Annuity）也称延期年金，是指第一次收付发生在第一期以后的年金。递延年金终值的大小，与递延期无关，故计算方法与后付年金终值计算完全相同。递延年金现值的计算与后付年金现值不完全相同，其计算方法有两种。

11. 永续年金（Perpetuity）是指连续无限期收付的年金。

12. 货币时间价值计算中要注意几个特殊问题：(1) 复利计息期数；(2) 增长年金的计算；(3) 永续增长年金的计算；(4) 资金流量不等。

13. 利率是资金使用权的价格，一般由无风险利率和风险溢价构成。无风险利率包括纯利率和通货膨胀率；风险溢价包括违约风险、流动性风险和到期风险。

第四章

风险与报酬

学习目标

学习本章后，您应该做到：

1. 了解和描述风险的基本特征；
2. 理解和认识报酬的基本含义；
3. 解释经营风险和财务风险的内涵；
4. 理解和掌握风险态度与财产效用之间的内在联系；
5. 熟练掌握单项资产风险与报酬的衡量方法及应用；
6. 熟练掌握和理解组合资产风险的计量与报酬的确定；
7. 掌握有效投资组合的决策原理与应用；
8. 掌握贝塔系数的计算和在风险衡量中的用途；
9. 熟练掌握资本资产定价模型的原理与应用分析。

学习重点与难点

描述风险的特征与内涵；理解财产效用的内在规律；运用风险与报酬原理进行财务决策；掌握投资组合风险的衡量方法与应用；理解并掌握有效投资组合决策分析；熟悉掌握资本资产定价模型原理以及在财务决策中的应用。

学习思维导图

- 风险与报酬
  - 基本原理
    - 基本内涵
      - 风险
        - 风险特点
        - 市场风险与企业特有风险
        - 经营风险与财务风险
      - 报酬
        - 报酬内涵
        - 报酬率
          - 必要报酬率
          - 期望报酬率
          - 实际报酬率
    - 风险报酬
      - 风险厌恶
      - 风险报酬
  - 单项资产风险衡量
    - 概率分布与期望值
    - 方差与标准差
    - 标准离差率（变化系数）
  - 投资组合风险衡量
    - 组合风险与报酬
      - 组合报酬计量
      - 组合风险
        - 可分散风险
        - 不可分散风险
    - 组合风险衡量
      - 协方差
      - 标准差
      - 相关系数
  - 有效投资组合
    - 可行集
    - 有效边界
    - 无差异曲线
    - 资本市场线与证券市场线
  - 资本资产定价模型
    - 贝塔系数
    - 基本假设
    - 定价模型

引 导 案 例

2020 年“当头一棒”，航空产业遭受重创。3 月 30 日晚间，东航、国航、南航三大航年报悉数亮相。意料之中，各家公司纷纷遭遇巨额亏损，累计净利润亏损高达 370.87 亿元。

具体来看，国航 2020 年营业收入 695.04 亿元，同比下降 48.96%；利润总额 −184.7 亿元，同比下降 302.91%；归属于上市公司股东净利润亏损 144.1 亿元，上年同期盈利 64.1 亿元，同比下降 324.85%。2020 年，国航报告期内子公司中仅大连航空、中行财务实现盈利，另外确认国泰航空投资损失 51.09 亿元，上年同期为投资收益 0.67 亿元；确认山航集团及山东航空投资损失 9.68 亿元，上年同期为投资收益 1.97 亿元。

东航 2020 年营业收入 586.39 亿元，同比下降 51.48%；归属于上市公司股东净利润亏损 118.35 亿元，上年同期盈利 31.95 亿元，同比下降470.42%。大幅调整航班运力节约成本，东航全年营业成本为708.03亿元，同比下降33.95%。

南方航空2020年营业收入925.61亿元，同比下降40.02%；归属于上市公司股东净利润亏损108.42亿元，上年同期盈利26.51亿元，同比下降508.98%。

2020年受疫情影响，旅客出行需求大幅下降，各航司大幅调整航班运力，运输周转量大幅下降，各项成本均大幅减少。报告期内，南航营业成本949.03亿元，比上年同期下降30.05%；主营业务成本931.15亿元，比上年同期下降30.46%；航油成本187.97亿元，比上年同期下降56.10%。国航报告期内营业成本756.31亿元，同比下降33.22%。

2021年行业复苏仍面临诸多挑战。国内市场方面，受疫情影响，各航空公司大量国际航线运力转移至国内航线，行业竞争不断加剧。南航方面指出，未来国内航线票价水平可能会出现一定下降。外围因素影响的不确定性也不容忽视。国际航协表示，本次新冠肺炎疫情导致行业产生严重财务损失，全球航空公司的债务水平进一步上升，风险应对能力更加脆弱。全球放松旅行限制和隔离措施进程尚不确定，取决于全球疫苗的接种进度。预计全球航空运输业2021年仍将维持亏损状态，甚至在2022年之前也不会赢利。危机持续的时间比预期更长，行业复苏需要更多政府援助。"国际市场方面，全球航空业整合速度加快，小型航空公司可能面临被收购或破产的局面，大型航空公司则寻求政府介入救助，对原有的国际合作结构形成冲击。"南航指出。截至目前，疫情发生以来全球已有40多家航空公司破产重组。

中金公司表示，交通运输业受疫情影响较大，随着各国疫苗接种持续推进，全球有望加快复苏，或将迎来较好投资机遇。航空方面，一季度受春运因素影响，行业业绩估计仍承受较大压力，但市场已有预期。预计国际线需求下半年或有所恢复，未来两年航空需求复苏确定性高。

（资料来源：韦夏怡：《三大航年报出炉 2020年累计亏损逾370亿元》，经济参考网，2021年3月31日）

第一节　基本原理

一、风险与报酬

（一）风险

财务活动是一种高度复杂而又充满风险的金融活动。一方面，它可以给企业带来一定的利益；另一方面，它也可能使企业承担破产清算的风险。无论是筹资活动还是投资活动都是如此。在企业财务活动中，为了防范风险，获取理想的报酬，企业财务人员必须对财务活动中的风险与报酬有清醒的认识，以便权衡利弊得失，科学合理地进行财务决策，以实现企业价值最大化的财务目标。

风险（Risk）是一个比较难掌握的概念，其定义也有很多争议。但是，风险广泛存在于重要的财务活动当中，并且对企业实现其财务目标有重要影响，人们无法回避和忽视。

视频 风险与报酬基本内涵

如果企业的一项行动有多种可能的结果，其将来的财务后果是不确定的，就叫有风险。如果这项行动只有一种后果，就叫没有风险。例如，现在将一笔款项存入银行，可以确知一年后将得到的本利和，几乎没有风险。这种情况在企业投资中是很罕见的，它的风险固然小，但是报酬也很低，很难称为真正意义上的投资。

风险（Risk）： 指在给定的条件和某一特定时期，事件未来结果的变动性。

那么，什么是风险呢？一般说来，风险是指在一定条件下和一定时期内可能发生的各种结果的变动程度。例如，我们在预计一个投资项目的报酬时，不可能十分精确，也没有百分之百的把握。有些事情的未来发展我们事先不能确知，例如价格、销量、成本等都可能发生预想不到并且无法控制的变化。

风险是事件本身的不确定性，具有客观性。例如，无论企业还是个人，投资于国库券，其报酬的不确定性较小；如果是投资于股票，则报酬的不确定性大得多。这种风险是“一定条件下”的风险，你在什么时间、买哪一种或哪几种股票、各买多少，风险是不一样的，这些问题一旦决定下来，风险大小你就无法改变了。这就是说，特定投资的风险大小是客观的，你是否去冒风险及冒多大风险，是可以选择的，是主观决定的。

风险的大小随时间延续而变化，是“一定时期内”的风险。我们对一个投资项目成本事先的预计可能不很准确，越接近完工则预计越准确。随时间延续，事件的不确定性在缩小，事件完成，其结果也就完全确定了。因此，风险总是“一定时期内”的风险。

严格说来，风险和不确定性有区别。风险是指事前可以知道所有可能的后果，以及每种后果的概率。不确定性（Uncertainty）是指事前不知道所有可能的后果，或者虽然知道可能的后果，但不知道它们出现的概率。例如，在一个新区找矿，事前知道只有找到和找不到两种后果，但不知道两种后果的可能性各占多少，属于“不确定”问题而非风险问题。但是，在面对实际问题时，两者很难区分，风险问题的概率往往不能准确知道，不确定性问题也可以估计一个概率，因此在实务领域对风险和不确定性不作区分，都视为“风险”问题对待，把风险理解为可测定概率的不确定性。概率的测定有两种：一种

“财富威胁”：投资就是赌博吗？

是客观概率，是指根据大量历史的实际数据推算出来的概率；另一种是主观概率，是在没有大量实际资料的情况下，人们根据有限资料和经验合理估计的。

风险可能给投资人带来超出预期的回报，也可能带来超出预期的损失。一般说来，投资人对意外损失的关切比对意外收益要强烈得多。因此，人们研究风险时侧重减少损失，主要从不利的方面来考察风险，经常把风险看成是不利事件发生的可能性。从财务的角度来说，风险主要指无法达到预期报酬的可能性。

风险产生原因主要有两方面：一是缺乏信息；二是决策者无法控制事物的未来进程。

风险可以按照不同标准划分。

1. 市场风险和企业特有风险。从个别投资主体的角度看，风险可以分为市场风险和企业特有风险两类。

（1）市场风险。市场风险（Market Risk）是指那些对所有的企业产生影响的因素引起的风险，如战争、经济衰退、通货膨胀、利率变动等。这类风险涉及所有的投资对象，不能通过多元化投资来分散，因此又称不可为分散风险或系统风险。例如，一个人投资于股票，不论买哪一种股票，他都要承担市场风险，经济衰退时各种股票的价格都要不同程度下跌。

（2）企业特有风险。企业特有风险（Enterprise Specific Risk）是指发生于个别企业的特有事件造成的风险，如罢工、新产品开发失败、没有争取到重要合同、诉讼失败等。这类事件是随机发生的，因而可以通过多元化投资来分散，即发生于一家企业的不利事件可以被其他企业的有利事件所抵销。这类风险称为分散风险或非系统风险。例如，一个人投资股票时，买几种不同的股票，比只买一种风险要小。

2. 经营风险和财务风险。从企业本身来看，风险可以分为经营风险（商业风险）和财务风险（融资风险）两类。

（1）经营风险。经营风险（Business Risk）是指生产经营的不确定性带来的风险，它是任何商业活动都有的，也叫商业风险。经营风险主要来自以下几方面：

①市场销售：市场需求、市场价格、企业可能生产的产品数量等均不确定，尤其是竞争使供产销不稳定，加大了风险。

②生产成本：原料的供应和价格、工人和机器的生产率、工人的工资和奖金都是不确定因素，因而产生风险。

③生产技术：设备事故、产品发生质量问题、新技术的出现等均不容易预见，因而产生风险。

④其他：外部的环境变化，如天灾、经济不景气、通货膨胀、有协作关系的企业没有履行合同等，企业自己不能左右，产生风险。

经营风险使企业的报酬变得不确定。

（2）财务风险。财务风险（Financial Risk）是指因借款而增加的风险，或是融资决策带来的风险，也称融资风险。

例如，假设你是东方股份公司的股东之一，公司总股本 10 亿元，你拥有公司股票 10 万元（占总股本的万分之一），公司经营好时可盈利 2 亿元，你可分享 2 万元，你的资本报酬率为 20%；经营差时公司将亏损 1 亿元，股东资本报酬率为负 10%。假设公司预期 2018 年经营情况良好，借入资本 10 亿元，利息率 10%，预期息税前利润 4 亿元（20 亿元×20%），付息后的利润为 3 亿元，资本报酬率上升为 30%。这就是负债经营的好处。但是，这个借款决策加大了原有的风险。如果借款后公司经营不景气，公司付息前亏损预计达 2 亿元，付息 1 亿元后亏损 3 亿元，股东的资本报酬率将是负的 30%。这就是负债经营的风险。

举债加大了企业的风险。运气好时赚得更多，运气不好时赔得更惨。如果不借钱，企业全部使用股东的资本，那么该企业没有财务风险，只有经营风险。如果经营成果是确定的（实际上总有经营风险），例如，肯定能赚 10%，那么负债再多也不要紧，只要利率低于 10%。财务风险只是加大了经营风险。

那么，应不应当借钱经营呢？应当借多少呢？那要看风险有多大，冒风险预期得到的报酬有多少，以及企业愿意还是不愿意冒风险。

案例链接

平均薪酬 45 万 离职率创近十年新高

实体经济愈发艰难、股市跌跌不休的态势下，上市公司高管的压力比普通公司老板显然要大得多。上市公司高管薪资水平近年来虽呈现连续上升态势，加班情况却远超职场同仁，每周加班时间超过 12 个小时，高居首位。高薪高压背景下，高管离职率大幅攀升，创出近十年的新高。

高薪背后往往付出的是常人数倍努力。数据显示，高层管理者平均每天参加会议的时间是 4.05 小时，为每天正常 8 小时工作时间的一半。在加班方面，高层管理者每周加班时间要比普通员工多出一倍多，平均每周加班时间为 12.3 小时，普通员工为 5.5 小时每周。

高管离职的情况也愈演愈烈。数据宝统计显示，不考虑任期到期的情况下，2018 年高管离职率达 12.77%，创出近十年来新高。女性高管离职比例从 2009

年的不到4%，攀升至最新的12.35%。

（资料来源：陈见南，证券时报，2019年1月8日）

试一试：运用有关风险的知识，与同学们讨论俄乌冲突对世界经济所带来的风险问题。

（二）报酬

报酬（Return）：指一定时期投资者投资于某项资产所获得的回报。

1. 报酬。任何个人或组织进行投资的目的都在于获得一定的回报。一般而言，投资者投资的预期报酬主要来源于三部分：一是投资者所获得的现金，如股票的现金红利和债券的利息收入等；二是资本利得或损失，即投资者从资产价格上升中得到的利得或在资产价格下降中遭受的损失；三是在投资期内投资者所得现金进行再投资时所获得的再投资收益。例如，你现在拥有东方股份公司的股票5 000股，本年末全部卖出，你的报酬一般可能由以下三部分组成：

（1）现金股利（Cash Dividend）。作为东方股份公司的股东，若公司本年度每股分配现金股利0.50元，那么你将会得到2 500元现金收入，这就是现金股利。

资本利得（损失）（Capital Gain/Loss）：指投资者出售资产所获取的价差收益（或损失）。

（2）资本利得（或损失）（Capital Gain/Loss）。假设在本年末，你将拥有的东方股份5 000股股票全部出售（原来购买成本每股20元），出售价格每股24元，这样你将从股票价值的变动中获得20 000元（5 000×4元）的资本利得。

（3）红利的再投资报酬（Reinvestment）。若你将分配的股利进行再投资，又获得10%的投资报酬，这一报酬即为再投资报酬，它属于机会成本的范畴。

为进一步说明报酬的具体构成，让我们再作一个假设分析：现在假定你在年初购买了东方股份的部分股票，到年末你的这项投资报酬是如何形成的？

首先，在该年度，东方股份公司可能会向股东支付现金股利，你作为该公司的股东就可能获得一部分现金股利，这些现金所得则构成你持有东方股份公司股票所形成的一部分报酬。显然除了现金股利之外，你可能还获得一部分资本利得或资本损失，它来自你进行投资价值的变动差额。我们假定年初东方股份公司股票的交易价格为27元，如果你购买了1 000股，那么你就会有27 000元的现金流出；若东方公司该年度每股派发现金股利1.5元，那么，到年末你会收到1 500元的股利收益；若年末股票价格上升到32元，你所持有的1 000股东方股票的价值则上升为32 000元，你的资本利得则为5 000元［（32－27）×1 000，不考虑交易费用］。这一过程如图4－1所示。

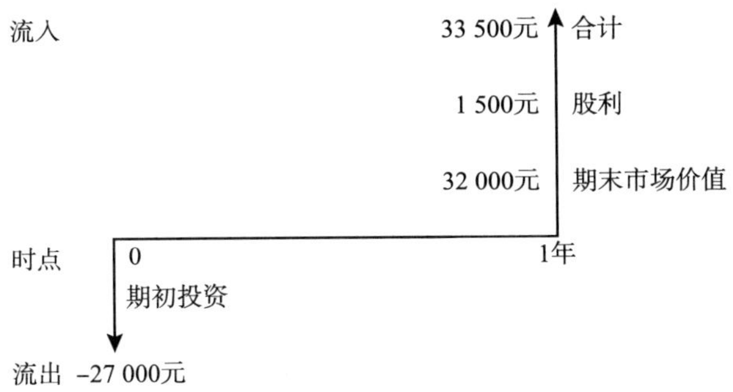

图 4-1　投资流出与投资报酬流入

从图 4-1 中可知，你持有东方股份公司的股票，所取得的总报酬是现金股利和资本利得之和，即：

总报酬 = 1 500 + 5 000 = 6 500（元）

需要注意的是，如果你在年末出售股票，你将得到的现金总额等于你的最初投资加上报酬总额，即：

年末现金总额 = 27 000 + 6 500 = 33 500（元）

2. 报酬率。报酬率（Rate of Return）即“租用”货币的价格。这里介绍和讨论三种不同的报酬率，区分这三个概念非常重要。

（1）必要报酬率。必要报酬率（Required Rate of Return）是指准确反映期望未来现金流量风险的报酬，也可将其称为人们愿意进行投资（购买资产）所必须赚得的最低报酬率。估计这一报酬率的一个重要方法建立在机会成本的概念上：必要报酬率是同等风险的其他备选方案的报酬率，如同等风险的金融证券。

（2）期望报酬率。期望报酬率（Rxpected Rate of Return）是指你若进行投资，按照特定项目估计所能赚得的报酬率。换言之，期望是使净现值为零的报酬率。当净现值为零时，预计投资能赚得与其风险水平相应的报酬率。因此，当净现值为零时，期望报酬率等于必要报酬率。

（3）实际报酬率。实际报酬率（Actual Rate of Return）是在特定时期实际赚得的报酬率。这是你投资的最终回报，是投资决策的真实反映，理解这一点是非常重要的。因为你不可能让时光倒流，去改变实际报酬率，你只能据此作出新的决策。

由于在完善资本市场中，所有投资的净现值都为零，所有价格都为公平市价，因而期望报酬率与必要报酬率总是相等，所以这两者特别容易混淆。在这种情况下，人人都期望赚得与其所承担风险相应的必要报酬率。

对期望报酬率和实际报酬率的混淆源自风险。因为有风险，投资结果很少与期望值相同。事实上，认识风险的方法之一就是考虑投资结果与期望值为何不同。这两者的差异越大，风险越大，反之亦然。让我们用你所可能进行的投资来复习和概括这些概念间的关系。首先，根据其他同等风险的可能投资，确定你愿意投资所需的最低报酬率（否则，你会简单地将钱投入任意一个备选项目），这是必要报酬率。其次，估计你若进行投资的报酬率，这是期望报酬率。然后决定是否进行投资，如果期望报酬率大于必要报酬率，投资所得大于其成本，净现值为正。正的净现值增加了你的投资价值，而负的净现值则减少了你的投资价值。因此，当净现值为正时，你可以进行投资。

最后，经过一段时间后，你的投资有了回报，这一回报是实际报酬率。如果实际报酬率很糟（较低，甚至为零——你一无所获），你会很难过，但这正是风险的基本性质！毕竟，在报酬实现后，你不可能回到过去，再决定不进行这笔投资。当然，如果实际报酬率很好（等于甚至大于期望报酬率），你会很高兴，你愿意进行类似的投资。因此，尽管实际报酬率很重要，我们希望其越大越好，但由于风险的存在，实际报酬率与期望报酬率、必要报酬率之间没有必然联系。

想一想：你是如何理解这三种报酬率的？它们之间存在差异吗？举例说明并与同学们讨论。

二、风险报酬与财产效用

视频 风险报酬

对于从事会计学等相关专业学习的学生来说，风险的相关概念非常抽象并且不易理解。为此，我们在介绍风险报酬之前，先看一看一个世界上非常有名的电视游戏：“让我们做笔交易”。

假设你有幸作为参赛者之一加入这一游戏中去，节目主持人说：在你面前有两只大小、样式完全相同的箱子（从外观上无法区分），一只箱子里放有 1 万元现金，另一只箱子里只有一张市值为零的白纸；你可以选择打开任何一只箱子（只能做一次选择），打开哪只箱子其 1 万元现金或一张白纸就归你，这就是游戏的规则。

同时，节目主持人又对你说，在你作出选择之前，他可以提供给你一笔资金以结束你的选择。现请你选择一个货币额：该货币额使你感到从箱子里得到的东西与得到的那笔资金是无差别的，即决定一个货币额，再加上 1 元你就会选择那笔钱；减去 1 元后你就会选择打开箱子。现在请你将这个货币额写在纸上，应是多少？

让我们一起来想象一下这个有趣的过程。假定你决定：若主持人给你 3 999 元或更少，则你会选择打开箱子；若主持人给你 4 000 元，则你很难作出选择；若主持人给你 4 001 元或更多，你将接受这笔钱而放弃打开箱子。

假若主持人给你的钱是4 500元，所以你选择接受钱而放弃去开箱（当然，前提是你不知道1万元钱究竟放在哪只箱子里；若知道放在哪只箱子里，你则肯定选择开箱）。

这个电视游戏与本章的主题内容——风险和报酬有何关系？答案是关系非常密切。上面的游戏道出一个事实：即一般的投资者是厌恶风险的。因为若选择开箱，则有50%的机会得到1万元，有50%的机会什么也得不到，所以选择开箱的期望值是5 000元。在本例中，你发现自己对有风险的（不确定的）5 000元期望报酬与确定的4 500元报酬的态度无差异。换言之，该确定的（无风险）金额即你对风险性赌博的确定性等值于风险的期望值5 000元，对你来说它们的效用或满意程度是相同的。

确定性等值（Certainty Equivalence）是指投资者在某一时点所确定的现金额与同一时点上所预期实现的有风险的货币额无差别。如果本例中你的实际确定性等值恰好等于我们使用的金额4 500元，这种巧合有时是令人惊奇的。让我们看一看曾让你写在纸上的金额，它可能小于5 000元。研究表明绝大部分个人投资者在类似的情形下，会选择较小的确定性等值而放弃较大的期望值（即小于5 000元）。实际上我们可以用个人的确定性等值和风险投资的期望值的关系定义个人对风险的态度。即：

风险厌恶（Risk Aversion）：指一个人在承受风险情况下其偏好的特征。用来衡量人们为降低所面临的风险而进行支付的意愿。

确定性等值 $<$ 期望值——则属于风险厌恶（Risk Aversion）

确定性等值 $=$ 期望值——则属于风险中立（Risk Neutral）

确定性等值 $>$ 期望值——则属于风险偏好（Risk Preference）

因此，上面例子中，任何认为确定性等值小于5 000元的投资者都属于风险厌恶者。对厌恶风险的投资者而言，确定性等值和投资期望值之间的差额形成风险报酬（Risk Premium），这是为了使投资者接受风险所必须给它的额外期望报酬。

为什么投资者大多属于风险厌恶者（Risk Averter）对这一问题可用效用理论（Utility Theory）来回答：效用理论的核心是财产边际效用递减规律（Law of Diminishing Marginal Utility）。

例如，假期若你参加了一项野外生存活动，现在你已经到了生存的极限（你没有任何有价值的财产）。此时你得到100元，那么你将用来满足最迫切的需要（如购买维持生命的食品等）；如果你再得到100元，你可能将它消费，但这100元显然不如以前那样迫切。因为后100元（即边际100元）的效用小于前100元的效用。再进一步增加的财产其效用情况则依次类推，因此，我们认为财产边际效用是递减的，这一关系如图4－2所示。

边际效用递减

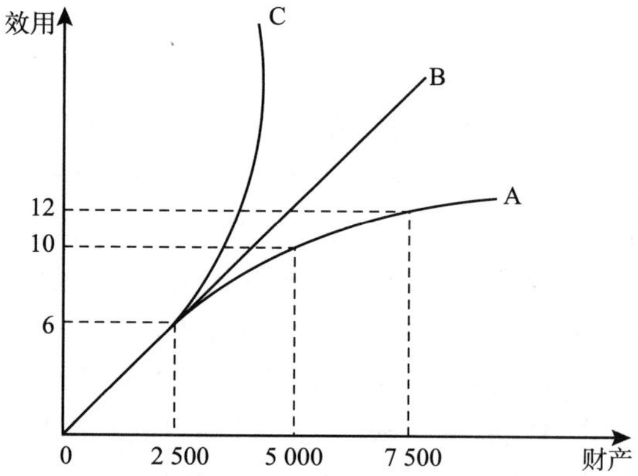

图 4－2　财产与效用的关系

图 4－2 中的效用可以用效用单位来衡量，A 曲线是我们感兴趣的，表示某人的边际财产效用为正数，其边际效用呈递减趋势。持有 5 000 元的个人有 10 个幸福或满足的效用单位。若增加 2 500 元，他的满足程度将增加到 12 个效用单位；若损失 2 500 元，那么他的满足程度将下降到 6 个效用单位，失去 4 个效用单位。

大部分投资者似乎面临的是财产边际效用递减，这直接影响他们对待风险的态度。具有财产常数边际效用的某些人，将 1 元“收入”收益的价值与 1 元“损失”收益的价值看成一样大，对风险持无所谓态度。而具有财产边际效用递减的人，损失 1 元的“痛苦”大于 1 元享受的“愉快”，由于财产的递减效用，因此他们会竭力反对风险，并要求任何高风险投资都要有很高的收益。如图 4－2 中 A 曲线所示，以 5 000 元为基础的 2 500 元的收益，将带来 2 个效用单位的额外满足，但是 2 500 元的损失将导致失去 4 个效用单位的满足。因此，按照这一效用函数且持有 5 000 元的个人，则不愿意按 50∶50 的机会打赌这 2 500 元。但是具有效用 B 曲线的风险无差别投资者则无所谓，而喜欢冒险者则愿意打赌。为什么？

财产边际效用递减直接导致风险厌恶，这种风险厌恶在确定企业价值时会在投资者的决策中得到反映。

【例 4－1】假设某投资者拥有现金 5 000 元，现在面临两个投资机会：一是购买政府公债，政府公债是无风险证券，年利率 5%；二是投资者用 5 000 元资助一项有风险的石油钻井业务：若成功，则年末投资总价值为 7 500 元，若失败，投资者可变现现有物品弥补 2 500 元。发现石油的可能性 60%，出现枯井的可能性 40%，现在该投资者征询你的建议：其 5 000 元是选择购买无风险国债或是投资于冒风险的钻井业务？

首先，计算两项投资的预期价值：

国债投资期望价值 =5 000 ×（1 +5%）×1（概率）=5 250（元）

钻井投资期望价值 =7 500 ×60% +2 500 ×40% =5 500（元）

计算结果表明：钻井投资价值大于投资政府公债价值，那么，这是否意味着投资者要将 5 000 元投资于冒风险的钻井呢？答案未必——这要取决于投资者的效用函数。如果他的货币边际效用急剧递减，那么由于枯井所造成的潜在效用损失可能无法被开发产油井所产生的效用完全抵销。如果图 4－2 中 A 曲线所表示的效用函数可以适用，则上述观点成立。为进一步说明这一点，我们将修正预期货币价值的计算结果，以反映效用补偿。观察图 4－2 可知：若投资者冒风险投资于钻井且发现了石油，那么风险厌恶者有接近 12 个效用单位；若投资后未找到石油，只有 6 个效用单位。若投资者选择了购买国债，那么肯定会有 10.5 个（左右）效用单位。有关计算结果如表 4－1 所示。

效用函数（Utility Function）：通常是用来表示消费者在消费中所获得的效用与所消费的商品组合之间数量关系的函数，以衡量消费者从消费既定的商品组合中所获得满足的程度。

表 4－1　　钻井的预期效用

状态	概率	效用	货币产出	预期效用
有油	0.6	12	7 500	7.2
无油	0.4	6	2 500	2.4
合计	1.0			9.6

计算结果显示，由于风险投资的预期效用只有 9.6 个效用单位，而政府公债的效用单位有 10.5 个。因此，我们认为，对该投资者来说，政府公债投资是最优选择。尽管钻井的预期货币价值较高，但政府公债的预期效用更高，风险补偿使我们最终选择更安全的投资。

显然，风险报酬就是投资者所要求的超过无风险的那部分额外报酬。风险越大，要求的报酬越高；反之，风险越小，要求的报酬则越低。因此，世界上没有免费的午餐。任何声称低风险、高报酬的投资都是值得怀疑的。

风险报酬（Risk Premium）：指投资者冒风险投资而要求的，超过无风险报酬的额外报酬。

案 例 链 接

流动性改善及投资者情绪上升推动 A 股走强

沪深两市连续三个交易日成交额破万亿元，两融余额时隔四年半重回 1.2 万亿元上方，7 月份以来北上资金数次超百亿元大手笔买入，叠加“牛市”一词在微信指数中火热飙至 919 万……一项项数据生动地展现出当前场内外的乐观情绪以及股民们对于股市的热情。

“当前，A股市场的大变革时代已经来临。”东北策略分析师邓利军表示，首先，注册制改革带来的壳资源价值降低、垃圾股退市加速、长期资金入市加速，是A股走向全面牛市的基础；其次，2018年底的商誉大规模减值计提，可以说是A股盈利向上以及熊转牛的转折点；最后，从趋势性配置期、全球资产荒、基本面差异和估值优势等角度来说，外资和国内居民财富也已趋势性流入A股市场，整体上看，扫除一切熊市阻力的“渡江战役”已经到来。

每一次A股市场的走强，背后都离不开资金面及市场环境的烘托。

华辉创富投资总经理袁华明在接受《证券日报》记者采访时表示，纵观A股牛熊历史，熊市底部主要靠企业基本面和估值形成支撑，牛市拉升更多依赖流动性改善和投资者风险偏好提升带动。而本轮A股市场的走强，正是主要受市场流动性改善以及投资者情绪提升所带动。

袁华明进一步解释道，今年受疫情影响，利率表现出较明显的下行态势，同时在引导更多长线资金入市的政策导向下，政策调整带动了外资、养老资金、保险资金、银行理财资金、公私募资金等长线资金的持续流入，市场流动性得以持续改善；此外，以创业板改革并试点注册制、新三板改革以及再融资新规为代表的资本市场利好政策有所增加，加之企业复产复工下经济韧劲凸显、不断推出的逆周期政策和股市上涨带来的财富效应，使得市场风险偏好和投资者做多情绪持续提升。

同花顺iFinD数据显示，7月份以来，北上资金的累计净买入额达439.61亿元；杠杆资金方面，截至7月3日，沪深两市融资融券余额达12 028.68亿元，创下四年半以来的新高，较今年年初累计增长177.93亿元。

“考虑到货币政策会继续维持宽松趋势，新三板深改、创业板注册制改革等资本市场利好政策在下半年的进一步落地，预计市场风险偏好继续提升的可能性比较大，也就是说，A股市场仍然具备上涨动能和空间。”袁华明如是说。

（资料来源：杜雨萌：《证券日报》，2020年7月7日）

三、风险衡量

视频 风险衡量

1. 概率分布与期望值。资产的风险一般是指单项资产未来报酬的不确定性。用数学语言讲，未来报酬围绕期望报酬率的分布越广，其报酬的风险越大。所以，人们常常用概率、方差、标准差及变化系数等指标来衡量单项资产的风险。一个事件的概率可定义为该事件将发生的可能性。如果罗列出所有可能的事件或结果，同时给出每个事件的概率，这种列示就叫作概率分布（Probability Distribution）。

（1）离散型概率分布（Discrete Probability Distribution）。前已述及，风险是指某些不利事件发生的可能性。一个事件发生的概率是指这一事件可能发生的机会及事件出现的机会的大小。概率是客观的，但要依赖于主观估计。因而，描述风险资产的一种方法是对这种资产各种可能的不同报酬率给出相应概率。

【例4－2】假若你目前正在考虑以10 000元的现金购买同方股份或巴士股份的股票。前者行业竞争激烈，如果经济发展迅速而且该公司产品市场占有率高，则利润很高，否则利润很低甚至赔本；而后者是一家公用事业单位，它已经得到上海市政府政策优惠，所以它的市场份额可相当准确地预测出来。假定未来的经济情况只有三种：繁荣、正常、衰退，其有关概率分布与预期如表4－2所示。

表4－2　　不同经济状态下两公司报酬率及概率分布

经济状态	概率	不同状态下期望报酬率	
		同方股份	巴士股份
繁荣	0.3	100%	20%
正常	0.4	15%	15%
衰退	0.3	-70%	10%
合计	1.0		

如果我们将表4－2中的每一种经济情况发生的概率分别乘以各种情况下的期望报酬率（R_i），再将其所得结果求和，则我们可得一个加权平均结果——我们将其定义为综合期望报酬率（或简称为期望报酬率）（Expected Rate of Return），以$\overline{R}$表示。其计算公式如下：

$$\overline{R}_i = \sum_{i=1}^{n} X_i P_i \tag{4-1}$$

式中，$\overline{R}_i$——期望值；

P_i——第i种可能结果出现的概率；

X_i——第i种可能结果出现后的报酬率；

n——所有可能结果的数目。

根据上述资料可计算出同方股份的报酬率如下：

$\overline{R} = 0.3 \times 100\% + 0.4 \times 15\% + 0.3 \times (-70\%) = 15\%$

同理，我们可以计算出巴士股份的报酬率如下：

$\overline{R} = 0.3 \times 20\% + 0.4 \times 15\% + 0.3 \times 10\% = 15\%$

现将两公司期望报酬率及概率画图，如图4－3所示。

由此可见，同方股份公司与巴士股份公司的报酬率的差异性非常大，同方股份的变动范围在-70%～100%之间，而巴士股份的变动范围则在10%～20%之间。

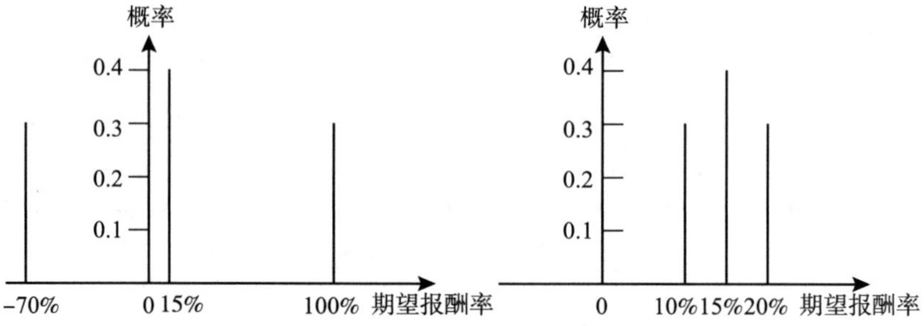

图 4－3　同方股份与巴士股份报酬率的概率分布

（2）连续型概率分布（Continuous Probability Distribution）。以上我们探讨的只有三种情况，即经济繁荣、经济正常和经济衰退。实际上，经济运行情况远不止三种，从经济繁荣发展到萧条之间，有无数种可能的情况出现。如果对每一种可能的经济状况赋予一个概率（这些概率的总和仍为 1），并且在每一种经济情况下对两种股票都测定一个报酬率，然后再进行类似的计算，则各种概率及结果如图 4－4 所示。

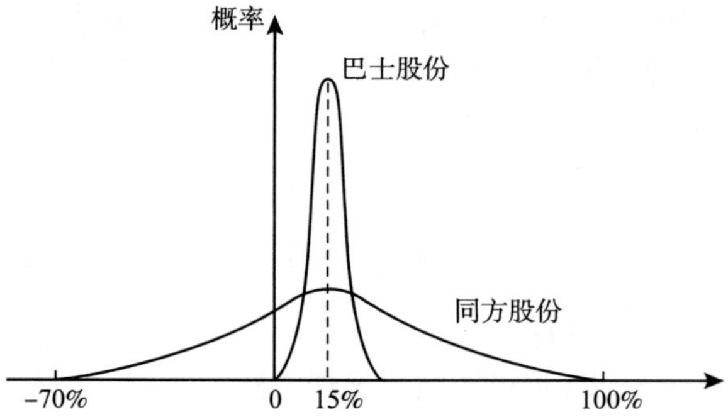

图 4－4　同方股份公司与巴士股份公司报酬率的连续概率分布

一般来说，概率分布越集中，或者说，分布图形的峰形程度越高，股票的风险就越低。因为概率分布越集中，实际的结果就会越接近期望值，而实际的报酬率远低于期望报酬率的可能性就越小。

2. 方差与标准差。风险是一个很难掌握的概念，因而对风险的定义和度量也有很多争议。不过一个已经普遍为大家所接受而且可以达到很多目的的方法，就是利用图 4－4 中所表示的连续概率分布的方法来说明：对任何投资而言，预期未来的报酬率分布越集中，则投资者的风险就越小。因此，同方股份公司的风险要远远高于巴士股份公司的风险。

但是，要使所使用的方法具有应用价值，还必须能够提供一个确定的数值计算方法，以衡量风险的大小。也就是说，我们需要一种能够衡量出概率分布集中程度（即峰形的高度或宽窄）的方法，这就需要用到统计学上的方差和标准差的概念。

方差（Variance）是对围绕期望值分布的离散程度进行衡量的指标。方差越大，说明随机变量与期望值之间的离散程度越大，表明项目的风险越大。而标准差（Standard Deviation）是方差的平方根。方差与标准差的计算公式如下：

方差（variance）：指衡量随机变量和其数学期望（均值）之间的偏离程度。

$$\sigma^2 = \sum_{i=1}^{n} P_i(X_i - \overline{R})^2 \tag{4-2}$$

$$\sigma = \sqrt{\sigma^2} \tag{4-3}$$

现将同方股份和巴士股份期望报酬率的方差与标准差计算如下：

同方股份预期报酬率的方差与标准差：

$$\begin{aligned}\sigma^2 &= \sum_{i=1}^{n} P_i(X_i - \overline{R})^2 \\ &= (-70\% - 15\%)^2 \times 0.3 + (15\% - 15\%)^2 \times 0.4 \\ &\quad + (100\% - 15\%)^2 \times 0.3 \\ &= 4\ 335\%\end{aligned}$$

$$\begin{aligned}\sigma &= \sqrt{\sigma^2} \\ &= \sqrt{4\ 335\%} = 65.84\%\end{aligned}$$

巴士股份预期报酬率的方差与标准差：

$$\begin{aligned}\sigma^2 &= \sum_{i=1}^{n} P_i(X_i - \overline{R})^2 \\ &= (10\% - 15\%)^2 \times 0.3 + (15\% - 15\%)^2 \times 0.4 \\ &\quad + (20\% - 15\%)^2 \times 0.3 \\ &= 0.15\%\end{aligned}$$

$$\begin{aligned}\sigma &= \sqrt{\sigma^2} \\ &= \sqrt{0.15\%} = 3.87\%\end{aligned}$$

从上述计算结果看，同方股份公司的风险标志 $\sigma = 65.84\%$，远大于巴士股份公司的 $\sigma = 3.87\%$，所以同方股份公司的风险也比巴士股份公司高。

3. 变化系数（标准离差率）。一般情况下，风险的大小与标准差呈同方向变动关系，也就是说，预期报酬率高的决策项目比预期报酬率低的项目具有更大的标准差，其项目的风险也较高。但是标准差是一个绝对数指标，而不是一个相对数指标，它只能用来比较预期报酬率相同的投资项目的风险程度，而无法比较预期报酬率不同的投资项目的风险程度。要解决这一问题，即对比预期报酬率不同的各投资项目的风险程度，必须借助于变化系数，也称标准离差率。变化系数是标准差与报酬率的比值，变化系数（V）的计算公式如下：

变化系数（Coefficient of Variation）：用以表示多个变量之间的差异程度。

$$V=\frac{\sigma}{\bar{R}} \quad (4-4)$$

现将同方股份公司和巴士股份公司报酬率的变化系数分别计算如下：

同方股份变化系数：

$$V=\frac{65.84\%}{15\%}=4.389$$

巴士股份变化系数：

$$V=\frac{3.87\%}{15\%}=0.258$$

比较其变化系数可知，同方股份公司的风险程度仍然大于巴士股份公司，结论与前相同。

正态分布

根据数理统计学原理我们知道，在概率分布为正态分布的情况下，从正态分布（Normal Distribution）的总体中抽取一个足够大的样本，其形状就像一口“钟”，如图 4－5 所示。其分布是以平均数为中心的对称分布，没有偏斜。

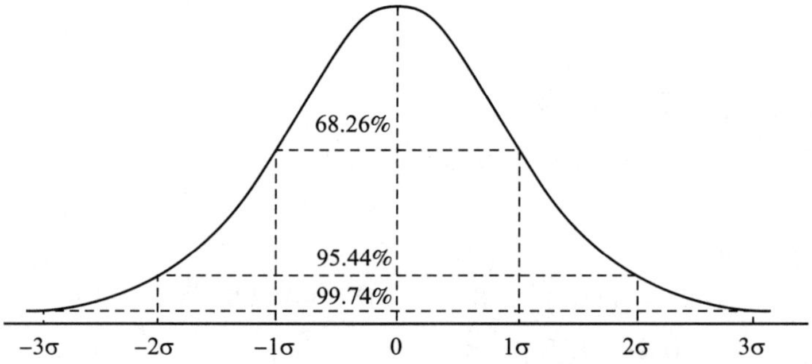

图 4－5　正态分布的概率范围

投资规则

注：在正态分布情况下，报酬率围绕其平均数左右一个标准差这一区域内波动的概率是 68.26%。

在正态分布情况下，报酬率围绕其平均数左右两个标准差这一区域内波动的概率是 95.44%。

在正态分布情况下，报酬率围绕其平均数左右三个标准差这一区域内波动的概率是 99.74%。

在经典统计学中，正态分布扮演着一个核心的角色，标准差是表示正态分布离散程度的一般方法。对于正态分布，报酬率在其平均数左右某一范围内波动的概率取决于标准差。例如，报酬率在其平均数左右一个标准差这一区域内波动的概率约为 68% 或 2/3；报酬率在其平均数左右两个标准差这一区域内波动的概率接近于 95%。

换句话说，实际报酬率落在期望报酬率 ±1 个标准差范围内的概率有 68.26%；实际报酬率落在期望报酬率 ±2 个标准差以及 ±3 个标准差范围内的概率分别为 95.44% 和 99.74%。据此可知，对巴士股份公司而言，其实际报酬率有 95.46% 的可能性落在 7.26% ~ 22.74%（即 15% −2 ×3.87%，15% +2 ×3.87%）的范围内；而同方股份公司的实际报酬率在 −50.84% ~ 80.84%（即 15% −65.84%，15% +65.84%）范围内的可能性也只有 68.26%。很显然，前者结果较为肯定，风险小；后者结果较不肯定，风险大。

第二节　风险与报酬：有效投资组合

一、投资组合的风险与报酬

（一）投资组合报酬

以上风险分析，我们只是把重点放在处于分离状态下的单项投资的风险与报酬之上，实际上，投资者很少把所有的资金都投在一种资产或单项投资项目中，而是将资金同时投放于多种资产或一系列投资项目，从而形成投资组合。所以，我们现将风险与报酬的分析扩展到投资组合决策中。通过分析你将会看到：一项资产若构成组合资产中的一部分，其风险通常会小于它作为单项资产投资的风险，有时甚至将风险全部分散。

投资组合（Investment Portfolio）：是投资人将资金按一定比例投资于不同种类的有价证券或同一种类有价证券的不同品种上，目的是为了分散风险。

投资组合的报酬率，是指投资组合（Investment Portfolio）中各单项资产报酬率的加权平均值。其计算公式如下：

$$\overline{R}_P = \sum_{i=1}^{n} R_i X_i \qquad (4-5)$$

式中，$\overline{R}_P$——投资组合的报酬率；

X_i——投资组合中第 i 项资产的比重；

R_i——第 i 项资产的报酬率；

n——投资组合中所含资产的个数。

视频　投资组合报酬率

【例 4-3】 假若 A 股票的报酬率为 $R_A = 12\%$；B 股票的报酬率为 $R_B = 16\%$；某投资者的投资方案是：（1）投资 A 股票；（2）投资 B 股票；（3）同时投资 A、B 两种股票。显然，若单独投资于 A 股票或 B 股票，则其单项投资的报酬率只能是 $R_P = R_A = 12\%$ 或 $R_P = R_B = 16\%$；但是如果该投资者将全部资金同时投资于 A、B 股票（各占 50%），则该投资组合的报酬率为：

$R_P = 12\% \times 50\% + 16\% \times 50\% = 14\%$

当然，一年后个别股票的实际报酬率可能与其预期报酬率不一样，因此，投资组合的实际报酬率也将不同于其预期报酬率。这种实际报酬率与期望报酬率之间可能产生的偏差，即构成投资组合的风险。

（二）投资组合风险

如上所述，投资组合的期望报酬是一个投资组合中各项资产的期望报酬的加权平均值。但是，与投资组合报酬计算不同，投资组合的风险通常不等于投资组合中各项资产标准差的加权平均值：投资组合的风险将小于各项资产标准差的加权平均。

【例4－4】 假设东方股份有限公司拟投资的两只股票W、M的各自报酬率及对两只股票分别投资50%时的投资组合相关数据如表4－3所示。

表4－3　东方股份公司完全负相关股票及组合投资报酬率分布

年份	股票W（R_W%）	股票M（R_M%）	组合WM（R_P%）
2017	40	－10	15
2018	－10	40	15
2019	35	－5	15
2020	－5	35	15
2021	15	15	15
平均报酬率（R）	15	15	15
标准离差（σ）	22.6	22.6	0

根据表4－3数据资料，绘制东方股份公司两只股票报酬分布及组合投资报酬分布图，如图4－6所示。

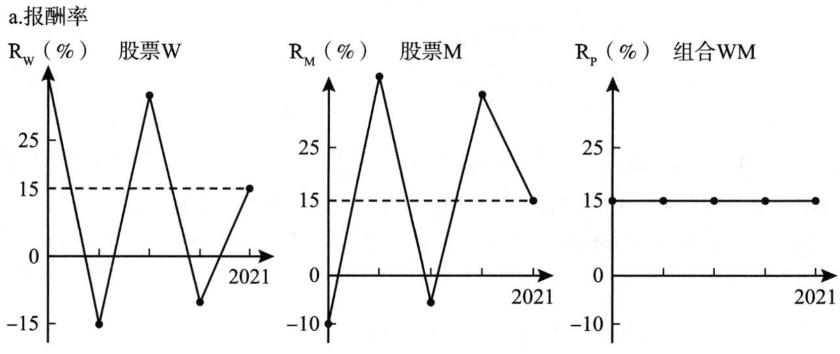

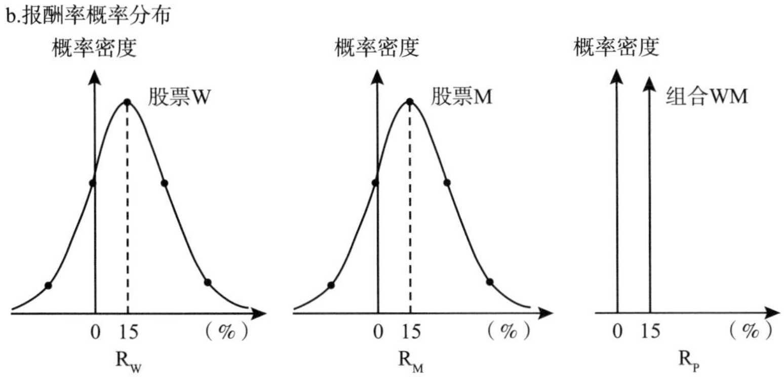

图 4-6 东方股份公司股票 W、股票 M 报酬分布及投资组合报酬分布

利用股票 W 与 M 可以构成一个无风险投资组合，是因为二者的报酬率相互呈反周期变动——当 W 的报酬下降时 M 的报酬却上升，反之亦然。两个变量同时变动的趋势被称为相关性（correlation），相关系数（correlation coefficient）可以度量这种变动趋势。当 r = -1.0 时，股票 W 与 M 的报酬完全负相关。

相关性（Correlation）：指两个变量之间的关联程度。

完全负相关（r = -1.0）的反面即完全正相关（r = +1.0）。两个完全正相关的股票（M 与 M′）的报酬将会同时增减，由这样两个股票组成的投资组合与单个股票具有相同风险。

根据表 4-4 数据资料，绘制东方股份公司两只股票报酬分布及组合投资报酬率分布图，如图 4-7 所示。由此可知，若投资组合由完全正相关的股票组成，则无法利用分散化降低风险。

表 4-4 东方股份公司完全正相关股票及组合投资报酬率分布

年份	股票 M（R_M%）	股票 M′（$R_{M'}$%）	组合 MM′（R_P%）
2017	-10	-10	-10
2018	40	40	40
2019	-5	-5	-5
2020	35	35	35
2021	15	15	15
平均报酬率（R）	15	15	15
标准离差（σ）	22.6	22.6	22.6

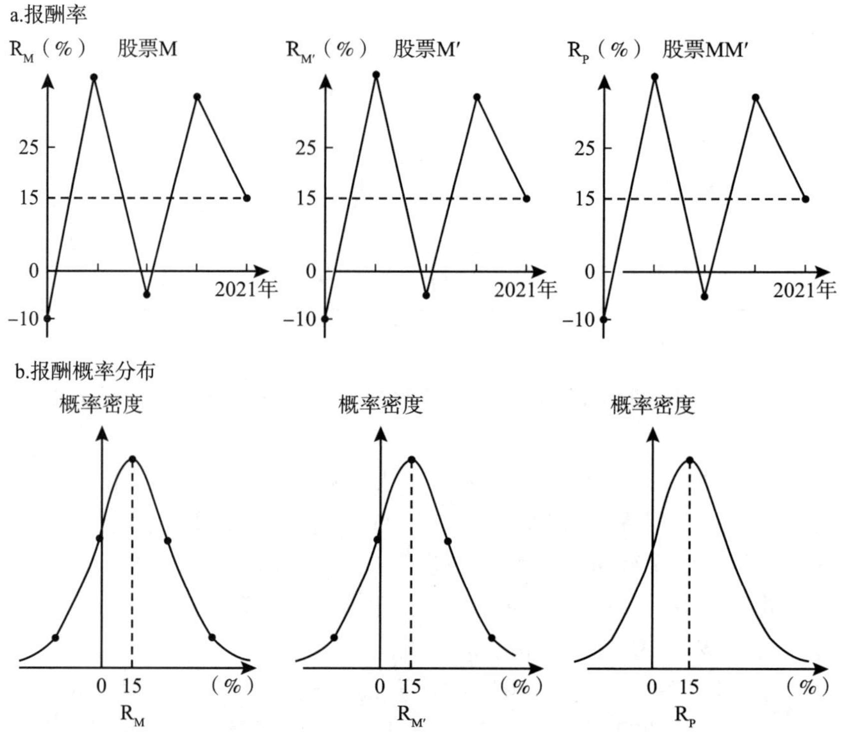

图 4－7 东方股份公司股票 M、股票 M′报酬分布及投资组合报酬分布

图 4－6 与图 4－7 说明，当股票报酬完全负相关（r＝1.0）时，所有的风险都能被分散掉；而当股票报酬完全正相关（r＝＋1.0）时，分散化则无任何作用。事实上，多数股票都成正相关关系，但并非完全正相关。平均而言，随机挑选两只股票的相关系数大约等于＋0.6，且对于多数股票其两两相关系数 r 都在＋0.5～＋0.7 之间。在此情况下，股票投资组合能够降低但不能完全消除风险。表 4－5 和图 4－8 通过相关系数 r＝＋0.67 的两只股票举例说明了这一点（见表 4－5）。

表 4－5 东方股份公司完全正相关股票及组合投资报酬率分布

年份	股票 W（R_W%）	股票 Y（R_Y%）	组合 WY（R_P%）
2017	40	28	34
2018	－10	20	5
2019	35	41	38
2020	－5	－17	－11
2021	15	3	9
平均报酬率（R）	15	15	15
标准离差（σ）	22.6	22.6	20.6

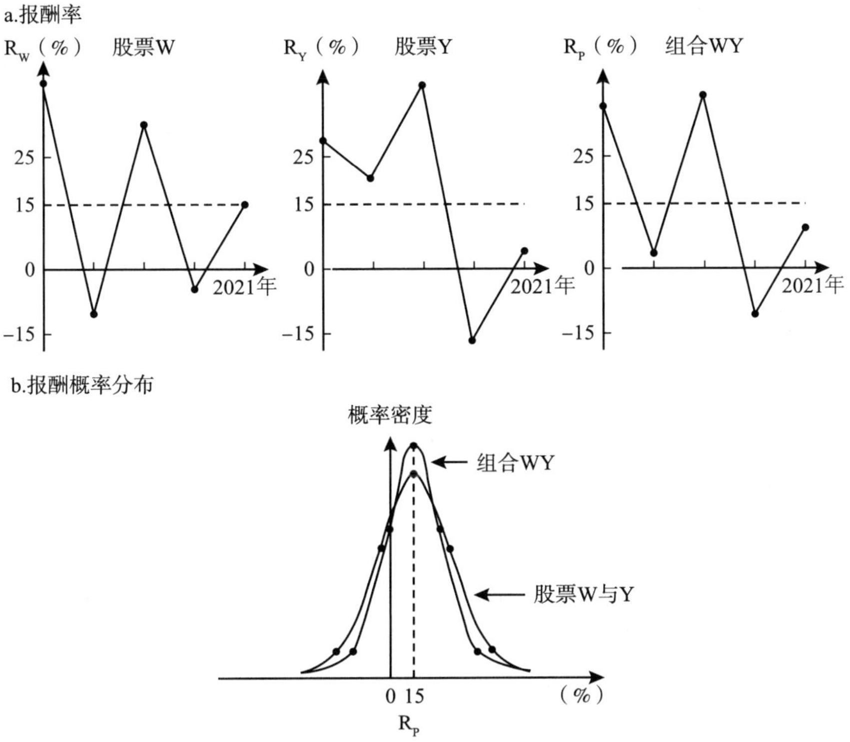

图4-8 股票W与股票Y及组合WY的报酬率分布

图4-8中，股票W与股票Y构成的投资组合的平均报酬率为15%，恰好等于两只股票各自的平均报酬率，但标准差为20.6%，小于任意一只股票的标准差。由此可见，投资组合的风险并非单只股票风险的平均值——即分散化投资降低但并未消除风险。

从该两只股票投资组合的例子中可以发现，在一种极端情况下（r=-1.0），风险能够被完全消除掉，而在另一种极端情况下（r=+1.0），分散化对减少风险毫无作用。实际情况一般处于两者之间，因而，利用两只股票组成投资组合通常能够降低但不能消除个别股票的内在风险。

若投资组合包含的股票多于两只，那将会如何呢？通常，投资组合的风险将随所包含股票数量的增加而降低。如果增加足够的部分相关股票，是否能够完全消除风险呢？一般而言，答案是否定的。不过，通过在投资组合中增加股票而降低风险的程度取决于股票之间的相关程度：正的相关系数越小，投资组合的风险越低。如果能够找到一组相关系数为-1.0的股票，那么所有的风险都能够消除。现实情况中，个别股票间的相关系数通常为正但小于+1.0，因而能够消除部分而非全部的风险。

到底是同行业企业报酬间的相关系数更高，还是不同行业企业报酬间更高？例如，是上海大众与一汽大众的股票报酬相关系数更高，还是上海大众或一汽大众与国美电器公司的股票报酬相关系数更高？这些相关关系将如何影响包含这些股票的投资组合的风险？

显然，由于上海大众与一汽大众都受汽车销量的影响，其股票报酬间的相关系数肯定高于其与国美电器公司的股票报酬相关系数。其结果是：两只股票投资组合若由上海大众及一汽大众组成，则其分散程度不如由上海大众或一汽大众加上国美电器公司。由此，为了最小化风险，投资组合在行业上也应当分散化。

特别注意的是，现实世界中不可能找到像股票W与M一样预期报酬完全负相关的股票，因而不可能构造完全无风险的股票投资组合。分散化能够降低风险但不能消除风险。现实世界更贴近图4-8所描述的情况。

一般来说，随机选取两种股票，其相关系数为+0.6左右最多，绝大多数两种股票的相关系数往往位于+0.5~+0.7之间。在这种情况下，把两种股票组合成证券组合有可能抵减风险，但不能全部消除风险。如果股票种类较多，则能分散掉大部分风险；而当股票种类有足够多时，则几乎能把所有的非系统风险分散掉。

（三）可分散风险与不可分散风险

多元化投资（Diversification of Investment）： 指投资者在不同领域、不同产业（行业）开展投资业务，或在同一产业投资不同产品的投资行为。

在证券市场中，人们常常听到：你应该进行多元化投资（Diversification of Investment）。也就是说，你不要把所有的鸡蛋都放在一个篮子里。这个例子所要说明的就是多元化对于组合风险的影响作用。在投资组合中，各种证券的方差会因为组合而被分散并消失，但是，各个证券的协方差不可能因为组合而被分散并消失。

投资组合不能分散和化解全部风险，而只能分散和化解部分风险。这一事实我们可用下例进行解释。假设你利用假期到澳门旅游，按照旅行安排今天参观澳门赌场。导游告诉每位游客：大家如果有兴趣，可以试一试你的运气。你携带100元去赌场的轮盘赌桌。如果你将所有的钱放在轮盘的一处，那么风险就很大。设想你将100元放在轮盘桌上的红色区域，如果轮盘转动后指针停在红色区域，你将获得200元；但如果轮盘转动后指针停在黑色区域，你将失去所有的赌注。如果你将100元分成100份，每次放1元于红色区域，那么，依据概率论原理，你每次获胜的概率是50%。这意味着你有可能把100元的大多数赢回来，或者说，风险分散在100个不同的地方。

现在，让我们将这一例子与股票市场的例子做个比较，如图4-9所示。

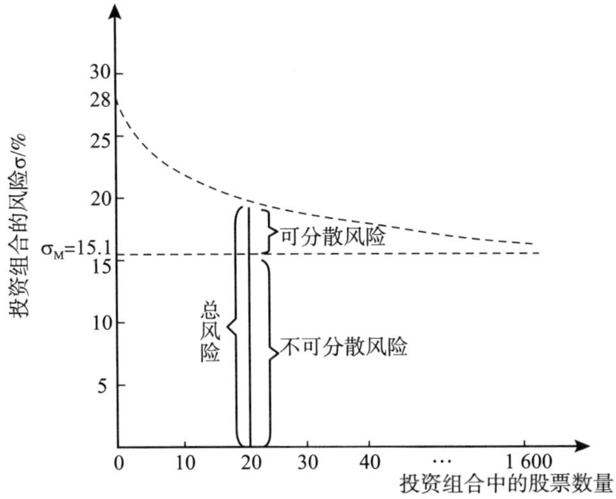

图4-9 投资组合风险

当只有一种股票构成投资组合时，组合报酬的标准差就等于这一股票报酬的标准差；当组合中的股票种类增加时，组合报酬的方差就逐步变小，这就是组合的多元化效应（Diversification Effect）。但是，与你赌博的例子所不同的是，组合报酬的方差不可能下降至零。实际上，组合报酬的方差只下降至投资组合中各股票协方差的平均数。所以，组合的方差渐渐地逼近投资组合中各股票协方差的平均数，每增加一种证券，风险随之减少。因此，一般情况下，随着投资证券数量的不断增加，其投资组合的风险会逐渐降低。

视频 可分散风险与不可分散风险

投资组合的风险按其是否可以分散一般可分为：可分散风险与不可分散风险两类。

可分散风险（Diversifiable Risk）又称非系统风险（Non-systematic Risk）或企业特有风险，是指某些因素对个别财务资产或实物资产造成经济损失的可能性。

可分散风险源于与企业有关的特定事件，如法律纠纷、罢工、产品更新迟缓、市场营销计划失败、重大决策失误等。这类事件本质上是随机的，并且只波及特定的企业（或行业），所以，它们对投资组合报酬的影响可以通过多元化投资加以消除——因为发生于一个企业的不利事件的影响可以被其他企业的有利事件抵销。从企业本身来讲，企业特有风险主要包括经营风险和财务风险。

为什么投资组合会降低或消除企业特有风险?

不可分散风险（Undiversifiable Risk）又称系统风险（Systematic Risk）或市场风险，是指由于某些因素给市场上所有金融资产或实物资产都带来损失的可能性。它主要源于战争、通货膨胀、经济衰退、市场利率变动等外部因素，它们对所有企业都产生影响。既然这些影响会波及所有企业，则显然系统风险不可能通过多元化投资组合消除。

近年来有关统计数据表明，单项资产投资的标准差 σ 大约为 28%，而包括所有证券的投资组合，即所谓市场投资组合的标准差约为 15.1%（$\sigma_M = 15.1\%$）。

由于对单一证券投资的平均风险为 $\sigma_i = 28\%$，而投资组合的风险约为 $\sigma_M = 15.1\%$。可见，对于证券投资所冒的风险，几乎有一半可以通过证券的多样化投资组合加以消除。但是，事实上有些风险是永远无法消除的（即不可分散风险）。在证券市场中要想完全消除行情衰落的影响实际上是不可能的，证券市场行情的涨落，不可避免地波及所有的证券。

迄今为止，我们已经知道一项资产的整体风险可以分解成两部分：系统风险和非系统风险。非系统风险可以通过投资分散化而化解掉。而一项资产所呈现的系统风险则无法通过分散化来化解。

根据对资本市场历史的研究，我们知道，一般来说，承担风险会得到回报。系统风险原则说明，承担风险时所得到的回报的大小，仅仅取决于这项投资的系统风险。这个原则所依据的道理非常直观：由于（通过分散化）化解非系统风险几乎没有任何成本，因此承担这种风险没有回报。换句话说，市场不会给那些不必要的风险以回报。因此，根据系统风险原则，我们可知：不管一项资产的整体风险有多大，在确定这项资产的期望报酬率（和风险报酬）时，只需要考虑系统性风险部分。

由于系统风险是一项资产期望报酬率的关键性因素，因此我们将借助于贝塔系数来衡量不同投资的系统风险水平。

（四）贝塔系数

1. 个别证券贝塔系数。接下来我们研究的问题是：是否所有证券的风险都相同，以致在将任何证券加入高度多元化的投资组合中后，它对投资组合风险的贡献也都一样？对这一问题的回答是否定的。不同的证券对投资组合风险的影响并不一样，所以不同的证券也具有程度各异的风险。那么，怎样才能衡量出个别证券的风险呢？前已述及，除了与整个市场变动有关的风险无法分散掉外，其他风险都可以通过投资组合的方式加以消除。因此，对任何个别证券而言，我们通常不会把那些可以分散掉的风险视为风险，只有那些无法分散掉的市场风险才是真正的风险——此种风险的大小可以由个别证券随着市场行情的涨落程度衡量出来。而衡量这一涨落程度的指标即为贝塔系数。

视频 贝塔系数

贝塔系数（Beta Coefficient）是反映个别证券相对于平均风险证券的变动程度，通常用 β 表示。假若某种证券会随着一般市场的移动而上下移动，我们称为平均风险证券（Average Risk of Securities）。

一般市场的移动程度通常是用一些较具代表性的证券指数（例如上海证券综合指数、道琼斯工业证券指数、纽约证券交易所证券指数）来衡量的。证券的贝塔系数等于1，意味着当股市行情上涨10%时，该种证券的行情也会随之上涨10%；反之，当股市行情下跌10%时，该种证券的行情也会随之下跌10%。若投资组合中所有证券的贝塔系数都等于1，则该投资组合会随着股市行情的涨跌而呈现同幅度的涨跌，且风险程度等同于平均风险证券。若某种证券的贝塔系数等于0.5（$\beta=0.5$），则说明该证券的变动只有市场变动的50%——即当股市行情上涨10%时，该证券的行情只上涨5%；而由此种股票构成的投资组合，它的风险程度也仅为由平均风险证券构成的投资组合的一半而已。同样，若$\beta=2$，则该种证券的变动性为平均风险证券变动的两倍，而由此种证券构成的投资组合，它的风险也正好是平均风险投资组合的两倍。

β系数能真正体现公司风险吗?

不同贝塔系数证券的报酬率与市场投资组合报酬率之间的关系如图4－10所示。

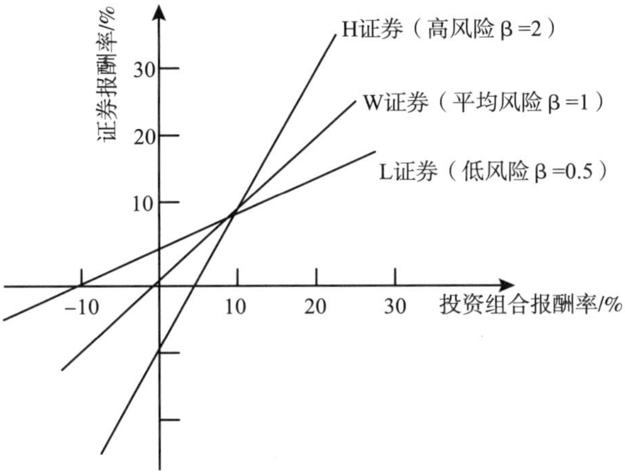

图4－10　不同贝塔系数证券与市场投资组合报酬率的关系

	R_H	R_W	R_L	R_M（平均）
2020年	10%	10%	10%	10%
2021年	30%	20%	15%	20%
2022年	－30%	－10%	0%	－10%

假若在2020年，市场投资组合的报酬率为10%，而H、W、L三种证券的报酬率也均为10%。若2021年，因股市行情大幅上涨，使得市场投资组合的报酬率上涨到$R_M=20\%$，由此而波及三种证券的上涨率：H证券上涨到30%；W证券上涨到20%；L证券上涨到

15%。假若在2022年股市普遍不景气，且市场投资组合的报酬率也由此降为 $R_M = -10\%$，此时，三种证券的报酬率也随之下跌：H证券报酬率跌到 -30%；W证券报酬率跌到 -10%；L证券的报酬率则跌到0。由此可见，三种证券的移动方向与市场投资组合相同，但其变动幅度高低不一。

回归直线（Regression Line）：指用来描述具有线性关系的因变量与自变量的关系曲线。

图4-10中的三条直线在统计学上称为回归直线（Regression Line），每一条直线的斜率就是个别证券的贝塔系数。

事实上，在实务中，贝塔系数一般不是由投资者自己计算的，而是由一些证券投资机构及金融机构定期计算并公布，供投资者作为参考。表4-6就是美国部分著名公司的贝塔系数值。

表4-6　美国部分公司贝塔系数估计值

股票	贝塔系数值
高贝塔系数的股票	
美洲银行（Bank of America）	1.55
国际波蓝德公司（Borland International）	2.35
旅行者公司（Travelers, Inc.）	1.65
平均贝塔系数的股票	
杜邦公司（Du Pont）	1.00
金贝利—克拉克公司（Kimberly-Clark Corp.）	0.90
微软公司（Microsoft）	1.05
低贝塔系数的股票	
绿山电力公司（Grecn Mountain Power）	0.55
矿业开采公司（Homestake Mining）	0.20
神宇公司（Oracle, Inc.）	0.49

注：以标准普尔500种股票的综合指数为市场组合来估计各个股票的贝塔系数。

资料来源：［美］斯蒂芬·A. 罗斯等著：《公司理财》（第5版），机械工业出版社2000年版，第204页。

表4-6是一些证券的贝塔系数的实证估计值。正如我们所看到的，一部分证券的市场反应程度较高，另一部分证券的市场反应程度较低。例如，以标准普尔500种股票的综合指数为组合的代表，旅行者公司股票的贝塔系数等于1.65，这表明了每当市场报酬变动1%，旅行者公司的股票报酬将预期朝同一方向变动1.65%，相反地，绿山电力公司的贝塔系数等于0.55，这表明了每当市场报酬变动1%，绿山电力公司的股票报酬将预期朝同一方向变动0.55%。根据有关贝塔系数的讨论，我们总结出：贝塔系数是度量个别证券对于市场组合变动程度的指标。贝塔系数计算公式如下：

$$\beta = \frac{Cov(\bar{R}_i, R_M)}{\sigma_M^2} \quad (4-6)$$

式中，$Cov(\bar{R}_i, R_M)$——第 i 种证券的报酬与市场组合报酬之间的协方差；

σ_M^2——市场组合报酬的方差。

2. 投资组合贝塔系数。投资组合贝塔系数是指个别证券的贝塔系数的加权平均值。其计算公式如下：

$$\beta_P = \sum_{i=1}^{n} \beta_i X_i \quad (4-7)$$

式中，β_P——投资组合贝塔系数；

X_i——第 i 种证券的投资比重；

β_i——第 i 种证券贝塔系数。

若将具有高于平均风险性质（$\beta > 1$）的证券加入具有平均风险性质（$\beta = 1$）的证券投资组合中，则投资组合的风险会增加。反之，若在具有平均风险性质的投资组合中加入具有低平均风险性质（$\beta < 1$）的证券，则投资组合的风险会降低。总之，因为证券的贝塔系数衡量的是个别证券对投资组合风险的贡献程度，所以，从理论上讲贝塔系数可以正确衡量证券的风险。

【例 4－5】 假若某投资者持有由 H、A、L 三种证券构成的证券投资组合，其贝塔系数分别为：2、1、0.5，投资比重分别为 60%、30% 和 10%，则投资组合贝塔系数为：

$\beta_P = 60\% \times 2 + 30\% \times 1 + 10\% \times 0.5 = 1.55$

假若该投资者以贝塔系数为 1.5 的 B 证券取代 L 证券，其他条件不变，则投资组合贝塔系数为：

$\beta_P = 60\% \times 2 + 30\% \times 1 + 10\% \times 1.5 = 1.65$

由此可知，由于新加入投资组合的 B 证券的贝塔系数大于原 L 证券贝塔系数，导致投资组合的贝塔系数增加到 1.65，亦即投资组合的风险增加。

案例链接

审计署审计 20 家央企　华能 103 亿元海外收购亏损

2017 年 6 月 23 日，审计署发布了 20 户中央企业 2015 年度财务收支审计结果公告。公告显示，部分企业投资经营存在风险管控比较薄弱的问题。其中，抽查的 20 户央企的 155 项境外业务，有 61 项形成风险，金额达到 384.91 亿元。

以中国华能集团公司（以下简称华能集团）为例，2011 年 4 月至 2013 年 6 月，经华能集团集体决策，所属境外企业以 103.27 亿元实施的收购项目，因电力市场需求持续疲软等原因造成经营亏损。

记者注意到，在对华能集团的审计中，审计署重点审计了华能集团总部及所属的6家二级单位，对有关事项进行了延伸和追溯。

审计发现，华能集团在企业重大决策和内部管理方面存在不同程度的问题。其中，海外业务方面，2011年4月至2013年6月，经华能集团集体决策，所属境外企业以103.27亿元收购的项目产生了经营亏损。

值得注意的是，在审计署的审查中，华能集团还存在虚增收入、项目未批先建等问题。审计署对2012年审计华能集团时指出的问题进行了复查，发现有4个问题到此次审计时还未完全整改到位。

比如，审计发现，中国中化集团公司2007年至2011年投资的4个境外项目，因对形势判断失误等，累计损失和亏损36.21亿元。中国五矿集团公司2007年至2012年，在可行性论证不充分的情况下，收购3个境外项目，涉及金额93.04亿元，2015年底计提减值准备41.71亿元。

《每日经济新闻》记者注意到，总的来看，审计署抽查的20户央企的155项境外业务中，因投资决策和管理制度不完善、调研论证不充分、风险应对不到位等原因，有61项形成风险，金额达到384.91亿元。

（资料来源：每日经济新闻，2017年6月26日）

二、投资组合风险衡量

（一）协方差

理解协方差

对资产投资组合风险进行分析，必然涉及协方差这一重要概念。协方差（Covariance）是衡量两个变量之间的一般变动关系及变动的相关程度。或者说，是投资组合中两项资产是否同时涨跌以及涨跌的变化程度。例如，随着经济由衰退转向繁荣，A股票的价格可能呈现上升的趋势，那么，我们根据A股票与B股票之间的协方差，即可判断B股票的价格变动趋势：上升或下降或保持不变。根据协方差的含义，可将两个变量（A、B股票）之间的协方差描述如下：

$$\mathrm{Cov}(AB)=\sum_{i=1}^{n}(R_{Ai}-\overline{R}_A)\cdot(R_{Bi}-\overline{R}_B)\cdot P_i \qquad (4-8)$$

式中，$(R_{Ai}-\overline{R}_A)$——A股票的报酬率对其期望值的离差；

$(R_{Bi}-\overline{R}_B)$——B股票的报酬率对其期望值的离差。

对于协方差的运用，应该注意以下几点：

（1）假若A股票与B股票的报酬率的变化趋势相同，则相对于任意经济状态，等式右边和括号内各项的前两个因子将同时为正或同时为负。即：若 R_A 大于期望值 R_A，R_B 也大于其期望值 R_B，反之亦然。因此，若A、B股票同方向变动，等式右边括号各项将恒为正值；但是若 A、B 股票呈反方向变动时，括号内各项将恒为负值；若 A、B 股票和报酬率随机变动时，则括号内各项或为正值或为负值，而它们的和接近于零。

视频 投资组合风险衡量

（2）假若 A、B 股票保持同方向变动，它的协方差 Cov(AB) 将为正值；若它们保持反方向变动，协方差 Cov(AB) 将为负值；若 A、B 股票随机变动时，其协方差 Cov(AB) 将或为正值或为负值，并皆接近于零。

（3）假若 A、B 股票的不确定性较大（即标准差较大），则其协方差 Cov(AB) 较大；若 A 与 B 股票的变动是随机的，则即使 σ_A 较大，其协方差 Cov(AB) 也不会太大。

（4）假若 A、B 两种股票中有一种是无风险股票，标准差为零，则其离差（$R_{Ai}-\overline{R}_A$）或（$R_{Bi}-\overline{R}_B$）恒为零，从而协方差 Cov(AB) 等于零。

（5）假若两种标准差较大且同方向变动的股票构成一投资组合，协方差 Cov(AB) 的值将较大且为正值；假若标准差较大，但呈反方向变动，则协方差 Cov(AB) 虽较大，但为负值；假若它们随机变动或其中之一标准差较小，则协方差 Cov(AB) 的值将较小。

【例 4-6】假设某投资者预期的四种股票的投资报酬率及相应概率如表 4-7 所示。

表 4-7　　不同股票的投资报酬率

概率	报酬率/%			
	C	D	E	F
0.1	10	6	14	2
0.2	10	8	12	6
0.4	10	10	10	9
0.2	10	12	8	15
0.1	10	14	6	20
$\overline{R}$	10	10	10	10
σ	0	2.2	2.2	5

根据表 4-7 数据资料，将上述四种股票的投资组合报酬率画图，如图 4-11 所示。

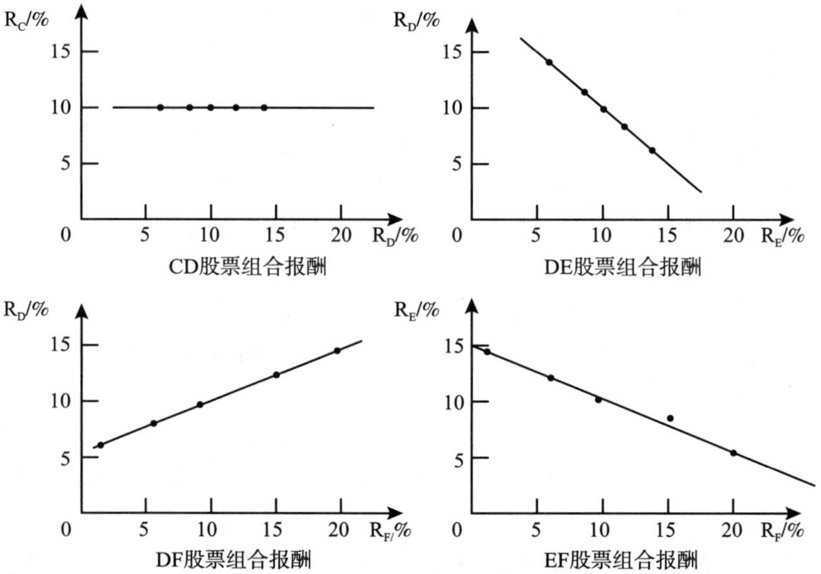

图 4－11　投资组合报酬率

我们现在利用协方差公式来计算 D、E 两种股票之间的协方差如下：

$$
\begin{aligned}
Cov(DE) &= \sum_{i=1}^{n}(R_{Di}-\overline{R}_D)\cdot(R_{Ei}-\overline{R}_E)\cdot P_i \\
&= (6-10)\times(14-10)\times 0.1+(8-10)\times(12-10) \\
&\quad \times 0.2+(10-10)\times(10-10)\times 0.4+(12-10) \\
&\quad \times(8-10)\times 0.2+(14-10)\times(6-10)\times 0.1 \\
&= -4.8
\end{aligned}
$$

D、E 股票的协方差为负值，说明 D、E 两种股票的报酬是反方向变动，与图 4－9 中的表示一致。当然，我们也可以计算其他各种股票相互组合的协方差，以寻求它们之间的关系。

相关系数

（二）相关系数

两种证券之间的变动关系除用协方差表达外，也可以用相关系数来衡量。相关系数（Correlation Coefficient）是指协方差 Cov(AB) 与标准差的乘积 σ_A、σ_B 的比值，相关系数是标准化的协方差，用在同等水平上对金融资产风险的衡量。相关系数计算公式如下：

$$
r_{AB}=\frac{Cov(AB)}{\sigma_A\sigma_B} \tag{4-9}
$$

式中，r_{AB}——正数，表明各变量的变动方向相同；

r_{AB}——负数，表明各变量的变动方向相反；

r_{AB}——零，表明各变量之间不相关。

根据表 4－7 的数据资料，计算 D、E 股票之间的相关系数如下：

$$r_{DE}=\frac{-4.8}{2.2\times2.2}=-1$$

由此表明，D股票与E股票之间的相关关系为完全负相关，与图4－8中表示的结果一样。

（三）方差与标准差

1. 投资组合的方差。前已述及，投资组合的报酬率是组合投资中各单项资产投资的报酬率的加权平均值。然而，投资组合的风险并不是每个单项资产标准差的加权平均值，而是由投资组合报酬率的标准差来衡量的。

在各单项资产的报酬率呈正态分布的假设条件下，两项资产的投资组合其方差计算公式如下：

$$\sigma^2=X^2\sigma_A^2+(1-X)^2\sigma_B^2+2X(1-X)r_{AB}\sigma_A\sigma_B \qquad (4-10)$$

式中，X——A证券的投资比重；

(1－X)——B证券的投资比重；

$r_{AB}\sigma_A\sigma_B$——A、B证券之间的协方差。

上述公式表明：投资组合的方差取决于组合中各种证券的方差和每两种证券之间的协方差。每种证券的方差度量每种证券报酬的变动程度；协方差度量两种证券报酬之间的相互关系。在证券方差给定的情况下，如果两种证券报酬之间相互关系或协方差为正，组合的方差就上升；如果两种证券报酬之间的相互关系或协方差为负，组合的方差就下降。这一重要的结果符合常识。如果在你所持有的两种证券中，一种证券的报酬上升时，另一种证券的报酬下降，反之，亦然，则这两种证券的报酬相互抵销。那么，你就实现了财务学所提出的“对冲交易”或“套头交易”（Hedge Transactions），你投资组合的整体风险就会降低。但是，如果你所持有的两种证券的报酬同时上升或同时下降，你就无法实现“套头交易”，你投资组合的整体风险就会升高。

对冲交易与套头交易

2. 投资组合的标准差。根据以上投资组合的方差公式，我们可以计算投资组合的标准差。投资组合标准差的计算公式如下：

$$\sigma=\sqrt{\sigma^2}$$

$$=\sqrt{X^2\sigma_A^2+(1-X)^2\sigma_B^2+2X(1-X)r_{AB}\sigma_A\sigma_B} \qquad (4-11)$$

【例4－7】东方股份公司计划投资A、B两种股票，A股票报酬率$R_A=5\%$，其标准差$\sigma_A=4\%$；B股票报酬率$R_B=8\%$，其标准差$\sigma_B=10\%$。若A、B股票的相关系数$r_{AB}=-1$，A股票的投资比重$X=0.75$。

首先计算投资组合的报酬率：

$$R_M=0.75\times5\%+0.25\times8\%=0.0375+0.02=0.0575=5.75\%$$

然后计算投资组合报酬率的标准差：

$$\sigma = \sqrt{X^2\sigma_A^2 + (1-X)^2\sigma_B^2 + 2X(1-X)r_{AB}\sigma_A\sigma_B}$$

$$= \sqrt{0.75^2 \times 4\%^2 + (1-0.75)^2 \times 10\%^2 + 2 \times 0.75 \times (1-0.75) \times (-1) \times 4\% \times 10\%}$$

$$= 0.5\%$$

若采用加权平均数法计算其投资组合的标准差，其结果如何？

A、B 股票组合的加权平均标准差 = 4% × 0.75 + 10% × 0.25 = 5.5%

显然，采取两种不同的计算方法得出的标准差是不同的。投资组合的标准差小于组合中各个证券标准差的加权平均数。

由此可见，通过投资组合可分散投资风险。一般情况下，随着投资组合证券种类的增加，投资组合的风险将会减少。那么，风险是否会随证券种类增加到某种程度而完全消除呢？一般来说，答案是否定的。这是因为证券之间的相关系数对于证券种类的增加而引起的投资组合风险的减少起着决定性的作用。从理论上讲，在较大规模的投资组合中，证券的相关系数越小，剩余的风险就越小。若有足够的零相关和负相关证券存在，则所有风险都可以被消除。然而，实际生活中，单项证券之间的相关系数的取值大多在 0 ~ 1 之间，所以，进行投资组合只能消除部分风险而非全部风险。

三、有效投资组合决策

（一）有效投资组合

有效投资组合

投资组合风险概念的一个重要运用是选择有效投资组合（Efficient Portfolio），这一概念是用来描述那些能在某一风险下提供最高的报酬率或在某一报酬率下风险最低的投资组合。

【例 4-8】 假设现有 A 和 B 两种证券可供选择，资金可以以任何比例在两者之间分配。同时，证券 A 的报酬率为 $R_A = 5\%$，报酬率的标准差为 $\sigma_A = 4\%$，而 $R_B = 8\%$，$\sigma_B = 10\%$。首先要决定投资组合的可行集，其次再从可行集中选择有效的子集。

需要两只证券报酬率的相关程度（Degree of Correlation）数据 r_{AB} 来建立可行集。假设不同的三种相关程度 $r_{AB} = +1.0$，$r_{AB} = 0$ 和 $r_{AB} = -1.0$ 来计算组合的报酬 R_P 和标准差 σ_M（当然仅有一种相关性能存在，本例显示了可能存在的三种情况）。

我们利用加权平均法可以计算不同投资比重条件下的证券组合的报酬率，如表 4-8 所示。

表 4－8　　　　　　　　不同假设下的报酬与标准差

证券 A 在投资组合中的比重（W_A）	证券 B 在投资组合中的比重（$1-W_A$）	投资组合报酬率 R_P	投资组合标准差 σ_M		
			情况一 $r_{AB}=+1.0$	情况二 $r_{AB}=0$	情况三 $r_{AB}=-1.0$
1.00	0.00	5.00%	4.0%	4.0%	4.0%
0.75	0.25	5.75%	5.5	3.9	0.5
0.50	0.50	6.50%	7.0	5.4	3.0
0.25	0.75	7.25%	8.5	7.6	6.5
0.00	1.00	8.00%	10.0	10.0	10.0

图 4－12 描绘了报酬率、标准差以及每种相关性下投资组合的可行集。

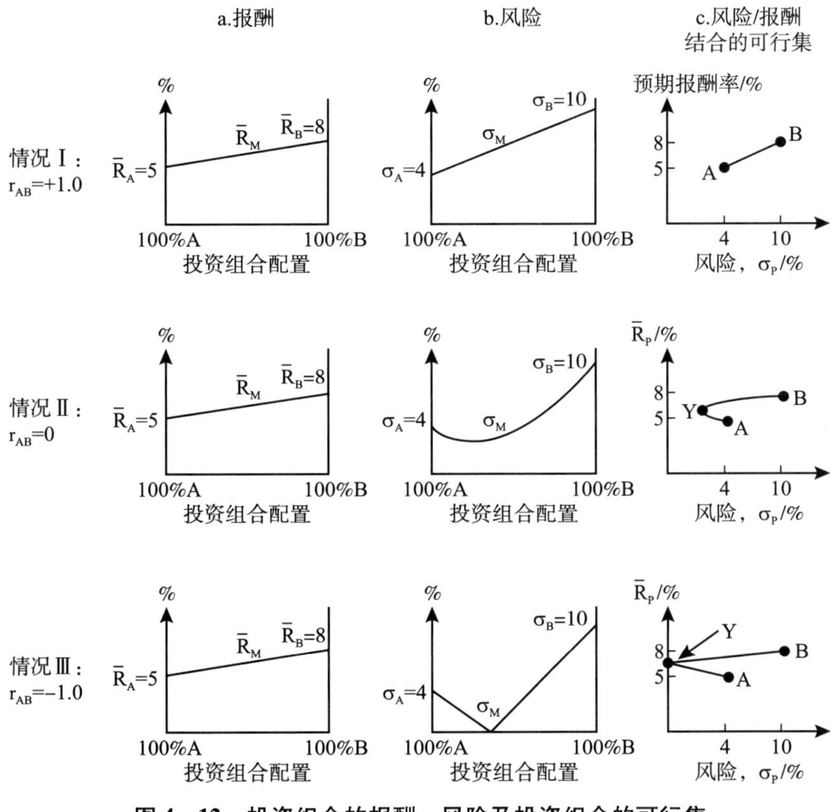

图 4－12　投资组合的报酬、风险及投资组合的可行集

我们进行分析时应该注意以下几点：

（1）图4－12中情况Ⅰ的三张图显示两项资产完全正相关，即 $r_{AB}=+1.0$；情况Ⅱ的三张图显示两项资产不相关；情况Ⅲ的三张图显示两项资产完全负相关。

（2）上述三种情况理论上成立，但在实际中很难遇到 $r_{AB}=-1.0$，0.0或+1.0的情形。在实际中，大多数股票的 r_{AB} 一般位于+0.5～+0.7之间。情况Ⅱ（不相关）所显示图形与真实情况更为接近。

（3）图4－12中左栏显示了A和B在不同的相关程度下的预期组合报酬。可以看出三种情况的图形完全一样：投资组合的报酬率 $\overline{R}_P$ 是 W_A 的线性函数，它不随相关系数的变化而变化。

（4）图4－12中间一栏显示了风险是如何影响资产组合构成的。情况Ⅰ中，$r_{AB}=+1.0$，资产组合的风险呈线性增长；情况Ⅱ中，这种增长是非线性的；而情况Ⅲ则显示了当 $r_{AB}=-1.0$ 时，风险是可以被全部分散的，因此标准差 σ_P 与相关性有关，这一点不同于 $\overline{R}_M$。

（5）需要注意的是，在情况Ⅱ和情况Ⅲ中，仅持有股票A的投资者可以出售一些A，买入一些股票B，这样可以增加其报酬率，同时降低风险。情况Ⅰ无此特征。

（6）图4－12右边一栏显示了证券A和B的不同组合所构成的可行集。其他两栏描绘了报酬、风险与投资组合构成的关系，该栏与其他两栏不同，它描绘了表4－8中的每对 $\overline{R}_P$ 和 σ_P。例如，右上角图中，点A是情况Ⅰ的数据 $\overline{R}_P=5\%$，$\sigma_P=4\%$。曲线上的其他点同理可得。投资组合仅有两种证券时，可行集是一条曲线或一条直线。可以通过投资基金在A、B两种证券间分配来达到曲线上的各风险/报酬组合。

可行集（Feasible Set）：指资本市场上由风险资产可能形成的所有投资组合的总体。

（7）可行集上的所有组合都同样有效吗？答案是否定的。在情况Ⅱ和情况Ⅲ中，可行集只有从Y到B的部分是有效的，从A到Y的部分是无效的。因为任何对应于AY部分的风险水平，在YB部分总能得到更好的报酬率。因此，理性的投资者不会持有落在AY部分的投资组合。然而在情况Ⅰ中，整个可行集都是有效的，任何资产组合都不能被排除。

可见，在一种极端的情形下（$r_P=-1.0$），风险可以完全消除，而在另一种极端的情形下（$r_P=+1.0$），分散持有完全无效。在此之间，同时持有两只股票可以减少单只股票所蕴含的风险，但不能消除这种风险。

（二）选择最优投资组合

1. 有效边界。如图 4－12 第三栏所示，当只有两项资产时，投资组合的可行集为一条直线或曲线。如果增加资产数目，可以得到如图 4－13 中阴影部分所示的区域。

视频 有效投资组合

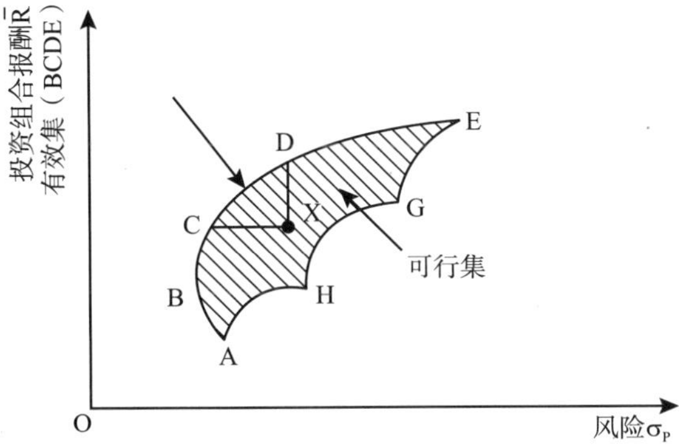

图 4－13　投资的有效集

图 4－13 中，点 A、H、G 和 E 代表单项资产（或者是只包含一项资产的投资组合）。阴影部分的其他点及其边界代表包含两项资产或多项资产的投资组合，这些点构成了投资组合的可行集。这个区域中的每个点都代表一个风险为标准差 σ_P、报酬率为 $\bar{R}_P$ 的特定投资组合。例如，点 X 代表这样一种投资组合的风险和报酬，B、C、D 也一样。

假如利用可获得的资产可以构建出全部可能的投资组合，那么投资者在实际中应该持有其中的哪个组合呢？这个选择取决于两个独立的决策：（1）确定投资组合的有效集；（2）从有效集中选择最适合投资者的一个投资组合。

在图 4－13 中，边界线 BCDE 构成了投资组合的有效集，称为有效边界（Efficient Frontier）。有效集左侧的投资组合不可行，因为它们落在可行集之外。有效集右侧的投资组合（内部投资组合）是无效的，因为其他投资组合可以在风险相同的情况下提供更高的报酬率，或是在同样的报酬率情况下风险更低，例如，组合 C、D 均比组合 X 好。

有效边界

2. 风险/报酬无差异曲线。在给定的投资组合有效集中，投资者应该选择哪个投资组合呢？要确定特定投资者的最优投资组合，必须知道该投资者对风险的态度，这种态度在该投资者的风险/报酬交易函数或无差异曲线（Indifference Curve）中反映出来。

无差异曲线

如图 4－14 所示，某个投资者的风险/报酬交易函数是基于经济学中的效用理论以及无差异曲线。

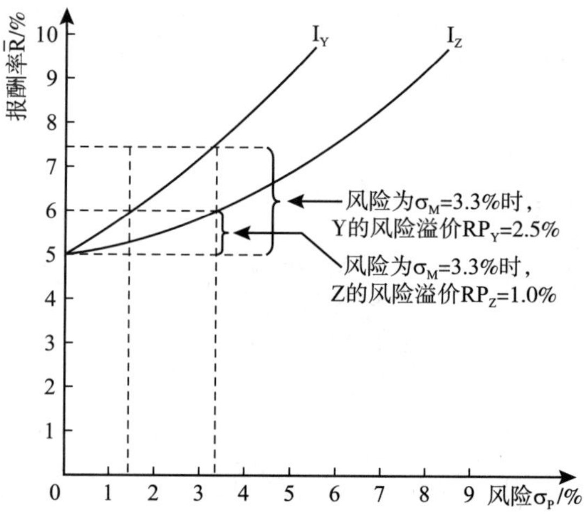

图 4－14　风险/报酬无差异曲线

图 4－14 中曲线 I_Y 和 I_Z 是投资者 Y 和 Z 的无差异曲线。对 Y 来说，报酬率为 5% 的无风险投资组合与报酬率为 6%、风险 σ_P = 1.4% 的投资组合是无差异的。而对 Z 来说，报酬率为 5% 的无风险投资组合与报酬率为 6%、风险 σ_P = 3.3% 的投资组合是无差异的。

请注意，Y 对任一给定风险，要求有更高的报酬率作为补偿，因此 Y 较之 Z 更厌恶风险（Risk Averse）。较高的风险厌恶程度使 Y 比 Z 要求更高的风险溢价（Risk Premium）。这一溢价为投资者要求的补偿，即任一给定风险下，Y 获得的报酬率与 5% 无风险报酬率之间的差额。因此 Y 在风险为 σ_P = 3.3% 时，要求 2.5% 的风险溢价补偿，而 Z 在这个风险程度下的风险溢价仅为 1.0%。概括而言，投资者的无差异曲线斜率越大，投资者越厌恶风险，因此，Y 比 Z 更厌恶风险。

每个投资者都对应一个无差异曲线图，Y 和 Z 的无差异曲线图如图 4－15 所示。

图 4－15 中较高的曲线代表了较高的满意度（或效用），因此 I_{Z2} 比 I_{Z1} 更好，因为在任一风险水平下，Z 有较高的报酬率，因此有较大的效用。每个投资者的无差异曲线图中有无数条无差异曲线，而每个投资者仅有一个无差异曲线图。

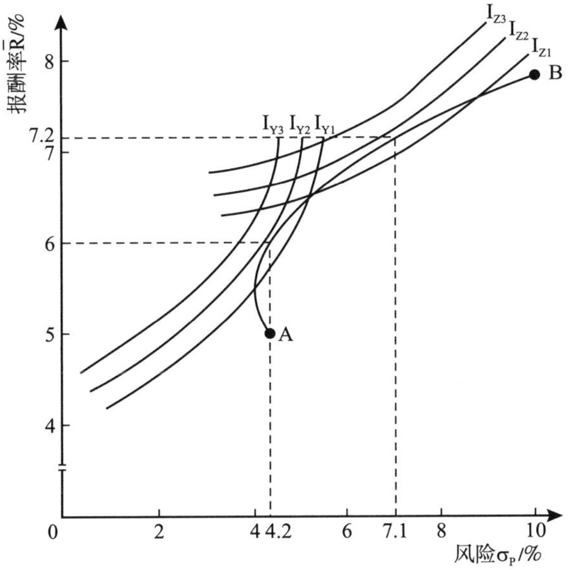

图 4－15 选择风险资产的有效投资组合

3. 投资者的最优投资组合。图 4－15 显示了假设 $r_{AB}=0$ 时，两项资产投资组合的可行集（由表 4－12 得到）。投资者的最优投资组合位于投资组合有效集和投资者无差异曲线的切点。切点代表了投资者所能获得的最高满意程度。Y 比 Z 更厌恶风险，Y 选择较低的报酬率（约 6%）而风险仅为 $\sigma_P=4.2\%$。Z 选择能提供约 7.2% 报酬率的投资组合，该投资组合的风险约为 $\sigma_P=7.1\%$。Y 的投资组合中，风险较低的证券所占比重较大，而 Z 的投资组合则包含了较大比例的高风险证券。

最优投资组合（Optimal Portfolio）：指投资者在可以得到的各种可能的投资组合中，唯一可获得最大效用期望值的投资组合。

案例链接

沪市上市公司上半年投资价值凸显 增持回购彰显信心

上半年，我国经济基本面稳中向好。沪市上市公司作为国民经济建设的主力军，积极主动响应国家战略大局，聚焦主业和实业，稳健经营、运作规范，上市公司质量稳步提升，盈利能力不断增强。上交所表示，目前来看，沪市公司整体估值水平已经处于较低位置，投资价值凸显。同时，沪市已有多家公司披露了回购或股东增持方案，彰显了公司和股东对上市公司经营状况、盈利能力和发展前景的坚定信心。

总体看，沪市整体和大盘蓝筹股的估值在主要经济体中均处于合理偏低水平，经过这一轮风险释放后，投资价值开始显现。从历史比较看，截至 7 月 6 日，上证综指的市盈率为 13.1 倍，与 2 638 点时水平基本持平（考虑到盈利增长水平，价格水平已经低于 2 638 时水平），市盈率中位数 28.2 倍，与 2014 年 7

月上一轮牛市初期（上证综指 2 000～2 200 点）时水平基本一致，接近 2013 年 6 月时水平（上证综指最低 1 850 点，中位数 26 倍左右）。与国际市场比较，从可比角度看，代表沪市大盘蓝筹股的上证 50 指数整体市盈率 9.9 倍，在全球范围处于偏低水平，明显低于美国市场大盘股指数（道琼斯工业平均指数和标普 500 指数均为近 24 倍）。从跌破净值情况看，沪市目前 162 家上市公司最新收盘价低于每股净资产价格，为 2009 年以来的最高水平。考虑到目前市场对 2018 年业绩增速预期并不悲观，当前指数和蓝筹股的运行区间具备一定的业绩支撑，A 股的投资价值已开始显现。

（资料来源：证券之星，2018 年 7 月 8 日）

第三节　资本资产定价模型

一、模型假设

马科维茨

资本资产定价模型（简称 CAPM）是在马科维茨的证券组合理论基础上发展起来的一种证券投资理论。它试图揭示多元化投资组合中资产的风险与所要求的报酬之间的关系。由于该理论论证严谨、可操作性强，能较好地解释证券投资的一些基本问题，因而它在西方当代财务理论中具有重要地位。

上述分析可知，投资组合的风险一般要小于该组合中各单项资产的加权平均风险，这一现象对于风险大小给定时所要求的期望报酬具有重要的意义。投资者应当针对证券的组合，而不是单个证券进行投资。任何证券的风险都应当从它对投资组合风险的贡献来考虑而不可将其从所在的投资组合中割裂开来。

资本资产定价模型的基本假设包括：

（1）所有的投资者都追求单期最终财富的效用最大化（Utility Maximization），他们根据投资组合期望报酬率和标准差来选择优化投资组合。（2）所有的投资者都能以给定的无风险利率（Risk Free Interest Rate）借入或贷出资金，其数额不受任何限制，市场上对任何卖空行为无任何约束。（3）所有的投资者对每一项资产报酬的均值、方差的估计相同，即投资者对未来的展望相同。（4）所有的资产都可完全细分，并可完全变现（即可按市价卖出，且不发生任何交易费）。（5）无任何税收。（6）所有的投资者都是价格的接受者，即所有的投资者各自的买卖活动不影响市场价格。

上述基本假设可能与现实经济生活并不符合，但采用这些简化的形式，有助于进行基本的理论分析。且资本资产定价模型的实际应用可以不受这些基本假设的严格限制。

二、资本市场线与证券市场线

图4－15显示了两项资产投资组合机会的集合。它描述了如何运用无差异曲线从可行集中选择最优投资组合。图4－16显示了多种资产投资组合的类似图形，其中包含了报酬率为 $\overline{R}_F$ 的无风险资产。

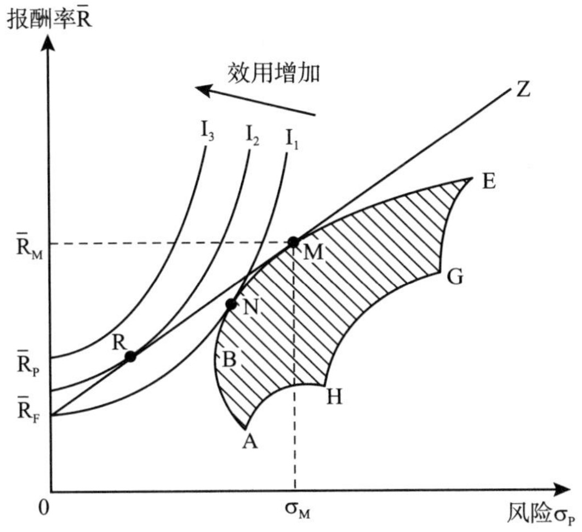

图4－16　投资者的均衡：包含无风险资产在内的市场组合

图4－16显示了风险资产投资组合的可行集（阴影部分）和特定投资者的一簇无差异曲线（I_1，I_2，I_3）。无差异曲线 I_1 与有效集的切点N代表了一个可能的投资组合选择，这个点位于风险投资组合的有效集上。在此点上，投资者在给定风险下获得可能的最大报酬率，以及在给定报酬率的情况下风险最小。

然而，投资者能有比投资组合N更好的选择，他能到达更高的无差异曲线。除了风险投资组合的有效集外，还有一项提供无风险报酬率 $\overline{R}_F$ 的无风险资产。投资者可以把无风险资产纳入风险投资组合，从而构造出新的投资组合。这可以让投资者在 $\overline{R}_F$ 到点M的直线上完成任意风险与报酬的组合，点M为直线与风险资产投资组合有效边界的切点。直线 $\overline{R}_F$MZ上的一些投资组合比有效边界BNME上的大多数风险投资组合更受投资者欢迎，因此，直线 $\overline{R}_F$MZ上的点代表了可以达到的最好的风险和报酬组合。

有了沿直线 $\overline{R}_F$MZ的新投资机会，投资者将会从点N移到点R，后者位于更高的无差异曲线上，需要注意的是，原来有效边界BNME上的点（切点M除外）不如直线 $\overline{R}_F$MZ上的一些点。一般来说，由

无风险资产（Risk-free Asset）： 指未来报酬率没有不确定性的资产。它的标准差为0，实际报酬率永远等于期望报酬率。

于投资者在投资组合中可以包含无风险资产以及一部分风险资产 M，因此他可以移动到诸如点 R 的地方。此外，如果投资者可以以无风险利率 $\overline{R}_F$ 任意借入或贷出资金（贷出资金相当于购买了无风险证券），他们可能会把投资组合移至 MZ 部分。如果无差异曲线与 $\overline{R}_F$MZ 的切点位于点 M 右侧，投资者的确会这样做。

在健全的资本市场中，所有投资者的投资组合都会落在直线 R_FMZ 上，这也意味着他们会持有风险投资组合 M 和无风险证券的组合。因而，额外的无风险资产完全改变了投资组合的有效集：有效集不再沿着曲线 BNME，而是沿着直线 $\overline{R}_F$MZ。同时，如果资本市场处于均衡状态，投资组合 M 一定包含了所有的风险资产，各项资产的比重为各资产市值占总市值的比例。即如果证券 i 占总市值比重为 X，则投资组合 M 中也包含比例为 X 的证券 i（换句话说，M 是市场中所有风险资产以市值比重组成的投资组合）。因此，所有投资者都应该持有位于 R_FMZ 上的投资组合。

资本市场线（Capital Market Line，CML）：是指表明有效组合的报酬率和标准差之间的线性关系的直线。它是沿着投资组合的有效边界，由风险资产和无风险资产构成的投资组合。

图 4－16 中的直线 R_FMZ 称为资本市场线（Capital Market Line，CML），其截距为 $\overline{R}_F$，斜率为 $\frac{R_M-R_F}{\sigma_M}$。因此，资本市场线的方程式表示为：

$$\text{CML：} R=R_F+\frac{R_M-R_F}{\sigma_M}\cdot\sigma_P \qquad (4-12)$$

有效投资组合的报酬率等于无风险利率加风险溢价，其风险溢价等于 $\frac{R_M-R_F}{\sigma_M}$ 乘以投资组合的标准差 σ_P。因此，CML 说明了报酬率和风险水平之间的线性关系。风险型股票市场组合的报酬率 R_M 减去无风险利率 R_F 称为市场风险溢酬（Market Risk Premium），CML 的斜率等于该风险溢价除以市场组合报酬率的标准差 σ_M：

$$\text{CML 的斜率}=\frac{\overline{R}_M-\overline{R}_F}{\sigma_M}$$

【例 4－9】 假设 $R_F=10\%$，$R_M=15\%$，$\sigma_M=15\%$，则 CML 的斜率为（15%－10%）/15%＝0.33。如果投资组合的 σ_P 为 10%，则其 R 为：

$R=10\%+0.33\times10\%=13.3\%$

一个风险更大的投资组合如 $\sigma_P=20\%$，其 $R=10\%+0.33\times20\%=16.6\%$。

图 4－17 为 CML，这是一条截距为 R_F、斜率等于风险溢价（R_M-R_F）除以 σ_M 的直线。CML 的斜率反映了投资者对风险的总体态度。

由于有效投资组合是完全分散的，故其非系统风险已经消除了，剩余风险只有市场风险。因此，有效投资组合的风险用标准差 σ_P 来衡量，这点不同于单只股票。CML 方程式说明了位于 CML 上的有效投资组合风险与报酬之间的关系，这些投资组合的风险在公式中和图中都用组合的标准差来衡量。

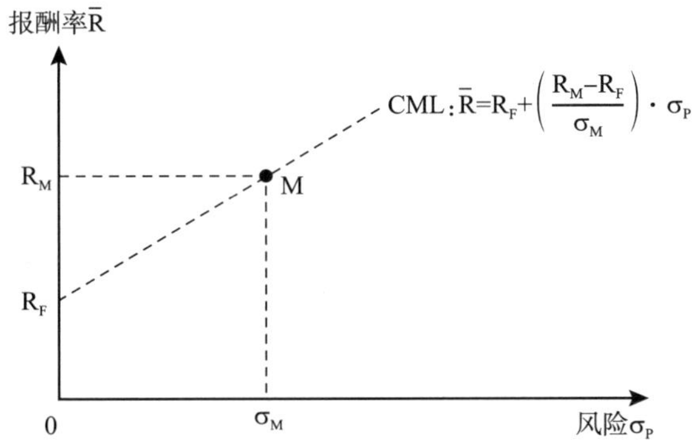

图 4－17 资本市场线（CML）

虽然 CML 说明了有效投资组合风险与报酬的关系，但是投资者和管理人员更关心的是单项资产风险与报酬的关系。图 4－17 中，假设所有投资者都持有投资组合 M，因此 M 为市场组合，即这一组合包含所有股票。同时，M 是一个有效投资组合，因此，CML 定义了市场组合报酬率和其标准差之间的关系。我们可以运用公式计算关于两项资产组成的投资组合报酬和标准差，同时也可以推导存在着像市场组合那样包含多项资产在内的投资组合的报酬和标准差之间的类似等式。可以把等式当作衡量多项资产投资组合报酬率与其标准差的关系，同时也可以推出，为了使市场投资组合在 CML 上，对组合中的任意单只股票 i 而言，其必要报酬率为：

$$R_i = R_F + \frac{R_M - R_F}{\sigma_M} \cdot \left(\frac{Cov(R_i, R_m)}{\sigma_M}\right)$$

$$= R_F + (R_M - R_F) \cdot \left(\frac{Cov(R_i, R_M)}{\sigma_M^2}\right)$$

根据贝塔系数的定义可知：

$$\beta = \frac{\text{股票 i 与市场之间的协方差}}{\text{市场报酬的方差}}$$

$$= \frac{Cov(R_i, R_M)}{\sigma_M^2}$$

前面提到，市场风险溢酬 $RP_M = R_M - R_F$，即可得证券市场线（SML）：

$$SML = R_i = R_F + (R_M - R_F) \cdot \beta \qquad (4-13)$$

SML 说明：单只股票的必要报酬率等于无风险报酬率加上风险溢价，这个风险溢价即为市场风险溢酬 RP_M 与用贝塔系数度量的该只股票风险的乘积。贝塔系数度量了单只股票带给市场投资组合的风险。

不像CML对应的是完全分散的投资组合，SML说明单只股票的标准差（σ_i）不能用来测度它的风险，因为（σ_i）所反映的一部分风险可以通过分散持有来消除。贝塔系数反映了考虑分散持有好处后的风险，因此贝塔系数被用来度量单只股票对投资者的风险，而不是σ_i。一定记住SML和CML之间的区别以及为什么会存在这样的区别。

想一想：根据你的理解，你认为协方差、相关系数、标准差之间是一种什么关系？它们是如何衡量风险的？

三、资本资产定价模型评析

证券市场线（SML）：是说明投资组合报酬率与系统风险程度β系数之间的关系的直线。SML揭示了市场上所有风险性资产的均衡报酬率与风险之间的关系。

当我们把报酬率和贝塔系数勾画出来时，所得出的那条线显然具有一定的重要性，这一用来描述金融市场中系统风险和报酬率之间关系的这条线，即为“证券市场线”（Security Market Line，SML）。证券市场线（SML）被认为是净现值（NPV）之后现代财务学中另一个最重要的概念。

由于市场上的所有资产都必定落在证券市场线（SML）上，因此由这些资产所组成的市场投资组合也一定会落在证券市场线（SML）上。要确定证券市场线（SML）应该落在哪里，我们需要知道市场投资组合的贝塔系数β_M。因为这个投资组合代表市场上的所有资产，所以它必定拥有平均的系统风险。换句话说，它的贝塔系数是1。这样我们就可以把证券市场线（SML）的斜率表述为：

$$\text{SML 斜率} = \frac{\overline{R}_M - R_F}{\beta_M} = \frac{\overline{R}_M - R_F}{1} = \overline{R}_M - R_F \qquad (4-14)$$

它通常被称为“市场风险报酬”，因为它是市场投资组合的风险报酬（Risk Premium）。

视频 资本资产定价模型

如果我们用$\overline{R}_i$和β_i分别表示代表市场中任何资产的必要报酬率和贝塔系数，那么我们则知道它的回报对风险比率和整个市场的比率是一样的，即：

$$\frac{\overline{R}_i - R_F}{\beta_i} = \overline{R}_M - R_F$$

现将上式整理可得到资本资产定价模型计算公式：

$$\overline{R}_i = R_F + \beta_i \cdot (\overline{R}_M - R_F) \qquad (4-15)$$

式中，$\overline{R}_i$——第i种证券或证券组合的必要报酬率；

R_F——无风险报酬率；

$\overline{R}_M$——所有证券的平均报酬率；

β_i——第 i 种证券或证券组合的 β 系数。

资本资产定价模型表明，一项特定资产的必要报酬率取决于三个要素：

（1）货币时间价值。它通过无风险利率 R_F 来衡量，它是你的钱在白白等待、不承担任何风险情况下的回报。

（2）承担系统风险的回报。它通过市场风险报酬（$\overline{R}_M-R_F$）来衡量，这是市场对除了等待之外还承担的平均系统风险所给予的回报。

（3）系统风险的大小。它通过 β_i 来衡量，它是一项特定资产相对于平均资产而言，所面临的系统风险大小。资本资产定价模型用图 4－18 表示，即指证券市场线（SML），它说明了必要报酬率 R 与系统风险（不可分散风险）β 之间的关系。

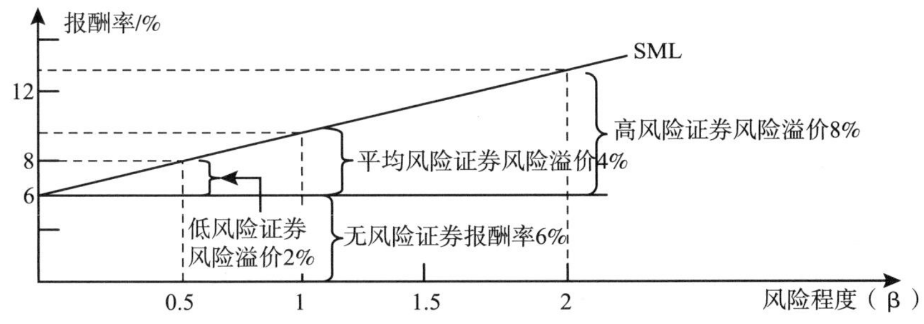

图 4－18 证券报酬与风险程度的关系

从图 4－18 中可以看到，在全部投资报酬率中，如无风险报酬率为 6%，β 系数不同的证券有不同的风险报酬率，当 β＝0.5 时，风险报酬率为 2%；当 β＝1.0 时，风险报酬率为 4%；当 β＝2.0 时，风险报酬率为 8%。可见，β 值越高，要求的风险报酬率也就越高，在无风险报酬率不变的情况下，其必要报酬率也就越高。

【例 4－10】东方股份公司某种证券的 β 系数为 1.5，无风险利率为 6%，市场上所有证券的平均报酬率为 10%。则东方公司某种证券的报酬率计算如下：

$$\overline{R}_i=R_F+\beta_i\cdot(\overline{R}_M-R_F)$$

$$=6\%+1.5\times(10\%-6\%)=12\%$$

这就是说，东方股份公司的证券报酬率达到或超过 12% 时，投资者才可能进行投资；若低于 12%，投资者则不会投资东方公司的证券。

证券市场线（SML）会因某些因素的变化而变化：

（1）通货膨胀的影响。无风险报酬 R_F 从投资者的角度来看，是其投资的报酬率，但从筹资者的角度来看，是其支出的无风险资本成本，或称无风险利息率。市场上的无风险利息率由两部分构成：①无通货膨胀的报酬率，即真实的报酬率R，这是真正的时间价值部分；②通货膨胀贴水（Inflation Premium，IP），它等于预期的通货膨胀率（Rate of Inflation）。无风险报酬率 $R_F = R + IP$。在图4－18中，$R_F = 6\%$，假设包括3%的真实报酬和3%的通货膨胀贴水，则可列式表示如下：

$$R_F = R + IP = 3\% + 3\%$$

如果预期通货膨胀率上升到5%，这将使 R_F 上升到8%。这种变化如图4－19所示。

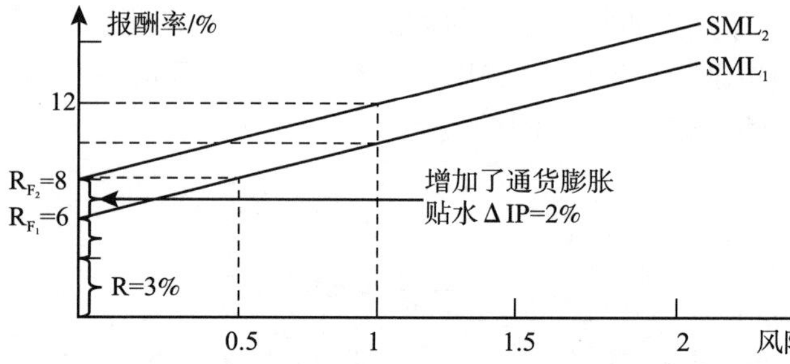

图4－19　证券报酬与通货膨胀的关系

显然，无风险报酬率 R_F 的增加也会引起所有股票报酬率的增加。例如，市场上股票的平均报酬率可能从10%上升到12%。

（2）风险厌恶程度的变化。证券市场线（SML）反映了投资者厌恶风险的程度（Degree of Risk Aversion），即直线（SML）的斜率越陡，投资者越厌恶风险，若投资者对风险不回避，当 R_F 为6%时，各种证券的报酬率也为6%，这样，证券市场线将会成为水平线。当风险厌恶增加时，风险报酬率和SML的斜率也会增加。风险厌恶程度的变化如图4－20所示。

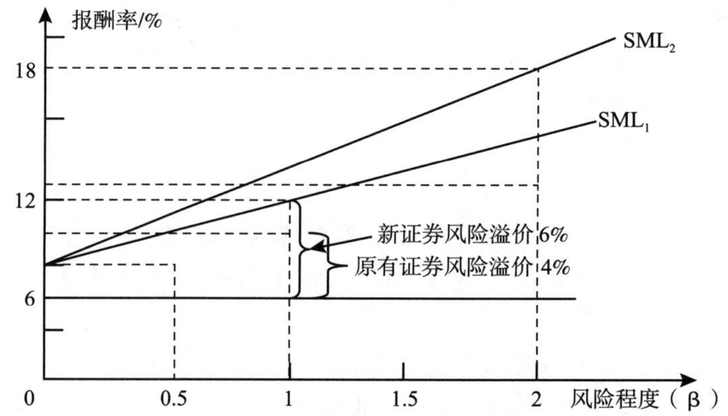

图4－20　证券报酬与风险回避程度

图 4-20 说明了风险厌恶增加的情况，市场风险报酬率从 4% 上升到 6%，R_M 也从 10% 上升到 12%。风险厌恶的程度对风险较大的证券影响更为明显。例如，一个 β 系数为 0.5 的股票的必要报酬率只增加 1 个百分点，即从 8% 上升到 9%，而一个 β 系数为 2.0 的股票的必要报酬率却增加了 4 个百分点，即从 14% 上升到 18%。

资本资产定价模型的重要贡献是：它提供了一种与组合资产理论相一致的有关个别证券的风险度量。该模型使我们能估计单项资产的不可分散风险，并把它与分散良好的组合资产的不可分散风险相比较。

资本资产定价模型的出现引发了数十年的资本市场均衡问题的研究高潮和一系列研究成果，大大推动了现代金融经济学和现代财务学的发展。

20 世纪 70 年代以来，在资本资产定价模型基础上衍生出许多新的资本资产定价模型，例如，有税情况下的均衡定价模型、消费的资本资产定价模型、卢卡斯定价模型、国际资产定价模型等。

资本资产定价模型不仅用于单项财务资产做估价，而且也可以用于证券组合资产的证券估价。CAPM 模型在理论界颇受欢迎与关注，它的逻辑意义在于：它指出了人们为实现收益最大化和风险最小化而应遵守的行为模式。

本章主要名词概念

风险	市场风险	特有风险	经营风险
财务风险	报酬	必要报酬率	期望报酬率
实际报酬率	确定性等值	风险厌恶	财产边际效用递减
离散型变量	连续型变量	方差	标准差
变化系数	正态分布	投资组合	协方差
相关系数	可分散风险	不可分散风险	贝塔系数
有效投资组合	有效边界	无差异曲线	资本市场线
证券市场线	市场风险报酬		

本 章 小 结

本章主要分析了风险与报酬之间的关系。首先介绍了如何计算和衡量单项资产的风险与报酬；其次，在此基础上重点分析了投资组合中风险与报酬的关系，描述了有效投资组合的决策分析过程，比较了资本市场线与证券市场线的关系。最后，我们提出资本资产定价模型，解释了风险是如何影响报酬的。在后续章节中，我们将运用风险与报酬的基本原理，估算公司债、优先股、普通股等资产的价值以及确定资本成本，评价企业财务活动中的风险。本章主要内容如下：

1. 风险（Risk）是指在一定条件下和一定时期内可能发生的各种结果的变动程度。风险的基本特征有：风险是事件本身的不确定性，具有客观性；风险的大小随时间延续而变化，是“一定时期内”的风险；风险可能给投资人带来超出预期的收益，也可能带来超出预期的损失。

2. 市场风险和企业特有风险：市场风险（Market Risk）是指那些对所有的企业产生影响的因素引起的风险；企业特有风险（Enterprise Specific Risk）是指发生于个别企业的特有事件造成的风险。

3. 经营风险和财务风险：经营风险（Business Risk）是指生产经营的不确定性带来的风险；财务风险（Financial Risk）是指因借款而增加的风险，是融资决策带来的风险，也称融资风险。

4. 报酬（Return）是指一定时期内投资者投资于某项资产所获得的利润。投资者投资的期望报酬主要来源于三部分：一是投资者所得的现金；二是资本利得或损失；三是在投资期内投资者利用所得现金回报进行再投资时所获得的再投资收益。

5. 报酬率（Rate of Return）即“租用”货币的价格。报酬率有三种表达方式：（1）必要报酬率。它是指准确反映期望未来现金流量风险的报酬。（2）期望报酬率。期望报酬率是指你若投资，按照特定项目（方案）估计所能赚得的报酬率。（3）实际报酬率。实际报酬率是在特定时期实际赚得的报酬率。

6. 风险报酬与财产效用之间存在密切的关系，人们对待风险的态度有三种：风险厌恶、风险中立、风险偏好。不同的风险态度导致财产的效用发生变化。财产递减边际效用直接导致大多数投资者对待风险的态度属于风险厌恶。

7. 单项资产风险衡量的指标主要有：（1）期望报酬率；（2）方差；（3）标准差；（4）变化系数。

8. 投资组合（Investment Portfolio）的期望报酬率是投资组合中各单项资产的期望报酬率的加权平均值，但是，投资组合的风险却并非是投资组合中单项资产标准差的加权平均数。

9. 投资组合风险衡量的指标主要有：（1）协方差；（2）相关系数；（3）组合标准差。

10. 可分散风险与不可分散风险：可分散风险（Diversifiable Risk）又称非系统风险或企业特有风险，是指某些因素对个别证券资产或实物资产造成经济损失的可能性。不可分散风险（Undiversifiable Risk）又称系统风险或市场风险，是指由于某些因素给市场上所有金融资产或实物资产都带来损失的可能性。

11. 贝塔系数（Beta Coefficient）是反映个别证券相对于平均风险证券的变动程度，通常用 β 表示。

12. 投资组合贝塔系数。投资组合贝塔系数是指个别证券的贝塔系数的加权平均值。

13. 有效投资组合（Efficient Portfolio）是指符合以下两个条件之一的组合：(1) 同等风险条件下报酬最大；(2) 同等报酬条件下风险最小。

14. 无差异曲线（Indifference Curve）是投资者根据他对期望报酬率和风险的厌恶程度，按照期望报酬率对风险补偿的要求而得到的一条曲线。

15. 最优投资组合（Optimal Portfolio）指投资者在可以得到的各种可能的投资组合中，唯一可获得最大效用期望值的投资组合。

16. 资本市场线（Capital Market Line）指表明有效组合的期望报酬率和标准差之间的线性关系的射线；证券市场线（Security Market Line）指说明投资组合报酬率与系统风险程度 β 系数之间关系的直线。

17. 资本资产定价模式（简称 CAPM）是在马科维茨的证券组合理论基础上发展起来的一种证券投资模型，它揭示了多元化投资组合中资产的风险与所要求的报酬之间的关系。

第五章
证券估价与应用

学习目标

学习本章后，您应该做到：

1. 理解和区分证券资产价值的内涵；
2. 描述证券资产估价基本模型和原理；
3. 理解和掌握债券的各种估价模型与应用分析；
4. 理解和掌握到期收益率、赎回收益率的含义与计算；
5. 理解和掌握股票不同增长模型的估价方法；
6. 理解和掌握优先股股票估价原理。

学习重点与难点

证券资产价值的比较；理解影响证券估价的因素；运用债券估价模型进行价值评估与应用；运用股票估价原理对不同股票进行估价分析。

学习思维导图

- 证券估价
  - 估价原理
    - 估价影响因素
    - 财务资产价值
    - 估价基本模型
  - 公司债券估价
    - 债券基本特征
    - 债券估价
      - 初始发行债券估价
      - 流通债券估价
    - 债券收益率
      - 到期收益率
      - 赎回收益率
      - 当前收益率
    - 债券风险
      - 利率风险
      - 再投资风险
  - 股票估价
    - 普通股估价
      - 基本模型
      - 不同增长股票估价
        - 固定增长
        - 零增长
        - 非固定增长
      - 股票预期报酬率
    - 优先股估价

引导案例

上证指数跌破 3 100 点沪市近期估值或进入底部

记者报道，3 月 15 日，A 股全线下跌。其中，上证指数跌破 3 100 点，报 3 063.97 点，跌幅 4.95%；深证成指跌幅 4.36%，创业板跌 2.55%。北向资金全天流出 160 亿元。

有市场分析人士认为，站在全市场来看，当前指数已经具备较强的支撑。对比历史上几个大型底部，当前市场估值具备吸引力。截至 3 月 15 日，上证综指市盈率为 11.6 倍，处于近 5 年 10% 分位数水平，更长期来看已低于 2008 年 1 664 点时的估值水平（13.5 倍）。

从大盘蓝筹指数来看，上证 50、上证 180 整体市盈率分别为 9.5 倍、9.4 倍，处于近五年 30% 分位数、10% 分位数，明显低于美国标普 500（20.5 倍）、欧洲 STOXX50（14.5 倍）、日本日经 225（14.5 倍）等主要发达市场指数的水平。

从行业来看，上证 180 中金融、信息、通信行业的市盈率均创下了历史新低，其中金融行业市盈率仅 5.9 倍。细分来看，多数蓝筹股兼具低估值和稳增长属性，部分个股甚至业绩成倍增长，投资价值凸显。金融行业中，工、农、中、建四大国有银行的市盈率均在 4 至 5 倍之间，预计 2021 年净利润增速在 7.2% ~9.6%，股息率均在 6% 左右。制造业公司中，如万华化学市盈率 7.6 倍，2021 年净利润增幅高达 145%。航运股高增长、低估值属性则更为明显，如中远海控 2021 年净利润增长 8 倍，市盈率仅 2.7 倍。

有市场分析人士认为，沪市蓝筹板块不仅估值较低，也保持了一定的成长性，市场预计 2022 年上证 50、上证 180 归母净利润同比增长 12.3%、13%，对应 2022 年底的预期市盈率仅 8.5、8.3 倍，具有较高的投资性价比。

东方证券首席经济学家邵宇表示，目前整个市场受地缘冲突影响明显，市场风险偏好迅速降低，但同时，投资者也要避免过于恐慌，伴随着股价大幅下跌，优质股票给了投资者进行中长期配置的机会。

（资料来源：解旖媛：《金融时报》，2022 年 3 月 16 日）

第一节　估价原理

一、估价过程

心理学家认为，个人的成功或者失败不仅仅是由天赋所决定的，个人所处的社会、经济以及家庭环境同样起到了决定性作用。如果把这个理念扩展到证券估价中，则意味着在估价（Evaluation）过程中，我们应该考虑企业所处的经济和行业环境。不管企业及其管理的质量、能力如何，经济和行业环境都会对企业的成功及其股票的实际报酬率产生重大的影响。

例如，假如你拥有一家实力、经营最成功的高科技上市公司的股票。如果你是在强劲的经济扩张时期拥有这只股票，此时，这家公司的销售额和报酬将会增加，该股票的报酬率也会相当高。相反，如果你是在严重的经济衰退期拥有这只股票，该公司的销售额和报酬很可能会减少（该行业中的大部分或者所有公司都可能如此），其股票的价格将保持不变，甚至下跌。因此，在评估证券的未来价值时，分析整体经济形势下的证券市场和公司所处具体行业的前景是非常必要的。

估价过程就像“先有鸡还是先有蛋”这个两难推理。在分析单个股票之前，你是从分析宏观经济和不同行业开始呢？还是先研究单个证券，然后结合企业研究所属行业，再结合该行业来考察整体经济环境呢？我们认为，应当先全面分析总体经济和总体证券市场，然后发展到用全球视角对各个行业进行分析。只有在你对全球的行业进行全面分析之后，你才能对处在较好行业中的单个企业的股票正确估价。因此，一般采用三步估价法。在这个过程中，你首先要观察整体经济对所有企业和证券市场的影响，其次分析在这样的经济环境中各行业里具有最好发展前景的行业，最后再分析理想行业中的单个企业及这些企业的普通股价值。

（一）总体经济的影响

一国政府的货币和财政政策会对这个国家的总体经济产生重大影响，而最终的经济状况又会影响所有的行业和企业。

像退税或减税这样的扩张性财政政策能刺激消费，而对收入、汽油、烟草和酒类征收附加税则会抑制消费。政府在国防、失业保险或再就业计划等方面的支出增减也会影响总体经济。所有这些政策都影响着直接依靠政府财政支出的企业的经营环境。另外，我们知道政府支出具有强大的乘数效应。例如，公路建设的增加提高了对挖掘设备和混凝土材料的需求。结果，除建筑工人外，设备、原行业的雇用工人也必须购买更多的消费品，这样又增加了对消费品的需求，从而影响了其他一系列的供应商。

货币政策（Monetary Policy）也能带来相似的经济变化。一种旨在降低货币供给增长率的紧缩性货币政策会减少运营资金供给，并削弱商业扩张。另外，以利率为目标的紧缩货币政策会提高市场利率并由此提高企业的成本。并且对个人来说，家庭住房抵押融资成本和对诸如汽车、电器等耐用品的购买成本也会提高。因此，货币政策能影响经济的各部门，并影响各部门与其他经济体系之间的经济关系。

任何经济分析都需要考虑通货膨胀。通货膨胀（Inflation）能导致实际利率和名义利率之间的不同，并能改变消费者和企业的消费和储蓄行为。另外，不可预测的通货膨胀率变化会使企业很难作出规划明确的计划，从而阻碍企业的发展。除了对国内经济产生影响外，不同的通货膨胀率和利率也会影响国家间的贸易平衡和汇率。

通货膨胀（Inflation）：指在一定时期内一般物价水平的持续上涨现象。

除货币政策和财政政策外，像战争、外国的政治动乱或国际货币贬值等类似事件也会改变商业环境。这又会增加企业预期销售额和收益的不确定性，并因此增加投资者所要求的风险溢价。例如，2022年2月发生的俄乌军事冲突，直接导致世界经济严重下滑，加剧了能源危机、粮食危机，物价飞涨、消费低迷、投资萎缩。

总之，很难相信会有哪个行业或企业能避免受到总体宏观经济发展的影响。由于重大经济事件会对所有行业和行业中的企业产生深刻影响，所以在行业分析之前应当先考虑宏观经济因素。

从全球的角度来看，全球资产组合在一国的投资资产配置受该国经济前景的影响。如果一个国家即将出现经济衰退，那么我们就会预期这将对该国股票价格产生消极影响。由于这样的经济预期，投资者会对投资该国的大部分行业产生忧虑。因此，在全球资产组合中，该国所占的投资权数将被调低，即小于由其市场价值所决定的权数。更进一步地说，由于这种悲观预期，投向该国的资金可能会流向其他国家或地区。

相反，某个国家乐观的经济和股票市场前景会使投资者增加对该国的投资，与相对的市场价值决定的权数相比，调高该国的投资权数。在各个国家分配了资金后，投资者会在每一个国家内寻找出色的行业。经济分析有助于寻找那些最好的行业，因为一个行业的未来表现依赖于该国的经济前景和在经济周期的特定阶段上行业与经济间的预期关系。

（二）行业影响

估价过程中第二步就是判断在长期或短期经济环境中哪些行业将会繁荣或衰退。影响具体行业的经济条件包括主要工业生产国的罢工、进出口配额或税收、全球性资源短缺或过剩以及政府加强对行业的管制。

经济周期（Business Cycle）：指经济活动沿着经济发展的总体趋势所经历的有规律的扩张和收缩。

在经济周期（Business Cycle）的不同阶段，各行业对经济变化所作出的反应不同。例如，在经济周期的顶峰时期满负荷经营的企业通常会增加资本性支出。因此，当经济周期趋于结束开始走向衰退时，那些提供厂房和设备的行业一般会受到显著的影响。另外，不同行业对经济周期有不同的反应。比如说，像钢铁、汽车这样的周期性显著的行业，在经济周期的扩张期，会有高于整体经济的突出表现，但是在经济不景气时这种行业受到的不利影响会很大。相反，像零售食品这样的非周期性行业在经济衰退时不会有明显的影响，但在经济扩张时期也不会有显著的增长。

人口特征是影响行业发展状况的另一个因素。比如，中国在20世纪50年代末至70年代间处于生育高峰期，迅速增长的新生人口和高于65岁的老龄人口在全国人口中占了相当比例，导致目前中国过早进入老龄社会。这对住房和医疗保健以及与之相关的行业（如家具、制药）产生了巨大需求和压力。

产品在国际市场上销售的企业会因为国外经济形势的变化而受到影响。一个拥有广阔国际市场的行业，可能对国内市场的需求很低，却可以从国际市场不断增长的需求中获利。例如，像可口可乐、百事可乐、麦当劳和汉堡王这样的快餐连锁店，它们的增长率主要来自其在欧洲和亚洲的业务扩张。

总之，全球经济环境下的行业前景将会影响单个企业的经营状况，所以行业分析必须在企业分析之前进行。在不景气的行业中很少有经营业绩好的企业，即使是不景气行业中最好的企业，对投资者来说，其投资前景也是不容乐观。

（三）企业分析

在确定了某一个行业具有良好的前景之后，投资者就可以采用专门的方法和技术指标来分析比较该行业内单个企业的业绩，以便根据业绩表现好坏估计其投资价值。

进行企业分析的目的就是从一个有发展前途的行业中选出一家最好的企业。这包括对企业过去业绩的考察，但更重要的是分析企业的未来前景。在了解了企业及其发展前景后，你就可以确定其价值。最后，把企业内在价值的估计值与其市场价格相比较，以判断它的股票或债券是否是好的投资对象。

你最后需要做的是，从一个理想的行业中挑选出最好的股票或债券，并根据它和投资组合中其他资产的关系（相关性）来决定是否将其纳入你的投资组合中。用来投资的最好的股票不一定是由最好的企业发行的，因为一个行业中最好的企业的股票价格可能被高估，使得该股票不是一个好的投资对象。只有对企业进行分析，估计它的内在价值并将该估计值与其股票的市场价格相比较之后，你才能知道这种证券是被低估了还是被高估了。

二、证券资产价值

前已述及，财务管理的目标是实现企业价值最大化，因此，如何对企业拥有的证券资产估价必然是企业财务活动的核心内容之一。所谓证券资产估价（Securities Assets Valuation），就是指如何衡量企业证券资产价值。从财务观点看，无论是机器设备，还是有价证券如公司债、优先股、普通股等，其估价的基础都应是在各项资产的寿命期间，资产所有者（如股份有限公司的普通股东）将获得的期望未来现金收益。企业资产的价值是由折现预期该资产所能得到的期望现金流而得出的。企业价值的估价是以各种证券价值的估价为主体的，企业财务人员必须切实地了解财务估价与企业价值的概念及计算方法。

在西方，有关证券估价的内容被认为是企业财务的核心。充分、完善、有效的资本市场能够完全反映出企业经营的信息，这种反映是通过证券价格的变动来实现的。具体言之，当企业管理有方、效益十分可观的时候，其发行在外的各种证券如公司债、普通股的价值就会提高；反之，如果企业经营不力、收益下降，则各种证券的价格势必会随之下降。对于投资者（无论是个人还是企业）而言，进行证券投资抑或是了解一个企业的财务状况，都需要具备必要的财务估价知识。

由于企业证券资产具有多种形式，因此，其证券资产的价值具有多重含义。

（一）账面价值

账面价值（Book Value）：指按照会计核算原理和方法反映计量的价值。

账面价值是一个以历史成本为基础进行计量的会计概念，各资产的账面价值均列示在企业的资产负债表上。例如，固定资产会以其扣除了累计折旧的净值列示在资产负债表上。普通股东权益即是普通股的账面价值，而每股普通股账面价值则是通过以发行在外的普通股股数除普通股股东权益账面价值求得的。

（二）市场价值

市场价值（Market Value）：指一项资产在交易市场上的价格。

市场价值主要指该项资产出售时能够取得的价格。当企业的各种证券在二级市场上进行交易时，它们的买卖价格即是这种证券的市场价值。相对而言，不动产的市场价值的确定要困难一些。

（三）持续经营价值

持续经营价值（Going Concern Value）：指在持续经营条件下企业的整体价值。

持续经营价值并不着眼于资产负债表上各项资产所表现的企业价值，而是着眼于企业未来的销售及获利能力。具体讲，销售及获利能力强，企业的持续经营价值就高；反之，销售及获利能力弱，企业的持续经营价值就会降低。

（四）清算价值

清算价值（Liquidation Value）：指企业撤销或解散时资产经过清算后的实际价值。

清算价值一般指由于企业破产清算而出售资产时所能获得的金额。对于所有者如股东而言，企业的清算价值应首先偿还债务，若有剩余才为股东的清算价值。

（五）内在价值

内在价值（Intrinsic Value）：指一家企业在持续经营条件下产生的现金折现值。

内在价值又称公允价值、投资价值等，它是用适当的报酬率折现资产预期能产生的未来现金流所得到的现值。这是在给定未来预期现金流的水平、持续的时间和风险等条件下，投资者认为可以接受的合理价值。投资者估算出了一种证券的内在价值后，可以把它与该证券的市场价格进行比较，如果该证券的内在价值高于其市场价格，则在投资者眼中，该证券就被低估了，反之则高估了。内在价值概念通常用于将企业股票及债券当作投资工具并对其未来报酬进行度量。在西方，人们一般运用收益资本化评价法确定证券资产的内在价值。

应该认识到，如果证券市场是有效的，那么它的内在价值与市场价值就应该是相等的。当一项资产的内在价值与市场价值不相等时，投资者的套利行为将促使其市场价值向内在价值回归。所以，我们把“有效率的市场”定义为：在这个市场中，所有证券在任何时候的价格都反映了公开可得的信息。在这样的市场中，市场价值与内在价值是相等的，因而投资者很难通过预测未来证券价格的变化来获得额外的报酬，因为目前的价格已经反映出所有可得到的最新消息。

三、估价基本模型

证券资产的价值等于其未来预期现金流量的现值。在这里，所有的现金流量都要根据投资者要求的必要报酬率折现为现值，这是金融领域对所有资产进行估价的基础。因此，资产价值受以下三个因素影响：

1. 未来预期现金流量的大小与持续的时间；
2. 所有这些现金流量的风险；
3. 投资者进行该项投资所要求的报酬率。

前两项是资产内在的特征，第三项是吸引投资者购买或持有该证券的必要报酬率。该报酬率必须能够补偿投资者认为获取该项资产未来预期现金流的风险。图 5－1 描述了证券资产估价中涉及的主要因素。

视频　证券估价原理

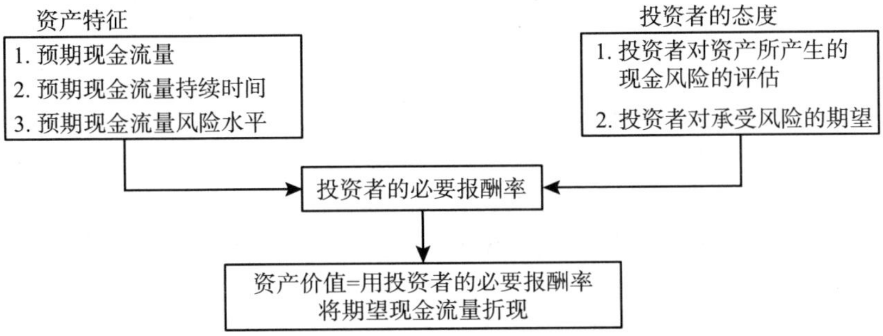

图 5－1　证券资产价值影响因素

如图 5－1 所示，证券资产估价主要涉及以下过程：

（1）评估证券资产的内在特征，包括该项资产预期能产生的未来现金流量的水平、持续时间和风险；

（2）决定投资所要求的必要报酬率，它体现了投资者对该项资产未来现金流量风险的预期和对风险的态度；

（3）用投资者要求的必要报酬率把证券资产未来期望的现金流量折现为现值。

证券资产估价的基本模型可用数学公式表示如下：

$$V = \sum_{i=1}^{n} \frac{CF_t}{(1+K)^t} \qquad (5-1)$$

式中，V——证券资产的现值，即内在价值；

CF_t——t时间实现的现金流量；

K——投资者的必要报酬率；

n——现金流发生的期限。

从证券资产估价公式中，可以看到提高证券资产价值的三个途径：

1. 现金流量越多越好；
2. 现金流量产生得越快越好；
3. 现金流量的风险越小越好。

第二节　公司债券投资估价

一、公司债券特征

公司债券（Corporate Bonds）：指发行者为筹集资金，按法定程序发行的约定在一定时期还本付息的有价证券。

公司债券最重要的特征包括：

1. 对债券发行公司的收益和资产的追偿权。对债券发行公司的收益和资产的追偿权（Recourse）是指公司清偿时，债权人对公司资产的追偿权要先于普通股股东及优先股股东。但不同的债务对公司资产的追偿权也有先后顺序。

债券持有人对公司收益的追偿权也先于普通股股东和优先股股东。一般来说，当公司未能支付债券利息时，债券托管人可以判定公司无力偿还债务并迫使该公司清算。从这点看，债券的利息支付是没有弹性的。

2. 面值。债券面值（Bonds at Face Value）是指债券的票面价值，它通常表示债券到期时应付给债券持有者的金额。大多数公司所发行的债券每张面值为1 000元，但也有少数例外。例如在美国，债券的报价单位往往是其面值的百分比（如底特律爱迪生公司债券每年的利息为90美元，1999年到期，它曾经在《华尔街日报》上的报价为95.125）。这并不是说债券价格是95.125美元，而是指该债券目前的价格是其面值1 000美元的95.125%，因此，其市场价格为951.25美元，而1999年到期时，债券持有者将得到1 000美元。

3. 票面利率。票面利率（Coupon Rate）是指债券每年应付给债券持有人的利息金额与债券面值相比的百分比。不管债券的市场价格发生什么变动，一张面额1 000元、票面利率为8%的债券每年将固定地支付80元的利息，直到债券到期。

4. 债券期限。债券期限（Maturity of the Bonds）是指债券从发行到偿还本金或发行者提前赎回时的时间长度。

5. 债券契约。债券契约（Bond Covenant）是债券发行人和代表债券持有者的债券托管人之间所签订的具有法律效力的协议。契约中包括该项借款的具体条款，例如，对债券种类的描述、债券持有者的权利、发行公司的权利、债券托管公司的责任等。在不同国家，债券契约的法律文件规定的条款可能有所不同，这类条款一般包括：①禁止折价出售应收账款；②限制普通股红利发放规模；③限制固定资产买卖；④限制公司进行其他方式的借款，特别是高等级及同等级债务。

6. 当前收益率。债券的当前收益率（Running Yield）等于债券的年利息与债券当前价格之比。例如，面值为 1 000 元、票面利率为 8% 的债券，当前市场价格为 700 元，则它的当前收益率为：

$$\frac{\text{年利息}}{\text{市场价格}}=8\%\times 1\ 000/700=11.4\%$$

7. 债券的信用评级。1909 年，约翰·穆迪（John Moody）最早开始对债券进行信用评级（Credit Rating）。目前，美国有三家债券信用评级机构——穆迪（Moody's）、标准普尔（Standard and Poor's）和惠誉国际（Fitch）。债券信用评级主要涉及确定债券未来潜在的本息偿付风险问题。尽管这是一项预测工作，但有几个历史性的因素对决定债券的信用等级起着重要作用。有利于提高债券信用等级的因素主要有：①公司经营主要依赖于权益资本而非债务融资；②经营项目盈利性强；③盈利一直比较稳定；④公司规模较大；⑤次级债券较少。债券的信用等级关系到债券发行时投资者所能接受的债券收益率的高低。债券的信用等级越低，资本市场上对其收益率的要求就越高。对公司财务主管来说，债券的信用等级是非常重要的，债券的信用等级标志着债券违约风险的大小，并决定了债券融资成本的高低。

案例链接

鸿达兴业持续债券违约

2020 年 12 月 14 日，上清所公告表示，鸿达兴业集团 2020 年度第一期超短期融资券发生实质性违约。据悉，20 鸿达兴业 SCP001 发行金额为 9.5 亿元，发行日为 2020 年 3 月 7 日，发行期限 270 天，到期日为 2020 年 12 月 14 日，信用评级机构为上海新世纪资信评估投资服务有限公司。

上海新世纪资信表示，鸿达兴业集团近年来受限于上市公司股票价格低迷而且股权质押问题持续难以得到妥善解决，导致资金压力增大，债务滚续高度依赖金融机构支持。债券到期后续发行，流动性持续承压。违约发生后，鸿达兴业集团旗下上市公司随之股价暴跌。

紧接着，2021 年，鸿达兴业集团第二只 13.91 亿债券也出现违约，且是 2021 年信用债市场的首个违约案例。截至去年年底，集团共有 4 只债券违约，总额达 44 亿元。

根据鸿达兴业股份 2021 年半年度报告披露，加上 4 只违约债券，鸿达兴业集团合计约 67.48 亿元债务到期未清偿。截至 2021 年 7 月，鸿达兴业集团持有的鸿达兴业股权质押比例高达 84.7%。母公司与上市公司均压力不小，鸿达兴业集团的资产负债率甚至高达 95%，而鸿达兴业股份 2020 年年末资产负债率由上年的 56.42% 上升至 58.04%。

（资料来源：杭莹：《羊城晚报》，2022 年 4 月 17 日）

二、公司债券估价

（一）初始债券估价

任何证券资产的估价——股票、债券、租赁，甚至是实物资产如一幢办公大楼或是一组设备——都是资产预期创造现金流的现值。即：债券价值计算公式如下：

$$V_0 = \sum_{t=1}^{n} \frac{I_t}{(1+K)^t} + \frac{M}{(1+K)^t} \qquad (5-2)$$

视频 公司债券估价模型

式中，V_0——债券价值；

K——债券投资者的必要报酬率；

I_t——第 t 年的利息；

M——债券到期时的面值或偿还值；

n——债券期限。

【例 5-1】 假定东方股份有限公司拟发行公司债券，债券面值 1 000 元，票面利率 10%，每年付息一次，期限 15 年。该债券的现金流及其支付状况如图 5-2 所示。

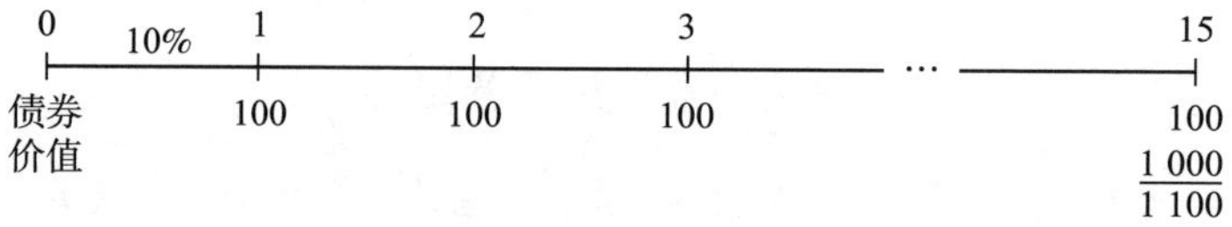

图 5-2 债券现金流

如果目前市场利率为 10%，则东方公司债券价值为：

$$V_0 = \frac{100}{(1+K)^i} + \frac{1\ 000}{(1+K)^{10}}$$
$$= 100 \times 7.6061 + 1\ 000 \times 0.2394$$
$$= 1\ 000 \text{（元）}$$

（二）债券价值与时间

公司债券在发行时，票面利率一般会设定在发行时债券市场价格与债券面值相等的水平上。如果票面利率设得太低，则投资者不会愿意花面值的价格去买债券，而票面利率设得太高，投资者又会争购债券将其价格抬高到面值以上。因此投资银行家要准确判断确定能使债券以票面价值出售的票面利率。

初始发行的债券称为新发行债券（投资银行家们把发行 1 个月左右的债券定为新发行。新发行债券常常交易活跃，因此也称为新债券）。一旦债券在市场上交易了一段时间，它就被划分为流通在外债券，也称为成熟债券。新发行债券一般以接近面值的价格出售，而成熟债券的价格则偏离面值很远。除了浮动利率债券，其他债券的息票支付是固定的，因此当经济条件变化时，发行时以面值出售的息票为 100 元的债券，以后的价格可能会高于或低于 1 000 元。

【例 5－2】假设东方股份有限公司的债券，票面利率为 10%，公司债券原来按面值发行。如果市场利率保持 10% 不变，发行 1 年后债券的价格是多少？

根据题意，此时到期期限只有 14 年，我们按照估价模型可以计算出发行一年后的债券价值为 1 000 元。如果继续推算，2 年后、3 年后的债券价值是多少？只要利率维持票面利率 10% 不变，债券价值就会维持 1 000 元的面值不变。

假如现在市场利率在东方公司债券发行后下降了，其市场利率降到票面利率以下，例如从 10% 降到 5%。而每期支付的票面利息和到期返还的价值都保持不变，那么一年后的债券价值为 1 494.93 元。即：

$$V_0 = 100 \times (P/A, 5\%, 14) + 1\ 000 \times (P/F, 5\%, 14)$$
$$= 100 \times 9.8986 + 1\ 000 \times 0.5051$$
$$= 1\ 494.93 \text{（元）}$$

因此，如果市场利率低于票面利率，债券将以高于面值的价格出售，或者说溢价出售。

债券价值变化背后的逻辑是什么呢？当市场利率降到 5% 时，这意味着，如果要投资 1 000 元，可以购买诸如东方公司债券的新债券（证券市场上每天可能有 10～20 家公司发行新债券），除了每年支付 50 元而非 100 元的新债券。很自然，投资者更希望得到 100 元，而非 50 元。因此，东方公司的债券价格大于 1 000 元是由于可以获得更高的息票。所有投资者都会有类似的反应，东方公司债券的价格将会炒高到 1 494.93 元，此时，债券会向潜在投资者提供和新债券一样的收益率 5%。

假设利率在未来 14 年维持 5% 不变，东方公司债券的价格又会怎样呢？它将会从现在的 1 494.93 元逐渐下降到到期日的 1 000 元，东方公司将于到期日以每张 1 000 元的价格赎回债券。通过计算 1 年后的债券价值来说明这一点，那时它还有 13 年到期，其债券价值为 1 469.68 元。因此，债券价值从 1 494.93 元下降到 1 469.68 元，下降了 25.25 元。如果计算其他未来时点债券的价值，价格会随着到期日的临近而逐渐下降。

请注意，如果以 1 494.93 元的价格购买债券，然后在一年后出售，那时市场利率仍为 5%，将有 25.25 元的资本损失，或者总收益为 74.75 元（100.00 − 25.25）。收益率由利息收益率（也称当前收益率）加上资本收益率构成，计算公式如下：

$$利息收益率（当期收益率）=\frac{100}{1\ 494.93}=6.69\%$$

$$资本收益率=\frac{-25.25}{1\ 494.93}=-1.69\%$$

$$总收益率=\frac{74.75}{1\ 494.93}=5.00\%$$

假如债券发行 1 年后利率从 10% 上升到 15%，而不是从 10% 下降到 5%，然后，可计算出债券价值为 713.78 元。在这种情况下，债券以低于面值 286.22 元折价出售：

折价 = 价格 − 面值 = 713.78 − 1 000.00 = −286.22（元）

债券总的未来预期收益率由当前收益率和资本收益率组成，但是现在资本收益率将是正的，总收益率将是 15%。计算可知债券价值为 720.84 元。

请注意，当年的资本收益率在第 2 年（还有 13 年）和第 1 年（还有 14 年）之间是不同的，相差 7.06 元（720.84 − 713.78）。利息收益率、资本收益率和总收益率计算如下：

$$利息收益率（当期收益率）=\frac{100}{713.78}=14.01\%$$

$$资本收益率=\frac{7.06}{713.78}=0.99\%$$

$$总收益率=\frac{107.06}{713.78}=15.00\%$$

图 5 − 3 描绘了债券价格随时间发生的变化，假设市场利率：（1）保持 10% 不变；（2）下降到 5%，然后保持该水平不变；或者

（3）上升到15%，在该水平保持不变。当然，如果利率不是保持不变，那么债券价格会上下波动。然而，不管波动的利率是多少，当债券接近到期日时，其价格将接近1 000元（如果没有破产，破产时债券的价值会戏剧性地下跌）。

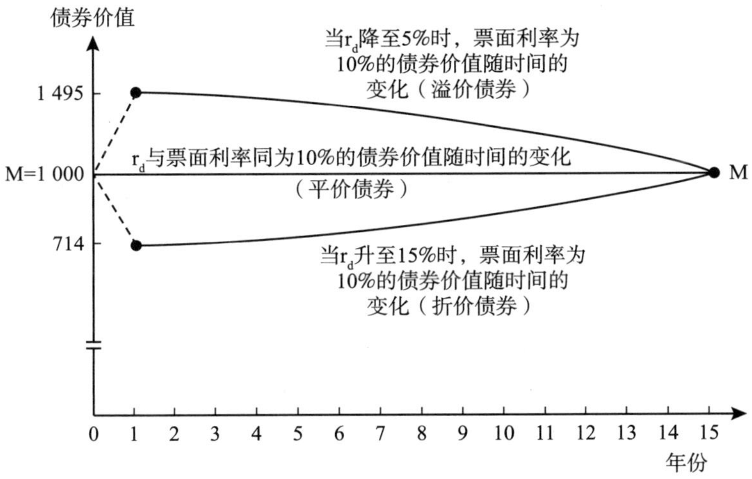

年份	利率5%	利率10%	利率15%
0		1 000	
1	1 494. 93	1 000	713. 78
…	…	…	…
…	…	…	…
15	1 000	1 000	1 000

图5－3 利率为5%，10%和15%时，票面利率10%，面值1 000元的债券的价值变动

注：5%和15%曲线为微弓形。

关于图5－3做以下几点说明：

1. 只要市场利率等于票面利率，固定利率债券就会以面值出售。正常情况下，债券发行时的票面利率等于市场利率，这样最初可以以面值出售。

2. 利率随时间变化，当市场利率高于票面利率时，固定利率债券的价格将低于面值，这样的债券称为折价债券（Discount Bond）。当市场利率低于票面利率时，固定利率债券的价格会高于面值。这样的债券称为溢价债券（Premium Bond）。

3. 利率的上升会导致流通在外的债券价格下降，而利率的下降会导致债券价格上升。

4. 持续经营条件下，当到期日临近时，债券的市场价格将接近面值。

三、债券收益率

本期收益率与到期收益率

翻开《证券日报》的债券市场版或是债券交易商报价单，一般会看到关于每只债券到期日、价格以及票面利率的信息，也会看到债券的报告收益率。与固定的票面利率不同，债券收益率根据现在的市场状况每天都在变化。此外，收益率可以用不同的方法计算，结果也会得到不同的答案。

（一）到期收益率

到期收益率是指债券持有者自购买日起持有债券至到期日所获得的收益率，该收益率称为债券的到期收益率（Yield to Maturity，YTM）。

【例5-3】 假如用1 494.93元购买一张14年期，年息票率为10%，面值为1 000元的债券，到期日该投资的收益率是多少？

根据题意，可得：

$$V_0 = 1\ 494.93 = \frac{100}{(1+K)^1} + \frac{100}{(1+K)^2} + \cdots + \frac{100}{(1+K)^{14}} + \frac{1\ 000}{(1+K)^{14}}$$

采用试误法可得：

$K = 5\%$

视频 债券收益率计算

到期收益率也可以看作债券的承诺收益率，它是在所有支付承诺都兑现后投资者获得的收益率。然而只有在违约的可能性为0，同时债券不能提前赎回时，到期收益率才等于预期收益率。如果存在违约风险或是债券被赎回，就会存在到期日无法收到承诺支付的可能，在这种情况下，计算的到期收益率不同于预期收益率。

以面值出售的债券到期收益率全部由利息收益率组成，但是如果债券不是按面值出售，YTM将由利息收益率加上正的或负的资本收益率组成。同时注意，一旦市场利率变化，债券的到期收益率也会变化，这种变化几乎每天都会发生。购买债券并持有至到期的投资者会获得只在购买日存在的YTM，计算的债券收益率在购买日和到期日之间会经常变动。

赎回条款

（二）赎回收益率

如果购买的债券是可提前赎回的并且公司已提前赎回，投资者就没有将债券持有至到期的选择权，因此也不会获得到期收益率。例如，如果东方股份公司 10% 息票的债券是可提前赎回的，而且如果利率从 10% 降到 5%，公司会赎回 10% 的债券而换之以 5% 的债券，那么每张债券每年可以节省 50 元（100 - 50）的利息。这对公司有利，但对债券持有人不利。

如果当前利率显著低于流通在外债券的票面利率，可赎回债券很可能会被提前赎回，投资者就会用赎回收益率（Yield to Call，YTC）而非到期收益率来估计债券的期望收益率。赎回收益率计算公式如下：

$$债券价格 = \sum_{i=1}^{n} \frac{INT}{(1+K)} + \frac{赎回价格}{(1+K)^{n}} \qquad (5-3)$$

式中：n——公司提前赎回债券前的年限；

赎回价格——公司为了提前赎回债券所必须支付的价格（这个值通常等于面值加上一年的利息）；

K——即为 YTC。

【例 5-4】假如东方股份公司的债券存在允许公司发行 10 年后需要时以 1 100 元的价格提前赎回债券的条款，如果发行 1 年后市场利率下降导致债券价格升至 1 494.93 元。问东方股份公司赎回的收益率是多少？

采用插值法计算东方股份公司债券赎回收益率（YTC）为 4.21%，也就是说，如果以 1 494.93 元的价格购买债券并持有 9 年后债券被赎回时所获得的收益是 4.21%（债券不能在发行后 10 年内提前赎回，而且已经过去一年，因此距第一次提前赎回日还剩 9 年）。

东方股份公司在债券可以赎回时会提前赎回那些债券吗？东方股份公司的行动取决于债券可赎回的市场利率怎样变化。如果市场利率维持在市场利率 5%，东方股份公司通过新发行票面利率为 5% 的债券来替换票面利率为 10% 的债券，每年能节省 5%（即 10% ~5%）或者每张债券 50 元的利息。换券操作是有成本的，但是节省的利息可能大于成本，因此东方股份公司可能会换券。因此，如果在此条件下购买债券，东方股份公司获得的可能是债券赎回收益率（YTC）4.21%，而不是到期收益率（YTM）5%。

（三）当前收益率

如果查看交易所的债券报价，经常会看到债券的当前收益率（Current Yield），当前收益率是用年利息除以债券当前的价格。例如，如果票面利率为 10% 的东方股份公司债券当前价格为 985 元，则债券的当前收益率为 10.15%（即 100/985）。

与到期收益率不同，当前收益率不代表投资者预期能得到的债券收益率。当前收益率提供了债券在给定的一年内现金流入量的信息，但是由于它没有考虑债券持有至到期（或至通知赎回时）将实现的资本收益或损失，它不能提供债券总预期收益的准确衡量。

当前收益率不能准确衡量债券总收益的事实可以通过零息债券来说明。由于零息债券每年现金流入为 0，它们的当前收益率总是为 0。这也反映了债券不能提供任何现金利息的流入，但是由于债券会随时间的延长而增值，其总收益显然要超过 0。

四、债券风险的估计

（一）利率风险

利率风险（Interest Rate Risk）：指因利率浮动从而引起必要报酬率和债券价值变化的可能性。

利率随时间变化而波动，利率的上升会导致流通在外的债券价格出现下降。由于利率上升导致的债券价格下降的风险构成利率风险（Interest Rate Risk）。利率的上升导致债券持有者产生投资损失，因此，投资债券的个人或者公司承受着利率变化的风险。

投资到期时间长的债券所承受的利率风险大于即将到期的债券。[①] 通过计算年息票 10% 的 1 年期和 14 年期的债券价值随利率变化的波动，可以看出其风险变化，如表 5－1 所示。

表 5－1　　不同利率水平和不同期限债券价值

当期市场利率（%）	债券价值（元）	
	1 年期	14 年期
5	1 047.62	1 494.93
10	1 000.00	1 000.00
15	956.52	713.78
20	916.67	538.94
25	880.00	426.39

① 实际上，债券的到期时间和票面利率都会影响利率风险。低票面利率意味着债券的大部分收益来自本金的返还，而对到期时间相同、票面利率高的债券而言，由于息票支付高，更多的现金在前几年流入。一个称为“久期”的衡量指标即把到期时间和息票结合起来，该指标找到了债券发生现金流的平均年限。对零息票而言，它没有利息支付，所有的支付都集中在到期日，它的久期就等于债券的到期时间。息票债券的久期都比到期时间短，并且息票率越高，久期越长。久期越长的债券暴露的利率风险也越高。

表5－1列示了1年期债券和14年期债券在各个市场利率下的价值。请注意：14年期的债券对利率变化的敏感性较高。在10%的利率下，14年期的债券和1年期债券价值都为1 000元。当利率升至15%时，14年期债券跌至713.78元，而1年期债券只跌至956.52元。

对于有相同息票的债券而言，这种对利率变化的不同敏感性常常是成立的——债券的到期时间越长，对应于给定利率变化的价格变化就越大。因此，即使两只债券的违约风险近似相同，到期时间长的那只由于利率的上升而暴露的风险也更大。

对这种利率风险差异的逻辑解释是很简单的。假如投资者购买收益率为10%或100元的14年期债券，现在假如风险类似债券的利率升至15%，在未来14年里，该投资者只能固定在每年利息为100元的债券上。另一种情况下，假如购买1年期债券，投资者只会承受1年的低收益。年末，该投资者可以收回1 000元，然后将其再投资，在未来13年每年收到15%或150元。因此，利率风险反映了投资者投在某一固定投资上的时间长度。

如上所述，长期债券的价格对利率的变化比短期债券更敏感。为了吸引投资者冒这种额外风险，长期债券较之短期债券必须有更高的期望收益率。这个额外收益就是到期风险溢价（MRP）。因此，投资者可能会发现长期债券的预期收益大于短期债券。

（二）再投资风险

如前所述，利率的上升会伤害投资者，因为它会导致债券投资组合价格的下降。利率的下降也能伤害投资者吗？答案是肯定的，因为如果利率下降，债券投资者也可能会遭受收入的减少。例如，一个退休者持有债券投资组合，并且以它们创造的收入为生。现在假如利率下降到5%，许多债券将被提前赎回，而当发生提前赎回时，债券持有人不得不把10%的债券换成5%的债券。即使是那些不可赎回的债券也将到期，到期时，它们不得不被换为低收益债券。因此，该退休者的收入会减少。

因为利率下降而导致收入下降的风险称为再投资风险（Reinvestment Rate Risk）。近几年，该风险的重要性已经由从20世纪80年代中期开始的利率急剧下降导致的后果所证实。可提前赎回债券的再投资风险显然较高。到期时间短的债券再投资风险也较高，因为债券的到期时间越短，获取原来相对较高利率的年限就越短，资金以新的低利率进行再投资就越快。因此，主要投资诸如银行存款和短期债券之类的短期证券的退休者会受到利率下降的严重伤害，而持有长期债券的人则继续享受其原来的高利率。

再投资风险

（三）利率风险与再投资风险的比较

请注意，利率风险与投资组合中债券的价值有关，而再投资风险与投资组合创造的收入有关。如果持有长期债券，面临的将是利率风险，即如果利率上升，债券价值会下降，不会面临很大的再投资风险，因此收入稳定。如果持有短期债券，将不会面临较大的利率风险，因此投资组合的价格稳定，但是会面临较大的再投资风险，收入会随着利率的变动而上下波动。

可见，没有固定利率债券可以被认为是完全无风险的——甚至大多数的国库券也会存在再投资风险和利率风险。① 投资者可以通过持有短期债券来最小化利率风险，或者通过持有长期债券来最小化再投资风险，但是该行为在降低一种风险的同时也提高了另一种风险。债券投资组合管理者试图平衡这两种风险，但是一般情况下，债券仍然存在风险。

案例链接

时代中国债券价格因何下跌

时代中国旗下债券大幅下跌始于11月29日，当天13时35分，“20时代07”上交所发生一笔70元成交，成交100手，较前一个交易日中债估值跌去25.7元。一个小时后，“20时代05”上交所发生一笔72元成交，仅成交5手，成交金额3 600元，与前一个交易日中债估值相比，下跌24元。

因波动幅度较大，交易所对两只债券进行紧急停牌，恢复交易后，“20时代05”价格进一步下探到67元。

11月30日，两只债券再次下跌，“20时代07”上交所成交6笔，成交价格一路下探到62元；“20时代05”成交33笔，累计成交金额870万元，成交价格收于62.5元。与前一个交易日相比均呈现较大跌幅。

当天，时代中国旗下债券价格波动还蔓延至固收平台交易，11月29日下午，“20时代12”“17时代02”“20时代09”等多只债券上交所固收成交价格在65元以下，与前一个交易日中债估值相比普遍下跌了30元以上。

一位金融机构人士告诉《经济观察报》记者，在当前房地产流动性普遍紧张的情况下，资本市场相对较为敏感，任何风吹草动，都有可能会造成对一只债券甚至一家房企的踩踏，“如果发生在以往，基本不会引起关注。”

12月2日，时代中国发行的多只国内信用债持续波动，上午9点50分，“20时代09”上交所固收平台显示成交价50.2元，成交量1 000手，较前一个交易日60.2元的收盘价下跌16.6%。同一个平台上，13点56分，“20时代02”

① 要注意的是，指数型国库券实质上是无风险的，只是它支付相对较低的真实利率。同时，风险也没有消除——只是从债券持有人转移到了纳税人身上。

以 60 元价格成交 4 975 手，较前一个交易日收盘价下跌 36.2%，创下该笔债券发行以来的价格新低。

12 月 3 日，时代中国发行的多笔债券持续下跌，其中“17 时代 02”成交价 59 元，较前一个交易日下跌 9.2%；“20 时代 09”发生一笔 50.2 元成交，创下发行以来价格新低。

（资料来源：田国宝：《经济观察报》，2021 年 12 月 3 日）

试一试：与同学们一起走访一家证券公司，了解他们对证券估价采用的常用方法，这些方法与教材中讲的一致吗？一起分析讨论。

第三节　股票投资估价

一、股票估价基本模型

普通股股票（Common Stock）的估价理论问题是一个非常复杂并且颇有争议的问题，迄今还未有一种估价方法为经济学界所普遍接受。但是，大多数人都倾向于这样一种观点：认为个别普通股股票应该作为投资者持有的全部普通股股票的一部分来加以分析。换言之，投资者所关心的问题不是某种股票行情的升降，而是他所持有的全部股票总值的升降。

投资者持有的股票，其预计现金流量来源于两部分：一是股利收入；二是出售股票所得收入。这是因为大多数股票往往有规律地支付股利，其次，股票持有者出售股票时会得到一个出售价格的收入。这样，为了对股票进行估价，我们需要解决一个令人感兴趣的问题：股票价格是等于下一期股利和下一期股票价格的现值和，还是以后所有各期股利的现值之和呢？

视频　股票估价模型

这是学生在学习中经常问到的问题，而我们可以肯定的是这两种都是正确的。

例如，你现在购买海尔股份股票并持有一年时间，为取得该种股票，你支付了 P_0 的价格。P_0 的价格计算如下：

$$P_0=\frac{D_1}{(1+K)^1}+\frac{P_1}{(1+K)^1} \qquad (5-4)$$

式中，P_0——股票投资的现值；

D_1——年末支付的股利；

P_1——年末股票市场价格；

K——投资者的必要报酬率（即折现率）。

这一计算过程看似非常容易，但是，第一年末的股票价格（P_1）从何而来？P_1 不是凭空产生的，而是必须有一个投资者在第一年年末以 P_1 的价格购买海尔股份的股票，即：

$$P_1 = \frac{D_2}{(1+K)^1} + \frac{P_2}{(1+K)^1}$$

将 P_1 代入 P_0 中，可得：

$$P_0 = \frac{D_1}{(1+K)^1} + \frac{D_2}{(1+K)^2} + \frac{P_2}{(1+K)^2}$$

如果连续不断地进行上述计算过程，最后可得到如下公式：

$$\begin{aligned} P_0 &= \frac{D_1}{(1+K)^1} + \frac{D_2}{(1+K)^2} + \frac{D_3}{(1+K)^3} + \cdots \\ &= \sum_{t=1}^{n} \frac{D_t}{(1+K)^t} \end{aligned} \tag{5-5}$$

公式（5-5）是股票估价中的一个基本通用模型，无论是永远持有股票，还是在有限时间里持有股票，它都是适用的。实际应用时，关键的问题主要是如何预计未来每年的股利，以及如何确定折现率。众所周知，每个投资者预期持有普通股票的期限长短差别很大。有的投资者持有期可能只有几天，有的投资者则可能永远持有下去。对于不想永远持有普通股票的投资者来说，他们总是期望将来能按照高于自己购进成本的价格出售股票，出售股票的前提必须是有部分投资者愿意以市价购进。那么欲购进股票的投资者会依据预期的股利和预期的股票未来卖价来估计股票的市价，然后决定是否购买。对决定购买股票的投资者来说，其买价又会反过来决定他们预期的股利和未来的股票卖价。可见，对普通股票进行估价，其股利的预期和报酬率（折现率）的确定是非常重要的。

股利的高低，主要取决于每股收益（Earnings Per Share）和股利支付率（Dividend Payout Ratio）两个因素，对其预计方法一般可采用历史资料的统计分析法。

股利和每股收益的增长

报酬率（折现率）的确定主要依据投资者的要求而定。常用方法有三种：一是根据股票历史上的长期平均报酬率确定；二是参考债券报酬率，加上一定的风险报酬率来确定；三是直接采用市场利率确定。

做一做：利用周末走访一家证券公司，了解股票估价的基本原理和做法，并与同学们一起讨论。

二、不同增长模型的股票估价

（一）固定增长的股票估价

1. 基本原理。对于一家公司而言，其经营活动受到公司内外部种种因素的影响，所以其股利增减变动是一种正常现象。换言之，公司的年股利（D_t）可涨可跌，或者说随机波动，也可以连续几年保持不变——在这些情况下公式（5－5）都是成立的。利用公式（5－5）可以很容易地运用上述等式得出任何股利支付模式下某只股票的内在价值。实践中的困难在于如何对未来股利进行准确的预测。

一般情况下，普通股股票的股利不可能是固定不变的，实际上是在不断增长变化的。假定我们知道某家公司的股利总是以固定的比率增长，设该增长率为 g，则下一期的股利为：

$$D_1 = D_0 \times (1+g)$$

第二期后的股利为：

$$\begin{aligned} D_2 &= D_1 \times (1+g) \\ &= [D_0 \times (1+g)] \times (1+g) \\ &= D_0 \times (1+g)^2 \end{aligned}$$

我们可以重复这个计算过程，以便计算出未来任何一点的股利。

从货币时间价值计算原理中我们知道，未来第 t 期后的股利 D_t 等于：

$$D_t = D_0 \times (1+g)^t \qquad (5-6)$$

这种股利稳定增长的假定可能会使你感到奇怪：为什么股利会以固定的比率增长呢？原因在于，大部分企业都是以股利稳定增长为明确的经营目标的。

如果股利是以一个固定的比率增长，那么我们就已经把预测无限期未来股利的问题，转化为单一增长率的问题，从而使得问题简单化。多数情况下人们期望股利流量以恒定速度增长，此时，固定增长模型的公式推导如下：

$$\begin{aligned} P_0 &= \frac{D_1}{(1+K)^1} + \frac{D_2}{(1+K)^2} + \frac{D_3}{(1+K)^3} + \cdots \\ &= \frac{D_0 \times (1+g)^1}{(1+K)^1} + \frac{D_0 \times (1+g)^2}{(1+K)^2} + \frac{D_0 \times (1+g)^3}{(1+K)^3} + \cdots \\ &= \sum_{t=1}^{n} \frac{D_0 \times (1+g)^t}{(1+K)^t} \end{aligned} \qquad (5-7)$$

当 g 为常数，且 $K > g$ 时，上式则可以简化为：

$$P_0 = \frac{D_0 \times (1+g)}{K-g}$$

$$= \frac{D_1}{K-g} \qquad (5-8)$$

戈登模型

公式（5－8）即为固定增长模型（Constant Growth Model），或者叫戈登模型（Gordon Model），以纪念为这个公式的发展和普及作出巨大贡献的迈伦·J.－戈登。

注意：等式（5－8）成立的必要条件是K必须大于g。如果g比K大，那么 $(1+g)^t/(1+K)^t$ 则总是大于1。在这种情况下，公式（5－7）就成了无穷项的和，每一项都是大于1的数值。因此如果恒定的g比K大，计算出来的股价将是无穷大！因为没有公司价值是无穷的价格，所以拥有大于1的恒定增长速度是不可能的。公式（5－8）的最后一项只有在K比g大的情况下才是有效的。如果g大于K，就不能运用固定增长模型，或者说运用公式（5－8）所得到的答案将是错误的和具有误导性的。

【例5－5】 假设东方股份公司刚刚支付了1.15元的股利（即 $D_0=1.15$ 元），其股票的必要报酬率是13.4%，投资者期望将来的股利以8%的速度增长。因此，预期一年后的股利将变成 $D_1=1.15\times1.08=1.24$（元）；D_2 将是1.34元；预期5年后的股利将是1.69元：

$D_t = D_0(1+g)^t = 1.15 \times 1.085 = 1.69$（元）

可按类似步骤估计未来每一期的股利，然后用式（5－8）决定当前的股票价值 P_0。也就是说，可以找出预期的每一期股利，计算出它的当前价值，最后将所有现值加总得出股票的内在价值。

将有关数据带入公式（5－8）中，可得：

$$P_0 = \frac{D_0(1+g)}{(K-g)} = \frac{1.15\times1.085}{0.134-0.08} = 23.00（元）$$

图5－4显示了固定增长股票估值过程的基本概念。

图5－4中，股利以 $g=8\%$ 的速率增长，但是因为 $K>g$，所以每一笔未来股利的现值是下降的。例如，第一年的股利为 $D_1=D_0(1+g)^1=1.15\times1.08=1.242$（元）。然而这笔股利的现值在以13.4%的折现率进行折现时，结果是：$P(D_1)=1.242/(1.134)^1=1.095$（元）。第二年的期望股利增长到 $1.242\times1.08=1.341$（元），但是这笔股利的现值降为1.043元。继续往下，$D_3=1.449$ 元，$P(D_3)=0.993$ 元，依此类推至无穷。因此，虽然预期股利是在增长的，但连续股利的现值是在下降的，这是因为股利增长率（8%）小于用于股利折现的比率（13.4%）。

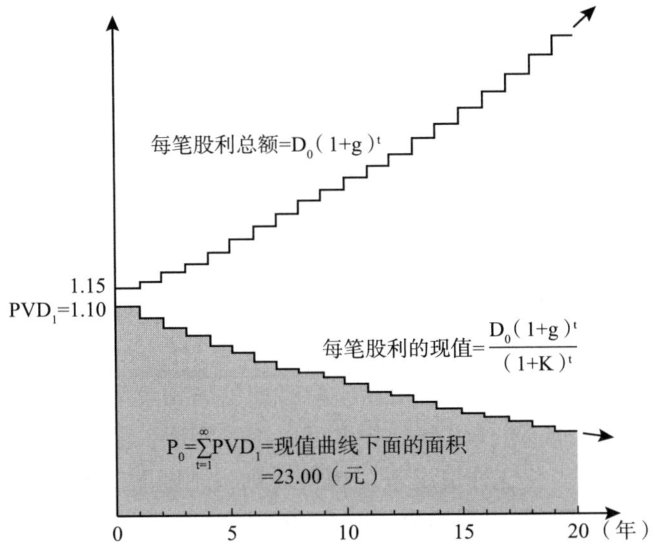

图5-4　固定增长股票的股利现值（$D_0=1.15$ 元，$g=8\%$，$K=13.4\%$）

如果把所有股利现值加总，就能得到股票的价值 P_0。当 g 不变时，这个和等于$\frac{D_1}{K-g}$，公式（5-8）显示了这一点。

尽管公式（5-8）假设股利增长至无穷大，但多数股利的价值是建立在相对短的时间段内。

2. 股利和盈余增长对股票估价的影响。股利增长主要是每股盈余（EPS）增长的结果。而盈利的增长是由一系列因素决定的，包括：(1) 通货膨胀；(2) 公司保留并用于再投资的盈利数量；(3) 权益报酬率（ROE）。考虑在通货膨胀的情况下，如果产出（以单位计算）是稳定的，但是销售价格和投入成本以通货膨胀率的速率增长，那么 EPS 将会同样以与通货膨胀率相同的速率增长。即使没有通货膨胀，EPS 也将随着盈利的再投资而增长。如果公司不把盈余全部作为股利分发给股东（即一部分盈余被保留下来），每股对应的每 1 元投资将随着时间增长，并将带来未来盈余和股利的增长。

虽然股票价值来源于预期股利，但也不一定意味着公司可以简单地通过提高现有股利来提高它们的股票价格。股东们关心的是所有的股利，包括现有的以及那些预期将来发生的。此外，在现有股利和将来股利之间存在一种平衡。现在支付高额股利的公司必然只能保留较少的盈余用于再投资，这必将减少未来的盈余和股利。所以现在的问题是：股东究竟是喜欢以未来更低的股利为代价换取现在更高的股利，还是根本就不关心？这个问题是没有简单答案的。如果公司有能带来高额利润的投资机会，股东们更愿意公司能保留盈余，也就是现在少付些股利；但是如果投资机会很差，他们就会希望公司把盈利发放给股东。这里，税收也发挥着作用——因为股利和资本利得的征税级别不一样，所以股利政策影响投资者的税负。

（二）零增长股票估价

通常情况下，固定增长模型适用于过去保持稳定增长的处于成熟期的公司。不同公司的预期增长率尽管稍微有些差异，但是对于多数处于成熟期的公司而言，它们通常会预期未来股利将保持与名义GDP（等于实际 GDP 加上通货膨胀）相同的增长速率。因而，一般公司或“正常”公司的预期股利年增长率为 5% ~8%。

在某些特殊条件下，公司在一段时期的增长可能保持不变，即零增长。这时，固定增长模型公式也可以用于零增长股票（Zero Growth Stock）的估值。在这种情况下，预期股利将不随时间而改变。令 $g=0$，公式（5 -8）即化简为公式（5 -9）：

$$P_0=\frac{D}{K} \qquad (5-9)$$

该公式本质上是个恒等式，简而言之就是股利除以折现率。

（三）非固定增长股票估价

对许多公司来说，以固定速率增长是不符合实际的。通常，公司将经历生命周期。在其生命周期的早期阶段，总体上这些公司的成长速度要快于经济的增长速度，接着其成长速度会有所下降，与经济的增长速度一致，最后其速度会慢下来，小于经济增长速度。20 世纪 20 年代的汽车生产商、21 世纪初的深圳市大疆创新科技有限公司等，这些公司被称为超常增长（Supernormal/Nonconstant Growth）公司。图 5 -5 展示了这种超常增长的现象，并将它和正常增长、零增长以及负增长作了比较。

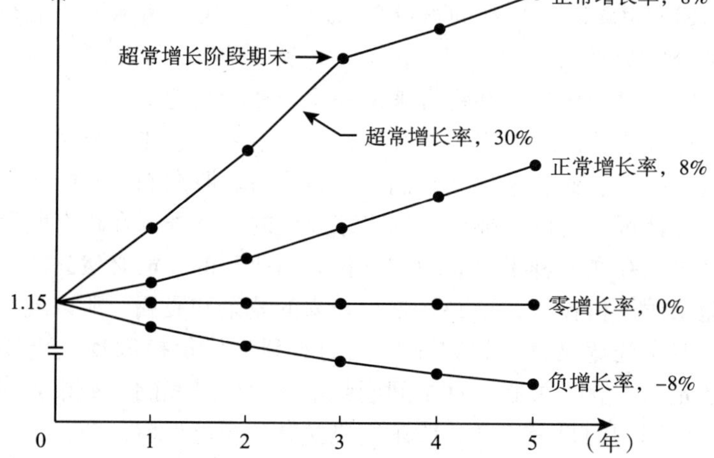

图 5 -5　不同股利增长率的比较

在图 5 -5 中，超常增长公司的股利预期将以 30% 的速度增长 3 年，之后增长率预期将下降至 8%，与假设的平均经济增长速度相等。公司价值等于由公式（5 -7）得出的预期未来股利的现值，这和其他公司是一样的。当 D_t 以恒定速率增长时，公式（5 -7）将简化为 $P_0=\frac{D_1}{K-g}$。但在公司超常增长的情况下，预期增长率不是恒定的——它将在超常增长的最后阶段减少。

因为公式（5 -8）要求增长率是固定的，所以显然不能用它来对非固定增长的股票估值。然而通过假设，现在超速增长的公司将最终放缓增长速度，并且其股票将变为固定增长型，这样可以把公式（5 -7）和公式（5 -8）联合起来形成新方程式，以此来为公司股票估值。

首先假设股利以不固定的速度增长 N 期（通常是相对比较高的速率），之后它将以固定速度 g 增长。N 通常被称为投资终结日（Terminal Date，or Horizon Date）。

可以利用固定增长模型，即公式（5 -8），来计算第 N 期期末的投资终结期价值（Horizon，or Terminal Value）：

$$\text{投资终结期价值}=P_N=\frac{D_N(1+g)}{K-g} \tag{5-10}$$

当前股票的内在价值 P_0，等于非固定增长阶段的股利现值以及投资终结期价值的现值之和：

$$P_0=\underbrace{\frac{D_1}{(1+K)^1}+\frac{D_2}{(1+K)^2}+\cdots+\frac{D_N}{(1+K)^N}}_{\substack{\text{非固定增长阶段的股利现值}\\ t=1,2,\cdots,N}}+\underbrace{\frac{D_{N+1}}{(1+K)^{N+1}}+\cdots+\frac{D_\infty}{(1+K)^\infty}}_{\substack{\text{固定增长阶段的股利现值}\\ t=N+2,\cdots,\infty}}$$

$$P_0=\underbrace{\frac{D_1}{(1+K)^1}+\frac{D_2}{(1+K)^2}+\cdots+\frac{D_N}{(1+K)^N}}_{\substack{\text{非固定增长阶段的股利现值}\\ t=1,2,\cdots,N}}+\underbrace{\frac{P_N}{(1+K)^N}}_{\text{投资终结期价值的现值}} \tag{5-11}$$

$$P_N:\ \frac{[D_{N+1}/(K-g)]}{(1+K)^N}$$

非固定增长股票的估价基本步骤：

（1）确定非固定增长阶段的股利现值。

（2）确定非固定增长阶段末期的股票价格，在这一时点上它已经变成固定增长的股票，并将这个价格折现到当前时期。

（3）把这两个部分加总，以求得股票的内在价值。

图 5－6 可以用于描述非固定增长股票的估价过程。

对图 5－6 估价的说明：

K——股东要求的必要报酬率＝13.4%。

N——超常增长的年数＝3。

g_s——超常增长阶段的盈余增长率和股利增长率＝30%。（注意：超常增长阶段的增长率可能每年都发生变动。也可能存在多个超常增长阶段，比如说头 3 年以 30% 的速度增长，接下来 3 年的增长速度变为 20%，最后以 8% 的固定速度增长）。

g_n——超常增长阶段之后的正常固定增长速率＝8%。

D_0——公司最近一次支付的股利＝1.15 元。

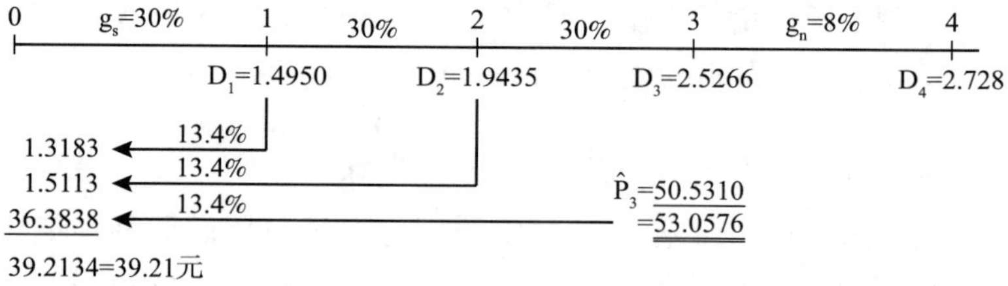

图 5－6　超常增长股票估价过程

注：计算要点：

第一步：计算超常增长阶段每年末的预期股利。计算首次股利 $D_1 = -D_0(1+g_s) = 1.15 \times 1.30 = 1.495$（元）。式中，g 指的是 3 年超常增长模型的增长率 30%。1.495 元作为第 1 期现金流量显示在时间轴上。然后计算 $D_2 = D_1(1+g_s) = 1.495 \times 1.30 = 1.9435$（元），接下来是 $D_3 = D_2(1+g_s) = 1.9435 \times 1.30 = 2.5266$（元）。将这些值作为第 2～3 期的现金流量显示在时间轴上。

第二步：股票价格等于从第 1 期到第无穷多期的股利现值，所以理论上可以用正常的增长率 $g_n = 8\%$ 推断出每一期的未来股利，即如前所述，利用 g_n 计算 D_0 及之后各期的股利。当已经支付 D_3 时，股票变成了固定增长型。因此可以用固定增长公式计算 P_3，这是在第 3 期末所计算的第 4 期到第无穷多期的股利现值。

首先要计算出公式所需的 $D_4 = 2.5266 \times 1.08 = 2.7287$（元），然后计算 P_3：

$P_3 = D_4/(K-g) = 2.7287/(0.134-0.08) = 50.531$（元）

将 50.531 元作为第 3 期的第 2 笔现金流量在时间轴上显示出来。50.531 元之所以能作为第 3 期的现金流量有两层含义：一是股票的所有者可以在第 3 期以 50.531 元的价格卖出股票；二是 50.531 元是从第 4 期到无穷多期股利现金流量的现值。注意到第 3 期的总现金流量包括 $D_3 + P_3 = 2.5266 + 50.531 = 53.0576$（元）。

第三步：由于时间轴上已经列出了现金流量，可以按照必要报酬率 K＝13.4% 折现现金流量。可以用 $(1.134)^t$ 折现现金流，其中第 1 期是 t＝1，第 2 期是 t＝2，第 3 期是 t＝3。这就产生了时间轴左下方显示的那些现值，这些现值之和 39.21 元就是超常增长股票的价值。

（四）优先股估价

优先股是一种混合证券——它某些方面和债券很相似，另一方面又类似于普通股。如果将优先股同债券与普通股联系起来进行分类，其混合证券的本质就变得显而易见了：优先股和债券一样有面值，必须在普通股股利支付之前偿付固定股利。然而，如果没有优先股股利，公司高管可以在不使公司破产的情况下忽略优先股的发放。所以尽管优先股像债券一样有固定的支付，但如果没有支付也不会导致公司的破产。

如上所述，优先股给予其所有者获得常规的固定的股利权利。如果这笔支付持续到永远，就变成永续年金问题，它的价值 P_0 计算如下：

$$P_0 = \frac{D}{K} \tag{5-12}$$

式中，P_0——优先股的价值；

D——优先股股利；

K——必要报酬率。

假设东方公司外部流通的优先股每年支付 10 元的股利。如果该优先股的必要报酬率为10%，那么它的价值就是100 元，由公式（5－12）计算如下：

$$P_0 = \frac{10}{10\%} = 100.00（元）$$

如果优先股的当前价格以及它的股利已知，则可以计算出预期报酬率：

$$K = \frac{D}{P_0} \tag{5-13}$$

案例链接

沪市公司上半年投资价值凸显　增持回购彰显信心

上半年，我国经济基本面稳中向好。沪市公司作为国民经济建设的主力军，积极主动响应国家战略大局，聚焦主业和实业，稳健经营、运作规范，上市公司质量稳步提升，盈利能力不断提升。

目前来看，沪市公司整体估值水平已经处于较低位置，投资价值凸显。实际上，沪市已有多家公司披露了回购或股东增持方案，彰显了公司和股东对上市公司经营状况、盈利能力和发展前景的坚定信心。

上交所表示，总体看，沪市整体和大盘蓝筹股的估值在主要经济体中均处于合理偏低水平，经过这一轮风险释放后，投资价值开始显现。

从历史比较看，截至7月6日，上证综指的市盈率为13.1倍，与2 638点时水平基本持平（考虑到盈利增长水平，价格水平已经低于2 638时水平），市盈率中位数28.2倍，与2014年7月上一轮牛市初期（上证综指2 000～2 200点）时水平基本一致，接近2013年6月时水平（上证综指最低1 850点，中位数26倍左右）。

与国际市场比较，从可比角度看，代表沪市大盘蓝筹股的上证50指数整体市盈率9.9倍，在全球范围处于偏低水平，明显低于美国市场大盘股指数（道琼斯工业平均指数和标普500指数均为近24倍）。

从破净情况看，沪市目前162家上市公司最新收盘价低于每股净资产价格，为2009年以来的最高水平。考虑到目前市场对2018年业绩增速预期并不悲观，当前指数和蓝筹股的运行区间具备一定的业绩支撑，A股的投资价值已开始显现。

（资料来源：《中国基金报》，2018年7月9日）

三、固定增长股票的预期报酬率

视频 股票收益率

由公式（5－8）可以推导得出预期报酬率：

预期报酬率＝预期股利报酬率＋预期增长率（预期资本利得报酬率），即：

$$K=\frac{D_1}{P_0}+g \tag{5-14}$$

因此，如果以 $P_0=23$ 元的价格购买一只股票，并预期该股票从现在起每年支付股利 $D_1=1.242$ 元，且未来以恒定的速率 $g=8\%$ 增长，那么预期报酬率将为13.4%：

$$K=\frac{1.242}{23}+8\%=5.4\%+8\%=13.4\%$$

假设上述分析是在2022年1月作出的，2022年1月的股价为 $P_0=23$ 元，预期2022年末将得到股利为 $D_1=1.242$ 元，那么2022年末的预期股价是多少呢？运用公式（5－5）可得：

$$P_{2022年末}=\frac{D_0(1+g)}{K-g}=\frac{1.242\times1.08}{0.134-0.08}=24.84\text{（元）}$$

现在可以发现，24.84元比 P_0（2022年1月的价格23元）高出8%：

$$23\times1.08=24.84\text{（元）}$$

因此，预期2022年可以获得一笔资本利得为24.84－23.00＝1.84（元），即获得8%资本利得报酬率：

$$资本利得报酬率=\frac{资本利得}{初始价格}=\frac{1.84}{23}=8\%$$

将此分析推广，未来每年的预期资本利得报酬率将一直等于预期股利增长率g。

2023 年的股利报酬率可计算如下：

$$股利报酬率2023=\frac{D_1}{P_0}=\frac{1.242\times1.08}{24.84}=0.054=5.4\%$$

由此可以计算出 2024 年的股利报酬率也等于 5.4%。因此，固定增长股票必须满足下列条件：

1. 预期股利将以固定速率 g 永久增长下去。
2. 预期股票价格以相同的速率增长。
3. 预期股利报酬率是恒定的。
4. 预期资本利得报酬率也是不变的，等于 g。
5. 预期总报酬率 K 等于预期股利报酬率加上预期增长率：K = 股利报酬率 + g。

现在需要说明一下预期（Expectation）这个概念——它具有统计的含义，是“统计期”的结果。因此，如果预期增长率保持 8% 不变，意味着在未来各年增长率的期望是 8%，而不是预期未来每年的增长率将保持精确的 8% 不变，从这个意义上讲，固定增长的假设对许多成熟的大企业而言是合理的。

四、股权市场均衡

我们在风险与报酬一章中，介绍资本资产定价模型时曾利用证券市场线（SML）公式推导过 $R_i=R_F+\beta(R_M-R_F)$。如果无风险报酬率是 8%，股票平均必要报酬率是 12%，股票 i 的贝塔值为 2，那么边际投资者将要求股票 i 有 16% 的报酬率，即：

$$R_i=8\%+2\times(12\%-8\%)=16\%$$

16% 的必要报酬率作为纵坐标对应的点显示在图 5－7 的证券市场线中，相应的横坐标为贝塔 = 2。

如果股票 i 的预期报酬率超过 16%，则边际投资者（Marginal Investor）愿意购买它，并会在预期报酬率小于 16% 时将它出售；如果预期报酬率恰好是 16%，投资者会持无所谓的态度，持有而不是买入或卖出。现在假设投资者的投资组合包括了股票 i，他对该股票的前景进行了分析，并推断出它的盈余、股利和股价预期将以每年 5% 的速率增长。最近一次股利 $D_0=2.8571$ 元，那么下一期的预期股利应当为：

$$D_1=2.8571\times1.05=3\ (元)$$

边际投资者持有股票的当期价格 P_0 为 30 元，那么他应该买入更多的股票 i，还是应该卖出，或者是维持现有状况不变？

该投资者可以计算出股票 i 的预期报酬率如下：

$$K=\frac{D_1}{P_0}=\frac{3}{30}+5\%=15\%$$

该数值如图 5－7 中证券市场线下方点 i 所示。

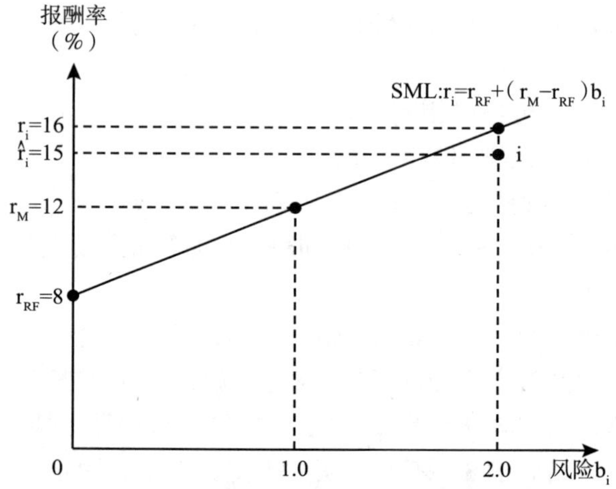

图 5－7　股票 i 的预期报酬率和必要报酬率

因为预期报酬率小于必要报酬率，所以这个边际投资者将和其他投资者一样卖出该股票。但很少有人会愿意在 30 元的价位买入，所以如果不降低价格，现在的股票持有人是很难找到买主的。因此，价格会降至 27.27 元，股票将在这一点达到均衡价格（Equilibrium Price）。在此均衡价格下，预期报酬率等于必要报酬率，即：

$$K=\frac{3}{27.27}+5\%=11\%+5\%=16\%$$

如果股票一开始以低于 27.27 元的价格出售，比如 25 元，那么情况会相反，投资者会希望购买该股票，因为它的预期报酬率超过了必要报酬率，而这种购买订单将推动股价升至 27.27 元。

总而言之，均衡状态必须满足两个相关条件：

1. 在边际投资者来看，股票的预期报酬率必须等于它的必要报酬率；

2. 股票的实际市场价格必须等于边际投资者估计的股票内在价值。

当然，有些个体投资者可能相信预期报酬率 > 必要报酬率，股票市场价格 > 股票内在价值，因此他们将会投资该股票，而此时其他投资者将卖出他们的所有股票。但确定实际市场价格的是边际投资者，对他来说必须有：预期报酬率 = 必要报酬率，股票市场价格 = 股票内在价值，只有满足了这些条件，交易才会发生。

股票价格不是恒定不变的——它们不时经历着剧烈变化。例如，美国2001年9月17日，“9·11”恐怖袭击后的首个交易日，道琼斯指数平均下降了685点。这是道琼斯指数有史以来的单日最大跌幅，但按百分比来说，它小于1987年10月19日的-22.6%。当前道琼斯指数已经大幅上涨，实际上，它增幅位居第五的上涨发生在2001年9月24日的368点，而这发生在它的最大幅下跌后不久。道琼斯指数的最大幅度增长499点发生在2000年的4月16日，最大百分比增长是1933年3月15日的15.4%。保守地说，股票市场是非常动荡不安的！

为了说明这些变化是如何发生的，可以假设股票i处于均衡状态，即以27.27元的价格出售。如果所有预期都得以满足，下一年的价格将逐渐涨到28.63元，或者说涨了5%。然而许多事件的发生将引起均衡价格的改变。

如上所述，对于预期未来股利来说，即使是很小幅度的数额或是风险的变化也会造成股价的巨大变动。什么会改变投资者对未来股利的预期呢？影响因素可以是有关公司的新信息，比如研发项目的初步结果，新产品首次的销售情况，或者发现使用现有产品会产生有害的副作用；再或者是能影响大多数公司的新信息，比如中央政府紧缩利率政策。在当今大数据时代的环境下，新信息对市场的冲击是持续的，它会引起股价频繁或偶尔的大幅波动，也就是说，信息的随时可得性造成股价波动剧烈，难以稳定。

如果股票价格是稳定的，便意味着几乎没有新的信息。但是，假如投资于波动性较大的股票具有很高的风险，那么请想象如下情况是否更具风险——投资于几乎不透露任何有关公司销售与经营信息的股票？目睹股票价格上下波动也许感觉很糟，但是目睹这样的情况似乎更糟：报价在多数时间都是稳定的，偶尔却会发生巨大波动，这种巨大波动往往发生在新信息发布之后。幸运的是，在当今经济中，信息通常是及时可得的，而且有证据表明，股票对新信息的反应和调整十分迅速，大型公司的股票尤其如此。通常情况下，任何给定股票都存在均衡状态，必要报酬率等于预期报酬率。当然，股票价格也会发生变化，有时还很剧烈和迅速，但这实际上只不过反映了市场条件和预期的改变。虽然有时股价对利好或利空消息的反应时间可能长达几个月，但这并不意味着调整需要较长的时间，相反只是暗示随着更多相关信息的获得，市场将随之做出调整。

本章主要名词概念

证券资产	账面价值	市场价值	持续经营价值
清算价值	内在价值	公司债券	到期收益率
赎回收益率	当前收益率	利率风险	再投资风险
普通股估价	优先股估价		

本章小结

本章围绕债券和股票价值计量进行了分析，描述了公司债券价格是如何确定的，讨论了投资者是怎样估计债券的收益率以及债券风险。本章重点介绍了股票估价原理以及不同增长模型的股票估价，最后对股票报酬率进行确定。本章主要内容如下：

1. 证券资产估价，就是指如何衡量企业证券资产价值。由于企业证券资产具有多种形式，因此，其证券资产的价值具有多重含义。

2. 账面价值。账面价值（Book Value）指按照会计核算原理和方法反映计量的价值。各资产的账面价值均列示在企业的资产负债表上。

3. 市场价值。市场价值（Market Value）是指一项资产在交易市场上的价格。当公司的各种证券在二级市场上进行交易时，它们的买卖价格即是这种证券的市场价值。

4. 持续经营价值。持续经营价值（Going Concern Value）一般是指在持续经济条件下企业的整体价值。持续经营价值并不着眼于资产负债表上各项资产所表现的企业价值，而是着眼于企业未来的销售及获利能力。

5. 清算价值。清算价值（Liguidation Value）是指由于企业撤销或解散时清算资产时的实际价值。

6. 内在价值。内在价值（Intrinsic Value）又称公允价值、投资价值、资本化价值等，是指用适当的报酬率折现资产预期能产生的未来现金流所得到的现值。

7. 证券估价基本模型。证券资产的价值等于其未来预期现金流的现值。资产价值受以下三个因素影响：（1）未来预期现金流的大小与持续的时间；（2）所有这些现金流的风险；（3）投资者进行该项投资所要求的回报率或报酬率。

8. 公司债券（Corporate Bonds）是发行者为筹集资金，按法定程序发行的约定在一定时期还本付息的有价证券。

9. 公司债券的基本特征包括：（1）对债券发行公司的收益和资产的追偿权；（2）面值；（3）票面利率；（4）债券期限；（5）债券契约；（6）当前报酬率；（7）债券的信用评级。

10. 公司债券的估价基本模型一般是指初始发行债券估价模型；债券收益率包括：（1）到期收益率；（2）赎回收益率；（3）当前收益率等。

11. 债券风险估计需要考虑：（1）利率风险；（2）再投资风险。

12. 普通股股票（Common Stock）估价是指对股票未来现金流量现值的计算。股票价值确定主要取决于对股利的预期和折现率的预计。股票估价模型一般包括：(1) 零增长（Zero Growth）股票估价模型；(2) 固定增长（Constant Growth）股票估价模型；(3) 非固定增长（Nonconstant Growth）股票估价模型。

13. 优先股股票（Preferred Stock）是一种永续性证券，其股利是定期固定支付的。因此，可把优先股股票视为一种承诺提供无确切到期日的固定现金流动的永续性证券，其估价模型与零增长股票估价模型相同。

14. 固定增长股票的预期报酬率由两部分组成：(1) 预期股利报酬率；(2) 预期增长率（资本利得报酬率）。

第六章

资 本 成 本

学习目标

学习本章后，您应该做到：

1. 了解资本成本的概念和在财务中的作用；
2. 熟悉决定企业资本成本的主要因素；
3. 理解和掌握资本成本的计算原理；
4. 熟练掌握个别资本成本、加权平均资本成本和边际资本成本的计算。

学习重点与难点

理解资本成本的概念；比较各种资本成本的特点；掌握个别资本成本、加权平均资本成本和边际资本成本的计算；运用资本成本进行财务决策分析。

学习思维导图

- 资本成本
  - 资本成本原理
    - 基本概念
    - 资本成本构成
    - 资本成本影响因素
      - 经济环境
      - 市场条件
      - 企业经营和融资决策
      - 融资规模
    - 资本成本计量模型
  - 资本成本确定
    - 个别资本成本
      - 债务资本成本
        - 长期借款资本成本
        - 公司债券资本成本
      - 优先股资本成本
      - 普通股资本成本
        - 新发行普通股资本成本
          - 折现现金流量法
          - 资本资产定价模型法
          - 债券收益率加风险溢价法
        - 留存收益资本成本
    - 加权资本成本
      - 基本假设
      - 基本模型
    - 边际资本成本
      - 融资规模与资本成本
      - 融资分界点

引导案例

持续降低企业融资成本已经成为上市房企共识。在“三道红线”融资监管背景下，房企除了努力降低负债规模和杠杆水平外，也在努力优化债务结构，降低财务成本，为企业发展赢得更多利润空间。

2021 年上半年，TOP50 上市房企融资成本情况如何?

据中国房地产报记者统计发现，TOP50 上市房企上半年已在融资成本管控方面发力，多数上市房企平均融资成本持续走低，已披露融资成本数据的 35 家房企上半年平均融资成本降至 5.79%，相较 2020 年末 TOP50 强平均融资成本 6.17% 进一步下降 38 个基点。

整体来看，TOP50 强上市房企平均融资成本主要集中在 3.6% ~ 8.7%，5% 以内融资成本则是房企较为理想水平。今年上半年，TOP50 强上市房企融资成本低于 5% 的企业共有 13 家，这一数量相比 2020 年末有所增加，有一半是规模位于第一梯队企业，如中海、保利、华润、万科、绿城、招商蛇口等；平均融资成本低于 4% 的有 3 家，分别是中海地产、保利发展和华润置地；2020 年末 TOP50 上市房企中仅有中海地产一家房企融资成本低于 4%；融资成本在 5% ~10% 的有 22 家，占比超六成。

融资成本低于 4% 的 3 家房企均具有央企背景，具有国企、央企背景的房企在融资成本上也确实更具优势。在记者统计的 35 家公布融资成本的房企中，有 11 家具有国企、央企背景，其 2021 年上半年融资成本平均值约为 4.5%；民营企业上半年融资成本平均值为 6.37%，显然，具有国企、央企背景的房企融资成本要低于民营企业。

另外，在所统计公布融资成本数据的企业中，今年上半年平均融资成本相比 2020 年末下降幅度最大的是万科，降幅接近 2%；紧随其后是保利发展，降幅超过 1%；多数房企半年间融资成本降幅在 0.03% ~1%。将时间轴拉长来看，中梁控股已连续 4 年保持融资成本下降；美的置业加权平均融资成本从 2018 年开始持续下降，今年上半年首次降至 5% 以下；滨江集团综合融资成本也不断下降，已经从 2017 年的 6% 逐年下降至 2021 年上半年的 5% 以内。

融资成本下降原因主要在于企业优化了债务结构，自身在资本市场上信用指标不断优化的结果。例如上年才上市的房企金辉控股，其就解释称公司上半年融资成本大幅下降主要受益于上市后资本市场提升带来的融资结构优化，金辉控股表示，公司上半年财务结构为银行贷款占比 66.3%，非银借款占比 4.8%，债券占比 28.9%。

有房企融资成本在降低，也有少数房企融资成本在上行。根据中国房地产报记者统计数据显示，已披露融资成本的 35 家房企中，仅有建业地产等两家企业 2021 年上半年平均融资成本相比上年末有所上升，其中建业地产平均融资成本已由上年末的7.4%升至2021年上半年的7.6%。

目前，虽然房企所披露的平均融资成本有持续走低趋势，但由于该指标不属于财报数据标准披露，因此，房企真实融资数据可能比所披露出来的数据要高。“虽然融资成本不是决定房企运营水平的唯一因素，但若房企平均融资成本高于8%，则会对企业运营和利润产生影响。未来，随着房地产企业持续降杠杆和降负债，预计房企融资成本也将维持在相对稳定区间。”一位不愿具名的人士表示。

（资料来源：付珊珊：《上市房企平均融资成本谁最低?》，载于《中国房地产报》2021年9月8日）

第一节　资本成本原理

一、资本成本的概念

资本成本（Cost of Capital）的概念广泛运用于企业财务管理的方方面面。对于企业融资来讲，资本成本是选择资金来源、确定融资方案、衡量资本结构是否合理的重要依据；对于企业投资来讲，资本成本是评价投资项目、决定投资取舍的重要标准；资本成本还可作为衡量企业经营成果的尺度，即经营利润率应高于资本成本，否则表明业绩欠佳。

资本成本：直观看法

世界上没有免费的午餐，无论是个人还是组织，只要使用资金就必然要付出一定的代价。资本成本是站在企业的立场上提出的，企业管理当局在进行投资决策与融资决策时均需要以资本成本作为评价项目优劣的标准。进一步思考，企业的决策收益是归谁所有？毫无疑问是投资者，因为投资者是企业财富的所有者。根据现代企业制度的激励与约束机制，所有者可以通过行使对决策者（企业管理当局）的任免表决权从背后控制决策导向。可见，资本成本产生的根源在投资者而非企业管理者，它取决于投资者的主观要求，是“投资者为达到获得决策收益目的而作出的价值牺牲”。这里所谓的价值牺牲又是指什么呢？是投资者投入企业的资金吗？当然不是，因为这笔资金虽然有可能发生形态上的变化，但其依然归属于投资者，投资者真正丧失的是一种选择权。从投资决策确定的那一刻起，投资者就丧失了选择其他投资途径的权利，这是他唯一的牺牲，资本成本的性质就体现在这里。选择权的丧失意味着投资者失去了可能在其他项目中获得的收益，即产生机会成本。由于投资者的资金具有稀缺性，他在投资方面的需求无法得到充分满足，使得可行的全部投资项目成为备择品。投资者会通过比较诸方案的未来预期价值，选择预期价值最大的项目，而次优方案的估计价值必然成为投资者主观上认定的一种损失，这种由选择行为产生的损失符合机会成本的特征，是典型的机会成本。赋予其名称，对于投资者而言是“最低要求报酬率”，对企业管理者而言是“资本成本”，即企业为筹集和使用资本而付出的代价。

广义的资本成本指筹集和使用任何资本的成本，而狭义的资本成本是筹集和使用长期资本的成本。由于资本成本主要用于企业的长期投资和融资决策，所以，本书采用的是狭义资本成本的概念。

资本成本（Cost of Capital）：指企业筹集和使用资本而付出的代价。

二、资本成本的构成

资本成本按其成本发生的阶段，分为资本筹集费和资本占用费。

资本筹集费是指企业在筹措资本过程中发生的各种费用，如向银行支付的借款手续费，发行股票、债券所支付的发行费等。以上市公司为例，其资本筹集费又称为发行费用，主要包括保荐及承销费、审计和验资费用、律师费用、证券登记及上市初费、印花税、信息披露费、路演推介费等。资本筹集费仅在资本筹集过程中一次性发生，在计算资本成本时一般作为融资额的一项扣除。

资本占用费是指企业在资本使用过程中所支付的费用，如向银行等债权人支付的利息、向股东发放的股利等。资本占用费与融资额、融资期限有直接关系；资本筹集费与融资额、融资期限无直接关系。资本占用费在使用过程中连续发生，是资本成本的主要内容。

案例链接

融资成本有所下降

近两年，在宏观货币政策推动下，沪市主板实体类公司融资规模保持不断增长。

2021 年上半年融资现金流入合计 5.84 万亿元，两年平均增长 7.16%；扣除偿债支付的现金后，实体经济融资净流入 1.18 万亿元，两年平均增长 14.88%。其中，直接融资 6 302.64 亿元，包括股权融资 3 322.89 亿元、债券融资 2 979.75 亿元；以银行借款为代表的间接融资 5.21 万亿元。

从融资期限看，截至上半年末，实体公司长期负债占比为 30.72%，环比增长 0.56 个百分点，融资期限结构进一步优化。实体企业资产负债率 61.96%，与年初相比保持平稳增长。

在融资规模增长的同时，实体经济融资成本有所下降。上半年，沪市主板实体类公司财务费用总规模1 864.18亿元，同比下降5.60%，财务费用占有息负债的比例同比下降0.14个百分点，综合融资成本进一步降低，体现金融持续向实体经济让利。

与此同时，国家减税降费政策红利继续在上市公司业绩中得到体现。上半年，主板实体类公司支付各项税费合计1.15万亿元，占其营业收入的比重为6.76%，较上年同期下降0.55个百分点。其中，制造业上市公司支付各项税费合计2 845.49亿元，占营业收入的比重为5.26%，较上年同期下降0.11个百分点。上半年结构性减税降费在延续执行研发费用加计扣除75%政策的同时，将制造业企业加计扣除比例提高到了100%。

（资料来源：第一财经，2021年9月1日）

三、资本成本的影响因素

在市场经济环境中，众多因素都会对企业的资本成本产生不同的影响。一般情况下，影响资本成本高低的因素主要有总体经济环境、市场条件、企业经营和融资决策、融资规模。

（一）总体经济环境

经济环境（Economic Environment）：企业营销活动的外部社会经济条件。

总体经济环境（Economic Environment）决定了整个经济中资本的供给和需求以及预期通货膨胀水平，这个经济变量反映在无风险报酬率上。无风险报酬率代表了无风险投资的报酬率，例如一国政府短期债券利率。由于整个经济中的资本需求与供给会发生相对变动，投资者也会相应改变其要求的报酬率。例如，如果货币需求增加，而供给没有相应增加，则债权人会提高其要求的利率；如果预期通货膨胀使货币购买力下降，则投资者会要求一个更高的报酬率来补偿预期的投资损失。

（二）市场条件

市场条件（Market Conditions）：指证券市场的完善程度，它影响着证券投资的风险和资本交易的难易程度。

当投资者购买的某种证券风险很大时，该证券的发行者必须赋予该证券具有获得额外报酬的机会，才能使投资者对这种证券产生兴趣。随着风险上升，投资者要求的报酬率也会随之上升，这种上升的报酬率称为风险溢价（Risk Premium）。当投资者提高所要求的报酬率时，企业的资本成本也随之上升。我们把风险定义为潜在的收益变动程度。如果某种证券的市场流动性不好，则投资者想买进或卖出相对比较困难；或者虽然存在对该证券的持续需求，但价格波动太大，此时，投资者会要求一个相对较高的报酬率，企业的资本成本相应会随之而提高。相反，如果某种证券的市场流动性好，而且价格比较稳定，则投资者要求的报酬率也会比较低，相应会降低企业的资本成本。

（三）企业经营和融资决策

投资收益风险也是企业内部决策的结果。来自这些决策的风险通常可以分为两类：经营风险和财务风险。经营风险（Business Risk）反映企业资产报酬率的变动，受企业投资和经营决策影响。财务风险（Financial Risk）则反映普通股报酬率的变动，是企业采用债务或优先股融资的结果。随着企业经营风险和财务风险增加或降低，投资者要求的报酬率及企业的资本成本也会同向变动。

（四）融资规模

当企业融资需求增加时，资本成本会上升。例如，企业发行的证券越多，则额外的融资成本也将随之增加，包括支付给中介机构的承销费、法律及审计费等，企业实得资本则相应减少。同时，当企业向市场索取相对于企业自身规模很大数额的资本时，投资者也会要求更高的报酬率，因为资本的供给者可能会由于对企业管理当局能否用好这笔资金缺乏信任和信心，从而不愿提供大量的资金。而且，由于发行规模增加，证券的发行价格相应会降低，由此也会增加企业的资本成本。

以上四个因素对资本成本的影响如图 6－1 所示。

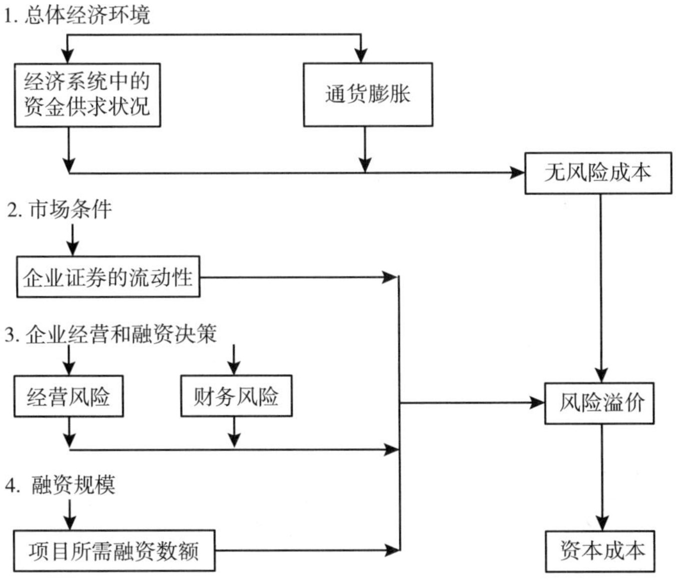

图 6－1　决定资本成本的基本要素

想一想：影响资本成本的因素还有哪些？它们是如何影响资本成本的？与同学们一起讨论。

四、资本成本的计量方法和计算模式

（一）资本成本的计量方法

视频 资本成本构成与计量

资本成本的计量有两种方法：一是用绝对数计量，即用取得和使用资本所发生的费用计量资本成本；二是用相对数计量，即用年资本占用费占实际所融资本额的比率计量资本成本，严格意义上应称为资本成本率，通常按年计算。实践中一般采用第二种计量方法，这也是本书采用的观点。

（二）资本成本的计算模式

根据是否考虑货币时间价值，个别资本成本的计算有两种基本模式，即一般模式和折现模式。

1. 一般模式。一般模式未考虑货币的时间价值，其计算公式如下：

$$\text{资本成本}=\frac{\text{年资本占用费}}{\text{融资净额}}=\frac{\text{年资本占用费}}{\text{融资总额}-\text{资本筹集费}}$$

$$=\frac{\text{年资本占用费}}{\text{融资总额}\times(1-\text{融资费用率})} \tag{6-1}$$

2. 折现模式。折现模式考虑了货币的时间价值。资本成本为使负债的未来还本付息支出或股权的未来股利支出的现值与目前融资净额相等的折现率。即：

由：　$\text{未来还本付息额或股利的现值}=\text{融资净额}$　(6-2)

得：　$\text{资本成本}=\text{折现率}$

第二节　资本成本确定

一、个别资本成本的计算

市场经济条件下，由于企业融资渠道广泛，各种融资渠道所发生的资本成本也有所不同。因此，我们首先要了解个别资本成本的计算方法。

个别资本成本（Individual Cost of Capital）是指各种长期资金的成本，包括长期借款资本成本、公司债券资本成本、优先股资本成本、普通股资本成本和留存收益资本成本等。

（一）债务资本成本

债务资本成本（Debt Capital Cost）：指筹资者融资时由于利息抵税作用而调整后的资本成本。

1. 长期借款资本成本。长期借款资本成本（Cost of Long-term Loan）包括借款手续费和借款利息。由于利息支出在税前支付，具有抵减所得税的作用，计算借款的成本必须是其税后成本。

（1）一般模式。长期借款资本成本按一般模式计算公式如下：

$$K_L=\frac{I\cdot(1-T)}{L\cdot(1-F)}\times100\%=\frac{i\cdot(1-T)}{1-F}\times100\% \qquad (6-3)$$

式中，K_L——长期借款资本成本；

I——借款年利息；

i——借款年利率；

T——所得税税率；

L——借款额；

F——融资费率。

如果长期借款的融资费比较低，可以忽略不计的话，计算公式可以简化为：

$$K_L=i\times(1-T) \qquad (6-4)$$

即长期借款资本成本为税后借款利率。

（2）折现模式。如果考虑时间价值，长期借款资本成本计算一般分为两步：第一步采用折现方法计算税前资本成本；第二步，再考虑所得税因素确定税后资本成本。

【例6-1】东方股份公司向银行借入10年期长期借款2 000万元，年利率为8%，每年付息一次，到期一次还本，融资费率为0.5%，公司所得税税率为25%。

视频 债务资本成本确定

根据一般模式，长期借款的资本成本为：

$$K_L=\frac{2\ 000\times8\%\times(1-25\%)}{2\ 000\times(1-0.5\%)}\times100\%$$
$$=\frac{8\%\times(1-25\%)}{1-0.5\%}\times100\%=6.03\%$$

根据折现模式：

$$2\ 000\times(1-0.5\%)=2\ 000\times8\%\times(P/A,K_L,10)+2\ 000\times(P/F,K_L,10)$$

根据插值法计算，得$K_L=8.08\%$。

考虑所得税因素，东方股份公司税后资本成本为：

$$K_L = 8.08\% \times (1-25\%) = 6.06\%$$

2. 公司债券资本成本。公司债券资本成本（Cost of Corporate Bond）包括债券的发行费用和债券利息。公司债券资本成本的计算方法与长期借款资本成本的计算方法相同，区别在于公司债券的发行价格存在溢价、平价、折价三种，计算时应该按照实际发行价格确定融资额。

（1）一般模式。公司债券资本成本按一般模式计算如下：

$$K_B = \frac{I \cdot (1-T)}{B \cdot (1-F)} \times 100\% \quad (6-5)$$

式中，K_B——公司债券资本成本；

B——公司债券融资总额，根据发行价格确定。

（2）折现模式。公司债券资本成本按折现模式计算方法与长期借款资本成本相同。

【例 6-2】 东方股份公司以 95 元的发行价格向社会公开发行面值为 100 元、票面年利率 10%、期限 5 年的公司债券 500 000 张。债券发行费率为 2%，公司所得税税率为 25%。

根据一般模式，东方股份公司债券资本成本为：

$$K_B = \frac{100 \times 10\% \times (1-25\%)}{95 \times (1-2\%)} \times 100\% = 8.06\%$$

根据折现模式：

$$95 \times (1-2\%) = 100 \times 10\% \times (P/A, K_B, 5) + 100 \times (P/F, K_B, 5)$$

根据插值法计算税前债券资本成本，得 $K_B = 11.91\%$。

然后，考虑所得税因素确定税后债券资本成本为：

$$K_B = 11.91\% \times (1-25\%) = 8.93\%$$

（二）优先股资本成本

优先股资本成本（Cost of Preferred Stock）包括股票的发行费用和公司向股东定期支付的固定股利。由于股利是在税后支付，不能抵减所得税。结合优先股的估价模型并考虑融资费用，优先股资本成本的计算公式如下：

$$K_P = \frac{D_P}{P_0 \cdot (1-F)} \times 100\% \quad (6-6)$$

式中，K_P——优先股资本成本；

D_P——优先股年股利；

P_0——优先股发行价格。

【例 6-3】 东方股份公司拟发行面值为 100 元、年股利率为 9% 的优先股 500 万股，发行费率 3%。假定每股发行价格为 103 元。

东方股份公司优先股资本成本为：

$$K_P = \frac{100 \times 9\%}{103 \times (1-3\%)} \times 100\% = 9.01\%$$

（三）普通股权益资本成本

普通股权益资本成本（Cost of Common Equity）包括新发行普通股资本成本和留存收益资本成本。

1. 新发行普通股资本成本。和优先股资本成本相同，新发行普通股资本成本也是包括股票的发行费用和公司向股东发放的股利，且股利在税后支付，不能抵减所得税。不同的是普通股股利不固定，而是随着公司的经营业绩以及股利政策而变化，所以，新发行普通股资本成本的计算比较复杂。假定公司的股利以固定的年增长率递增，结合普通股股价的固定增长模型并考虑融资费用，新发行普通股资本成本的计算公式如下：

视频 权益资本成本确定

$$K_e = \frac{D_1}{P_0 \cdot (1-F)} + g \qquad (6-7)$$

式中，K_e——普通股资本成本；

D_1——第一年预期股利；

P_0——普通股发行价格；

g——股利年增长率。

【例 6-4】 东方股份公司普通股现行市价为 56 元，最后一次支付的股利为每股 2 元，预计年股利增长率为 12%。公司现拟以市价增发普通股股票，发行费率为 5%。

东方股份公司普通股资本成本为：

$$K_e = \frac{2 \times (1+12\%)}{56 \times (1-5\%)} + 12\% = 16.21\%$$

2. 留存收益资本成本。留存收益是公司净利润分配后的剩余所得。由于留存收益的增加并没有直接的成本发生，众多公司管理层可能会错误地认为留存收益是免费的。但是，留存收益的使用确实是有代价的，从投资者角度看，留存收益资本成本（Cost of Retained Earnings）可以看成是股东可接受的预期最低报酬率。留存收益代表着所有者对公司相应资本的要求权，是所有者对公司的再投资。所以，留存收益的成本就是股东再投资的机会成本。

直接使用留存收益有代价吗？

留存收益资本成本的计算方法有三种：

（1）折现现金流量法（Discounted Cash Flow Method）。留存收益资本成本的计算与新发行普通股类似，只是不考虑发行费用。假定公司发放的股利以固定的年增长率递增，留存收益资本成本的计算公式如下：

$$K_s = \frac{D_1}{P_0} + g \qquad (6-8)$$

式中，K_s——留存收益资本成本。

（2）资本资产定价模型法（Capital Asset Pricing Model Method）。我们可以利用第五章中资本资产定价模型公式计算留存收益资本成本，计算公式如下：

$$K_s = R_s = R_F + \beta \cdot (R_M - R_F) \qquad (6-9)$$

式中，K_s——普通股资本成本；

R_F——无风险报酬率；

β——反映公司系统风险水平的系数；

R_M——市场组合预期报酬率。

【例6-5】 东方股份公司股票的β为1.25，市场同期一年期国库券利率为4.5%，股票市场平均报酬率为14%。

东方股份公司留存收益资本成本为：

$K_s = 4.5\% + 1.25 \times (14\% - 4.5\%) = 16.38\%$

需要注意的是，运用资本资产定价模型计算留存收益资本成本看似精确，但实际上还存在一些问题。例如，如果一个公司的股东投资分散化程度不够，那么可能会面临"公司特有风险"，而不仅仅是市场风险；再如，确定无风险报酬率时，是依据政府短期债券报酬率还是长期债券报酬率，等等。

（3）债券收益率加风险溢价法（Bond-yield-plus-risk-premium Method）。由于普通股股东比债券持有人的风险更大，根据风险与报酬对等原则，普通股股东要求的最低报酬率应该是在债券报酬率（税后债务资本成本）的基础上再要求一定的风险溢价。所以，留存收益资本成本可以计算如下：

$$K_s = \text{税后债务资本成本} + \text{风险溢价} \qquad (6-10)$$

公式中的风险溢价一般根据市场风险程度主观确定（3%～5%）。该种方法虽然不十分准确，但在一定条件下仍然可以运用。

案 例 链 接

企业融资成本有升有降，1.2万家样本数据揭秘结构变化

中国财政科学研究院近日发布了2019年"降成本"报告，研究分析了12 175家样本企业近三年（2016～2018）融资成本变化情况，并对山西、广东、贵州进行实地调研。总体来看，近些年实体经济融资环境在改善，可获得性增强。

融资成本下降趋势不明显

实体企业主要是靠银行贷款融资，此次1.2万多家样本企业中，来自银行贷款的金额约占76%，其他渠道为债券融资（约12%）和其他融资（信托、委托贷款、融资租赁等）。

根据1.2万多家样本企业数据，财科院报告分析称，2016～2018年间，企业银行短期贷款平均利率持续下降，但1年期以上的长期贷款利率略有上升。另外债券发行利率和融资担保费率均有所上升。综合来看，2017年和2018年融资成本下降趋势不明显，短期融资成本下降，长期融资成本有所上升。

财科院报告认为，融资成本变动是受降成本政策、宏观调控和监管环境等因素综合影响。2016年以来，从中央到地方出台一系列降融资成本政策，推动融资成本下行。2017年下半年到2018年上半年，受到金融去杠杆和金融严监管、经济下行影响，融资成本上升压力大。

大型和微型企业贷款成本较低

不同地区实体企业融资成本有所不同。从银行贷款利率来看，东部最低、西部略高、中部最高。

这是由于东部商业银行等金融机构发达，债券市场发达，企业资质也更好，融资成本更低。西部主要以大型国有企业为主，资产规模大，在信贷市场更具有议价能力，在债券市场评级也较高，因此银行贷款利率和债券发行利率都较低。在中部地区，民营制造业企业多，融资需求大，各渠道融资成本也更高。

不同所有制企业的融资成本也有较大差异。从样本企业数据看，国有企业融资规模高于民营企业，前者是后者的8.4倍。尽管国企和民企都主要依赖银行贷款，但民企主要从银行获得短期流动性贷款。

从融资成本看，国有企业获得银行长短期贷款、债券融资、民间借贷的融资成本都低于民营企业。

报告还显示，中型企业和小型企业的银行贷款成本最高，大型企业和微型企业相对较低。这是因为大型企业在信贷市场更具有议价能力，能够获得更低利率。而微型企业是受到普惠金融政策照顾，能够获得较低利率的贷款。

（资料来源：第一财经，2019年10月31日）

二、加权平均资本成本

（一）加权平均资本成本的内涵与影响因素

一般而言，对于一家初创企业，起初企业完全采用股权融资方式是可能的。但是，大多数企业使用多种不同的资本，称为资本结构（Capital Structure），包括普通股、优先股和负债等常用的三种类型。资本的所有组成部分都有一个共同特点：提供资金的投资者期望从投资中得到收益。

如果企业的投资者只有普通股股东，那么资本成本就是要求的股东权益报酬率。而大多数企业使用不同类型的资本，由于风险不同，不同证券的期望报酬率也不同。每个资本组成部分要求的报酬率称为个别资本成本（Compon Ent Cost），资本投资决策分析使用的资本成本应该是各种个别资本成本的加权平均。该加权平均值称为加权平均资本成本（Weighted Average Cost of Capital，WACC）。

资本成本受很多因素的影响。一些因素超出企业的控制，但是其他因素受财务政策和投资政策的影响。

1. 不可控因素。

（1）利率水平。如果市场利率上升，债务资本成本就会提高，因为企业不得不支付给债权人更高的利率来获得债务资本。回顾一下本书对 CAPM 的讨论，利率上升将导致普通股和优先股的资本成本增加。

（2）市场风险溢价。股票的内在风险和投资者的风险厌恶程度决定市场风险溢价，企业不能控制该因素，但它影响权益资本成本，并且通过替代影响债务资本成本和加权平均资本成本。

（3）税率。税率是单个企业所无法控制的，但它对资本成本有很重要的影响。税率在加权平均资本成本中的债务资本成本计算时有重要影响，税收政策还以其他不明显的方式来影响资本成本。例如，低收益资本利得税率相对于正常收益的税率会使股票更具吸引力，相对于债务会降低权益资本成本。

2. 可控因素。

（1）资本结构政策。本章假设企业的目标资本结构给定，并且利用目标资本结构的权重来计算 WACC。但是，显然企业可以改变资本结构，该变化会影响资本成本。首先，财务杠杆是企业可以选择的，财务杠杆的选择会改变资本结构，进而影响权益资本成本。其次，税后债务资本成本低于权益资本成本。因此，如果企业决定使用较多的债务和较少的普通股，这种在计算加权平均资本成本中权重的变化将导致更低的 WACC。然而，增加债务将增加债务和权益的风险，而且，个别资本成本增加将抵销权重变化的影响。第十章将进一步论证企业最优资本结构是使它的资本成本最小的资本结构。

（2）股利分配政策。如果企业股利支付率很高，那么它必须发行新的股票来支持它的资本预算，这将迫使它产生发行成本，而且也将影响它的资本成本。

（3）投资政策。估计资本成本始于企业公开发行股票和债券的必要报酬率。该比率影响企业现存资产的风险。因此，其中暗含的假设是现有资本将用于投资与现有资产的风险水平相同的资产。该假设一般是正确的，但如果企业显著地改变投资政策，该假设就不正确了。例如，如果企业投资新行业，它的边际资本成本就应该反映新行业的风险。

（二）加权平均资本成本假设

在一个复杂的经济环境中，企业加权平均资本成本（Weighted Average Cost of Capital）的计算也比较复杂。为更好地说明企业加权平均资本成本的计算过程，我们做三个简单假设：

假设一：新项目与企业当前的资产具有相同的经营风险；

假设二：新项目的融资结构（债务与股权资本组合）与企业当前的资本结构相同，也就是说新项目的实施不会改变企业当前的财务风险；

假设三：企业的股利支付率保持不变。

下面对三个假设分别加以解释。

1. 经营风险相同。经营风险定义为全部投资（即总资产）报酬潜在的变动程度，投资者对企业证券所要求的报酬率以及企业的资本成本是企业当前经营风险的函数。如果经营风险水平变动，则投资者自然会改变他们要求的报酬率，企业的资本成本也会相应发生变动。但经营风险增加或降低的精确数值很难得到。因此，计算企业加权平均资本成本时假设任何经过考虑的新投资项目都不会显著改变企业当前的经营风险。换句话说，只有当企业新投资项目的经营风险与企业当前的经营风险相近时，才可以用企业的加权平均资本成本作为新项目的折现率。

2. 财务风险不变。财务风险是指由于采用债务和优先股融资方式而导致普通股收益的变动程度。财务风险与破产威胁有关。当企业资本结构中的债务比例上升时，企业不能如期还本付息的可能性也相应增加。企业的财务风险水平也会影响投资者要求的报酬率。当企业的债务规模及比重增加时，普通股股东会提高他们的报酬率要求。换句话说，单个资本来源的成本是企业当前资本结构的函数。只有当企业继续采用相同的资本组合进行新项目的融资时，才能用企业当前的资本结构来计算企业全部资本的加权平均成本。例如，如果企业当前的财务结构中债务为40%，优先股为10%，普通股为50%，则假设新项目仍按这一资本结构的比例关系进行融资。

3. 股利政策稳定。计算企业加权平均资本成本的第三个假设与企业的股利政策有关。为简化计算，通常假定企业的现金红利以稳定的年增长率递增。同时，假定这一增长率是企业盈利能力的函数，而不仅仅是企业实际利润中的现金红利支付率高的结果。因此，隐含假定企业的现金股利支付率不变。

加权平均资本成本计算模型的前提假设非常严格。在实际的投资分析中，财务经理可能需要获得一系列可能的资本成本数值，而不是单个估测数值。例如，以 10% ~12% 的范围作为企业资本成本的估计值可能比一个确定的数值更适宜一些。

（三）加权平均资本成本的确定

企业从不同来源和渠道取得的资金，其资本成本高低不一。由于各种条件的限制和影响，企业不可能只从某种资本成本较低的来源中筹集资金。相反地，从多种来源取得资金以形成各种融资方式的组合可能更为有利。这样，企业为了进行融资决策和投资决策，需要计算全部资金来源的综合资本成本，即加权平均资本成本。企业加权平均资本成本的计算公式如下：

$$K_w = \sum_{i=1}^{n} W_i \cdot K_i \tag{6-11}$$

式中，K_w——加权平均资本成本或综合资本成本；

W_i——第 i 种资本来源占全部资本的比重；

K_i——第 i 种资本的个别资本成本；

n——融资来源方式的种类。

【例 6-6】 东方股份公司管理当局已经预测了本公司个别资本的成本及其权重，如表 6-1 所示。

表 6-1　东方股份公司个别资本成本及权重　单位：%

资本来源	权重	个别资本成本
债券	35	7（税后）
优先股	5	13
普通股	60	16

则东方股份公司的加权平均资本成本为：

$K_w = 35\% \times 7\% + 5\% \times 13\% + 60\% \times 16\% = 12.7\%$

（四）权重的确定

一般而言，计算加权平均资本成本时权重的确定有三种方法：账面价值法、市场价值法和目标价值法，不同的权重对加权平均资本成本的影响是不一样的。

账面价值权重（Book Value Weights）是指个别资本占全部资本的比重按账面价值确定。这种方法下的资料容易取得，而且计算结果比较稳定，但当股票和债券资本的账面价值与市场价值差别较大时，计算结果会与实际有较大差距，从而贻误融资决策。

市场价值权重（Market Value Weights）是指债券和股票以现行市价为基础确定其权重。这样计算的加权平均资本成本能反映企业目前的资本成本水平，但现行市价处于不断变化之中，不容易取得，为弥补证券市场价格频繁变动的不便，也可选用平均价格。

目标价值权重（Target Value Weight）是指以债券和股票未来预计的目标市场价值为基础确定其权重。这种权重能体现期望的资本结构，而不是像账面价值权重和市场价值权重那样只反映过去和现在的资本结构，所以按目标价值权重计算的加权平均资本成本更适用于企业筹措新资金。然而，企业很难客观合理地确定证券的目标价值，造成这种计算方法不易推广。

案例链接

近日第三方独立机构公布了2010年央企上市公司的EVA（经济增加值）测算结果，数据显示2010年央企EVA指标大幅提升，从2009年的六成为负变成了七成为正，这一结果与国资委本月初公布的数据也基本吻合。

不过，接近国资委人士称，就此得出央企发展模式开始从以规模为导向向以价值创造为导向转变的结论还为时尚早，2010年央企EVA考核结果大幅增长主要还是由于净利润增长因素的影响，目前暂时看不到由于资金成本变化对EVA增长带来的影响。

5.5%的资本成本率的设定是目前争议较大的焦点之一。根据国资委的规定，在未来三年央企负责人业绩考核中，央企的资金成本率为5.5%，这也就意味着未来央企的项目投资回报率只有高于5.5%，才算是真正赚钱的企业。“从国际上看，多数行业的资本成本率在10%以上，根据测算，中央企业为7%到10%。国资委从中央企业的实际出发，本着稳健起步的考虑，把资本成本率基准暂时设定为5.5%。”国资委副主任黄淑和此前做出上述解释。

目前，企业层面担心的是固定的资本成本率会不会给央企的考核结果带来不公。“5.5%资本成本率对贷款利率高的企业有利，而对于贷款利率低、贷款数量少的企业不利。而且可能会诱使企业将财务资源与战略资本投向高风险的产业。”一央企负责人士表示。

此次的研究报告也对5.5%的固定资本成本率提出了疑问。

“国资委的标准是将公司的平均资本成本率固定为几个特殊值，没有充分体现不同企业会因不同产业背景以及公司财务状况产生不同的资金成本，这会造成计算EVA过程的偏差，扭曲其结果，从而无法正确衡量公司的绩效，影响了EVA考核的公正与客观性。”该公司发布的报告中指出。

比如中国黄金，按国资委标准得出的EVA1为220 799万元，而根据市场数据的测算结果EVA2为198 081万元，相差22 718万元，原因就在于公司使用资本的实际加权平均资本成本率比国资委标准高出2.30%。

此外，该报告根据测算结果，从286家上市公司随机抽取79家，仅3家公司的平均资本成本率小于5.5%，加权平均资本成本率的均值为7.92%，远高于国资委的标准。“考虑到通胀和加息因素，这种差别会更加明显。”梁瑞芳指出，“这也就是说如果根据市场数据得出资本成本率来对央企进行考核，结果就没有现在乐观了。”

（资料来源：康怡：《央企EVA七成为正　5.5%资本成本率疑问》，载于《经济观察报》2011年8月19日）

三、边际资本成本

（一）融资规模与资本成本

视频 加权平均资本成本和边际资本成本

一般情况下，企业在保持其债务与股权组合目标结构不变时，往往会首先使用最经济的资金来源。企业的融资顺序一般是先内部融资，后对外融资。但是，无论如何企业都无法以某一固定的资本成本来筹措无限的资金，当其筹集的资金超过一定限度时，原来的资本成本就会增加。所以，企业在追加融资时，需要知道在什么数额上融资额会引起资本成本的变化，其变化幅度又是怎样的。

【例6－7】胜利石油公司正在考虑2022年度的三个投资计划。第一个计划是购买用于探测地质结构的设备，这项新设备可以提高发现石油和天然气储层的成功率。第二个计划是购买一种水压设备，这种设备能把大量的水注入地下油层，有助于更有效地发现矿藏。第三个计划是购买一种先进的钻机，采用这种钻机可以大大节省油气开采成本。这三个投资计划的成本和报酬如表6－2所示。问公司管理层应该接受哪项投资计划？

表6－2　　胜利石油公司投资计划　　金额单位：万元

投资方案	投资成本	预期报酬率（%）
探测设备	150	16
水压设备	200	20
钻井设备	250	12

假设每个投资方案的融资结构均为：债务40%，普通权益60%。基于2022年的预计利润，胜利石油公司应有150万元税后利润用来再投资。每种融资来源的资本成本如表6－3所示。

表 6－3　　胜利石油公司各项资本成本　　单位：%

资本类型	资本成本
负债	6（税后）
留存收益	16
发行新普通股	19

情况一：如果公司只需用内部留存收益融资，加权平均资本成本为：

加权资本成本 =40% ×6% +60% ×16% =12%

情况二：如果公司所需股权资本全部采用增发新股筹集，加权平均资本成本为：

加权资本成本 =40% ×6% +60% ×19% =13.80%

应该用哪个加权平均资本成本来评估上述三项投资计划呢？

为回答这一问题，首先，必须把各投资计划按其投资报酬率从高到低排列起来。其次，必须计算全部融资水平在何点时，企业的内部股权资本会用尽。在胜利石油公司的例子中，第三项投资计划的投资规模最大，达到 250 万元。即使如此，不改变公司当前 40% 债务和 60% 股权的融资组合，也不必发行新股，仅靠公司内部股权资本和债务就可以提供 250 万元。因为：

股权融资规模 = 股权融资比重 × 融资总规模　　（6 – 12）

对于胜利石油公司来说，股权融资规模为：

60% ×250 =150（万元）

如果胜利石油公司能从留存收益中获得 150 万元的内部股权资本，公司管理层就可以在既保持 40% 债务比率，又不用发行新股的情形下，提供 250 万元的资金。

因此，在总投资规模不超过 250 万元时，胜利石油公司的加权平均成本预期为 12%。如果融资规模超过 250 万元，胜利石油公司的内部股权资本会全部用尽，加权平均成本则随之上升至 13.8%。这反映了胜利石油公司除去债务和股权融资的 250 万元以外所增加的新普通股成本。

至此，要了解融资规模与资本成本之间的关系，需要引进边际资本成本的概念。

边际资本成本（Marginal Cost of Capital）：指企业每增加一个单位量的资本而形成的追加资本的成本。

（二）边际资本成本

边际资本成本（Marginal Cost of Capital）是企业融资决策中常用的一个概念。边际资本成本也是按加权平均法计算的，是追加融资时所使用的加权平均资本成本。

图 6－2 描绘了公司的边际资本成本和融资规模的关系。

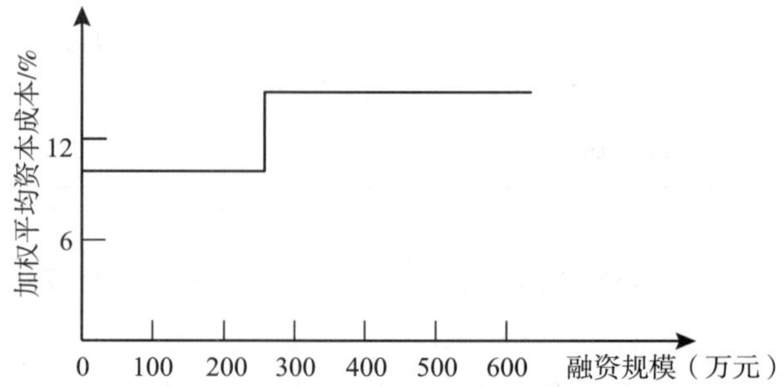

图 6－2　融资规模与边际资本成本

之所以用“边际”这个词，是因为它代表了每增加 1 元额外融资的加权平均资本成本。这个边际资本成本代表了投资决策的合适尺度，表示公司应继续投资直到新投资所获得的边际报酬率（Marginal Rate of Return）等于新资本的边际资本成本。图 6－3 所示为两者的比较。

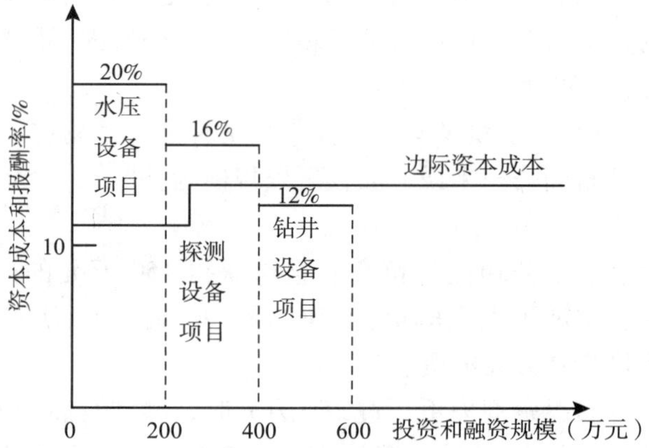

图 6－3　项目投资报酬率与边际资本成本

融资分界点（Financing Dividing Point）： 指在目标资本结构条件下，保持某一资本成本不变时可以筹集到的资金总限额。

从图 6－3 中可以看到，胜利石油公司最佳的资本投资预算是 350 万元，公司应该投资于水压设备项目和探测设备项目两个方案。而钻井设备项目的投资报酬率小于边际资本成本，所以，该投资计划应当舍弃。

边际资本成本的计算步骤可总结如下：

（1）计算确定个别资本成本。

（2）确定每项资金来源的权重。

（3）计算融资分界点。在融资分界点范围内，融资额的变动不会引起资本成本的变化，一旦融资额超过融资分界点，即使维持现有的资本结构，其资本成本也会随之变动（增加）。融资分界点的计算公式如下：

$$融资分界点=\frac{可按某一特定资本成本筹集的最大资本额}{该种资本在融资总额中的比重} \tag{6-13}$$

（4）计算边际资本成本。

（5）绘制投资项目与融资规模分析图。

【例 6-8】东方股份公司长期资本总额为 400 万元，其中普通股 240 万元，长期借款 60 万元，公司长期债券 100 万元。因扩大经营需要，管理当局拟追加筹资。经财务部人员分析，认为筹集新资金后仍然保持目前的资本结构。此外还预测出随公司融资而产生额外负担的变化，各种资本成本的变动资料如表 6-4 所示。

表 6-4　　东方股份公司资本结构与资本成本

资本种类	目标资本结构（%）	新筹资来源（元）	个别资本成本（%）
长期借款	15	45 000 以内	3
		45 000 ~ 90 000	5
		90 000 以上	7
长期债券	25	200 000 以内	10
		200 000 ~ 400 000	11
		400 000 以上	12
普通股	60	300 000 以内	13
		300 000 ~ 600 000	14
		600 000 以上	15

（1）计算融资分界点。根据融资分界点的计算公式可知：在资本成本为 3% 时，东方股份公司取得长期借款的融资限额为 45 000 元。因此，其相应的融资分界点为：

$$\frac{45\ 000}{15\%}=300\ 000（元）$$

而资本成本为 5% 时，东方股份公司可以取得长期借款的融资限额为 45 000 元。因此，其相应的融资分界点为：

$$\frac{90\ 000}{15\%}=600\ 000（元）$$

以此类推，东方股份公司在不同资本成本条件下的融资分界点计算结果如表 6-5 所示。

表 6－5　　　　东方股份公司融资分界点

资本种类	目标资本结构（%）	个别资本成本（%）	新融资来源（元）	融资分界点（元）
长期借款	15	3	45 000 以内	300 000
		5	45 000～90 000	600 000
		7	90 000 以上	—
公司债券	25	10	200 000 以内	800 000
		11	200 000～400 000	1 600 000
		12	400 000 以上	—
普通股	60	13	300 000 以内	500 000
		14	300 000～600 000	1 000 000
		15	600 000 以上	—

（2）计算边际资本成本。根据上一步计算的融资分界点，可以得到 7 组融资范围：①30 万元以内；②30 万～50 万元；③50 万～60 万元；④60 万～80 万元；⑤80 万～100 万元；⑥100 万～160 万元；⑦160 万元以上。对上述各组融资范围的资金分别计算加权平均资本成本，就可得出各融资范围条件下的边际资本成本。边际资本成本计算结果如表 6－6 所示。

表 6－6　　　　东方股份公司边际资本成本

融资范围	资本种类	资本结构（%）	资本成本（%）	边际资本成本（%）
300 000 元以内	长期借款	15	3	3%×15%＝0.45
	公司债券	25	10	10%×25%＝2.5
	普通股	60	13	13%×60%＝7.8
				10.75
300 000～500 000 元	长期借款	15	5	5%×15%＝0.75
	公司债券	25	10	10%×25%＝2.5
	普通股	60	13	13%×60%＝7.8
				11.05
500 000～600 000 元	长期借款	15	5	5%×15%＝0.75
	公司债券	25	10	10%×25%＝2.5
	普通股	60	14	14%×60%＝8.4
				11.65

续表

融资范围	资本种类	资本结构（%）	资本成本（%）	边际资本成本（%）
600 000～800 000 元	长期借款	15	7	7% ×15% =1.05
	公司债券	25	10	10% ×25% =2.5
	普通股	60	14	14% ×60% =8.4
				11.95
800 000～1 000 000 元	长期借款	15	7	7% ×15% =1.05
	公司债券	25	11	11% ×25% =2.75
	普通股	60	14	14% ×60% =8.4
				12.20
1 000 000～1 600 000 元	长期借款	15	7	7% ×15% =1.05
	公司债券	25	11	11% ×25% =2.75
	普通股	60	15	15% ×60% =9
				12.80
1 600 000 元以上	长期借款	15	7	7% ×15% =1.05
	公司债券	25	12	12% ×25% =3
	普通股	60	15	15% ×60% =9
				13.05

（3）绘制融资分析图。在计算出东方股份公司边际资本成本后，还可以进一步绘制融资分析图，以更加形象地反映融资总额增加时边际资本成本的变动趋势（融资分析图略）。

第三节 资本成本风险调整

一、风险与资本成本

如前所述，资本成本是企业融资决策、投资决策的一个关键因素。只有当且仅当项目的估计报酬率超过估计资本成本时，项目才可能被接受。由于这个原因，资本成本有时被称作“门槛比率”（Threshold Ratio）——项目的报酬率必须“跨越门槛”，项目才会被接受。

众所周知，投资者投资时面临的风险不同，其要求的报酬率也不同。投资者会对高风险的投资要求较高的回报率。从而，一个从事高风险项目的企业筹集资本的资本成本，要比投资于较低风险项目企业的资本成本更高。图 6－4 反映了风险与资本成本的权衡关系。

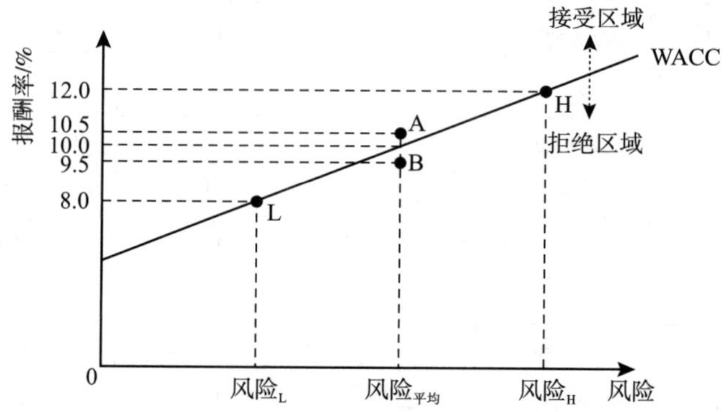

图 6－4　风险与资本成本

图 6－4 中，L 公司是一家低风险的公司，其 WACC 为 8%；而 H 公司风险较高，其 WACC 为 12%。因此，对于 H 公司来说，一般项目的预期报酬率超过 12% 时才会接受，而对于 L 公司来说，一般项目对应的“门槛比率”为 8%。

请记住，在图 6－4 中，L 点和 H 点的资本成本分别表示两个公司的加权平均资本成本 WACC。因此，它们代表两个公司“典型”项目的门槛比率。不同的项目通常有不同的风险。事实上，每个项目的门槛比率应该反映项目本身的风险，而不是像加权平均之后的 WACC，反映的是公司平均项目的风险。例如，设想 L 公司和 H 公司都在考虑 A 项目。与 L 公司的典型项目相比，A 项目有较高的风险，但与 H 公司典型项目相比，A 项目风险相对较低。就像我们在图 6－4 中所看到的，A 项目的预期报酬率为 10.5%。一开始，我们可能会得出 L 公司应该接受 A 项目，因为 10.5% 的报酬率高于 L 公司 8% 的 WACC；而 H 公司应放弃 A 项目，因为其报酬率小于 H 公司 12% 的 WACC。然而，这是一个误解。相关的“门槛比率”是这个项目的 WACC，为 10%，如图 6－4 中 WACC 曲线所显示的。因为项目的报酬高于其 10% 的成本，两个公司都应该接受 A 项目。

接着考虑 B 项目。B 项目与 A 项目有相同的风险，但其预期报酬率为 9.5%，其门槛比率为 10%。两个公司都应该放弃 B 项目。然而，如果它们的决策基于其全面的 WACC，而不是与具体项目相关的资本成本，那么 L 公司应该接受 B 项目，因为其报酬率高于 L 公司 8% 的 WACC。但如果 L 公司接受 B 项目，这将减少公司股东的财富，因为这个项目的报酬不足以弥补其风险。在项目评估时采用相应项目的特定门槛比率是很重要的。

请注意，同样的原理也可以应用到有多个分部的公司资本成本的分析中。请看图 6－5 中的公司 A。

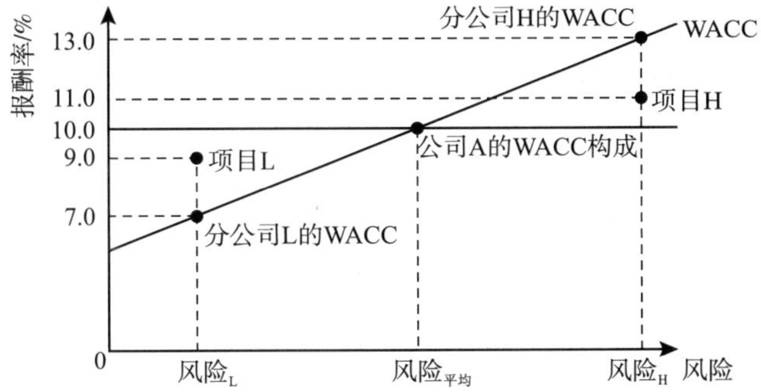

图 6－5　分公司资本成本

A 公司有两个分公司，L 和 H。分公司 L 风险相对较低，如果作为一个独立公司，其 WACC 为 7%。分公司 H 风险较高，其资本成本为 13%。如果两家分公司的规模相同，A 公司加权平均资本成本 WACC 为 $0.50\times7\%+0.50\times13\%=10.00\%$。但将 10% 的 WACC 用于各个分公司是不对的。假设分公司 L 正在考虑一个风险相对较小的项目，其预期报酬率为 9%，而分公司 H 正在考虑一个预期报酬率为 11% 的高风险项目。如同在图 6－5 中所显示的，L 分公司应该接受所考虑的项目，因为其报酬率高于基于风险考虑的资本成本；而 H 公司应该拒绝所考虑的项目。但是，如果将 10% 的总公司的 WACC 用于每个分公司，决策会正好相反，H 分公司会错误地接受其考虑的项目，而 L 分公司会拒绝其考虑的项目。通常，错误的风险调整会导致公司接受很多高风险的项目，而放弃低风险的项目。长此以往，公司的风险将会增加，其 WACC 将会上升，而股东财富则遭受损失。

二、资本成本风险调整：资本资产定价模型

如上所述，为了更加准确地计量资本成本，一般可采用资本资产定价模型来估计风险调整的资本成本。

假设日东钢铁公司目前资金来源只使用权益资本，所以它的权益资本成本也是公司的资本成本，即 WACC。日东钢铁公司的贝塔系数为 1.1；无风险报酬率为 8%，市场平均风险报酬率为 12%。那么，日东钢铁公司的权益资本成本也即其 WACC 计算如下：

$$
\begin{aligned}
K_s &= WACC = 8\% + (12\% - 8\%) \times 1.1 \\
&= 12.4\%
\end{aligned}
$$

这意味着，对于公司的平均风险项目来说，其报酬率要达到12.4%或更高，投资者才愿意为公司提供资本。同样，在这里我们使用平均风险的原因是项目与公司现有资产有相似的风险。因此，当且仅当项目的预期报酬率为12.4%或以上时，公司才会投资于这一项目。公司应该用12.4%作为一个平均风险项目的“门槛比率”。

假设上述项目可能会改变日东钢铁公司的贝塔系数，从而会改变公司的权益资本成本。比如，假设公司正在考虑建立一个运送铁矿石的船队项目，并且船队项目的贝塔系数为1.5，而不同于原有资产的1.1。因为可以将公司本身看作是一个“资产组合”，并且这一资产组合的贝塔系数是其各种独立资产贝塔系数的加权平均数。因此，接受这个船队项目会使公司的总贝塔系数上升，其数值将为公司原有贝塔系数1.1与船队项目贝塔系数1.5之间的一个数。这一贝塔系数的准确值依赖于船队项目投资与公司其他资产的相对规模。如果公司80%的资本用于贝塔系数为1.1的原有钢铁业务，20%的资本用于贝塔系数为1.5的船队业务，公司的新贝塔系数将为：

$$\text{新贝塔系数} = 0.8 \times 1.1 + 0.2 \times 1.5 = 1.18$$

日东钢铁公司贝塔系数的迅速提高会引起公司股票价格的下降，除非增长的贝塔系数能被更好的预期报酬率所抵销。实施这个新的项目会使公司的资本成本从原先的12.40%上升到12.72%：

$$K_s = 8\% + 4\% \times 1.18 = 12.72\%$$

因此，要保证公司价值不会因为船队项目的投资而降低，公司的预期报酬率必须从12.4%上升到12.72%。

如果原有的钢铁业务投资报酬率为12.4%，那么为保证新的总预期报酬率为12.72%，公司的船队投资的预期报酬率应该为多少？我们知道，如果公司进行船队项目投资，公司将有80%的资产投资于原有的钢铁业务，报酬率为12.4%；20%的资产投资于船队业务，其报酬率假设为X，并且平均的要求报酬率为12.72%，则：

$$0.8 \times 12.4\% + 0.2X = 12.72\%$$

$$0.2X = 2.8\%$$

$$X = 14\%$$

由于X=14%，因此，如果公司要弥补其新的资本成本，船队的投资报酬率就必须达到14%以上。

综上所述，如果日东钢铁公司实施船队项目，公司的贝塔系数会由1.1上升到1.18，其资本成本将从12.4%上升到12.72%。如果公司要弥补其新的资本成本，船队的投资报酬率必须达到14%以上。

从上面的一系列推理可以得出这样的结论：如果可以确定各个项

目的贝塔系数，那么每个具体的项目资本成本（Project Cost of Capital）可以计算如下：

$$K_i = K_{RF} + \beta_i(K_M - K_{RF})$$

因此，对于 β = 1.1 的原有钢铁业务，日东钢铁公司应该用 12.4% 作为资本成本；而对于 β = 1.5 的船队业务，应该用 14% 的资本成本进行评估：

$$K_{船队} = 8\% + 4\% \times 1.5$$
$$= 14\%$$

另一方面，一个低风险的项目，如一个贝塔系数仅为 0.5 的新配送中心项目，其资本成本为 10%：

$$K_{配送中心} = 8\% + 4\% \times 0.5$$
$$= 10\%$$

图 6－6 可以用来说明日东钢铁公司的资本资产定价模型方法。

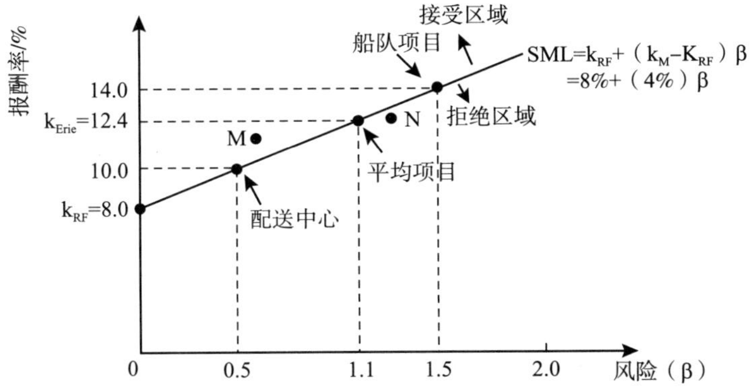

图 6－6 投资项目选择与证券市场线

阅读分析图 6－6 时，请注意以下几点：

1. 证券市场线与我们在第四章中介绍的证券市场线相同。它表示投资者对用贝塔系数衡量的风险与预期报酬率之间的选择关系。贝塔系数风险越高，补偿投资者所忍受风险的要求报酬率越高。

2. 日东钢铁公司开始时的贝塔系数为 1.1，所以其平均风险项目投资的要求报酬率为 12.4%。

3. 船队这样的高风险投资要求更高的报酬率，而像配送中心这样的低风险项目则要求较低的报酬率。如果公司的新投资集中于高风险或低风险的项目，而不是平均风险的项目，则公司的贝塔系数就会从当前的 1.1 上升或下降，结果公司普通股股票的要求报酬率也会改变，不同于当前的数值 12.4%。

4. 如果项目的预期报酬率在证券市场线的上方，则项目的预期报酬率足够补偿其风险，应该接受；相反，如果项目的预期报酬率在证券市场线的下方，就应该拒绝。因此，在图 6－6 中，项目 M 可以接受，而项目 N 应该拒绝。虽然项目 N 的预期报酬率高于项目 M，但高出的报酬率差值不足以弥补其高出项目 M 的风险。

5. 为简单起见，我们在日东钢铁公司的例子中这样假设，即公司没有债务融资，这使得我们可以用证券市场线描述公司的资本成本。在该例中用到的基本原理也适用于采用债务融资的公司。在资本预算中使用的折现率是公司的加权平均资本成本。当采用债务融资时，必须综合考虑项目的权益资本成本和债务资本成本，从而得出全部资本的成本。

三、贝塔系数风险的测定

在第四章中，我们讨论了股票贝塔系数的估计方法，并且指出了估计贝塔系数时所面临的困难。对项目贝塔系数的估计甚至会更加困难，充满了更多的不确定性。然而，我们有两种方法可以估计具体资产的贝塔系数——单一业务法和会计贝塔法。

1. 单一业务法。在单一业务法（Pure Play Method）中，先找出若干个与所计算项目属于同一行业领域的几家单一产品的厂商，然后将这些厂商的贝塔系数进行平均，以确定所计算项目的资本成本。例如，前例中日东钢铁公司可以找到 3 家现有的单一经营船队的公司，并且假设公司的管理层认为，船队项目与这些公司有相同的风险。然后，公司可以确定这些公司的贝塔系数，并进行平均，用平均的数值作为船队项目的贝塔系数。

单一业务法只能用于主要的资产，如整个分公司。即便如此，单一业务法也经常难以应用，因为经常难以找到一个产品单一的可比公司。当然，也有例外，当 IBM 公司考虑进入个人电脑市场时，它从苹果公司以及其他一些单纯生产个人电脑的公司那里获得了相应的贝塔系数。单一业务法是公司在考虑其主要业务领域之外的投资时所经常采用的方法。

2. 会计贝塔法。正如上面所提到的，找到符合单一业务法要求的生产单一产品、公开交易的公司几乎不可能。如果事实的确如此，我们也可以采用会计贝塔法（Accounting Beta Method）。贝塔系数可以通过特定公司股票报酬率对股票市场指数报酬率的回归来求解，也可以通过公司资产的会计报酬率与大样本公司资产平均报酬率的回归来求解。例如，可以将包括在标准普尔 400 指数中的公司作为样本。用这种方法确定的贝塔系数称为会计贝塔系数（即用会计数据而不是股票市场数据求得的贝塔系数）。

对于一个全新的项目，只有在项目被接受，已进行运作，并有产出和会计数据时，才能计算其会计贝塔系数——这对于资本预算决策来说为时太晚。然而，只要管理层认为，一个项目与公司过去运作的其他项目类似，其他项目的会计数据就可以用于该项目会计贝塔系数的估算。在实践中，通常要计算分公司或其他较大单位的会计贝塔系数，而不只是计算单一资产的会计贝塔系数，而分公司的贝塔系数将用于估算其资本成本。

本章主要名词概念

资本成本	资本筹集费	资本使用费	个别资本成本
债务资本成本	加权资本成本	融资规模	边际资本成本
融资分界点	单一业务法	会计贝塔法	

本章小结

资本成本在企业投资决策和资本结构决策中都会得到广泛的使用。本章我们首先分析了资本成本的概念和构成，进而阐述了影响资本成本的四大因素、计量方法和计算模式。在此基础上具体介绍了个别资本成本、加权平均资本成本和边际资本成本的计算方法。本章具体内容如下：

1. 资本成本（Cost of Capital）是指企业为筹集和使用资本而付出的代价。企业财务管理活动中，资本成本是一个不可忽视的重要因素。

2. 资本成本按其成本发生的阶段，分为资本筹集费和资本占用费。资本筹集费是指企业在筹措资本过程中发生的各种费用。资本占用费是指企业在资本使用过程中所支付的费用。

3. 在市场经济环境中，众多因素都会对企业的资本成本产生影响。一般情况下，影响资本成本高低的因素主要有总体经济环境、市场条件、企业经营和融资决策及融资规模。

4. 资本成本的计量有两种方法：一是用绝对数计量；二是用相对数计量，严格意义上称为资本成本率。本书采用第二种观点。

5. 根据是否考虑货币时间价值，个别资本成本的计算有两种基本模式，即一般模式和折现模式。

6. 个别资本成本（Individual Cost of Capital）是指各种长期资金的成本。包括长期借款资本成本、公司债券资本成本、优先股资本成本、普通股资本成本和留存收益资本成本等。

7. 债务资本成本（Cost of Debt）包括长期借款资本成本和公司债券资本成本两种。债务的利息具有抵减所得税的作用。

8. 普通股权益资本成本（Cost of Common Equity）包括新发行普通股资本成本和留存收益资本成本。留存收益的资本成本是股东再投资的机会成本。

9. 企业为了进行融资决策和投资决策，需要计算全部资金来源的综合资本成本，即加权平均资本成本（Weighted Average Cost of Capital）。计算加权平均资本成本时权重的确定有三种方法：账面价值法、市场价值法和目标价值法。

10. 边际资本成本（Marginal Cost of Capital）是指企业每增加一个单位量的资本而形成的追加资本的成本。边际资本成本也是按加权平均法计算的，是追加融资时所使用的加权平均资本成本。

11. 资本成本高低要随着企业风险大小进行相应调整，其调整方法主要采用资本资产定价模型。

第三篇

战略投资决策

第七章

资本投资决策：现金流量估算

学习目标

学习本章后，您应该做到：

1. 了解资本投资决策的重要性；
2. 熟悉资本投资决策的分类和基本程序；
3. 理解并掌握现金流量的含义及构成；
4. 理解并掌握现金流量确定时注意的相关问题；
5. 熟练掌握项目投资现金流量的计算与应用。

学习重点与难点

熟悉资本投资决策的功能；理解现金流量构成要素与具体内容；掌握投资项目现金流量的计算与应用。

学习思维导图

- 资本投资
  - 资本投资原理
    - 投资决策特点
      - 耗费大
      - 长期性
      - 不可逆转
      - 风险高
    - 投资决策类型
      - 更新决策
        - 保持业务能力
        - 降低成本
      - 扩张决策
        - 现有产品或市场扩张
        - 新产品或新市场扩张
      - 环保决策
      - 其他决策
    - 投资决策程序
  - 现金流量估算
    - 现金流量构成
      - 现金流出量
      - 现金流入量
      - 现金净流量
    - 确定现金流量注意的问题
    - 现金流量计算
      - 初始现金流量
      - 经营现金流量
      - 终结现金流量

引导案例

三年前，恒大冰泉高调进军高端矿泉水市场，然而如今情势突变，开始挤入饮用水2元主流价格带。8月12日，恒大冰泉发布多个产品的调价信息，除500毫升的主打产品从每瓶5元调价为每瓶2元外，恒大冰泉350毫升、1.25升、4升产品全国零售价也分别调整为2元、4元和10元。

恒大冰泉相关负责人表示，此次调价是公司重大战略决策，“产能和物流的全面升级，使我们具备了全面让利惠民的坚实基础。”然而业界对此普遍认为，降价原因是恒大冰泉定价过高导致销量不济。

“2014年销售100亿元，2016年达到300亿元”，这是2013年底恒大冰泉喊出的目标口号。当时恒大宣布多元化，以高端矿泉水的定位进军快消市场，恒大冰泉每瓶定价高达5元。然而事与愿违，据公开数据显示，从2013年底至2015年5月，恒大冰泉共营收12.87亿元，但亏损近40亿元。

纵览国内饮用水市场，多数人还没有对高端水的消费意识与追求，饮用水的消费升级仍需要时间。

业内人士指出，目前国内高端水品牌大部分都处于亏损状态，高端饮用水行业自身还比较弱小，盈利能力比较低。相较于年销售额可超50亿元的中低端水品牌，年销售额能达10亿元的高端水品牌寥寥无几。由此可见，恒大冰泉当时的规划目标，反映出恒大跨界时对中国水市场的理解还不够。

所谓鱼与熊掌不可兼得，对于目前的国内市场而言，饮用水的销量与价格就是鱼与熊掌的关系。有专家分析称，此次调价也间接表明恒大冰泉的高端战略失败，通过推出更接地气、更易做大市场的主流价格，来抢占饮用水大众市场的更大份额。

（资料来源：阳叶萍：《恒大冰泉高端战略失败　再次降价搏销量》，载于《北京晚报》2016年8月17日）

第一节　现金流量与资本投资决策

一、资本投资决策过程

（一）资本投资决策的重要性

资本投资决策（Capital Investment Decision）是一个过程，包括

制订计划、设定目标和优先顺序、安排资金以及按照某种标准选择欲投资的长期资产。资本投资决策一方面使大量的资源在相当长的时期内暴露在风险之下，另一方面又影响到企业的未来发展，因而在企业决策者们所从事的决策中，它属于最重要的决策类型。任何组织的资源都是有限的，我们应该确保资源的使用能维持或提高组织的长期盈利能力。低劣的资本投资决策，有可能导致灾难性的后果。例如，当竞争对手纷纷投资于自动化生产系统，而企业没有进行类似投资时，企业在市场占有率上就会遭受重大损失，因为它在产品质量、成本和送货时间上缺乏竞争力。具有更现代化生产设施的竞争对手可以生产出更多的产品，而且成本更低，质量更高。可见，正确的资本投资决策，对组织的生存发展而言，绝对是至关重要的。

资本投资（Capital Investment）：一个评估和选择为实现企业价值最大化目标的投资过程。

资本投资决策往往与长期资本资产的投资有关。除土地外，这些资产都需要在寿命期内计提折旧。随着资产的使用，原始投资逐渐耗尽。一般来说，一项可行的资本投资，在其寿命期内可以收回初始的资本支出，并同时赚取合理的投资报酬。因此，判断某项资本投资能否收回初始支出并且提供合理的投资报酬，就成为决策人员的任务之一。通过这样的评估，决策人员可以根据其经济效益上的优劣，确定是否采纳独立方案，比较各种竞争性方案。

但是，合理的投资报酬意义何在呢？大家普遍认为，任何新方案的投资报酬，必须足以弥补所投资金的机会成本。例如，若某公司从能够赚取6%回报率的货币市场基金中提出款项，投资于某新项目，则该项目至少必须提供6%的投资报酬（这笔钱留在货币市场基金能赚取的利润）。当然，在实际生活中，投资所需资金的来源是多方面的——每一来源都有一个不同的机会成本。投资方案必须赚取的回报，是不同来源资金机会成本的混合物。因此，如果某公司利用了两种不同来源的资金，机会成本分别为4%和6%，那么，必须赚取的回报率就介于4%和6%之间，具体数额取决于每种来源资金的相对比重。而且，人们通常假定，决策者们选择的方案，应该能保证业主财富的最大化。

企业进行资本投资决策，其目的当然是为了给企业带来长期的效益，但是资本投资的效益是否能够真正产生，以及能够产生怎样的经济效益却是未知数。而且，由于投资是一种巨额的“预付成本”（Upfront Cost），它只能依赖今后项目投产后产生的效益来补偿。如果效益不好，投资支出就会变成一项纯粹的损失，给企业造成重创，甚至会导致企业倒闭。因此，资本投资决策是企业的重大事项，事先必须充分做好可行性研究，从各个方面进行科学预测，周密计划，争取实现投资的最佳预期效果。

预付成本（Upfront Cost）：指企业已经用现金支付，但尚未受益的成本。

对于财务经理和财务人员履行的各项职责来说，资本投资也许是其中最为重要的一项职责，这是由若干因素所决定的。首先，由于资本投资的结果会持续若干年，企业将因此失去一定的灵活性。例如，如果购买了一台经济寿命为10年的机器，这将在10年的时间中“锁住”企业的资产。其次，由于资产的扩张是以未来的期望销售收入为依据的，要购置使用期限为10年的资产，就要求对未来10年的销售收入作出预测。最后，企业的资本投资决策决定了企业的战略方向，因为企业真正涉足新的产品、新的服务或者新的市场之前，都必须有资本的投入。

如果对未来资产的要求预测失误，就会产生严重的后续问题。一方面，如果企业投资太多，就将发生不必要的高折旧费用和其他费用。另一方面，如果企业投资不足，就会产生两个问题。首先，其设备以及计算机软件无法满足生产所需，难以形成足够的竞争力；其次，如果企业生产能力不足，就可能会失去市场份额，让竞争对手抢得先机，而再重新赢得失去的顾客则要求更高的销售费用、价格折扣以及产品改进，所有这些都要付出昂贵的代价。

有效的资本投资可以改善资产购置的时机和质量。如果企业提前预测了对有关资本资产的需求，它可以在需求产生之前购置和安装相应的资产。不幸的是，许多企业在原有的资产达到满负荷使用之前不会考虑增加资本资产。如果因为市场需求的增加导致销售收入增加，行业内所有企业都在大约相同的时间订购资本资产，这就会导致阻塞和排队，在获得相应的机器设备之前要等待很长的时间，机器设备的质量也会下降，购置成本也会上升。如果企业预先预测出未来需求增长的情况，并提前购置资本资产，就可以避免这些问题。尽管如此，请注意，如果企业预测出未来需求将会增长，然后通过投资扩张来满足这种预测的需求，但是最终销售收入并没有如期增长，企业就将负担沉重的剩余生产能力和高额的成本，由此可能会导致经营亏损甚至破产。因此，准确的销售预测对于企业的发展是至关重要的。

资本投资通常会涉及大量的费用支出项目，在企业要花费巨额的资金之前，必须有一定的资金积累——巨额的资金并不会在需要时自动地产生。因此，企业要实施重大的资本投资项目，就需要提前足够长的时间进行融资计划，以保证有足够的资金支持。

（二）资本投资决策的特点

1. 耗费大。资本投资决策形成的生产经营能力主要表现为固定资产。固定资产的购建本身所需的资金量是巨大的，而且为使建成的固定资产得以正常运行，还需要配合相应的流动资产，用于原材料储备、产成品储备以及正常的现金开支等方面。所以，资金的耗费很大。

2. 长期性。资本投资决策形成的项目的寿命一般都在一年以上，有的甚至会达到几十年，因此投资一旦形成，就会长时期地对企业的生产经营产生影响。这种影响表现在三个方面：（1）项目本身可能会给企业带来长期的经济效益。（2）投资支出在财务会计中被视为资本性支出（Capital Expenditure），首先要将其确认为固定资产，其次再在其预计使用年限中以提取折旧的形式进行补偿。这样就会使企业在今后一个较长时期内增加一部分固定成本，成为长期的财务负担。如果投资形成的能力不能充分利用，负担不了这部分成本，就会造成企业长期亏损。（3）资本投资作为一项数额极大的预付成本（Upfront Cost），一旦支出之后，等于将大笔现金冻结起来不能转作他用，而其缓解则是随折旧和收益的实现逐步进行的，这会使企业在一个较长时期内丧失一大笔流动资金，使资金调度相对紧张，甚至陷于困境。

3. 不可逆转性。资本投资一旦实施并形成一定生产经营能力后，无论其投资效益如何均难以改变。即使必须改变，也会在财力、物力上付出极高的代价，使企业遭受不必要的损失，甚至会留下潜在的隐患。

4. 风险高。资本投资所提供的经济效益，只能在今后的长时期内逐步实现。而在未来时期内各种影响投资效益的因素，诸如市场需求、原材料供应、国家政策等，都会发生各种变化，这意味着企业进行一项投资必然会冒一定风险。因此，企业如果缺乏承担风险的能力，就可能遭受损失。

综上所述，资本投资耗费的资金多，经历的时间长，承担的风险大，影响程度深。同时，投资形成的是企业生产经营的物质基础，合理与否都是至关重要的。因此，企业绝不可在缺乏调查研究和分析的情况下，盲目投资。

做一做：你是如何看待资本投资的？走访一家企业，并将了解的情况与同学们一起讨论。

案例链接

国企顽症是中国铁建巨亏主因

10月25日晚间，因重大事项停牌的中国铁建，引爆了一枚重磅炸弹。公司在海外的巨额工程项目面临高达41.53亿元的亏损。值得注意的是，中国铁建2009年的净利润为65.99亿元，如果上述亏损金额坐实，将对其2010年业绩构成重大影响。

中国铁建对亏损的原因作出解释，归纳起来大概有以下几点：

一、项目签约时只有概念设计，而在项目实施过程中，实际工程数量比签约时预计工程数量大幅度增加。二、业主大量指令性变更导致项目工作量和成本投入大幅增加，计划工期出现阶段性延误。三、“按2010年9月30日的汇率折算”，即人民币升值增大亏损。四、“由于该项目社会影响重大且受到两国政府高度关注，为确保工期进度，公司下半年投入了大量人力、物力和财力，确保了项目主体工程按期完工，满足了业主有关2010年11月开通运营的要求。”

不过，就中国铁建给出的解释，需要提出一些疑问。

实际工程量大大超过预计工程量，这就说明预计存在较大失误。这既需要追究具体工程人员的责任，也需要追究工程领导、公司领导、拍板签约领导的责任。

业主在工程建设中提出新的要求，承建方理应得到业主方的追加款。这是市场规则，也是国际惯例。而现在中国铁建公告说：“到目前为止，公司仍在就上述变更索赔事宜与业主协商，尚未获得业主的批准。”

至于说到因人民币升值而亏损，首先中国铁建在对外做生意时，应该有汇率变动的概念；其次，人民币汇率变动在这41亿多的巨额亏损中只占到1 000多万元。

因此，中国铁建对巨额亏损给出的解释，还不能充分说服股东。相反，在这样的解释中，不难发现中国大型国企的一些固有的毛病——投资前风险意识不足、项目运作中更多依赖政府力量而非市场规则、缺少责任追究制度等。

（资料来源：郁慕湛：《新京报》，2010年10月27日）

二、资本投资决策项目的分类

资本投资决策的过程是分析各个投资方案并最终选择最优项目方案的过程，这一过程不是没有成本的，在决策过程中要花费大量的人力、物力和财力。投资项目越庞大、决策过程越复杂，这一成本支出则越多。为降低决策的成本，我们应当对资本投资决策进行科学分类。对重要的、影响深远的重大投资项目要进行详细的分析和测算，而对于一般性投资项目，分析与决策过程可以相对简单。一般来说，企业的投资决策可以分为以下几类：

1. 更新决策：保持业务能力。资本支出项目的一种类型是通过投资来更换严重磨损的或已经损坏的机器设备，当然，前提是这种机器设备所生产的产品是有利可图的。如果公司要继续生产相应的产品或开展相应的业务，就有必要更新投资项目。这里的唯一问题是：（1）这一业务是否值得继续下去；（2）是否应该继续采用相同的生产或经营方法？这些问题的答案通常是肯定的，因此，在现实中，通常不需要经过非常细致的决策过程，就会做出保持生产能力的投资决策。

资本投资决策项目（Capital Investment Decision Items）：一般可分为：更新决策项目、扩张决策项目、环保决策项目等。

2. 更新决策：降低成本。这一类别的资本支出项目包括通过投资更新现有的功能正常但已经过时的设备。这里的目的是降低人工、原材料以及其他投入要素（比如电力等）的成本。这些决策往往有一定的弹性，通常需要经过较为详细的分析。

3. 扩张决策：现有产品或市场扩张。通过投资提高现有产品的产量，或者增加现有市场的零售门市或者分销能力都包括在这部分。这些决策更为复杂，因为这需要对未来需求的增长作出明确的预测。在这一过程中，偏差和失误都是经常发生的，因此，通常需要更为详细的分析。同样，在企业的较高层次上都需要进行实施与不实施效果比较的分析。

4. 扩张决策：新产品或新市场的扩张。这些是指通过投资向新的产品或者目前没有服务的新领域进行扩张。这些项目有可能会涉及重要的战略决策，会改变目前企业的基本业务性质，通常所要求的投资额巨大，而投资回收期较长。对于这样的投资决策，无一例外地都要求详细的分析，而最终的决策通常是由企业的最高层做出的——通常是作为企业的战略规划的一个部分由企业的董事会讨论通过。

5. 环保决策：安全以及环境项目。出于对遵守政府规定、劳动合同以及保险政策等的考虑而进行的资本支出都属于这一类型。这些支出被称为强制性投资，经常会涉及非营利项目。应该如何作出决策取决于这些投资的规模，如果规模较小，其处理方式可能类似于上面第一类项目的处理。

6. 其他决策项目。一般包括所有办公大楼的修建、停车场的修建等问题。这些项目如何处理在各公司之间有很大的不同。

一般而言，对于更新决策来讲，特别是保持原有生产能力的更新投资来讲，只需要简单的计算以及少数的支持数据资料即可。而对于以降低成本为目的的更新决策来讲，以及对于现有产品线的扩张，特别是对于新产品和新地区的投资扩张来讲，就需要更为详细的数据资料分析。同样，在每个类型的项目中，都可以按照所需要的投资规模进一步分类：大规模的投资要求更为详细的分析，也要求更高层次的审批。因此，工厂的经理也许有权力审批不超过 1 万元的保持生产能力的投资方案，其决策的依据相对也不复杂。而投资总额超过 100 万元或者扩张进入新产品和新市场的投资项目，可能需要公司董事会的全体人员参与审批和通过。对于新产品的投资决策，通常由于缺乏相关的数据资料，该类决策的经验判断就显得特别重要。

请注意，这里的“资产”不仅仅包括建筑物和设备。企业如果开发出新的计算机软件，从而使得原材料和供应品的购置更有效率，或者与客户的沟通更有效率，这也是一种资产。因此，客户基础，比如某唱片公司通过寄出数百万张免费 CD 建立起的潜在客户基础也是公司的资产。同样，新的计算机芯片设计、新的飞机模型以及新的电影创作都是企业的资产。所有的这些都是“无形的”，而不是“有形的”资产，但是对于这些无形资产的投资分析和决策与有形资产的投资分析和决策方式一样。在你进行资本投资决策时请不要忘记这一点。

三、资本投资决策的程序

一项科学的资本投资决策，一般要经过以下几个步骤：

1. 资本投资项目方案设计。在企业的生产经营过程中，会不断地产生投资需要，也会出现很多的投资机会，如吸收新科技、开发新产品等，这些都需要企业作出投资决策。因此，当出现新的投资机会或产生投资需要时，下至员工上至总经理都会提出新的投资项目。这些项目一般会由项目的提出者以报告的形式上报管理当局，以便他们研究和选择。管理当局会从各种投资方案中进行初步的筛选、分类和排队，同时结合企业的长期目标和具体情况，制订出初步的资本投资计划。

2. 资本投资项目评价。企业初步确定的资本投资项目可能有多个，也可能只有一个。这些投资项目之间受到资金、技术、环境、人力等的限制，往往是互斥的，只能从中选择一个或只能优先发展其一，再逐渐发展其他。但不管是一个还是多个，都要对投资项目的可行性进行全方位的评价，这是资本投资决策能否成功的关键。资本投资项目的评价要从技术、财力、经济等方面进行。

技术上，要考虑所投项目技术是否先进，能否取得或实施，能维持多长时间，同时还要考虑项目本身在设计、施工等方面的具体要求。

财力上，要先预测资金的需要量和时间，再看有无足够的资金维持。如果资金不足，能否及时筹措到所需资金，这是投资项目运行的动力。需要的资金一般包括投资项目建设所需的资金和投产所需流动资金。比如，项目设计、施工费用、材料储备费、机构设置费等。

经济上，要考虑项目是否有利可图。这主要通过对方案的盈利性进行分析来判断。项目投产后产品销路如何，能增加多少销售收入，为此发生多少成本和费用，能提供多少利润，有多大风险，整个方案在经济上是否合理？

除了从以上三个方面评价之外，还要考虑项目的相关因素。如所在地区的自然资源、水电、交通、通信等协作条件是否满足项目需要？所需工人、技术人员、管理人员能否达到要求？项目实施后对环境是否会造成不良影响等。最后，要综合考虑各方面的可行性，对项目作出全面评价。

值得一提的是，对资本投资项目的综合评价依赖于对项目有关资料的搜集和有关情况的预测，这是评价的依据。因此，要尽可能搜集与项目有关的资料，进行科学的分析和预测，这样才能作出正确的评价。

3. 资本投资项目决策选择。资本投资项目是否能够实施要由企业的管理当局最终作出决策，决策者要综合技术人员、财务人员、市场研究人员等的评价结果，集思广益，全面考核，最后作出是否采纳的决定或采纳哪一个项目的决定。

4. 资本投资项目方案实施。资本投资项目批准或采纳后，要筹集资金并付诸实施。大项目一般交由提出部门或由原设计人员组成的专门小组，负责拟订具体的实施计划并负责具体实施。各有关方面如财务部门、技术部门要密切配合，保证投资项目保质、保量、如期低成本地完成。项目投产后要严格管理，保证实现预期收益。

第二节 现金流量估算

一、现金流量估算的重要性

进行资本投资决策的前提是估算项目预期现金流量①，现金流量（Cash Flow）的估计是资本投资决策中最为重要同时也是最为困难的一件事情。因为投资的支出以及在项目运营期间每年的净现金流量涉及许多变量，企业中的许多人和部门需要参与这个估算的过程。例如，销售数量和销售价格的预测，通常是由企业的市场营销部门和销售部门来承担，他们将依据对企业产品的价格弹性、广告效应、国民经济状况、竞争者的反应以及消费者行为的变化趋势作出预测。类似地，与新产品相关的资本支出通常是由企业的工程技术人员和产品开发人员提供数据，而营运成本通常是由企业的成本会计人员、生产专业人员、人力资源专家以及采购代理来估算，等等。

对于大型的复杂项目，准确地预测相应的成本和收入是非常困难的，因此预测误差可能会相当大。例如，当中石油公司决定在中亚地区铺设管道时，原先根据邻近地区状况预计的成本为10亿元，但是最终的建造成本接近60亿元。在产品设计成本方面，比如开发新型计算机，类似的（甚至更差的）错误估计也是常见的。此外，由于工厂和设备成本估计方面的困难，项目寿命周期中销售收入和营运成

① 在财务活动中，现金流量有多种口径：企业现金流量、项目现金流量、自由现金流量、年度现金流量等。在资本投资决策中的现金流量特指项目现金流量。

本有更大的不确定性。再如，若干年之前，美国联邦快递公司开发了一种电子投递服务系统。公司采用了正确的资本投资决策技术即净现值法。但是，公司没有正确地估计到项目的现金流量——预测的销售收入太高，而预测的成本太低，而实际上，没有顾客愿意支付能够补偿项目成本的价格。结果，项目的现金流量没有达到预测的水平，联邦快递公司的投资项目最终损失了大约 2 亿美元。这个例子说明了一个基本的事实——如果现金流量的预测没有达到合理的准确程度，任何分析技术，不管有多高明，只能得出错误的决策。由于有着强大的财务实力，联邦快递公司可以消化这一项目所造成的巨额亏损，但是这样的投资如果发生在财务实力不强的公司就会导致破产。

在预测过程中，财务人员的作用包括：（1）从各部门获得有关的信息，比如工程部门和市场营销部门；（2）确保预测涉及的每个人都采用相互一致的经济假设；（3）确保预测中没有逻辑上的偏差。最后一点特别重要，因为对于喜欢的项目，经理人员经常会掺杂进个人的感情，并会由此设想出一系列美好前景，这两者都会导致现金流量预测的偏差，使较差的项目看起来不错——在纸面上。

显然，现金流量预测是否准确涉及企业资本投资决策的实施，甚至会影响企业未来持续、健康地发展。因为如果企业将没有发展前景的投资项目在现金流量预测上表现出盲目的乐观，致使项目投入运营后无法产生预期的现金流量，其后果可能会使企业走向破产的境地。同样，如果对极具发展后劲的投资项目在现金流量预测上过分保守，偏差太大而轻易放弃，则会使企业失去创造现金流量的机会，最后也无法实现企业价值最大化的财务目标。

案例链接

中企败走加拿大：误判国际原油大势　部分投资血本无归

原定 2016 年 6 月完成首期麦克河油砂项目，目前工期已经拖延了 18 个月，需追加投资 12 亿加元。

据加拿大国家邮报（National Post）近日报道，中国主权投资公司中投（CIC）已经悄悄地关闭多伦多办事处，搬迁到美国纽约，结束在加拿大的为期 5 年的主权基金投资。

2009 年 8 月，中石油通过加拿大子公司 Brion Energy 以 19 亿加元（约合 17.3 亿美元）买入阿萨巴斯卡油砂公司的麦克河和多佛（MacKay River and Dover）油砂项目 60% 的权益，之后中石油又先后追加 6.8 亿加元（约合 6.6 亿美元）和 11.8 亿加元（约合 10.8 亿美元）买下余下 40% 权益。

中石化在加拿大也有油砂项目。2009 年 4 月，中国石化宣布从道达尔收购“北极之光”项目 10% 权益，交易完成后中国石化与道达尔在该项目中的权益比例均为50%。公开披露的信息显示，该项目估计可采资源量约10亿桶，最初计划在2009年前投资约45亿加元（约合36亿美元）完成日产10万桶油砂生产线的建设。目前，合作伙伴道达尔已经将该项目作为未来的资源储备列入长期开发计划之中。

中海油收购加拿大Nexen公司后，其经济效益和环境效益遭受质疑。中国海油的年报显示，与2012年相比，2013年国际原油价格没有明显差异，中国海油在油气产量增长20.2%，油气销售收入增长16.3%的情况下，净利润却下降了11.4%。值得一提的是2014年，中海油在加拿大阿尔伯塔省的输油管道发生溢漏事故，对周围环境产生的影响恶劣，遭到许多环保组织的抗议，还受到了当地政府的审查。

中企在加拿大收购的油气项目陷入亏损，是由于加拿大的原油开采成本非常高。中海油能源经济研究院原首席能源研究员陈卫东告诉澎湃新闻(www.thepaper.cn)，这主要是因为收购的资产是非常规油气——油砂。加拿大多伦多道明银行（TD）的分析报告认为，如果WTI油价保持在每桶44美元以下，加拿大现有的油砂项目超过一半的产量无法盈利；基于水平或垂直钻井项目分析，WTI油价需要保持在每桶50美元以上，加拿大油砂的投资者才能获得长期的正的现金流，以维持必需的投资规模。

（资料来源：澎湃新闻，2016年1月7日）

二、现金流量估算分析

（一）现金流量的构成

由于资本投资决策对企业未来发展是极为重要和关键的，所以，我们在进行资本投资项目现金流量的预测和规划中，必须投入相当的人力和物力，采取科学、合理的决策方法，对项目所处的内、外部环境进行客观分析，以确保资本投资决策的正确性和科学性。

资本投资支出（Capital Investment Expenditure）作为企业的一项预付成本，首先表现为现金的流出或者是冻结，而不管财务会计怎样核算这部分投资支出，事实上它都是由资本投资项目使用后产生的收益来补偿的。这种收益最终都表现为现金的净增加或流入。因此，资本投资项目在其整个有效期的全过程就可以用现金的流出和流入来勾画。

现金流量（Cash Flow）：指投资项目在其整个寿命期内所发生的现金流出和现金流入的全部资金收付数量。

所谓现金流量（Cash Flow），在投资决策中是指一个项目引起的企业现金流出和现金流入的数量。这里的“现金”是广义的现金，它不仅包括各种货币资金，而且还包括项目需要投入的非货币资源的变现价值。例如，一个项目需要使用原有的厂房、设备和材料等，则相关的现金流量是指它们的变现价值，而不是其账面成本。现金流量以收付实现制为基础，以反映广义现金流动为内容，是评价投资项目是否可行时必须先计算和掌握的一个基础性指标。

视频 现金流量构成

1. 现金流出量。现金流出量（Cash Outflow）是指一项资本投资项目所引起的整个寿命期内所发生的现金支出的增加量。现金流出量具体包括：

（1）建设投资支出。建设投资支出主要包括固定资产的购入、建造、运输、安装、试运行等所需的现金支出，以及其他有关支出，如员工培训支出、技术购入支出等。这类支出一般在财务中表现为固定资产、无形资产的增加，这部分现金的流出是随着投资的进行而发生的，可能是一次性的，如购置一台设备，也可能是分次的，如分期预付工程款。

（2）净经营性营运资本投资①。投资形成的生产经营能力要投入使用，必然引起对流动资产的需求，包括正常的原材料储备、产成品储备、应收账款的占用等，这时企业要追加一部分现金的投入。另一方面，当项目使用后，应付账款和应付费用等流动负债也要增加，这会降低企业追加现金的需求。因此，要追加的现金投入是流动资产减去流动负债之后的净额，称为净经营性营运资本。因为追加的营运资本只能用于该项投资的周转需要，不能转作其他用途，因此也视同现金流出。但这部分现金流出属于垫支的性质，当投资项目报废不能使用时，项目有关的原材料、产成品出售会变成现金，应收账款收回，应付费用随之偿付，净营运资本便可自动收回。垫支的净营运资本（Net Working Capital）一般在投资项目投入使用时发生，结束时收回。

卖“柠檬汁”的男孩

（3）所得税支出。企业缴纳的所得税属于现金流出量的一部分。

2. 现金流入量。现金流入量（Cash Inflow）是指一项资本投资项目引起的整个寿命期内所发生的现金收入的增加量。项目投资的现金流入量主要包括：

（1）经营现金流量。经营现金流量（Operating Cash Flow）是指项目投入使用后每年的营业收入扣除付现成本后所引起的现金增加量。现金营业收入是指销售产品或提供劳务取得的收入，付现成本是指用现金支出的各种成本和费用，如材料费用、人工费用、设备修理费用等。

在企业发生的全部成本、费用中，一部分是需要用现金支付的，即付现成本；而另一部分是非付现成本，主要包括固定资产折旧、无形资产摊销费用等（其他的非付现成本由于数额往往不大或是不经常发生，为简化计算通常忽略不计）。因此，付现成本可以用营业成

付现成本

① 这里讲的净经营性营运资本是指因项目投资而导致企业追加的营业流动资产与营业流动负债的差额，而不是资产负债表上的营运资金。

本减折旧后得到。

经营现金流量一般在项目投入使用后发生，在整个有效期内每年出现，它是补偿现金流出的最主要的项目。

（2）固定资产残值净收入。残值净收入（Residual Value of Net Income）是指固定资产出售或报废时残值变价收入扣除清理费用后的净收入。

（3）垫支净经营性营运资本收回。伴随着固定资产的出售或报废，投资项目的经济寿命结束，企业垫支的净经营性营运资本（与该项目相关的存货出售，应收账款收回，应付账款也随之偿付）从而构成投资的一项现金流入，它是在投资的有效期期末发生的。

3. 现金净流量。现金净流量（Net Cash Flow）是指一定期间内现金流入量与现金流出量的差额。净现金流量可以按一年计算，也可以按整个项目的持续寿命来计算。当现金流入量大于现金流出量时，净现金流量为正值；反之，为负值。

（二）现金流量是资本投资决策的重要依据

现金流量的分析确定了投资项目现金流量的数额和时间，它是进行资本投资决策的基础和重要依据。但是在传统财务会计分析中，利润往往是评价决策方案的重要依据，现在以现金流量为依据代替利润来评价投资方案，其理由是：

1. 项目投资期内，现金净流量等于利润总额。在资本投资的整个投资期中，现金净流量总额等于利润总额。因此，现金净流量可以代替利润来评价投资项目。

【例 7－1】东方股份公司现有一个项目投资总额是 3 000 万元，分两期投入。第一年投入 2 000 万元，第二年投入 1 000 万元，有效期为 5 年。投产开始时垫付流动资金 1 000 万元，结束时收回。该项目使用后每年可取得营业收入 1 500 万元，发生付现成本 800 万元。试分析该项目的现金流量和利润。假定使用年限法和年数总和法分别计提折旧。

东方股份公司投资项目的现金流量和利润如表 7－1 所示。

表 7－1　　项目现金流量与利润比较　　金额单位：万元

项目	1	2	3	4	5	6	7	合计
①投资	(2 000)	(1 000)						(3 000)
②流动资产			(1 000)				1 000	0
③营业现金净流量			700	700	700	700	700	3 500
④现金净流量	(2 000)	(1 000)	(300)	700	700	700	1 700	500

续表

项目	1	2	3	4	5	6	7	合计
使用年限法计提折旧								
⑤折旧			600	600	600	600	600	3 000
⑥税前净利			100	100	100	100	100	500
使用年数总和法计提折旧								
⑦折旧			1 000	800	600	400	200	3 000
⑧税前净利			(300)	(100)	100	300	500	500

由表7－1可知，该项目的现金净流量均为500万元，所以，现金流量可以取代利润作为资本投资决策的依据。

2. 运用现金流量评价投资项目客观、公平。利润在各年的分布受折旧方法等人为因素的影响，而现金流量的分布不受这些人为因素的影响，可以保证评价的客观性。

年限法与年数总和法：年限法指根据固定资本使用年限来平均计算折旧的方法。年数总和法指固定资产原值减净残值后的差额，乘以一个逐年递减的年折旧率，来计算折旧的方法。

由表7－1可知，采用年限法（Service Life Method）折旧，每年的利润均为100万元，而采用年数总和法（Sum-of-the-years-digits Method）折旧，每年的利润（万元）分别是（300）、（100）、100、300、500，因此，利润受到折旧方法的影响在各年的分布不同。但是投资的现金流量却不受折旧方法的影响，在各年的分布保持固定不变。影响利润分布的人为因素不仅限于折旧方法的选择，还有存货计价方法、间接费用分配方法、成本计算方法等。在考虑时间价值的情况下，早期的收益和晚期的收益有明显的区别。收益的分布应当具有客观性不受人为选择的影响，现金流量分布可以满足这种要求。

3. 现金流量考虑了时间价值要求。现金流量能体现投资收入和支出的时间性，在资本投资决策分析中，使用应用货币时间价值进行动态的投资效果的综合评价成为可能。

由表7－1可知，第三年的现金净流量为（300万元），虽然第三年（使用年限法折旧）有利润100万元，但仍需投入资金300万元。这说明有利润的年份资金不一定充足，即一个项目能否持续下去不取决于一定期间是否盈利，而取决于有无现金用于支付。利润的计算一般以权责发生制为基础，并不考虑现金收付的实际时间，体现不出投资方案对货币时间价值的要求。而现金流量能够体现出每一期间的现金需求，对资本投资决策来说有着重要意义。

从以上分析可知，现金流量比利润有更多的优点，因而是资本投资决策的重要依据。

（三）现金流量确定时注意的问题

现金流量预测的正确与否是影响资本投资决策的关键，而现金流量预测中最重要的内容之一就是确认相关现金流量。为了正确测算项目的现金流量，需要正确判断哪些收支会引起企业现金总流量的变动，哪些收支不会引起企业现金总流量的变动。所以，要正确地确定相关现金流量，需重点理解以下几个问题：

1. 应当剔除沉没成本。沉没成本（Sunk Cost）是指已经发生的现金支出，这一现金支出不会因目前有关接受或者拒绝某个投资项目的决策而得到恢复，它属于投资项目的无关成本。例如，某公司决定生产新产品前花了2万元进行市场调查，这笔开支是公司的现金流出，是否应在投资决策中加以考虑？由于在投资决策时，该项市场调查已经付诸实施，不管决策结果是否生产该新产品，与市场调查相关的2万元支出已经发生而无法改变，成为沉没成本，所以不应该在投资决策中考虑进去。

迎接未来还是弥补损失？

2. 不能忽视机会成本。机会成本（Opportunity Cost）不是一般意义上的“成本”，在投资决策中，如果选取一个投资方案，就会放弃投资于其他项目的机会收益，这种机会收益应作为该投资方案的机会成本。这种收益不是实际发生的，而是潜在的，总是针对特定方案的。例如，某旧设备目前账面价值50 000元，变现价值是40 000元，现准备以旧换新购置新设备，则旧设备原账面价值50 000元是沉没成本应不予考虑，但其变现价值40 000元是机会成本应予考虑，可以将此40 000元变现价值作为购置新设备方案的相关现金流入量处理，也可以作为继续使用旧设备方案的现金流出量处理。

机会成本理解

3. 要考虑项目的连带影响。当采纳一个新的投资项目后，不能只关注项目投产所产生的现金流量，还要考虑该项目可能对公司其他部门造成有利或不利的影响。例如，新产品上市后，可能导致原有其他产品的销量减少，而且整个公司的销售额也许不会增加甚至会减少，因此公司在进行投资决策分析时，就不应该直接将产品的销售收入作为增量收入来处理，而应扣除其他部门因此减少的销售收入。当然，也可能发生相反的情况，新产品上市之后促进了其他部门的销售增长。虽然这种影响在实务中很难准确计量，但决策者在进行投资决策时仍要将其考虑在内。

视频　确定现金流量注意的问题

4. 要考虑对净营运资本的影响。通常情况下，当企业投资一项新业务后，由于销售额扩大，其对存货、应收账款等流动资金的需要量也会增加，企业必须筹措新的资金以满足这种额外需求；另外，企业扩充也会导致应付账款与应付费用的增加，从而降低企业流动资金的实际需要。净营运资本增加额等于增加的流动资产与增加的流动负债的差额。

资本投资项目所涉及的时期都比较长，因此，在现金流量预测中应当综合考虑各方面因素，尽量考虑一些水平较高的预测手段，比如统计预测等。如果准确预测现金流量出现了极大的困难，极有可能从一个方面表明现金流量的风险很大，必须审慎处理。

5. 项目现金流量不包含利息支出（Interest Expense）。在评价投资项目和确定现金流量时，我们一般是将投资决策和融资决策分开考虑的，即企业进行投资决策时，是不考虑项目的融资来源的，或者说我们假设项目所需资金全部是自有资本，因此，利息支出不作为该投资项目的相关现金流量。从融资角度考虑，我们进行项目决策时采用的资本成本，是综合了负债、所有者权益各种资本成本后计算的加权资本成本，将其作为折现率实际上已经考虑到利息问题了，如果在计算项目现金流量中再扣除利息支出，则重复计算了资本成本。

6. 现金流量的发生时间。我们必须对现金流量的时间作出合理的估计。会计利润表是按期报告的，比如每年或每月，但它并不能准确反映发生的现金收入或者现金费用的确切时间。由于货币时间价值的存在，资本投资项目中的现金流量在理论上应该按照其准确的发生时间来分析。当然，在准确性与可行性之间也要作出权衡和取舍。从理论上讲，建立按天计算的现金流量是最为精确的，但是按天估计现金流量的成本太高，这样的做法是不可取的，而且也许不会比按年估计现金流量更精确，因为我们的预测不可能足够的精确，来确保达到如此详细的程度。在绝大多数情况下，我们都简单假设所有现金流量都发生在每年年末。然而，对于某些项目来说，也许有必要假设现金流量发生在年中，或者也可以按照每个季度或每个月份估计现金流量。

想一想：假定你计划自主创业，现在进行一个投资项目，你应该考虑哪些因素？

增量现金流量（Incremental Cash Flows）：指由于决定投资项目所直接导致的未来现金流量的增加（或减少）量。

三、资本投资项目现金流量确定

到目前为止，我们对现金流量进行了初步分析，但是我们还没有涉及它们对资本投资项目的影响。从概念上讲，这些决策是直截了当的：当且仅当项目的增量现金流量（Incremental Cash Flows）的净现值为正值时，潜在项目才会为企业的股东创造价值。然而在实践中，这些现金流量的估算并不容易。

增量现金流量会受到相应项目（扩张项目或者更新项目）的影

响。新扩张项目是企业投资于意在增加营业收入的净资产。在这里，增量现金流量就是项目的现金流入量和现金流出量的差额。事实上，企业可以将拥有项目的价值和没有项目的价值进行对比。相反，更新项目是企业用新资产替代现有资产。在这种情况下，增量现金流量是企业由于投资项目所带来的额外现金流入和现金流出。在更新项目分析中，企业要比较如果采用新项目的价值与继续使用原有资产的价值。

尽管存在这些差别，评估扩张项目和更新项目的一般原则是相同的。在这两种情况下，现金流量一般包括以下项目：

1. 初始现金流量。初始现金流量包括与相应项目相联系的固定资产、无形资产等支出，加上各种经营性资本的增加额。

初始现金流量（Initial Cash Flow）：指项目投资开始时发生的全部现金流量。

2. 经营现金流量。主要指在项目的经济寿命期内发生的增量现金流量。年度的经营现金流量等于净利润加折旧。要注意：（1）折旧因为是非付现成本，因此需要加回来；（2）融资成本（包括利息费用）并不包括在内，因为在折现过程中已经考虑了。

3. 终结现金流量。在一个项目的寿命期结束时，经常会获得某些额外的现金流量。这些现金流量包括固定资产的残值变现收入，如果资产不是按照账面价值出售的，还要考虑由此引起的所得税变化，再加上净经营性营运资本的收回额。

终结现金流量（Terminal Cash Flow）：指项目投资完结时所发生的全部现金流量。

在项目寿命周期中的每一年中，净现金流量取决于上述三种现金流量的总和。

根据以上我们对项目现金流量的分析，可以得出投资项目经营现金流量计算公式如下：

公式一：

$$\text{年经营现金流量} = \text{营业现金收入} - \text{付现成本} - \text{所得税} \quad (7-1)$$

公式二：

$$\begin{aligned}\text{年经营现金流量} &= \text{净利润} + \text{折旧} \\ &= \text{税前利润} + \text{折旧} - \text{所得税} \quad (7-2)\end{aligned}$$

公式三：

$$\begin{aligned}\text{年经营现金流量} &= \text{营业现金收入} \times (1 - \text{所得税税率}) - \text{付现成本} \times \\ &\quad (1 - \text{所得税税率}) + \text{折旧} \times \text{所得税税率} \\ &= (\text{营业现金收入} - \text{付现成本}) \times \\ &\quad (1 - \text{所得税税率}) + \text{折旧} \times \text{所得税税率} \quad (7-3)\end{aligned}$$

【例 7-2】 东方股份公司对其现有市场进行了为期一年的调研，已经支出市场调研费 50 万元，目前决定投资一个新项目用于生产 M 产品。该项目需要新购置一套设备，购买价格 500 万元，运输费 20 万元，安装调试费 80 万元。设备使用寿命 6 年，项目终结时设备变现价值 50 万元（设备采用直线法折旧，净残值率 5%）。项目建成后预计第 1 年至第 6 年该项目的营业现金收入分别为 700 万元、850 万元、1 050 万元、1 200 万元、1 000 万元和 850 万元，营业付现成本为营业收入的 40%，付现期间费用分别为 200 万元、220 万元、250 万元、290 万元、260 万元和 230 万元。项目初始时垫支流动资金 120 万元，项目终结时收回。公司项目投资要求的必要报酬率为 10%，所得税税率为 25%。

计算确定投资项目的现金流量。

确定项目现金流量：

1. 项目初始现金流量：

（1）设备购买支出：600 万元。

（2）垫支流动资金：120 万元。

项目投资现金流量：600 + 120 = 720（万元）

2. 经营期现金流量：

设备年折旧：$\frac{600\times(1-5\%)}{6}=95$（万元）

第 1 年：$[700\times(1-40\%)-200]\times(1-25\%)+95\times25\%$
$=188.75$（万元）

第 2 年：$[850\times(1-40\%)-220]\times(1-25\%)+95\times25\%$
$=241.25$（万元）

第 3 年：$[1\,050\times(1-40\%)-250]\times(1-25\%)+95\times25\%$
$=308.75$（万元）

第 4 年：$[1\,200\times(1-40\%)-290]\times(1-25\%)+95\times25\%$
$=346.25$（万元）

第 5 年：$[1\,000\times(1-40\%)-260]\times(1-25\%)+95\times25\%$
$=278.75$（万元）

第 6 年：$[850\times(1-40\%)-230]\times(1-25\%)+95\times25\%$
$=233.75$（万元）

3. 终结点非经营现金流量：

（1）设备变现残值：50 万元

（2）垫支流动资金回收：120 万元

（3）残值出售纳税：$(50-600\times5\%)\times25\%=5$（万元）

项目现金流量：50 + 120 − 5 = 165（万元）

本章主要名词概念

资本投资	现金流量	现金流出量
建设投资支出	净经营性营运资本投资	现金流入量
经营现金流量	现金净流量	机会成本

沉没成本　付现成本　增量现金流量
初始现金流量　终结现金流量

本章小结

现金流量是资本投资决策中的关键问题，任何投资项目决策的评价均离不开现金流量的预测。本章主要介绍了现金流量的基本概念、现金流量构成及计算方法。具体内容包括：

1. 资本投资决策（Capital Investment Decision）是一个以评估和选择为实现企业价值最大化目标的项目投资过程。

2. 资本投资决策的特点包括：(1) 耗费大；(2) 长期性；(3) 不可逆转性；(4) 风险高。

3. 资本投资决策的类型有多种，主要包括：(1) 更新决策：保持业务能力；(2) 更新决策：降低成本；(3) 扩张决策：现有产品或市场扩张；(4) 扩张决策：新产品或新市场的扩张；(5) 环保决策：安全以及环境项目；(6) 其他决策项目。

4. 资本投资决策的基本程序：(1) 资本投资项目方案设计；(2) 资本投资项目评价；(3) 资本投资项目决策选择；(4) 资本投资项目方案实施。

5. 现金流出量。现金流出量（Cash Outflow）是指一项资本投资项目所引起的整个寿命期内所发生的现金支出的增加量。项目现金流出量具体包括：(1) 建设投资支出；(2) 净经营性营运资本投资；(3) 所得税支出。

6. 现金流入量。现金流入量（Cash Inflow）是指一项投资项目引起的整个寿命期内所发生的现金收入的增加量。项目现金流入量主要包括：(1) 经营现金流量；(2) 固定资产残值净收入；(3) 垫支净经营性营运资本收回。

7. 现金净流量。现金净流量（Net Cash Flow）是指一定期间内投资项目现金流入量与现金流出量的差额。现金净流量可以按一年计算，也可以按整个项目的持续寿命来计算。

8. 进行投资项目决策时要注意区分增量现金流量、初始现金流量、经营现金流量和终结现金流量。

9. 投资项目经营现金流量的计算公式包括：

(1) 年经营现金流量 = 营业现金收入 − 付现成本 − 所得税

(2) 年经营现金流量 = 净利润 + 折旧

(3) 年经营现金流量 =（营业现金收入 − 付现成本）×（1 − 税率）+ 折旧 × 所得税税率

第八章

资本投资决策：方法与应用

学习目标

学习本章后，您应该做到：

1. 熟悉并掌握净现值方法的计算原理与应用；
2. 熟悉并掌握内含报酬率方法的计算原理与应用；
3. 理解并掌握净现值与内含报酬率的比较分析；
4. 理解并掌握投资回收期、会计收益率等方法的计算原理；
5. 熟练运用相关评价指标进行投资项目决策案例的分析与应用。

学习重点与难点

净现值法、内含报酬率法的计算原理和比较；平均年成本的计算与应用；不同环境条件下项目投资决策的分析和应用。

学习思维导图

- 资本投资
  - 资本投资方法
    - 净现值法
    - 内含报酬率法
    - 净现值与内含报酬率比较
    - 盈利能力指数法
    - 投资回收期法
    - 会计收益率法
  - 资本投资决策
    - 扩张决策评价
    - 更新决策评价
    - 成本降低决策评价
    - 资本限额决策评价
    - 通货膨胀下决策评价

引导案例

当地时间2019年10月24日下午，在泰国总理巴育的见证下，泰国东部经济走廊（EEC）连接三机场高铁项目在泰国总理府和平友谊楼举行协议签约仪式。

本项目是中国企业首个海外高铁投资类项目，也是泰国首个高铁投资类项目和泰国东部经济走廊特区的首个投建营一体化项目，总投资额2 245.44亿泰铢（约合人民币524.16亿元）。签约一方为泰国国家铁路局，另一方为正大控股有限公司牵头组成的联营体“东部连接三机场高铁有限公司”，成员包括中国铁建股份有限公司以及泰国企业曼谷高速公路和地铁（大众）有限公司、意大利－泰发展（大众）股份有限公司和初干创（大众）股份有限公司等。中国铁建作为高铁设计、建造的大型建筑产业集团，将承担项目EPC总承包任务。

本项目作为泰国基础设施建设发展迈出的重要一步，将通过机场快轨和高铁把廊曼机场、素万那普机场和乌塔堡机场三大主要机场连接起来，总里程220公里，最高时速250公里，建设期5年，运营期45年。项目建成后沿线各车站将带动区域内城市化发展，在项目建设阶段将直接产生约1.6万个就业岗位，在未来5年内将产生约10万个就业岗位，带来约6 500亿泰铢的社会经济回报。

这是中国铁建落实“三转”战略、推动“海外优先”的具体实践，也是中国企业在“一带一路”沿线参与重大项目合作的又一重要成果，将有力推动中国高铁“走出去”步伐，提升中国企业在泰国乃至东南亚交通基础设施领域的影响力。

（资料来源：王松锋、周伟：《中国企业首个海外高铁投资类项目签约》，载于《中国青年报》2019年10月24日）

第一节 资本投资决策：原理与方法

一、净现值

（一）基本原理

净现值（Net Present Value，NPV）是指投资方案在项目有效期内，其未来的期望现金流量，按一定的折现率折算的现金流入现值减去全部现金流出现值后的差额。也就是说，净现值是把与某投资项目有关的现金流入量都按现值系数折成现值，然后同初始投资额现值比较计算的差额。

净现值（NPV）：在项目计算期内，按一定折现率计算的各年净现金流量现值的代数和。

净现值的计算步骤如下：

1. 确定投资项目每年的现金流量，包括现金流入量和现金流出量。

2. 对项目的现金流量进行折现，计算净现值。

3. 如果净现值为正数，该投资项目的报酬率大于预定的折现率，项目可以接受；如果净现值为负数，该投资项目的报酬率小于预定的折现率，项目应被否决；如果两个有正净现值的项目是互斥的，则选择净现值高的项目。净现值（NPV）计算公式如下：

视频 投资决策净现值法

$$NPV = \sum_{t=0}^{n} \frac{CF_t}{(1+i)^t} \tag{8-1}$$

式中，NPV——净现值；

CF_t——在第 t 年的期望现金流量；

n——项目寿命期；

i——项目的必要报酬率或资本成本。

运用净现值评价和分析投资方案时要合理确定折现率。在项目评价中，正确地选择折现率至关重要，它直接影响项目评价的结论。如果选择的折现率过低，则会导致一些经济效益较差的项目得以通过，从而浪费了有限的社会资源；如果选择的折现率过高，则会导致一些效益较好的项目不能通过，从而使有限的社会资源不能充分发挥作用。在实务中，通常以投资项目的资本成本或投资者要求的报酬率作为折现率。运用净现值评价和分析投资方案时要注意以下两点：第一，合理确定投资的必要报酬率；第二，要正确理解净现值的含义。净现值实际上是一项投资在实现其必要报酬率后多得报酬的现值，也可以看作一项投资较要求所节省的投资金额。

利用净现值进行投资决策时，对于独立方案，当投资方案的净现值为正时才能接受，反之则应拒绝；对于多个互斥方案，则应该选择净现值最大且为正的方案。如果一个项目的净现值等于零，说明该项目的现金流入恰恰回收了投资的成本，并提供了与企业要求的报酬率相等的报酬水平。如果净现值大于零，正的净现值所反映的是项目投资所带来的超额利润。

【例 8-1】 东方股份有限公司现拟扩大基础设施建设，初步拟定两个备选方案：项目 S 和项目 L，其预计现金流如图 8-1 所示：这两个项目的风险、投资成本、营运资金投资、税收、折旧和残值都是相同的。最后，假设所有的现金流在年末发生。此外，S 代表短期，L 代表长期：项目 S 是短期项目，意味着其现金流比项目 L 短（见图 8-1）。

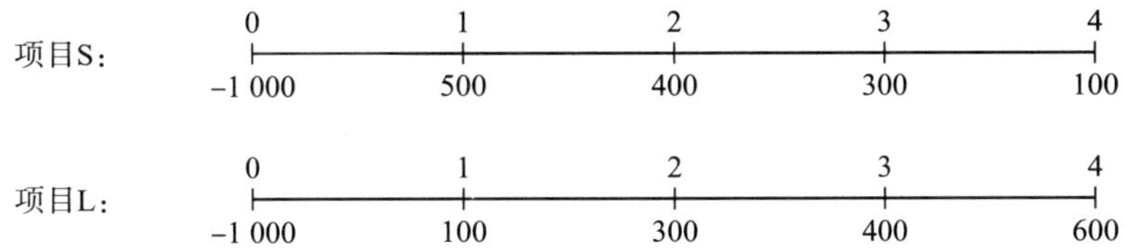

年份	预期税后净现金流量CF_t	
	项目S	项目L
0	(1 000)	(1 000)
1	500	100
2	400	300
3	300	400
4	100	600

图 8－1　项目 S 和项目 L 现金流量分布

若东方股份公司的资本成本为 10%，则可计算项目 S 的净现值为：

$$NPV_S = -1\ 000 + 500 \times 0.9091 + 400 \times 0.8264 + 300 \times 0.7513 + 100 \times 0.6830$$

$$= 78.82 \text{（万元）}$$

项目 S 的计算过程如图 8－2 所示。

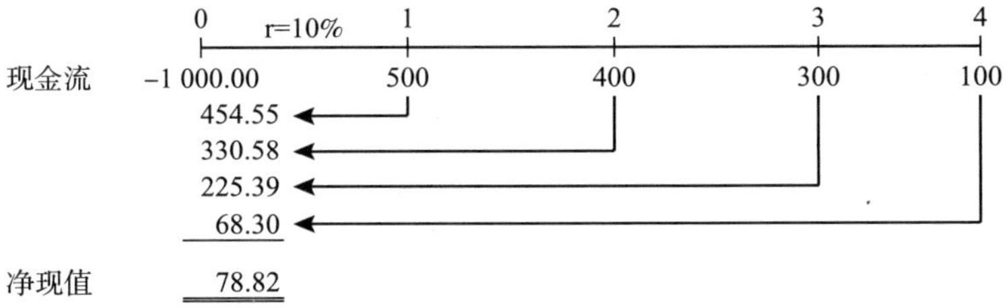

图 8－2　项目 S 净现值计算过程

同理可计算项目 L 的净现值：NPV_L =49.18 万元。如果这两个项目是独立的，则两个项目都会接受，但若是互斥项目，则项目 S 优于项目 L。

（二）复杂现金流

一般来讲，在整个资本投资周期内现金流往往是不均匀的，而且支出也可能不止一期。公式（8－1）清楚地表明，计算净现值不需要现金流一定是均匀发生的。同样，它也没有要求所有的未来现金流都必须大于零。

【例 8－2】 假设一项投资的预期现金流如表 8－1 所示。

表 8-1　　投资项目不均匀现金流及混合现金流　　金额单位：万元

时间	现金流	现值（报酬率 10%）
0 年	-1 000	-1 000
第 1 年年末	+1 000	909.00
第 2 年年末	-2 000	-1 652.89
第 3 年年末	+3 000	2 253.94
净现值		510.14

如果在未来几年内有新的现金支出，净现值的财富效应可能不明显，但它仍然存在。比如，假设我们希望在今天有足够多的资金，可以为表 8-1 中的投资筹集现在和未来需要的现金流出。按照 10% 的报酬率用 1 652.89 万元进行短期投资可以在第 2 年年末得到支出所需的 2 000 万元。因此，今天必须进行的总投资是：

$$1\ 000+\frac{2\ 000}{(1+10\%)^2}=2\ 652.89\text{（万元）}$$

对该投资而言，我们在第 1 年年末和第 3 年年末分别收到 1 000 万元和 3 000 万元。如果投资于其他地方，为了获得相同的报酬，必须支付未来流入现金的价值：

$$\frac{1\ 000}{1+10\%}+\frac{3\ 000}{(1+10\%)^3}=3\ 163.03\text{（万元）}$$

因此，与在其他项目上获得同样报酬所花费的成本支出相比，该项投资能使我们节约 510.14 万元。净现值在复杂现金流的情况下仍能衡量财富效应。

（三）永续现金流

有些投资不但每年现金流不相等，而且可能在时间上是连续产生现金流，实质上构成了永续现金流（Perpetual Cash Flow）。假定目前有一家通信公司花费 5 000 万元做电视广告宣传其新的通宵通信服务的时候，管理者们一定期望在这一市场上获得一个永久的地位。

永续年现金流净现值计算公式如下：

$$NPV=\frac{CF_1}{k-g}-I_0 \qquad (8-2)$$

式中，CF_1——预期第 1 年年末的现金流；

g——预期现金流固定增长率。

【例 8-3】 2014 年 1 月 30 日联想集团宣布用 29 亿美元收购摩托罗拉移动。假定预期能获得永久的现金流。若联想要求的报酬率是 15%，并且摩托罗拉移动预期会在每年年底产生 4 亿美元的现金流。

则净现值为：

$$NPV=\frac{4}{15\%-0}-29=-2.33\text{（亿美元）}$$

显然，该投资是没有吸引力的，因为它会减少财富（NPV 为负值）。但如果按照预期，从第 1 年年末 4 亿美元开始，现金流会每年增长 4% 的话，则：

$$NPV=\frac{4}{15\%-4\%}-29=7.36\text{（亿美元）}$$

此时，该项并购净现值是正值，因此，该项投资对投资者而言是具有吸引力的。

净现值法主要具有以下优点：（1）净现值的计算考虑了货币时间价值，增强了投资经济性的评价。（2）净现值的计算考虑了项目计算期全部的现金流量，体现了流动性和收益性的统一。（3）净现值的计算考虑了投资风险性。折现率的大小和风险的大小有关，风险越大，折现率就越高，反之亦然。（4）净现值能明确地反映出从事一项投资会使企业增值（或减值）数额的大小，正的净现值即表示企业价值的增加值。因此，净现值是一个广为推崇的投资评价指标。

二、内含报酬率

（一）内含报酬率原理

内含报酬率（Internal Rate of Return，IRR）亦称内部收益率，是指能够使项目预期的现金流入量总现值等于项目投资成本（总现金流出）现值的折现率，或者说是使投资方案净现值为零的折现率。

内含报酬率与资本成本

内含报酬率法是以内含报酬率为标准评价和分析投资方案的方法。内含报酬率是根据方案的现金流量计算的，是方案本身的投资报酬率。运用内含报酬率法进行决策分析时，往往要和企业投资的必要报酬率相比较，若一项投资项目的内含报酬率高于企业的投资必要报酬率，则说明其效益要比企业期望的更好，一般说来，投资项目的内含报酬率越高，其效益越好。其计算公式如下：

$$NPV=\sum_{t=0}^{n}\frac{CF_t}{(1+IRR)^t}=0 \qquad (8-3)$$

视频　投资决策内含报酬率法

根据投资的现金流入和现金流出的不同模式，内含报酬率的测算有两种方法：

1. 年金插值法。如果每期的现金流量相等，投资的内含报酬率可以采用插值法计算。计算程序如下：

首先，计算投资项目寿命期内的年金现值系数：

$$年金现值系数\ (PV_{i,n}) = \frac{现金流出现值}{每年的现金净流量}$$

其次，根据求得的年金现值系数，查年金现值系数表，找出在相同期限内与所求年金现值系数相等或相近的系数值。若找到相等的年金现值系数，所对应的报酬率即为内含报酬率；若无恰好相等系数，则找出与所求年金现值系数相近的较大和较小的两个系数值。

插值法（Interpolation）：指利用函数 f(x) 在某区间中已知的若干点的函数值，作出适当的特定函数，在区间的其他点上用这个特定函数值作为函数 f(x) 的近似值。

最后，根据上述两个相近的系数值对应的折现率和已求得的年金现值系数，采用插值法计算出该投资方案的内部报酬率。

2. 逐次测试法。如果每期的现金净流量不相等，投资的内含报酬率就需要采用逐次测试法计算。计算程序如下：

首先，先预估一个报酬率，并按此报酬率计算投资的净现值。如果计算出的净现值为零，则此时所采用的折现率即为该项目的内含报酬率；如果计算出的净现值为正数，则表示估计的折现率小于该项目的实际内含报酬率，这时，应该提高折现率再进行测算；如果计算出的净现值为负数，则表明预估的折现率大于该方案的实际内含报酬率，应该降低折现率再进行测算。经过反复的测算，直到求出使净现值由正变负的两年相邻的折现率。

其次，根据上述邻近的两个折现率再采用插值法计算出该投资方案的内含报酬率。

应用内含报酬率法进行决策时，对于独立方案，当内含报酬率高于企业的投资必要报酬率时，则可接受该方案，否则就应拒绝该投资方案；对于多个可行的互斥方案进行决策时，应该选择内含报酬率最大的方案。

【例 8－4】 东方股份公司拟进行一项投资，现有两个项目可供选择，两项目的初始投资总额均为期初一次投入 500 万元，公司要求的最低报酬率为 8%，两项目预计寿命期均为 5 年，期满无残值。它们在寿命期内的各年的现金流入量分布情况如表 8－2 所示。

表 8－2　　东方股份公司项目现金流量　　金额单位：万元

方案		年度					
		0	1	2	3	4	5
项目甲	原始投资	(500)					
	各年现金净流量		140	140	140	140	140
项目乙	原始投资	(500)					
	各年现金净流量		130	160	180	150	80

根据上述资料，计算项目甲、项目乙两投资方案的内含报酬率并做出投资决策。

由于项目甲的每年 NCF 相等，均为 140 万元，先求其年金现值系数。

$$年金现值系数 = \frac{原始投资额}{各年\ NCF} = \frac{500}{140} = 3.5714$$

查“1 元年金现值系数表”在第 5 期这一行与 3.5714 相邻近的年金现值系数的相应折现率为 12% 和 14%，所以，3.5714 的折现率应在 12% ~14% 之间。

采用插值法项目甲的内含报酬率：

$$项目甲\ IRR = 12\% + \frac{3.6048 - 3.5714}{3.6048 - 3.4331} \times (14\% - 12\%) = 12.39\%$$

项目乙各年的 NCF 不等，要采用逐次测试法，第一次先用 12%，并编制项目乙净现值的逐次测试，如表 8-3 所示。

表 8-3　　项目乙方案净现值　　金额单位：万元

年份	各年 NCF	第一次测试 12%		第二次测试 14%	
		现值系数	现值	现值系数	现值
1	130	0.8929	116.08	0.8772	114.04
2	160	0.7972	127.55	0.7695	123.12
3	180	0.7118	128.12	0.6750	121.50
4	150	0.6355	95.33	0.5921	78.15
5	80	0.5674	45.39	0.5194	41.55
现金流量总现值			512.47		478.36
原投资额			500		500
净现值			12.47		-21.64

由表 8-3 计算可知，第一次测试的结果，净现值为 12.47 万元，说明应再提高折现率进行第二次测试。改用 14% 计算，其结果净现值为负数 21.64 万元。所以乙方案的内含报酬率一定是介于 12% ~14% 之间，运用插值法计算项目乙的内含报酬率：

$$项目乙\ IRR = 12\% + \frac{12.47}{12.47 - (-21.64)} \times (14\% - 12\%) = 12.73\%$$

公司要求的最低投资报酬率为 8%，如果两个项目是独立的，则项目甲、项目乙两方案皆可行；如果它们是互斥的，则项目乙接受，项目甲应该初步否决；如果公司要求的必要报酬率（或资本成本）高于 12.73%，两个项目都应该被否决。

内含报酬率法的优点在于：（1）内含报酬率的计算考虑了货币时间价值，能从动态的角度直接反映投资项目的实际收益水平。（2）内含报酬率表示投资项目内在报酬率，所以能在一定程度上反映投资效率的高低，比较客观，易于理解。内含报酬率法的缺点主要表现在：（1）内含报酬率法的计算比较复杂，特别是投资项目每年现金流量不相等的情况下，需要经过多次测算才能求得。（2）当经营期内大量追加投资，项目的现金流量出现正负交替的时候，可能导致出现多个 IRR，从而使其缺乏实际意义。

（二）多个内含报酬率

有一种情况下内含报酬率不可靠——当项目的现金流不正常的时候。如果项目在一个或者多个现金流出（成本）以后有一系列现金流入，此类项目则称为有正常的现金流（Normal Cash Flows）。正常的现金流在符号上只有一次变化，即：开始是负的现金流，之后变成正的现金流，并一直保持。当符号的变化多于一次时，即为非正常的现金流（Nonnormal Cash Flows）。例如，一个项目以负的现金流开始，转变为正的现金流，进而又变回负的现金流：现金流有两次符号变化——由负到正，然后变回负——此即非正常现金流。非正常现金流的项目实际上有两个或者多个内含报酬率，为了说明这一点，考虑计算项目内含报酬率的公式：

$$\sum_{t=0}^{n} \frac{CF_t}{(1 + IRR)^t} = 0 \qquad (8-4)$$

式（8-4）是 n 次多项式，可能有 n 个不同的根或解。当投资是正常的现金流（一个或者多个现金流出之后有一系列现金流入）时，除一个实根之外，所有的解均是虚根，因此在正常的情况下，只有一个内含报酬率存在。但是，当项目有非正常现金流（在项目已经运行以后的某一年产生了负的净现金流）产生时，就存在有多个实根的可能，因此存在多个内含报酬率。

【例 8-5】东方股份公司正考虑支出 160 万元开发一个露天采矿厂（项目 M）。采矿厂在第 1 年年末产生 1 000 万元的现金流。然后，第 2 年年末，支出 1 000 万元用于把土地恢复到初始状态。因此，项目 M 的预计净现金流如下：

预计现金流（万元）

0 年	第 1 年年末	第 2 年年末
-160	+1 000	-1 000

将这些数据代入式（8-4）中，得出投资的内含报酬率为：

$$NPV = \sum_{t=0}^{n} \frac{CF_t}{(1 + IRR)^t} = \frac{-160}{(1 + IRR)^0} + \frac{1\,000}{(1 + IRR)^1} + \frac{-1\,000}{(1 + IRR)^2} = 0$$

求解得出：当 IRR = 25% 和 IRR = 400% 时，NPV = 0。因此，投资的内含报酬率是 25% ~400%。图 8 -3 形象地说明了这个问题。

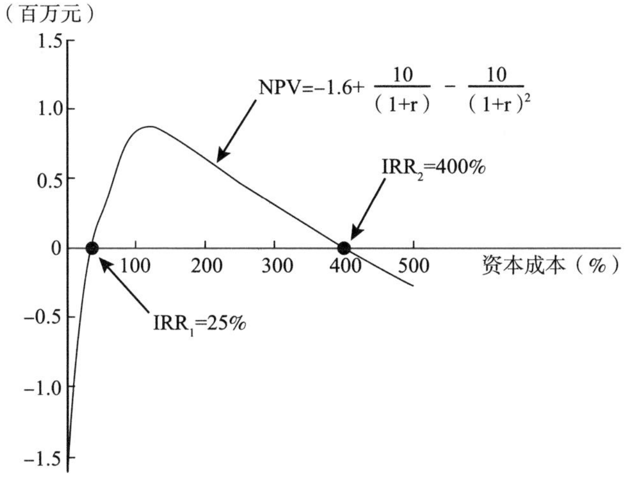

图 8 -3 项目 M 的净现值

使用净现值法则不存在这种问题。通过其计算可知，如果项目 M 的资本成本是 10%，那么净现值为 -77 万元，项目将被拒绝。如果资本成本在 25% ~400%之间，净现值为正。

该例说明了当项目有非正常现金流时，多个内含报酬率是如何产生的。与此相反，净现值标准可以很容易使用，这种方法能从概念上推导出正确的资本投资决策。

（三）修正的内含报酬率（MIRR）

尽管理论界对净现值有着强烈的偏好，但调查显示众多企业管理者似乎更喜欢使用内含报酬率进行决策。对于管理者来说，他们认为用报酬的百分比（内含报酬率）要比净现值更为直观。为此，我们需要对内含报酬率指标进行修正，然后用修正的内含报酬率（Modified Internal Rate of Return）进行投资决策分析。

根据内含报酬率的定义，现金流出与现金流入的关系可用下式表示：

现金流出现值 = 现金流入终值的现值

即：
$$\sum_{t=0}^{n}\frac{COF_t}{(1+K)^t}=\frac{\sum_{t=0}^{n}CIF(1+K)^{n-t}}{(1+MIRR)^n} \quad (8-5)$$

式中，COF——现金流出量；

CIF——现金流入量；

MIRR——修正的内含报酬率；

n——项目预计年限；

K——折现率，即必要报酬率。

公式的左边是以资本成本为折现率的投资支出的现值，右边是现金流入按资本成本为再投资报酬率计算的终值和按 MIRR 折现的现值。这样，现金流入的终值的现值等于现金流出现值，其折现率为修正的内含报酬率（MIRR）。

其计算原理如图 8－4 所示。

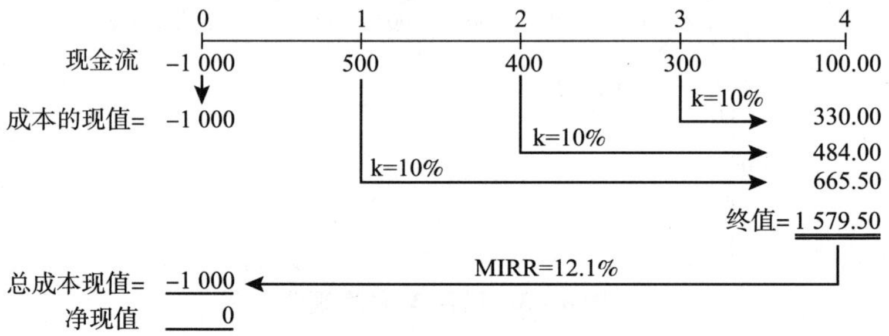

图 8－4 修正内含报酬率计算过程

修正的内含报酬率与传统的内含报酬率相比，有一个显著的优点。传统的内含报酬率假定投资项目产生的现金流量按项目的内含报酬率再投资，而修正的内含报酬率假定项目所产生的现金流量按照资本成本再投资。由于以资本成本再投资假设更加合理，所以修正的内含报酬率是反映项目真实盈利能力的较好指标。

最后我们的结论是，作为一个判断项目的“真实的”回报率或者“预期的长期回报率”的指标，修正的内含报酬率要优于传统的内含报酬率，但是在互斥项目间进行决策时，净现值法仍然是最好的方法，因为它能准确地计算出每个项目究竟能给公司增加多少价值。

三、净现值与内含报酬率比较

（一）净现值曲线

净现值法与内含报酬率法都是考虑货币时间价值因素的动态评价方法，前者反映的是资本投资项目实际获得财富的多少，后者反映投资报酬率的高低。若内含报酬率高于必要报酬率，净现值为正，此时，无论使用哪种方法对投资项目进行评价，我们都会接受该项目；反之，若内含报酬率低于必要报酬率，净现值则为负值，无论以何种方法为依据，我们都会拒绝该项目。因此，我们可以看到，当企业分析和评价一个单一的、独立的及常规性投资方案的投资效益时，运用净现值法与内含报酬率法所得出的结论是一致的。这主要取决于以下三个假设：

第一，企业在进行投资决策分析与评价时，投资方案必须是单一型决策，或者采纳，或者拒绝，二者只能选其一。

第二，投资方案必须是独立的，即该方案的实施与否不影响其他投资方案。

第三，投资方案必须是常规性投资。也就是说，一项投资在一期或数期现金流出之后随之是数期现金流入（或者是先有现金流出后有现金流入）。

从许多方面看，NPV 法优越于 IRR 法，因此，可以说 NPV 法是最优的方法，应该在项目选择中予以采用。然而，IRR 方法为许多公司经理人员所熟悉，在业界得到广泛的采用。因此，不仅理解 IRR 方法是重要的，而且同样重要的是，能够解释为什么在有些情况下，在面对互斥方案和项目时，具有更低的 IRR 的项目可能是应该优先考虑的。所以，为了更好地进行投资决策分析，我们需要比较净现值曲线。

净现值曲线（Net Present Value Profile）：指反映投资项目下不同资本成本（折现率）与净现值变化关系的曲线。

【例 8 -6】东方股份公司拟投资一个建设项目，现在有两套方案可供选择。有关资料如表 8 -4 所示。

表 8 -4　　**东方股份公司投资项目**　　金额单位：万元

年份	项目甲	项目乙
0	(1 000)	(1 000)
1	500	100
2	400	300
3	300	400
4	100	600

注：公司要求的最低投资报酬率为 10%。

经过计算，项目甲的净现值为 78.82 万元；项目乙的净现值为 49.18 万元。我们运用该数据绘制净现值曲线，如图 8 -5 所示。

图 8 -5 中是项目甲和项目乙的 NPV 曲线。要建立 NPV 曲线，首先，注意在资本成本为零的情况下，NPV 就是项目不折现的现金流量总和。因此，在资本成本为零的情况下，$NPV_{甲}=300$ 万元，而 $NPV_{乙}=400$ 万元。这些数值就是图 8 -5 中纵轴上的截距。其次，我们分别按照三种资本成本水平，即 5%、10% 和 15% 计算项目的 NPV，连接各个数据点，我们就得出净现值曲线。回忆我们上面讲述的内含报酬率的定义，IRR 是指能使投资项目净现值等于零的折现率。因此，净现值曲线与横轴相交的点的数值即为该投资项目的内含

视频　净现值法与内含报酬率法比较

报酬率。NPV 曲线在投资项目分析中非常有用。

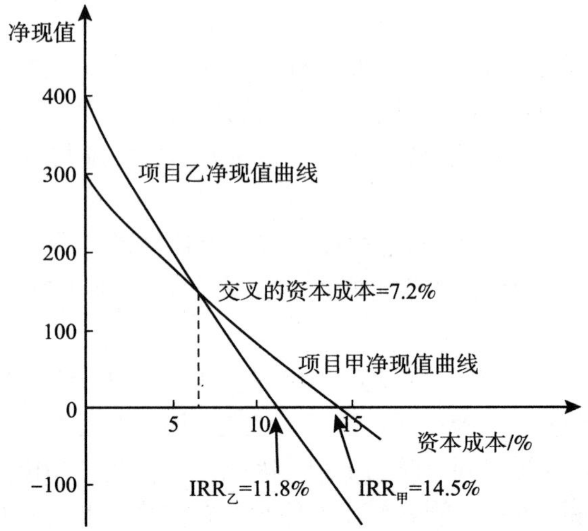

资本成本（%）	NPV	NPV
0	300.00	400.00
5	180.42	206.50
10	78.82	49.18
15	（8.33）	（80.14）

图 8－5　净现值曲线：不同资本成本下的项目净现值

（二）NPV 排序取决于资本成本

图 8－5 表明，项目甲和项目乙的 NPV 曲线都随着资本成本的增加而下降。但是注意，在图 8－5 中，当资本成本较低时，项目乙的 NPV 较高，而当资本成本升高超过 7.2% 的交点资本成本率时，项目甲的 NPV 较高。同样请注意，与项目甲相比，项目乙的 NPV 对于资本成本的变化“更敏感”，也就是说，项目乙的净现值曲线有更高的斜率，这表明资本成本（K）的一定变化对于 $NPV_{乙}$ 的影响要超过对于 $NPV_{甲}$ 的影响。

要说明为什么项目乙有更大的敏感性，请注意东方股份公司的相关数据，项目甲的现金流量比项目乙的现金流量来得快。从投资回收期角度看，项目甲是一个短期项目，而项目乙是一个长期项目。资本成本增加对于远期现金流量比对于近期现金流量有更大的影响。为说明这一点，考虑下面的计算：

在 K＝5% 的情况下，1 年到期 100 元的现值为 95.24 元。

在 K＝10% 的情况下，1 年到期 100 元的现值为 90.91 元。

更高的 K 所带来的现值下降的百分比：

$$\frac{95.24-90.91}{95.24}=4.5\%$$

在 K = 5% 的情况下，20 年到期 100 元的现值为 37.69 元。

在 K = 10% 的情况下，20 年到期 100 元的现值为 14.86 元。

更高的 K 所带来的现值下降的百分比：

$$\frac{37.69 - 14.86}{37.69} = 60.6\%$$

因此，在折现率翻倍的情况下，1 年期现金流量的现值下降了 4.5%。但是，同样是折现率翻倍，20 年期现金流量的现值下降超过 60%。因此，如果项目的现金流量绝大部分产生于近期年份，在资本成本增加的情况下，其 NPV 不会下降很多，但是，如果一个项目的现金流量大部分在远期年份产生，在资本成本增加的情况下，项目的收益将受到严重损害。相应地，项目乙由于大部分现金流量产生在后几年，如果资本成本提高，将受到很大的影响；而项目甲由于现金流量回流相对较快，受资本成本提高的影响相对不大。因此，项目乙的 NPV 曲线就有更高的斜率。

（三）项目性质

项目性质是指投资项目属于独立项目还是互斥项目。

1. 独立项目。如果评估独立项目，那么 NPV 法和 IRR 法通常会得出相同的接受或者拒绝的决策：如果根据 NPV 标准是可以接受的，那么根据 IRR 标准也是可以接受的。不妨作进一步的说明，假设项目甲和项目乙都是独立项目，我们再观察一下图 8－5，请注意：第一，根据 IRR 标准两个项目都可以接受，因为相应的资本成本小于 IRR（或者在 IRR 的左边）；第二，每当项目的资本成本小于内含报酬率时，其 NPV 总是为正值。因此，只要资本成本小于 11.8%，项目乙就是可以接受的，根据 NPV 标准和 IRR 标准判断都一样，而如果资本成本大于 11.8%，根据两种方法判断，都应该拒绝这一项目。而项目甲——以及所有要考虑的其他独立项目——都可以作类似的分析，由此可以说明，只要根据 IRR 法判断可以接受，那么根据 NPV 法判断同样也可以接受。

独立项目（Independent Project）：指不受其他项目影响而独立选择的投资项目，或指该项目接受与否并不排除其他投资项目决策。

2. 互斥项目。现在，假设项目甲和项目乙是相互排斥的，而不是相互独立的。也就是说，我们可以选择项目甲，或者项目乙，或者我们可以拒绝两个项目，但是我们不能同时接受两个项目。请注意，在图 8－5 中，只要资本成本大于交点资本成本率 7.2%，那么：第一，$NPV_{甲}$ 就大于 $NPV_{乙}$；第二，$IRR_{甲}$ 就会超过 $IRR_{乙}$。因此，如果 K 大于交点资本成本率 7.2%，根据这两种方法的分析，都会选择项目甲。然而，如果资本成本低于交点资本成本率，根据 NPV 方法，项目乙就更好一些，而根据 IRR 方法，项目甲则更好一些。在正常情况下，如果资本成本低于交点资本成本率，就会出现相互矛盾的判

互斥项目（Mutually Exclusive Project）：指不能同时进行决策选择的项目。接受其中一个项目将排除其他项目的选择。

断。在两个互相排斥的项目中，NPV 分析的结论是要选择项目乙，而 IRR 分析的结论是要选择项目甲。那么，在这种情况下，哪一种方法的判断是正确的？合理的逻辑告诉我们，NPV 方法更好一些，因为依据这种方法选择项目，有利于实现股东财富最大化。

有两个基本条件会造成 NPV 曲线相交，从而使得 NPV 方法和 IRR 方法的结论相冲突：①当存在项目大小（或规模）上的差别时，也就是一个项目的成本大于另一个项目的成本时；②当存在时间上的差异时，也就是从两个项目所获得的现金流量的时间不同，从而一个项目的现金流量更多地发生在早期年份，而另一个项目的现金流量更多地发生在晚期年份时，就像上面所举的项目甲和项目乙的例子一样。

当项目规模和项目时间的差别发生时，企业就要将不同金额的资金投资于不同的年份，这取决于企业究竟在两个互相排斥的项目中选择哪一个。比如，如果一个项目的成本大于另一个项目，那么如果企业选择了小规模的项目，在 $t=0$ 时就将有更多的资金可以投资于其他方面。类似地，如果项目的规模相同，则在早期年份有大量的现金流量的项目——在我们例子中，就是项目甲——在早期年份会提供更多的再投资资金。在这种情况下，获得的不同现金流量究竟按照什么报酬率再投资就成为一个关键的问题。

要想解决在互斥项目之间选择时出现的矛盾，关键在于：相对于晚获得现金流量而言，更早地获得现金流量有多大用处？更早获得现金流量的价值取决于我们从这些现金流量上能够获得的报酬，也就是说，我们可以按照什么样的报酬率进行再投资。NPV 方法的假定是：获得的现金流量将按照资本成本再投资，而 IRR 方法的假定是：企业可以按照内含报酬率再投资。这些假定决定了折现过程的数学运算。有关的现金流量也许实际上会作为股利发放给股东，而股东将其用于购买各自所需物品，但是 NPV 方法假定现金流量可以按照资本成本再投资，而 IRR 方法假定现金流量可以按照项目的内含报酬率再投资。

NPV 与 IRR 哪个更好?

哪种假定更为合理呢——究竟现金流量可以按照资本成本再投资，还是可以按照项目的内含报酬率再投资？可以证明的是，最好的假定是项目的现金流量可以按照资本成本再投资。因此，我们的结论是：最好的再投资报酬率假定是再投资报酬率等于资本成本，这是与 NPV 方法相一致的。这反过来又告诉我们应该选择 NPV 方法，至少对于能够按照接近于目前资本成本获得资本的企业来讲应该如此。

我们需要重申，当项目独立的时候，NPV 方法和 IRR 方法会得出完全相同的接受或否定的结论。然而，在评估互斥项目时，特别是当这些项目在规模和时间上有差异时，应该采用净现值方法。

想一想： 在 NPV 法和 IRR 法出现矛盾冲突时，为什么要考虑“再投资报酬率”？

四、盈利能力指数

盈利能力指数（Profitability Index，PI），亦称为现值指数、获利指数等，现值指数的计算公式如下：

$$PI = \frac{\sum_{t=1}^{n} \frac{CF_t}{(1+i)^t}}{CF_0} \tag{8-6}$$

盈利能力指数有时也可以用净现值指数表达。净现值指数等于现值指数减1。

运用盈利能力指数法进行财务决策时，一项资本投资的现值指数小于1，表明投资效益不能达到必要的报酬率水平；若等于1，表明其效益等于必要的报酬率水平；盈利能力指数大于1，表明投资的效益高于投资的必要报酬率水平。运用盈利能力指数法选择投资方案的标准是：对于独立方案，投资的盈利能力指数大于等于1；对于互斥方案，应该选择盈利能力指数最大的方案。

【例8-7】 东方股份公司拟进行一项投资，现有两个项目可供选择，两项目的初始投资总额均为期初一次投入500万元，两项目预计寿命期均为5年，期满无残值。它们在寿命期内的各年的现金流入量分布情况如表8-5所示。

表8-5　　东方股份公司项目现金流量　　金额单位：万元

方案		年度					
		0	1	2	3	4	5
项目甲	原始投资	(500)					
	各年现金净流量		140	140	140	140	140
项目乙	原始投资	(500)					
	各年现金净流量		130	160	180	150	80

假定东方股份公司的必要报酬率为10%，计算项目甲、项目乙两方案的盈利能力指数。如果两种方案皆为可行方案，应该选择哪个方案？

根据所给的数据，代入公式，可以求得：

项目甲方案的盈利能力指数

$$= \frac{140 \times (P/A, 10\%, 5)}{500}$$

$$=140\times\frac{3.7908}{500}$$

$$=1.06$$

项目乙方案的盈利能力指数

$$=\frac{130\times0.9091+160\times0.8264+180\times0.7513+150\times0.6830+80\times0.6209}{500}$$

$$=1.08$$

甲乙两方案的盈利能力指数均大于1，所以这两个方案都是可行方案。因为乙方案的盈利能力指数大于甲方案的盈利能力指数，作为互斥方案的话，乙方案优于甲方案，应该选择乙方案。

盈利能力指数法的主要优点是考虑了货币的时间价值，可以进行独立投资机会获利能力的比较。盈利能力指数可以看成1元原始投资可望获得的现值净收益。与净现值相比，盈利能力指数是一个相对数，缺点主要在于计算盈利能力指数时需要首先确定折现率，因此仍然无法直接反映投资项目的实际收益率。

五、投资回收期

视频 投资决策非现值法

投资回收期（Pay-back Period，PP）是指一项投资的现金流入逐步累计至相等于现金流出总额，即收回全部原始投资所需要的时间。投资回收期是以投资项目经营后的现金净流量抵偿原始投资，也即累计现金净流量等于零的时间。它是反映项目财务上投资回收能力的重要指标。一般来说，投资回收期越短，收回投资的速度越快，投资项目承担的风险越小；反之，投资回收期越长，收回投资的速度越慢，投资项目所承担的风险越大。因此，投资回收期法是根据投资回收期的长短作为评估有关投资方案优劣的资本预算决策方法。根据年现金净流量是否相等，计算投资项目方案的回收期有两种计算方法：

1. 每年现金净流量相等。在资本投资决策中，如果项目每年的现金净流量相等，投资回收期的计算公式如下：

$$投资回收期（PP）=\frac{原始投资额}{每年的现金净流量} \quad (8-7)$$

【例8-8】东方股份公司拟进行一项投资，初始投资额为500万元，当年投产，预期寿命为10年，每年的现金净流量预计为100万元，试计算其投资回收期。

$$该项目的投资回收期=\frac{500}{100}=5（年）$$

2. 每年现金净流量不相等。如果资本投资项目每年的现金净流量不相等，投资回收期可按逐期累计现金净流量计算，当累计现金净流量与原始投资达到相等时所需的时间，即为投资回收期。

【例8-9】 东方股份公司现在进行的一项投资的初始现金流出量为1 500万元，当年投产，预期寿命为5年，各年的预期现金净流量依次为380万元、356万元、332万元、308万元和784万元，试计算其投资回收期。

由于各年的现金净流量不等，应先计算各年末尚未收回的投资额，如表8-6所示。

表8-6　东方股份公司项目现金流量　　金额单位：万元

年数	每年的净现金流量	年末尚未收回的投资额
1	380	1 120
2	356	764
3	332	432
4	308	124
5	784	—

该项目的投资回收期 $=4+\frac{124}{784}=4.16$（年）

利用投资回收期法进行投资决策时，首先要确定一个回收期标准，当投资方案回收期不超过此标准时则可接受该方案；当投资方案回收期超过此标准时，则拒绝该方案。对多个互斥方案进行选择时，应该选择回收期最短的方案。

为对回收期法做进一步分析，现假定有A、B、C三个投资项目，有关资料如表8-7所示。

表8-7　项目A、B、C预期现金流量　　金额单位：万元

年数	项目A	项目B	项目C
0	-100	-100	-100
1	20	50	50
2	30	30	30
3	50	20	20
4	60	60	600
回收期（年数）	3	3	3

通过表 8 -7 我们可以发现回收期法存在以下问题：

第一，回收期内现金流量的发生时间。我们先比较项目 A 和项目 B，项目寿命期内两项目的现金流量总额相等，但项目 B 的大额现金流量发生的时间早于项目 A，因而其净现值相对较高。从回收期的计算来看，二者的回收期相同，体现不出现金流量发生时间上的差异，即回收期法不考虑回收期内现金流量的发生时间。

第二，回收期以后的现金流量。对比项目 B 和项目 C，二者回收期内的现金流量完全相同，回收期相等。但项目 C 明显优于项目 B，因为在第四年它有 600 万元的现金流入。即回收期法存在的另一个问题是它忽略了所有回收期以后的现金流量。因此，回收期法容易造成管理人员在决策上的短视，不符合股东价值最大化的目标。

第三，作为上限标准的最大可接受回收期纯粹是一个主观判断。尽管回收期法作为项目选择方法存在一些重大的缺陷，即没有考虑货币的时间价值和忽略了回收期以后的现金流量，但这一方法有其独特的优势。优点是能够直观地反映原始总投资的返本期限，计算简单，便于理解，通俗易懂，可以简略地判断一个投资项目的风险和流动性。现金流入的时间越早，速度越快，说明项目的流动性越强，风险也越小。对于那些小型公司中的投资规模较小的项目，回收期法不失为一种简单适用的评价方法。但对于大型公司或大型投资项目而言，投资回收期通常不能作为资本投资决策的主要指标，而只能作为辅助决策指标。

六、会计收益率

会计收益率（Accounting Rate of Return，ARR）是指一项投资方案平均每年获得的净利润与其账面投资额之比，是一项反映投资获利能力的相对数指标。

利用会计收益率进行决策，其方法与回收期法类似。首先需要确定一个会计收益率标准，当投资方案会计收益率高于此标准则接受该投资方案，否则拒绝该方案。对多个互斥方案进行选择时，应该选择会计收益率最高的方案。会计收益率有两种不同的计算方法。

1. 以原始投资额为基础计算会计收益率。计算公式如下：

$$会计收益率 = \frac{投资获得的年平均净利润}{初始投资额} \times 100\% \qquad (8-8)$$

【例 8 -10】 东方股份公司拟进行一项投资，有两个方案可供选择，其有关资料如表 8 -8 所示。

表 8－8　　投资方案比较　　金额单位：万元

项目	A 方案	B 方案
原始投资额	100	80
预计残值	20	10
预计寿命	10 年	10 年
年平均净利润	15	10

依据上述资料，计算两方案的会计收益率为：

A 方案：$\frac{15}{100}\times100\%=15\%$

B 方案：$\frac{10}{80}\times100\%=12.5\%$

假设公司预先确定的收益率标准为 10%，那么 A、B 两个方案都是可行方案。如若两个方案是互斥的，根据计算结果，A 方案的会计收益率高于 B 方案的会计收益率，故 A 方案优于 B 方案。

2. 以平均投资额为基础计算会计收益率。依此计算出的收益率称为平均收益率，它是一项投资在整个寿命期内年平均净利润与平均资金占用额之比。其计算公式如下：

$$会计收益率=\frac{投资获得的年平均净利润}{(初始投资额+残值)\div2}\times100\% \qquad (8-9)$$

依上例，计算 A、B 两方案的会计平均收益率如下：

A 方案：$\frac{15}{(100+20)\div2}\times100\%=25\%$

B 方案：$\frac{10}{(80+10)\div2}\times100\%=22.2\%$

根据计算结果，A 方案优于 B 方案。

会计收益率在计算时使用会计的收益和成本观念，数据易从会计账目中获得，计算简便，容易理解。这种方法与回收期法相比，首先，虽然考虑了回收期后的收益，但它仍然忽略了货币的时间价值；其次，这种方法使用会计上成本与收益的观点，与现金流量相比容易受人为因素的影响，而且这种方法只考虑了投资所得，未考虑投资的回收；最后，该种方法也未能提出如何才能确定一个合理的目标收益率。

第二节　资本投资决策：应用与评价

一、投资项目扩张决策分析

企业在发展过程中，随着实力的不断增强，需要扩大产能，开拓新的市场。所以可能需要对生产能力进行追加投资，从而形成企业新增项目投资决策。

【例8－11】 海天建筑工程公司拟购置一套大型推土机设备，推土机购买价格为500 000元，公司为满足特殊用途需要进行改装，为此支付改装费用100 000元。推土机预计寿命3年，采用直线法计提折旧，设备净残值率5%。三年后推土机出售变现价值为200 000元，购置推土机后需要增加净经营性营运资本20 000元（备用部件存货）。推土机购置后每年预计增加营业收入550 000元，年营运成本（付现）350 000元。公司投资要求的平均回报率为10%，公司适用所得税税率为25%。

计算确定投资项目各年现金净流量，并采用净现值法进行决策分析。

第一步：计算各年现金流量。

1. 项目初始现金流量：

（1）设备购买支出：500 000元

（2）改装支出：100 000元

（3）垫支净营运资本：20 000元

项目投资现金流量：620 000元

2. 项目经营期现金流量：

设备年折旧：$600\ 000\times\dfrac{1-5\%}{3}=190\ 000$（元）

第1～3年每年经营性现金流量：

$(550\ 000-350\ 000)\times(1-25\%)+190\ 000\times25\%$

$=197\ 500$（元）

3. 终结点现金流量：

（1）设备变现价值：200 000元

（2）设备残值出售纳税：$(200\ 000-30\ 000)\times25\%$

$=42\ 500$（元）

（3）垫支经营性营运资本回收：20 000元

项目终结点现金流量：177 500 元

第二步：计算项目净现值。

$$
\begin{aligned}
净现值(NPV) &= -620\ 000 + 197\ 500 \times 2.4869 + 177\ 500 \times 0.7513 \\
&= -620\ 000 + 624\ 518.50 \\
&= 4\ 518.50\ (元)
\end{aligned}
$$

项目净现值大于零，因此，如果不考虑其他因素影响，该投资方案财务上是可行的。

二、投资项目更新决策分析

投资项目是否更新的决策，是企业投资决策中一个常见的问题。决策分析的关键是比较项目更新前后，企业所能获得收益的大小。若项目更新后给企业带来的经济效益大于更新前给企业带来的经济效益，则方案是可取的；否则，方案是不可取的。

【例 8－12】 东方股份公司 5 年前购入一套设备，原价 400 000 元，预计可使用 10 年，期满后无残值，按平均年限法计提折旧，旧设备已使用 5 年，尚可使用 5 年。

公司为了提高产品的性能准备另行购置一台新设备。新设备价款为 600 000 元，预计可使用 5 年，期满残值 40 000 元。新设备投入使用后每年可增加销售收入 100 000 元，同时，每年节约变动成本 80 000 元，购入新设备后，原设备可作价 140 000 元进行处理。

如果公司的必要报酬率为 12%，所得税税率为 25%，那么公司是否应该更新设备?

（1）计算投资初始现金流量：

①新生产线成本	（600 000）
②旧生产线市价	140 000
③旧设备出售产生的节税额	15 000
净现金流出量总计	（445 000）

（2）设备寿命期内的经营现金流入如表 8－9 所示。

表 8－9　　**项目现金流量**　　金额单位：元

项目	第 1 年	第 2 年	第 3 年	第 4 年	第 5 年
1. 税后收入增加额	75 000	75 000	75 000	75 000	75 000
2. 税后成本降低额	60 000	60 000	60 000	60 000	60 000
3. 新生产线折旧	112 000	112 000	112 000	112 000	112 000
4. 旧生产线折旧	40 000	40 000	40 000	40 000	40 000

续表

项目	第 1 年	第 2 年	第 3 年	第 4 年	第 5 年
5. 折旧变化（3～4）	72 000	72 000	72 000	72 000	72 000
6. 折旧抵税（25% ×5）	18 000	18 000	18 000	18 000	18 000
7. 净营运现金流量（1 +2 +6）	153 000	153 000	153 000	153 000	153 000

（3）项目结束年度现金流量：

新生产线残值收入　　　　　　40 000

（4）各年现金净流量分布：

0	1	2	3	4	5
（445 000）	153 000	153 000	153 000	153 000	193 000

（5）结果：

$$\begin{aligned}NPV &= -445\ 000 + 153\ 000 \times 3.6048 + 40\ 000 \times 0.5674 \\ &= 129\ 230.40\ (\text{元})\end{aligned}$$

投资项目更新后，可以产生净现值 129 230.40 元，该项目财务上可以更新。

三、降低成本项目更新决策分析

平均年成本（Average Annual Cost）：指一项资产引起的现金流出的年平均值。

该类型的决策一般不涉及产品的产销，与销售收入等无关，只是对设备使用成本的变化进行分析。在这种情况下，一般使用平均年成本法做出是否更新设备的决策。平均年成本法（Average Annual Cost Method）是通过比较新旧设备的年使用成本的高低，来决定是否更新设备的方法。

运用平均年成本法时需要注意的问题包括：

第一，平均年成本法是将继续使用旧设备与购置新设备看成两个相对独立的互斥决策，而非一个更新设备的特定方案。因此，不能将旧设备的可变现净值作为购置新设备的一项现金流入处理。

第二，平均年成本法的假设前提是将来设备再更新时，依然可以按原来的平均年成本寻找到可代替的设备。

【例 8－13】 东方股份公司生产用的设备是 5 年前购进的，购价 160 000 元，预计可使用 10 年，当前的可变现价值为 40 000 元，期满后的残值预计为 10 000 元，每年的维修费用为 12 000 元。

公司为了降低设备的运营成本决定购买一台新设备，新设备的购置成本为 200 000 元，预计可使用 8 年，期满残值预计为 30 000 元，每年维修费是 4 000 元，旧设备每年运行成本是 120 000 元，新设备年运行成本是 80 000 元。设备是否更新均不影响公司产品产销。公司要求的必要报酬率为 14%。问：公司应否进行设备更新？

平均年成本的计算方法一般有以下两种：

（1）先计算现金流出的总现值，然后再分摊到每一年。

旧设备平均年成本

$$=\frac{40\ 000+120\ 000\times3.4331+12\ 000\times3.4331-10\ 000\times0.5194}{3.4331}$$

$$=142\ 138.36\ (元)$$

新设备平均年成本

$$=\frac{200\ 000+80\ 000\times4.6389+4\ 000\times4.6389-30\ 000\times0.3506}{4.6389}$$

$$=124\ 846.32\ (元)$$

（2）只将原始投资与残值摊销到每年，并与每年运行成本及年修理费用相加，计算每年平均现金流出。

$$旧设备平均年成本=\frac{40\ 000}{3.4331}-\frac{10\ 000}{6.6101}+120\ 000+12\ 000$$

$$=142\ 138.44\ (元)$$

$$新设备平均年成本=\frac{200\ 000}{4.6389}-\frac{30\ 000}{13.233}+80\ 000+4\ 000$$

$$=124\ 846.61\ (元)$$

由以上计算结果可知，使用新设备的平均年成本较低，因此，该公司财务上可以更新设备。

四、资本限额下的项目投资决策

企业通过接受所有净现值为正值的投资项目可以使其股东财富最大化，但其假设是企业可以为这些投资项目筹集到所需的资金。企业尤其是大型企业通常能够以合理的条件快捷地筹集到大量资金。但为什么高层经理有时告诉其下属分部，企业的资本有限，资本支出不得超过某个具体的数额呢？这有两个原因。

（一）软约束

许多企业的资本限额都是“软约束”。这就意味着不是投资者确定资本限额（Capital Rationing），而是高层决策者确定资本限额。例如，假设你是一个雄心勃勃的希望往上发展的初级经理，正致力于拓展业务，因此，你可能倾向于夸大投资机会。高层经理与其试图决定你的许多有创意的想法中哪一个值得投资，还不如寻找一种更简单的方法：对你和其他初级经理设置一个支出限额。这个限额就迫使你自

资本限额（Capital Rationing）： 指某一特定时期内的资本支出总量必须在预算约束之内。

己确定投资项目的优先次序。

即使资本没有限额，其他资源也可能存在限额。例如，飞速增长可能给管理层和组织带来相当大的压力。对这个问题的一种比较简单的解决方法就是限制企业的资本支出。

（二）硬约束

软约束（Soft Constraint）应该不会给企业增加任何成本。如果投资约束过紧，可能会导致放弃某些确实很好的投资项目，因此，高层决策者应该筹集更多资金，放松其资本支出的限额。

但如果存在“硬约束”，情况又会如何呢？硬约束（Hard Constraint）意味着企业确实无法筹集到所需的资金数额。在这种情况下，企业只能放弃净现值为正值的投资项目。

如果资本存在硬约束，你可能依然关注净现值，不过，你现在需要从企业资源允许的范围内选择净现值最大的投资项目组合。

【例 8－14】假设资本机会成本率为 10%，东方股份公司的资金总额为 2 000 万元，现有可供选择的投资项目列示如表 8－10 所示。

表 8－10　　东方股份公司不同投资项目的净现值　　金额单位：万元

投资项目	现金流量			现值（10%）	净现值（NPV）
	0 年	第 1 年	第 2 年		
J	-300	220	242	400	100
K	-500	220	484	600	100
L	-700	660	484	1 000	300
M	-600	330	605	800	200
N	-400	110	484	500	100

表 8－10 中的五个投资项目的净现值都为正值。因此，如果不存在资本限额，公司应该接受这五个投资项目。但公司只有 2 000 万元，只能在预算内找出净现值最大的投资项目组合。

解决此问题的方法是选出单位投资的净现值最大的投资项目。净现值与初始投资额的比值称为盈利能力指数（Profitability Index）①。

盈利能力指数＝净现值/初始投资额

现计算五个投资项目的盈利能力指数，如表 8－11 所示。

① 有时，盈利能力指数定义为现值与初始投资额的比值。根据这个定义，下面计算出的盈利能力指数都要增加 1。例如，J 投资项目的盈利能力指数为：现值/初始投资额＝4/3＝1.330 值得注意的是，基于这两种定义，投资项目的排序是相同的。

表 8-11　　　　东方股份公司不同投资项目的盈利能力指数　　　　金额单位：万元

投资项目	投资额	现值	净现值	盈利能力指数
J	-300	400	100	100/300 = 0.33
K	-500	600	100	100/500 = 0.20
L	-700	1 000	300	300/700 = 0.43
M	-600	800	200	200/600 = 0.33
N	-400	500	100	100/400 = 0.25

从表 8-11 中可知，L 投资项目的盈利能力指数最大（0.43），因此，首先选择 L 投资项目。其次是 J 投资项目和 M 投资项目，其盈利能力指数都是 0.33，最后是 N 投资项目。这四个投资项目刚好用完 2 000 万元的预算，其组合可以给股东带来最大化的财富①。

需要指出的是，即使资本不存在软约束或硬约束，盈利能力指数也可能用于投资项目。此时，粗心的投资者可能选择小规模投资项目而放弃净现值更大的大规模投资项目。盈利能力指数被用来选择每一元能够创造出最大净现值的投资项目。如果企业存在资本限额，盈利能力指数就是正确的目标。如果企业不存在资本限额，大规模投资项目会耗费更多资本，但总是比小规模投资项目要好。

五、通货膨胀下的项目投资决策

（一）通货膨胀与投资决策

由于通货膨胀的影响，投资项目未来现金流量的实际购买力会下降，从而影响项目的投资价值。前面对预算决策原理和方法的阐述都是以物价不变为前提的，但是在现实的经济生活中，物价总是变动的。所以，要使投资决策分析更好地反映客观实际，提高决策的准确性和可靠性，就必须考虑物价变动因素。

通货膨胀（Inflation）：指在一定时期内，物价水平持续上涨的经济现象。

通货膨胀对投资决策的影响，主要应考虑以下几点：

1. 由于物价上涨，投资所需资金的数量常常会超过决策时按不变价格估算的数值。这时，若不能及时获得足够的追加资金，就可能造成施工中断、工程拖期、被迫接受条件苛刻的贷款条件，结果都会导致投资效益的下降。

① 遗憾的是，如果公司存在多期的资本限额，或者除了资本之外，人员、产能和其他资源也存在资本限额，那么，通过盈利能力指数对投资项目排序的方法有可能无法选出净现值最大化的投资项目组合。这就需要反复地试错或运用线性规划法才能解决此类问题。

2. 固定资产折旧是投资现金流入的重要来源，由于企业计算固定资产折旧时的依据是固定资产的原始成本，而不是重置成本，因此，在通货膨胀条件下，折旧的回收将随着货币的贬值而贬值，达不到收回原投资的目的；再者，还会虚增企业的利润，多交纳税金，对企业不利。

3. 在物价稳定的条件下，如果某一项投资能满足企业投资必要报酬率水平要求的话，那么在通货膨胀的条件下，一部分盈利就可能被物价上涨因素所抵销，使投资的效益受到影响。

（二）通货膨胀导致决策分析的偏差

名义现金流量（Nominal Cash Flow）：指含有通货膨胀因素的现金流。

实际现金流量（Real Cash Flow）：是指名义现金流量中排除了通货膨胀影响后的现金流。

在不考虑通货膨胀的时候，实际利率就等于名义利率。此外，实际现金流量和名义现金流量（RCF_t 和 NCF_t）也是相等的。实际利率中没有包含通货膨胀的因素，而名义利率和名义现金流量则反映了通货膨胀的影响。特别是，所有的名义市场利率中都包括了通货膨胀溢价（IP）。不考虑通货膨胀时，净现值（NPV）可以通过以下两种方法中的任意一种来计算：

$$NPV(\text{无通货膨胀因素}) = \sum_{t=1}^{n} \frac{RCF_t}{(1+k_r)^t}$$

$$= \sum_{t=1}^{n} \frac{NCF_t}{(1+k_n)^t} \qquad (8-10)$$

我们假设预期的通货膨胀率为正，同时我们假设所有该项目的现金流——包括与折旧有关的现金流——均以这一比率 i 增长。此外，假设市场资本成本中包含了这个通货膨胀率 i，作为通货膨胀溢价的 IP = i。在这里，名义净现金流（NCF_t），将以每年 i% 的速率增长，从而得出以下结果：

$$NCF_t = RCF_t(1+i)^t$$

比如，如果我们预计不存在通货膨胀时第 5 年的净现金流为 100 元，那么当通货膨胀率为 5% 时，$NCF_5 = 100 \times (1.05)^5 = 127.63$（元）。

通常，在资本投资分析中用作折现率的资本成本是建立在市场决定的负债及权益的资本成本上的，因此这也是一个名义利率。当通货膨胀率为 i 时，我们用下面的公式将实际利率转换为名义利率：

$$(1+k_n) = (1+k_t)(1+i)$$

比如，资本的实际资本成本为 7%，通货膨胀率为 5%，则 $1+k_n = 1.07 \times 1.05 = 1.1235$，所以是 $k_n = 12.35\%$。

如果净现金流以每年 i 的速率增长，同时融入在企业资本成本中的通货膨胀溢价同样也是 i，则净现值可通过如下公式计算：

$$NPV(含通货膨胀因素) = \sum_{t=1}^{n} \frac{NCF_t}{(1+k_n)^t}$$

$$= \sum_{t=1}^{n} \frac{RCF_t(1+i)^t}{(1+k_r)^t(1+i)^t} \quad (8-11)$$

由于分子分母上相同的（$1+i)^t$ 可以抵销，我们得到了与公式（8－10）相同的公式：

$$NPV(无通货膨胀因素) = \sum_{t=1}^{n} \frac{RCF_t}{(1+k_r)^t} \quad (8-12)$$

因此，如果所有的成本、销售价格及每年的现金流的通货膨胀率与融入在投资者资本成本当中的通货膨胀率一样，则根据公式（8－11）计算的经调整通货膨胀后的净现值与用公式（8－12）计算的净现值是相等的。① 例如，以7%的实际利率计算，第5年的实际现金流100元的现值为71.30元 $=\frac{100}{(1.07)^5}$。而以名义利率12.35%计算，第5年的名义现金流为127.63元，同样是71.30元 $=\frac{127.63}{(1.1235)^5}$。

然而，企业有时在整个分析过程中使用基准年的金额，或恒定（未调整）的金额——如果该分析是在2022年做的，则使用2022年的金额——同时使用我们在第六章中介绍的那种市场环境所确定的资本成本，这是不对的：如果资本成本中包含了通货膨胀溢价，而现金流却是恒定的（未调整的）金额，那么计算出的净现值就将被低估。因为分母反映了通货膨胀的影响，而分子却没有，这会导致降低净现值的偏差。

（三）对通货膨胀做调整

在投资项目决策中有两种方法可以对通货膨胀因素进行调整。

1. 第一种方法是所有的现金流都使用实际（未经调整的）数额，不考虑通货膨胀，同时剔除资本成本中的通货膨胀溢价，将其调整为实际利率。这种方法在理论上是很简单的，但是要想得到一个没有偏差的净现值，要求：（1）所有预期的现金流（包括折旧），受通货膨胀的影响程度都是一样的；（2）现金流的增长率和融入在投资者要求的回报率中的通货膨胀率是一样的。由于在现实中这些假设条件很难满足，这一方法也就很少被采用。

2. 第二种方法是保留资本成本的名义数值，同时调整每一笔现

① 这里为了突出通货膨胀的影响，我们在一定程度上简化了问题。实际上预期的资本成本由负债和权益两部分的成本构成，两者都会受到通货膨胀的影响，但是只有负债部分要进行有关税收的调整。因此实际资本成本和名义资本成本之间的关系要比我们这里所讨论的更为复杂。

金流量用以反映预期的通货膨胀。

现在，我们将关于通货膨胀的调整总结如下：第一，通货膨胀因素是非常重要的，它对企业的业务有着重大的影响，因此必须确认这一因素并对其进行相应处理。第二，在资本投资决策分析过程中调整通货膨胀因素最有效的方法是根据可获得的最准确的信息对每一笔现金流进行调整。第三，由于我们不可能很精确地估计未来的通货膨胀率，一定范围内的预测错误是难免的，因此通货膨胀不但增加了资本投资决策的复杂程度，也增加了其不确定性，或者说风险。

【例 8 –15】 宏远公司是一家食品加工公司，现准备投资一项新型食品加工生产线，公司需要投资 120 万元购买新设备，此设备预计有 4 年的有效寿命，第 4 年年末时残值为 10 万元。另外需追加营运资本投资 30 万元，这些营运资本投资可于 4 年后项目结束时收回。

新产品预计每年销售 1 万箱，第一年增加的现金流量为 44 万元，以后每年预计以高于通货膨胀率 2% 的速度增加。宏远公司的所得税税率为 25%，年通货膨胀率维持在 4%，公司的实际资本成本为 10%。试进行投资的经济分析。项目分析如表 8 – 12 所示。

表 8 –12　　宏远公司项目决策分析　　金额单位：万元

项目	0	1	2	3	4
现金流量	–150	44	44	44	44
物价换算比率	—	1.06	1.12	1.19	1.26
实际现金流量	—	46.64	49.28	52.36	55.44
折旧	—	27.5	27.5	27.5	27.5
税前利润	—	19.14	21.78	24.86	27.94
所得税	—	4.79	5.45	6.22	6.99
税后净利	—	14.35	16.33	18.64	20.95
终结现金流量	—	—	—	—	40
总现金流量	–150	41.85	43.83	46.14	88.45
NPV	3.95				

$$
\begin{aligned}
NPV &= 41.85 \times 0.8772 + 43.83 \times 0.7695 + 46.14 \\
&\quad \times 0.6750 + 88.45 \times 0.5921 - 150 \\
&= 153.95 - 150 = 3.95\ （万元）
\end{aligned}
$$

NPV 大于 0，所以，宏远公司投资项目从财务上讲是可行的。

本章主要名词概念

净现值	复杂现金流	永续现金流
内含报酬率	修正内含报酬率	净现值曲线
独立项目	互斥项目	盈利能力指数
投资回收期	会计收益率	平均年成本法
资本限额	通货膨胀	名义现金流量
实际现金流量		

本章小结

本章描述了资本投资决策中的常用技术方法。不同的决策方法为公司提供了在资本投资中所需要的不同信息。特别是在今天数字经济时代，企业对项目评估时通常会采用多种指标进行考察。通过比较可知，净现值指标是最好的单项指标，在企业实践中的应用广泛。本章主要内容如下：

1. 净现值（Net Present Value，NPV）是指投资方案在项目计算期内，按一定的折现率计算的现金流入现值减去全部现金流出现值后的差额。

2. 内含报酬率（Internal Rate of Return，IRR）亦称内部收益率，是指能够使项目预期的现金流入量总现值等于项目投资成本（总现金流出）现值的折现率，或者说是使投资方案净现值为零的折现率。

3. 修正的内含报酬率（MIRR）是指现金流入终值的现值等于现金流出现值的折现率。

4. 净现值曲线（Net Present Value Profile）是指反映不同资本成本（折现率）与净现值变动关系的曲线。

5. 投资回收期（Pay-back Period，PP）是指一项投资的现金流入逐步累计至相等于现金流出总额，即收回全部原始投资所需要的时间。

6. 会计收益率（Accounting Rate of Return，ARR）是指一项投资方案平均每年获得的净利润与其账面投资额之比，是一项反映投资获利能力的相对数指标。

7. 盈利能力指数（PI），亦称为现值比率、获利指数等，它是指未来现金流入现值与现金流出现值的比率。

8. 资本投资决策应用与评价内容包括：（1）投资项目扩张决策分析；（2）投资项目更新决策分析；（3）降低成本项目更新决策分析；（4）资本限额下的项目投资决策；（5）通货膨胀下的投资决策。

9. 平均年成本是指一项资产引起的现金流出的年平均值。

10. 资本限额是指某一特定时期内的资本支出总量必须在预算约束之内。

第九章

资本投资决策：风险分析

学习目标

学习本章后，您应该做到：

1. 理解掌握投资风险的内涵与构成；
2. 理解项目投资决策的行为分析；
3. 理解掌握项目投资风险分析的基本方法；
4. 熟练运用投资项目风险方法进行投资风险分析与评价。

学习重点与难点

理解资本投资决策风险的不同分类；识别资本投资决策中的各种风险；掌握投资项目的风险评估决策方法：（1）风险调整折现率法；（2）风险调整现金流量法。

学习思维导图

- 资本投资风险分析
  - 风险与资本投资
    - 资本投资风险识别
    - 资本投资行为分析
  - 资本投资风险评估
    - 风险调整折现率法
    - 风险调整现金流量法
    - 决策树法
    - 敏感性分析
    - 情境分析
    - 盈亏平衡分析
    - 期权分析

引导案例

据几内亚 Kalenews 新闻网 6 日报道，政变军队领导人马马迪·敦布亚称，建议矿业公司继续生产，对矿产品出口保持开放，并向合作伙伴承诺，将根据采矿协议履行自己的义务。

路透社 7 日报道称，几内亚发生政变，引发国际社会对铝土矿供应可能中断的担忧。7 日当天，中国铝业股价收盘上涨 8.14%，美国铝业微跌 0.84%。受全球疫情好转、需求增长加速的影响，几内亚政变之前，全球铝价今年累计在伦敦金属交易所上涨约 38%。

就几内亚政变带来的铝业价格波动，彭博社 6 日分析称，全球任何矿业主产区的扰动都可能引发“蝴蝶效应”。另据《华尔街日报》7 日报道，2020 年几内亚共出口铝土矿 8 240 万吨，成为全球最大的铝土矿出口国，其中 5 267 万吨出口到中国，占总出口量的 63.96%。从 2017 年开始，几内亚超越澳大利亚，成为中国最大的铝土矿供应商。中国海关数据显示，2020 年中国从几内亚进口铝土矿占进口量的 47.2%。2021 年上半年中国铝土矿进口量 5 512.72 万吨，几内亚继续保持第一大进口来源国的地位。

不少媒体担忧，中国作为几内亚铝土矿的主要进口国会受到影响。对此，中国社科院西亚非洲研究所研究员贺文萍 7 日接受《环球时报》记者采访时表示，政变只是几内亚政权自身产生的博弈，既没有针对外资、股权，也没有所谓的民族主义行为。事实上，这些矿产品的开发并未受到很大影响。

政变所引发的大宗市场担忧不仅来自铝土矿，几内亚还是多种矿藏的聚集地。几内亚拥有全球储量最大的未开发铁矿——西芒杜项目。西芒杜项目分为北段和南段。2020 年 6 月 10 日，由新加坡韦立国际、烟台港集团、山东魏桥创业集团和几内亚联合矿业供应集团共建的“赢联盟”与几内亚政府正式签署协议，以 140 亿美元取得西芒杜北段两个区块的矿权。南段矿权由全球最大的矿业公司澳大利亚力拓拥有 45.05% 的股份，以中铝集团、中国宝武为首的中方联合体持股 39.95%，几内亚政府占 15% 股份。

几内亚铝土矿产专家亚当表示，“政变不太可能对出口产生重大的短期影响”，他同时预测“任何新政府都会确保不去破坏未来的盈利与投资”。目前，中国铝业公司发言人说，其在几内亚的铝土矿产业运营正常。新加坡 TOP 公司称，其在几内亚运营的两个铝土矿情况稳定，在受到“最小的干扰”后继续运营。几内亚矿业公司主席盖伊表示：“无论谁当政，他们都希望项目能够实施，因为它对国家有好处。”他同时表示，该公司的矿产开发项目已经通过世界银行的多边投资担保机构获得政治风险保险。

（资料来源：何珊、柳玉鹏：《解读：几内亚政变，便宜了澳大利亚？中国投资的矿产项目怎么办?》，载于《环球时报评论》2021 年 9 月 8 日）

第一节　风险与资本投资决策

一、资本投资风险的识别

到目前为止，我们一直未讨论资本投资决策中的风险问题。也就是说，我们没有考虑项目决策中现金流量的不确定性。企业新上一个投资项目对未来现金流量的预测仅仅是多种可能实现结果的一种，而不是未来实际发生的结果。因此，由于风险的客观存在，使得我们进行资本投资决策时无法预先得知一个新投资项目实际发生的现金流量，仅仅能够估计项目可能发生的结果及其结果发生的概率。

视频 资本投资决策风险识别

一般而言，企业进行项目投资时完全没有风险的情况几乎是不可能存在的。在存在投资风险的情况下，投资项目涉及的现金流量既与时间有关，也与实际发生的客观状况有关。为了科学地进行资本投资决策，尽量将失误减少到企业可以容忍的程度，我们有必要对资本投资进行风险评价，以保证项目投资决策的正确性和效益性。

在对资本投资项目风险分析中，项目的风险可以从三个层次来看待：

项目特有风险（Project Specific Risks）：指投资项目本身的原因给企业带来经济损失的可能性。

第一层次：从项目角度来看，即项目自身特有的风险。项目自身特有的风险不宜作为项目资本投资风险的度量。例如，某公司每年要进行数以百计的研究开发项目，每个项目成功的概率只有 10% 左右。项目如果成功，公司将获得巨额利润；失败则会损失其全部投入。如果该公司只有一个项目，而且就是研究开发项目，则公司失败的概率为 90%。当我们孤立地考察并度量每个研究开发项目自身特有的风险时，它们无疑都具有高度的风险。但从投资组合角度看，尽管该公司每年有数以百计的各自独立的研究开发项目，且每个项目都有 10% 的成功可能性，但这些高风险项目组合在一起后，单个项目的大部分风险可以在公司内部分散掉，此时，公司的整体风险会低于单个项目的风险，或者说，单个研究开发项目并不一定会增加公司的整体风险。因此，项目自身的特有风险（Unique Risk）不宜作为项目资本投资的风险度量。

第二层次：从企业角度来看，考虑到新项目自身特有的风险可以通过与企业其他项目和资产的组合而分散掉一部分，因此应着重考虑对企业现有项目组合的整体风险（Overall Risk）可能产生的增量。

第三层次：从股东的角度来看，要进一步地考虑到在余下的项目风险中，有一部分能被企业股东的资产多元化组合而分散掉，从而只剩下任何多样化组合都不能分散掉的系统风险。系统风险（System Risk）用项目对公司贝塔系数的影响来测量。企业可以通过构造一个证券组合，来消除单个证券的大部分风险，所以，唯一影响股东预期收益的是系统风险。

系统风险（Systematic Risk）：指由于多种因素的影响和变化，从而给投资者带来损失的可能性。

冒险的石油勘探

在多数情况下，对于一个企业管理者而言，可以比较方便地对项目的单一风险进行估计，但要对一个项目的企业风险或系统风险进行精确的衡量是十分困难的。同时，项目的单一风险、企业风险和系统风险通常是高度相关的，一个具有高度单一风险的项目通常也具有高度的市场风险和企业风险，因此，管理者可以通过项目的单一风险来进行大多数项目的相关风险的预测。

试一试：你是如何看待项目风险的？为什么不同的投资项目其风险是不一样的？

二、资本投资中的行为分析

在资本投资决策中，理解决策者投资行为的内涵甚至比对投资项目本身的评价在某种意义上讲更为重要。因为项目的决策者要受到环境影响，例如实施一个项目的意愿和业绩评价手段等因素会影响到他们在进行项目评估时的客观性。

（一）项目投资过程中的行为影响

拥有最先进设备的企业管理层会根据成本的降低、产品质量的提高和生产经营周期的缩短而过于乐观地预测该设备带来的收益，从而促使企业购置该设备。解决这一问题的方法之一是要在购置后将实施结果与支持设备的主张进行比较，这将有助于控制这种过于乐观的行为。同样，旧设备的账面价值与制定设备更换决策无关。但试想一位经理很合理地忽略了一台机器的账面价值，并想早些更换他在几年前购置的这台机器时，这位经理很可能被上司批评为在旧机器上“蒙受损失”，或者在一开始就“买了一堆垃圾”。经理在面对类似的决策问题时，应当采取什么样的措施？如果他和大多数人一样，他就会努力保留这台旧机器，以证明先前的购置决策没有错误。但这样做的结果虽然可以免遭不懂得目标一致性重要程度的上司的批评，却使错误更加复杂化。如果我们要求管理层做出最有利的决策，就必须激励他们做出最有利的决策。

评估单个项目的标准同评估一个组织或单位的所有工作业绩的标准不同，他们之间可能存在着潜在的矛盾。假设某一家具生产商的经理正在考虑购置一套用于生产欧式系列家具的设备，对该设备使用期内的现金流量进行估算的结果表明可以进行购置。然而，尽管在项目后几年能够获得正的现金流量，但是在前两年都出现负的现金流量。这就会对经理的业绩产生不利的影响。由于经理的业绩评价是以每年的营业利润为依据，而营业利润又是以会计数据为依据的，而此项投资会使营业利润在前两年有所降低，从而在资本投资决策模型和会计业绩度量之间产生一个冲突。这一冲突的可能结果是：一个在长期对企业有正面影响的资本投资项目，可能会由于它对短期业绩度量的不良影响而被拒绝。

（二）资本投资中的道德行为

企业各部门或各单位的预算经常被用作评价管理层业绩的基础。实际结果与预算业绩水平比较，业绩超出预算的那些人经常被提升或增加工资。在许多情况下，奖金明确地同预算相关联的业绩挂钩。如果各部门和各单位的利润超过预算利润的一定百分比，则高层管理人员可获得一定的奖金。当预算是奖励管理人员的基础时，这种情形可能会诱发严重的道德问题（Moral Problem）。例如，假定企业规定：各分支机构按实际利润超出预算额的10%计提奖金时，会激发各部门预算制定者或其他应用数据的管理人员虚报本部门利润预算的动机。这种虚报使得预算更容易实现，从而增加了获得奖金的机会。同样，还可能会存在操纵本部门实际经营成果的动机，以使得本部门的奖金最大化。

道德行为（Moral Acts）：亦称伦理行为，指在一定的道德意识支配下表现出来的有利或有害于他人和社会的行为。

资本投资决策经常会受到提供虚假信息的诱惑，项目投资者通常要求保证项目的净现值为正。如分部经理们为了争取到稀缺的资本资源，经常要进行竞争。竞争的存在，促成了经理们的欺骗行为。有的经理故意高估现金流入量，低估现金流出量，从而使一个蹩脚投资项目的NPV或IRR达到项目审批通过的门槛值。当投资项目早期的现金流量高、后期现金流量低时，这种欺骗行为诱惑力更大。向上抬高后期的现金流入量，可能使一个前期效益好、后期效益差的不良投资项目获得通过。当资本支出额超过一定水平时，投资需要获得上级的批准。要获得上级的批准，必须有证据表明投资项目的净现值大于0或内含报酬率可以接受。例如，经理通过化整为零的手段，购置自己想要的电脑系统，因为电脑零件的成本低于资本支出的报批限额。再如，某公司中的一部分工程师希望公司购置最先进的设备。但由于他们对获得一项新设备特别感兴趣，所以在他们提交的项目建议的数据中，他们会省略一些设备安装成本。这样，工程师们在折现现金流分析中就减少了初期投资现金的流出，增加了使该项目的净现值为正的机会。如果公司的高层经理知道这一安装成本，就有可能拒绝该建议。如果公司以虚假的数据为依据购置了这一设备，公司对该设备总投资要比原来的预测高出很多。因为在折现现金流量分析中省略了设备的安装成本。在职业生涯中，经理们可能会被迫省略资本投资建议中的某些数据，或者做出不精确的规划，但应尽可能避免这样做。经理们应该意识到，如何达到目标与是否达到目标几乎同等重要（或许更重要）。高层经理在审查每月的利润表之后，会发现被省略的安装成本。有些工程师会被解雇，其他留下来的工程师的信誉也会受到损害①。

案例链接

国资委防控央企海外投资风险　否决多个海外投资

《中国经营报》记者获悉，目前针对国企海外投资的监管力度仍处于薄弱阶段，因而国资委内部采用源头管理的办法，内部否决了部分央企出海。

“我们在去年曾经计划联合西屋公司参与英国项目的投标。”某大型核电国有企业内部人士向记者证实，“但是没有通过国资委的批复。”据透露，未予批复的原因是，“该英国项目要求综合实力较高，风险大。”

虽然鼓励对外投资，但是海外投资依旧存在较大风险。

发改委外资司司长顾大伟表示，“目前政治上的风险来自我们去不同国家，有相当多国家政治上是处于比较动荡的，你跟这个政府签了这个协议，这个项目落地了，刚签完一个月这个政府下台了，新政府上台了，把你这个项目投资取消或者停止、终止了，这就是政治上的风险。”

此外“经济上的风险，有些国家经济上不稳定，债务情况很糟糕，财政、经济各个方面情况都不是特别好。安全风险，很多国家治安状况不是太好，有些国家甚至有战乱、内部威胁非常多。所以我们企业走出去推进国际产能合作要特别注意这些风险的防控，既要积极，又要稳妥推进合作，同时也要防止一哄而起，恶性竞争，盲目去开展这些项目。总之，对企业而言要注重防控在对外合作中的风险。”

对待风险的态度国有企业和民企存在着较大的差别。

郑建军发现，民资和国资对待海外投资的风险意识上明显不同，“民企的每个股东都非常注重海外投资的风险，在各个环节上，很注重风险把控。因为每一分钱都是股东进行的投资。”而“国企总体来讲，缺少风险追责相关办法，而股东又相当于是我们全体公民，所以出现的问题比较多”。

---

① 孙茂竹：《管理会计的理论思考与架构》，中国人民大学出版社2002年版。

公开信息显示，审计署审计发现，中投公司境外投资管理不规范，有形成损失或面临损失风险。具体而言，2008 年至 2013 年，中投公司境外投资中，6 个损失项目、4 个浮亏项目、2 个面临损失风险项目存在管理人员失职、尽职调查不深入和投后管理不到位等问题；其他部分项目存在选聘外部管理人员程序不够规范、未及时委派管理人员等问题。

（资料来源：《中国经营报》，2015 年 5 月 23 日）

第二节　资本投资风险评估与应用

一、风险调整折现率法

风险调整折现率（RADR）：指将投资项目的折现率调整为与未来现金流量相匹配的风险折现率。

风险调整折现率法（Risk-adjusted Discount Rate Method）是一种常用的风险处置方法。这种方法是将企业因承担风险而要求的与投资项目的风险程度相适应的风险报酬计入必要报酬率，构成按风险调整的折现率，并依其进行投资决策分析。这种方法的基本思路是对高风险的项目，应当采用较高的折现率计算净现值，即风险性越大，投资者要求得到的投资报酬率越高。由于冒风险投资所得的超过货币时间的额外报酬就是投资的风险报酬，因此这部分超额报酬与投资的百分比通常称为风险报酬率。

如何确定风险调整折现率？具体来说，主要有以下几种方法：

1. 根据项目风险程度确定。根据投资项目的风险程度和近似的市场报酬率主观确定。其计算公式如下：

风险折现率 = 无风险报酬率 + 主观要求的风险报酬率　　(9－1)

例如，公司要进行一项投资，该投资要求 8% 的风险报酬率，若公司投资的无风险报酬率为 6%，那么该投资的风险折现率就为 14%。

视频　资本预算决策风险评价

2. 用风险报酬率模型来调整折现率。即以企业设定的风险斜率和变化系数来确定风险报酬率，以此调整投资的风险折现率。计算公式如下：

$$K = r + Q \qquad (9-2)$$

$$Q = b \cdot c$$

式中，K——按风险调整后的折现率；

r——无风险投资报酬率；

Q——风险报酬率；

b——企业设定的风险斜率；

c——变化系数。

变化系数（Coefficient of Variation）是指一项投资现金流量的变异程度，即指一项投资的现金流量的标准离差与其期望值之比。变化系数越大，表示该投资方案的风险越大。投资的风险斜率（Risk of Slope）可以参照以往中等风险程度的同类投资项目的历史资料，计算公式如下：

$$b = \frac{K - r}{c} \qquad (9-3)$$

一般而言，敢于承担风险的企业，可把 b 定得低一些；比较稳健的企业，则把 b 定得高一些。

【例 9-1】 东方股份公司准备购买一台设备，买价 10 000 元，可用 3 年，每年期望的现金流入量为 4 000 元，5 000 元，6 000 元。假定该公司的无风险报酬率为 9%，风险斜率为 5%，变化系数为 0.6，试分析方案的优劣。

首先计算该方案的风险折现率：

$K = 9\% + 5\% \times 0.6 = 12\%$

然后计算期望净现值：

$$\begin{aligned} NPV &= 4\ 000 \times 0.8929 + 5\ 000 \times 0.7972 + 6\ 000 \times 0.7118 - 10\ 000 \\ &= 11\ 828.40 - 10\ 000 \\ &= 1\ 828.40 \text{（元）} \end{aligned}$$

该方案的 NPV 是正值，说明是可取的。

这种方法根据风险程度确定风险折现率，对风险大的方案采用较高的折现率；对风险较小的投资方案采用较低的折现率，简单明确，易于掌握，因此，它普遍用于风险投资决策评价。但是，确定风险报酬率是比较困难的，无论采用哪种方法总是含有一定的假定性和局限性。它把投资的时间价值（即无风险报酬率）和风险价值（风险报酬率）混合在一起折现，这意味着风险随时间的拖延而被人为地逐渐加大，这常常与实际相悖。例如，对饭店、果园等很多行业的投资来说，往往对前几年的现金流量没有把握，而对以后几年的现金流量反而有把握。

风险调整现金流量（RACF）：指根据投资项目风险大小，采用一定技术方法将未来不确定的现金流量调整为确定的现金流量。

二、风险调整现金流量法

风险调整现金流量法（Risk-adjusted Cash Flow Method）是把不确定的现金流量调整为确定的现金流量，然后用无风险的报酬率作为折现率计算净现值的一种决策方法。

$$\text{年肯定现金流量} = \text{年现金流量的期望值} \times d_t \qquad (9-4)$$

$$风险调整后的净现值 = \sum_{t=0}^{n} \frac{年肯定现金流量}{(1+无风险报酬率)^{t}} \quad (9-5)$$

式中，d_t——t 年现金流量的肯定当量系数，它在 0～1 之间。

肯定当量系数（Certainty Equivalent Coefficient）：指肯定的现金流量与其对应的不肯定期望现金流量的比值。

我们知道，肯定的一元比不肯定的一元更受欢迎，两者的差额与现金流的不确定性程度的高低有关。利用肯定当量系数，可以把不肯定的现金流量折算成肯定的现金流量，或者说去掉了现金流中有风险的部分，使之成为"安全"的现金流量。去掉的部分包含了全部风险，既有特殊风险也有系统风险，既有经营风险也有财务风险，剩下的是无风险的现金流量。由于现金流中已经消除了全部风险，相应的折现率应当是无风险报酬率。

【例 9－2】 东方股份公司准备进行一项投资，无风险报酬率是 10%，每一年的现金流量和肯定当量系数如表 9－1 所示。

表 9－1　　项目现金流量与肯定当量系数　　金额单位：万元

n	0	1	2	3	4
现金流量	－20 000	8 000	8 000	8 000	8 000
d	1.0	0.95	0.90	0.80	0.80

根据以上资料，对该投资项目进行评价。

东方股份公司投资项目的净现值计算如下：

$$\begin{aligned} NPV &= 0.95 \times 8\,000 \times 0.9091 + 0.9 \times 8\,000 \times 0.8264 + 0.8 \times 8\,000 \\ &\quad \times 0.7513 + 0.8 \times 8\,000 \times 0.6830 - 1.0 \times 20\,000 \\ &= 22\,038.76 - 20\,000 \\ &= 2\,038.76 \text{（万元）} \end{aligned}$$

从以上分析可知，按风险程度对现金流量进行调整后，计算出的净现值为正数，故可以进行投资。

通过以上分析可以看出，采用风险调整现金流量法对现金流量进行调整，克服了调整折现率法夸大远期风险的缺点，但如何准确、合理地约当系数却是十分困难的问题。

> **做一做**：到一家公司进行调查，分析公司项目决策时是如何操作的，与我们理论上介绍的决策方法有无差异？这种差异体现在何处？

三、决策树法

决策树（Decision Tree）可以用来分析多阶段或者连续决策，每条斜线代表决策树的分支，每个分支上的点称为决策节点。决策树法就是用于识别净现值分析中的系列决策。

【例9－3】 假定你是东方商用飞机制造股份公司的一名财务人员，项目组近期开发了一个喷气发动机项目。喷气发动机可用于150人规模的商务机。营销人员建议公司开发一些样机，对发动机进行试销。来自生产、销售、工程设计部门的员工代表组成了一个规划小组，该小组估计这个准备阶段将持续一年时间，费用约1亿元。另外，该小组相信试销的成功概率为75%。

如果试销成功，公司接下来可以进行大规模生产。投资阶段将耗资15亿元。在随后5年内组织生产与销售。初始现金流规划如表9－2所示。

表9－2　　东方股份公司喷气发动机的现金流量预测

金额单位：万元

项目	第1年	第2～6年
营业收入		6 000 000
变动成本		3 000 000
固定成本		179 100
折旧		30 000
税前利润		90 900
所得税（税率为34%）		30 900
净利润		60 000
现金流量		90 000
初始投资成本	－150 000	

注：(1) 在第2～6年内，投资按照直线折旧法计提折旧；(2) 税率为34%；(3) 公司在初始开发阶段未享受税收优惠。

如果公司进行喷气发动机的投资和生产，按照15%的折现率计算的净现值（NPV）是：

$$\begin{aligned}NPV &= 150\ 000 + 90\ 000 \times 3.3522\\ &= 151\ 698\text{（万元）}\end{aligned}$$

（注意：净现值的计算是折算到时点1，即投资15亿元的时点。稍后我们会将该值折现到时点0。）

如果最初的试销不成功，则公司所花费的15亿元投资的净现值为－36.11亿元。这个数值同样是按照时点1折算的（为节省篇幅，此处不提供计算的原始数据）。

图9－1用决策树来展示喷气发动机的投资分析。

如果公司决定进行试销，试销成功的概率为75%。如果试销成功，公司将面临第二个决策：是否将15亿元投资于净现值为15.17亿元的项目。如果试销不成功，则公司会面临不同的决策：是否将15亿元投资于净现值为-36.11亿元的项目。

综上所述，公司所做的决策可归纳为以下两个：

1. 是否开发、试销喷气发动机。
2. 是否按照试销结果对大规模生产进行投资。

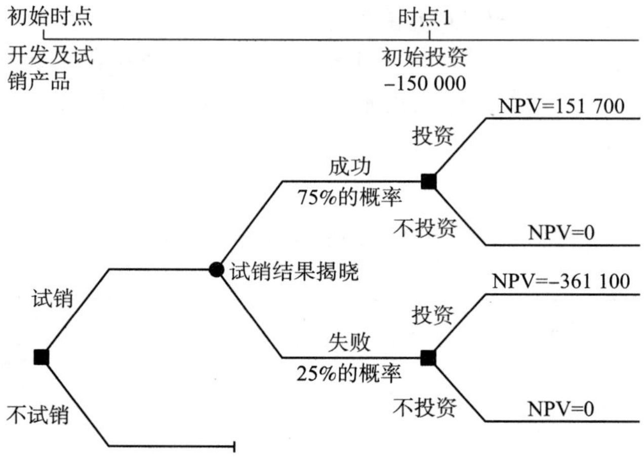

图9-1　公司发动机决策树分析

注：■代表决策点，●代表收到的信息，图中金额单位为万元。

我们利用决策树进行逆向分析。首先分析第二阶段15亿元的投资决策。如果试销成功，公司是否应该进行第二阶段的投资？答案显然是肯定的，因为净现值15.17亿元大于0。如果试销不成功，公司又是否应该进行第二阶段的投资呢？很明显，答案是否定的，因为投资的净现值小于0（-36.11亿元）。

现在回到第一阶段，在此阶段的决策可归纳为：公司现在是否应该投资1亿元，以在一年后以75%的可能性获取15.17亿元的报酬。预期报酬按时点1折算得到：

$$
\begin{aligned}
\text{预期报酬} &= (\text{成功概率}\times\text{成功后报酬})+(\text{失败概率}\times\text{失败后报酬})\\
&=(0.75\times151\ 700)+(0.25\times0)\\
&=113\ 800\ (\text{万元})
\end{aligned}
$$

试销决策在时点0的净现值为：

$$
\begin{aligned}
NPV &= -10\ 000+\frac{113\ 800}{1.15}\\
&=88\ 956.52\ (\text{万元})
\end{aligned}
$$

由于NPV为正值，因此企业应该对喷气发动机进行试销。

注意：我们在前文将试销决策及投资决策的折现率都设定为

15%。由于初始的试销决策的风险可能高于投资决策，计算时采用更高的折现率可能更合理。

四、敏感性分析、情境分析与盈亏平衡分析

净现值分析是一种先进的资本投资决策方法。事实上，由于净现值法只计算现金流量而不计算利润，并对所有的现金流量合理地折现，很难发现其理论缺陷。然而，在我们同实务界的交流中，会常常听到“安全错觉”这种说法。他们指出，资本投资提案的论证令人印象深刻。资本投资预算细致到对每一年的每 1 000 元或每一月的每 1 元现金流量进行规划，同时适当考虑机会成本和负效应，妥善规避了沉没成本。当看到现金流量分析表中最后一栏很高的净现值时，人们往往很容易立即批准项目。然而，实际的现金流量与规划的现金流量经常不相符，企业的投资也以亏损而告终。

（一）敏感性分析与情景分析

企业怎样才能充分挖掘净现值法的潜力呢？方法之一就是进行敏感性分析，即对净现值的计算随着前提条件的改变而变化。敏感性分析（Sensitivity Analysis）是投资决策中一种重要的常用分析方法。它是用来衡量当投资方案中某个因素发生变化时，对该方案预期结果的影响程度。如果某因素在较小范围内发生了变动，就会影响原定方案的经济效果，即表明该因素的敏感性强；如果某因素在较大范围内变动才会影响原定方案的经济后果，即表示该因素的敏感性弱。敏感性分析有助于企业领导了解在执行决策方案时应注意的问题，从而可以预先考虑措施与对策，避免决策上的失误。所以，正确地进行敏感性分析，是决策分析中的一个重要环节。

敏感性分析（Sensitivity Analysis）：指从众多不确定性因素中找出对投资项目效益指标有重要影响的敏感性因素，并分析、测算其对项目效益指标的影响程度和敏感性程度。

我们仍然依〖例 9－3〗的数据为例进行分析如下：

1. 营业收入。营销部估算喷气发动机的销售数量为：

喷气发动机销售数量 = 市场份额 × 喷气发动机市场规模

3 000（架）= 0. 30 × 10 000

营业收入为：

营业收入 = 喷气发动机销售数量 × 喷气发动机单价

600 000（万元）= 3 000 × 200

因此，对收入的估计取决于：

（1）市场份额；（2）喷气发动机的市场规模；（3）喷气发动机的销售价格。

2. 成本。财务专家通常将成本分为两类：变动成本和固定成本。变动成本随产量变化而变化，在产量为 0 时，变动成本也为 0。直接

人工成本及原材料成本通常是可变的。通常假定每单位产出的变动成本为常数，这意味着总变动成本与产量是成比例的。例如，如果直接人工成本是变动成本，并且每单位产出需耗费 10 元的直接人工成本，那么 100 单位产出所需人工成本为 1 000 元。

固定成本在一定时期内不受产品或服务产出量增减变动的影响。固定成本通常衡量的是每单位时间的成本，如每月的租金、每年的薪金等。当然，固定成本并非永久固定，而是在某个既定的时期内固定不变。

工程设计部门估算出每台发动机的变动成本为 100 万元，每年的固定成本为 179 100 万元。成本分解为：

变动成本 = 单位变动成本 × 喷气发动机销售数量

300 000（万元）= 100 × 3 000

税前总成本 = 变动成本 + 固定成本

479 100（万元）= 300 000 + 179 100

以上对市场规模、市场份额、价格、变动成本、固定成本以及初始投资的估值如表 9 – 3 第 3 列所示。这些数值代表公司对不同参数的预期或最佳估计。为便于比较，公司的分析人员同时预测了乐观情况与悲观情况下的各变量取值，见表 9 – 3 的第 2 列和第 4 列。

表 9 – 3　　东方股份公司喷气发动机研发的不同情况预测

金额单位：万元

变量	悲观情况	正常情况	乐观情况
市场规模/台/年	5 000	10 000	20 000
市场份额	20%	30%	50%
产品价格	190	200	220
变动成本/台	120	100	80
固定成本/年	189 100	179 100	174 100
投资支出	190 000	150 000	100 000

在标准的敏感性分析中，假定其他变量处于正常预期值，计算某一变量在三种不同情况下可能估计出的净现值。这一过程如表 9 – 4 所示。

表 9 – 4　　东方股份公司喷气发动机在时点 1 的净现值敏感性分析

金额单位：万元

变量	悲观情况	正常情况	乐观情况
市场规模	– 180 200 *	151 700	815 400
市场份额	– 69 600 *	151 700	549 200

续表

变量	悲观情况	正常情况	乐观情况
产品价格	85 300	151 700	284 400
变动成本	18 900	151 700	284 400
固定成本	129 500	151 700	162 700
投资支出	120 800	151 700	190 300

注：在进行敏感性分析时，假设只有一个变量发生变动，而其他变量维持原有正常预期。以悲观情况为例，在市场规模为 5 000 台/年，而其他变量为表 9－3 中正常情况下的估计数值时，预测得到的净现值为－18.02 亿元。

*假设企业的其他部门是盈利的，且该项目的亏损能够抵减其他部门的盈利，从而降低公司的税负水平。

例如，表 9－4 中的第 4 列是对最乐观的市场情况的估计，此时市场规模为 20 000 台/年，最终得出净现值为 81.54 亿元。但在计算 81.54 亿元的数值时，用到表 9－3 的预测值。注意表 9－4 中第 3 列的每一行都是相同的数值 15.17 亿元。这是由于在进行敏感性分析时，假设只有一个变量发生变动，而其他变量维持原有正常预期，而在第 3 列每一行的计算中，所有变量取的都是预期情况的数值。

通过对表 9－4 的阅读，可以得出如下信息：

首先，整体而言，该表可检验净现值分析法的可靠性。换言之，它减少了之前所说的“安全错觉”。假如净现值在正常情况下每个因素的计算结果为正，而在悲观情况下每个数值都为极低的负值，乐观情况下都为极高的正值，那么即便是一个因素的估计误差也会对最终估值产生极大影响，让人对净现值法产生怀疑。在这种情况下，保守的经理人可能会放弃净现值分析方法。幸好该例中并未出现这种情况，表 9－4 中除了两处以外，其他情况下的净现值都为正值。使用敏感性分析的管理者可能会认为以净现值法估算喷气发动机项目是行之有效的。

其次，敏感性分析可以指出在哪些方面还需要收集更多的信息，例如，相比其他几个敏感性因素而言，投资因素的估计偏误对最终估值的影响很小，因为即使在悲观情况下投资，项目的净现值也能达到 12.08 亿元，净现值为正且数值较大。相反，对市场份额的悲观估计得出的净现值为－6.96 亿元，而对市场规模的悲观估计得出的净现值为－18.02 亿元。由于对收入因素的估计偏误对估值的影响要远大于对成本因素的估计偏误，因而在分析中必须就影响收入的因素收集更多的信息。

敏感性分析方法因其独特的优势而在实务中运用广泛。然而，敏感性分析法也存在一些缺陷。例如，敏感性分析法会使经理人在不知不觉中增加“安全错觉”。假如所有因素在悲观情况下得出的净现值都为正值，经理人也许会想当然地认为项目绝不会亏损。这很可能是这些悲观预测仍带有乐观成分所致。为避免这一点，许多企业不再主观对待悲观预测和乐观预测，而是直接以低于正常预期估值的20%作为悲观情况的估计值。但是，这种处理可能会使结果更糟，因为固定比例的变动忽略了某些变量较之其他变量更易预测的事实。

此外，敏感性分析孤立地考察每个变量，但事实上不同变量之间可能具有相关性。例如，如果低效率的经理人未能有效控制成本，则项目的变动成本、固定成本以及投资支出可能会同时增加，高于原先的预期值。如果喷气发动机的市场反响不好，则市场份额及价格会同时下跌。

情景分析（Scenario Analysis）：是一种通过考虑各种可能发生的结果，来分析未来可能发生某种情况的过程。

为了尽可能避免上述缺陷引发的估计偏差，经理人在实务中大量采用一种特殊的敏感性分析方法——情景分析（Scenario Analysis）方法。在情景分析中，决策者需根据许多不同的情景做出估算，每种情景集合了各种可能出现的因素。下面以空难情境为例进行分析。空难事故很可能会影响公众的乘机需求，因而限制了对于新型引擎的需求量。即使空难事故中的飞机使用的不是该公司生产的喷气发动机，但公众可能会因此对所有创新的、有争议的技术产生排斥心理，最终导致公司的市场份额可能会随之降低。在空难事故情景中，现金流的计算如表9-5所示。

表9-5　　空难情景下东方股份公司的现金流量预测　金额单位：亿元

项目	第1年	第2~6年
营业收入		28.00
变动成本		-14.00
固定成本		-17.91
折旧		-3.00
税前利润		-6.91
所得税（税率为34%）		2.35
净利润		-4.56
现金流量		-1.56
初始投资成本	-15.00	

注：(1) 假设：市场规模为7 000台（为正常情况的70%）；市场份额为20%（为正常情况的2/3）；对其他变量的预测沿用表9-3所计算的正常情况预期值。(2) 亏损可抵减公司其他部门收益而节税。

根据表9-5中数据，可计算公司的净现值（NPV）如下：

150 000 - 15 600 ×（P/A，15%，5）= -202 300（万元）

在此类情况下，情境分析较之标准的敏感性分析方法能更好地阐明问题。

想一想：企业项目投资时进行敏感性分析的主要目的是什么？哪些因素会影响敏感性分析？

（二）盈亏平衡分析

敏感性分析和情境分析说明分析不确定性的方法很多。现在，介绍另一种分析方法：盈亏平衡分析。顾名思义，这种方法确定达到盈亏平衡所需的销售收入。盈亏平衡分析法（Break-even Analysis）揭示了错误预测的严重性，与敏感性分析方法相辅相成。我们用会计利润和现值计算盈亏平衡点。

1. 会计利润。假定我们预测四种不同的销售情况的净利润如表 9－6 所示。

表 9－6　东方股份公司不同销售情况下的收入、成本、净利润

金额单位：亿元

第 1 年	第 2～6 年								净现值（时点 1）
初始投资	年销售量	营业收入	变动成本	固定成本	折旧	所得税*（34%）	净利润	经营性现金流量	
15.00	0	0	0	－17.91	－3.00	7.11	－13.80	－10.80	－51.20
15.00	10.00	20.00	－10.00	－17.91	－3.00	3.71	－7.20	－4.20	－29.08
15.00	30.00	60.00	－30.00	－17.91	－3.00	－3.09	6.00	9.00	15.17
15.00	100.00	200.00	－100.00	－17.91	－3.00	－26.89	52.20	52.20	170.04

注：＊在前两行中，项目发生亏损，可以抵减公司其他项目的收益，从而节约税收成本。

计算盈亏平衡点并非难事。上例中，由于发动机的销售价格为 200 万元/台，变动成本为 100 万元/台①，因此每台发动机的税后差额为：

$$（销售价格－变动成本）\times(1-t)=(200-100)\times(1-0.34)=66（万元）$$

式中，t 是公司所得税税率（税率为 34%）。上式的税后差额称为边际贡献，体现了每台发动机对税后利润的额外贡献。

固定成本为 17.91 亿元，折旧为 3 亿元，则税后总成本为：

$$（固定成本＋折旧）\times(1-t)=(179\ 100+30\ 000)\times(1-0.34)=138\ 000（万元）$$

① 敏感性分析考察了销售价格与变动成本的乐观预测和悲观预测，但盈亏平衡分析仅采用正常预测情况下这些变量的估计。

即不管销量如何，公司都要发生 13.8 亿元的成本。由于每台发动机的边际贡献为 66 万元，销售量必须达到以下水平才能弥补上述成本：

$$会计利润盈亏平衡点 = \frac{138\ 000}{66} = 2\ 091\ （台）$$

因此，当公司销售 2 091 台机器时，在会计上实现了盈亏平衡。

2. 现值。从财务角度看，现值较之净利润更为有用。因此，必须计算现金流的现值。我们假定折现率为 15%，可以得到不同销售量下的净现值，如表 9－7 所示。

表 9－7　　　　不同销售量下的净现值

销售量（台）	净现值（万元）
0	－512 000
1 000	－290 800
3 000	151 700
10 000	1 700 400

如表 9－7 所示，当公司生产 1 000 台发动机时净现值为负，而当产量为 3 000 台时净现值为正。很显然，净现值为 0 的产量为 1 000～3 000 台。

寻找现值的盈亏平衡点也很简单。企业初始投资为 15 亿元，将初始投资除以对应的年金系数（即折现率为 15%，期数为 5 年），将其平均分摊到 5 年内得到等值年成本：

$$等值年成本（EAC）= \frac{150\ 000}{3.3522} = 44\ 750\ （万元）$$

注意：4.475 亿元的 EAC 大于 3 亿元的年折旧，这表明初始的 15 亿元可以在折现率为 15% 时进行投资。

无论产量是多少，税后成本均为：

$$\begin{aligned}152\ 756\ （万元） &= EAC + 固定成本 \times (1-t) - 折旧 \times t \\ &= 44\ 750 + 179\ 100 \times 0.66 - 30\ 000 \times 0.34\end{aligned}$$

也就是说，除了初始投资的等值年成本 4.475 亿元外，企业每年还要支付固定成本，同时享受折旧带来的节税效应。折旧的节税效应可以抵减成本，因而在算式中作为成本的减项。由于每台发动机对税后利润的贡献是 66 万元，抵销上述成本所需的销量是：

现值盈亏平衡点：

$$\frac{\text{EAC}+\text{固定成本}\times(1-t)-\text{折旧}\times t}{(\text{销售价格}-\text{变动成本})\times(1-t)}$$

$$=\frac{152\ 756}{66}$$

$$=2\ 315\ (\text{台})$$

因此，企业需销售 2 315 台发动机才能达到现值视角的盈亏平衡。

为什么会计盈亏平衡点并不同于财务盈亏平衡点呢？会计盈亏平衡的计算基础是扣除了折旧费用的会计利润。喷气发动机的折旧费用为 3 亿元，如果公司能销售 2 091 台产品，则将产生足够的收入来弥补 3 亿元的折旧费用与其他成本。但在这一销售水平下，公司的收益无法弥补 15 亿元的初始投资带来的经济上的机会成本。如果我们考虑了 15 亿元投资的机会成本，将其按 15% 的折现率折算，会得到等值年成本为 4. 475 亿元，而非之前计算得到的 3 亿元成本。折旧低估了初始投资用于再投资产生的真实成本，因而忽略了初始投资的机会成本，仅从会计角度计算得到的盈亏平衡点进行决策可能会令项目蚀本。

五、蒙特卡罗模拟

敏感性分析和情境分析方法都试图回答的问题是：“假使……将会怎么样？”。然而，虽然两种分析法在实务中都得到广泛应用，但是每种方法都有其局限性。敏感性分析方法每次只能改变一个变量的值。但实际上，很多变量可能是同时变化的。与之相比，情境分析针对特定的情境，如通货膨胀、政府管制或竞争者数目发生变化。情境分析是相当实用的方法，但其无法一一列举所有因素的变化。事实上，即使在一种经济情境下，项目也可能会出现多种变化。

蒙特卡罗模拟（Monte Carlo Simulation）方法试图模拟现实世界中的不确定性。“蒙特卡罗”一词源于闻名世界的欧洲赌城，脱胎于赌博行业中决策者对输赢的分析策略。举一个简单的例子，假设一名赌徒在玩纸牌游戏二十一点，他手上已经拿了两张牌，点数总计 16 点。现在他将面临拿第三张牌还是不拿第三张牌这两种策略。正式的数学模型由于过于复杂在此并不适用。但是，他可以在赌场内玩几千手，当其前两张牌的点数合计是 16 点时，有时拿第三张牌而有时不拿，然后比较两种策略下的赢（或输）以决定哪种策略更好。当然，在实际赌场中进行这样的测试，他可能会输掉很多钱，通过电脑来模拟两种策略的结果的成本较低。蒙特卡罗模拟在资本投资决策中的应用与之类似。

蒙特卡罗模拟

【例 9－4】 北方股份公司是一家生产木炭和煤气烤架的制造商，

目前正雄心勃勃地开发一种新型的以氢气为燃料的烤架。对于这项计划，公司的财务总监不满意简单的资本投资决策技术，打算采用蒙特卡罗模拟法全面分析资本投资决策。财务顾问担此重任，提出了一套专业的分析体系，通过五个步骤将蒙特卡罗方法流程化。

第一步：构建基本模型。公司财务顾问将现金流分解为三部分：年收入、年成本和初始投资。其中，各年的收入为：

烤架全部市场的销售数量×公司氢燃料烤架的市场份额
×氢燃料烤架的单价

各年成本为：

固定制造成本+变动制造成本+开发市场成本+销售费用

初始投资为：

专利成本+市场测试成本+生产设备成本

第二步：确定模型中每个变量的概率分布。这是整个分析体系中最复杂的步骤。首先，我们分析收入数据，包括前面提到的市场规模、市场份额及销售价格数据。财务顾问模拟总体的市场规模，即整个行业的烤架销售量。公司财务部门根据相关资料统计，上年烤架在全国的总销量为1 000万台，并预测明年销量将达到1 050万台。在此基础上结合自身的判断，财务顾问认为下一年整个行业销量的概率分布如表9－8所示。

表9－8　烤架行业销量预测及概率

项目	20%	60%	20%
烤架行业销售量（台）	10 000 000	10 500 000	11 000 000

表9－8数据显示，行业销售的概率分布很集中，说明这个烤架市场正处于缓慢、平稳的增长期。

财务顾问意识到，比起估算整个市场的销售情况而言，对北方公司的氢燃料市场份额的估计要困难得多。在经过充分的分析论证之后，财务顾问对下一年北方公司的市场份额给出的预测如表9－9所示。

表9－9　北方公司烤架市场份额预测

项目	10%	20%	30%	25%	10%	5%
氢燃料烤架市场份额	1%	2%	3%	4%	5%	8%

上述分析中，财务顾问假定行业销量具有对称的概率分布，但他认为项目的市场份额更可能是偏斜的概率分布。根据他的经验，氢燃

料烤架有可能市场反响惊人，但发生的概率很小。

上述预测假设行业销量与项目的市场份额不相关。换言之，两个变量是相互独立的。财务顾问认为，尽管经济繁荣会催生行业需求，而经济衰退会抑制需求，但项目的市场份额似乎与经济环境关联甚微。

接下来财务顾问要确定的是氢燃料烤架单价的概率分布。公司的财务总监在了解竞争对手价格水平的基础上，建议财务顾问将单价确定在 200 元左右。但是财务顾问认为价格的高低可能取决于烤架市场规模的大小。同其他行业一样，当市场需求旺盛时，就可以将价格定得高一点。

财务顾问并未运用大量复杂的模型来估算烤架单价，而是采用了如下计算公式进行单价估计：

下一年氢燃料烤架的单价 = 190 + 0.01 × 行业销量（按万计）+/−3

该公式中，烤架单价与行业的销量有关。此外，公式中还增加了随机项“+/−3”，出现 +3 元及 −3 元的概率各为 50%。例如，如果全行业的烤架销量为 1 100 万台，则每台烤架的单价可能是：

190 + 11 + 3 = 204（元）（50% 的概率）

190 + 11 − 3 = 198（元）（50% 的概率）

到目前为止，财务顾问已建立了下一年收入的三个因素的概率分布。但是，他还需要对未来数年的数据进行类似的估算。借助从其他渠道所获取的数据，财务顾问预测第 2 年行业增长率的概率分布如表 9 − 10 所示。

表 9 − 10　　　　　行业增长率及概率

项目	20%	60%	20%
第 2 年烤架行业销售增长率	1%	3%	5%

在下一年行业销售额及第 2 年销售增长率预测的基础上，可以估算第 2 年行业销售额的概率分布。对于未来其他年份的概率分布预测可采取类似的方法，与将销售额的第一个因素拓展到以后年份一样，财务顾问也对市场份额及销售价格进行类似的分析。

目前我们仅针对收入的三个组成部分构建了概率模型，对成本及投资的组成部分同样需要构建概率模型，这里不再赘述。其中特别需要注意的是变量间的相关关系，因为低效率的管理可能导致成本的不同组成部分同时出现增长。

第三步：计算机模拟结果。如前所述，模型中的下一年收入是三个因素的乘积。假设计算机随机抽样得到的销售数量为 1 000 万台，氢燃料烤架的市场份额为2%，且具有+3元的随机价格变动，则下一年每个烤架的销售价格为：

190+10+3=203（元）

下一年氢燃料烤架的收益为对应的行业销量、市场份额及销售价格的乘积为：

10 000 000×0.2×203=40 600 000（元）

当然，这还不是最终结果。我们还需要计算未来每年的收入和每年的成本，同时还要考虑初始投资。这样，就可以得出项目在未来每年所产生的现金流量。

每个特定结果出现的可能性如何？在知道了每个因素的概率后就可以回答这个问题。因为烤架行业销量为1 000万台的概率为20%，市场份额为2%的概率为20%，销售价格的随机项为+3元的概率为50%，这些因素共同决定的概率为：

0.20×0.20×0.50=0.02

当然，在同时考虑收入、成本及初始投资时所产生的结果的概率更低。

步骤三得出某个特定结果每年的现金流。我们感兴趣的是各种结果的现金流分布。蒙特卡罗模拟就是利用计算机不断随机抽样并给出概率分布，步骤四将对此进行介绍。

第四步：重复模拟。前三个步骤着力于生成一个事件结果，而蒙特卡罗模拟的核心是重复模拟。计算机能够产生成千上万甚至上百万个事件结果，所有的结果形成了未来每年现金流的概率分布。这是蒙特卡罗模拟的分析基础。

图9－2模拟了项目第3年的现金流分布，当然，其他各年的现金流分布同样可通过模拟得到。接下来，我们可以进入最后一个步骤。

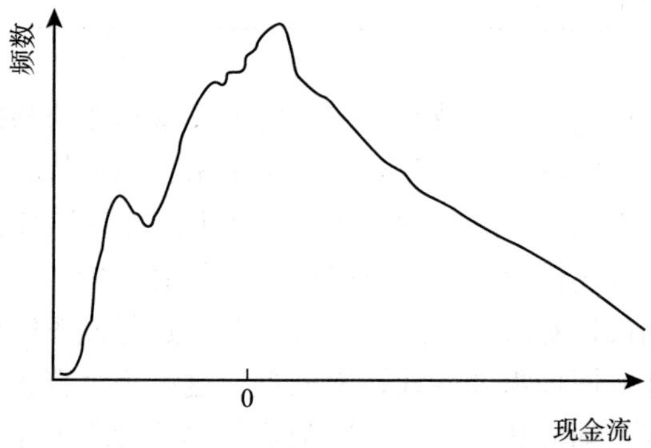

图9－2　公司氢燃料烤架在第3年的现金流模拟分布

注：在蒙特卡罗模拟分析中，对特定模型的所有变量重复抽样将生成统计分布。

第五步：计算净现值。给定第 3 年的现金流分布（见图 9 - 2），可以得到当年的预期现金流。同理可得出未来数年的预期现金流，最终将这些预期现金流按照恰当的折现率折现，即可得到净现值。

与敏感性分析和情境分析方法相比，蒙特卡罗模拟方法精准量化了不同变量的交互关系，是一种更为精细的分析方法。因此，至少从理论上讲，这种方法提供了更完整的分析，这就需要构建精确的模型以强化预测者对于项目的理解。

蒙特卡罗模拟方法至少走过了近八十年的发展历程，你或许认为它现在已经运用广泛。但令人惊讶的是，事实并非如此。对每个变量的分布及变量间的相关性建模是很困难的，并且计算机程序是没有经济意识的。这些原因导致管理人员在实务中对此大多持怀疑态度。因此，虽然蒙特卡罗模拟方法在某些情况下得以运用，但不太可能成为未来主流的分析方法。

六、实物期权

（一）实物期权的内涵

根据传统资本投资理论，项目的净现值是项目预期未来现金流的现值，通过反映预计未来现金流风险的报酬率进行折现，如果净现值不为正，则项目应该被拒绝。但是传统资本投资理论是指项目在接受和实施后，不再采取任何行动。换句话说，传统资本投资理论假设项目是一个有轨迹线的车轮。投机者可以选择是否滚动车轮，而一旦车轮被滚动，结果就不会被改变。博弈一旦开始，结果则完全是靠运气，而不涉及任何技术。

有一些博弈与有轨迹车轮不同，如纸牌。在玩纸牌过程中，运气在初始交易以后持续起作用，同时，玩牌者也可能对对手的行动做出反应，因此，技术好的玩牌者就会赢。

资本投资决策更像纸牌游戏而非有轨迹线的车轮，因为：（1）运气在项目寿命过程中持续起作用；（2）经理人可以对变化的市场环境和竞争对手的行为做出反应。反映变化环境的机会称为管理期权（Managerial Options），因为其给予经理人影响项目结果的机会。这些机会也称为战略期权（Strategic Options），因为其经常与规模较大的战略性项目有关而不是日常的维护项目。上述期权统称为实物期权（Real Options），与金融期权不同，它们涉及实物资产而非金融资产。

管理期权（Managerial Option）：指企业管理层在外部环境和内部条件发生显著变化情况下对项目投资初始决策作出必要的灵活性调整的一种权利。

传统的净现值分析暗含假设——项目将被接受或拒绝，这意味着项目要么现在接受要么永远不接受。但是现实世界中，企业有时还有第三种选择——延迟决策直至获得更多信息。此类投资时机选择权对项目的期望盈利能力和风险影响很大。

例如，假设海信公司计划引进一种交互式数字化视频光盘电视机系统，公司有两种选择：（1）立刻为这种新系统满负荷生产视频游戏软件；（2）延期投资该项目直至获得交互式数字化视频光盘的最优市场规模。公司可能选择延期实施。但是，只有延期期权的收益大于延迟带来的危害时，延迟期权才是有价值的。例如，如果公司延迟项目，一些别的公司可能已经建立了忠实的客户基础，使得公司后期进入市场非常困难。延迟的期权通常对拥有技术所有权、专利、证书或者其他进入壁垒的公司是很有价值的，因为这些因素减少了竞争威胁。当市场需求不确定时，延迟期权是有价值的；在利率剧烈变动时，延迟期权也是有价值的，因为延期可能使公司在利率较低时筹集项目资金。

（二）增长期权

增长期权（Growth Option）：指如果项目投资者获得初始投资成功后，在未来的时间内，能够获得一些新的投资机会。

【例9－5】康华化工有限公司的总经理王维近期掌握了一种化学处理方法，能让水在100华氏度（约37.8摄氏度）结冰，而正常情况下水结冰的温度是在32华氏度（即0摄氏度）。为了应用这项处理技术，他萌发了开发用冰建造的旅馆的创新想法。他估计一家冰旅馆需要投入1 200万元，每年收回的现金流为200万元。考虑到新创企业的风险，他认为采用20%的折现率比较合理。假设现金流是永续的，则项目的净现值为：

$$NPV = -12\ 000\ 000 + \frac{2\ 000\ 000}{20\%} = -2\ 000\ 000\text{（元）}$$

计算结果显示，该项投资的净现值为负数。大部分企业家会放弃这项投资，但王维是个例外。他认为净现值分析没有考虑项目的隐含价值。对于1 200万元的初始投资，其每年产生的现金流存在不确定性。他对每年产生的现金流为200万元的估计，反映出他认为现金流为300万元和100万元的概率均为50%。

相应地，两种预测下的净现值为：

$$\text{乐观预测：}NPV = -12\ 000\ 000 + \frac{3\ 000\ 000}{20\%} = -3\ 000\ 000\text{（元）}$$

$$\text{悲观预测：}NPV = -12\ 000\ 000 + \frac{1\ 000\ 000}{20\%} = -7\ 000\ 000\text{（元）}$$

从表面上看，上述计算似乎并没有太大用处，因为这两种预测结果平均得到的项目净现值与不考虑概率分布时的净现值相同：

$$NPV = 0.50 \times 3\ 000\ 000 + 0.50 \times (-7\ 000\ 000) = -2\ 000\ 000\text{（元）}$$

但如果现实情况符合乐观预期，王维接下来会采取扩张的投资决策。如果未来在全国开设10家冰旅馆，则项目的净现值实际上是：

$$NPV = 0.50 \times 10 \times 3\ 000\ 000 + 0.50 \times (-7\ 000\ 000) = 11\ 500\ 000\text{（元）}$$

图9－3很好地体现了选择期权的基本逻辑。

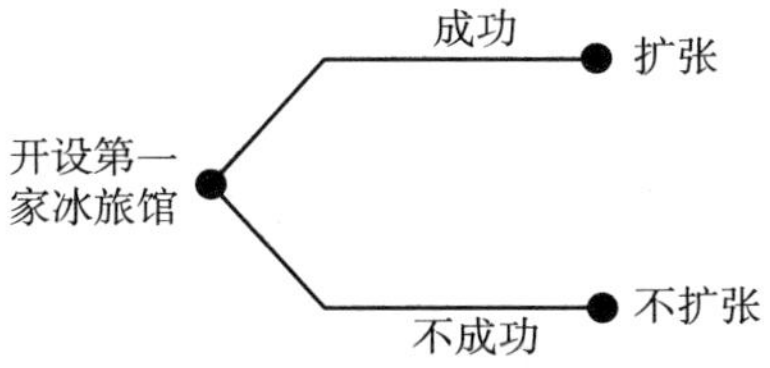

图9－3　冰旅馆的决策树

如果试点经营成功了，则总经理具有进一步扩张经营的期权。设想一下，如果许多创业者开餐馆，势必会有大部分人最终投资失败。这些人并不是过度的乐观，他们也许可以清楚地估算失败的可能性，但是他们仍然愿意承担风险创业，是因为虽然成功的概率很小，但创立下一个麦当劳或者肯德基也并非不可能。

（三）放弃期权

放弃期权（Abandonment Option）：指在实行某个项目后又放弃该项目。

管理人员也具有放弃现有项目的期权。尽管放弃看似懦弱，但它往往能为企业节省大量的资金。正因为如此，放弃期权实际上增加了项目的潜在价值。

接〖例9－5〗资料，阐述扩张期权的冰旅馆案例也能很好地解释放弃期权。例如，王维认为，项目有50%的概率产生每年600万元的现金流，同时有50%的概率产生－200万元的现金流。这两种预测下的净现值分别是：

$$\text{乐观预测：} NPV = -12\ 000\ 000 + \frac{6\ 000\ 000}{20\%} = -18\ 000\ 000\text{（元）}$$

$$\text{悲观预测：} NPV = -12\ 000\ 000 - \frac{2\ 000\ 000}{20\%} = -22\ 000\ 000\text{（元）}$$

据此可计算出项目的净现值：

$$NPV = 0.50 \times 18\ 000\ 000 + 0.50 \times (-22\ 000\ 000) = -2\ 000\ 000\text{（元）}$$

此外，如果王维最多只想开设一家冰旅馆，就不存在扩张期权的问题。由于净现值为负，他将不会考虑对冰旅馆的投资。

但如果我们考虑放弃期权，结果又会变得不一样。在时点1，企业家就会知道哪种预测会成为现实。如果结果为乐观预期，项目会被保留，否则会被放弃。事先知道了发生的概率，则项目的净现值为：

$$NPV = 0.50 \times 18\ 000\ 000 + 0.50 \times \left(-12\ 000\ 000 - \frac{2\ 000\ 000}{1.20} \right) =$$

2 170 000（元）

由于时点 1 净现值为 -200 万元，王维放弃了冰旅馆项目，避免了往后数年因投资亏损导致的资金流出。此时净现值为正，王维则会接受该项目。

这是一个典型的放弃期权的案例。现实的企业经营情况可能是，一个不成功的项目运营较长时间后才被放弃，本例中冰旅馆只运营一年后就放弃了投资。放弃期权在企业项目决策中运用广泛。一般而言，项目在放弃时会产生残值，但这里假设放弃冰旅馆不存在残值。

再如，我们以电影制片业为例。如图 9-4 所示，管理者首先面临的是购买或撰写电影剧本的决策。完整的剧本可能花费电影制片人几百万元并可能会实际投入制作。然而，绝大多数的剧本（可能超过 80%）会被弃用。为什么制片方弃用当初看好的剧本呢？虽然制片方预先知道只有部分剧本具备投资前景，但不清楚具体是哪一个具有投资价值。所以制片方乐于采取广泛撒网的方式，投资于大量剧本以获取少量成功的影片。制片方必须及时放弃对烂剧本的投资，因为相对于制作一部糟糕的影片的巨额损失，前期对这个剧本投入的资金简直微不足道。

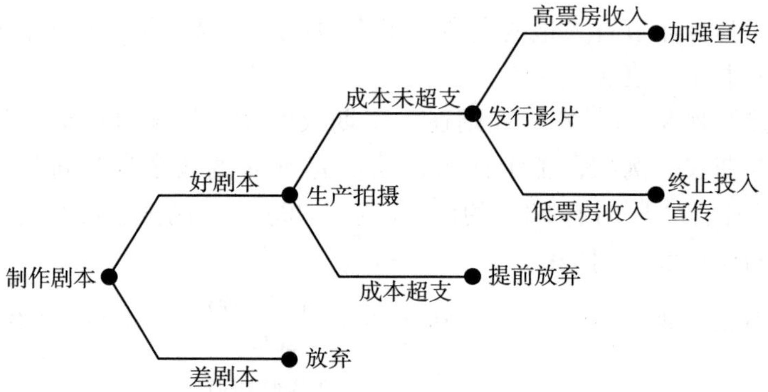

图 9-4　电影制片业的放弃期权

少量剧本比较幸运，可以进入制片阶段，这也许要耗资数千万元甚至更高。在这一阶段可能出现的问题是，影片的外景拍摄陷入困境，导致成本超支。如果成本超支过多，制片方很可能中途放弃拍摄。有趣的是，许多项目告吹的原因并非来源于制片人对电影市场需求的担忧，而是无法承受过高的成本。在影片实际发行之前，谁也不能完全知晓影片能否热映。

电影发行阶段需要投入大量广告费用，可能需要一两千万元甚至更高。在最初几周内票房的成功可能导致更多的广告支出。同样，制片方在此具有增加广告投入的期权。

电影制片是最具风险的商业领域之一。制片方可以凭借一鸣惊人的大片在短短数周内进账数亿元，也可能因投资失败而颗粒无收。上述放弃期权的例子考虑了这些可能导致公司破产的成本。

（四）择时期权

择时期权（Timing Option）：指企业对未来投资时机具有的选择权。

在现代城市中，土地闲置多年并不罕见。其间有人时不时地购买和出售这些土地。为什么会有人花钱购买毫无收益的土地呢？人们通过净现值分析法显然得不到正的土地价值。实物期权可以为这一悖论做出解释。

假设土地的最大和最佳用途是建造办公楼。办公楼的总建筑成本估计达1亿元。目前，每年（扣除所有费用后）净租金约为900万元，折现率为10%。那么拟建办公楼的净现值将是：

$$\text{NPV} = -100\ 000\ 000 + \frac{9\ 000\ 000}{10\%}$$

$$= -10\ 000\ 000\ (\text{元})$$

由于净现值为负值，土地所有者不会建造这栋大楼，并且，土地看似毫无价值。但是，假设当地政府正在规划城市复兴项目，如果项目运作成功，则办公楼租金可能上涨。在这种情况下，决策者可能产生建造办公楼的需求。相反，如果项目失败，则办公楼租金将维持不变甚至下跌，此时决策者不会建楼。

在这里，我们认为土地所有者拥有择时期权（Tilning Options）。即便他目前不打算建楼，但在租金大幅上涨的未来，他也会产生强劲的建造需求。择时期权解释了为什么空置土地往往具有价值。尽管存在税收成本、土地的持有成本等，但租金上涨后建造的办公楼的价值可弥补这些成本。当然，闲置土地的价值同时取决于城市复兴项目成功的概率以及租金上涨的程度。图9－5对择时期权做了形象的说明。

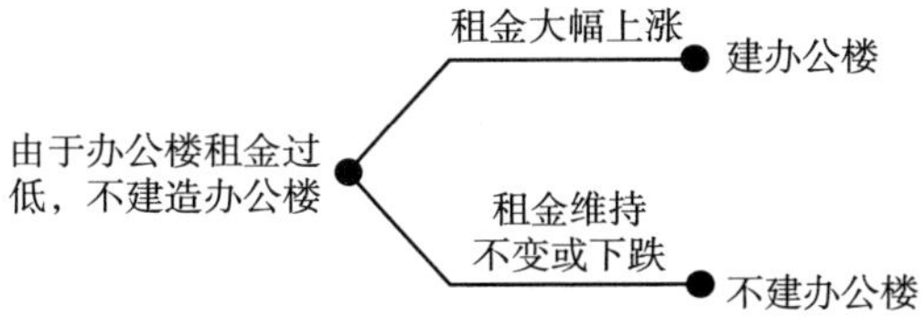

图9－5 闲置土地的决策树分析

采矿作业也存在择时期权。假设你拥有一座铜矿，每吨铜的开采成本超过了营业收入，许多人可能不假思索地认为目前不应开采铜矿。财产税、保险、安全防护都构成了项目成本，你可能宁愿卖掉铜矿。但是，需要提醒你的是，不要急于做出决定，因为铜的价格在未来很可能会大幅上涨，足以令生产有利可图。鉴于这种可能性，你会发现有人愿为目前的铜矿支付正的价格。

本章主要名词概念

项目特有风险	风险调整折现率	风险调整现金流量
变化系数	肯定当量系数	决策树法
敏感性分析	情境分析	盈亏平衡分析
蒙特卡罗模拟	实物期权	增长期权
放弃期权	择时期权	

本 章 小 结

风险分析是资本投资决策中的关键问题，任何项目决策的评价均离不开风险的测算与风险分析。在本章中，我们运用资本投资技术方法对投资项目进行风险分析与评价。本章所涉及的内容主要包括：

1. 投资项目的风险可以从三个层次进行分析：项目自身风险、公司风险和市场风险。

2. 风险调整折现率法（Risk-adjusted Discount Rate Method）是指将投资项目的折现率调整为与未来现金流量相匹配的风险折现率的方法。

3. 风险调整现金流量法（Risk-adjusted Cash Flow Method）是把不确定的现金流量调整为确定的现金流量，然后用无风险的报酬率作为折现率计算净现值的方法。

4. 决策树（Decision Tree）可以用来分析多阶段或者连续决策，每条斜线代表决策树的分支，每个分支上的点称为决策节点。决策树法就是用于识别净现值分析中的系列决策。

5. 敏感性分析（Sensitivity Analysis）是指从众多不确定性因素中找到对投资项目效益指标有重要影响的因素，并分析、测算其对项目效益指标的影响程度和敏感性程度。

6. 蒙特卡罗模拟（Monte Carlo Simulation）方法主要模拟现实世界中的不确定性而进行资本投资决策方法。

7. 实物期权（Real Options）决策一般包括增长期权、放弃期权和择时期权等。

第四篇

战略融资决策

第十章

资本结构决策：数量分析

学习目标

学习本章后，您应该做到：

1. 认识资本结构决策在企业财务中的作用；
2. 理解经营杠杆、财务杠杆的基本原理；
3. 理解和掌握经营杠杆与经营风险在决策中的应用；
4. 理解和掌握财务杠杆与财务风险在决策中的应用；
5. 描述经营杠杆、财务杠杆、联合杠杆之间的关系；
6. 熟悉影响资本结构的相关因素；
7. 掌握最优资本结构的决策方法。

学习重点与难点

理解经营杠杆、财务杠杆的基本原理；描述和掌握经营杠杆与经营风险、财务杠杆与财务风险、联合杠杆与总风险的联系；掌握最优资本结构决策方法与应用。

学习思维导图

- 资本结构
  - 杠杆与风险
    - 资本结构内涵
    - 经营风险与经营杠杆
    - 财务风险与财务杠杆
    - 总风险与联合杠杆
  - 最优资本结构
    - EBIT－EPS 分析法：确定无差异点
    - 公司价值确定法
      - 企业总价值：V＝B＋S
      - 权益价值
      - 加权平均资本成本确定
    - 资本成本比较法
  - 资本结构理论
    - “MM” 理论
    - 权衡理论
    - 信号理论

引 导 案 例

杠杆上的海航：8家A股上市公司5家资产负债率超70%

让“外界看不懂”的海航又有新的扩张动作。

10月30日，海航旗下的又一航空公司——福州航空实现首飞，此时距离福州航空获批筹建仅8个月。早在今年7月，海航旗下公司曾三次宣布共160架飞机的购买计划，所耗资金近千亿元。

从最初的1 000万元启动资金到现在4 000亿元规模的资本帝国，陈峰和他掌控下的海航只用了21年，汹涌扩张的基因已经融入了海航发展的血脉之中。

纵观海航的发展历史，不难发现杠杆化融资途径成为其赖以生存之道—不断通过抵押资产抑或股权质押，从而在市场募得资金，再而扩大自身规模。海航将这一模式从航空业延伸至旅游、金融、物流、地产等诸多领域，终成多元化、巨无霸企业。

扩张的同时，资金链紧绷的问题随之而来，海航的发展过程中经历了多次资金短缺的风险。其中以2003年、2008年和2013年最为严重，而海航总能通过撬动资本杠杆“死里逃生”。

今年，海航再次祭出扩张大旗。其杠杆化生存模式是否能以为继？资金风险的边界何在？面对旗下9家上市公司5家资产负债率超过70%的现实，海航何以安然度过？这是陈峰眼下不容回避的难题。

海航的发展史，某种程度上就是不断融资的历史。

海航获得的首笔融资体量不小，1993年，其通过法人股募资获得8.5亿元，其中有1亿元国资和6亿元的银行贷款，并以此购买了第一架飞机。从此，陈峰的融资之路开始越发宽广，甚至将触角伸向海外，成功说服“金融大鳄”索罗斯，获得其下美国航空2 500万美元投资，自此海航成为第一家中外合资的航空企业。

在多名接受《时代周报》记者采访的业内人士看来，海航购买飞机可谓“一机两得”——在海航发展初期，其高管就通透了飞机融资租赁中的“关隘”：购买的飞机，不仅壮大了机队规模，同时也成为抵押贷款时的固定资产；另外，航线的未来收益权也可作再度抵押贷款之用。直至今日，这一方法论仍然畅通无阻。这或许也是海航近期大规模购机的最好注脚。

2014年7月，海航通过三次购机计划，共达成160架购机意向，合计斥资高达927亿元。

（资料来源：项义妹：《时代周报》，2014年11月4日）

第一节 杠杆与风险

一、资本结构与融资决策

当企业规模扩张时就需要资本的支持，而这种资本可以来自债务，也可以来自权益。债务资本有两个重要的优势：一是支付的利息可以抵减所得税，因此可以降低债务的实际资本成本；二是债权持有人得到固定的收益。因此，如果企业经营非常成功，股东就不需要与他人分享利润。

然而，债务也有其劣势。首先，债务比率越高，企业的风险就越大，从而其债务资本和权益资本的资本成本也就越高；其次，如果企业遇到困难时期，经营收益不足以补偿利息费用，股东就需要牺牲个人利益弥补这一缺口，如果他们做不到，就将导致企业破产。

因此，那些收益和经营现金流量不稳定的企业都会谨慎地使用债务。当然，如果企业的经营风险较小，经营现金流量稳定，则可以更多地采用债务融资。

以上分析可见，企业在其经营活动中都可以通过债务或者权益来融资。一种融资方式（Financing Method）是否优于另一种融资方式？如果是这样企业是否应该全部采用债务融资或者全部采用股权融资？如果最优的解决方案是债务资本和权益资本的组合，那么最优组合是什么？对这些问题的回答正是本章的主题：资本结构决策。

资本结构（Capital Structure）：指企业各种资本的价值构成及其比例关系。

资本结构（Capital Structure）从广义上讲是指企业不同资金来源的比例及相互关系。从狭义上讲，是指企业长期债务资本与权益资本之间的比例关系。资本结构是企业融资决策的核心问题之一。

二、经营风险与财务风险

经营风险（Business Risk）：指企业由于生产经营变动或市场环境改变而引起的息税前利润变动的不确定性。

（一）经营风险与经营杠杆

1. 经营风险。从理论上讲，企业在经营中有一定的内在风险，这就是经营风险（Business Risk）。如果企业采取债务融资，那么实际上，相当于将企业的投资者分成两部分，而企业的经营风险主要集中于其中的一部分：企业的普通股股东。因此，普通股股东需要得到补偿。

经营风险是企业固有的、预期的未来经营收益或息税前利润的不确定性。经营风险是决定企业资本结构的一个重要因素。由于经营风险是企业生产经营中固有的、客观存在的经济现象，所以它广泛地隐含在每一个企业经营活动中，并随着企业经营时间和空间的变化而变动。影响经营风险的因素有许多，一般包括下列因素：

（1）市场需求的变化。市场经济条件下，市场需求（Market Demand）表现为多层次、全方位、多频率的变动，市场需求的不确定性导致企业存在经营风险。在其他条件不变的情况下，市场对企业的需求越稳定，其经营风险越小，反之，经营风险越大。

（2）产品价格的波动。由于企业所产销的产品结构不同，其消费对象不一致，产品价格（Product Price）波动幅度也不同。一般而言，生产生活必需品的企业其产品价格相对稳定；生产高档、奢侈品的企业其产品价格变化较大。显然，后者要比前者承担更大的经营风险。

（3）投入成本的变化。在产品市场价格不变或基本稳定的前提下，投入成本（Input Cost）变动剧烈的企业面临着较大的经营风险。另外，投入成本变动时，企业调节产品市场价格的能力高低也表现为经营风险的不同。若其他条件不变，相对投入成本变化，此时，其调节产品价格的能力越强，其经营风险越小；反之，经营风险则越大。

（4）及时高效地开发新产品的能力。在高科技行业，如制药和计算机行业，成功的经营依赖于不断地推出新产品。企业的产品淘汰得越快，企业的经营风险就越大。

（5）国外风险。如果企业的收益更多的是来自海外的收益，由于汇率的变化造成海外收益的下降，那么企业就相对面临更大的经营风险。同样，如果企业在政治不稳定的地区开展生产经营，就有可能面临政治风险。

固定成本（Fixed Cost）：指成本总额在一定时期和一定业务量范围内，不受业务量增减变动影响而保持不变的成本。

（6）企业经营成本中固定成本比重的变化。如果一个企业固定成本比重较大，当市场需求发生波动时，企业适应市场变化的能力相对较慢，从而导致经营风险增加，这种固定成本比重高低变化的影响就是杠杆作用。

上述每一个因素对经营风险的影响取决于企业所在的行业特征，但在一定程度上每一个因素也都可以由企业的管理层所控制。例如，通过公司的营销政策，绝大多数的公司可以采取行动控制销售的变动。然而，这种稳定性也许需要在广告或者价格折扣方面花费很高的费用，以便吸引顾客在未来时期按照固定的价格购买固定的数量。类似地，某些电子企业也可以通过与员工阶层和原材料供应商谈判签订长期合同，从而可以减少未来投入成本的波动性。但是为了获取这些合约，也许目前要支付更高的价格。

2. 经营杠杆。物理学中，杠杆意味着用较小的力量来撬动较重的物体。在政治中，如果人们拥有杠杆，以最少的言语或行动就能够完成很多事情。在营业活动中，杠杆效应是指通过利用固定成本来增加（或减少）企业利润。只要企业存在固定成本——不论数量多大，它就会存在经营杠杆。当然，从长期看所有成本都是可变的。因此，我们的分析必然是在一定时期进行的。企业发生固定成本，并希望销售量能产生足够的收入来弥补所有的固定成本和变动成本。经营杠杆效应的一个更为典型的例子是航空公司，其中很大比例的营业成本都是固定的。在某个盈亏平衡装载量之后，本质上每增加一名乘客都代表对航空公司的直接营业利润（即息税前利润或 EBIT）。因此，我们可以得知：经营杠杆（Operating Leverage）就是企业在一定时期内对固定成本的利用。经营杠杆是企业的一种客观现象，它的高低与企业的成本结构有很大关系：企业成本总额中，固定成本比重越大，经营杠杆的作用越强；反之，固定成本比重小，其经营杠杆的作用就会减弱。较高的固定成本一般与自动化较高、资本密集的企业和行业相联系。然而，即使在经济萧条时期也必须留住和支付高技能员工，雇用这样员工的企业也会有较高的固定成本，正如那些产品开发成本高的企业一样，因为开发成本的分摊是固定成本的组成要素。

杠杆与阿基米德

经营杠杆（Operating Leverage）：指在企业生产经营中由于存在固定成本而使息税前利润（EBIT）变动率大于产销量变动率的规律。

案例链接

据《新民晚报》报道，大年初一，由于是航班上唯一的旅客，一位 80 后上海姑娘搭乘的飞机成了她的“专机”，而航班上乘务人员却有 7 人。

前天傍晚 6 时左右，虹桥边检站民警在办理刚抵沪的澳航 NX136（澳门－上海）航班时，发现该航班仅一名旅客。该旅客说：“由于工作关系，我很早就预订了机票，不知为何只有我一个旅客。”乘务人员表示，由于入境人员稀少，只有一名旅客，但航空公司也没有让这名旅客转机，而是按计划将她送至上海。

（资料来源：江跃中：《上海姑娘年初一乘“专机”抵沪》，载于《新民晚报》2012 年 1 月 25 日）

【例 10－1】假定东方股份公司相关财务数据资料如表 10－1、表 10－2 所示，根据东方股份公司有关数据作盈亏平衡图，如图 10－1 所示。

表 10－1　　东方股份公司相关财务基本数据　　金额单位：元

项目	A 计划	B 计划
产品价格	2.00	2.00
变动成本	1.50	1.00
固定成本	20 000	60 000
资本	200 000	200 000
税率	40%	40%

表 10－2　　**东方股份公司收入、成本、利润预测**　　金额单位：元

需求	概率	销售量/个	销售收入	A 计划				B 计划			
				经营成本	息税前利润（EBIT）	税后净营运利润（NOPAT）	资本回报率（ROIC）	经营成本	息税前利润（EBIT）	税前净营运利润（NOPAT）	资本回报率（ROIC）
非常差	0.05	0	0	20 000	－20 000	－12 000	－6.0%	60 000	－60 000	－36 000	－18.0%
较差	0.20	40 000	80 000	80 000	0	0	0.0%	100 000	－20 000	－12 000	－6.0%
正常	0.50	100 000	200 000	170 000	30 000	18 000	9.0%	160 000	40 000	24 000	12.0%
较好	0.20	160 000	320 000	260 000	60 000	36 000	18.0%	220 000	100 000	60 000	30.0%
非常好	0.05	200 000	400 000	320 000	80 000	48 000	24.0%	260 000	140 000	84 000	42.0%
期望值		100 000	200 000	170 000	30 000	18 000	9.0%	160 000	40 000	24 000	12.0%
标准差					24 698		7.4%		49 396		14.8%
变异系数					0.82		0.82		1.23		1.23

注：（1）经营成本＝变动成本＋固定成本；

（2）所得税税率为40%；

（3）ROIC＝税前净经营利润/资本。

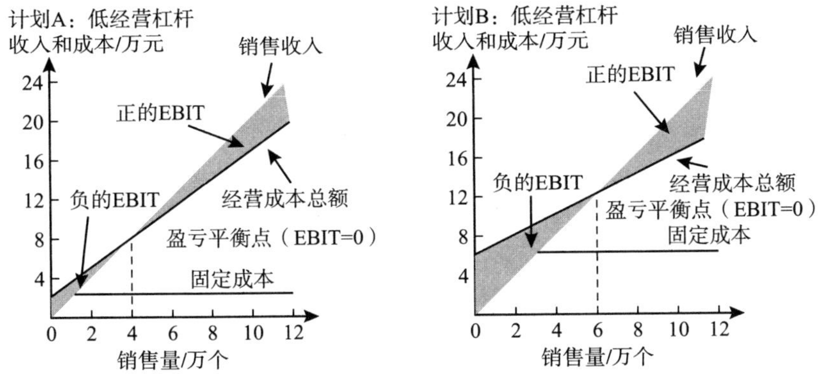

图 10－1 经营杠杆比较

通过比较东方股份公司运用不同程度经营杠杆所预期的不同结果，可以阐述经营杠杆的功能。A 计划要求较低的固定成本水平 20 000 元。该公司没有很多自动化设备，因此，折旧、维修、财产税等都会较低。总营运成本线的斜率相对陡峭，说明每单位变动成本会高于运用营运杠杆的公司。B 计划要求较高的固定成本水平 60 000 元。该公司大量使用自动化设备（在同样的劳动力成本下，每个操作员可以生产一些或许多单位产品）。在 B 计划下，盈亏平衡点较高—— B 计划的盈亏平衡点产量为 60 000 个，而 A 计划的盈亏平衡点产量只有 40 000 个。

视频 经营杠杆原理与应用

当息税前利润 EBIT＝0 时，可以计算出盈亏平衡时的产量，即：

$$EBIT = PQ - VQ - F = 0$$

式中，P——每单位产量的单位销售价格；

Q——产量；

V——单位变动成本；

F——固定营运成本。

如果要计算盈亏平衡点产量，可以得到如下公式：

$$Q = \frac{F}{P - V}$$

因此，在 A 计划下，有：

$$Q = \frac{20\ 000}{2.00 - 1.50} = 40\ 000\text{（个）}$$

在 B 计划下，有：

$$Q = \frac{60\ 000}{2.00 - 1.00} = 60\ 000\text{（个）}$$

经营杠杆是如何影响经营风险的？在其他条件相同的情况下，公司的经营杠杆越大，经营风险越大。图 10－1 证实了这一点。在需求较大的情况下，A 计划下较低的经营杠杆产生了较小的 EBIT 浮动区间，从20 000元到80 000元，标准差为24 698元。B计划下EBIT的浮动区间较大，从60 000元到140 000元，标准差为49 396元。A计划下，ROIC的浮动区间较小，从－6.0%到24.0%，标准差为7.4%。而在B计划下，ROIC的浮动区间从18%到42%，标准差为14.8%，是A计划下的2倍。

虽然B计划的风险较大，但也要注意到EBIT和ROIC的期望值都较高：40 000元和12%与30 000元和9%。因此，东方股份公司必须在两个项目中做出选择：是期望值较高但风险较大的项目还是风险较小但期望值也较低的项目。以下的分析是基于假设东方股份公司决定采用B计划，因为经理层相信较高的期望值足以补偿高风险。

很大程度上，经营杠杆是由技术因素决定的。电气公司、电信公司、航空公司、钢铁厂和化学公司必须大量投资固定资产，这会导致较高的固定成本和经营杠杆。类似地，制药、自动化、电脑和其他公司必须把大笔投资花费在新产品开发方面，于是，产品开发成本提高了经营杠杆。而百货公司的固定成本较低，经营杠杆也会较低。虽然行业因素的影响确实较大，但企业在一定程度上能够控制它们的经营杠杆。例如，电气公司可以通过建造燃气工厂或者燃煤工厂来扩张生产能力。燃煤工厂需要的投资较大，固定成本较高，但是变动成本会相对较低。而燃气工厂需要的投资较小，固定成本较低，但变动成本（天然气）会较高。因此，通过资本投资决策，公用事业企业（或是任何企业）可以影响经营杠杆，从而影响经营风险。

企业的经营杠杆放大了影响经营风险的因素对息税前利润变动性的影响，然而，经营杠杆本身并不是这种变化的来源。如果企业保持固定的销售水平和固定的成本结构，再高的经营杠杆也没有意义。同样，将经营杠杆作为企业经营风险的同义语也是错误的。但是，由于销售和生产成本的基本变动性，经营杠杆就会放大息税前利润的变动性，从而也放大了企业的经营风险。因此，经营杠杆应当仅被看作是对“潜在风险”的衡量。这种潜在风险只有在销售和生产成本的变动性存在的条件下才会被“激活”。

想一想：在你的日常生活中，你可能会遇到什么样的经营风险？它会以什么形式表示？

经营杠杆系数（DOL）：指息税前利润（EBIT）变动率相对于产销量变动率的倍数。

经营杠杆作用的强弱是用经营杠杆系数（Degree of Operating Leverage）来表示的。其计算公式有两个：

公式1：

$$经营杠杆系数=\frac{息税前利润变动率}{产销量变动率} \tag{10-1}$$

即：

$$DOL = \frac{\Delta EBIT/EBIT}{\Delta Q(S)/Q(S)} \qquad (10-2)$$

式中：DOL——经营杠杆系数；

EBIT——息税前利润；

Q——销售量；

S——销售收入。

公式2：

$$经营杠杆系数 = \frac{边际贡献总额}{息税前利润} \qquad (10-3)$$

即：

$$DOL = \frac{S - P \cdot Q}{S - P \cdot Q - F} \qquad (10-4)$$

【例10-2】东方股份公司产销M产品，单位售价50元，单位变动成本25元，固定成本总额为100 000元。若M产品销售量分别为5 000件和6 000件，计算不同销售量条件下的经营杠杆系数。

销售量为5 000件时：

$$DOL = \frac{(50-25)\times 5\,000}{(50-25)\times 5\,000 - 100\,000} = 5$$

销售量为6 000件时：

$$DOL = \frac{(50-25)\times 6\,000}{(50-25)\times 6\,000 - 100\,000} = 3$$

当产品销售量从5 000件上升到6 000件时，DOL由5下降到3，显然产销水平离盈亏临界点越远，其DOL则越低；反之，产销水平离盈亏临界点越近，其DOL则越高。企业离盈亏临界点的远近程度决定了息税前利润对销售的敏感程度。

【例10-3】假设M产品在不同产销水平上的EBIT与DOL如下：

销售量	EBIT	DOL
0	-100 000	0
1 000	-75 000	-0.33
2 000	-50 000	-1
3 000	-25 000	-3
4 000	0	∞
5 000	25 000	5
6 000	50 000	3
7 000	75 000	2.33
8 000	100 000	2

以上结果显示：

（1）在销售收入处于盈亏临界点前的阶段时，经营杠杆系数随销售收入的增加而递增；在销售收入处于盈亏临界点后的阶段时，经营杠杆系数随销售收入的增加而递减；当销售收入逼近盈亏临界点时，DOL 趋向于无穷大；当销售收入超过盈亏临界点继续增长时，DOL 趋向于 1。这意味着——当销售收入超过盈亏临界点继续增长时，固定成本的存在对 EBIT 造成的放大效应逐渐向一种 1∶1 的关系减少。

（2）企业拥有很多的固定资产——若其经营水平远远超过盈亏临界点，它的 DOL 水平也将较低。企业拥有很少的固定资产——若企业靠近盈亏临界点经营，它将会有巨大的 DOL。

经营杠杆系数

（3）在固定成本不变的情况下，经营杠杆系数说明了销售收入增长（减少）所引起利润增长（减少）的幅度。

（4）在固定成本不变的情况下，销售收入越大，经营杠杆系数越小，经营风险也就越小；反之，销售收入越小，经营杠杆系数越大，经营风险也就越大。

DOL 对企业财务经理非常重要，因为财务经理如果预先了解到企业的 DOL，就可以对他的销售政策或成本结构作出某些调整。一般而言，企业不希望拥有很高的 DOL，因为在这种情况下，销售收入略微下降，就会导致企业利润大幅度降低或出现亏损。

企业一般可以通过增加销售收入、降低产品单位变动成本、降低固定成本比重等措施降低经营风险，但这往往要受到条件的限制。

案例链接

航空公司的高杠杆之美

在人民币持续升值及出境手续越发便利的情况下，近年来，国内出境游客数量增长迅速，而随着消费水平的升级，国内航空运量需求也在持续增长。而在供给方，受制于航空公司的飞机订单在短期内难以交付，同时飞行员缺口严重，国内航空运力不足日益凸现。

本月中旬，国航和南航分别公布了 10 月运营数据。受到飞机和飞行员不足的限制，国航运力投放速度增长缓慢，9 月和 10 月，其单月可利用 ATK 数据（即吨公里）持续下滑；但在旺盛需求和有限运力挤压下，国航客座率保持了高水平，达到 83.2%，同比增长 4.1%，而前 10 个月，国航累计客座率为 78.8%，同比上升 2.2%。

由于航空公司运营的固定成本很高，飞机一旦起飞其成本相对固定，因此客座率水平与航空公司的业绩相关性极高。马晓立测算，在今年，客座率水平每提高 1%，能给国航增加约 3 亿元净利润，能给南航增加约 4.24 亿元净利润。

航空业的这种高经营杠杆的特性可由其财务数据对比显示出来。今年前三季度，南航实现总营业收入417.12亿元，同比增长18.3%，而其营业利润与净利润分别为28.25亿元与21.83亿元，同比增幅分别为631.9%与436.4%。在收入同比增长仅18.3%的情况下，营业利润增长率达到631.9%，足见南航高经营杠杆之美。

同样的情况可以在国航的财务数据中看到。前三季度，国航实现总营业收入372.16亿元，同比增长率为15.3%，而营业利润及净利润分别为45.27亿元与34.88亿元，同比增长率分别为9.8%与8.5%。实际上，由于2006年同期，国航曾出售港龙航空给国泰航空，获得一次性股权收益28.91亿元，其中归属母公司的净利润约为20亿元，若扣除此因素，今年前三季度国航净利润的实际增长率也在186.8%。

除了高经营杠杆，景气周期下航空业的高财务杠杆是另一大看点。以南航为例，2006年其总资产收益率仅为0.4%，正是凭借其高达7.56倍的财务杠杆，南航的净资产收益率才达到1.17%。而截至2007年前三季度末，虽然其总资产收益率已经提高到2.58%，但同样是受益于其高财务杠杆倍数，南航的净资产收益率才高达17.91%。

（资料来源：樊婷：《证券市场周刊》，2007年12月4日）

（二）财务风险与财务杠杆

财务风险（Financial Risk）是由于企业的债务融资决策而附加给普通股股东的额外风险。从概念上看，股东面临着企业经营的固有风险——即经营风险，是未来息税前利润预测中固有的不确定性。如果企业举债（财务杠杆），就会把经营风险集中到普通股股东身上。假设有10个人决定创立公司生产磁盘驱动器，公司经营中存在一定的经营风险。如果公司的全部资本都来自普通股权益，那么每个人购买10%的股票，则每个投资者分担同等的风险。然而，如果公司资本50%来自负债，50%来自权益，5个投资者提供的投资作为公司负债，5个投资者提供的投资作为权益。在此情况下，提供权益投资的5个投资者将不得不承担全部的经营风险，较之全权益投资的情况，普通股股东将会承担2倍的风险。因此，负债的使用，或者说财务杠杆（Financial Leverage）把经营风险集中到了股东身上。这种经营风险的集中是由于得到固定利息支付的债权人不承担任何经营风险。

财务风险（Financial Risk）：指企业由于使用债务融资而对股东收益所产生的影响。

财务杠杆（Financial Leverage）：指企业由于固定债务利息和优先股股利的存在而导致普通股每股利润变动幅度大于息税前利润变动幅度的现象。

与经营杠杆不同的是，财务杠杆是可以选择的。企业所采用的经营杠杆有时是由企业经营的物质需要确定的。一家钢铁厂由于大量投资将会导致固定成本大量增加。财务杠杆则始终是一个可选择项目。没有企业被要求必须运用长期负债和优先股筹资，相反，企业可以通过内部来源和发行普通股融资。尽管如此，不存在财务杠杆的企业还是很少的。那么，企业为什么会依赖财务杠杆呢？

采用财务杠杆是希望能增加普通股股东的报酬。当企业按固定资本成本取得的资金（通过发行固定利率的债务或固定利率的优先股所取得的资金）所获得的报酬超过所支付的固定融资成本时，我们就说企业具有有利的或正的杠杆效应。支付固定融资成本后所留下的任何利润都属于普通股股东。当企业的盈利没有达到固定融资成本时，不利的或负的杠杆效应就发生了。财务杠杆的有利性（即被称为举债经营）是通过它对普通股股东的每股收益（EPS）的影响来判断的。这种影响是通过两步利润放大的过程来实现的。第一步，经营杠杆放大了销售变动对息税前利润的影响；第二步，财务经理可以选择利用财务杠杆将前一步导致的息税前利润变动对每股收益变动的影响进一步放大。

视频 财务杠杆原理与应用

【例 10 -4】 数据沿用东方股份公司的例子。目前，公司正实施B计划，但还从未使用负债，财务人员正在考虑改变资本结构。现在假设只有两种财务选择——仍然保持零负债，或10万元负债与10万元所有者权益。具体资料如表10-3所示。

表 10 -3　　财务杠杆的影响：东方股份公司零负债和有 100 000 元负债时的情况

金额单位：元

部分Ⅰ							
负债	0						
权益	200 000						
产品需求	概率	EBIT	利息	税前利润	所得税	净利润	ROE/%
非常差	0.05	-60 000	0	-60 000	-24 000	-36 000	-18.0
较差	0.20	-20 000	0	-20 000	-8 000	-12 000	-6.0
正常	0.50	40 000	0	40 000	16 000	24 000	12.0
较好	0.20	100 000	0	100 000	40 000	60 000	30.0
非常好	0.05	140 000	0	140 000	56 000	84 000	42.0
期望值		40 000	0	40 000	16 000	24 000	12.0
标准差							14.8
变化系数							1.23
部分Ⅱ							
负债	100 000						
权益	100 000						
利率	10%						
非常差	0.05	-60 000	10 000	-70 000	-28 000	-42 000	-42.0
较差	0.20	-20 000	10 000	-30 000	12 000	-18 000	-18.0

续表

产品需求	概率	EBIT	利息	税前利润	所得税	净利润	ROE/%
正常	0.50	40 000	10 000	30 000	12 000	18 000	18.0
较好	0.20	100 000	10 000	90 000	36 000	54 000	54.0
非常好	0.05	140 000	10 000	130 000	52 000	78 000	78.0
期望值		40 000	10 000	30 000	12 000	18 000	18.0
标准差							29.6
变化系数							1.65

假设：（1）从它的经营杠杆来看，公司已经选择了 B 计划，概率分布和 EBIT 数据从表 10－2 中获取。

（2）销售收入、经营成本以及 EBIT 不受融资决策的影响。因此，在两种融资计划下 EBIT 都是相同的，它从表 10－2 中 B 计划的 EBIT 列获取。

（3）所有的损失都能转回冲抵利润。

关注表 10－3 中的第Ⅰ部分，假设东方股份公司没有负债。因为负债为零，利息也就为零，因此税前利润与 EBIT 相等。扣除 40% 的所得税后得到净利润，再除以权益的账面价值 20 万元，就计算出了 ROE。请注意：在需求很小或是较小时（当净利润为负时的两类情况），东方股份公司能够得到税收优惠。这里假定东方股份公司的亏损能够被追溯以抵销以前年度收入。每个销售水平的 ROE 乘以该水平的概率，就计算出 ROE 的期望值为 12%。同时还请注意：12% 与表 10－2 中 B 计划的 ROIC 是相等的，因为当公司无负债时，ROE 与 ROIC 是相等的。

现在关注如下情形，如表 10－3 中第Ⅱ部分所示，东方股份公司决定举债 10 万元进行融资，债务资本成本为 10%。需求和经营成本都不会受到影响，因此 EBIT 在零负债和 10 万元债务融资的情况下是相同的。但是，公司现在有了成本为 10% 的 10 万元负债，因此利息费用为 1 万元。这笔利息在任何经济状况下都是必须支付的——如果不支付就会被迫破产，股东可能一无所有。因此，在所有的需求条件下，第 4 栏都列示了 1 万元的固定费用（利息）。当净利润除以权益账面价值 10 万元（因为在 20 万元的总资本需求中，有 10 万元是通过举债获得的）。需求最少并且销售为零时会发生很大的亏损，ROE 将为 －42.0%。如果需求旺盛，ROE 会达到 78%。如果公司举债 10 万元，概率加权平均后得到期望的 ROE 为 18%。

债务融资通常会提升普通股东的预期投资报酬率，但债务也增大了普通股股东的风险。这种情况与上例吻合——财务杠杆把 ROE 的期望值从 12% 提升到 18%，但同时也增加了投资风险。可以看出，标准差从 14.8% 上升到了 29.6%，变化系数从 1.23 上升到了 1.65。

由此可见，运用杠杆既有正影响也有负影响：较高的财务杠杆提升了 ROE 的期望值，但是也增大了风险。下面我们将讨论风险与报酬的权衡是如何影响企业价值的。

财务杠杆系数（DFL）：指普通股每股收益（每股税后利润）变动率相对于息税前利润变动率的倍数。

财务杠杆一般用财务杠杆系数（Degree of Financial Leverage）来表达。财务杠杆系数是企业的每股收益变动对息税前利润变动的敏感程度。或者说，是企业负债时对普通股股东收益的影响程度。其计算公式有两个：

公式 1：

$$财务杠杆系数=\frac{每股收益变动率}{息税前利润变动率} \tag{10-5}$$

即：

$$DFL=\frac{\Delta EPS/EPS}{\Delta EBIT/EBIT} \tag{10-6}$$

公式 2：

$$财务杠杆系数=\frac{息税前利润}{息税前利润-利息} \tag{10-7}$$

即：

$$DFL=\frac{EBIT}{EBIT-I} \tag{10-8}$$

若存在优先股，则：

$$DFL=\frac{EBIT}{EBIT-I-\frac{PD}{1-T}} \tag{10-9}$$

式中，EBIT——息税前利润；

I——利息；

PD——优先股股利；

T——所得税税率。

财务杠杆系数反映了企业息税前利润与普通股股东利润分配之间的关系。在企业收益不变的条件下，负债比例越大，其财务杠杆系数越高。

【例 10-5】东方股份公司和南方股份公司有关资料如表 10-4 所示。

表 10-4　　东方股份公司和南方股份公司有关财务数据

项目	东方股份公司	南方股份公司
资本结构	股本 100 万元 （5 万股）	股本 50 万元（2.5 万股） 负债 50 万元（利率 10%）

续表

项目	东方股份公司	南方股份公司
息税前利润	10 万元	10 万元
减：利息	0	5 万元
税前利润	10 万元	5 万元
减：所得税（25%）	2.50 万元	1.25 万元
净利润	7.50 万元	3.75 万元
每股收益	1.50 元	1.50 元
财务杠杆系数	1	2

从表 10－4 中可以看出，由于两家公司的资本结构不同，企业财务杠杆系数对股东收益的影响也不一致。南方股份公司的财务杠杆系数高于东方股份公司，因此导致南方股份公司普通股每股收益大于东方股份公司。

从股东角度讲，一方面，只要是投资报酬率大于负债资本成本，企业运用财务杠杆就能为普通股股东增加收益，举债就是有利的，此时，企业财务人员没有理由拒绝运用财务杠杆。另一方面，财务杠杆作用越强，对普通股每股收益的影响也越大，这表明企业的财务风险也越高。

财务风险和
财务杠杆系数

三、总风险与联合杠杆

企业的总风险等于其经营风险与财务风险之和，即企业销售变化对普通股股东收益的影响程度。如果企业没有运用财务杠杆（即 DFL＝1），则企业的每股收益的变化系数就等于息税前利润的变化系数，换言之，我们用息税前利润变化系数衡量的经营风险没有被放大，此时，企业的总风险就等于经营风险。但对于运用财务杠杆的企业而言，它使用的财务杠杆将会放大经营风险对每股收益变动的影响，其影响程度为息税前利润变化系数与财务杠杆系数的乘积，在此情况下，联合杠杆应运而生。

联合杠杆（Combined Leverage）：指由于固定成本和固定财务费用的存在而导致的普通股每股利润变动率大于产销量变动率的杠杆效应。

联合杠杆（Combined Leverage）是指企业经营杠杆作用与财务杠杆作用对企业每股收益的综合影响。

如前所述，经营杠杆是指固定成本对企业息税前利润（EBIT）变动的影响；财务杠杆是指负债对普通股每股收益（EPS）变动的影响。经营杠杆决定着企业的息税前利润，而财务杠杆决定着企业息税前利润如何以每股收益的形式分配给股东，从时间上看，经营杠杆的作用在前，财务杠杆的作用在后。它们之间的关系及对每股收益的影响如图 10－2 所示。

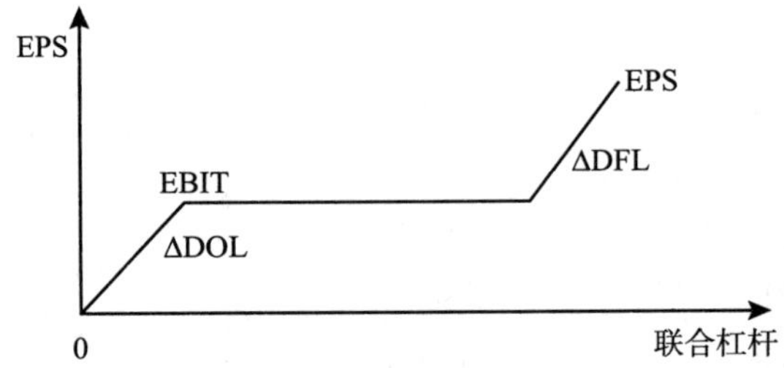

图 10－2　经营杠杆与财务杠杆的关系及对每股收益的影响

视频 联合杠杆

企业联合杠杆的功能可用联合杠杆系数（Degree of Combined Leverage）表示，其计算方法有两种：

第一种方法：

$$联合杠杆系数 = 经营杠杆系数 \times 财务杠杆系数$$

即：

$$DCL = DOL \times DFL \tag{10-10}$$

第二种方法：

$$联合杠杆系数 = \frac{销售收入 - 变动成本}{销售收入 - 变动成本 - 固定成本 - 利息 - \frac{优先股股利}{1 - 所得税税率}}$$

即：

$$DCL = \frac{S - VC}{S - VQ - F - I - \frac{PD}{1 - T}} \tag{10-11}$$

【例 10－6】 罗森公司和大唐公司有关资料及计算数据如表 10－5 所示。

表 10－5　　罗森公司和大唐公司有关财务数据　　金额单位：元

项目	罗森公司	大唐公司
资本结构	股本 100 万元（5 万股）	股本 50 万元（2 万股） 负债 50 万元（利率 10%）
销售收入	500 000	500 000
减：变动成本	300 000	200 000
固定成本	100 000	200 000
息税前利润	100 000	100 000

续表

项目	罗森公司	大唐公司
减：利息	0	50 000
税前利润	100 000	50 000
减：所得税（25%）	25 000	12 500
净利润	75 000	37 500
每股收益	1.50	1.875
经营杠杆系数	2	3
财务杠杆系数	1	2
联合杠杆系数	2	6

从表10－5中可以看出，罗森公司的联合杠杆系数为2，大唐公司的联合杠杆系数为6，假若罗森、大唐两家公司目前成本与价格水平不变，销售收入分别增长10%，则联合杠杆对公司收益的影响是：

罗森公司净利润增长20%（10%×2），达到90 000元；大唐公司的净利润则增长60%（10%×6），达到60 000元。

反之，如果罗森、大唐两公司的销售收入均下降10%，则联合杠杆对公司收益的影响是：罗森公司净利润降低20%（10%×2），降为60 000元；大唐公司的净利润降低60%（10%×6），降为15 000元。

可见，由于大唐公司联合杠杆系数高于罗森公司，所以，导致其每股收益变动幅度较大，其经营风险和财务风险也高于罗森公司。

企业为了向普通股股东提供理想的收益，在其经营活动中必须合理匹配经营杠杆和财务杠杆，寻求适当的联合杠杆，以降低企业经营过程中的各种风险，实现企业的价值最大化。一般情况下，高经营杠杆系数与高财务杠杆系数的配置是不明智的，因为这种组合会对企业收益产生很大影响，所以，企业应将高经营杠杆系数与低财务杠杆系数配合，即企业进行大规模固定资产投资时，其资金筹集可主要采取增加普通股股票等权益融资方式，并适度举债；或者将低经营杠杆系数与高财务杠杆系数配合，在企业扩大投资机会较少的情况下，可相对增加负债筹资比例。总之，企业应通过各种方式和手段来选择相对合理的联合杠杆，尽量减少经营风险和财务风险对企业收益的影响。

试一试：和同学一起走访一家企业，了解企业资本结构情况，并咨询企业是如何利用杠杆进行管理决策的。

第二节 资本结构决策

一、确定资本结构应考虑的因素

最优资本结构（OCS）：一般指一定时期内企业资本成本最低、同时企业价值最大的资本结构。

从理论上讲，每个企业均应有其最优资本结构（Optimal Capital Structure），但是，实际上企业却难以准确确定这个最优资本结构。其原因在于：一是理论上的最优资本结构取决于各种假定条件的正确性和可靠性；二是企业生产经营过程中的情况比较复杂，很难完全符合理论上的假定条件。尽管如此，作为一个现代企业，为逐步提高融资效益，降低融资成本，优化融资结构，仍然有必要确定一个适合于企业发展的相对最优的资本结构——即目标资本结构。

企业确定目标资本结构时，通常会考虑分析以下因素：

1. 企业成长性与稳定性。企业成长性一般是用销售增长率等指标衡量的。销售增长率越高，被认为成长性越强。成长性强的企业，在固定成本既定的情况下，营业利润会随销售的增长而更为快速地增长。因此，一般来说，企业成长性越强，预期利润增长越快，就越可以更多地负债，从而形成一种正效应。但是，企业成长过程的稳定性或波动性，也是影响企业资本结构的一个重要因素。企业成长过程的波动性越大，说明企业经营风险越大，预期利润就越不稳定。这样的企业就应对负债持更为慎重的态度。所以，在实践中，成长性对资本结构形成的影响关系是复杂的、不确定的，既可能是成长性越强的企业负债率越高，其原因是股东和债权人都对企业的未来利润有着充分的信心；也可能是另外一种情况，即成长性越强的企业负债率越低，其原因是高成长的企业可能伴随着高风险，因而债权人鉴于该类企业的高风险而不愿给予信贷支持。

抵押价值（Mortgage Value）：指企业以抵押方式将某资产作担保时的价值。

2. 资产结构与抵押价值。研究发现，企业所拥有的资产的类型在某种程度上会影响企业资本结构的选择。一般认为，当企业所拥有的资产较多地适合于进行抵押时，企业趋向于高负债；反之，则趋向于低负债。

按照信号传递理论，在信息不对称的情况下，企业的经营者较企业外部的投资人更为了解企业的真实情况。企业外部的投资人只能根据企业经营者传递的信号来重新评价其投资决策。企业的资本结构也是经营者向外传递信息的一种方式。如企业为新项目融资，由于企业经营者比潜在投资者更清楚投资项目的实际价值，若项目具有较好的获利能力，经营者代表老股东利益，一般不愿发行新股而分散控制权和稀释收益。此时，若企业发行新股，在投资者看来，即是一种“利空”消息，从而影响新股的价值。所以，企业会更趋向于负债融资。而且，如果发行有担保的债券，企业的融资成本还将进一步下降，因此，拥有较多的可抵押资产的企业更趋向于多负债的策略。

3. 经营杠杆。在其他方面相同的情况下，企业的经营杠杆程度越低，就越能够更多地利用财务杠杆，因为企业将面临更少的经营风险。

4. 盈利能力。人们经常发现，投资报酬率较高的企业通常采用较少的债务。尽管这一事实难以找到理论根据，一种现实的解释是，盈利能力特别好的企业，比如英特尔公司、微软公司以及可口可乐公司，没有必要进行债务融资。高报酬率鼓励他们通过内部产生的资金来解决融资需求。

5. 税收和利率水平。企业利用负债所能获得的节税利益，与所得税税率的高低成正比。所以，在其他因素既定的条件下，所得税税率越高，企业就越倾向于高负债；反之亦然。此外，由于不同国家和不同时期税率和税收政策不同，即使所得税税率相同，负债节税的利益也可能存在差异。

利率水平也是影响企业资本结构的重要因素。首先，利率水平偏高会增加企业的固定财务费用负担，所以，企业可能会选择低负债结构；反之亦然。其次，利率管制程度会对一国企业的资本结构产生重大影响。最后，利率水平变动的预期也会对企业选择不同融资方式带来影响。

利率管制（Intevest Rate Control）：指国家为调节经济运行而对金融市场上利率进行管理的制度规定。

6. 控制权。债务和股票对于管理层控制作用的差异会影响到资本结构。一方面，如果管理层目前拥有投票表决权（占有 50% 以上的股票），但是没有条件购买更多的股票，他们也许会选择债务作为融资方式。另一方面，如果企业的财务状况已经很差，采用债务会导致严重的违约风险，管理层也许会决定采用权益融资，因为如果企业出现违约，管理层几乎肯定会丢掉工作。然而，如果采用的债务太少，管理层就会冒企业被收购的风险。因此，控制方面的考虑会导致企业使用债务或者权益，因为在不同的情况下，会有不同类型的资本对管理层起到最好的保护作用。在任何情况下，如果管理层还没有足够的安全可言，就会考虑控制方面的需要。

7. 管理层的态度。因为没有任何人可以证明一种资本结构会比其他的资本结构导致更高的股票价格，管理层可以进行自己的判断，决定什么是合理的资本结构。有些管理层会比其他公司管理层采取更为保守的做法，因此就会比行业内的平均企业使用更少的债务，而激进的管理层则会使用更多的债务，以便为股东创造更多的利润。

8. 债权人的态度。企业的债权人主要有两类：一是债券投资者；二是以银行为代表的信贷机构。债权人通常都不希望企业的负债比例太高，因为过度负债意味着企业的经营风险将更多地由股东转嫁给债权人承担。如果将企业的债权人细分为短期债权人和长期债权人两类，那么，长期债权人对企业过高的负债率会更加厌恶，因为企业的长期偿债能力较短期偿债能力更能决定企业未来的安全性。

预算软约束（Soft Budget Constraint）：指向企业提供资金的机构未能坚持原先的商业约定，使企业的资金运用超过了它当期收益的范围。

与管理层态度特征的形成相类似，债权人态度首先也取决于由其天性和文化背景等决定的个性特质。但除此之外，也同样取决于债权人约束机制。如果债权人存在预算软约束问题，债权人的债券投资决策或信贷决策就会比较随意，从而会助长企业高负债的形成。中国国有企业在20世纪80～90年代负债率不断攀升，与当时银行信贷软约束有着十分密切的关系。之后，随着我国商业银行的改革，尤其是商业银行的改制和上市，银行信贷软约束问题得以逐步解决，国有企业的负债率也逐渐趋于合理。

9. 市场条件。目前股票和债券市场的短期和长期变化都会对企业的最优资本结构产生重要的影响。例如，在美国的信用危机中，垃圾债券市场走到了穷途末路，任何新的级别低于BBB级的长期债券，几乎都难以在市场上以“合理的”利率成交。因此，低级别的公司如果需要资本就会被迫进入股票市场融资，或者通过短期债务市场融资，而不管公司目标资本结构如何。然而，当市场状况宽松时，这些公司就可以出售债券，从而向其目标资本结构靠拢。

10. 企业的内部条件。企业自己的内部条件也会影响到其目标资本结构。比如，假设公司刚刚成功地完成了研发项目，公司预计会在不远的将来获得高额回报。然而，新的高收益还没有得到投资者的认可，因此难以反映在公司的股票价格上。这样的公司就不会去发行股票——它宁可通过债务融资，直到获得高的收益变成现实，并反映在公司的股票价格上。然后，公司才会发行普通股票，并归还债务，向其目标资本结构靠拢。

财务灵活性（Financial Flexibility）：指企业适应经济环境变化和利用投资机会的能力。

11. 财务灵活性。一位精明的企业财务经理曾经向我们做过如下说明：我们的公司可以从明智的资本投资决策和经营决策中赚大钱，而不是依赖于高明的融资决策。的确，我们并不精确地知道融资决策会如何影响我们的股票价格。但是，可以肯定的是，我们可能必须拒绝某些有前景的投资，因为如果相应的资金没有到位，这种投资就会降低我们的长期盈利能力。从这个方面考虑，作为财务经理的主要目标永远是为支持公司的经营而筹集所需的资本。我们同样知道，在时机好时，我们可以通过股票和债券融资，但是当时机不好时，如果我们提供某种担保，资本的供应者也会愿意提供相应的资金，这意味着我们需要采用债务融资形式。而且，当我们发行新的股票时，就向投资者传达了一种消极的“信号”，因此，对于成熟的公司来说，通常不需要发行新股。

将所有上述思想综合起来考虑，应该更为看重保持财务灵活性的目标，从经营的角度看，这意味着保持足够的借款能力。虽然“足够的”借款能力是一种主观判断，但是很明显，它依赖于本章所讨论的多个因素，包括企业预测的资金需求、预测的资本市场状况、管理层对企业前景的信心，以及出现资本短缺的后果。

想一想：还有哪些因素影响企业资本结构？这些因素对资本结构的影响程度一样吗？

案例链接

7家上市航企去年负债5 576亿元

《证券日报》记者根据同花顺数据统计，截至5月3日，已经发布2016年年报的7家上市航空公司负债达5 576亿元，平均负债率为61%。

目前，我国已形成了中央控股航空公司为第一梯队，地方航空公司为第二梯队，民营航空公司不断发展的竞争格局。具体来看，四大航空公司负债总额稳居前列，其中东方航空居首，达到1 600亿元；中国国航、南方航空和海南航空分别为1 477亿元、1 458亿元和803亿元，同比分别增长1.2%、0.37%、6.62%和-7.54%；资产负债率方面，东方航空最高，达到76.15%，南方航空、中国国航和春秋航空分别为73%、66%和63%。

事实上，国内航空公司的高负债并不是今年才有的情况，自从2014年以来，四大航空公司的负债总额一直都维持在5 000亿元以上。

记者通过翻查四大航空公司的财报发现，从2010～2017年，四大航空公司的总负债增加了约1 970亿元，平均每年增加330亿元。尽管各大航空公司实际上一直在努力降低负债水平，但普遍负债率依然高企。如果将四家公司当作一个整体计算，过去10年，航企负债率始终维持在70%以上，最高时甚至一度超过90%。

有分析师对记者表示，国内航空公司目前多数还处于发展期，为了抢占占有率需要花费大量资本进行扩张。鉴于飞机等固定资产的折旧年限高，资产回报稳定，因此航空公司一般都会用飞机作为质押进行融资，从而导致国内航企普遍负债率高企。

值得注意的是，海南航空是四家航企中唯一一家实现负债总计下降的航空公司。数据显示，海航集团整体年收入突破6 000亿元，员工总人数超过41万人，而在快速发展的道路上，集团的资产负债率却实现“七连降”，其中旗下上市公司海南航空2016年的资产负债率为54%。

（资料来源：龚梦泽：《去年四大航企累计负债5 338亿元“为负债打工”成航空业常态》，载于《证券日报》2017年5月5日）

二、最优资本结构决策

企业融资的一个重要目标，就是用最经济的方法筹集到企业所需要的资金，并使企业的加权资本成本相对最低。所以，不同的融资方案的比较实际上就是不同资本结构的比较。选择合理的资本结构对企业以较低的资本成本实现企业的最大价值是非常重要的。

（一）EBIT－EPS 分析法

资本结构的合理与否，可以通过分析每股收益的变化来衡量，即能提高每股收益的资本结构是合理的；反之，其资本结构是不合理的。每股收益的高低不仅受资本结构（由长期负债融资和权益融资构成）的影响，还受销售水平的影响。如何处理以上三者的关系，可以运用融资的每股收益无差别分析的方法。

视频 每股收益无差别分析法

每股收益的无差别分析是利用每股收益的无差别点进行的。所谓每股收益无差别点（Indifference Point）是指每股收益不受融资方式影响的收益水平。根据每股收益无差别点，就可以判断在什么样的收益水平下适用于采用何种融资方式来安排和调整资本结构。

每股收益（EPS）的计算公式如下：

$$EPS = \frac{(EBIT - I) \cdot (1 - T)}{N} \qquad (10-12)$$

式中，EBIT——息税前利润；

I——利息；

T——所得税税率；

N——流通在外的普通股股数。

根据定义，每股收益无差别点应为满足下列条件的息税前利润：

$$\frac{(EBIT - I) \cdot (1 - T)}{N_1} = \frac{(EBIT - I) \cdot (1 - T)}{N_2} \qquad (10-13)$$

这样，我们就可计算出以息税前利润表示的每股收益无差别点。

【例 10－7】 东方股份公司原有资本 1 400 万元，其中债务资本 400 万元（每年负担利息 48 万元），普通股资本 1 000 万元（发行普通股 20 万股，每股面值 50 元）。由于扩大业务，需追加筹资 600 万元，其融资方式有两种：

（1）全部发行普通股：增发 12 万股，每股面值 50 元；

（2）全部筹借长期债务：债务利率仍为 12%，利息 72 万元。

公司希望追加筹资后的息税前利润（EBIT）达到 180 万元，所得税税率为 25%。

将上述资料中的有关数据代入公式得：

$$\frac{(EBIT-48)\times(1-25\%)}{20+12}=\frac{(EBIT-48-72)\times(1-25\%)}{20}$$

计算后得：EBIT = 240 万元

此时的每股收益为：

$$\frac{(240-48)\times(1-25\%)}{32}=4.50\text{（元）}$$

上述每股收益的无差别分析过程如图 10－3 所示。

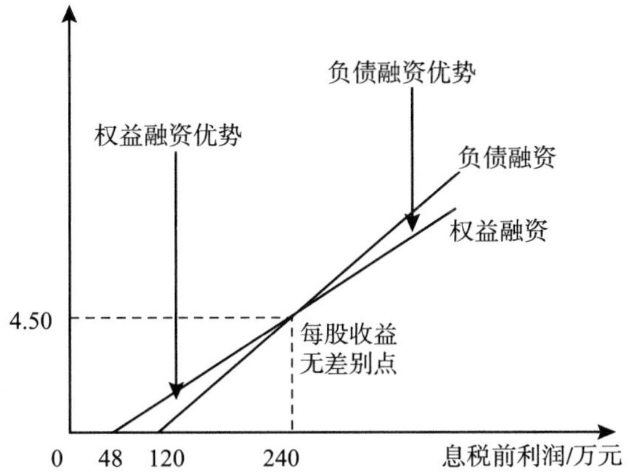

图 10－3　每股收益无差别分析

从图 10－3 中可以看出，当息税前利润高于 240 万元（每股收益无差别点的 EBIT）时，运用负债融资可获得较高的每股收益；当息税前利润低于 240 万元时，运用权益融资可获得较高的每股收益。公司预计的息税前利润为 180 万元，低于 240 万元，故单从每股收益来看，运用权益融资即增发普通股比较有利。

（二）公司价值确定法

以上我们以每股收益的高低作为衡量标准对融资方式进行了选择。这种方法的缺陷在于没有考虑风险因素。从根本上讲，财务管理的目标在于追求企业价值的最大化。然而只有在风险不变的情况下，每股收益的增长才会直接导致企业价值的上升；实际上经常是随着每股收益的增长风险也在加大。如果每股收益的增长不足以补偿风险增加所需的报酬，那么尽管每股收益在增加，企业价值（股价）仍然会下降。所以，说到底企业的最优资本结构应当是可使企业的总价值最高，而不一定是每股收益最大的资本结构。同时，在这样的资本结构下企业的加权资本成本也是最低的。

企业的市场总价值应当是其权益总价值与负债价值之和。即：

$$V=S+B \tag{10-14}$$

为了简化计算，我们假设负债的市场价值等于它的面值，而权益的市场价值可以通过下式计算得出：

视频 公司价值确定法原理与应用

$$S=\frac{(EBIT-I)\cdot(1-T)}{K_S} \quad (10-15)$$

式中，EBIT——息税前利润；

I——年利息；

T——所得税税率；

K_S——权益资本成本。

权益资本成本可以通过资本资产定价模型计算：

$$K_S=R_S=R_F+\beta\cdot(R_m-R_F)$$

企业的资本成本则可以采用加权平均法计算，其计算公式如下：

$$K_W=K_b\cdot(1-T)\cdot\frac{B}{V}+K_S\cdot\frac{S}{V} \quad (10-16)$$

【例 10－8】东方股份公司2022年息税前利润为500万元，资金全部由普通股资本组成，股票账面价值2 000万元，所得税税率为25%。该公司认为目前的资本结构不够合理，准备采用发行债券购回部分股票的方法予以调整。经分析调查得出相关资料，如表10－6所示。

表 10－6　　不同债务水平对公司债务资本成本和权益资本成本的影响

债券市场价值/万元	税前债务资本成本（%）	股票风险程度/β	无风险报酬率（%）	平均风险股票必要报酬率（%）	权益资本成本（%）
0		1.2	10	14	14.80
200	10	1.25	10	14	15
400	10	1.3	10	14	15.20
600	12	1.4	10	14	15.60
800	14	1.55	10	14	16.20
1 000	16	2.1	10	14	18.40

根据表10－6的有关资料，计算该公司筹借不同金额的债务时公司的价值和资本成本，如表10－7所示。

表 10－7　　公司市场价值和资本成本　　金额单位：万元

债券市场价值	股票市场价值	公司总价值	税前债务资本成本（%）	权益资本成本（%）	加权平均资本成本（%）
0	2 534	2 534		14.80	14.80
200	2 400	2 600	10	15	14.43

续表

债券市场价值	股票市场价值	公司总价值	税前债务资本成本（%）	权益资本成本（%）	加权平均资本成本（%）
400	2 270	2 670	10	15.20	14.04
600	2 058	2 638	12	15.60	14.11
800	1 796	2 596	14	16.20	14.45
1 000	1 386	2 386	16	18.40	15.72

从表 10 – 7 中可以看出，在没有债务的情况下，公司的总价值就是其原有股票的市场价值。当公司用债务资本部分地替换权益资本时，一开始公司总价值上升，加权平均资本成本下降。在债务达到 400 万元时，公司总价值最高（2 670 万元），加权平均资本成本最低。债务超过 400 万元后公司总价值下降，加权平均资本成本上升。因此，债务为 400 万元时的资本结构是该公司的最优资本结构。

（三）比较资本成本法

视频 比较资本成本法

比较资本成本法是指计算不同的资本结构的加权平均资本成本，并以此为标准进行比较资本结构优劣的决策方法。

【例 10 – 9】东方股份公司 2022 年初资本结构如表 10 – 8 所示。

表 10 – 8　　东方股份公司资本结构　　单位：万元

资本来源	金额
优先股（年股息率 8%）	200
普通股（400 000 股）	800
长期债券（年利率 10%）	600
合计	1 600

该公司普通股股票每股面值 20 元，今年期望股息为 3.20 元，预计以后每年股息增加 5%，该公司所得税税率为 25%，假设发行各种证券无筹资费。

该公司现准备增资 400 万元，现有以下两个方案可供选择：

A 方案：发行长期债券 400 万元，年利率 12%，普通股股息增加到 3.60 元，以后每年递增 6%，但是，由于增加了风险，普通股市价预计将跌到每股 18 元。

B 方案：发行长期债券 200 万元，年利率 12%，另外发行普通股股票 200 万元，普通股股息增加到 3.60 元，以后每年递增 6%，由于公司信誉提高，普通股市价预计将上升到每股 25 元。

1. 计算公司 2022 年初加权平均资本成本，如表 10－9 所示。

表 10－9　　东方股份公司加权平均资本成本

资金来源	比重（%）	个别资本成本（%）	加权平均资本成本（%）
优先股	12.5	8	1
普通股	50	(3.20/20)＋5%＝21	10.5
长期债券	37.5	10%×(1－25%)＝7.5	2.81
合计	100		14.31

2. 计算公司 2022 年 A 方案的加权平均资本成本，如表 10－10 所示。

表 10－10　　东方股份公司 A 方案加权平均资本成本

资金来源	比重（%）	个别资本成本（%）	加权平均资本成本（%）
优先股	10	8	0.8
普通股	40	(3.60/18)＋6%＝26	10.4
原长期债券	30	7.5	2.25
新长期债券	20	12%×(1－25%)＝9	1.8
合计	100		15.25

3. 计算公司 2022 年 B 方案的加权平均资本成本，如表 10－11 所示。

表 10－11　　东方股份公司 B 方案加权平均资本成本

资金来源	比重（%）	个别资本成本（%）	加权平均资本成本（%）
优先股	10	8	0.8
普通股	50	(3.60/25)＋6%＝20.4	10.2
原长期债券	30	7.5	2.25
新长期债券	10	12%×(1－25%)＝9	10.9
合计	100		14.15

以上计算结果表明，该公司应选择 B 方案融资比较有利，其加权平均资本成本不仅低于 A 方案（14.15%＜15.25%），而且还低于年初的加权平均资本成本（14.15%＜14.31%），从而使得公司的资本结构得到进一步优化。

试一试：运用所学知识，比较三种最优资本结构决策方法，你认为哪种最科学？为什么？

第三节　资本结构理论：基本原理

在上一节，我们说明了企业如何估算其最优的资本结构。由于各种各样的原因，我们可理解资本结构会随着行业的不同而不同。比如，在制药企业中，其资本结构通常不同于航空公司的资本结构。此外，资本结构也会在同一行业中随着公司的不同而不同。究竟还有什么因素可以解释各种企业资本结构的差异？面对这一问题，研究领域的学者们和实践领域的企业家们建立了一系列的理论，而这些理论都或多或少地接受过实践的检验。

一、“MM”理论

（一）基本假设

现代资本结构研究的起点是 MM 理论。莫迪格莱尼和米勒（Modigliani and Miller）1958 ~ 1963 年连续发表了三篇经典论文。“MM”理论首次以科学、严谨的方法研究资本结构与企业价值的关系，形成了著名的“MM 资本结构理论”，为现代财务理论的发展做出了重要贡献。

“MM”（1958 年）提出了以下基本假设条件，其中有些条件后来又有所放宽[①]。主要包括：

“MM”简介

1. 所有的实物资产归企业所有。

2. 资本市场无摩擦，没有企业及个人所得税，证券可以无成本地、直接地交易或者买卖，没有破产成本。

3. 企业只能发行两种类型的证券：一种是有风险的股票，另一种是无风险的债券。

4. 企业和个人都能按无风险的利率借入或者借出款项（即负债利率属于无风险利率）。

5. 投资者对于企业利润的未来现金流的预期都是相同的（这实

① 威廉·L. 麦金森，刘明辉主译：《公司财务理论》，东北财经大学出版社 2002 年版，第 321 页。

际上是假设信息是对称的，即企业的经理和一般投资者获取的信息完全相同）。

6. 企业的现金流量是一种永续年金，即企业的 EBIT 处于零增长状态。

7. 所有企业都可以归为几个“相等的利润等级”中的一类，在此等级上企业股票的报酬与在该等级上的其他企业的股票报酬完全比例相关。

以上假设中最重要的是第 7 点，该假设指出相同风险等级企业的股票拥有相同的期望报酬率与相同的预期报酬分配率，这就意味着这些股票相互间可以完全替代。企业之间拥有相同的投资报酬率，只是在规模上不同。

（二）“MM”主要内容

1. 无企业税的 MM 模型。无企业税下的资本结构理论主要解释两个相关的问题：一是杠杆比率变化是否影响企业价值？二是如果杠杆比率会影响企业价值，那么，企业的最优负债水平应该是多少？

无企业税的 MM 模型有两个命题：

命题Ⅰ：用一个适用于企业风险等级的固定比率把企业的 EBIT 转化为资本，据此可以确定企业价值。

计算公式如下：

$$V_L = V_U = \frac{EBIT}{K} = \frac{EBIT}{K_U} \qquad (10-17)$$

式中，V_L——有企业负债的价值；

V_U——无企业负债的价值；

K_U——无负债企业的股东要求报酬率或称之为资本成本；

K——适合于该企业风险等级的资本化比率。

从命题Ⅰ可知：根据无税的 MM 理论，在完善的市场上，企业均衡市场价值与它的债务权益比是无关的。换句话说，无论企业是否举债，企业的加权平均资本成本是不变的，即 $WACC = K_u$，也就是在上述假设前提下，企业不存在最优资本结构问题。

命题Ⅱ：负债企业的股本资本成本等于同风险企业的无负债企业的股本资本成本加风险报酬，该风险报酬的大小取决于无负债企业的股本资本成本、债务资本成本以及负债与股本的数量之比。

$$K_S = K_U + RP = K_U + \frac{B}{S_L} \cdot (K_U - K_b) \qquad (10-18)$$

式中，K_S——负债企业的股本资本成本；

K_U——无负债企业的股本资本成本；

RP——风险溢价。

从命题Ⅱ可知：随着企业负债的增加，其股本资本成本也随之增加。

2. 有企业税的MM模型。1963年《税收和资本成本：校正》一文提出了有企业所得税时的MM模型，得出如下结论：在有企业所得税时，举债会增加企业的价值。因为利息有抵税效应，对投资者而言就可以获得更多的可分配经营收益。

命题Ⅰ：负债企业的价值等于相同风险等级的无负债企业的价值加上税负节约价值（又称税盾效应）。

$$V_L = V_U + TB \qquad (10-19)$$

当引入企业所得税时，负债企业的价值超过了无负债企业的价值，由于负债的增加提高了企业的价值，在此种情况下，企业负债越多越好，从理论上讲在负债比率达到100%时，企业的价值达到最大。

在有企业所得税的情况下，假设现金流量为永续年金，无负债企业的价值为：

$$V_U = \frac{EBIT \cdot (1-T)}{K_U} \qquad (10-20)$$

无负债企业的股本资本成本为：

$$K_U = \frac{EBIT \cdot (1-T)}{V_U} \qquad (10-21)$$

命题Ⅱ：在考虑企业所得税的情况下，负债企业的股本资本成本等于同风险等级无负债企业的股本资本成本加风险溢价。该风险溢价取决于无杠杆企业的股本资本成本和债务资本成本的差异、财务杠杆的情况和所得税税率。

$$K_S = K_U + (K_U - K_b) \cdot (1-T) \cdot \frac{B}{S_L} \qquad (10-22)$$

从命题Ⅱ可知：随着负债比率的增加，股本资本成本也随之增加。由于（1－T）小于1，所以股本资本成本的上升幅度会小于无税时的上升幅度，从而加权平均资本成本降低，正是这一特征产生了命题Ⅱ结论：即企业的价值会随着负债比率的增加（杠杆程度的增加）而增加。

将上述两个命题结合起来可以看出，MM理论认为：在有企业所得税的情况下，通过提高负债—权益比，企业可以降低其税负，降低资本成本，从而提高企业价值。

3. 个人所得税模型：米勒模型。虽然MM理论在有企业所得税的模型中考虑了企业所得税因素，但是并没有包括个人所得税的影响。米勒（1977）提出了同时考虑公司税（企业所得税）和个人所得税的模型来估计财务杠杆（或称负债）对企业价值的影响，后来人们将这一模型称为米勒模型。

米勒模型的计算公式如下：

$$V_L = V_U + \left(1 - \frac{(1 - T_C) \cdot (1 - T_S)}{1 - T_b}\right) \cdot B \qquad (10-23)$$

4. MM 理论的评价。MM 关于无企业所得税情况下和有企业所得税情况下的基本结论，后来被人们称为 MM 理论。根据第一个定理，企业资本结构没有任何意义，企业融资决策也就失去了它存在的理由。现实中也没有企业采用第二个定理得出资本结构，因此 MM 理论很像是一个毫无意义的定理。MM 理论的假设是完全建立在抽象的基础上的，有些人对 MM 理论提出质疑，主要集中在以下几个方面：

（1）MM 理论的分析假定企业负债和个人负债完全可以互相替代并以相同利率借款，但一般来说这种情况是不存在的。由于企业只负有限的债务责任，投资于负债的企业比自己举债所面临的风险要小。对支配着资本市场的机构投资者的限制也会阻碍套利交易，因为从法律上讲，大多数机构投资者不能借款购买股票，也限制了他们利用杠杆效应。

（2）MM 理论完全忽略了交易费用，使得资金在企业与企业之间、企业与个人之间可以无成本地自由转移。但经纪人费用和其他交易成本是客观存在的，这会阻碍套利交易的进行。

（3）MM 理论未考虑企业盈利的变化。实际情况往往是：当企业盈利增加时，可以从举债中得到最大的税盾效应；而当盈利减少或没有利润时，企业获得的税盾效应很少甚至无税盾效应。

（4）MM 理论假定不论举债多少，企业或个人负债均按无风险利率借款，但实际上随着负债的增加，风险也是不断增加的。尽管机构投资者可以按企业利率借款，但是不允许借款购买证券，而大多数个人投资者的借款利率要高于企业利率。

（5）MM 假设无财务拮据成本，且他们也忽略了代理成本。他们还假设市场所有的参加者对于企业的未来有相同的信息，这显然与现实是不一致的。

MM 理论的假设在实践中受到挑战，但并不是说因为这些假设过于抽象就没有现实意义，理论并不是要模拟现实，否则就不是理论。正因为 MM 理论的假设抽象掉了现实中的许多因素，才使得我们能够从数量上揭示资本结构的最本质的问题——资本结构与企业价值的关系，这就是 MM 理论的精髓所在。MM 理论的重大贡献在于它为资本结构理论起了奠基作用，没有 MM 理论，也就不会有后来的资本结构理论的各种流派。后人就是在 MM 理论基础上放宽它的假设，使新的理论更加接近现实环境。

二、权衡理论

MM 理论和米勒模型只考虑负债带来的纳税利益，却忽略了负债带来的风险和额外费用。既考虑负债带来的利益也考虑由负债带来的各种成本，并对它们进行适当平衡来确定资本结构的理论，这就是所谓的权衡理论（Trade-off Theory）。权衡理论也是在 MM 理论的基础上产生的，但是它引入了财务拮据成本和代理成本，因此与 MM 理论和米勒模型的结论有很大不同。

（一）财务拮据成本

企业举债除了可以抵税外，还会带来其他的效应，其中重要的一项就是财务拮据成本。财务拮据是指企业没有足够的偿债能力，不能及时偿还到期债务。许多企业都要经历财务拮据的困扰，其中一些企业可能还会破产。由于企业破产而造成直接和间接成本问题，是继 MM 理论之后在企业资本结构理论中研究最多的一个问题，其代表人物主要有博克斯特（Baxter，1967）、克劳斯和利兹伯格（Kraus and Litzenberger，1973）、斯科特（Scott，1976）以及戈登和马尔基尔（Gordon and Malkiel，1981）。当一个企业出现财务拮据时，可能会出现以下情况：

财务拮据成本（Financial Distress Cost）：指企业因增加负债而产生的可能或现实的未能履行对债权人的承诺或出现支付利息困难而带来的成本。

1. 大量债务到期，为了偿还到期债务，企业不得不以高利率借款以便清偿到期债务，从而陷入更严重的恶性循环；

2. 当企业出现严重的经济拮据时，为解燃眉之急，管理人员往往会做出一些短期行为的决策，如推迟机器的大修，变卖企业有用的有形资产以获取资金，降低产品和服务的质量以节约成本，这些短期行为同样会降低企业的市场价值；

3. 当破产危机发生时，会发生大量的律师费、诉讼费和其他行政开支，这也会降低企业价值；

4. 当陷入财务困境时，企业的客户和供应商为了保证财务安全，往往不来购买产品或供应原材料，这会进一步加剧企业的财务困境，有可能还会引起企业破产。

财务拮据直接成本包括：（1）公司承担的破产管理费用；（2）利益相关者的追偿成本和流动性损失。**财务拮据间接成本包括：**（1）市场份额损失；（2）经营效率损失。

总之，当财务拮据发生时，即使最终企业不破产，也会产生大量的直接成本和间接成本，这些便是财务拮据成本（Financial Distress Costs）。财务拮据的直接成本包括清算和重组的法律成本及管理成本，与此相对应的经营方面受到的影响则为间接成本。财务拮据成本是由负债造成的，财务拮据成本会降低企业价值。

（二）代理成本

代理成本（Agency Cost）：指企业因代理问题所产生的损失，以及为解决代理问题所发生的成本。

在现代股份制企业中，股东和债权人均把资金交给企业的管理人员，由其代为经营管理，创造收益，于是，企业经理与股东和债权人就会形成所谓的代理关系。经理往往是由股东聘任的，因此，经理人员在管理中首先考虑的是股东利益，其次才是债权人的利益。当企业拥有债务时，股东和债权人之间则会产生利益冲突，此时，股东必然被引导去寻求利己的策略，而在发生财务拮据时，这种利益冲突会加剧，给企业增加了代理成本（Agency Cost）。

股东利己的投资决策通常有以下三种：激进投资（冒大风险投资）、投资不足和撇油政策。

濒临破产的企业经常冒巨大的风险进行投资。关键在于：相对于低风险项目而言，高风险项目在繁荣时期增加企业价值，在衰退时期则减少企业价值。在繁荣时期，风险较大的投资计划一旦成功，因为债权人只能得到固定收益，所以剩余好处均属于股东，利润的增加多数会被股东拿走，股东们通过企业经理从债权人那里获得好处。而无论在繁荣期还是衰退期，股东选择风险小的项目都会一无所获。

具有面临重大可能性破产的企业，其股东经常会发现新的投资是以牺牲股东的利益为代价来帮助债权人。因为新的追加投资一旦不成功就会面临被债权人清算，得不偿失。即使成功了，成功的收益却要与债权人一起分享，因为债务的利息和本金需要近期支付，在资金流不充裕的情况下，债权人获得了衰退期企业的大部分现金流量，因此，许多濒临破产企业的大股东宁愿让其申请破产保护也不愿意追加投资。

在企业财务困境时期支付额外股利或其他分配，留下少量债权人。这被称为“撇油”政策。因为存在这种可能性，债权人必须在贷款时通过各种保护性条款对自己进行保护。这些条款在一定程度上会限制企业的经营，影响企业的活力，降低企业效率。另外，为了保证这些条款的实施，还必须用特定的方法对企业进行监督，这必然会发生额外的监督费用，增加负债成本。以上两项都会增加企业费用支付或机会成本，这便是代理成本。代理成本的存在会提高负债成本而同时降低负债利益。

（三）权衡理论基本模型

如果MM企业税模型是正确的话，那么，随着负债比率的增加，企业的价值也会不断增加，当负债为100%时，企业价值达到最大。但当我们把财务拮据成本和代理成本考虑进去后，负债企业价值的计算则有所变化，其公式如下：

$$V_L = V_U + TB - FPV - TPV \tag{10-24}$$

式中，V_L——有负债企业的价值；

V_U——无负债企业的价值；

TB——负债的纳税利益；

FPV——预期财务拮据成本的现值；

TPV——代理成本的现值。

图 10－4 显示了权衡理论的基本模型。

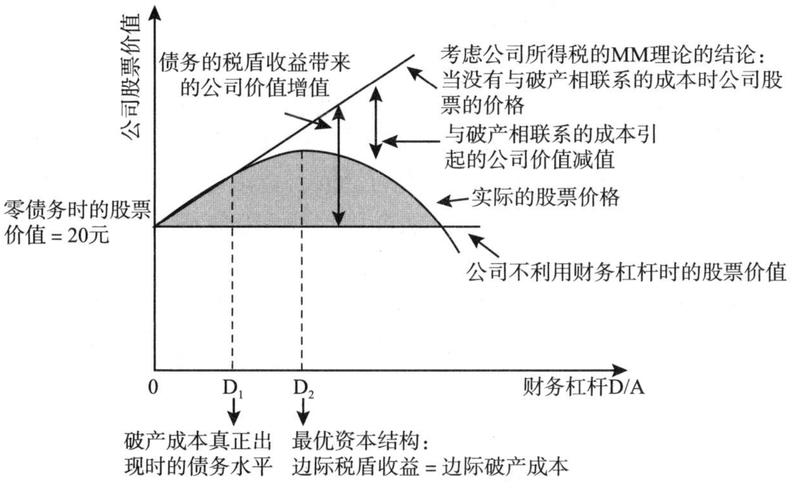

图 10－4　权衡理论的基本模型

现对图 10－4 中的问题说明如下：

1. 由于利息可以作为费用扣除，这使得利息的成本低于普通股股票和优先股股票的成本。事实上，相当于政府支付了债务资本的部分成本，或者换句话说，债务资本提供了税盾的好处。结果采用债务融资会引起企业息税前利润（EBIT）的增加，这些经营利润最终会流入企业权益投资者手中。因此，企业采用的债务资本越多，企业的价值及其股票的价格就越高。按照莫迪格莱尼和米勒关于所得税问题论文的假设，企业的股票价格在企业采用 100% 的债务时达到最高。

2. 在现实世界中，企业很少会采用 100% 的负债经营。最主要的原因是为降低破产成本，企业会限制对债务融资的使用。

3. 有一些重要的债务水平标准，请看图 10－4 中的 D_1，在 D_1 之前，破产的概率很低，可以忽略不计。然而，如果超过 D_1，与破产相关的成本就越来越重要，它将不断地抵销采用债务所带来的税收优惠的好处。在 D_1 和 D_2 之间，与破产相联系的成本不断减少债务带来的税收好处，但并没有完全抵销债务所带来的税收好处，因此，随着债务比率的增加，企业股票的价格还在上升（但是上升的速度逐渐减缓）。然而，超过 D_2，破产的成本就超过了债务带来的税收好处。因此，在这一点之后，再增加债务比率，企业股票的价值就会降低。因此，D_2 是最优的资本结构。当然，D_1 和 D_2 在不同的企业是不同的，这取决于企业的经营风险和破产成本。

4. 尽管理论和经验的研究都支持图 10－4 的特征曲线，但这些曲线只是一种近似的描述，不能作为严格定义的函数使用。

（四）权衡理论的评价

权衡理论通过加入财务拮据成本和代理成本，使得资本结构理论变得更加符合实际，同时指明了企业存在最优资本结构。权衡理论只是指明了财务拮据成本和代理成本是随着负债的增加而不断增加的，但却无法找到这之间的确切的函数关系，因此根据权衡理论，尚无法准确计算财务拮据成本和代理成本的价值，也就是说实际上很难找到最优资本结构。虽然权衡理论无法准确地找到最优资本结构，但利用这个模型可以获得以下财务数量关系。

1. 在其他条件相同的情况下，经营风险大的企业举债规模应该较低，而经营风险小的企业则可以适当扩大举债规模。因为风险大的企业，出现财务拮据的可能性较大，财务拮据的预期成本也会较高。

2. 在其他条件相同的情况下，拥有较多有形资产的企业举债规模会相对较高，而拥有较多无形资产的企业的举债规模相对较低，因为当财务拮据发生时，有形资产能以更合理的价值变现以便于偿还到期债务，而专业化的资产、无形资产等在财务拮据发生时更易于失去其减税效益之前，企业可以承担更多的负债。

权衡理论在由理论向实务靠近方面前进了一大步，它揭示了企业价值、纳税利益、财务拮据成本以及代理成本四者之间的数量关系，尽管权衡理论无法精确地进行计量，但在实际工作中也能得到相应的验证。例如，拥有有形资产比较多的房地产企业比拥有无形资产比较多的高新技术企业往往能更多地利用杠杆效应。

信息不对称（Asymmetric Information）：指交易中各方所拥有的信息是不同的。信息不对称可能导致逆向选择。

三、信号理论

MM 理论假设，投资者与公司经理对企业未来的前景所掌握的信息相同，这可以称为信息对称（Symmetric Information）。然而，事实上，经理通常会比外部投资者掌握更为充分的信息，这种情况被称为信息不对称（Asymmetric Information）。

罗斯（Ross，1977）把企业资本结构的选择作为向外部投资者传递有关企业价值信息的信号，建立了资本结构的信号模型。罗斯通过建立一个企业经营管理者的报酬激励信号模型，分析了融资结构的信息传递作用。在罗斯模型中，给定投资水平，负债率可以充当内部人有关企业收益分布的私人信息的一个信号，每个内部经营管理者均了解其企业收益的真实分布，而外部的投资者则不知道，企业的内部经营管理者和外部投资者在企业的预期收益方面存在着信息不对称；并且，经营管理者的效用水平随资本市场投资家评价的企业证券价值的上升而增大，随经营管理者遭受破产压力的增加而降低，如果企业破产，则经理要受到损失。由于破产的概率是和企业的质量负相关而同负债水平正相关，所以外部投资者将把较高的负债水平视为企业高质量的一个信号。在这种情况下，预期收益较好的优质企业的破产可能性较低，经营管理者的边际预期破产成本较小，这类企业可以选择较高的负债比率；而预期报酬低、企业负债过多使这类企业的经营管理者的边际预期破产成本增大，这类企业经营管理者会选择较高的负债比率结构。如果企业外部投资者能推测企业经营管理者的这种行为，对投资者而言，高负债比率的企业可能就是优质企业的信号，低负债比率的企业就是劣质企业的信号，投资者可以根据这种信号来做出自己的投资选择；而对经营管理者而言，给定破产处罚，经营者将选择最大化其预期效用的负债水平。

罗斯模型

信息不对称对于最优资本结构确定有着重要的影响。要明白为什么这样，请考虑两种情况：一种情况是公司经理清楚公司的前景特别好（有利公司，简称为 F 公司）；另一种情况是公司经理知道公司前景不妙（不利公司，简称为 U 公司）。

比如，假设 F 公司的研发实验室刚刚发现了一种还没有申请专利的治疗普通感冒的药方。他们想要保守这一药方的秘密，从而推迟竞争者进入市场的时间。公司必须尽快建立新的工厂生产这一新产品，因此，必须进行融资，那么 F 公司的经理应该如何筹集所需要的资本呢？如果公司发行股票，那么当新产品创造的利润流入公司时，公司股票的价格就会大幅度上升，而新股票的购买者就将大发横财，而目前的股东（包括公司经理）也将获得丰厚的回报。但是，如果他们在股票价格上升之前不发行新股票，他们的收益将更多。因为那样的话，他们就不必与新股东分享增长的收益。因此，人们会意识到，公司如果有很好的前景，就会避免出售股票，而寻求其他的方式筹集所需要的资本，包括使用大量的债务资本进行融资，而且不惜超过目标资本结构的水平。

现在，我们再来考虑 U 公司的情况。假设公司经理得到信息，由于竞争者掌握了更新型的技术，改进了产品的质量，公司获得的新订单大幅度减少。公司目前必须尽快进行设备的技术升级，这意味着公司要付出高昂的成本，而效果也不过是维持目前的销售水平。从而，公司的投资收益会降低（但是，如果不采取任何行动，投资收益会降低得更多，而且会因为破产导致100%的损失）。U公司将如何筹集所需的资本？在这里，公司所面临的情况正好与F公司相反，上面已经说明，F公司要避免对外发行股票，从而可以避免未来增长的收益为他人所分享。公司如果有不利的前景，就愿意发行股票，这意味着可以吸收新的投资者来分担公司的损失。

从上述这些分析中得出的结论是，当公司前景光明时，就宁愿不通过增发股票来融资，而当公司前景黯淡时，就愿意通过吸收外部权益资本来融资。作为一名投资者，你对这一结论有什么反应？你可能说："如果我知道哪家公司要发行新股票，这可能会使我担心，因为我知道，如果公司前景良好，公司的管理层就不会考虑发行股票。然而，如果公司前景堪忧，公司就会发行股票。因此，在其他方面不变的条件下，如果公司计划发行新股，我会降低对该公司价值的预期。"

如果你给出的是上面的回答，你的观念就与机构投资者及老练的投资组合经理的观念相一致。总而言之，公司宣布发行股票通常是一种信号，意味着公司在其管理层看来前景不妙。这就进一步意味着，在通常情况下，当公司宣布发行新股时，股票的价格将会下降。经验研究已经表明，这种情况的确存在。

所有这些思想对资本结构的决策意味着什么？由于股票的发行实际上是释放出不利的信号，因此，有可能降低公司股票的价格，即使公司前景良好，也应该在正常的时间保持一定的保留借款能力，公司在遇到好的投资机会时，就可以使用这种借款能力。这意味着与图10－4所表达的权衡所得税收益与破产成本的模型相比，在正常的时间，公司应该采用更多的权益融资而不是债务融资。

想一想：在我们的现实生活中，哪些决策需要运用信号理论？信号理论对决策有何帮助？

本章主要名词概念

资本结构	经营风险	经营杠杆	经营杠杆系数
财务风险	财务杠杆	财务杠杆系数	联合杠杆
最优资本结构	抵押价值	利率管制	预算软约束
财务拮据成本	代理成本	信息不对称	

本 章 小 结

本章首先辨析了经营风险与经营杠杆、财务风险与财务杠杆之间的内在联系，其次描述了影响资本结构的因素，探讨了最优资本结构决策确定方法，最后阐述了西方经典的资本结构理论原理。本章主要内容包括：

1. 资本结构（Capital Structure）从广义上讲是指企业不同资金来源的比例及相互关系。从狭义上讲，是指企业长期债务资本与权益资本之间的比例关系。资本结构是企业融资决策的核心问题之一。

2. 经营风险（Business Risk）是企业由于生产经营变动或市场环境改变而引起的息税前利润变动的不确定性。

3. 影响经营风险的因素有许多，一般包括下列因素：（1）市场需求的变化；（2）产品价格的波动；（3）投入成本的变化；（4）随着投入成本变动调整产品价格的能力；（5）及时高效地开发新产品的能力；（6）国外风险；（7）企业经营成本中固定成本比重的变化。

4. 经营杠杆（Operating Leverage）是指在企业生产经营中由于存在固定成本而使息税前利润（EBIT）变动率大于产销量变动率的规律。经营杠杆系数（DOL）是指息税前利润变动率相当于销售变动率的倍数。

5. 财务风险（Financial Risk）是由于企业使用债务融资而对股东收益所产生的影响。

6. 财务杠杆（Financial Leverage）是指由于固定债务利息和优先股股利的存在而导致普通股每股利润变动幅度大于息税前利润变动幅度的现象。财务杠杆系数（DFL）是指普通股每股收益变动率相对于息税前利润变动率的倍数。

7. 企业的总风险等于其经营风险与财务风险之和，即企业销售变化对普通股股东收益的影响程度。

8. 联合杠杆（Combined Leverage）是由于固定成本和固定财务费用的存在而导致的普通股每股利润变动率大于产销量变动率的杠杆效应。

9. 企业确定目标资本结构时，通常会考虑分析若干因素。

10. 最优资本结构（Optimal Capital Structure）指一定时期内企业资本成本最低，同时企业价值最大的资本结构。确定方法包括：（1）每股收益无差别分析法；（2）公司价值确定法；（3）比较资本成本法。

11. 资本结构基本理论主要包括：（1）“MM”理论；（2）权衡理论；（3）信号理论等。

12. 财务拮据成本有直接成本和间接成本之分。直接成本包括：（1）公司承担的破产管理成本；（2）利益相关者的追偿成本和流动性损失。间接成本包括：（1）市场份额损失；（2）经营效率损失。

第十一章

资本结构决策：外部融资

学习目标

学习本章后，您应该做到：

1. 了解资本市场与市场效率对企业融资的影响，区分三种不同有效市场的特点；
2. 理解天使投资与风险投资的区别；熟悉普通股公开上市决策过程；
3. 描述债务融资的特点与债务融资效应；
4. 理解和掌握长期借款的特征、利息支付与偿还、长期借款融资的优缺点；
5. 熟悉发行债券和债券评级的有关规定，掌握债券融资的优缺点；
6. 理解融资租赁的各种形式，掌握融资租赁决策评价与应用；
7. 理解优先股的特征和有关条款，掌握优先股融资的优缺点；
8. 理解认股权证的含义、认股权证的要素及分类；
9. 了解可转换债券的基本要素，掌握可转换债券的财务决策，理解可转换债券融资的优缺点。

学习重点与难点

描述市场效率对资本市场的影响；熟悉天使投资与风险投资特点；掌握普通股公开上市决策过程；描述长期借款的特征、约束性条款及融资特点；掌握债券信用等级评定；掌握融资租赁决策方法的应用；熟悉优先股融资的特点；理解认股权证的特征与要素构成；掌握可转换债券的基本要素与财务决策。

学习思维导图

- 融资决策
  - 资本市场效率
    - 市场效率
      - 外在效率
      - 内在效率
    - 有效市场
      - 弱式有效市场
      - 半强式有效市场
      - 强式有效市场
  - 股权融资
    - 天使投资
    - 风险投资
    - 普通股融资
      - 公开上市
      - 私募发行
  - 债务融资
    - 长期借款
      - 借款基本条件
      - 借款约束性条款
      - 借款偿还
    - 债券融资
      - 债券类型
      - 债券发行
      - 债券偿还（偿债基金）
      - 债券信用等级
    - 融资租赁
      - 融资租赁形式
      - 融资租赁影响因素
      - 融资租赁决策
  - 混合融资
    - 优先股融资
      - 优先股基本特征
      - 优先股融资决策
    - 认股权证
      - 认股权证要素
      - 认股权证决策
    - 可转换债券
      - 基本要素
      - 可转换债券融资决策

引导案例

证监会副主席方星海2022年1月10日在参加2022年第十五届亚洲金融论坛时表示，证监会一直以来支持符合条件的内地企业赴港上市融资，近期证监会就境内企业赴境外上市相关制度规则公开征求意见，相关规则的推出，将进一步增加内地企业境外上市监管制度的稳定性和可预期性，更好地支持企业依法合规赴境外上市。

资本市场成功应对内外风险挑战，运行稳健，深化改革开放、服务高质量发展取得新成效。股票市场方面，设立北京证券交易所，科创板、创业板试点注册制改革顺利推进，A股总体稳中有升。沪深两市共484家企业IPO，融资5 351.5亿元；546家上市公司完成再融资；日均成交额1.06万亿元，市场活跃度和韧性明显增强。2021年末公募基金规模超25万亿元，创历史新高。外资保持稳步流入，

2021 年全年外资净流入 A 股市场 3 846 亿元，为过去 5 年最高水平。期货市场方面，平稳推出生猪期货，一年来运行平稳，成交持仓稳步增加，期货价格对生猪养殖企业的预期引导作用逐步显现。广州期货交易所设立，中证商品指数公司开业运营，期货市场组织和机构体系进一步完善。首批商品期权品种作为特定品种引入境外投资者参与交易，对外开放进一步深化。2021 年期货市场日均成交 3 092.48 万手，日均持仓 2 795.96 万手，均创历史新高。期货市场服务实体经济的能力明显提升。交易所债券市场方面，市场运行总体平稳，2021 年全年新发行债券约 8.7 万亿元。总的来看，2021 年内地资本市场服务实体经济力度和效果明显增强，实现了量质双升。

近年来，内地和香港两地资本市场的密切合作没有受到疫情和国际环境的影响，在市场、产品、机构、监管等领域的务实合作不断呈现新亮点、取得新突破。市场与产品互联互通方面，双方支持不同股票权架构公司、尚未盈利的生物科技公司和科创板股票先后纳入沪深港通标的，推动 ETF 互通产品顺利实施。

证监会支持并协助在香港推出 A 股指数期货，为国际投资者提供了更为便利的投资内地市场的风险管理工具，增强了香港对国际资本的服务能力和吸引力。内地企业赴港上市方面，证监会一直以来支持符合条件的内地企业赴港上市融资，截至 2021 年底，在港上市的内地企业已达 1 222 家，占香港上市公司总数的 47%。这为内地企业全球配置资源、实现高质量发展提供了重要助力，也为全球投资者分享中国经济长期稳定发展红利创造了良好的机遇。

方星海表示，近期证监会就境内企业赴境外上市相关制度规则公开征求意见，相关规则的推出，将进一步增加内地企业境外上市监管制度的稳定性和可预期性，更好地支持企业依法合规赴境外上市，更有效地保护全球投资者合法权益。机构互设方面，已有 9 家港资合资证券公司、2 家港资合资基金管理公司和 1 家港资全资期货公司在内地展业，34 家内地证券公司、25 家内地基金公司和 17 家内地期货公司在香港展业。监管合作方面，两地证监会定期召开高层和工作层面会议，健全完善了跨境风险防范、跨境衍生品监管等合作机制，在日常监管、执法和信息交换、人员交流等方面合作日益密切顺畅，为两地市场平稳运行提供了有力监管保障。

（资料来源：程丹：《2021 年沪深两市 IPO 企业 484 家融资 5 351.5 亿元　在港上市内地企业已达 1 222 家》，载于《证券时报》2022 年 1 月 11 日）

第一节　市场效率与融资决策

一、资本市场与市场效率

（一）资本市场有效基本假设

一个有效的资本市场，意味着资产的价格能够随着新信息的注入迅速进行调整和及时反应，因此，当前的资产价格全面反映所有可获得的信息。更确切地说，有效市场即指信息有效市场（Informationally Efficient Market）。尽管有效资本市场这一概念是相对直观的，但是人们却很少考虑资本市场为什么应该是有效的。

有效资本市场所隐含的假设包括：

有效市场（Efficient Market Hypothesis）：指资产的现有市场价格能够充分反映所有有关、可用信息的资本市场。

1. 市场存在大量竞争的、追求利润最大化的投资者，他们对资产的分析和评价是相互独立、互不影响的。

2. 资产的新信息以随机方式进入市场，而且信息公布的时间通常是相互独立的。

3. 相互竞争的投资者试图迅速调整资产价格以反映新信息的影响程度。

上述假设共同作用的结果是：人们预期资产的价格变化将是独立和随机的。这种价格调整过程要求有大量的投资者跟踪资产价格运动，分析新信息对资产价格的影响，并买入或卖出资产直到资产价格调整到足以反映新信息为止。这意味着：（1）信息有效市场对分析新信息并进行交易的竞争投资者的数量有最小要求；（2）大量竞争的投资者所进行的更多的交易应该会使价格调整更加迅速，从而使市场更加有效。

因为资产价格根据所有的新信息进行调整，所以这些资产价格应该反映任何时候可公开获得的所有信息。这样，在任何时候通行的资产价格应该无偏差地反映所有当前可获得的信息，包括持有资产的风险。因此，在一个有效市场中，当前资产价格中隐含着的预期收益能反映该资产的风险，最终决定公司融资决策制定与实施。

（二）市场效率

对于资本市场效率的认识要把握两点：一是要正确认识各种资本市场效率的经济内涵；二是要正确认识并理解各种资本市场的相互关

系，才能科学地的解释公司的融资行为。

市场效率（Market Efficiency）：指证券价格对影响价格变化的信息的反映程度。

资本市场效率一般是指资本市场调节和分配资金的效率，即资本市场能否将资金分配到最能有效使用资金的公司。威斯特和惕尼克（West & Tinic，1976）将资本市场效率划分为两类：一是“外在效率”；二是“内在效率”。

1. 外在效率，是指资本市场的资金分配效率，即市场上资产的价格是否能根据有关的信息做出及时、快速的反映，它反映了资本市场调节和分配资金的效率。一个富有效率的资本市场，资产的价格能充分地反映所有的有关信息，并根据新的信息做出迅速的调整，因此，资产的市场价格成为交易的准确信号。反之，可以说资本市场的外在效率低。

实际上，有两个衡量资本市场是否具有外在效率的直接标志：一是资产价格是否能自由地根据有关信息而变动；二是资产的有关信息是否能充分地披露和均匀地分布，使每个投资者在同一时间内得到等量等质的信息。显然，资产价格的变动方式和信息的完整性、时效性影响着资本市场的资金调节和分配效率。若资产价格被人为地操纵和控制或资产的有关信息没有充分地披露和均匀地分布，或二者兼有，则资本市场就会误导资金流向，阻碍资金流向最急需资金且资金使用效益最好的企业，致使公司融资活动无法成功实现。

2. 内在效率，是指资本市场的交易营运效率，即资本市场能否在最短时间和以最低的交易费用为交易者完成一笔交易，它反映了资本市场的组织功能和服务功能的效率。若资本市场的内在效率高，则买卖双方能在最短的时间内完成交易，并支付最低的交易费用；反之，可以说证券市场的内在效率不高。

由此可见，实际上有两个主要的显著标志可衡量资本市场内在效率的高低：一是每笔资金交易所需要的时间；二是每笔资金交易所需要的费用。显然，交易时间和交易费用决定了资本市场流动性高低。若每笔交易所需时间太长或所需费用较高，或二者兼有，则资金在市场上的流动（交易次数、量和速度）就会受阻，从而影响到投资者根据市场信息改变投资决策的速度和能力，进而影响到市场的外在效率。

有效市场对资金需求者、投资者和企业而言具有重要的意义。

第一，因为信息能够立即反映在价格中，资金投资者应该只能预期获得正常的回报率。掌握已经发布的信息并不会使投资者从中受益，因为在投资者交易之前资金价格就已经做出了调整。

第二，融资者（企业）应该预期它们发行的证券只能获得公允价值。公允价值是融资者（企业）发行证券所得到的价格等于现值。因此，在有效资本市场中，通过愚弄投资者来获得有价值的融资机会是不可能的。

图 11－1 展示了几种可能的证券价格调整。

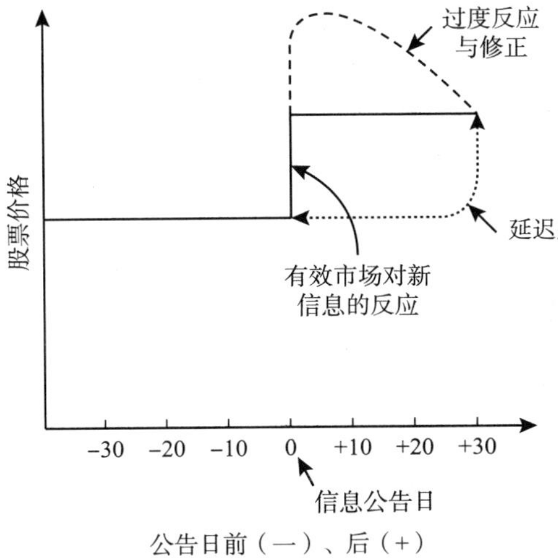

图 11－1　有效市场和无效市场中证券价格对新信息的反应

注：有效市场反应：价格对新信息立即做出调整并完全反映，随后还会有上升或下降的趋势。

延迟的反应：价格对新信息做出缓慢的调整，30 天后价格才完全反映了新信息。

过度的反应：价格对新信息做出过度的调整，价格出现泡沫。

图 11－1 中的实线表示在一个有效市场中证券价格变动的路径。在这种情况下，证券价格会根据新信息立即做出调整，此后价格保持不变。点线描述了一种延迟反应。在这里，市场花了 30 天时间来充分消化信息。最后，虚线说明了一种过度反应以及随后向真实价格的修正。虚线和点线显示的是无效市场中证券价格变动可能的路径。如果证券价格需要多日才能做出调整，那么投资者适时买卖证券即可获得交易利润。①

二、有效市场假说

美国芝加哥大学著名教授法玛（Eugene F. Fama，1965）指出有关资本市场效率研究的两个关键问题：一是关于信息和证券价格之间的关系，即信息的变化如何引起价格的变动；二是与证券价格相关的

法玛与有效市场假说（EMH）

① 现在，你应该会理解下面这个简短故事了。一名学生与他的财务学教授走过大厅时，同时看到了地上有一张 20 元的钞票。当学生弯下腰把它捡起来时，教授满脸失望地摇了摇头，耐心地对学生说：“别麻烦了，如果 20 元真的在那里，别人早把它捡走了。”这个故事的寓意反映了有效市场假说的逻辑：如果你认为已经找到了股票价格的运行模式或者成为赢家的简单策略，那么你很可能一无所获。如果真有这样一种简单的方法来赚钱，别人可能早就发现了。此外，如果人们试图利用这些信息，他们的努力终将弄巧成拙，因为规律将会消失。

信息的种类，即不同的信息对证券价格的影响程度不同。

第一，在资本市场上，信息和价格关系如何呢？理论上，大家设想一个资本市场上投资者的行为。市场上的投资者总是不断地在搜集有关证券的信息，包括国内外的政治形势、经济动态、行业发展状况、公司的经营和财务状况及发展前景，等等。紧接着，投资者将采用各种各样的方法迅速地处理这些信息，从而比较准确地判断有关证券的价位、收益率和风险程度。虽然不同的投资者可能采用不同的分析方法处理信息，对同样的信息也可能存在不同的意见，从而做出不同的投资决策，有人高估价位，有人低估价位，但是，由于任何人都不能操纵市场，因此，如果所有投资者都是理性的，他们信息处理方法和分析意见的差异就不可能影响证券价格的系统性变动趋势，而只能引起证券价格的随机波动。所以，在一个有效的资本市场上，由于信息对每个投资者都是均等的，因此任何投资者都不可能通过信息处理获取超额收益。

第二，在资本市场上，不同的信息对价格的影响程度不同，从而反映了资本市场效率的程度因信息种类不同而异。为此，法玛将资本市场的有关信息分为三类：一是“历史信息”；二是“公开信息”；三是“内部信息”，从而定义了三种不同程度的市场效率。

弱式有效市场（Weak Efficient Marek）：资本市场中的证券价格充分反映了所有过去历史的信息。

1. 弱式有效市场。弱式有效是资本市场效率的最低程度。如果有关证券的历史资料（如价格、交易量等）对证券的价格变动没有任何影响，则资本市场达到弱式有效。反之，如果有关证券的历史资料对证券的价格变动仍有影响，则资本市场尚未达到弱式有效。原因在于：如果有关证券的历史信息与现在和未来的证券价格或收益无关，说明这些历史信息的价值已经在过去为投资者所用，从而说明有关证券的历史信息已经被充分披露、均匀分布和完全使用，任何投资者都不可能通过使用任何方法来分析这些历史信息以获取超额收益。

需要指出的是，在一个达到弱式有效的资本市场上，并不意味着投资者不能获取一定的收益，而是表明，平均而言，任何利用历史信息的投资策略所获取的收益都不可能获得超过“简单的购买—持有”策略所获取的收益。

半强式有效市场（Semistrong – Form EMH）：资本市场中的证券价格充分反映了所有公开可用的信息。

2. 半强式有效市场。半强式有效是资本市场效率的中等程度。如果有关证券公开发布的资料（如企业公布盈利报告或投资专业机构公开发布资料等）对证券的价格变动没有任何影响，或者说，证券价格已经充分、及时地反映了公开发表的资料，则资本市场达到半强式有效。反之，如果有关证券的公开发布的信息对证券的价格变动仍有影响，说明证券价格对公开发布的资料尚未做出及时、充分的反应，则资本市场尚未达到半强式有效。不难理解，在一个完全自由竞争的市场上，价格的调整取决于供需关系的变化。在新的资料尚未公布前，证券价格基本上处于均衡状态。一旦新的信息出现，价格将根据新的信息而变化。公开信息的速度越快、越均匀，证券价格调整越迅速；反之越慢。如果每个投资者都同时掌握和使用有关公开信息进行投资决策，则任何投资者都不可能通过使用任何方法来分析这些公开信息以获取超额收益。

3. 强式有效市场。强式有效是资本市场效率的最高程度。如果有关证券的所有相关信息，包括公开发布的资料和内部信息对证券的价格变动没有任何影响，即证券价格已经充分、及时地反映了所有有关的公开和内部信息，则资本市场达到强式有效。在资本市场上，总是有少数人（如公司高级管理层）掌握未公开发布的信息。如果有人利用内部信息买卖证券而获利，则说明资本市场尚未达到强式有效。

强式有效市场（Strong Efficient Market）：资本市场中的证券价格充分反映了所有信息，包括公开和内幕信息。

三、有效市场假说与融资决策

有效市场假说是建立在现代企业财务原则的基础和前提上，如果资本市场是有效的，企业的市场价值就是企业未来净现金流量的现值，它使企业财务人员能够明确：企业财务目标就是要实现企业股票的市场价值最大化，即企业价值最大化。有效市场假说是企业进行投资决策的、融资决策的理论基础。如果市场是无效的，那么，很多财务理论和理财方法都无法建立。但是，有效市场假说仅仅是一种理论假设，而不是已通过验证的定律。因此，当我们运用上述理论和方法时，不能将其当作放之四海而皆准的基本规律。

现在我们考虑这样一个问题：市场效率与融资决策有关系吗？答案是肯定的，下面我们从市场效率角度进行分析。

（一）会计选择、财务选择与市场有效性

实践中，企业财务报告的会计政策具有很大的灵活性。例如，企业可以选择后进先出法（LIFO）或者先进先出法（FIFO）来估计存货价值；可以采用完工百分比法或者完成合同法来处理建设项目；也可以使用直线折旧法或者加速折旧法来折旧实物资产。

会计政策（Accounting Policies）：指企业在会计核算时所遵循的具体原则以及企业所采取的具体会计处理方法。

管理层无疑希望资产高一点而不是低一点。那么管理者应该利用会计选择上的灵活性来尽可能报告最高利润吗？未必，如果市场是有效的。也就是说，如果以下两个条件成立，会计选择应该不会影响资产的价格：第一，在年报中必须提供充分的信息使得财务分析师能够计算在可选会计方法下的盈利。对于许多会计选择而言似乎是这样的，虽然未必是全部。第二，市场必须是半强式有效的。换言之，市场必须合适地利用了所有这些会计信息来确定资产的市

场价格。

当然，会计选择是否影响资产价格终究是一个实证问题。已有大量的学术文献对此进行研究，研究结果并没有表明管理者能够通过会计实务来抬高资产价格。换句话说，市场似乎足够有效而能看穿不同的会计选择。

需要注意的是，我们的讨论明确地假设“财务分析师能够计算在可选会计方法下的盈利”。然而，近年来像安然、世通、施乐以及科龙电器、瑞幸咖啡、康美药业等国内外公司报告了欺诈性的数字。因为不清楚这些公司所报告的数字是如何得出的，财务分析师无法计算其他可能的盈利数字。所以，这些公司的股票价格最初上涨到远远超过其真实价值就不足为奇了。是的，管理者可以通过这种方式来抬高股价——只要他们情愿一旦被发现就要承担刑事责任。

（二）择机决策

假设一家公司的管理者正在考虑发行股票的时机，这个决策通常被称为择机（Timing）决策。如果管理者认为他们的股票价格被高估了，那么他们很可能会立即发行股票。此时，他们为现有股东创造了价值，因为他们出售股票的价格高于其真实价值。相反，如果管理者认为他们的股票价格被低估了，那么他们更有可能选择等待，希望股票价格最终会上升到其真实价值。

然而，如果市场是有效的，那么证券总是会被正确地定价。因为有效性意味着股票是按其真实价值出售，此时择机决策变得毫无意义。图 11－2 显示了发行新的股票可能出现的三种股票价格调整。

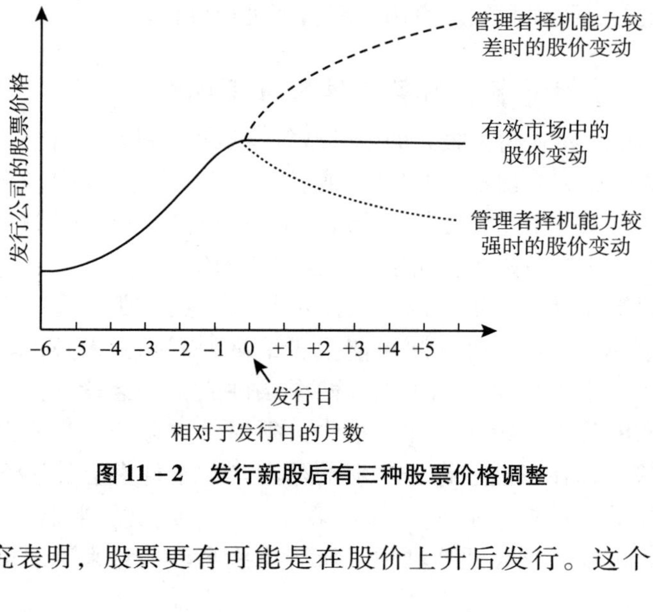

图 11－2　发行新股后有三种股票价格调整

研究表明，股票更有可能是在股价上升后发行。这个结果不能推断出市场的有效性。相反，市场有效性意味着：在发行股票后，发行公司的股价平均而言既不会上涨也不会下跌（相对于股票市场指数）。

公司管理层在证券价格被高估时增发新股的能力是否表明市场并不是半强式有效或强式有效的呢？答案实际上要复杂得多。一方面，管理层可能拥有其他人所没有的特殊信息，表明市场只是非强式有效的。另一方面，如果市场真的是半强式有效，那么一旦宣布增发的消息股价将会立即下跌并且调整到位。也即，理性的投资者会意识到新股的发行，是因为公司管理层掌握了股价被高估的特殊信息。确实，许多实证研究都报告了公告日股价下跌的结果。如果公司能够选择普通股发行的时机，或许它们也能够选择股票回购的时机。

（三）投机与有效市场

投机（Speculation）：指利用市场出现的价差进行买卖从中获得利润的交易行为。

一般认为个人和金融机构是金融市场中的主要投机者。然而，企业也会进行投机。例如，许多公司会对利率的未来预期下赌注。如果一家公司的管理者认为利率可能会上升，那么他们就有动机去借款，因为负债的现值会随着利率的上升而下降。此外，这些管理者将有动机借入长期而非短期借款，从而在较长时期内锁定一个低利率。假设长期利率已经比短期利率高，管理者可能认为这种差异反映了利率将会上升的市场观点。然而，或许他预期利率上升的幅度甚至要大于市场的预期，同样，管理者会选择长期借款而不是短期借款。

企业也会对外币进行投机。假设一个总部设在中国的跨国公司的财务总监认为，美元相对于人民币将会下跌。他可能会发行以美元计价而不是以人民币计价的债券，因为他预计国外的负债会降低。相反，如果他认为外币相对于人民币将会升值，那么他就会在国内发行债券。然而，问题的关键是：市场有效性与上述行为有关系吗？答案是显而易见的。如果市场是有效的，管理者就不应该浪费时间企图预测利率以及外汇的变动，因为他们的预测可能并不比碰运气强多少。而且，他们还将付出宝贵的管理时间。但是，这并不是说公司应该以随机的方式轻率地选择债券的到期时间或者计量单位。公司必须谨慎地选择这些参数。但是，这种选择必须基于其他的理由，而不是试图战胜市场。

有一点需要提醒注意。企业利用股价被高估的时机选择增发新股是有道理的，因为管理者有可能比市场更了解他们自己的企业。不过，管理者可能拥有关于他们自己企业非常特别的信息，但他们不太可能拥有关于利率、汇率以及其他企业的特别信息。这些市场中有太多的参与者，他们中有很多人把所有时间都花费在预测上了。管理者通常将大部分时间用于经营他们的企业上，只花少量时间来研究金融市场。

第二节 股权融资

一、股权融资方式选择

（一）股权融资的特点

股权融资（Equity Finance）：指企业的股东愿意出让部分企业所有权，通过增资的方式引进新股东，同时使总股本增加的融资方式。

1. 金融流动全球化。20 世纪 80 年代以来，股票（股权）融资（Equity Finance）和证券交易所的作用越来越重要，一种“股票文化”席卷全球。股票市场已经存在上百年，为什么最近四十多年才引起大家的广泛关注和兴趣？第一，大量新建企业需要进行融资，寻找能够体现其股票价值的股票市场，同时，政府也有大力发展证券市场的意愿。中国证监会公布的数据显示，2021 年沪深两市共有 484 家企业 IPO，融资 5 351.5 亿元；546 家上市公司完成再融资；日均成交额 1.06 万亿元。①。第二，经济全球化趋势的发展，使得国家间贸易往来日益频繁，也导致股票市场迅速壮大。第三，股票市场具有良好的长期回报。特别是 20 世纪 90 年代中期以前，股票投资的回报显著地超过通货膨胀率和债券利率，从而使得那些注重长期投资收益的部门（单位）开始将精力逐步转向投资股票市场。

随着各国政府对金融市场干预的减少，使得金融资本的流动更加便捷。网络技术的发展使世界范围内大量金融信息快速传播，提高了金融市场的效率。超级计算机与广泛的信息网络结合加速了全球一体化，并带来复杂的交易方法和大量日常的资本流动。

试一试：利用业余时间走访几家证券公司，了解股票市场现状，并进行比较分析。

2. 股权融资特点。任何一个企业的设立，都需要从其所有者那里获得权益资本。对股份有限公司而言，则需从其发起人及其他原始股东那里筹集股权资本，这部分资本是公司筹集债务资金和吸引其他投资的基础和保证。

股权资本，亦称权益资本、自有资本，是指企业依法筹集并长期

① 资料来源：根据中国证监会网站统计数据整理计算。

拥有的，可自主支配使用的资金。股权资本通常包括股东投入资本和留存收益两部分。股权融资所获得的资金，企业无须还本付息，但新股东将与老股东分享企业的盈利与增长。股权融资的特点决定了其用途的广泛性，既可以充实企业的营运资金，也可以用于企业的投资活动。

一般而言，股权融资具有以下特点：

（1）永久性。企业采用股权融资所得资金的所有权属于股东所有，无到期日，无须还本。在企业存续期内，企业有权使用。

（2）不可逆性。企业股东不得以任何方式抽回资本，若要收回资金，需借助于流通市场，依法转让其股权。

（3）融资成本不固定。股权融资的成本表现为向股东支付的股利，一般情况下，除优先股外，融资成本不固定，股利的支付与否和支付多少视企业的经营需要而定。

想一想：假定你准备创办一家公司，设立公司时你是如何考虑股权融资的？

（二）股权融资方式

虽然许多人认为权益就是普通股，但是一个企业的权益可以采取多种形式。究竟采取何种形式可能取决于该企业是非上市公司还是上市公司，也可能取决于企业的成长性与风险特征。非上市公司比上市公司的选择要少一些，因为非上市公司不能通过发行证券来筹措资金。因此，非上市公司依靠其所有者或者私有权益获取资金从而保持企业的运营与扩展。其中，私募股本通常由风险投资者所拥有。上市公司能够进入资本市场进行融资，所以它有更多的选择。

1. 所有者权益（Owners' Equity）。绝大多数企业，包括现在非常成功的企业，如国美、苏宁、蒙牛等，都是从小企业开始做起，这些企业创立时可能只有少数人提供种子资金，然后再将企业盈利投入到企业中，不断地积累增长。这些由企业的所有者提供的资金，即为企业所有者权益，它是企业发展的基石，成长的基础。

2. 风险资本（Venture Capital）与私有权益（Private Equity）。随着小企业的不断成长与成功，它们通常会遇到资金约束的问题，它们所拥有的资金无法满足企业投资与增长的需要。此时，风险资本家或者私有权益的所有者可能会为小规模且通常有高风险的行业或者企业提供权益融资，从而取得该企业的部分权益。因此，较小规模而风险较高的企业更加可能寻求风险资本投资，在接受风险资本时，也更愿意放弃企业的更多权益。

所有者权益（Owners' Equity）：指企业资产扣除负债后由所有者享有的剩余权益。

风险资本（Venture Capital）：指机构性创业投资基金投资于新创立的、经评估认为有不寻常成长机会与潜力的小企业的资本。

普通股（Common Stock）：是享有普通权利、承担普通义务的股份。普通股股东对公司的管理、收益享有平等权利。

权证（Share Warrant）：指证券发行人发行的，约定持有人在规定期间或特定到期日，有权按约定价格向发行人购买或出售标的证券。

3. 普通股（Common Stock）。上市公司筹集资金的传统方式是以市场愿意支付的价格发行普通股。对于一个新上市的公司而言，该价格是由发行方（如投资银行家）来估计的，通常称为要价。对于已上市的公司来讲，再发行股票的价格通常以现有股票的市场价格为基础而制定。在大多数情况下，公司发行的普通股是统一的，即每股股票享有等比例的现金流（如股利）与其投票权。在特殊情况下，不同种类的普通股拥有不同的股利和投票权。

4. 权证（Share Warrant）。随着企业融资方式的增加，企业开始寻找一些可替代普通股的权益融资工具，权证应运而生。权证持有者在未来的某一时期可以以固定的价格购买企业的股票。由于权证的价值是以标的股票的价格为基础确定的，所以，权证就被视为另一种形式的权益。为什么企业会用权证而不是普通股进行融资？主要原因是：第一，权证是根据股票的波动性来定价的，波动性越大，权证的价值就越大。如果市场高估了企业所拥有的风险，企业就可以使用权证或者是期权之类的证券来获利。第二，权证在发行时并没有给自己带来任何财务负担。因此，发行权证是高成长性的企业筹集资金的一种好的方式，尤其是在企业当前的现金流很紧张或者为负的时候。第三，财务经理通常会对由发行普通股带来的股份稀释非常敏感，那么权证就是一举两得的选择——权证既不会给现在带来新的股份，同时也能筹集到公司现在所需的资金。

视频 普通股融资

二、新设公司财务生命周期与融资

大多数企业是以独资企业或者合伙企业的形式出现的，随着更多成功企业的不断成长，在某些阶段这些企业愿意成为公司制的企业。最初，大多数公司的股票是由创立公司的管理者和关键雇员持有。即使是最终获得成功的公司，在刚成立时，通常也都是以负的自由现金流量开始的，造成该状况的原因是高速的增长率和高额的产品开发成本。因此，在其高速增长阶段，它们必须筹集资本。如果公司的创立者和管理者已经将他们所有的财务资源都投入到公司中，那么他们必须求助于外部资本。相对于现有资产来说，新成立公司通常具有更高的增长机会。由于信息不对称，新成立公司会面临巨大的困难。因此，根据本部分所讲述的内容，这些公司必须从外部筹集资本作为权益资本，而不是作为负债。

为了保护投资者的合法权益，政府会出台不同的法律、法规及制度，如《公司法》《证券法》，等等。如果公司上市进行融资，还需要符合资本市场（证券交易所）的若干规定。

（一）天使投资

对于大多数新成立的公司来说，最初除了通过私募方式进行的外部权益融资外，往往还会引入一名或者多个个人投资者，此类投资者通常被称为天使投资（Angel Investment）。天使投资是权益资本投资的一种形式，天使投资一词源于纽约百老汇，1978 年在美国首次使用。通常指自由投资者或非正式风险投资机构对原创项目或小型初创企业进行的一次性的前期投资。属于自发而又分散的民间投资方式。这些进行投资的人士被称为“投资天使”，用于投资的资本称为“天使资本”。

天使投资

在美国硅谷目前已经形成了从天使投资到中、后期风险投资的完整的、流水线式的体系。因此，创新企业无论处于种子期、导入期，还是成长期、成熟期，只要有潜力，都能获得相应的帮助。如果创业者只有一个好的创意，他可以找到 5 万美元左右、专注于启动资金投资的天使俱乐部或天使投资人的帮助；如果他有了一个早期版本的产品和启动团队，他就可能从天使俱乐部或天使投资人那里得到 10 万 ~50 万美元的种子基金；如果企业开始商业运营并有了正式客户，它可能从早、中期风险投资基金获得 200 万 ~500 万美元的融资；再接下来就是中、晚期风险投资。投资天使和机构风险投资一起构成了美国的风险投资产业。

天使资本（Angel Capital）：是投资者以个人名义直接投资于创业企业的资本。其性质是一种“非组织化的创业投资资本”。

自 2000 年以来，中国的风险投资得到快速发展，但绝大多数投资公司喜欢选择短、频、快的项目，因此比较成熟的大型项目（如接近上市的公司）融资相对容易。

作为对这天使投资者的投资回报，投资天使可以得到股票，同时也可能在公司董事会获得席位。因为投资天使能够影响公司的战略定位，所以他们给决策层带来的是经验和产业联系，而不仅仅是资金。

（二）风险投资基金

随着公司的成长，公司资金的需求会超过个体投资者所拥有的资源，这种情况下，公司可能会求助于风险投资基金（Venture Capital Fund）。风险投资基金又叫创业基金，是当今世界上广泛流行的一种新型投资机构。它以一定的方式吸收机构和个人的资金，投向于那些不具备上市资格的中小企业和新兴企业，尤其是高新技术企业。

风险投资

风险投资基金的管理者通常被称作风险资本家（Venture Capitalists，VCs），他们通常具备某些具体产业方面丰富的知识和经验。风险资本家购买投资组合公司的股票，同时风险资本家成为公司董事会的成员。

风险投资基金无须风险企业的资产抵押担保，手续相对简单。它的经营方针是在高风险中追求高收益。风险投资基金多以股份的形式参与投资，其目的就是帮助所投资的企业尽快成熟，取得上市资格，从而使资本增值。一旦公司股票上市后，风险投资基金就可以通过证券市场转让股权而收回资金，继续投向其他风险企业。

三、公开上市决策：普通股发行

当一家企业经过努力经营或者改制成为股份有限责任公司后，其公司治理、经营管理、股权结构等必须要符合《公司法》等有关法律规定。此时，公司的股本结构主要由普通股构成，上市发行股票也成为公司的主要融资手段。

投资银行（Investment Bank）：是与商业银行相对应的一类金融机构，主要从事证券发行、承销、交易、企业重组、兼并与收购、投资分析、风险投资、项目融资等业务的非银行金融机构，是资本市场上的主要金融中介。

（一）公开上市的程序[①]

1. 选择投资银行。企业在决定公开上市后所面临的问题是如何将股票出售给众多投资者。为了顺利完成公开上市，企业需要和不同的投资银行（Investment Bank），也可称为承销商（Underwriter）进行洽谈，并选择其中一家作为主承销商。

首先，投资银行需要协助企业确定股票的预定发行价格或价格区间，以及应当发售的股票数量。要说服潜在投资者按照发行价格购买股票，投资银行的声誉以及在公司所处行业的经验显得尤为重要。事实上，投资银行是在向投资者保证股票价格并不偏高，很明显，这一点能够让投资者解除顾虑。其次，投资银行向当前已有客户出售股票，这些客户主要由机构投资者及零星客户（即个人投资者）组成。而后，投资银行通过合作的经纪公司选择一名分析师在股票发行后对其进行“跟踪”。该分析师需要定期向投资者发布报告介绍股票的前景，以保持股票的吸引力。权威的分析师能够增强股票在二级市场上的流动性，并能够提高价格反映公司真实价值的可能性。

代销（Consignment）与包销（Underwriter）：代销是发行公司和证券经营机构达成协议，由证券经营机构代理发行股票。包销指发行公司和证券机构达成协议，若证券机构不能完成股票发售则由其全部承购。

拟上市企业及其投资银行接下来需要决定的是，投资银行是以什么方式销售股票？即代销方式还是包销方式承销股票。代销方式下，投资银行并不保证股票是否能够全部出售，也不保证公司是否能够获得所筹集的资金，只是尽“最大努力”销售所发行的股票。而在包销方式下，发行公司则能获得上述保证，因为投资银行需要购买所发行的全部股票再将其转售给客户。因而，投资银行对所承接的发行业务承担了较高风险。

几乎所有的IPO业务都采用包销的方式，只有发行量极小的业务

① 这里所讲的程序是股票上市的一般程序，并非指法律上的程序，各个国家交易所规定的具体上市程序是不完全相同的。

除外。有时，投资银行会因计算失误而将发行价格设定过高，那么当次发行将很难成功。此外，市场也可能在发行期间发生大幅下跌，从而使得投资银行被迫降低股票的发行价格。当上述两种情况发生时，在包销式发行中，企业仍然可以按照协议价格收到证券价款，而投资银行则需要承担任何可能的损失。

由于投资银行面临着极大的潜在损失，它们通常不会独自以包销的方式承接证券发行业务，除非发行量非常小。如果发行业务所涉及的资金总额较大，投资银行则会通过组成承销团的方式使每家投行面临的风险最小化。发起该项业务的投资银行被称为主承销商（Lead Underwriter，or Managlng Underwriter）。通过组建承销团方式的发行业务中通常会聘请更多分析师，因而公司进行 IPO 后具有更高的二级市场流动性。可见，承销团承销方式能够给承销商与发行公司双方带来收益。

主承销商（Lead Underwriter）：承销团中负责全面事务、承担主要职责并代表承销团与发行公司签署承销协议书的承销商。

2. 路演与询价。股票发行申请经发行审核委员会审核通过后，经证监会核准，发行人便可以刊登正式的招股说明书及其他信息，证券公司与发行人进行路演，向投资者推介和询价，并根据询价结果协商确定发行价格。

路演（Roadshow）主要是由公司高层管理人员、投资银行以及公司法律顾问需要向潜在投资者进行相关问题及信息的陈述演示，潜在投资者通常是承销商的已有客户。机构投资者在演示过程中可以提问，但是管理层不得透露任何监管机构未允许披露的信息。

路演（Road-Show）：是国际上广泛采用的证券发行推广方式，指证券发行商通过投资银行家或者支付承诺商的帮助，在初级市场上发行证券前针对机构投资者进行的推介活动。

路演是在投资、融资双方充分交流的条件下促进股票成功发行的重要推介、宣传手段，促进投资者与股票发行人之间的沟通和交流，以保证股票的顺利发行，并有助于提高股票潜在的价值。路演在很多方面都类似于公司的户外聚会，所不同的是路演更为复杂也更为重要。

在演示之后，投资银行将基于上市登记表所示的发行价格区间询问投资者的潜在购买意向，并将记录每位投资者希望认购的股票数量，该过程即称为询价（Book-building）。随着路演的进行，投资银行的“价格登记簿”将显示此次发行的市场需求是如何形成的。多数首次公开发行属于超额认购（Oversubscribed）型，投资者所期望购买的股票数量超过实际可以认购数量。因而投资银行需要将股票在投资者之间进行分配（例如，采取抽签或者摇号等方式）。较高的需求有时会导致发行价格上升；而较低的需求则可能会降低发行价格，或者导致此次 IPO 的撤销。有时，较低的需求是因为市场对公司发展前景的预期不佳，也可能较低的需求则是由于股票市场整体下跌而导致。因此，选择合适的路演与发行时机显得尤为重要。

如果路演过程一切顺利，投资银行将在实际发行日的前一天收盘后最终确定发行价格。

我国股票发行审核制度

3. 提交上市申请材料。股票发行工作完成后，发行人向证券交易所提出上市申请，符合交易所全部条件的申请人在交易所作出同意上市的决定后，便可在交易所安排下完成挂牌上市交易相关工作，并刊登上市公告书。至此，企业的首次发行并上市工作便可宣告成功完成。

在发行日，也就是股票交易的第一天，股票的市场价格是由供求决定的。如果发行价定得过高，按发行公司与投资银行订立的协议，投资银行家将对股份折价发行出售并且自己补齐差额。如果发行价定得过低，那么发行日的交易价就会比发行价高出许多，那些在IPO中分配到股份的投资者就能因此受益。

4. 公开上市的成本。上市公司的成本主要包括以下三项：第一，企业必须考虑到与上市相关的法律成本与管理成本（包括准备登记表格与相关文件的成本等）。第二，企业必须估计承销费用，也就是股票的发行价与企业实际收到的每股价格之差，这些价差就是花费在股票发行上的承销费用、管理费用与销售费用。承销费用的金额相当大，并且随着发行规模的增大而减少。第三，发行折价。其中，有一些投资者以发行价获得股票然后以更高的市场价格将股票出售，由此他们得到一笔意外收入。虽然有关折价的准确估值每年都在变化，但平均而言，IPO的折价为10% ~15%。

（二）公开上市的优点

1. 允许发起人进行多元化投资。随着上市公司的成长及价值的提升，发起人通常已经将其大部分财富都投入到上市公司。通过在公开市场上出售部分所持有的股票，发起人能够使个人投资组合多元化，从而降低风险水平。

2. 提高流动性。非公开上市公司的股票是缺乏流动性的：它们没有公开交易市场。如果某个持有者想要出售部分股份以获取现金，想找到合适的买家是相当困难的。即使能够找到，也无法确定合理的交易价格。公开上市的公司则不存在此类问题。

3. 有利于公司筹集新资金。非公开上市公司如果希望通过发行新股以筹集资金，则只能通过如下两种方式：第一，向当前股东出售新股，但这些股东可能缺乏资金或者不愿将所有鸡蛋放在同一个篮子里；第二，寻觅资金充裕的投资者，但是非上市公司要想获得外部人的投资通常相当困难，因为如果外部人没有投票控制权（50%以上的股份），内部股东或管理层可能对其利益进行侵害。内部人可以支付或不支付股利，向自己支付高额薪酬，与企业进行私人交易，等等。例如，董事长可以购买一个仓库再高价出租给公司、给自己配备豪华轿车、经常享受高档度假旅行。内部人甚至还可以对外部人隐瞒企业的真实收益或实际价值。非上市公司中，外部人处于极易受到利益侵害的地位，因此非上市公司很难筹集到新的权益资本。上市能够带来信息的公开披露及证监会的监管，从而极大地减少上述问题的发生，使投资者较为愿意投资于此类公司，也使公司筹集资本变得更加容易。

4. 确定企业价值。公开上市公司本身具有确定的价值。类似地，如果公司希望对核心员工进行股票期权激励，就有必要了解这些期权的价值，员工更希望持有公开交易的、高流动性的股票或此类股票的期权。

5. 达成并购协议。如果企业被兼并，或者兼并其他企业并需要以股票支付兼并价格，拥有确定的市场价值将有益于上述交易的进行。

6. 拓展潜在市场。许多上市公司指出，上市后向潜在客户出售产品与劳务变得更加容易。

（三）公开上市的缺点

1. 增加报告成本。公开上市公司必须向证监会及社会提交季度及年度报告，这些报告可能造成沉重的经济负担，对于小型上市公司而言尤为严重。

2. 公开信息披露。管理层也许并不希望披露经营数据，因为这些数据可能为竞争企业所用。类似地，企业的业主也许并不希望人们知道他的净财富，由于公开上市公司必须披露高层管理人员、董事及主要股东的持股数量，那么通过用股价乘以内部人持有股票数量的方法，其他人很容易就能估算出这些人的净财富。

信息披露（Information Disclosure）：指公众公司以招股说明书、上市公告书以及定期报告和临时报告等形式，将公司及与公司相关的信息，向投资者和社会公众公开披露的行为。

3. 自我交易。非公开上市公司的所有者很容易进行各种不合规但是合法的自我交易（Self-dealing），例如支付高额薪酬、任人唯亲、与企业进行关联交易（如租赁合约），以及额外利益。此类自我交易通常是为了使内部人的税收负担最小化，这在公开上市公司中很难实现。

4. 不活跃市场（低价）。如果上市公司规模较小，而且股票交易不活跃，那么股票将不具有真正的流动性，市场价格也许并没有反映股票的真实价值。证券分析师及股票经纪人将不会关注此类股票，因为不充足的交易活动无法产生足够的佣金以补偿相关成本。

5. 争夺控制权。由于企业接管与代理权之争，上市公司中没有控制权的管理层必须保持对控制权的关注。进一步来说，此类管理层必须承受增加年度收益的压力，即使管理层采取的战略是为了股东获得最优的长期利益而不得不减少短期利益。这些因素曾导致许多上市公司在杠杆收购中退出公开市场。这些杠杆收购通常是管理层借入资金买断非管理层股东的股票。

投资者关系（Investor Relations）：指上市公司（含拟上市公司）与股东、债权人和潜在投资者之间的关系。

6. 投资者关系。上市公司必须让投资者及时了解当前企业的发展状况。许多新上市公司的首席财务执行官指出，他们每周需要花费两整天时间与投资者和分析师进行沟通。

关于公司是否应当上市以及何时上市并无定论。这是个性化决策，应当基于公司和股东的具体情况。如果公司已决定上市，不论通过发行新股筹集新增资本的方式，还是通过出售当前股东股票的方式，关键问题都是确定公开上市的股票价格。公司及其当前股东希望价格越高越好——发行价格越高，当前股东为了获取特定数额资金所需要放弃的股票份额越少。另外，潜在认购方希望股价越低越好。

（四）私募发行

公司除了向社会公开发行股票外，也可以以私募发行的方式将股票出售给机构投资者。

私募发行（Private Placement）：指面向少数特定投资人（个人投资者和机构投资者）发行证券的方式。

1. 私募发行的优点。与公开发行相比，私募发行有如下优点：

（1）小规模发行时发行费用较低。私募避免了证券注册、招股说明书的印刷及取得信用评级等所需费用。而且，私募的代理费用总体来说比可比公开发行的承销费用低得多，而且如果发行者直接与投资者协商，这种费用是可以完全避免的。

（2）对不够上市登记资格的公司来说，私募能够较快地得以发行。注册证券需要时间准备注册表，并需要证券交易委员会予以检查。

（3）发行规模更具灵活性。私募市场更适于小规模发行，对私募市场来说，由于其较小的规模不会降低其流动性，同时可增强对投资者的吸引力。

（4）比公开发行更有利的股价反应。研究发现，当一家公司宣布以私募方式发行股票时，股票市场通常作出积极的反应。这种积极的作用对于那些从未公开发行债务的公司尤其大。这种结果与私募能减少信息不对称性，允许更完善的监督及提供由投资人出具的发行人资信证明的观点相一致，与公开发行股票形成对比，后者通常有消极宣告效应。

2. 私募发行的缺点。与公开发行相比，私募发行有如下缺点：

（1）更高的资本成本支出。为了补偿流动性不足，私募发行的投资者与公开发行的证券投资者相比，要求一个收益溢价。

（2）更严格的条款和更具限制性的发行条件。私募投资者要求合约条款限制更为严格，以补偿较大的代理成本。私募的发行者在很多情况下并不是公司，并不需要满足证券交易委员会的报告要求。当情况恶化，如公司净值大幅下跌时，合同条款会引起投资者的警觉。私募的借出人也要求对“重要事件风险”（Event Risk）进行严格防范，这种风险是由于股东们开始某种重大事件（如杠杆收购可能会篡夺债券持有人财富）而造成的。这种合同条款限制了公司经营的灵活性，更可能会使公司被迫放弃一些有利的投资机会。

案例链接

2021年全年，A股IPO数量及融资额均创历史纪录

12月20日，A股史上最贵新股禾迈股份正式上市；继中国电信之后，明天也就是周三，又一“巨无霸”中国移动将在A股市场正式发行，之后，2021年度IPO市场也即将收官。

同日，德勤中国资本市场服务部发布了《2021年中国内地及香港新股市场回顾及2022年前景展望》。根据德勤中国的报告，以2021年新股融资额计，纳斯达克及纽约证券交易所位居全球第一及第二，上海证券交易所位居第三，香港交易所和深圳证券交易所位居第四及第五位。

今年全年491只新股、5 367亿元融资额，均创下A股历史最高纪录

根据德勤中国的报告，预计2021年全年，A股市场将有491只新股发行，融资额达到5 367亿元人民币，其中包括11只在北京证券交易所（北交所）上市的新股，其融资额为17.5亿元人民币。这是A股历史上首次IPO融资额突破5 000亿元，之前的最高纪录是2010年的4 911亿元；491只新股数量也创下新的纪录，之前的最高纪录是2017年的438家。

2021年新股发行数量最多的是创业板，达到199只；其次是科创板的162只。不过，如果以融资额计算，科创板将跃至第一，达到2 029亿元人民币，其次是上海主板，为1 623亿元。科创板和上海主板相加，上交所共有248只新股发行，募集资金达到3 652亿元人民币。深交所共有232只新股发行，融资额1 697亿元人民币。

今年以来，发行价超过100元的新股达13只

注册制的试行和推广，是推动A股市场新股发行数量井喷的重要原因。从2019年上海科创板试点注册制，到2020年注册制延伸至创业板，德勤中国预计，2022年深圳及上海主板或将推进注册制改革，加上今年北交所成立为小型的创新企业提供一条额外的境内上市途径，预计未来数年，A股的多层次市场会蓬勃发展。

“2021年创业板及上海科创板新股数量增加，反映了证券发行注册制度改革的明显和正面的成果。这些都是打造A股新股市场的里程碑。”德勤中国资本市场服务部华东区A股上市业务主管合伙人赵海舟表示。

（资料来源：王燕平：《钱江晚报》，2021年12月21日）

第三节　债务融资

一、债务融资特点与效应

（一）债务融资的特点

债务资本（Debt Capital）：指企业依法取得并在约定的期限内使用，定期支付利息或租金，到期偿还的资本。

债务资本是企业的一项重要的资金来源，几乎没有任何一家企业只靠自有资本而不举借债务就能满足资金需要的。债务融资可以解决企业长期资金的不足，如满足长期性固定资产投资的需要。在我国，企业筹措长期负债的形式主要有长期借款、发行长期债券、发行可转换债券和融资租赁等。

相对于股权融资，它具有以下几个特点：

1. 短期性。债务融资筹集的资金具有使用上的时间性，需到期偿还。

2. 可逆性。企业采用债务融资方式获取资金，负有到期还本付息的义务。

3. 负担性。企业采用债务融资方式获取资金，需支付债务利息，从而形成企业的固定负担。

4. 流通性。债券可以在流通市场上自由转让。

股权融资所得资金属于权益资本，不需要还本付息，股东的收益来自税后盈利的分配，也就是股利；债务融资形成的是企业的负债，需要还本付息，其支付的利息进入财务费用，可以在税前扣除。

（二）债务融资效应

1. 债务融资的财务杠杆效应。不论企业营业利润多少，债务利息通常是不变的，息税前利润增加时，每 1 元盈余所负担的固定财务费用就会相对减少，这能给普通股股东带来更多的盈余；反之，当息税前利润减少时，每 1 元盈余所负担的固定财务费用就会相对增加，从而大幅度减少普通股股东的盈余。这种由于固定财务费用的存在而产生的财务杠杆效应要求企业保持合理的负债水平，进行适度负债经营。

2. 债务融资的节税效应。企业负债按期支付利息，根据现行所得税税法规定，企业的利息支出允许在税前扣除。在获得同样经营利润的条件下，负债经营的企业相对于无负债经营的企业少负担所得税，而获得相对收益。

3. 债务融资对资本结构的影响。现代资本结构研究的起点是莫迪格莱尼和米勒两位学者提出的MM理论。最初的MM理论认为，在某些严格的假设下，资本结构与企业价值无关。但在实践中有的假设是不能成立的，例如，没有企业和个人所得税，市场是完美的，不存在套利因素，因此，早期MM理论推导的结论并不完全符合现实情况，只能作为资本结构研究的起点。此后，在MM理论的基础上不断放宽条件，几经发展，提出了权衡理论。该理论认为：负债可以为企业带来税额庇护利益；当负债比率达到最优资本结构时，边际负债税额庇护利益恰好与边际破产成本相等，企业价值最大，达到最优资本结构。

4. 债务融资对股东和经理人的激励和约束。股东和债权人都为企业提供了财务资源，所有权与经营权相分离，在此基础上，产生了代理成本。经理人有追求额外消费的积极性，这将给企业带来损失，背离股东目标，而负债融资将增加经理人相对持股数额促使其努力工作，进而降低代理成本。另外，在负债融资中，债权人往往是通过契约和法律来保护自己的权利，如果债务到期，债权不能实现，债权人将通过处理抵押品和申请债务人破产等强制性措施实现权利，这样，经理人为了自己的社会声誉、稳定的职业就要努力工作，保证债务到期时有充足的自由现金流量。

5. 债务融资的风险与防范。首先，企业要取得负债经营产生的财务杠杆效应就要承担财务风险。企业进行负债融资，所投资项目的收益必须大于资本成本，否则，企业的现金流转将不能维持，如果亏损额大于折旧额，不从外部补充资金将很快破产。其次，负债融资还要承担利率变动、负债结构、经营成败等所构成的风险。为实现理财目标，使企业生存、发展、获利，实现其价值最大化，既要恰当运用负债经营给企业带来的效益，又要树立风险意识，采取有效措施防范风险：建立有效的风险防范机制；合理确定负债比率，适度负债经营；认真研究资本市场供求关系，分析利率变动趋势，根据自身情况制订债务筹措计划，保持合理的负债结构。

长期借款（Long-term Loans）：指企业向金融机构和其他单位借入的偿还期限在一年以上或超过一年的一个营业周期以上的债务。

二、长期借款

（一）长期借款的条件

长期借款（Long-term Loans）主要用于企业购建固定资产和满足流动资金长期占用的需要。长期借款的种类很多，企业可根据自身的情况和各种借款的条件选用。

企业申请贷款一般应具备的条件是：（1）独立核算、自负盈亏、有法人资格；（2）经营方向和业务范围符合国家产业政策，借款用途属于银行贷款办法规定的范围；（3）借款企业具有一定的物资和财产保证，担保单位具有相应的经济实力；（4）具有偿还贷款的能力；（5）财务管理和经济核算制度健全，资金使用效益及企业经济效益良好；（6）在银行开立有账户，办理结算。

视频 长期借款融资

具备上述条件的企业欲取得贷款，先要向银行提出申请，陈述借款原因与金额、用款时间与计划、还款期限与计划。银行根据企业的借款申请，针对企业的财务状况、信用情况、营利的稳定性、发展前景、借款投资项目的可行性等进行审查。银行审查同意贷款后，再与借款企业进一步协商贷款的具体条件，明确贷款的种类、用途、金额、利率、期限、还款的资金来源及方式、保护性条款、违约责任等等，并以借款合同的形式将其法律化。借款合同生效后，企业可取得借款。

（二）长期借款的特征

1. 定期还本付息。金融机构在放出贷款时，均规定其贷款的到期日。长期借款的定期偿还性，实际上是贷款机构的一种保护性措施。从融资者角度来讲，定期偿还性是企业财务管理人员在资金调控中应充分注意的问题。

按规定利率支付利息，这是长期借款的又一重要特征。一般来讲，借款期限越长，风险越大，贷款的利率也就越高，贷款机构越倾向于采用浮动利率制。此外，在确定借款利率时，必须明确是按单利还是复利计算利息，这对企业的融资成本有重大影响。

2. 约束性条款（Binding Provisions）。由于长期借款的期限长、风险大，按照国际惯例，银行通常对借款企业提出一些有助于保证贷款按时足额偿还的条件。这些条件写进借款合同中，形成了合同的约束性条款。一般情况下，约束性条款主要包括一般性约束条款、例行性约束条款和特殊性约束条款三类。

（1）一般性约束条款。一般性条款应用于大多数借款合同，但根据具体情况会有不同内容，主要包括：

①对借款企业流动资金保持量的规定，其目的在于保持借款企业资产的流动性和偿债能力。

②对支付现金股利的限制，其目的在于限制现金外流。

③对资本支出规模的限制，其目的在于保持借款企业资产的流动性。

④限制其他长期债务，其目的在于防止其他贷款人取得对企业资

产的优先求偿权。

（2）例行性约束条款。例行性约束条款作为例行常规，在大多数借款合同中都会出现，主要包括：

①借款企业定期向银行提交财务报表，其目的在于及时掌握企业的财务状况。

②不准在正常情况下出售较多资产，以保持企业正常的生产经营能力。

③如期清偿应缴的税金和其他到期债务，以防被罚款而造成现金流失。

④不准以任何资产作为其他承诺的担保或抵押，以避免企业过重的负担。

⑤不准贴现应收票据或出售应收账款，以避免或有负债。

⑥限制租赁固定资产的规模，其目的在于防止企业负担巨额租金以致削弱其偿债能力，还在于防止企业以租赁固定资产的办法摆脱对其资本支出和负债的约束。

（3）特殊性约束条款。特殊性约束条款是针对某些特殊情况而出现在部分借款合同中的，主要包括：

①贷款专款专用。

②不准企业投资于短期内不能收回资金的项目。

③限制企业高级职员的薪金和奖金总额。

④要求企业主要领导人在合同有效期间担任领导职务。

⑤要求企业主要领导人购买人身保险。

试一试：走访一家银行，了解并熟悉银行对外贷款的业务流程，并分析相关约束条件。

（三）长期借款的偿还

1. 长期借款利息支付。长期借款的利息率通常高于短期借款。但信誉好或抵押品流动性强的借款企业，仍然可以争取到较低的长期借款利率。长期借款利率有固定利率和浮动利率两种。浮动利率通常有最高、最低限，并在借款合同中明确。对于融资者而言，若预测市场利率将上升，应与银行签订固定利率合同；反之则应签订浮动利率合同。

除了利息之外，银行还会向借款企业收取其他费用，如：实行周转信贷协定所收取的承诺费、要求借款企业在本银行中保持补偿性余额所形成的间接费用。这些费用会加大长期借款的成本。

2. 长期借款的偿还。长期借款的偿还方式包括：定期支付利息，到期一次性偿还本金的方式；定期等额偿还方式；平时逐期偿还小额本金和利息，期末偿还余下的大额部分的方式（即所谓“气球膨胀”式付款）。第一种偿还方式会加大企业借款到期时的还款压力；而定期偿还又会提高企业使用贷款的实际利率。

（四）长期借款融资的优缺点

1. 长期借款融资的优点。主要包括：

（1）融资速度快。长期借款的手续比发行股票和债券简单得多，得到借款所花费的时间较短。

（2）借款弹性较大。借款时企业与银行直接交涉，有关条件可谈判确定；用款期间发生变动，亦可与银行再协商。而债券融资所面对的是社会广大投资者，协商改变融资条件的可能性很小。

（3）借款资本成本较低。长期借款的利息可以计入企业的财务费用，而不像股利那样必须从税后净利中支出，因此，借款利息可起到抵减所得税作用。此外，长期借款利率一般低于债券利率，且借款融资费用也较少。

（4）具有财务杠杆作用。企业利用长期借款融资，会提高企业负债资金的比例，改变企业原有的资本结构。在企业的投资报酬率大于借款利率时，能使企业获取超过借款利息的差额利润，增加企业的每股收益。

2. 长期借款融资的缺点。主要包括：

（1）财务风险增大。由于债务的增加改变了企业资本结构，从而增加企业的财务风险，一定程度上降低了企业偿债能力。

（2）限制条件多。由于长期借款合同中有许多限制性条款，企业必须严格遵循，从而使企业在财务管理和生产经营上受到某种程度的制约，以至于可能会对企业今后的融资和投资活动产生影响。

（3）融资数额受限。长期借款的数量往往也较为有限，它受到贷款机构本身贷款能力的制约，而不能像发行股票或债券那样筹集到数额巨大的资金。

三、债券融资

企业债券（Corporate Bonds）： 指发行者为筹集资金，按法定程序发行的约定在一定时期还本付息的有价证券。

（一）企业债券的类别

发行债券筹集资金是社会集资的一种方式，即把分散在居民手里的消费资金与企业的闲散资金集中起来，转化为增值的生产建设资金，直接投入生产流通领域，用于发展生产、扩大经营。

企业债券按不同标准有多种分类。

1. 按债券有无担保品分类，分为有担保债券和信用债券。

有担保债券（Mortgage Bonds）是指有指定的财产作担保品的债券。有担保债券又可分为不动产抵押债券、动产抵押债券和证券信托企业债券。信用债券（Debentures）是指凭借发行债券企业的信用，而没有特定的抵押财产作为担保品的企业债券。由于该种债券无特定财产作担保，所以，发行企业必须具备较高的财务信誉与未来获利能力强等条件。

2. 按债券偿还方式分类，分为一次还本债券、分期还本债券和通知还本债券。

一次还本债券，是指到期时全部本金一次归还的企业债券。分期还本债券，是指定期分次归还本金的企业债券，该种债券可借以减轻企业筹措现金还债的困难。通知还本债券，是指可以在债券到期前，提前通知债权人还本的企业债券。当市场利率低于债券利率时，企业若愿意提前收回债券，一般规定要溢价收回，补偿给投资者一定的好处。企业也可以在债券到期前公开以市价收回。

3. 按债券发行方式分类，分为记名债券和无记名债券。

记名债券（Registered Bonds）是指在债券上记有持券人姓名的债券。这种债券只偿付给券面上的记名人，要凭印鉴支息取本；转让时由债券持有人背书并向发行企业登记。无记名债券（Bearer Bonds）是指债券上不载明持有人的姓名，还本付息仅以债券为凭，一般实行剪票付息。

4. 按债券利率是否固定分类，分为固定利率债券和浮动利率债券。

固定利率债券（Fixed Rate Bonds）是指利率在发行债券时已确定并载于债券票面。浮动利率债券（Floating Rate Bonds）是指利率水平在发行债券之初不固定，而是根据有关利率如基准利率等上下浮动加以确定。在浮动利率债券中可能包括附加条款，如一些条款规定，几年后可以转换成固定利率债券，另外一些条款规定了利率浮动范围的最高点和最低点。

5. 按债券是否上市分类，分为上市债券和非上市债券。

可在证券交易所挂牌交易的债券为上市债券（Listed Bonds）；反之为非上市债券（Unlisted Bonds）。上市债券信用程度好，变现速度快，故而较吸引投资者，但是上市条件严格，并要承担上市费用。

6. 按偿还期限不同分类，分为短期债券和长期债券。

短期债券（Short-term Bonds）是指偿还期限在一年以内的债券。长期债券（Long-term Bonds）是指偿还期限超过一年的债券，在实务中往往又进一步根据期限长短区分为中期债券和长期债券。

7. 按债券能否转换为普通股股票分类，分为可转换债券和不可转换债券。

可转换债券（Convertible Bonds）指可转换为普通股股票的债券。发行可转换债券的企业，有义务按规定向债券持有人核发股份，债券持有人有权选择是否将债券转为股票。不可转换债券（Nonconvertible Bonds）是指不能转换为普通股股票的债券。

8. 按债券的其他特征分类，可分为收益债券、附认股权债券、零息率债券和垃圾债券等。

收益债券（Income Bonds）是指只有当企业获得盈利时方向持券人支付利息的债券。该种债券不会给发行企业带来固定的利息费用，对投资者而言，收益较高且风险较大。附认股权债券（Bonds Issued with Warrants）是指附带允许持券人按特定价格认购企业股票权利的债券。该种认股权通常附债券发放，具有与可转换公司债券类似的属性。附认股权债券与可转换债券一样，票面利率通常低于一般企业债券。零息率债券（Zero Coupon Bonds）是指债券不支付利息，而是以低于面值的价格折价发行，到期按面值偿还本金，其间的差额即为利息。垃圾债券（Junk Bonds）是指风险很大而信用程度很低的企业债券。在20世纪80年代之前，固定收益的投资者，如退休基金和保险公司，一般不愿意购买风险性的证券，所以，风险性企业在公开市场上筹措债务资本几乎是不可能的。80年代以后，一些研究者发现，风险性债券的收益足以补偿其风险，并开始向机构投资者介绍购买风险性债券的优点，于是诞生了高风险、高收益的垃圾债券。这种债券由陷入困境的公司，或者为杠杆收购或吸收合并融资的企业发行。垃圾债券的出现对美国第四次并购浪潮中出现的“蛇吞象”式并购起到了推波助澜的作用。

试一试：和同学一起查阅资料并走访几家发行债券的企业，比较分析不同债券的特点，在我国债券市场中存在哪些种类的债券？

（二）债券的基本特点

1. 偿还性。债券一般都规定有偿还期限，发行人必须按约定条件偿还本金并支付利息。

2. 流通性。债券一般都可以在流通市场上自由转换。

3. 安全性。与股票相比，债券通常规定有固定的利率，与企业绩效没有直接联系，收益比较稳定，风险较小。此外，在企业破产时，债券持有者享有优先于股票持有者对企业剩余财产的索取权。

4. 收益性。债券的收益性主要表现在两个方面：一是投资债券可以给投资者定期或不定期地带来利息收益；二是投资者可以利用债券价格的变动，买卖债券赚取差额。

（三）企业债券公开发行

企业公开发行债券必须符合《证券法》等相关法律法规的规定，达到一定条件后方可发行债券。

公司债券融资决策

企业债券一般是按债券面值出售的，称为等价发行，但是在实践中往往要按低于或高于债券面值的价格出售，即折价发行或溢价发行。这是因为债券利率是参照市场利率制定的，市场利率经常变动，而债券利率一经确定就不能变更。在从决定债券发行，到债券开印，直到债券发售的一段时间里，如果市场利率发生变化，就要依靠调整发行价格（折价或溢价）来调节债券购销双方的利益。

债券发行价格的高低，取决于以下四项因素。

（1）债券票面价值。即债券面值。债券售价的高低，从根本上取决于面值大小，但面值是公司将来到期归还的数额，而售价是公司现在收到的数额。

（2）债券票面利率。债券利息是债券投资者在债券有效期内的投资报酬，债券票面利率越高，投资者获取的利息收入越高，因而售价也越高。

（3）市场利率。市场利率是衡量债券利率高低的参照指标，与债券售价呈反向变动关系。

（4）债券到期日。债券发行的起止日期越长，则风险越大，定价越低。

从货币时间价值来考虑，债券的发行价格由两部分组成：（1）债券到期还本面值的现值；（2）债券各期利息的现值。计算公式如下：

$$\text{债券发行价格} = \sum_{t=1}^{n} \frac{\text{各期利息}}{(1+\text{市场利率})^{t}} + \frac{\text{债券面值}}{(1+\text{市场利率})^{n}} \qquad (11-1)$$

式中，n——债券期限；

t——付息期数。

做一做： 上网查阅一家发行公司债券企业的资料，审查发行债券的程序和条件，债券的发行价格可能有几种？发行价格确定需要考虑哪些因素？并将结果与同学们一起讨论。

偿债基金（Sinking Fund）： 一般是每年从发行公司盈余中按一定比例提取或者每年按固定金额或已发行债券比例提取、专门用于债券偿付的资金。偿债基金一般是在债券实行分期偿还方式下才予设置。

（四）偿债基金

企业在发行长期债券之后，为了保证债券期满时有足够偿还本金的能力，必须考虑债券的偿还问题。债券既可在到期日全额偿付（届时，债权人将可获得债券的设定价值），同样也可以在到期日前清偿。

直接销售债券的偿付计划会在贷款合约中具体规定。对于公开发行的债券而言，其清偿工作通常采用偿债基金和赎回条款方式进行。

“偿债基金”是出于债券清偿目的而设立的由债券信托人管理的账户。通常，企业每年会向信托人支付一笔款项，信托人则从市场上购回公司的债券，或者采用抽签方式随机选择债券，并且一般以债券的票面价值将其赎回。偿债基金计划种类繁多，一般包括：

（1）大多数偿债基金在债券初始发行后5年到10年间开始设立。

（2）某些偿债基金会规定债券在其有效年限内的年金支付额。

（3）多数优质债券向偿债基金确定的支付额是不足以偿付全部债务的。结果，在债券到期日，可能会出现大笔的“气球支付”。

“气球膨胀”式付款（Balloon Payment）：为长期借款偿还方式之一，“气球膨胀”式付款指的是平时逐期偿还小额本金和利息，期末偿还余下的大额部分的还款方式。

【例11－1】东方股份公司2022年计划发行债券1 000万元，合同规定按季度支付利息，年利率为10%。为保证到两年末偿还本金，财务管理人员决定建立偿债基金，具体方式是将款项每半年陆续存入银行，并按8%的年利率计算利息，复利周期为半年。求公司每半年应存入多少资金，方能在两年末偿还全部本金1 000万元。

偿债基金属于年金性质，计算公式如下：

$$A = F \times \frac{i}{(1+i)^n - 1} \qquad (11-2)$$

根据公式（11－2）计算可得：

偿债基金 A＝235.49万元

即公司每半年存款235.49万元，到两年末，本息和将正好偿还长期债券的本金如表11－1所示。

表11－1　　东方股份公司偿债基金　　金额单位：万元

存款次数	利息	每次存款额	偿债基金总额
1		235.49	235.49
2	9.4196	235.49	480.40
3	19.2160	235.49	735.11
4	29.4042	235.49	1 000

偿债基金对债权人具有“双刃剑”效应：

（1）偿债基金对债权人提供额外保护。身陷财务困境的企业可能在偿债基金的支付方面会有困难。因此，偿债基金的支付状况就向债权人提供了一种预警系统。

（2）偿债基金赋予企业极具吸引力的权利。一旦债券价格下跌并低于债券面值，企业就可按较低的市场价值购入债券，用于满足偿债基金需求。假如债券价格上升并且高于其面值，那么企业可按较低的债券面值购回企业债券。

（五）债券信用评级

债券的信用等级（Bond Rating）反映了债券发行人偿债能力的高低和违约风险的大小。自从 20 世纪初期以来，西方企业公开发行债券通常需要债券评级机构评定等级。债券的信用等级对于发行债券的企业和购买人都有重要影响。对投资者而言，债券评级有助于投资者充分认识拟投资债券的违约风险，从而保障其权益。对债券发行企业而言，债券等级的评定对债券的利率和企业的债务资本的成本有着直接的影响，对企业以后的债券融资也会产生一定的影响。

信用等级（Bond Rating）：是信用（资信）评估机构根据企业资信评估结果对企业信用度划分的等级类别。

世界上的两个主要评级机构是穆迪投资服务公司和标准普尔公司，这两个机构的等级划分如表 11－2 所示。

表 11－2　　穆迪公司和标准普尔公司债券评级

<table>
<tr><th>穆迪公司</th><th>标准普尔公司</th><th>债券含义</th></tr>
<tr><td>Aaa</td><td>AAA</td><td>具备极强的偿债能力</td></tr>
<tr><td>Aa</td><td>AA</td><td>具备较强的偿债能力</td></tr>
<tr><td>A</td><td>A</td><td>偿债能力强</td></tr>
<tr><td>Baa</td><td>BBB</td><td>具有足够的偿债能力</td></tr>
<tr><td>Ba</td><td>BB</td><td rowspan="4">投机性债券</td></tr>
<tr><td>B</td><td>B</td></tr>
<tr><td>Caa</td><td>CCC</td></tr>
<tr><td>Ca</td><td>CC</td></tr>
<tr><td>C</td><td>C</td><td>从未支付利息</td></tr>
<tr><td></td><td>D</td><td>无力偿债</td></tr>
</table>

注：穆迪公司和标准普尔公司都对 3A 级以下的债券进行了细分，标准普尔公司采用“＋”和“－”制度，这样，A＋表示最强的 A 级债券，A－表示最差的 A 级债券。穆迪公司使用 1、2、3，1 表示最强，3 表示最差。

中国人民银行于 2006 年 3 月 29 日，发布《中国人民银行信用评级管理指导意见》，对信用评级机构在银行间债券市场和信贷市场从事金融产品信用评级、借款企业信用评级、担保机构信用评级业务的管理和指导。明确规定了信用评级机构要依据国家有关法律、行政法规、政策，按照中国人民银行对信用评级要素、标识及含义的要求，在对债务人主体的财务状况、风险管理、经营能力、盈利能力等整体信用状况进行分析的基础上，对债务的违约可能性及清偿程度进行综合判断，并以简单、直观的符号表示信用等级。其中明确了信用评级机构对企业进行信用评级应主要考察以下几方面内容：

1. 企业素质，包括法人代表素质、员工素质、管理素质、发展潜力等。

2. 经营能力，包括销售收入增长率、流动资产周转次数、应收账款周转率、存货周转率等。

3. 获利能力，包括资本金利润率、成本费用利润率、销售利润率、总资产利润率等。

4. 偿债能力，包括资产负债率、流动比率、速动比率、现金流等。

5. 履约情况，包括贷款到期偿还率、贷款利息偿还率等。

6. 发展前景，包括宏观经济形势、行业产业政策对企业的影响。行业特征、市场需求对企业的影响；企业成长性和抗风险能力等。

（六）债券融资的优缺点

1. 债券融资的优点。主要包括：

（1）资本成本低。债券融资与发行股票融资相比，债券利息固定，且可在税前列支，筹集费用和占用费用较低。

（2）发挥财务杠杆作用。债券利息固定不变，不受企业盈余多少的影响，因而在企业投资报酬率较高的情况下，可以充分利用财务杠杆作用增加股东的财富。

（3）不分散股东的控制权。债券持有人不参与企业经营管理，因而有助于保持股东对企业的控制权。

2. 债券融资的缺点。主要包括：

（1）财务风险大。利用债券融资，同其他借入资金融资一样，要承担按期还本付息的义务，风险较大；在企业经营不善的情况下，固定的利息以及到期需偿还的债券本金会形成企业沉重的负担，甚至可能导致企业破产。

（2）融资数额有限。企业的负债能力是有限的，过高的负债比率对企业不利，而且我国《公司法》规定，累计债券总额不超过公司净资产额的40%。

（3）债券融资限制条件较多而且更为严格。

案例链接

2020年中国债券市场发行分析与展望

从债券市场存量规模看，截至2020年末，全国债券市场存量债券余额114.33万亿元，较2019年末增加17.24万亿元。

2020年，全国市场债券净融资额为17.47万亿元，同比增加5.99万亿元，同比增长 52.18%；其中公司信用类债券净融资额为 4.45 万亿元，同比增加 1.11 万亿元，同比增长 33.19%。

信用债方面，我国今年先后出台各类支持实体经济融资的政策，支持企业扩大债券融资的同时，强化对中小微企业的金融支持，实体经济的融资情况不断改善，上半年市场流动性充足，信用类债券净融资规模较以往明显增加，下半年到期规模处于高位且发行成本上升，信用类债券净融资规模下滑不及上年同期。分月度来看，3 月及 4 月规模均超 9 000 亿元，其中 3 月当月企业债的净融资额达到 9 931 亿元，同比大幅增长 180.06%，创单月企业债净融资最高水平。

从发行期限看，2020 年发行的债券以短期为主，其中 1 年以下期限品种占同期债券发行量的 72.34%，1～3 年期、3～5 年期、5～7 年期、7～10 年期以及 10 年以上期限占比分别为 13.01%、7.94%、2.09%、2.08% 和 2.55%，5 年期以下债券合计占比 93.28%。

2020 年疫情暴发以来，我国货币政策在不同的疫情控制阶段和经济修复情况下，总体呈现出边际宽松力度加大后又逐步回归中性的变化趋势，落实了“稳健的货币政策更加灵活适度”的总体要求，保障了市场流动性的合理充裕，债券市场发行利率水平总体低于往年。

上半年，为对冲新冠肺炎疫情对金融市场的冲击，货币政策边际宽松力度加大，及时由“灵活适度”转换为“更加灵活适度”，央行实施了下调存款准备金率和超额存款准备金利率、定向降准、下调公开市场操作利率等多项政策，为市场提供了充分的流动性支持。5 月以后，我国经济稳步修复，各项经济和金融数据好于预期，同时《2020 年政府工作报告》释放了“防止资金‘空转’套利”的信号，货币政策边际宽松力度减弱趋势有所显现。下半年，央行更加强调结构性货币政策工具的精准滴灌作用，提高政策的“直达性”，对市场的流动性支持上主要通过逆回购和 MLF 等常规的公开市场操作，资金投放量明显少于上半年，各项利率波动回升，至 9 月末各主要券种发行利率已高于上年末水平。

（资料来源：张琦，中证鹏元评级研究发展部，2021 年 2 月 19 日）

四、融资租赁

（一）租赁

企业拥有的固定资产一般列示在资产负债表上，但是对于建筑物和设备这些固定资产来说，重要的是可以使用，而不是拥有它们。获得这些资产的使用权的一种方式是购买，但还有另一种方式，就是通过租赁获得使用权。在 20 世纪 50 年代之前，租赁往往与不动产相联系——包括土地和建筑物。然而，今天，任何种类的固定资产都可以租赁，特别是 2000 年以后，许多企业的新设备有相当比例是通过租赁方式而获得的。租赁按其性质可分为两大类：经营性租赁和融资性租赁。

经营性租赁（Operating Lease）：又称服务租赁。指出租人向承租人提供设备及使用权的同时，还提供设备的维修、保养等其他专门的服务，并承担设备过时风险的一种中短期融资与融物相结合的经济活动。

1. 经营性租赁（Operating Lease）。经营性租赁属于一种短期租赁形式，是指出租人向承租人短期出租设备，并提供设备保养服务，租赁合同可中途解约，出租人需反复出租才可收回对租赁设备的投资。经营租赁以获得租赁物的使用权为目的。

其主要特点是：

（1）可撤销性。这种租赁是一种可解约的租赁，在合理的条件下，承租人预先通知出租人即可解除租赁合同，或要求更换租赁物。

（2）经营租赁的期限一般比较短，远低于租赁物的经济寿命。

（3）不完全付清性。经营租赁的租金总额一般不足以弥补出租人的租赁物成本并使其获得正常收益，出租人在租赁期满时将其再出租或在市场上出售才能收回成本，因此，经营租赁不是全额清偿的租赁。

（4）出租人不仅负责提供租金信贷，而且要提供各种专门的技术设备。经营租赁中租赁物所有权引起的成本和风险全部由出租人承担。其租金一般较融资租赁为高。经营租赁的对象主要是那些技术进步快、用途较广泛或使用具有季节性的物品。

融资性租赁（Financial Lease）：指出租人根据承租人对租赁物件的特定要求和对供货人的选择，出资向供货人购买租赁物件，并租给承租人使用，承租人则分期向出租人支付租金，在租赁期内租赁物件的所有权属于出租人所有，承租人拥有租赁物件的使用权。

2. 融资性租赁（Financial Lease）。融资性租赁又称金融租赁。根据租赁的当事人约定，由出租人根据承租人的决定，向承租人选出特定的第三者（供货人）购买承租人选出特定的设备，以承租人支付租金为条件，将该物件的使用权转让给承租人，并在一个不间断的长期租赁期间内，出租人通过收取租金的方式，收回全部或大部分投资。

融资租赁是设备租赁的基本形式，以融通资金为主要目的。其特点是：

（1）不可撤销。这是一种不可解约的租赁，在基本租期内双方均无权撤销合同。

（2）完全付清。在基本租期内，设备只租给一个用户使用，承租人支付租金的累计总额为设备价款、利息及租赁公司的手续费之和。承租人付清全部租金后，设备的所有权即归于承租人。

（3）租期较长。基本租期一般相当于设备的有效寿命。承租人负责设备的选择、保险、保养和维修等；出资人仅负责垫付贷款，购进承租人所需的设备，按期出租，以及享有设备的期末残值。

（4）转嫁风险。融资租赁中，出租人实际上已将租赁所有权所引起的成本和风险全部转让给了承租人。所有权风险则主要包括两个方面：①出售风险。企业拥有某项资产后如因某种原因须将其脱手，往往要蒙受一定的损失，以低于买进的价格在市场上脱手。②技术陈旧风险。企业拥有的设备有可能因有技术更先进的同类设备出现，或因技术进步使同样设备的价格下降而贬值，从而使企业蒙受损失。

（二）融资租赁的形式

1. 直接租赁。直接租赁（Direct Lease）又称自营租赁，是融资性租赁业务中比较普遍的一种形式。根据承租人的申请，以自有或筹措的资金向国内外厂商购进用户所需设备，租与承租人使用。租赁期间，产权属出租人。租赁期满，承租人按设备残值向出租人支付产权转让费取得设备所有权。租赁设备的维修、保养及保险由承租人负担。租赁期内有关各方不得中途解约。

2. 转租赁。转租赁（Sublease）是租赁企业同时兼备承租人和出租人双重身份的一种租赁形式。当承租人向租赁企业提出申请时，租赁企业由于资金或设备等方面的原因，可先作为承租人向国内外其他租赁企业或厂家租进用户所需的设备，再转租给承租人使用。转租赁实际上是为一个项目作两笔业务，签订两个租赁合同，分别建立租赁关系。其租金一般比直接租赁要高。中间租赁企业作为承租人向出租企业支付租金，又以出租人身份向用户（最初申请的承租人）收取租金。两项租金的金额有一定的联系，但不完全相同。转租期与租入期也不完全一致，由中间租赁企业根据实际情况进行调剂。

3. 售后租回。售后租回（Sale and leaseback）一般指在企业急需筹措资金用于新的设备投资时，可以先把自己拥有的某一设备卖给租赁企业（需要签订销售或购买合同），再作为承租人向租赁公司租回原设备继续使用，并按期向租赁企业交付租金。售后租回是一种用来替代抵押贷款的融资方式。作为租赁物的设备就是企业的在用设备，未作任何转移，其销售只是所有权。承租人既保持了原有设备的使用权，又能使这些设备所占用的资金转化为增加其他设备投资的资金需要，使企业固定资产流动化，增强公司资金营运的灵活性。

售后租回（Sale and Leaseback）： 指将自制或外购的资产出售，然后向买方租回使用。

4. 杠杆租赁。杠杆租赁（Leveraged Lease）是由融资租赁派生的一种特殊租赁形式。这种方式往往是当出租人不能单独承担资金密集项目的巨额投资时，以待购设备作为贷款的抵押，以转让收取租金的权利作为贷款的额外保证，从银行、保险公司等金融机构获得购买设备的60% ~80%的借款，由出租人自筹解决20% ~40%的资金。这种业务一般涉及多个当事人和若干个协议，情况复杂，手续烦琐。出租人购进设备后，租与承租人使用，以租金偿还借款。在国外，这种租赁形式还可享有全部的加速折旧或投资减税的优惠，不仅可以扩大出租人的投资能力，而且可以取得较高的投资报酬，因此称之为杠杆租赁。同时，出租人把这些优惠的好处通过降低租金，间接地转移给承租人，因而杠杆租赁的租赁费用往往低于其他租赁形式。

杠杆租赁（Leveraged Lease）： 出租人以承租人指定的设备作抵押，向银行等金融机构贷款，然后购买设备出租给承租人的租赁方式。

案例链接

2020年上市公司开展融资租赁业务分析

据上市公司公开披露的信息统计，2020年共有128家国内上市公司或其控股子公司开展融资租赁业务，比2019年增加了8家；全年累计发生业务共242笔，同比增长29%；合同总金额为551亿元人民币，同比增长58%。

融资租赁服务上市公司的数量、业务规模和笔数均保持快速增长，融资租赁公司与上市企业的合作空间进一步拓展，这也表明融资租赁与实体企业的联系更加紧密，是服务实体经济发展的重要方式。

从地区来看，全国共有26个省、自治区、直辖市的上市公司开展融资租赁业务，经济较为发达的东部地区仍是开展融资租赁业务的上市公司主要所在区域。具体来看，广东开展融资租赁业务的上市公司有18家，位居全国首位，北京、江苏、山东三地开展融资租赁业务的上市公司也均超过10家，分别为16家、13家和12家，这四地的上市公司在总体中的占比高达46%。

与2019年相比，浙江、北京两地开展融资租赁业务的上市公司数量增加较多，分别增加了7家和5家；虽然广东开展融资租赁业务的上市公司数量仍位居第一，但与2019年相比减少了10家。

从细分行业看，128家上市公司主要分布于机械设备及轻工制造、化工能源、节能环保等多个行业。其中，机械设备及轻工制造、计算机及通信设备、化工能源行业内开展融资租赁业务的上市公司数量较多，分别有31家、28家和27家，在总体中占比分别为24%、22%和21%。

与2019年相比，机械设备及轻工制造、金属与建筑材料、节能环保行业内开展融资租赁业务的上市公司数量均增加了4家，在总体中的占比也小幅上升；化工能源行业内开展融资租赁业务的上市公司数量减少了3家，在总体中的占比略有下降；其他行业的变化相对较小。

（资料来源：根据有关数据资料整理）

（三）融资租赁决策分析

企业在进行主要设备或不动产购买决策时，很难在其账户中事先储存足额的资金。这就意味着在决定取得一项资产时，企业需要先决定融资方式。

一般而言，企业有三种融资的可能性：权益融资、债务融资和租赁。为了便于讨论，现假设企业不准备使用权益融资，所以，企业需要在债务和租赁之间进行选择。

如果需要设备的企业有着良好信贷记录，那么就很容易找到出借人或者借款人。而融资租赁是由租赁公司提供的，包括银行和金融公司。

当企业需要新的资产时，一般采用租赁或者购买分析比较的方法。即分别计算分析两种融资方式的现金流，并计算其现值大小，最后进行决策。

【例 11 -2】东方股份公司计划添置一条自动化生产线，使用期 5 年，成本 1 000 万元，按直线法计提折旧，不考虑残值，所得税税率 25%，公司现有两个方案供选择：

（1）贷款购买方案。公司可以筹集借款期 5 年，年利率 10% 的贷款。根据合约规定借款分期等额偿还。公司每年年末需要支付维修费 50 万元。

（2）租赁方案。向租赁公司租入，租期 5 年，每年年初支付租金 280 万元。所有维修费用由出租人承担。

试问：公司应该选择哪个方案？

决策分析：

1. 贷款购买方案。贷款购买方案税后现金流量及现值计算如表 11 -3 所示。

表 11 -3　　贷款购买方案　　单位：万元

年限	还本付息额	每年利息	维修费	年折旧	抵税额	税后现金流出量	现金流出量现值（7.5%）
1	263.8	100	50	200	87.5	226.3	210.51
2	263.8	83.6	50	200	83.4	230.4	199.37
3	263.8	65.5	50	200	78.88	234.92	189.10
4	263.8	45.8	50	200	73.95	239.85	179.60
5	263.8	24	50	200	68.5	245.3	170.87
合计	1 319	319	250	1 000	392.23	1 176.77	949.45

2. 融资租赁方案。融资租赁方案的税后现金流出量及其现值计算如表 11 -4 所示。

表 11 -4　　融资租赁方案　　单位：万元

年限	租金	抵税额	税后现金流出量	现金流出量现值
0	280	0	280	280
1	280	70	210	195.35
2	280	70	210	181.72
3	280	70	210	169.04
4	280	70	210	157.25
5		70	-70	-48.76
合计	1 400	350	1 050	934.6

由于融资租赁方案的现金流出量现值小于贷款购买方案的现金流出量现值（934.6 <949.45），所以，应选择融资租赁方案。

（四）影响租赁决策的因素

1. 预期的残值水平。需要格外注意的是，租赁期满，资产的所有权由出租方所有，因此出租方对资产残值具有求偿权。显而易见，如果预期资产残值较大，那么自有该资产可能比租赁更为有利。不过这点明显的优势并不可靠。如果预期残值水平较高——例如某些设备的价格上涨，或者如果租赁涉及不动产，那么不仅各租赁公司相互之间的竞争，还有租赁公司与其他资金提供方之间的竞争，将迫使租金降到特定水平，以使租赁合同能够完全考虑到残值的潜在价值。因此，较高的残值水平也不会导致租赁成本的实质性提高。

2. 信贷能力的提升。如前所述，对于那些希望最大限度地利用财务杠杆作用的企业而言，租赁有时能够带来显著的利益。首先，比起以特定资产进行担保的借款而言，租赁合约能够使企业获取更多、期限更长的资金。其次，由于某些租赁业务在资产负债表上并不披露，租赁能够使企业表面上具有较好的财务状况，因而能够比那些没有利用租赁融资的企业获得更高的杠杆水平。

对于小规模企业而言，这些情形可能实现。但由于企业需要对融资租赁进行资本化并将其在资产负债表上予以报告，因此，对于那些需要出具已审计财务报告的大型企业而言，这些并不可行。不过，租赁不失为一种规避借款契约条款的办法。约束性条款限制企业发行过多的负债，但却并不限制租金的支付，因而企业可以通过增加租赁资产而提高财务杠杆。同样，财务状况较差、面临破产威胁的企业可以通过租赁以低于可比负债的资本成本获取融资，因为：（1）当承租方事实上破产时，出租方所处的法律地位要比债权人更具优势；（2）专门出租某类设备的出租方在处置回收设备时，比银行或其他债权人更具优势。

3. 不动产租赁。本章的分析主要以设备租赁为例。然而租赁业务最初却是因不动产而诞生的，至今，此类租赁仍占据了租赁融资的较大比例。许多零售企业的商店都是租用的。有时，零售企业除了租赁别无选择，例如在商业街或者写字楼。有时，它们也可以在自建并自有与租赁之间进行选择。例如，律师事务所与会计师事务所可以选择购买或者长期（可能长达20年或者更久）租用办公地址。

本章所讨论的设备租赁—购买分析也可以应用到不动产租赁中，理论上两者并无区别。当然，诸如房屋维修、其他承租方的确定、房屋改造装潢要求、改造装潢费用的负担等问题，对于不动产而言格外重要。但是，租赁—购买决策的基本分析过程却与其他类型的租赁并无差别。

4. 车辆租赁。当今世界，不论大型公司还是个人，车辆租赁都非常流行。对于企业而言，关键问题通常是车辆的维修以及废旧车辆的处置——租赁公司是资产处置的专家，同时，有许多企业倾向于将涉及汽车的业务进行“外包”。对于个人，比起自有车辆，租赁通常更为方便，而且也更容易获得税收抵减。同时，多数个人车辆租赁业务都是通过中介方达成的，这些中介方（及制造商）将租赁作为一种促销手段，常常会制定一些非常具有吸引力的租赁条款，特别是在定金支付方面，而这些对于普通租赁是不可能存在的。

车辆租赁业务还使许多个人能够负担得起较为昂贵的汽车。表面上看，似乎租赁要比购买便宜许多，因为租赁方式下月支付额要低得多。不过该简化分析忽略了一个重要事实，即借款付清后便不存在其他支出，而租金支付却是不确定的。利用租赁—购买决策分析的方法，可以计算出个人汽车租赁的实际成本，从而判断各种汽车融资方式的优势。

第四节　混合融资

一、优先股融资

（一）优先股的基本性质

优先股（Preferred Stock）是享有优先权的股票。优先股的股东对公司资产、利润分配等享有优先权，但是优先股股东对公司事务无表决权。

优先股

公司如果无力负担优先股股利，便无须支付。不过，多数优先股是累计型（Cumulative）的，意味着所有未支付的优先股股利的累计额都必须在支付普通股股利之前进行支付。未支付的优先股股利被称为拖欠股利（Arrearages）。拖欠股利不计利息，是优先股股利未支付额的累计数额，并不按复利增长。此外，许多优先股仅在特定年限内确认拖欠股利，例如 3 年，意味着 3 年以后优先股便不再具有累计性质。不过，已经拖欠的股利在完全清偿之前都具有偿付义务。

优先股一般没有投票权。不过多数优先股发行方会规定，如果优先股股利未能支付，优先股股东便有权选举董事会的少数成员，例如 3/10。有些优先股甚至会赋予优先股股东选举多数董事会成员的权利。

虽然不予支付优先股股利并不会导致企业破产，但是发行企业并不会带有拒绝支付股利的动机。因为拒付优先股股利虽然不会导致企业控制权的转移，但是却会导致普通股股利支付的受限。此外，拒付优先股股利会增加债券筹资的难度，还会使企业只能以最低价增发优先股或普通股。不过，保持一定数量流通在外的优先股却能够帮助企业平稳渡过财务难关——如果流通在外的是债券而非优先股，那么企业便有可能在妥善解决问题之前被迫破产。由此，对于发行企业而言，优先股的风险低于债券。

然而，对于投资者而言，优先股的风险却高于债券，原因如下：（1）破产清算时，优先股股东的求偿权级别低于债券持有人；（2）在企业经营较差时，债券持有人获得利息支付的可能性大于优先股股东。由此，对于同一家发行企业，投资者对优先股要求的税后收益率要高于债券。

对于发行方而言，优先股相对于债券具有税收上的劣势：债券利息能够在税前扣除，而优先股的股利却不能抵减所得税。

一般说来，优先股股票没有规定的到期日。但是，有时企业并不考虑把优先股股票作为一种永久性的融资手段，在发行时会附有赎回条款。这种附有可赎回条款的优先股称为可赎回优先股（Redeemable Preferred Stock）。赋予优先股赎回条款能确保公司资本的弹性，增强企业财务的机动性。

可赎回优先股（Redeemable Preferred Stock）：指公司可按约定条款在股票发行一段时间后以一定价格购回的优先股。

发行可赎回优先股时，往往会在条款中规定回购价格。回购价格须高于优先股面值。回购价格与优先股面值之间的差额称为赎回溢酬。例如，面额为100元的优先股，公司可以选择以105元的价格回收。

如果企业愿意回收其发行的优先股股票，在适当的时机和条件下，企业可以用现金直接在证券市场上赎回其发行的优先股，或以回购价格行使赎回权回收一部分，或用普通股转换优先股或发行条件更为优厚的新优先股调换原来的优先股。

视频 优先股融资决策

优先股的赎回条款的另一特性是往往要求设立偿付基金。设立偿付基金，要求在优先股发行一段时间后，每年按一定的比例赎回已发行的优先股。在一定程度上，它起着保证优先股按期回收的作用。设立偿付基金，是对优先股股东权益的一种保障；有利于吸引广大投资者，使得企业容易筹措所需资金；同时，优先股的赎回可减少流通在外的优先股数量，可以增强企业支付优先股股利的能力，避免企业被沉重的优先股股利所累。设立偿付基金，还可以使企业以低于其他优先股的股利率发售优先股，降低企业融资成本。但是，设立偿付基金，会增加企业的财务风险，尤其是当企业收入不佳或资金紧张时，偿付基金的设立，会使企业面临财务困境。因此，从普通股股东的立场来看，为了减少企业的财务风险，在企业财力允许的情况下，应该尽快尽早回购可赎回优先股。

有时候企业在发行优先股时，在其发行条款中规定优先股可以以一定的比例转换成普通股。例如1股优先股可按1:2的比例转换成普通股，即1股优先股可转换为2股普通股。这种具有可转换性质的优先股称为可转换优先股。

（二）优先股融资财务决策

鉴于优先股是一种兼具企业债券和普通股特征的有价证券，企业的财务人员在作融资决策时，应充分考虑和利用优先股这种特性。

企业在融资决策时，融资成本是一个极为重要的因素。如果不想承担发行普通股那样高的融资成本，但又不愿因债务融资而削弱企业的偿债能力，企业可考虑发行优先股募集资金。

如果企业预计未来能够产生非常丰厚的利润，则进行债务融资能够运用财务杠杆，给原有股东带来更大的好处。但未来的销售和利润的变化很大并不确定，此时，企业为了避免因支付固定利息而带来的财务风险，可以考虑采用优先股筹集资金。

若企业已经用尽其举债的能力，进一步举债会产生信用危机而增大财务风险。企业的股东又不愿发行普通股而削弱他们对企业的控制权。在这种情况下很显然公司应该利用优先股募集资金。

如上所述，企业发行优先股可以增强举债能力。因此，在负债比率很高的情况下，企业可以通过合理安排优先股的发行来融资。

（三）优先股融资的优缺点

1. 优先股融资的优点。主要包括：

（1）可以避免固定的支付负担。虽然优先股股利是固定的，但如前所述，企业可将股利累积到以后年度支付，因此发行优先股融资不像负债那样须定期地、如数地履行支付义务。同时，一家获利颇高的企业若急剧扩大，发行优先股融资还能够发挥财务杠杆作用，使原来的股东得到更高的报酬，但若采用发行普通股融资，那么原有股东必须与新增股东共同分享企业成长的利益。

（2）不分散股东的控制权。一般说来，优先股股票没有投票权，因而发行优先股，可以避免企业股权的稀释，原有股东不必担心他们对企业的管理权和控制权的分散。

（3）融资弹性大。优先股一般没有到期日，因此，优先股实质上是一种永久性借款。股利的支付和优先股的回收，对企业来说有很大的机动性，从而使企业的财务安排更富有弹性。

（4）增强举债能力。从债权人的角度来看，优先股股本是企业的股权资本，可以保护债权人的利益。因此，发行优先股可增强企业未来的举债能力。

2. 优先股融资的缺点。主要包括：

（1）融资成本较高。优先股股利是以企业的税后净利润发放，不能抵减所得税。与债务融资相比，优先股的资本成本较高。

（2）财务负担较重。由于优先股要求支付固定的股利，当企业经营不善时，可能会成为企业沉重的财务负担，当企业不能支付股利时，还会影响企业的信誉。

想一想：优先股融资相对于普通股融资有何优势？

二、认股权证

（一）认股权证基本要素

认股权证（Warrants）：一种约定该证券持有人可以在规定的某段期间内，有权利（而非义务）按约定价格向发行人购买标的股票的权利凭证。

认股权证（Warrants）是由股份有限公司发行的、能够按照特定的价格在特定的时间内购买一定数量该公司普通股股票的选择权凭证，其实质是一种普通股股票的看涨期权。

认股权证的要素一般包括：

1. 认股期限。认股期限是指认股权证的有效期。在有效期内，认股权证的持有人可以行使认股权；超过有效期，认股权自动失效。认股期限的长短因不同国家、不同地区以及不同市场而差异很大，主要根据投资者和股票发行企业的要求而定。一般来说，认股期限多为3~10年。认股期限越长，其认股价格就越高。

2. 认股价格。认股价格，亦称行权价格，即行使认股权时的认购价格。认股权证在发行时，发行企业应确定其认股价格。认股价格的确定一般以认股权证发行时，发行企业的股票价格为基础确定。如果出现企业股份增加或减少等情况，就要对认股权证的认股价格进行相应调整。有的企业甚至这样约定：当企业股票市价过度明显上扬时，其发行的认股权证的认股价格可以按预定公式自动上调。这样做的目的在于维护企业原有股东的权益。

视频 认股权证融资决策

3. 认股数量。认股数量是指认股权证认购股份的数量。它可以用两种方式约定：一是确定每一单位认股权证可以认购多少企业发行的普通股；二是确定每一单位认股权证可以认购多少金额的普通股。

4. 赎回权。发行认股权证的股份有限公司大都制定了赎回权条款，即规定在特定情况下，公司有权赎回其发行的认股权证。

5. 认股价格的调整。通常情况下，认股权证按既定的认股价格运行。但在诸如送股、配股等特定情况下，认股权证的发行企业就必须对认股价格进行调整。往往还有这样的条款，即如果有购买者对某家上市公司提出了收购要约，那么收购方还要对这家上市公司已经发行在外的认股权证提出收购要约。这样一来，认股权证的持有者便能立即实施认股并接受收购要约中应有的利益。

（二）认股权证在融资中的使用

认股权证通常被小的快速增长的企业所采用，它们在发行债券或者优先股股票时，用认股权证作为“诱饵”。从投资者角度来看，这样的企业通常风险很高，因此，它们的债券只有在利率很高，并有严格规定的偿还条款时，才能发行出去。为了避免这种不利的情况，小企业通常会随债券的发行附送认股权证。

对于投资者来说，在获得债券的同时得到认股权证，就可以分享企业未来的高增长，当然前提是相应的企业在未来会有增长和繁荣。因此，投资者会相对愿意接受较低的利率，以及还款方面较少的限制。附认股权证的债券有债务的特征，也有权益的特征。它是一种混合证券，它为企业的财务经理提供了机会，可以拓宽企业发行的证券种类，因此也可以吸引更为广泛的投资群体。

当附认股权证的债券发行之后，相应的认股权证就可以与债券分离，并在市场上单独进行交易。而且，即使在认股权证执行之后，相应的债券仍然可能流通在外。

行权（Exercise）与执行价格（Exercise Price）：行权是指运用认股权购买股票的行为；购买股票的价格即为执行价格。

认股权证的执行价格通常确定在超出相应债券发行日期公司股票市场价格 20% ~30% 的水平上。如果企业有巨大的发展潜力和繁荣的可能性，企业股票价格的上升超过了执行价格，认股权证的持有者就会执行他们的认股权证，按照约定的价格购买企业的股票。然而，如果没有一定的激励，在到期日之前，认股权证就永远不会执行——因为它们本身的市场价值将大于执行所获得的价值。因此，认股权证的持有者会宁可出售认股权证，而不是执行认股权证。促成持有者执行认股权证的条件有三个：

第一，如果认股权证即将到期，而股票的市场价格超过认股权证的执行价格，认股权证的持有者肯定执行认股权证并购买股票。

第二，如果企业大幅度提高普通股股票的股利水平，认股权证的持有者也会更为积极地执行认股权证。因为持有认股权证不能获得相应的股利收入，因此，也就没有现金收入。同时，如果普通股股票支付较高的股利，就会相应提供较高的股利收入，而限制股票价格的上升。这也会迫使认股权证的持有者执行其期权，购买公司的股票。

第三，认股权证有时候规定有阶梯上升的执行价格，从而会迫使认股权证的持有者尽快执行认股权证。例如，美国的威廉森科学公司有发行在外的认股权证，其执行价格为25美元，有效期到2004年12月31日。而到这一时间，执行价格将上升到30美元。如果在2004年12月31日之前，公司普通股股票的价格超过25美元，许多认股权证的持有者会执行他们的期权，以避免执行价格的抬升，使得认股权证的价值下降。

认股权证的另一种好处是当需要资金的时候，它们就会逐渐地提供资金。如果企业增长，它很可能会需要新的权益资本。与此同时，增长将引起企业股票价格上升，从而促使认股权证的执行，因此，企业就会获得追加的现金资本。如果企业经营不成功，也就不能获得有利可图的投资机会，股票的价格也就不可能有足够幅度的上升，从而不会吸引认股权证的执行。

案例链接

沪市权证仅剩4只　昔日创新先锋亟待走出困境

2010年3月3日，沪市又一只权证“大佬”——石化CWB1认股权证谢幕。由于正股中国石化当日收盘价仅为11.32元，远低于权证的行权价，石化权证已变为废纸。这意味着，中国石化通过权证融资逾290亿元的计划彻底告吹。

此前，赣粤CWB1于2月27日终止行权。这两只权证都以价值归零的方式退出市场，没有出现“末日轮”炒作现象。至此，沪市权证产品仅剩4只，其中3只将于年内到期，最后一只将于明年8月到期。也就是说，如果没有新的权证产品问世，那么到明年8月，沪市的权证市场将趋于彻底消失。

权证曾是我国证券市场产品和功能创新的“急先锋”，特别是在股权分置改革过程中，曾经起到不可替代的作用。相对于其他创新产品，权证有其自身的特点，有助于在微观层面丰富和改善市场的机制和功能。分析人士认为，在目前股指期货、融资融券业务即将推出，我国证券市场创新氛围浓郁，市场对衍生产品的认识和承受能力不断提高的背景下，有必要继续发行权证产品，发挥其应有的市场功能。

沪市上市权证共有39只，目前尚余的4只分别是国电CWB1（580022）、宝钢CWB1（580024）、江铜CWB1（580026）和长虹CWB1（580027）。4只权证均为分离交易可转债认股权证。其中，国电CWB1到期日为今年5月21日，上市数量为4.27465亿份；宝钢CWB1到期日为今年7月3日，上市数量为16亿份；江铜CWB1到期日为今年10月9日，上市数量为17.612亿份；长虹CWB1到期日为2011年8月18日，上市数量为5.73亿份。随着到期日的临近，明年沪市将仅有一只权证可供交易。沪市权证市场已经是一个真正的迷你市场，若无新权证发行，将于明年8月后消失。

由于权证产品的杠杆作用、T+0交易的特点，特别是由于权证市场始终处于规模过小的状态，权证曾经受到过度炒作，引起舆论的关注。但是随着管理层加强对权证交易行为的监管，以及投资者的日趋成熟，权证市场总体的交易

行为日趋平稳理性。石化 CWB1 等几只最近退市的权证到期前的表现也说明了这一点。

（资料来源：《中国证券报》，2010 年 3 月 4 日）

（三）认股权证的财富效应与稀释效应

通常，权证是和债务一同发行的，其目的在于吸引投资者以较低的利率购买长期债务。假设 2022 年，一家快速增长的高科技企业银泉科技公司希望发行 5 000 万元的 20 年期债券，投资银行则告知其财务副总，债券可能难以出售，市场要求的票面利率为 10%。不过投资银行同时也指出，如果能够对每 1 000 元债券配售 20 份权证，每份权证赋予持有者以 22 元的执行价格购买 1 股普通股的权利，那么投资者将愿意以 8% 的票面利率购买债券。当时，股票售价为每股 20 元，而权证的到期日为 2028 年。

买入期权（Call Option）：又称看涨期权，指赋予其持有者在到期日或到期日之前按一定的价格买入某种资产的权利。

为什么在市场利率为 10% 时，投资者愿意以 8% 的收益率购买附有权证的银泉科技公司债券呢？这是因为，权证是一种具有价值的长期买入期权，不论市场价格上涨多少，投资者均可以执行价格购买公司的普通股。该期权抵消了债券的低利率，并使该低收益债券与权证的组合能够吸引投资者。

如果银泉科技公司债券以简单债务的形式发行，则应当具有 10% 的利率。不过，由于附有权证，债券出售时的收益率仅为 8%。以初始发行价格 1 000 元购入该债券的投资者能够获得利率为 8% 的 20 年债券外加 20 份权证。由于与银泉科技公司债券同等风险的债券利率为 10%，因而能够计算出该债券的简单债务价值。简化起见，假设该债券是年息票形式，计算过程如下：

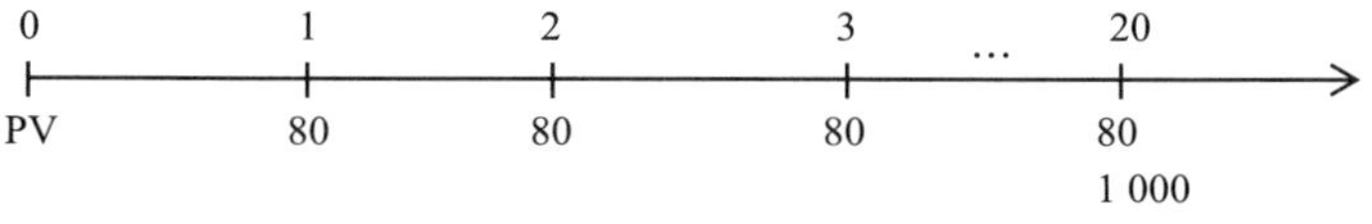

根据现值计算公式，我们可以计算出债券的价值为 829.73 元，约等于 830 元。因而，在首次发行认购中购买该债券的投资者支付了 1 000 元现金，得到了价值 830 元的简单债券外加价值约为 170 元（1 000 − 830）的 20 份权证。

$$\text{附权证债券的支付价格} = \text{债券的简单债务价格} + \text{权证价值} \tag{11-3}$$

即：1 000 = 830 + 170

由于投资者每张债券能够收到 20 份权证，则每份权证的内在价值便为 8.50 元（170/12）。

银泉科技公司的经营与投资在发行附有权证的债券之时，价值为 2.5 亿元，假设其将以每年 9% 的比率增长，事实也的确如此。当权证在 10 年后到期时，银泉科技公司的总价值将达到 59 184.1 万元 [2.5 亿元 × $(1.09)^{10}$]。那么，这些价值将如何在原始股东、债券持有人以及权证持有人之间分配呢？

权证到期时，债券仍有 10 年的期限，每年需按票面支付 80 元。如果预期市场利率仍为 10%，那么：

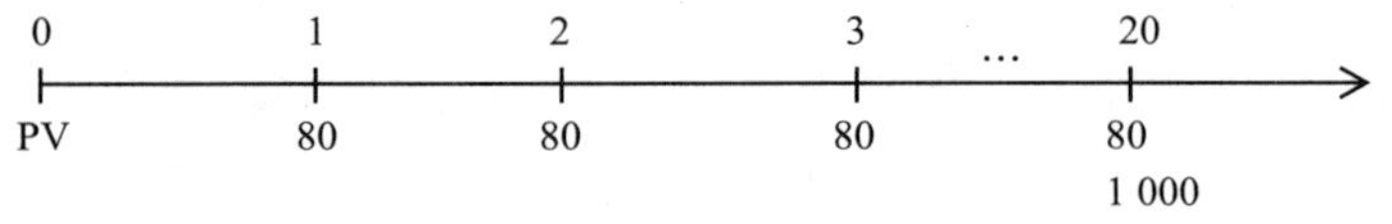

计算可得出每张债券的价值为 877.11 元，那么全部债券的总值则为 4 385.6 万元（50 000 × 877.11）。

在扣除债券持有人所拥有的价值后，原始股东与权证持有人的剩余价值之和便等于公司的剩余价值，即 54 798.5 万元（59 184.1 − 4 385.6）。假设当时并没有权证，那么原始股东则有权利获得全部的剩余价值。由于股票数量为 1 000 万股，因此每股价格便为 54.80 元（54 798.5/1 000）。假设公司基本盈利能力（资产报酬率）为 13.5%（EBIT/总资产），总资产为 5.91841 亿元。这就意味着 EBIT 等于 7 989.9 万元（0.135 × 5.91841 亿元），利息费用为 400 万元（每张债券票面支付额 80 元 × 50 000 张），税前利润为 7 589.9 万元（7 989.9 − 400）。如果税率为 40%，税后利润则为 4 553.9 万元 [7 589.9 × (1 − 0.40)]，每股收益为 4.55 元（4 553.9/1 000）。综上所述，如果银泉科技公司没有权证，股票价格将为 54.80 元，每股收益为 4.55 元。

但是银泉科技公司实际上拥有权证，当股票价格超过 50 元时，权证持有者将行使所持有的权证。如果有 100 万张权证以 22 元的价格行使，银泉科技公司则会收到 2 200 万元。这会使银泉科技公司的总价值上升到 6.13841 亿元（现有价值 59 184.1 万元加上行使权证产生的 2 200 万元）。那么目前股东剩余价值总和为 5.69985 亿元（6.13841 亿元减去分配给债券持有人的 4 385.6 万元）。由于现在股票的总数为 1 100 万股（原有的 1 000 万股加上由于行使权证新增的 100 万股），因此股票价格将为 56 998.5/1 100 = 51.82 元/股。请注意，现在的价格低于银泉科技公司没有权证时的 54.80 元/股，因此权证稀释了股票的价值。

每股收益也发生了类似的稀释效应。权证行使之后，由于公司以 22 元的价格出售 100 万股股票获得了 2 200 万元，因而资产的基数将从

5.91841 亿元上升到 6.13841 亿元。如果新的资金与原有资金具有相同的基本收益能力，那么新的 EBIT 将为 8 286.9 万元（0.135 × 61 384.1），这时利息费用仍然为 400 万元，因此税前利润将为 7 886.9 万元（8 286.9 − 400），税后利润将为 4 732.1 万元［7 886.9 ×（1 − 0.40）］。现在流通在外的股票为 1 100 万股（1 000 + 100），EPS 将为 4.30 元（4 732/1 100），也低于之前的 4.55 元。因此，行使权证将稀释 EPS。

三、可转换债券

（一）可转换债券基本要素

可转换债券（Convertible Bond）除了要具备普通债券的基本要素外，还应具备以下要素：

可转换债券（Convertible Bond）： 债券持有人可按照发行时约定的价格将债券转换成公司普通股股票的债券。

1. 标的股票。可转换债券对股票的可转换性，实际上是一种股票期权或股票选择权，它的标的物就是可转换成的股票。

2. 转换价格。转换价格（Conversion Price）是指可转换债券转换为普通股股票时投资者所支付的每股股票的价格。与转换价格相关联的是转换比率（Conversion Ratio），即每份可转换债券可以转换的普通股的股数。其计算公式如下：

$$\text{转换比率} = \frac{\text{债券面值}}{\text{转换价格}} \qquad (11-4)$$

3. 转换期。转换期（Conversion Period）是可转换债券转换为普通股股票的起始日至结束日的时间。转换期可以等于或短于债券有效期。在债券发行一定期限后开始的转换期称为递延转换期。

4. 赎回条款。赎回条款（Call Provision）是指允许企业在债券发行一段时间后，无条件或有条件地在赎回期内提前购回可转换债券的条款。赎回价格一般高于可转换债券的面值，超出部分称为赎回溢价。赎回溢价随债券到期日的临近而减少。

5. 回售条款。回售条款（Put Provision）是为可转换债券投资者提供的一项安全性保障。例如，当公司股票的价格在一段时期内连续低于可转换债券的转换价格达到一定程度时，投资者可以要求公司以高于面值一定比例的回售价格收回可转换债券。回售条款赋予了可转换债券投资者一种权力，投资者可以根据市场的变化而选择是否行使这种权利，这一条款在一定程度上保护了投资者的利益，相当于发行企业提前兑付本息。回售作为投资者的权利会增加可转换债券的期权价值。

（二）可转换债券融资的原因

在大多数情况下，企业发行可转换债券是出于如下的考虑：

1. 维护现有股东的利益。在预测企业发展前景良好的情况下，发行可转换债券可以减轻对股权的稀释，保护现有股东的权益。例如，存在以下情况：由于一项新工程的开工造成一时成本太高，使得盈利下降，但预期明年盈利会大幅度上升，从而使普通股价格上升。在这种情况下，企业可能会考虑，如果现在出售普通股，要筹集到所需资金，必须发行较多的股份数。但如果使用可转换债券，将转换价格定在高于普通股市价的20%～30%以上，当把企业债券转换成为普通股时，普通股数一定比现在直接出售普通股时的股数少20%左右。

2. 可转换债券融资的资本成本较低。对投资者来讲，可转换债券具有双重收益，灵活性极强。股票市价上升，可将可转换债券兑换为普通股股票以求较多的股息和资本利得；股票市价下跌，持有可转换债券以保证其基本的利息收益和本金安全。因此，企业发行可转换债券通常利率较低，例如，2000年2月25日，上海机场公告发行的可转换公司债券，期限为5年，票面利率为0.8%，每年付息一次，而同期银行贷款利率约为6.65%。

3. 有利于调整企业资本结构。许多企业为了保证可转换债券的转换，可能采取一些措施促使投资者行使转换权。这样，就可达到调整资本结构的目的。

4. 有利于企业现金流量的稳定。可转换债券可以直接替代发行债券以筹措资金，同时又可以避免清偿债务时大额的现金流出，有利于稳定企业的财务状况。

案例链接

华泰联合助力闻泰科技发行86亿元可转债

8月20日，闻泰科技可转换公司债券成功上市，本次发行募集资金总额86亿元人民币，为2021年以来沪市规模最大的民企再融资项目，华泰联合证券担任本次公开发行可转换公司债券的保荐机构与主承销商。

闻泰科技本次公开发行可转债共募集资金86亿元人民币，主要用于无锡、昆明、印度等多个境内外智能制造生产基地与移动智能终端及配件研发中心建设等项目。通过本次募集资金投资项目建设，闻泰科技将持续加大研发投入、优化产品结构，进一步保持行业领先地位，助力提高半导体、电子行业供应链韧性，为行业发展贡献闻泰力量。

华泰联合证券专注于为客户提供长期服务并持续为市场创造价值，先后担任闻泰科技收购安世集团、某境外特定客户光学模组供应商得尔塔科技的独立财务顾问，以及本次公开发行可转换公司债券的保荐机构、主承销商，帮助闻泰科技累计收购资产近360亿元，累计融资金额超200亿元，助力闻泰科技实现从服务型公司到伟大产品公司的战略转型，力促中国半导体、电子产业高质量发展。

（资料来源：新浪财经，2021年8月23日）

（三）可转换债券融资分析

视频 可转换债券融资决策

我国《公司法》《证券法》和中国证监会发布的《上市公司证券发行管理办法》对上市公司发行可转换债券作了相应的规定，只有符合国家相关法律法规的上市公司才能发行可转换债券。

【例11－3】2022年初，东方软件股份公司经批准拟发行可转换债券，为此，公司财务部对发行可转换债券进行了评估。本次发行的是售价为每张1 000元（即票面价值，或曰到期价值）的20年期债券。债券的票面年利率为10%，即每年支付100元。每张债券可转换为20股股票，因而转换价格为50元（1 000/20）。预计次年每股股票将支付2.80元股利，市场价格为35元。此外，预计股票价格还将以每年8%的固定比率增长。因此，股票的预期报酬率＝2.80/35＋8%＝16%。如果债券不是可转换性的，在给定风险状况及利率一般水平的条件下，其年报酬率为13%。可转换债券自发行日起10年以内不可赎回，10年之后可以每张1 050元的价格赎回，且赎回价格还将逐年下降5元。如果10年以后，转换价值超过赎回价格达20%以上，那么管理层便很有可能会选择赎回债券。

图11－3列示了投资者及发行公司双方的预期。

现就图11－3相关数据分析如下：

1. M＝1 000元的水平线代表票面价值（即到期价值）。1 000元同时也是债券的首次公开发行价格。

2. 债券在10年内受到赎回保护，之后其初始赎回价格为1 050元，并每年下降5元。直线V_0M''的实线部分表示赎回价格。

3. 由于可转换债券的票面利率为10%，并且风险类似的非可转换债券的报酬率为13%，因此可转换债券的预期“纯债券”价格B_t低于票面价值。债券发行之时的年度票面价值设为B_0，等于789元。

$$\text{发行日纯债券价值} = B_0 = \sum_{t=1}^{N} \frac{\text{票面利息}}{(1+k_d)^t} + \frac{\text{到期价值}}{(1+k_d)^N}$$

$$= \sum_{t=1}^{20} \frac{100}{(1.13)^t} + \frac{1\ 000}{1.13^{20}} = 789 \text{（元）}$$

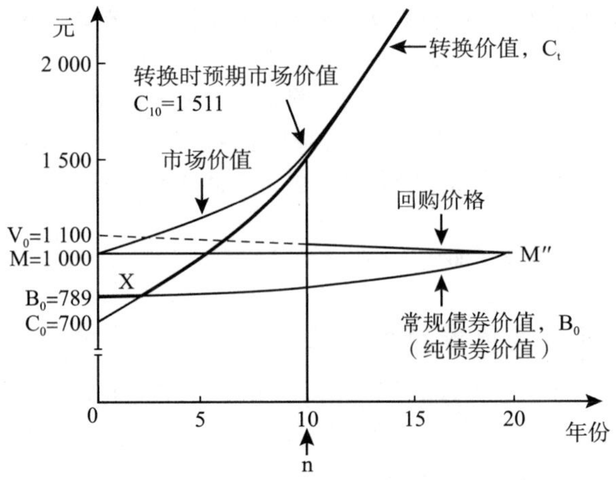

单位：元

年份	纯债券价值	转换价值	到期价值	市场价值	底价	溢价
0	789	700	1 000	1 000	789	211
1	792	756	1 000	1 023	792	231
2	795	816	1 000	1 071	816	255
3	798	882	1 000	1 147	882	265
4	802	952	1 000	1 192	952	240
5	806	1 029	1 000	1 241	1 029	212
6	811	1 111	1 000	1 293	1 111	182
7	816	1 200	1 000	1 344	1 200	144
8	822	1 296	1 000	1 398	1 296	102
9	829	1 399	1 000	1 453	1 399	54
10	837	1 511	1 000	1 511	1 511	0
11	846	1 632	1 000	1 632	1 632	0
⋮	⋮	⋮	⋮	⋮	⋮	⋮
20	1 000	3 263	1 000	3 263	3 263	0

图 11-3　东方软件股份公司：可转换债券模型

不过可以发现：由于到期时债券的纯债券价值应当为 1 000 元，纯债券价值将随着时间逐渐上升。在图中 B_t 将沿着曲线 B_0M''变动。

4. 债券的初始转换价值（Conversion Value）C_t，即债券在 $t=0$ 转换时投资者所能获得股票的价值，为 $P_0(CR)=35\times20=700$（元）。由于股票价格预期将以 8% 的比率增长，转换价值将随时间逐渐上升。例如，第 5 年转换价值即为 $P_5(CR)=35\times(1.08)^5\times20=1\ 029$（元）。图 11-3 中曲线 C_t 即表示预期转换价值。

5. 债券的实际市场价格永远不会低于其纯债券价值与转换价值两者的孰高者。如果市场价格低于纯债券价值，那么希望投资于债券的投资者就可以廉价购入可转换债券，并将其作为债券持有。同样，如果市场价格低于转换价值，投资者就会买入可转换债券，行使转换权得到股票，再将股票出售以赚取利润。因此，图中债券价值与转换价值曲线的较高者即表示债券的底价。图 11－3 中，曲线 B_0XC_t 的加粗部分即代表底价。

纯债券价值（Pure Bond Value）：指把可转债当作普通债券进行投资时的价值，即仅仅考虑债券部分现金流计算的价值。

6. 债券市场价值通常高于底价。转换价格之所以高于纯债券价值，是因为转换权本身是有价值的——同样是利率为 10% 的债券，具有转换权的价值大于不具有转换权的价值。转换价格之所以高于转换价值，是因为持有可转换债券等同于持有买入期权，而在到期之前，期权的实际价值要高于其执行（或转换）价值。虽然无法准确判断市场价值线的位置，但是通常它都会等于或高于由纯债券价值线与转换价值线所决定的底线。

7. 市场价值线将于某一点与转换价值曲线重合。原因有两点：第一，股票的股利支付水平将随时间上升，但可转换债券的利息费用却是固定的。例如，东方软件股份公司的可转换债券每年支付利息 100 元，转换后 20 股股票的初始股利为 56 元（20×2.80）。不过在 8% 的年增长率下，10 年以后的股利已经上涨至 120.90 元，而利息仍为 100 元。因此，不断上涨的股利将压过固定的利息支付，使得溢价消失并促使投资者主动行使转换权。第二，如果债券具有可赎回性，在不向投资者施加赎回压力的条件下，其市场价值便不可能超过转换价值与赎回价值的较高者。例如，假设自发行日起 10 年后（即债券允许被赎回），债券的市场价值为 1 600 元，转换价值为 1 500 元，而赎回价格为 1 050 元。如果公司在投资者以 16 000 元的价格购入 10 张债券之后宣告赎回，那么投资者便被迫选择以 15 000 元的价格将债券转换为股票，从而将在一天之内遭受每张债券 100 元的损失，合计损失 1 000 元。由于意识到该威胁，投资者便不会对可赎回的债券支付超过转换价值或赎回价值较高者的溢价。因此，图 11－3 假设第 10 年，即债券允许被赎回时，市场价值线将与转换价值线重合。

8. 用 n 表示投资者预期债券发生转换的年份，转换既可以是因股利上升导致的自发性转换，也可以是由于公司为了用权益替代债务的方式强化财务状况而对可转换债券进行赎回而导致的强制性转换。本例假设 n＝10，即债券可赎回后的第一天。

9. 由于 n＝10，第 10 年的预期市场价值即为 1 511 元［$35 \times (1.08)^{10} \times 20$］。通过计算如下现金流量的 IRR，投资者能够确定可转换债券的预期报酬率。

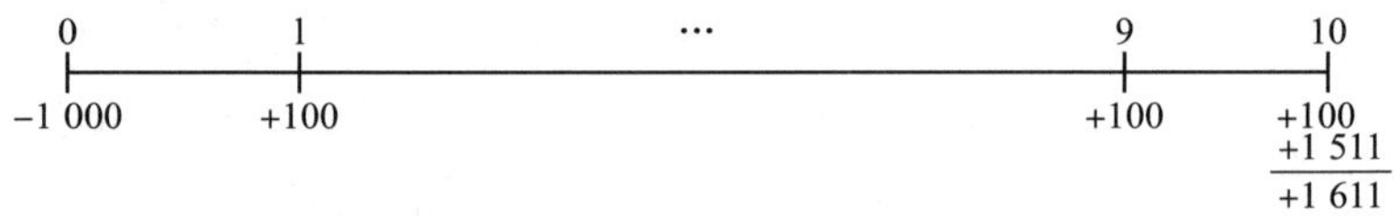

计算可得：IRR = 12.8%。

10. 可转换债券的预期报酬部分来自利息收入，部分来自资本利得。本例中，总预期报酬率为 12.8%，其中 10% 为利息收入，2.8% 为预期资本利得。相对而言，利息收入部分较为确定，而资本利得部分则具有较高的风险。因此，可转换债券的预期报酬比纯债券具有更高的风险。由此可以推断，可转换债券的预期报酬率应当大于纯债券的资本成本。因而，东方软件股份公司可转换债券的预期报酬率应当位于纯债券资本成本（13%）与普通股资本成本（16%）之间。

市场出清（Market Clearing）：指商品价格具有充分的灵活性，能使需求和供给迅速达到均衡的市场。

11. 投资银行利用该模型以及市场经验来确定可转换债券的各项条款（转换率、票面利率以及赎回保护期限），从而使证券能够恰好以 1 000 元的发行价格“市场出清”。而本例并不满足必要条件——计算出来的可转换债券报酬率仅为 12.8%，甚至低于纯债券的资本成本 13%。因此，债券条款还需要进一步调整以吸引投资者。

为了将可转换债券的预期报酬率调整至 13% ~ 16% 之间，东方软件公司可以调升票面利率到 10% 之上，或者提升转换率至 20 以上（同时也将转换价格由 50 元降至接近股票当前市场价格 35 元的某个水平），或者延长赎回保护条款期限，或者同时实施上述调整。①

（四）可转换债券融资的优缺点

1. 可转换债券融资的优点。从发行企业的角度看，可转换债券有两个重要优势：

（1）与认股权证一样，可转换债券以出让企业部分发展收益为代价，换取发行低息债券的机会。

（2）从某种意义上说，可转换债券提供了一种以高于现行价格的价格出售普通股的方式。这就使发行企业避免了股票发行的财务损失。

如果股票价格超过转换价格，企业将如何保证进行转换呢？可转换债券一般也规定有迫使债券持有人进行转换的提前赎回条款。例如公司规定的转换价格是 20 元，转换率为 50，可转换债券的提前赎回价格是 1 000 元。当普通股的市价提高到 30 元时，如果公司准备提前赎回债券，债券持有人或者以市价 1 500 元（50 × 30）转换成普通

① 本例忽略了因资本利得所带来的投资者税收利益。

股，或者允许公司以1 000元的价格赎回债券，在这种情况下债券持有人肯定选择转换。所以，在股票的市价超过转换价格的前提下，提前赎回条款给予公司强制转换的权利。不过，大部分可转换债券有着相当长的提前赎回保护期（一般为10年）。所以，如果公司打算能尽早强制转换的话，就要规定一个较短的提前赎回保护期。这反过来又要求公司规定一个较高的票面利率或者较低的转换价格。

2. 可转换债券融资的缺点。对发行企业来讲，可转换债券的缺点主要表现在：

（1）虽然可转换债券提供了一种以高于现行价格的价格出售普通股的机会，但如果普通股的价格上涨较多，发行企业将发现，还不如最初使用成本较高的一般债务，以后再发行普通股赎回债务。

（2）可转换债券一般有着较低的票面利率，如果进行转换，这一低成本债务的优点将会丧失。

（3）如果企业真正想增加权益资本，而企业的收益没有像预期的那样增长，股票的价格并没有上升到足够的价位，转换就不会发生，企业以较低的收益负担大量债务，这将是非常危险的。

本章主要名词概念

有效市场	市场效率	股权融资	天使资本
风险投资	普通股	投资银行	代销与包销
债务资本	长期借款	约束性条款	企业债券
偿债基金	信用评级	融资租赁	直接租赁
转租赁	售后租回	杠杆租赁	优先股
认股权证	买入期权	可转换债券	转换价格
转换比率	市场出清		

本 章 小 结

融资是企业财务管理的重要内容，融资决策的结果影响企业资本结构的优化。本章描述了普通股、优先股、长期借款、公司债券、认股权证及可转换债券等不同融资方式的特点与决策，为企业选择不同的融资方式提供决策支持。本章内容主要包括：

1. 资本市场与市场效率的关系及对融资的影响。

2. 有效市场可分为三种：（1）弱式有效市场；（2）半强式有效市场；（3）强式有效市场。

3. 普通股股票（Common Stock）是享有普通权利、承担普通义务的股份。普通股股东对公司的管理、收益享有平等权利。

4. 风险资本（Venture Capital）：指机构性创业投资基金投资于新创立的、经评估认为有不寻常成长机会与潜力的小企业的资本。

5. 天使资本是投资者以个人名义直接投资于创业企业的资本。

6. 股票上市是指股份有限公司公开发行的股票，由公司提出申请，证券交易所依法审核同意后在证券交易所作为交易的对象。公司公开申请股票上市，应符合法律规定的条件。

7. 股份有限公司公开上市程序主要包括：（1）选择投资银行；（2）路演与询价；（3）提交上市申请材料；（4）按照发行价将股票分配给申请购买者。

8. 私募发行是指面向少数特定投资人（个人投资者和机构投资者）发行证券。

9. 长期借款（Long-term Loans）是指企业向银行或其他非银行金融机构借入的偿还期限在一年以上或超过一年的一个营业周期以上的借款。

10. 长期借款融资具有融资速度快、借款弹性较大、借款成本较低、财务杠杆作用等优点，同时长期借款融资也存在财务风险大、限制较多、融资数额受限等缺点。

11. 企业债券（Enterprise Bond）是发行者为筹集资金，按法定程序发行的约定在一定时期还本付息的有价证券，债券按不同标准有多种分类。

12. 债券融资具有资本成本低、发挥财务杠杆作用、不分散股东的控制权等优点，同时债券融资的财务风险大、融资数额有限。

13. 租赁（Lease）是指根据事先约定的条款，资产所有者（出租人）授予承租人在契约或合同规定的期限内使用其资产的权利。租赁按其性质可分为两大类：融资租赁和经营租赁。

14. 融资租赁（Financial Lease）主要有直接租赁、转租赁、售后回租以及杠杆租赁四种形式。

15. 优先股股票（Preferred Stock）是一种兼具普通股股票和债券特点的有价证券。优先股发行时附有诸多条款，主要包括：股利是否可以累积；能否参与分配剩余利润；是否可以赎回，等等。

16. 认股权证（Warrants）是一种约定该证券持有人可以在规定的某段时间内，有权利（非义务）按约定价格向发行人购买标的股票的权利凭证。

17. 认股权证的要素包括：（1）认股期限；（2）认股价格；（3）认股数量；（4）赎回权；（5）认股价格的调整。

18. 可转换债券（Convertible Bond）是指债券持有人可按照发行时约定的价格将债券转换成公司普通股股票的债券。

19. 可转换债券的基本要素包括：（1）标的股票；（2）转换价格；（3）转换期；（4）赎回条款；（5）回售条款。

第十二章

股利分配政策：内部融资

学习目标

学习本章后，您应该做到：

1. 了解股利分配的原则和程序；
2. 理解和掌握股利支付形式与股利支付程序；
3. 熟悉股利政策基本理论；
4. 掌握各种股利政策的基本原理与优缺点；
5. 熟悉和掌握股利政策的影响因素；
6. 理解和掌握股票股利的原理与应用；
7. 熟悉股票分割和股票回购的原理。

学习重点与难点

描述股利支付形式与支付程序；运用不同股利政策原理进行股利分配决策；掌握现金股利与股票股利对企业财务的影响；比较股票分割与股票回购的决策差异。

学习思维导图

- 股利分配
  - 股利分配原理
    - 股利分配原则
    - 股利支付形式
    - 股利支付程序
  - 股利理论
    - 股利无关论
    - 在手之鸟理论
    - 税差理论
    - 追随者效应理论
    - 信号理论
    - 代理理论
  - 股利政策
    - 股利政策影响因素
      - 法律因素
      - 股东因素
      - 企业因素
      - 其他因素
    - 实际股利政策
      - 剩余股利政策
      - 固定股利政策
      - 固定股利支付率政策
      - 低正常股利加额外股利政策
  - 股票股利、股票回购与股票分割
    - 股票股利
    - 股票回购
    - 股票分割

引导案例

每股 1.58 元，华为豪派超 500 亿元大红包

2021 年，华为“活”下来了。据华为此前预测，2021 年全年实现销售收入约 6 340 亿元人民币，这一数据相比 2020 年将下降 29%。

据上海证券报，尽管如此，经记者多方求证，华为 2021 年度股票分红方案已经出炉：虽然处于困难时期，华为仍将继续实施股票分红，预计每股 1.58 元。

根据华为官网，华为投资控股有限公司是 100% 由员工持有的民营企业。华为通过工会实行员工持股计划，截至 2020 年 12 月 31 日，员工持股计划参与人数为 121 269 人，参与人均为公司员工。

华为公司内部股权计划始于 1990 年，创始人任正非作为自然人股东持有公司股份，同时，任正非也参与了员工持股计划。截至 2020 年 12 月 31 日，任正非的总出资相当于公司总股本的比例约 0.90%。

截至 2020 年 12 月 31 日，华为总股本约为 347.575 亿股，“过去一年是华为人员流动较大的一年，很多人才新加入华为，也有很多人从华为离职，华为增发了很多股份，也回购了很多股份，整体来看，

总股本应该变化不大。”有接近华为的人士告诉记者。

按每股1.58元分红计算，2021年度，华为将拿出超500亿元给“奋斗者们”派红包。

超800家A股公司2021年推股权激励计划

员工持股计划这一“金手铐”，为华为吸引并留住了大量人才，是华为迅速成长为全球领先企业的主要推动力之一。目前，华为约有19.7万名员工，业务遍及170多个国家和地区，服务全球30多亿人。

近年来，越来越多技术型、研发型和服务型上市企业也学习华为，积极利用股权激励、员工持股计划这一工具，进一步释放员工活力。

根据荣正咨询发布的2021年度A股上市公司股权激励实践统计与分析报告，2021年，A股808家上市公司共计公告826个股权激励计划，较2020年度的452例增长82.74%。股权激励数量达到了历年最高水平。其中首期激励计划436个，较2020年度242例增长80.17%，多期激励计划390个，较2020年度210例增长85.71%。另外，员工持股计划公告数量也再创新高。报告显示，2021年市场员工持股数量创2015年以来的新高，达到225个，较2020年增长36.36%。

报告指出，多期股权激励计划、员工持股计划的公告大幅增长，一定程度上说明A股市场股权激励已然进入了“常态化”时代，成为上市公司改善公司治理、提高治理能力的有效手段。

从实施效果看，股权激励有效挖掘了上市公司的发展潜力，激励“赋能”效果显现。以深市为例，2020年深市实施股权激励的公司，剔除个别公司后，2020年、2021年前三季度营业收入同比分别增长12.17%、38.75%，净利润同比分别增长44.79%、26.75%，收入规模和盈利能力均高于深市平均水平。

报告预计，2022年A股市场股权激励将突破1 000例，国企股权激励有望突破100例，进一步体现“共富裕、严监管、规范化、常态化”的发展态势，中国的上市公司也会在中长期激励机制的建立健全中更具有竞争力和责任感。

（资料来源：《500亿分红，12万华为人收大礼包！每年花费1 600亿“投资人才”》，载于《上海证券报》2022年2月7日）

第一节　股利政策：基本原理

一、企业为什么要分配股利

股利（Dividend）：股息和红利的统称。股息指公司根据股东出资比例或持有的股份，按照事先确定的固定比例向股东分配的公司盈余；红利是公司除股息之外根据公司盈利的多少向股东分配的公司盈余。

要回答为什么分配股利，不妨首先来思考另外一个问题：投资者究竟是为了什么目的而持有股票呢？从股票的本质来看，投资者持有股票的目的无非是取得收益或支配股份有限公司，即股票的收益性与支配性。

股票作为收益性证券是指股东为了享有发行股票公司利润分配的权利而持有的证券。所谓支配性证券是指为了支配股份有限公司而持有股份的情况。此外，股票还具有实物证券的性质，即股份有限公司解散时要求分配剩余财产的权利。

由于资本市场的不断发展和完善，企业股权越来越分散，中小股东越来越多，大多数股东都无法对企业的经营决策行为发挥支配作用，也就是说，股票的支配证券性质无法体现。实物证券只有在企业破产时才会有意义，而且企业破产财产在偿付员工工资、税款和债务后，可供股东分配的东西就所剩无几了，因而，很少有股东是为了分配剩余财产而持有股票的。这样的话，购买股票的目的就只有获取收益了，“股票投资者的主要目标在于稳定的投资回报”①。“要求分配盈余权是股东的基本权利，无人能否定这一点。如果说公司是股东的，那么对于公司来说最重视的就应该是股利，受股东委托进行经营的经营者必须尽可能增加股利。”②“对于股东来说，最重要的莫过于分红了。”③

最初，股份有限公司通常都是将企业所得的利润全部作为股利返还给股东。如果有利润就全部充当股利，相反，如果没有利润就不分红。后来，出于企业持续发展考虑，股利政策逐渐发生了变化。即使有了丰厚的利润也不全部作为股利支出，而是留存部分利润，以防在不景气年份不至于无利可分。由此可见，留存利润本来是为了以丰补歉，后来逐渐地演变成留存利润是以备企业再投资之用，满足股东未来股利的需要。因为通过实施这种政策，股利分配的连续性无疑可以

① ［美］格雷汉姆、多德著：《证券分析》，海南出版社 2004 年版，第 336 页。
② ［日］奥村宏著：《法人资本主义》，三联书店 1989 年版，第 51、52 页。
③ ［日］奥村宏著：《股份制向何处去》，中国计划出版社 1996 年版，第 116 页。

得到更大的保障，而且定期支付的规模不间断地增长才成为可能。

但是，这种留存利润的理由与合理性值得商议。因为，该种股利政策容易导致：

（1）股东所获得的现金回报太低，股利对于股东失去了应有的意义，结果股东普遍轻视股利，转而进行投机活动，即以获得股票价差收益为目的而进行股票的买卖交易，其结果导致股票市场的投机化。

（2）企业的盈利能力一般不会随着累积盈余的增加而同比例提高。相反，随意地留存利润往往是企业管理者为了扩充自己的权利和构建职位消费，或者缓解财务困境的借口。

显然，支付股利是股份有限公司赖以生存和可持续发展的基础，获取股利是投资者进行股票投资的根本目的和动机之一，是法律赋予股东的权利。

二、股利分配原则与程序

股利分配（Dividend Distribution）：指企业向股东分派股利，它是企业利润分配的一部分。包括股利支付程序、股利支付比率、支付现金股利资本筹集等。

（一）股利分配原则

股利分配（Dividend Distribution）作为一项重要的财务活动，应当遵循以下原则：

1. 依法分配原则。企业的股利分配必须依法进行。为了规范企业的股利分配行为，维护各利益相关者的合法权益，国家颁布了相关法规。这些法规规定了企业股利分配的基本要求、一般程序和重要比例，企业应当认真执行，不得违反。

2. 分配与积累并重原则。企业的股利分配必须坚持积累与分配并重的原则。企业通过经营活动赚取收益，既要保证企业简单再生产的持续进行，又要不断积累企业扩大再生产的财力基础。恰当处理分配与积累之间的关系，留存一部分净利润以供未来分配之需，能够增强企业抵抗风险的能力，也可以提高企业经营的稳定性与安全性。

3. 兼顾各方利益原则。企业的股利分配必须兼顾各方面的利益。企业是经济社会的基本单元，企业的股利分配涉及国家、公司股东、债权人、员工等多方面的利益。正确处理它们之间的关系，协调其矛盾，对企业的生存、发展是至关重要的。企业在进行股利分配时，应当统筹兼顾，维护各利益相关者的合法权益。

视频 股利分配概述

4. 投资与收益对等原则。企业进行股利分配应当体现“谁投资、谁受益”、收益大小与投资比例相对等的原则。这是正确处理投资者利益关系的关键。企业在向投资者分配收益时，应本着平等一致的原则，按照投资者投资额的比例进行分配，不允许任何一方随意多分多占，以从根本上实现股利分配中的公开、公平和公正，保护投资者的利益。

想一想：一家上市公司在制订股利分配方案时，还需要考虑哪些原则？

（二）股利分配程序

根据我国《公司法》的规定，股份有限公司的股利分配应按下列顺序进行：

1. 计算可供分配的利润。将本年利润或亏损与年初未分配利润或亏损相加，计算出可供分配利润。只有当可供分配利润为正数时才可进行后续分配。

2. 计提法定盈余公积金。公司分配当年税后利润时，应当提取利润的10%列入公司法定盈余公积金。公司法定盈余公积金累计额为公司注册资本的50%及以上的，可以不再提取。

3. 提取任意盈余公积金。公司从税后利润中提取法定盈余公积金后，经股东会或者股东大会决议，还可以从税后利润中提取任意盈余公积金。

4. 向股东分配利润。公司弥补亏损和提取盈余公积金后所余税后利润，有限责任公司一般依照股东按照实缴的出资比例分配红利，股份有限公司一般按照股东持有的股份比例分配。

在公司弥补亏损和提取法定公积金之前向股东分配利润的，股东必须将违反规定分配的利润退还公司。公司持有的本公司股份不得分配利润。

做一做：查阅上市公司股利分配公告，了解上市公司是如何进行股利分配的，其具体程序是怎么做的。

三、股利支付形式

股利支付形式有多种，常见的有以下四种：

中国股利分配形式

（一）现金股利

现金股利（Cash Dividends）也称派现，是指企业用现金支付的股利，它是股利支付的最常见的方式。企业选择发放现金股利除了要有足够的留存收益外，还要有足够的现金，而现金充足与否往往会成为企业发放现金股利的主要制约因素。

（二）股票股利

股票股利（Stock Dividends）是企业以增发股票的方式所支付的股利，我国实务中通常称其为“送股”。对企业来说，发放股票股利并没有现金流出企业，也不会导致企业的财产减少，而只是将企业的留存收益转化为股本。但股票股利会增加流通在外的股票数量，同时降低股票的每股价值。它不改变企业股东权益总额，但会改变股东权益的构成。

（三）财产股利

财产股利（Property Dividend）是以现金以外的其他资产支付的股利，主要是以企业所拥有的其他企业的有价证券，如债券、股票等，作为股利支付给股东。

（四）负债股利

负债股利（Liability Dividend）是以负债方式支付的股利，通常以企业的应付票据支付给股东，有时也以发放企业债券的方式支付股利。

以上四种方式中，财产股利和负债股利实际上是现金股利的替代，但这两种股利支付形式在我国企业实务中很少使用。在我国上市公司的股利分配实践中，股利支付方式是现金股利、股票股利或者是二者皆有的组合分配方式，部分企业则在实施利润分配方案时会同时实施从资本公积转增股本的方案。由于我国企业的股利分配政策长期以来偏重于派发股票股利、较少或不派发现金股利，因此，证监会出台了一系列监管规定，对企业发放现金股利做出了强制性约束，例如，《关于修改上市公司现金分红若干规定的决定》《上市公司监管指引第3号——上市公司现金分红》《上市公司章程指引（2014年修订）》等，规定公司在章程中应该明确现金分红相对于股票股利在利润分配方式中的优先顺序；公司应当以现金的形式向优先股股东支付股息，在完全支付约定的股息之前，不得向普通股股东分配利润；在要求公司增强现金分红透明度的同时，还加大对未按章程规定分红和有能力但长期不分红公司的监管约束。同时，证监会支持上市公司结合自身发展阶段并考虑其是否有重大资本支出安排等因素制定差异化的现金分红政策；也鼓励上市公司依法通过发行优先股、回购股份等方式多渠道回报投资者，支持上市公司在其股价低于每股净资产的情况下回购股份；等等。

做一做：走访一家上市公司，了解公司股利支付的主要形式有几种？你认为哪种股利支付形式最受股东欢迎？

四、股利支付程序

股份有限公司分配股利必须遵循法定的程序，先由董事会进行专项研究论证，制定明确、清晰的股东回报规划，并详细说明规划安排的理由等情况，提出分配预案后提交股东大会决议，股东大会决议通过分配预案之后，董事会向股东宣布发放股利的方案，并确定股权登记日、除息日和股利发放日等。

（一）股利宣告日

股利宣告日（Dividend Declaration Date）是公司董事会决定要在某日发放股利的日期，也就是宣布分派股利的当天。董事会一般应根据发放股利的周期举行董事会会议，讨论并宣布将要进行的股利分派。公告中将宣布每股支付的股利、股权登记日、除息日、股利发放日及派发对象等。

（二）股权登记日

股权登记日（Holder-of-record Date）是指有权领取当期股利的股东资格登记截止日期。只有在股权登记日前在公司股东名册上有名的股东，才有权分享当期股利。而在这一天之后才列入股东名册的股东，即使是在股利支付日前买入的股票，也将得不到本次分派的股利，其股利仍归原股东所有。

如何进行股利支付?

（三）除息日

除息日（Ex-dividend Date）是指领取股利的权利与股票相互分离的日期。我国上市公司的除息日通常是股权登记日的下一个工作日。在除息日当日及以后买入的股票均不再享有本次股利分配的权利。除息日对股票的价格有明显的影响，在除息日之前进行的股票交易，股票价格包括应得的股利收入在内，除息日后进行的股票交易，股票价格不包括股利收入，会有所下降，下降的幅度等于分派的股利。

（四）股利发放日

股利发放日（Dividend Payment Date）是指将股利正式支付给股东的日期。在这一天，公司应按公布的分红方案通过各种手段将股利支付给股权登记日在册的股东。

案例链接

上市公司2020年度权益分派进入尾声
已有1.04万亿元现金股利分配到账

随着年度股东大会季的结束，大部分公司的年度利润分配方案都已通过表决，并实施完毕。据Wind金融终端统计数据，截至2020年7月4日，已有2 529家上市公司披露权益分派实施公告，共计1.04万亿元的分红款已经到账。有市场人士在接受《证券日报》记者采访时表示，“股东大会审议表决是利润分配的必经程序，随着年度股东大会最晚召开期限的结束，2020年度权益分派也已进入尾声，目前超八成的公司都已经实施完毕。”

在连续多年站上万亿元大关后，A股上市公司分红总额再创新纪录。据Wind金融终端统计数据，2020年度共有3 017家上市公司披露了现金分红方案，在A股上市公司总数中占比超过七成，方案分红总金额高达1.52万亿元，较2019年度的分红总额增长了11.76%。

“有得赚才能有得分。”前述市场人士认为上市公司分红离不开经营业绩的支撑，近年来A股上市公司分红总额的不断增加，也是我国经济稳健发展，上市公司利润总额稳步提升的结果。

记者注意到，2020年，即便是面对严峻复杂的国内外环境，特别是新冠肺炎疫情的严重冲击，我国统筹疫情防控和社会发展，仍然取得了较好的经济成果。据国家统计局初步核算，2020全年我国国内生产总值1 015 986亿元，按可比价格计算，比2019年增长2.3%。

上市公司方面，2020年大部分企业经受住了疫情带来的不利影响，营业收入和净利润都实现正增长。Wind金融统计数据显示，截至2020年4月30日，已经披露年报的4 282家A股上市公司2020年度合计实现营业收入51.76万亿元，较2019年同比增长2.79%，实现归母净利润3.99万亿元，较2019年同比增长4.56%。

“完善分红制度能有效提升资本市场的投资功能，吸引长期资金入市。上市公司通过现金分红积极回报股东，也可以让广大投资者充分分享企业的发展成长成果。”前述市场人士表示，“现金分红是上市公司回报投资者的重要方式，也是资本市场的重要基础性制度之一，关系到市场整体良好生态的形成。”该市场人士认为，分红情况也反映了一家企业的盈利能力和规范运作水平，分红数据已经成为投资者关注的一项重要指标。

（资料来源：李勇：《证券日报》，2021年7月5日）

第二节　股利政策理论

股利政策是关于企业是否发放股利、发放多少股利、以什么形式发放股利、何时发放股利以及发放的连续性、稳定性等方面的方针和策略。长期以来，人们一直在研究股利政策对企业股票价格或企业价值有无影响以及有何种影响的问题，由此形成了不同的股利政策理论。

一、经典股利理论

（一）股利无关论

股利无关论（也称 MM 理论）认为，在一定的假设条件限定下，股利政策不会对企业的价值或股票的价格产生任何影响。一个企业的股票价格完全由企业的投资决策的获利能力和风险组合决定，而与企业的利润分配政策无关。

套利（Interest Arbitrage）：又称价差交易，指在某种资产拥有两个价格（同一市场或不同市场）情况下，以较低价格买进、较高价格卖出，从而获取无风险收益。

股利无关论是由美国经济学家弗兰科·莫迪利安尼（Franco Modigliani）和财务学家默顿·米勒（Merton Miller）于 1961 年提出。MM 理论立足于完善的资本市场，从不确定性角度提出了股利政策和企业价值不相关理论，这是因为公司的盈利和价值的增加与否完全视其投资政策而定，企业市场价值与它的资本结构无关，而是取决于它所在行业的平均资本成本及其未来的期望报酬，在企业投资政策给定的条件下，股利政策不会对企业价值产生任何影响。进而得出，企业的权益资本成本为其资本结构的线性递增函数。在此基础上，MM 又创立了投资理论，企业的投资决策不受筹资方式的影响，只有在投资报酬大于或等于企业平均资本成本时，才会进行投资。MM 的股利无关论的关键是存在一种套利机制，通过这一机制使支付股利与外部筹资这两项经济业务所产生的效益与成本正好相互抵销，股东对盈利的留存与股利的发放将没有偏好，据此得出企业的股利政策与企业价值无关这一著名论断。

股利无关论认为股利分配对企业的市场价值（或股票价格）不会产生影响。股利无关论认为：

1. 投资者并不关心企业的股利的分配。若企业留存较多的利润用于再投资，会导致企业股票价格上升；此时尽管股利较低，但需用现金的投资者可以出售股票换取现金。若企业发放较多的股利，投资者又可以用现金再买入一些股票以扩大投资。也就是说，投资者对股利和资本利得并无偏好。

2. 股利的支付比率不影响企业的价值。既然投资者不关心股利的分配，企业的价值就完全由其投资的获利能力所决定，企业的盈余在股利保留盈余之间的分配并不影响企业的价值。

（二）“在手之鸟”理论

“在手之鸟”理论源于谚语“双鸟在林不如一鸟在手”，是根据对投资者心理状态的分析而提出的，该理论可以说是流行最广泛和最持久的股利理论。戈登是该理论的最主要的代表人物，其核心是认为在投资者眼里，股利收入要比由留存收益带来的资本收益更为可靠，故需要公司定期向股东支付较高的股利，强调了股利发放的重要性。

“在手之鸟”
理论演变

“在手之鸟”理论是根据对投资者心理状态的分析而提出的。他们认为，由于投资者对风险有天生的反感，并且认为风险将随时间延长而增大，因而在他们心目中，认为通过保留盈余再投资而获得的资本利得的不确定性要高于股利支付的不确定性，从而股利的增加是现实的，至关重要的。实际能拿到手的股利，同增加留存收益后再投资得到的未来收益相比，后者的风险性大得多。所以，投资者宁愿目前收到较少的股利，也不愿等到将来再收回不确定的较大的股利或获得较高的股票出售价格。而投资者的上述思想又会产生下述结果：企业如果保留利润用于再投资，那么未来的收益必须按正常的市场回报率和风险溢价之和进行折现，也就是说，投资者不仅要求获得市场水平的投资回报，而且还要求企业为他们承担的风险支付报酬。否则，在同样价值的现金股利与资本增值之间，投资者将选择前者。也就是说，在股票预期报酬率的公式（$k_s = D_1/P_0 + g$）中，由于预期股利报酬率（D_1/P_0）的风险小于其成长率（g），所以，在投资者心目中，一元钱现金股利的价值超过了一元钱资本增值的价值。这一观点也因此被形象地概括为“在手之鸟”理论。

“在手之鸟”理论强调了股利发放的重要性，认为“双鸟在林不如一鸟在手”，是由股利重要论发展而来的。这种理论反映了传统的股利政策，为股利政策的多元化发展奠定了理论基础。

（三）税差理论

法拉和塞尔文（1967）提出所得税率差异理论即税差理论，税差理论认为资本利得所得税与现金所得税之间是存在差异的，理性的投资者更倾向于通过推迟获得资本收益而延迟缴纳所得税。该理论认为，股票的价格与股利支付比例成反比，权益资本费用与股利支付比例成正比。企业支付较低的股利，对实现企业价值最大化是有利的。

税差理论是财务学家引进税赋后对股利政策理论的研究。税差理论强调投资者由于避税需要而对股票股利的偏好，强调高股息收益率伴随高投资收益率的收益率效应，对于目前仍较为普遍的现金股利发放形式，这显然缺乏有效的解释力。事实上，这一模型中有关投资者相同边际税率的假说是很难满足的，当放松这些约束条件后，有可能得到新的结果。

在许多西方国家，资本利得税率低于股利收入税率，税差理论有两点结论：

（1）股票价格与股利支付率成反比；

（2）权益资本成本与股利支付率成正比。按照税差理论，企业在制定股利政策时必须采取低股利支付率政策，才能使企业价值最大化。

税差理论在实际中也存在一定的问题。其成立的前提是资本利得所得税率低于股利所得税率，投资者可以通过延迟实现资本利得而延迟缴纳资本利得所得税。然而，实际生活并不一定完全如此。在西方国家，对于机构投资者，比如退休和养老基金，既不用对股利也不用对资本利得纳税。再如存在税收优惠的条件下，企业投资者可享受股利的税收优惠，使得企业投资者实际适用的股利税率可能比资本利得的税率还要低。所以，各种各样的税收规定使税差理论缺乏足够的说服力。另外，如果是股利支付率越低越好，支付率为零时股票价值最大，那实际中企业为什么还要支付股利、甚至某些企业总是维持较高的股利支付率呢？税差理论对此也无法解释。

另外，由于股利的税收是在收到股利时支付，而资本利得的税收可以递延到股票真正卖出时才支付，因此企业选择保留盈余而不支付股利时，给了股东一个有价值的时机选择权。因此基于税收差异的考虑，大多数投资者会选择企业留存利润而不是分发股利。所以，利润留存后，股价会上升，但是除非卖出股票，否则股价的上升不用纳税。总之，当存在税收差异时，投资者希望税后收益最大化，对于税收延付的股票（低股利－高资本利得）会比需要税收即付的股票（高股利－低资本利得）价格高。也就是说，高股利损害了投资者的利益，而低股利则会抬高股价，增加企业的市场价值，从而使股东财富最大化。

二、现代股利理论

（一）追随者效应理论

追随者效应理论（Clientele Effect）也译为顾客效应理论，该理论最先也是由米勒（Miller）和莫迪格利安尼（Modigliani）提出来的。从股东的边际所得税税率出发，认为每个投资者所处的税收等级不同：有的边际税率高，如富有的投资者；而有的边际税率低，如养老基金等。由此会引致他们对待股利的态度不一样，前者偏好低股利支付率或不支付股利的股票，后者喜欢高股利支付率的股票。据此，企业会相应调整其股利政策，使股利政策符合股东的愿望。达到均衡时，高股利支付率的股票将吸引一类追随者，由处于低边际税率等级的投资者持有；低股利支付率的股票将吸引另一类追随者，由处于高边际税率等级的投资者持有。这种股东聚集在满足各自偏好的股利政策的公司的现象，就叫作“追随者效应”。

按照该理论的观点，企业的任何股利政策都不可能满足所有股东对股利的要求，企业股利政策的变化，只是吸引了喜爱这一股利政策变化的投资者前来购买企业的股票，而另一些不喜爱新的股利政策的投资者则会卖出股票。因此，当市场上喜爱高股利的投资者的比例大于发放高股利的企业的比例时，则支付高股利企业的股票处于短缺状况，按照供求理论，它们的价格会上扬，直到二者的比例相等，市场会达到一个动态平衡。一旦市场处于均衡状态，则没有企业能够通过改变股利政策来影响股票价格。

但有人认为追随者效应理论在我国无效。在美国，个人所得税收入占全部税收收入的70.3%，而在我国只有2.6%，所以美国公民对个人所得税高度敏感。我国个人所得税实行的是分项计征制，个人投资者无论其收入水平如何，股息收入的边际税率都没有差别，对红利和红股征收20%的个人所得税，而对资本利得实际上实行零税率。这从一个侧面解释了我国上市公司普遍采用低现金股利政策，而流通股股东则高度关注股票买卖差价的原因。我国上市公司在派发股利方面大多是一个基调，遵循“从众心理”，随意性很强，并无固定的股利政策和自己的特色，因此顾客效应理论在我国是失灵的。

（二）股利信号理论

股利信号理论，又称作信号假说（Signaling Hypothesis），该理论从放松MM理论的投资者和管理当局拥有相同的信息假定出发，认为在非完美的市场中，管理当局与企业外部投资者之间存在着信息不对称，管理当局占有更多的有关企业前景方面的内部信息。

股利是管理当局向外界传递其掌握的内部信息的一种手段，管理者会利用股利政策来传递有关企业未来前景的信息。因此，股利能够传递企业未来盈利能力的信息，从而股利对股票价格有一定的影响：当企业支付的股利水平上升时，企业的股价会上升；当企业支付的股利水平下降时，企业的股价也会下降。股利作为一种信号是为了解决逆向选择的问题。股利信号理论学派认为管理当局与企业外部投资者之间也存在着信息不对称，管理当局占有更多的有关企业未来现金流量、投资机会和盈利前景等方面的私有信息。管理当局通常会通过适当的方法向市场传递有关信号，向外部投资者表明企业的真实价值，以此来影响投资者的决策。如果他们预计到企业的发展前景良好，未来业绩有大幅度增长时，就会通过增加股利的方式将这一信息及时告诉股东和潜在的投资者：相反，如果预计到企业的发展前景不太好、未来持续性不理想时那么他们往往维持甚至降低现有股利水平，这等于向股东和潜在投资者发出了利淡信号。

股利信号理论认为：

1. 股利政策向投资者传递重要信息。如果企业支付的股利稳定，说明该企业的经营业绩比较稳定，经营风险较小，有利于股票价格上升；如果企业股利政策不稳定。股利忽高忽低，这就给投资者传递企业经营不稳定的信息，导致投资者对风险的担心，进而使股票价格下降。

2. 稳定的股利政策，是许多依靠固定股利收入生活的股东更喜欢的股利支付方式，它更利于投资者有规律地安排股利收入和支出，普通投资者一般不愿意投资于胜利支付额忽高忽低的股票，因此，这种股票不大可能长期维持于相对较高的价位。

3. 稳定的股利或稳定的股利增长率可以消除投资者内心的不确定性，等于向投资者传递了该企业经营业绩稳定或稳定增长的信息，从而使企业股票价格上升。

股利信号理论研究虽取得了突破性进展，但也并非完美，尚存在以下几个缺陷：

1. 市场对股利增加做正面反应，对股利减少做负面反应，这种现象不仅信号理论可以解释，其他理论如代理成本理论也可以解释。

2. 信号理论很难对不同行业、不同国家股利的差别进行有效的解释和预测。例如，为什么美国、英国、加拿大的公司发放的股利比日本、德国高，而并没有表现出更强的盈利性呢？

3. 信号理论解释不了为什么企业不采用其他效果相当而成本更低的手段传递信息。

4. 在市场变得越来越有效、信息手段大大提高的同时，支付股利为什么作为恒定的信号手段？

5. 更重要的是，在高速成长的行业、企业，股利支付率一般都很低，但按照信号理论恰恰会做出相反的解释和预测。

自由现金流量(Free Cash Flow)：指企业产生的、在满足了再投资需要之后可由企业自主支配的剩余现金流量。

（三）代理理论

代理理论（Agency Theory）认为，股利政策有助于减缓管理者与股东之间的代理冲突，即股利政策是协调股东与管理者之间代理关系的一种约束机制，股利的支付能够有效地降低代理成本。首先，股利的支付减少了管理人员对自由现金流量（Free Cash Flow）的支配权，使其失去可用于谋取自身利益的资金来源，促进资金的最佳配置；其次，大额股利的发放，使得企业内部资本由留存收益供给的可能性越小，为了满足新投资的资金需求，有必要寻求外部负债或权益融资。而进入资本市场进行融资意味着企业将接受更多的更严格的监督和检查。例如，银行等债权人要仔细分析企业的经营状况，预计未来发展前景；证券交易委员会将要求新证券发行的详细资料进行审查并公布给投资者。企业原有股东通过观察这些资料可以获得更多的信息，并了解其他人员对经理人员业绩和未来前景的评价，减少对企业现状及未来的不确定性。这样新资本的供应者实际上帮助老股东监控了经理人员，股利支付成为一种间接约束经理人员的监管机制。尽管外部融资的代价不菲，现金股利也可能要征收重税，但大大降低了股东的监督成本，增加了股东的利益。

在现代公司制企业中，众多的股东是委托人，而经理是代理人。股东是企业全部收益的受益者，而经理却不是，因此经理的行为不会与股东的利益相一致。因此，对股东来说，设计一套机制使得经理按照他们的利益来管理企业是非常有益的。与股利有关的代理成本主要有两种：一种是监督成本。单个股东监督经理的行为要承担全部的监督成本，而只按他所持股份的比例获得利润。这种成本与收益的不对称使得该股东不可能对经理的行为进行监督。根据集体行动的逻辑，全体股东对经理的行为也不可能进行有效的监督。对全体股东来说，如果有一个类似于债权人的企业利益相关者对企业进行监督的话，他们的财富就会增加。另一种是代理成本与风险有关。经理自身的利益与企业经营业绩密切相关，不愿采取高风险的投资策略，这与股东的偏好相冲突。股东会要求经理采取高风险的投资策略。理由之一是股东可以通过自身的投资组合来分散风险。理由之二是，如果投资成功，股东可以获得全部投资收益，债权人只获得约定的本金及利息；如果投资失败，则由债权人与股东共同分担风险。也就是说，采取高风险的投资策略，股东可以牺牲债权人的利益来增加自身的利益。债权人当然会认识到这一点，会在借款时对企业的行为进行种种限制，其中包括对股利发放的限制。股东要求经理采取高风险的投资策略，但是对于经理来说，既可以通过调整投资组合，也可以通过调整负债权益比例来降低风险。如果经理先通过举债融资，而后截留利润来追加投资，则负债权益比例就会降低。负债权益比例越低，企业破产的风险越小，经理的风险也越低。这时，债权人减轻了其预期应承担的风险，但却仍可获得约定的本金和利息，因此，债权人的利益会增加。正如债权人借款时限制股利的发放而防止股东牺牲债权人的利益而增加股东自己的利益一样，股东会在尽可能的限度内发放股利，提高负债权益比例，从而防止债权人侵占股东的利益。

想一想： 西方经典的股利政策理论适用于中国股票市场吗？请举例说明上市公司股利分配的理论依据。

第三节　股利政策：实践应用

一、股利政策与财务决策

从财务的角度讲，企业未来财务活动一般涉及三大财务政策，即投资政策、融资政策和股利政策的决策与调整。在正常情况下，企业收益的大小取决于投资的规模、组合及效益；而投资规模、组合及效益又取决于融资的规模、结构和成本；股利支付率对投资和融资的规模、结构和收益或成本都有一定的影响。在投资既定的条件下，企业股利政策的选择，实际上是企业融资政策的选择，即股利政策可以看作融资的一个组成部分。如果企业已确定了投资方案和目标资本结构，这意味着企业资本需要量和负债比率是确定的，这时企业或者改变现存的股利政策，或者增发新股；如果企业的目标资本结构和股利政策已定，那么在进行投资决策时，或者减少资本支出，或者从外部筹措资本。

二、股利政策影响因素

企业的利润分配涉及企业相关各方的切身利益，受众多不确定因素的影响，在确定分配政策时，应当考虑各种相关因素的影响，主要包括法律、股东、企业及其他因素：

（一）法律因素

一般来说，法律并不要求企业一定要分派股利，但对某些情况下企业不能发放股利却做了限制。其主要体现为：

资本保全（Capital Preservation）：企业对其投入资本保持完整性及利润分配中企业对留存收益保持完整性。

1. 资本保全约束。资本保全约束（Capital Preservation Constraints）要求企业不得用资本（包括股本和资本公积）发放股利，即股利的发放不能侵蚀资本，其目的在于保全企业的股东权益资本，以保护债权人的利益。

2. 资本积累约束。资本积累约束（Accumulation of Capital Constraints）要求企业在分配收益时，必须按一定的比例和基数提取公积金，企业股利只能从企业可供分配的收益，即当期的净利润和过去累积的留存收益中支付。例如，我国《公司法》规定：公司分配当年税后利润时，应按照税后利润（减弥补以前年度亏损额）10% 提取法定公积金，并按股东会或股东大会决议提取任意公积金。当法定公积金累计金额达到注册资本的50%以上时可不再提取。另外，在进行股利分配时，一般贯彻“无利不分”的原则。

3. 偿债能力约束。偿债能力是指企业按时、足额偿还到期债务的能力。偿债能力约束要求公司在进行股利分配后，必须保持充分的偿债能力，否则，企业的股利分配要受到限制。

4. 超额累积利润约束。超额累积利润（Accumulation of Excess Profits）约束的目的是防止股东避税，我国法律目前对此尚未做出规定。由于投资者股利收益的所得税税率要高于股票投资的资本利得收益所适用的所得税税率，因此许多企业通过积累利润使股价上涨的方式来帮助股东避税。许多国家在法律上明确规定企业不得超额累计利润，当企业留存收益超过法律认可的水平时将被加征额外的税款。

累积利润（Accumulated Profit）：指企业以往年份中逐渐积累起来的未分配利润。

（二）股东因素

股东出于自身考虑，可能对企业的股利分配提出不同意见。

1. 控制权考虑。企业的股利支付率越高，必然留存收益越少，这意味着将来发行新股的可能性加大，而发行新股会稀释企业的控制权（Control Power）。因此，企业的老股东往往主张限制股利的支付，而愿意多将收益留存，以防止控制权被稀释。

控制权（Control Power）：指拥有企业一定比例以上的股份，或通过协议等方式能够对其实行实际控制的权力。

2. 避税考虑。在许多国家，股利收益的所得税税率高于资本利得收益的税率。为了减轻税负，高收入阶层的股东通常希望企业少支付股利，而将较多的收益留存下来以作为再投资用。而且，即使对这两种收益课以相同的税率，由于股利收益课税发生在股利发放时，而资本利得收益纳税要递延到实际出售股票时，资本利得的实际税负也小于股利收益的税负。

3. 稳定收入考虑。对于永久性持有股票的股东来说，往往要求较为稳定的股利收益，如果企业留存较多的收益，将首先遭到这部分股东的反对。而且，企业留存收益带来的新增收益或因股票交易价格上涨产生的资本利得收益具有很大的不确定性，因此，与其获得不确定的未来收益，不如得到本期确定的股利收益。

4. 股东的投资机会。如果企业将留存收益用于再投资的报酬率低于股东个人将股利收益投资于其他投资机会所得的收益，则企业应该多支付股利给股东，因为这样做对股东更为有利。尽管难以准确确定每位股东的投资机会及其投资报酬率，企业至少应对风险相同的企业外部投资机会可获得的投资报酬率加以评估。如果评估显示，在企业外部的股东有更好的投资机会，则企业应选择多支付股利；反之，企业应选择低股利支付率的股利政策。

（三）企业因素

企业出于短期经营和长远发展的需要，在发放股利时应考虑以下因素：

1. 融资能力。不同的企业在资本市场上筹措资金的能力有一定的差别，融资能力较强的企业因为能够及时地筹措到所需的现金，往往采取较为宽松的股利政策；而融资能力较弱的企业，为维持正常的企业经营就不得不多留存利润，因而常采用较严格的股利政策。

2. 未来投资机会。企业的股利政策与其所面临的投资机会密切相关。如果企业有良好的投资机会，必然需要大量的资金支持，因而往往会将大部分收益用于投资；如果企业暂时缺乏良好的投资机会，则倾向于采用高股利政策，以防止保留大量现金造成资金浪费。正因为如此，许多成长中的企业，往往采用低股利支付政策，而许多处于经营收缩期的企业，往往采用高股利支付的政策。

3. 盈利能力及其稳定状况。企业的股利政策在很大程度上受其盈利能力的限制。一般而言，盈利能力较强的企业，通常采用高股利支付政策，而盈利能力较弱或不够稳定的企业，通常采用低股利支付政策。

企业的股利政策在很大程度上也受其盈利稳定性的影响。盈利相对稳定的企业能够较好地把握自己，有可能支付比盈利不稳定的企业更高的股利，因为盈利稳定的企业对保持较高的股利支付率更具信心；而盈利不稳定的企业一般采用低股利政策，低股利政策可以降低因盈利下降而造成的股利无法支付、股价急剧下降的风险，还可将更多的盈利转作再投资，以提高企业权益资本比重，降低财务风险。

4. 资本成本。与发行新股相比，留存收益没有实际发行成本（它是一种机会成本），是一种比较经济的融资渠道。从资本成本角度考虑，如果企业有扩大资金的需要，则应当采用低股利政策。

5. 资产流动状况。资金的灵活周转是企业生产经营得以正常进行的必要条件。股利的分配自然也应以不危及企业经营上的流动性为前提。如果企业的资产有较强的变现能力，现金的来源较充裕，则其股利支付能力也会较强。

6. 偿债需要。具有较高债务偿还需要的企业，可以通过举借新债、发行新股筹集资金偿还债务，也可直接用经营积累偿还债务。如果企业认为后者适当的话（比如前者资本成本高或受其他限制难以驾驭资本市场），将会减少股利的支付。

（四）其他因素

1. 债务合同约束。债务合同（Obligatory Contract）特别是长期债务合同，经常会对企业支付现金股利做出一定的限制，以保障债权人的权益。这些限制性条件有：一是未来股利只能由借款合同签订后产生的盈利来支付；二是当营运资金净额低于某一特定数额时，不得支付股利。同样，优先股协定通常规定，在优先股股利没有全额支付以前，企业不能发放普通股现金股利。

2. 通货膨胀。通货膨胀（Inflation）使得计提的累计折旧可能不足以对固定资产进行更新，这时收益会被当作弥补折旧基金购买力水平下降的资金来源。因此，在通货膨胀时期，企业一般采取偏紧的股利政策。

做一做：你是如何看待影响股利政策的因素的？我国上市公司在制定股利分配政策时考虑了哪些因素？请你和同学们进行实地调查，并对调查结果进行评析。

三、实际股利政策制定

（一）如何进行股利政策决策

支付给股东的股利与留在企业的收益存在此消彼长的关系。股利分配既决定给股东分配多少红利，也决定有多少净利润留在企业。因此，企业应综合考虑各项因素的影响，从实际情况出发，制定适合本企业的股利分配政策。

实践中，股利政策并不是单独决定的——是与决定资本结构及资本投资预算相结合决定的。将它们结合起来的深层次原因是信息不对称，它会从两方面影响管理行为。

1. 一般来说，经理人并不希望发行新股。首先，新股票包括新的发行成本——佣金、手续费等——和那些能通过使用留存收益融资避免的成本。其次，信息不对称使投资者认为发行新股是消极信号，从而降低对企业未来的预期。最后的结果是新股发行导致股价下跌。考虑到总的成本，包括了发行及信息不对称引起的成本，经理人更愿意用留存收益进行股权融资。

2. 股利政策的改变显示了经理人对企业未来前景的预期。因此，股利的降低一般会对企业股价产生消极影响。经理人充分意识到了这一点，因此他们会把股利定得足够低，以便只有在很远的将来才有可能降低股利。

信息不对称（Information Asymmetry）的影响表明，经理人应该在最大程度上避免新股发行和股利降低，因为这两种行为都会降低股价。因此，在确定股利政策时，相对于预期的内部资金，经理人应该首先考虑企业未来的投资机会，同时也要考虑目标的资本结构。因为它是一个范围，在这个范围内，企业的实际资本结构可以每年有所改变。由于应该尽量避免发行新股，因此，目标的长期股利分配率的设定要使企业获得的权益资本的条件满足留存收益的条件。实际上，经理人应该使用剩余股利模型确定长期的股利。最后应该确定现在的股利，这样在将来降低和取消的可能性就减小了。

当然，确定股利是在计划的过程中决定的，所以存在未来投资机会和营运现金流的不确定性。因此，任何一年的实际股利支付率将高于或低于长期的股利支付率。然而，股利应该维持不变或是按计划增长，除非企业的财务状况已经糟糕到原有计划无法再执行的地步。长期持续增长的股利表明企业的财务状况在控制之中。进而，投资者的不确定性就被稳定的股利降低，这样，稳定的股利就降低了发行新股的负面影响，如果新股的发行是必需的。

一般来说，与投资机会（Investment Opportunity）不佳时相比，当企业有更好的投资机会时，应该减少支付，增加留存收益。不确定性的程度也会影响股利政策的确定。如果自由现金流（定义为企业的营运资金减去必要的权益投资）的不确定性很高，那么最好采取保守的政策发放较低的股利。同样地，企业延迟投资就能发放较高的股利，因为资金压力较大的投资如果能推迟 1 ~ 2 年就能够增加发放股利所需的现金。最后，如果企业的资本成本受债务比率的影响很小，也可以确定一个很高的股利支付率，因为即使在困难时期，它们也能够发行新债来维持目标的资本预算而无须降低股利或是发行新股。

企业只有一个机会在一开始确定股利支付率，因此，今天的股利政策受过去的政策影响。所以，为下一个 5 年确定股利政策时必须考虑现在的财务状况。

尽管已经为经理人列出了合理的确定股利政策的步骤，但股利政策仍然是经理人所要做出的极具挑战性的决策之一。正因为如此，股利政策都是由董事会决定的——财务人员分析财务状况并提供建议，但由董事会做出最终的决定。

（二）实践中的股利政策

在股利分配的实务中，企业经常采用的股利政策主要有以下几种类型：

1. 剩余股利政策。剩余股利政策（Residual Dividend Policy）是指企业的净利润应首先满足企业营利性投资项目对权益资本的需要，如果还有剩余，再用于发放股利。

采用剩余股利政策时，企业应遵循以下四个步骤确定股利分配额：

（1）设定目标资本结构，在此资本结构下，加权平均资本成本将达到最低水平。

（2）确定目标资本结构下投资所需的权益资本数额。

（3）最大限度地使用留存收益来满足投资所需的权益资本数额。

（4）投资所需权益资本已经满足后若有剩余利润，再将其作为股利发放给股东。

【例12－1】东方股份公司2022年度可供分配的净利润为800万元，预计下一年度投资所需资金为1 000万元，公司的目标资本结构为权益资本占60%，债务资本占40%。如果东方股份公司采用剩余股利政策，则2022年的股利发放额确定如下：

按照目标资本结构的要求，公司投资所需的权益资本数额为：

$1\,000 \times 60\% = 600$（万元）

公司当年全部可用于分配股利的利润为800万元，可以满足上述投资所需的权益资本数额并有剩余，剩余部分可作为股利发放。当年可发放的股利最高额为：

$800 - 600 = 200$（万元）

假定该公司当年流通在外的普通股为200万股，则每股股利为：

$200 \div 200 = 1.0$（元）

视频　剩余股利政策

奉行剩余股利政策意味着企业只将剩余的利润用于发放股利。其优点是可以保持理想的资本结构，使企业的加权平均资本成本最低，企业价值最大。但它是一种消极的、被动的股利政策，会使股东未来可获得的收益具有很大的随意性及不确定性，不利于投资者合理安排收入和支出，也不利于企业树立良好的形象。

2. 固定股利政策（Stable Dividend Policy）或稳定增长股利政策。固定股利政策是指企业将每年发放的股利固定在某一水平上并在较长时期内保持不变，只有当企业认为未来收益将会显著地、不可逆转地增长时，才提高股利发放额。不过，在存在通货膨胀时，大多数企业的收益会随之提高，且大多数投资者也希望企业能提供足以抵销通货膨胀不利影响的股利，因此，为了吸引投资者，很多奉行固定股利政策的企业转而采用稳定增长的股利政策，即企业制定一个目标股利增长率，如每年增加5%，并努力按照这一幅度增长。

固定股利政策或稳定增长股利政策的主要目的是避免出现由于经营不善而削减股利的情况。如果企业的收益下降，而股利并未减少，投资者会认为企业未来的经营情况会好转。因而这一政策被广泛地采用。一般的投资者也倾向于投资于股利支付稳定的企业。采用这一股利政策的理由在于：

（1）稳定的股利向市场传递着企业正常发展的信息，有利于树立企业的良好形象，增强投资者对企业的信心，稳定股票的价格。

视频 固定股利政策

（2）稳定的股利额有利于投资者安排股利收入和支出，特别是对那些对股利有着很高依赖性的股东更是如此。

（3）稳定的股利政策可能会不符合剩余股利理论，但考虑到股票市场受到多种因素的影响，其中包括股东的心理状态和其他要求，为了使股利维持在稳定的水平，即使推迟某些投资或者暂时偏离目标资本结构，也可能要比降低股利更为有利。

该股利政策的缺点在于股利的支付与企业收益相脱节，当收益较低时仍要支付固定的股利，可能导致资金短缺，财务状况恶化；同时不能像剩余股利政策那样保持较低的资本成本。

3. 固定股利支付率政策。固定股利支付率政策（Constant Payout Ratio Policy）亦称变动股利政策，是指企业确定一个股利占净利润的比率即股利支付率，按此比率发放股利的政策。在这一股利政策下，虽然股利支付比例固定，但每年变动的收益使得各年的股利额随企业经营的好坏而上下波动，获得较多收益的年份股利额高，而收益少的年份股利额低。

固定股利支付率政策能使股利支付与企业收益紧密地联系在一起，以体现多盈多分、少盈少分、无盈不分的原则，能真正公平地对待每一位股东。但是，由于每年股利随收益频繁变动，传递给股票市场一个企业不稳定的信息，不利于稳定股票价格，也不利于企业树立良好的企业形象。

4. 低正常股利加额外股利政策。低正常股利加额外股利政策（Regular Dividend Plus Extra Dividend Policy）是指一般情况下，企业每年只支付金额较低的正常股利，在企业盈余较多、资金较为充裕的年份，除正常股利外，再加付额外股利，但额外股利并不固定。

企业采用低正常股利加额外股利政策的根本原因在于：

（1）股利政策使企业具有较大的灵活性。当企业收益较少或投资需用较多资金时，可维持设定的虽然较低但固定的股利，股东不会有股利跌落感；而当收益有较大幅度增加时，可适当增发股利，把经济繁荣的部分利益分配给股东，使他们增强对企业的信心，有利于稳定股票的价格。

（2）股利政策可使那些依靠股利度日的股东每年至少可以得到虽然较低，但比较稳定的股利收入，从而吸引该部分股东。

低正常股利加额外股利政策的缺点有：

（1）由于企业收益的波动使得额外股利不断变化，容易给投资者带来企业收益不稳定的感觉。

（2）当企业在较长时间持续发放额外股利后，投资者可能将其误认为“正常股利”，一旦取消，会向投资者传递企业财务状况恶化的不利信号，进而导致股价下跌。

案例链接

沪市上市公司分红创历史新高，贵州茅台发布史上最大笔分红

近年来，监管部门加大力度倡导上市公司实施现金分红，上市公司也积极以真金白银回馈投资者。

来自上交所和深交所的统计数据显示，2019 年，沪市共有约 1 110 家公司推出分红方案，占全部盈利公司家数的 81%，整体分红比例 32.4%，合计分红金额 1.07 万亿元，再创历史新高。而截至 2020 年 4 月 30 日，深市 65.4% 的公司推出现金分红预案，分红金额 2 879.5 亿元，同比上升 10.5%。

统计数据显示，在 1 110 家推出分红方案的沪市上市公司中，810 余家公司分红比例超 30%，约 230 家公司分红比例超过 50%，工商银行的分红总额最高，达 937 亿元，22 家公司的派现金额在 100 亿元以上。同时，570 余家公司连续 3 年分红比例超 30%，超 90 家公司连续 3 年分红比例超 50%，稳定高比例分红的群体已经形成。

深市公司也表现优异，推出现金分红预案的公司中，股利支付率为 33.6%。

深市盈利公司中，20% 的公司股利支付率超过 50%。2017～2019 年连续三年分红的公司有 1 272 家。分红金额最高的三个行业分别是房地产、电气机械和器材制造及金融业，分别为 332 亿元、280.3 亿元和 267.6 亿元。

满足分红条件的公司中，已有 88 家提出了现金分红预案，平均分红比例达到 36%，其中分红比例在 30% 以上的占到 84%；合计拟派现金额 70 亿元，12 家公司分红金额超过 1 亿元。其中，中国通号分红金额最高，合计分红 21 亿元。

2019 年年报季，贵州茅台发布了其上市以来总额最高的分红方案，拟以每股分红 17.025 元刷新了现金分红纪录，合计将派发红利 213.87 亿元，也是目前公布分红方案中唯一一个每股派息（税前，下同）金额超过 10 元的上市公司。

（资料来源：莫谨榕：《羊城晚报》，2020 年 5 月 12 日）

第四节　股票股利、股票回购与股票分割

股票股利（Stock Dividend）：股份有限公司以股份方式向股东支付的股利。

一、股票股利

股票股利（Stock Dividends）也称送股，是企业将利润转为股本，同时增发股票，按股东持股比例予以派送，即企业以增发的股票作为股利支付形式。这种方式对股东而言实际上是一种再投资。

发放股票股利不会引起企业资产的流出或负债的增加，只涉及股东权益内部结构的调整，而其总额并不发生改变。

【例 12－2】东方股份公司 2022 年年末的简化资产负债表如表 12－1（发放股票股利前）所示。

表 12－1　　发放股票股利前资产负债分布　　金额单位：万元

资产	20 000	负债	8 000
		普通股（面值 1 元，已发行 500 万股）	500
		资本公积	4 500
		留存收益	7 000
		股东权益合计	12 000
资产合计	20 000	负债与股东权益合计	20 000

视频 股票股利与股票分割决策

假定公司宣布发放 20% 的股票股利，即发行 100（500×20%）万股普通股股票，这将使已发行股份增至 600 万股。随着股票股利的发放，“留存收益”项目的余额将减少 100 万元，而“普通股”项目将增加 100 万元。发放股票股利后，东方股份公司资产负债表如表 12－2 所示。

表 12－2　　发放股票股利后资产负债分布　　金额单位：万元

资产	20 000	负债	8 000
		普通股（面值 1 元，已发行 600 万股）	600
		资本公积	4 500
		留存收益	6 900
		股东权益合计	12 000
资产合计	20 000	负债与股东权益合计	20 000

发放股票股利后，如果企业收益总额不变，股份数的增加将使每股收益和每股市价下降。但由于股东在所持股份比例不变的情况下持股数量增加，从而使其持股的总市值仍保持不变。

【例 12－3】假定〖例 12－2〗中东方股份公司 2022 年的净利润为 300 万元，甲股东持有普通股 5 万股，发放股票股利对该股东的影响如表 12－3 所示。

表 12－3　　发放股票股利对甲股东股票价值的影响

项目	发放股票股利前	发放股票股利后
每股收益（元）	300 ÷ 500 = 0.6	300 ÷ 600 = 0.5
每股市价（元）	24	24 ÷ (1 + 20%) = 20
持股比例（%）	5 ÷ 500 = 1	6 ÷ 600 = 1
持股总市值（万元）	5 × 24 = 120	6 × 20 = 120

从企业的角度看，发放股票股利的主要优点有：

1. 无须分配现金，有利于企业长期发展。股票股利的发放使得股东在分享企业盈利的同时企业无须分配现金，由此可以将更多的现金留存下来用于再投资，有利于企业的长期、健康、稳定的发展。

2. 在收益和现金股利不变时可降低每股市价，吸引投资者。在盈利预期不变的情况下，发放股票股利能够在一定程度上降低股票价格，从而有利于吸引更多的中小投资者，活跃企业股票的交易，增强股票的流动性和变现性。

3. 增强投资者信心，稳定股票价格。发放股票股利一般为成长性企业所为，企业只有在增加的收益足以完全抵销因股份数增加而造成每股收益下降的不利影响时，才会发放股票股利。所以，发放股票股利通常意味着企业管理层对未来的发展充满信心，有利于传递企业持续发展的信息，树立企业良好形象，增强投资者对企业的信心，稳定股票的价格。

从股东的角度看，股票股利的主要优点有：

1. 获得纳税上的好处。在企业发放股票股利的情况下，如果股东需要现金，可以将分得的股票出售，在资本利得收益税率低于现金股利税率的情况下，股东可以节约所得税支付。

2. 分享企业未来收益的增长。股票股利一般是成长型企业采用的分配方式，因为投资者往往认为发放股票股利预示着企业未来可能有较大发展，收益会大幅增加，足以抵销股份增加的不利影响，从而使股东可以参与企业未来增长所带来的收益。

需要说明的是，我国上市公司在公布利润分配方案时，习惯同时公布资本公积金转增股本方案。资本公积金转增股本，是指上市公司将一部分资本公积金转化为股本，同时无偿增发股票，按照股东持有股份的比例分配给现有普通股股东。从客观效果上看，发放股票股利和资本公积金转增股本相似，但二者具有本质的区别。股票股利是上市公司进行的利润分配，股本增加的来源是公司的留存收益；而资本公积金转增股本属于资本性账户的内部结转，不具有利润分配性质，股本增加的来源是公司的资本公积。

案例链接

恒生电子公布2020年年度分红实施方案（每10股送红股4股）

恒生电子（股票代码：600570）公布恒生电子股份有限公司2020年年度权益分派实施公告。

1. 发放年度：2020年年度。

2. 分派对象：截至股权登记日下午上海证券交易所收市后，在中国证券登记结算有限责任公司上海分公司（以下简称“中国结算上海分公司”）登记在册的该公司全体股东。

根据《上海证券交易所上市公司回购股份实施细则》的有关规定，公司存放于回购专用证券账户的股份不参与利润分配。

3. 差异化分红送转方案。

根据公司2020年年度股东大会审议通过的利润分配方案，以及因公司2020年员工持股计划股票非交易过户事项调整利润分配总额后，公司以实施权益分派股权登记日登记的总股本扣除公司回购专用证券账户持有的股票数量为基数，向全体股东每10股派发现金红利1.00元（含税），每10股送红股4股。截至本公告日，公司总股本为1 044 090 754股。其中，存放于公司回购专用证券账户中的股票数量为416 440股，该部分股票不参与本次利润分配。

实际参与本次利润分配的股份数量为1 043 674 314股。公司拟派发现金红利总额为104 367 431.4元（含税），拟送红股数量为417 469 726股。本次送股后，公司的总股本为1 461 560 480股。本年度公司不进行公积金转增股本。

（资料来源：根据上海证券交易所网站整理，2021年7月12日）

二、股票分割

股份分割（Stock Split）：指股份有限公司将一张较大面额的股票拆成几张较小面额的股票。

股票分割（Share Split）的目的在于通过增加股份数降低每股市价，从而吸引投资者。股票分割不是股利支付方式，但所产生的效果与发放股票股利相似。

和股票股利相同的是，股票分割会使发行在外的股票数量增加，每股市价及每股收益下降，资产和负债的总额及其构成，以及股东权益总额均保持不变。不同之处在于发放股票股利使股本增加，留存收益减少，但每股面值不变；而股票分割不影响企业的留存收益和股本总额，只使每股面值变小。

【例12-4】东方股份公司股票分割前资产负债表如表12-1所示。假设其现按1股换成2股的比例进行股票分割，则其分割后的资产负债表如表12-4所示。

表 12－4　　股票分割后资产负债分布　　金额单位：万元

资产	20 000	负债	8 000
		普通股（面值0.5元，已发行1 000万股）	500
		资本公积	4 500
		留存收益	7 000
		股东权益合计	12 000
资产合计	20 000	负债与股东权益合计	20 000

从企业的角度看，实行股票分割的主要目的有：

1. 降低股票市价。股票分割的主要目的在于通过增加股票股数降低每股市价，从而吸引更多的投资者。因为若企业股票价格过高，不利于股票交易活动，影响企业股票的流通性。若将股票加以分割，降低其面值，增加股份数，便能有效地降低每股市价，从而刺激投资者的入市欲望，促进股票的交易和流通。

2. 传递企业良好发展的信息。股票分割往往是成长中企业的行为，宣布股票分割容易给投资者一种“企业正处于发展之中”的印象，有助于增强投资者对企业的信心。

3. 为新股发行做准备。股票价格过高会使许多潜在的投资者不敢轻易对企业进行投资。如果在新股发行前通过股票分割降低股票市价，则有助于提高股票的流通性和促进市场交易活动，由此增加投资者对股票的投资兴趣，促进新股的发行。

4. 有助于企业并购策略的实施。并购企业在并购前将其股票进行分割，可以提高对被并购企业股东的吸引力。

与股票分割相反，如果企业认为其股票价格过低，不利于其在市场上的声誉和未来的再融资时，为提高股票的价格，会采取反分割措施。反分割又称股票合并或逆向分割，是指将多股股票合并为一股股票的行为。反分割显然会降低股票的流通性，提高企业股票投资的门槛，它向市场传递的信息通常都是不利的。

股票回购（Stock Repurchase）：指上市公司利用现金等方式，从股票市场上购回本公司发行在外的一定数额的普通股股票的行为。

三、股票回购

（一）股票回购动机分析

企业在股票回购完成后可以将所回购的股票注销。但在绝大多数情况下，企业将回购的股票作为“库藏股”保留，不再属于发行在外的股票，且不参与每股收益的计算和分配。库藏股日后可移作他用，如发行可转换债券、雇员福利计划等，或在需要资金时将其出售。股票回购的主要动机有：

1. 防止兼并与收购。随着市场经济的发展和竞争的加剧，敌意并购日渐盛行。因此，许多上市企业大举进军股市，回购本企业股票，以维持控制权。

在企业股票可以自由流通的情况下，虽然便于企业筹集资本，同时也增加了企业被恶意收购的风险。在企业股价较低的情况下，其被收购的风险就较高。股票回购后，权益资本总额是不变的，但是发行在外的股份数量减少。这样，在其他条件不变的情况下，企业每股股票的价格就会上升，从而增加并购成本，降低收购意愿，并且巩固企业管理阶层对企业的控制力，增强市场投资者对企业未来价值提升的信心。

2. 提振投资者信心。上市企业回购股份，通常会释放出股价被低估的信号，是维护二级市场股价的一种手段。回购股份注销后，企业股本减少，使得每股净资产收益率及盈余等指标上升，有利于提振投资者信心。此外，回购股份用于股权激励、员工持股计划等，易于控制成本。

中国市场
股票回购

3. 优化资本结构。大规模借债用于回购股票或支付特殊红利，可以迅速和显著提高长期负债比例和财务杠杆，优化资本结构。重新资本化往往出现在竞争地位相当强、经营进入稳定增长阶段，但长期负债比例过低的企业。由于这类企业具有可观的未充分使用的债务融资能力储备，按照资产预期能够产生的现金流入的风险与资本结构匹配的融资决策准则，平衡财务杠杆，可以优化企业资本结构，降低企业总体资本成本，增加企业价值，从而为股东创造价值。同时，也有助于防止敌意并购袭击。因为在有效的金融市场环境中，具有大量未使用的债务融资能力的企业，往往容易受到敌意并购者的青睐和袭击。

（二）回购方式

1. 场内公开收购（Floor Public Acquisition）。是指上市企业把自己等同于任何潜在的投资者，委托在证券交易所有正式交易席位的证券公司，代自己按照企业股票当前市场价格回购。在国外较为成熟的股票市场上，这一种方式较为流行。

2. 场外协议收购（OTC Agreement Acquisition）。是指股票发行企业与某一类（如国家股）或某几类（如法人股、B 股）投资者直接见面，通过在店头市场协商来回购股票的一种方式。协商的内容包括价格和数量的确定，以及执行时间等。很显然，这一种方式的缺陷就在于透明度比较低，有违于股市“三公”原则。

（三）股票回购主要目的

1. 反收购措施。股票回购在国外经常是作为一种重要的反收购措施而被运用。回购将提高本企业的股价，减少在外流通的股份，给收购方造成更大的收购难度；股票回购后，企业在外流通的股份少了，可以防止浮动股票落入进攻企业手中。

反收购（Anti-takeover）：指目标公司管理层为了防止公司控制权转移而采取的旨在预防或挫败收购本公司的行为。

2. 改善资本结构。股票回购是改善企业资本结构的一个较好途径。利用企业闲置的资金回购一部分股份，虽然降低了企业的实收资本，但是资金得到了充分利用，每股收益也提高了。

3. 稳定企业股价。过低的股价，无疑将对企业经营造成严重影响，股价过低，使人们对企业的信心下降，使消费者对企业产品产生怀疑，削弱了企业出售产品、开拓市场的能力。在这种情况下，企业回购本企业股票以支撑企业股价，有利于改善企业形象，股价在上升过程中，投资者又重新关注企业的运营情况，消费者对企业产品的信任增加，企业也有了进一步配股融资的可能。因此，在股价过低时回购股票，是维护企业形象的有力途径。

4. 建立企业职工持股制度的需要。企业以回购的股票作为奖励优秀经营管理人员、以优惠的价格转让给职工的股票储备。

（四）股票回购的意义

1. 对于股东的意义。股票回购后股东得到的资本利得需缴纳资本利得税，发放现金股利后股东则需缴纳股息税。在前者低于后者的情况下，股东将得到纳税上的好处。另外，各种因素很可能因股票回购而发生变化的，结果是否对股东有利难以预料。也就是说，股票回购对股东利益具有不确定的影响。

2. 对于企业的意义。进行股票回购的最终目的是有利于增加企业的价值：

（1）企业进行股票回购的目的之一是向市场传递股价被低估的信号。股票回购有着与股票发行相反的作用。股票发行被认为是企业股票被高估的信号，如果企业管理层认为企业的股价被低估，通过股票回购，向市场传递了积极信息。股票回购的市场反应通常是提升了股价，有利于稳定企业股票价格。如果回购以后股票仍被低估，剩余股东也可以从低价回购中获利。

（2）当企业可支配的现金流明显超过投资项目所需的现金流时，可以用自由现金流进行股票回购，有助于增加每股盈利水平。股票回购减少了企业自由现金流，起到了降低管理层代理成本的作用。管理层通过股票回购试图使投资者相信企业的股票是具有投资吸引力的，企业没有把股东的钱浪费在收益不好的投资中。

（3）避免股利波动带来的负面影响。当企业剩余现金是暂时的或者是不稳定的，没有把握能够长期维持高股利政策时，可以在维持一个相对稳定的股利支付率的基础上，通过股票回购发放股利。

（4）发挥财务杠杆的作用。如果企业认为资本结构中权益资本的比例较高，可以通过股票回购提高负债比率，改变企业的资本结构，并有助于降低加权平均资本成本。虽然发放现金股利也可以减少股东权益，增加财务杠杆，但两者在收益相同情形下的每股收益不同。特别是如果是通过发行债券融资回购本企业的股票，可以快速提高负债比率。

（5）通过股票回购，可以减少外部流通股的数量，提高了股票价格，在一定程度上降低了企业被收购的风险。

库藏股（Treasury Stock）：指股份有限公司发行后又重新收回，但尚未注销的本公司股票。

（6）调节所有权结构。企业拥有回购的股票（库藏股），可以用来交换被收购或被兼并企业的股票，也可用来满足认股权证持有人认购企业股票或可转换债券持有人转换公司普通股的需要，还可以在执行管理层与员工股票期权时使用，避免发行新股而稀释收益。

我国《公司法》规定，企业只有在以下四种情形下才能回购本公司的股份：

（1）减少公司注册资本；

（2）与持有本公司股份的其他公司合并；

（3）将股份奖励给本公司职工；

（4）股东因对股东大会作出的合并、分立决议持异议，要求公司收购其股份。

案例链接

今年以来上市公司回购金额逾 1 100 亿元

四季度以来，A 股上市公司股份回购热度不减。Wind 数据显示，截至 11 月 24 日收盘，今年以来逾 900 家公司发布股份回购公告并实施回购，合计金额逾 1 100 亿元，其中包括格力电器等龙头企业。

业内人士表示，上市公司回购股份，体现了公司对内在价值和发展前景的信心。但投资者也要理性看待股票回购，深入分析企业价值，做好投资决策。

今年以来，A 股公司股份回购热情高涨。仅 11 月，就有多家上市公司加入股份回购行列。

长春高新 11 月 23 日晚间公告，公司拟以集中竞价交易方式斥资 6 亿元回购股份，回购价格不超过 400 元/股。回购的股份全部用于后期公司及子公司核心团队股权激励。

中国天楹 11 月 11 日晚公告，公司拟以集中竞价交易方式回购股份，回购资金总额不低于 8 亿元，不超过 15 亿元，回购股份价格不超过 6.50 元/股。回购的股份将全部用于实施公司股权激励或员工持股计划。

11月8日晚，东方雨虹发布公告，公司拟以集中竞价交易方式回购部分股份，用于后期实施员工持股计划或股权激励。此次拟用于回购的资金总额不低于10亿元，且不超过20亿元，回购价格不超过55.79元/股。

Wind数据显示，截至11月24日收盘，今年以来936家公司回购金额合计1 177.02亿元。2020年，A股有903家公司进行了股份回购，金额合计684.35亿元。

（资料来源：宋维东：《中国证券报》，2021年11月25日）

本章主要名词概念

股利	股利分配	股利无关论
"在手之鸟"理论	税差理论	股利信号理论
追随者效应理论	代理理论	累积利润
剩余股利政策	固定或稳定增长股利政策	
固定股利支付率政策	低正常股利加额外股利政策	
股票股利	股票分割	股票回购

本章小结

企业一旦获得利润，就要考虑如何对实现的收益进行分配的问题。企业可以选择保留现金并用它去投资或清偿债务，也可将收益以现金等形式支付给股东，这就需要企业在二者之间进行决策，从而形成不同的股利分配政策。本章主要内容包括：

1. 股利分配（Dividend Distribution）应当遵循依法分配原则、分配与积累并重原则、兼顾各方利益原则、投资与收益对等原则。

2. 股利支付形式有现金股利、股票股利、财产股利、负债股利等四种。

3. 股利支付包括股利宣告日、股权登记日、除息日、股利发放日等重要日期。

4. 股利无关论（Dividend Irrelevance）认为，公司股票价格或公司价值完全由投资决策所决定的获利能力所影响，而非取决于公司的股利政策，因而股利政策与公司的市场价值无关，不存在最佳股利政策。

5. "在手之鸟"理论（"Bird-in-the-hand" Theory）认为，由于通过留存收益再投资而获得的资本利得收益的不确定性要高于股利支付的不确定性，因而投资者希望公司维持较高股利支付率的股利政策，股利支付率越高，公司价值越大。

6. 税差理论（Tax Preference Theory）认为，股利收益的所得税税率高于资本利得收益所适用的所得税税率，这样，资本利得收益对股东更有利，所以，公司股利支付率越低，其价值越大。

7. 追随者效应理论（Clientele Effect;）认为，由于每个投资者所处的税收等级不同，因而对企业股利政策有不同的偏好。

8. 股利信号理论（Signaling Hypothesis）认为，管理层与企业外部投资者之间存在着信息不对称，管理层拥有更多的有关企业前景方面的内部信息，股利是管理层向外界传递信息的一种手段。

9. 代理理论（Agency Theory）认为，股利政策有助于减缓管理者与股东之间的代理冲突，即股利政策是协调股东与管理者之间代理关系的一种约束机制。

10. 股利政策影响因素主要有法律因素、股东因素、企业因素和其他因素。

11. 剩余股利政策（Residual Dividend Policy）是指企业的净利润应首先满足企业营利性投资项目对权益资本的需要，如果还有剩余，再用于发放股利。

12. 固定股利政策（Stable Dividend Policy）或稳定增长股利政策是将每年发放的股利固定在某一固定的水平上并在较长时期内保持不变，只有当公司认为未来收益将会显著地、不可逆转地增长时，才提高年度的股利发放额。

13. 固定股利支付率政策（Constant Payout Ratio Policy）亦称变动股利政策，是指公司确定一个股利占净利润的比率即股利支付率，长期按此比率发放股利的政策。

14. 低正常股利加额外股利政策（Regular Dividend Plus Extra Dividend Policy）是指一般情况下，公司每年只支付金额较低的正常股利，在公司经营非常好时，除正常股利外，再加付额外股利，但额外股利并不固定。

15. 股票股利（Stock Dividends）也称送股，是指股份有限公司以股份方式向股东支付的股利。

16. 股票分割（Share Split）又称拆股，是指公司将一张较大面额的股票拆成较小面额股票的行为。股票分割的目的在于通过增加股数降低每股市价，从而吸引投资者。

17. 股票回购（Stock Repurchase）是指上市公司利用现金等方式，从股票市场上购回本公司发行在外的一定数额的普通股股票的行为。

第五篇

短期财务决策

第十三章
流动资产管理

学习目标

学习本章后，您应该做到：

1. 了解营运资本的基本概念；
2. 理解并掌握营运资本财务政策类型与特点；
3. 熟悉并掌握现金最佳持有量确定方法；
4. 熟悉现金日常管理策略；
5. 理解企业持有应收账款的动机；
6. 掌握应收账款信用政策的制定与应用评价；
7. 熟悉存货的功能与存货的相关成本；
8. 理解并掌握存货的经济订货量基本模型及其扩展应用；
9. 掌握存货订货点的确定；
10. 熟悉存货日常管理决策。

学习重点与难点

运用不同营运资本政策进行财务决策；掌握现金最佳持有量确定方法原理及应用；理解应收账款信用政策原理并能进行信用政策分析；掌握存货决策基本模型与扩展应用；熟悉各项流动资产日常管理策略和方法。

学习思维导图

- 流动资产管理
  - 营运资本政策
    - 营运资本概念
    - 营运资本政策
      - 营运资本投资政策
      - 营运资本融资政策
  - 现金管理
    - 现金管理目的
    - 现金持有成本
    - 现金最佳持有量
      - 现金周转模式
      - 存货模式
      - 成本模式
    - 现金日常管理
  - 应收账款管理
    - 持有动机
    - 持有成本
      - 机会成本
      - 管理成本
      - 坏账成本
    - 信用政策
      - 信用标准
      - 信用条件
      - 收账政策
    - 应收账款日常管理
  - 存货管理
    - 存货功能
    - 存货成本
      - 进货成本
      - 储存成本
      - 缺货成本
    - 存货经济批量
      - 假设条件
      - 经济订货量模型
        - 基本模型
        - 模型扩展
    - 存货订货点
    - 存货日常管理
      - ABC 分类控制
      - 计算机存货控制系统
      - 适时存货控制系统

引 导 案 例

三年现金流两年为负今年上半年经营净额 17.41 万元

2014～2016 年，振静股份有限公司经营活动产生的现金流量净额在三年中两年为负值。

公司称，2014 年，公司成立不久，随着存货和应收款项的增加，经营活动现金流量净额为负数；2015 年，随着应收款项逐渐收回，经营活动现金流量净额转为正数；随着公司不断发展，2016 年，应收票据、应收账款、预付账款逐渐增加，经营活动现金流量净额有所下降；2017 年 1～6 月，随着公司销售规模扩大，公司储存更多存货，经营活动现金流量净额较低。

2017 年上半年存货金额 3.7 亿元

公司称，存货余额较大原因主要有：市场需求增加、经营规模扩大；采购周期较长；生产过程复杂、生产周期较长；采购价格下降，公司适当备货。

报告期内，公司与兴业科技存货周转率均较低，主要是皮革生产周期较长，且原皮主要依赖进口，运输时间较长，澳大利亚装船后运输到公司需要一个月以上。公司存货主要形态是蓝皮，蓝皮具有不易变质、可以长时间储存的特点，不存在跌价风险。

应收账款上涨 2016 年占流动资产比例 22.54%

2014～2017 年 1～6 月，公司应收账款余额中超过信用期而逾期的金额分别为 161.94 万元、588.71 万元、310.37 万元、584.56 万元。逾期金额占应收账款比例分别为 4.37%、6.18%、2.36%、4.63%。逾期金额回款比例分别为 100.00%、100.00%、96.85%、96.10%。公司称，各期末应收账款余额存在部分应收账款逾期情况，少数客户未及时回款，但逾期期限较短，且逾期金额在期后基本能够收回。

报告期内，随着公司业务规模增长，应收账款规模随之扩大。2015 年末应收账款净额较 2014 年末增加 5 538.42 万元；2016 年末应收账款净额较 2015 年末增加 3 449.49 万元；2017 年 6 月末应收账款净额较 2016 年末减少 515.62 万元。公司提示风险，如果未来出现应收账款不能按期收回或无法收回发生坏账的情况，公司的资金使用效率和经营业绩将受到不利影响。

（资料来源：《振静股份三年现金流两年为负　存货多负债高压力山大》，中国经济网，2017 年 11 月 14 日）

第一节　营运资本管理

一、营运资本的相关概念

（一）营运资本

营运资本（Working Capital），又称营运资金，对其解释有广义和狭义之分。广义的营运资本又称总营运资本，是指企业生产经营活

“营运资本”的由来

动中占用在流动资产上的资金总额，主要用于研究企业资产的流动性和周转状况。狭义的营运资本又称净营运资本（Net Working Capital），是指企业流动资产减去流动负债后的余额。我们通常所说的营运资本是指净营运资本（本章没有特别说明，营运资本的概念均为狭义概念）。企业营运资本的持有状况和管理水平直接关系到企业的盈利能力和财务风险两个方面。企业控制营运资本的持有数量，既要防止营运资本不足，也要避免营运资本过多。较高的营运资本可以提升企业的偿债能力，降低其财务风险，但收益性也会下降；相反，较低的营运资本虽然可能会提高企业的盈利能力，但却使企业的财务风险增大。因此，企业需要在风险和收益之间进行权衡，将营运资本的数量控制在一定范围之内。

用于购买企业流动资产的资金中，来自流动负债的部分由于面临债权人的短期索求权，而无法供企业在较长期限内自由使用；而扣除短期负债后的剩余部分（即狭义营运资本）则能为企业提供一个宽松的自由使用空间。营运资本是企业流动资产的有机组成部分，因其具有较强的流动性而成为企业日常经营活动的润滑剂和衡量企业短期偿债能力的重要指标。在客观上存在现金流入量与流出量不同步和不确定的现实情况下，企业持有一定量的营运资本十分重要。营运资本的管理包括流动资产的管理和流动负债的管理。

（二）波动性流动资产和稳定性流动资产

流动资产（Current Assets）：企业可以在一年或者超过一年的一个营业周期内变现或运用的资产。

流动资产具有占用时间短、周转快、易变现等特点，企业拥有流动资产，可以在一定程度上降低财务风险。根据财务管理需要，我们可把流动资产分为波动性流动资产和稳定性流动资产。

1. 波动性流动资产（Temporary Current Assets）。波动性流动资产是指那些受季节性、周期性影响的流动资产，如季节性存货、销售和经营旺季的应收账款等。

2. 稳定性流动资产（Permanent Current Assets）。稳定性流动资产是指那些即使企业处于经营低谷也仍然需要保留的、用于满足企业长期稳定需要的流动资产。

（三）主动性流动负债和自发性流动负债

流动负债（Current Liabilities）：将在一年内或超过一年的一个营业周期内偿还的债务。

流动负债具有成本低、偿还期短等特点。根据财务管理的需要，可把流动负债分为主动性流动负债和自发性流动负债。

1. 主动性流动负债（Active Current Liabilities）。主动性流动负债是指为满足临时性资金需求所发生的负债。例如，商业零售企业为满足节假日销售需要，超量购入货物而举借的债务；食品制造企业为赶制季节性食品，大量购入某种原材料而发生的借款；等等。

2. 自发性流动负债（Spontaneous Current Liabilities）。自发性流动负债是指直接产生于企业持续经营中的负债，如商业信用筹资和日常经营活动中产生的其他应付款、应付职工薪酬、应付利息、应交税金等。

自发性流动负债（Spontaneous Current Liabilities）：指产生于一般性商业过程的融资，应付账款和应计账户是这种负债的两种主要来源。

二、营运资本财务政策

企业针对自身经营情况制定短期财务政策，就是为了能够有效地运用营运资本，增加企业的净现金流入量，从而增加企业价值。

营运资本财务政策包括两个方面：一是流动资产投资政策，即确定流动资产投资总额和各项流动资产目标投资额的政策；二是营运资本融资政策，即如何确定流动资产资金来源的政策。

（一）流动资产投资政策

企业制定流动资产投资政策（Current Assets Investment Policy）时，要在获利能力和短期偿债风险之间进行权衡。这是因为：（1）从获利角度来看，如果流动资产占用较多，一方面将不会产生额外利润，另一方面却会增加企业的融资需求，从而引起筹资成本和利息支出；相反，如果流动资产占用较少，企业可以在维持其正常经营的同时，减少对企业融资的需求，从而可以降低融资成本，提高收益。（2）从风险角度来看，流动资产占用较多，在某种程度上意味着企业短期偿债能力有一定的保障，从而可以降低短期支付风险；反之则相反。因此，权衡获利性与风险性是流动资产投资政策所需要考虑的主要原则，这一原则将贯穿营运资本管理的始终。

流动资产投资政策（Current Assets Investment Policy）：指企业一定时期内对流动资产投资规模的选择。其目的是节省流动资金使用和公用，实现满意的投资回报。

在现实中，不同行业、不同经营规模、不同利率水平等因素，都可能使企业的流动资产占用水平呈现各异。一般认为，企业在流动资产的占用水平上存在三种可能的投资策略，其与企业销售水平之间的关系如图 13－1 所示。

1. 宽松（稳健）投资政策。宽松（稳健）投资政策（Relaxed Investment Policy）是指企业在安排流动资产数量时，在正常经营需要量和正常保险储备基础上，再加上一部分额外的储备量，以便降低企业的风险。这种策略属于保守投资政策，图 13－1 中的甲方案便属于这样一种政策。在这种投资策略下，流动资产的营利性低，企业投资报酬率一般较低，但由于流动资产变现能力强，其短期偿付风险相对较小。

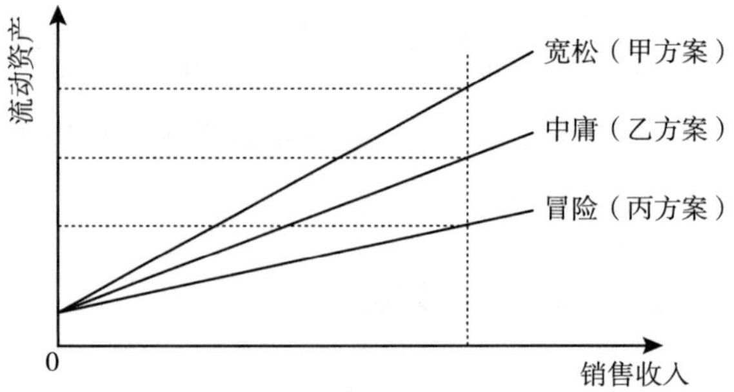

图 13－1　流动资产投资政策

2. 冒险（激进）投资政策。冒险（激进）投资政策（Aggressive Investment Policy）是指企业在安排流动资产数量时，只安排正常生产经营所需的资产投入，而不安排或很少安排除正常需要外的额外资产（如采购的材料只满足正常需要，而不考虑安全储备需要）。图 13－1 中的丙方案便属于冒险投资策略。在采用冒险的投资政策时，因为流动资产比重低，企业投资报酬率相对较高，但由于整体资产变现能力偏弱，短期支付风险相对较高。

3. 中庸（折中）投资政策。中庸（折中）投资政策（Moderate Investment Policy）处于保守与激进之间，是指企业在保证流动资产正常经营所需的情况下，适当安排一定的保险储备，以防不测。图 13－1 中的乙方案便属于此类政策。

【例 13－1】 东方股份公司预计 2022 年度销售收入为 1 500 万元，预期息税前利润为 130 万元。该公司固定及其他长期资产总额为 400 万元，流动负债为 300 万元。现在公司决策部门拟考虑以下三种可供选择的营运资本投资方案：

甲方案（激进性政策）：流动资产投资为 450 万元；

乙方案（中庸性政策）：流动资产投资为 600 万元；

丙方案（稳健性政策）：流动资产投资为 750 万元。

假定该公司销售收入水平和息税前利润水平在各种营运资本政策下均保持不变。现根据上述资料将三种营运资本投资政策的计算分析结果列示，如表 13－1 所示。

表 13－1　　**不同营运资本投资方案**　　金额单位：万元

行次	项目	甲方案	乙方案	丙方案
1	流动资产	450	600	750
2	固定及其他长期资产	400	400	400
3	资产总额	850	1 000	1 150

续表

行次	项目	甲方案	乙方案	丙方案
4	流动负债	300	300	300
5	长期负债及股东权益	550	700	850
6	预期销售收入	1 500	1 500	1 500
7	预期息税前利润	130	130	130
8	总资产报酬率（7/3）	15. 29%	13%	11. 30%
9	营运资本净额（1 -4）	150	300	450
10	流动比率（1/4）	1. 5	2	2. 5

从表 13 -1 中可知，在其他条件不变的情况下，随着流动资产投资的不断增加，公司的总资产报酬率由 15. 29% 降至 11. 30%；而流动比率则从 1. 50 增至 2. 50，公司的短期偿债风险变小。这意味着流动资产投资额的高低与回报率和风险呈反方向变化。

（二）营运资本融资政策

前已述及，企业的营运资本可以分为波动性营运资本和稳定性营运资本。与此相对应，企业的资金来源也可以分为波动性资金来源和稳定性资金来源两部分。营运资本融资政策（Working Capital Financing Policy）是针对企业如何安排波动性流动资产和稳定性流动资产的资金来源而言的，一般分为三种，即配合型融资政策、激进型融资政策和稳健型融资政策。

营运资本融资政策（Working Capital Financing Policy）：指企业一定时期内如何安排波动性流动资产和稳定性流动资产的资金来源比例问题的政策。

1. 配合型融资政策。配合型融资政策（Matching Financing Policy）是一种理想的、对企业有着较高资金使用要求的营运资金融资政策。配合型融资政策的特点是：对于波动性流动资产，运用主动性流动负债筹集资金满足其资金的需要；对于稳定性流动资产和固定资产，运用长期负债、自发性负债和权益资本筹集资金满足资金需要。配合型融资政策如图 13 -2 所示。

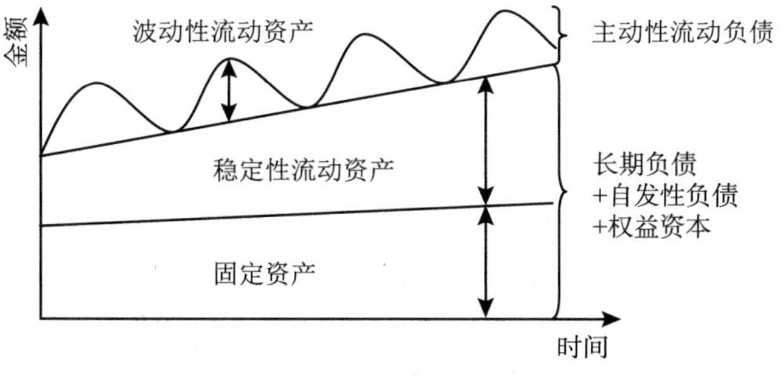

图 13 -2　配合型融资政策

配合型融资政策要求企业临时负债筹资计划严密，实现现金流动与预计安排相一致。在季节性低谷时，企业应当除了自发性负债外没有其他流动负债；只有在波动性流动资产的需求高峰期，企业才举借各种临时性债务。

【例 13－2】 东方股份公司是一家季节性生产企业，在生产经营的淡季一般需占用600 万元的流动资产和1 000 万元的固定资产；在生产经营的高峰期，会额外增加400 万元的季节性存货需求。配合型融资策略的做法是：公司只在生产经营的高峰期才借入400 万元的短期借款；不论何时，1 600 万元永久性资产（即600 万元的流动资产和1 000 万元的固定资产之和）均由长期负债、自发性负债和权益资本解决其资金需要。

配合型融资政策的基本思想是将资产与负债的期间相配合，以降低企业不能偿还到期债务的风险和尽可能降低债务的资本成本。但是，事实上由于资产使用寿命的不确定，往往达不到资产与负债的完全配合。如上所述，一旦企业生产经营高峰期内的销售不理想，未能取得销售现金收入，便会发生偿还临时性负债的困难。

2. 激进型融资政策。激进型融资政策（Aggressive Financing Policy）是一种收益性和风险性均较高的融资政策。激进型融资政策的特点是：主动性流动负债不但要满足波动性流动资产的资金需要，还解决部分永久性资产的资金需要。激进型融资政策如图 13－3 所示。

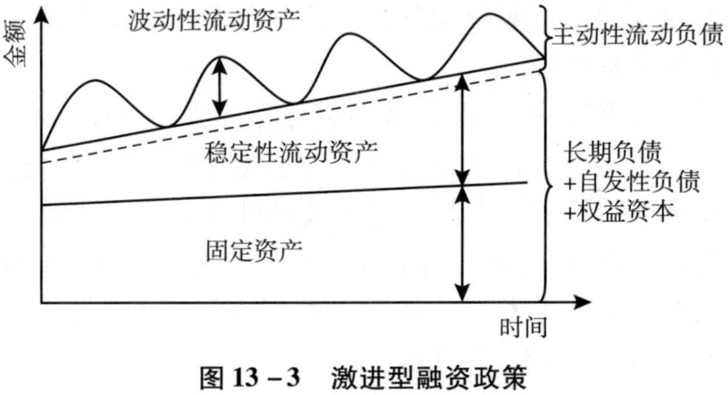

图 13－3　激进型融资政策

由图 13－3 我们可以看到，在激进型融资政策下主动性流动负债在企业全部资金来源中所占比重大于配合型融资策略。

【例 13－3】 承〖例 13－2〗资料，东方股份公司生产经营淡季占用600 万元的流动资产和1 000 万元的固定资产，在生产经营的高峰，额外增加400 万元的季节性存货需求。如果公司的权益资本、长期负债和自发性负债的融资额低于1 600 万元（即低于正常经营期的流动资产和固定资产之和），比如只有 1 000 万元甚至更少，那么就会有600万元或者更多的永久性资产和400万元的波动性流动资产（在经营高峰期内）由主动性流动负债筹资解决。这种情况，表明公司实行的是激进型融资政策。

由于主动性流动负债（如短期银行借款）的资本成本一般低于长期负债和权益性资本的资本成本，而激进型融资政策下主动性流动负债所占比重较大，所以该政策下企业的资本成本较低。但是，为了满足永久性资产的长期资金需要，企业必然要在主动性流动负债到期后重新举债或申请债务展期，从而加大筹资困难和风险；还可能面临由于短期负债利率的变动而增加企业资本成本的风险。

3. 稳健型融资政策。稳健型融资政策（Conservative Financing Policy）是一种风险性和收益性均较低的营运资本融资政策。稳健型融资政策的特点：主动性流动负债只融通部分波动性流动资产的资金需求，另一部分波动性流动资产和永久性资产，则由长期负债、自发性负债和权益资本作为资金来源，如图13－4所示。

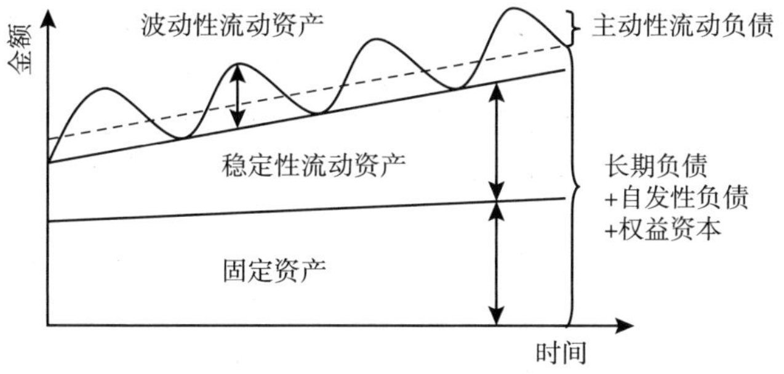

图13－4　稳健型融资政策

从图13－4我们可以看到，与配合型融资政策相比，稳健型融资政策下的主动性流动负债占企业资金来源的比例较小。

【例13－4】承〖例13－2〗资料，如果东方股份公司只是在生产经营的旺季借入资金低于400万元，比如小于200万元的短期借款，而无论何时的长期负债、自发性负债和权益资本之和总是高于1 600万元，假如达到1 800万元，那么旺季季节性存货的资金需求只有一部分（200万元），靠当时的短期借款解决，其余部分的季节性存货和全部永久性资金需要则由长期负债、自发性负债和权益性资本提供。而在生产经营的淡季，公司则可将闲置的资金（200万元）投资于短期有价证券。这种政策下由于临时性负债所占比重较小，所以公司无法偿还到期债务的风险较低，同时蒙受短期利率变动损失的风险也较低。然而，却会因长期负债资本成本高于临时性负债的资本成本，以及经营淡季时仍需负担长期负债利息，从而降低公司的收益。

一般地说，如果企业能够驾驭资金的使用，采用收益和风险配合较为适中的配合型营运资本融资政策是有利的。

案例链接

资料显示，金地集团发布2012年度三季报显示，今年前三个季度公司累计实现营业收入117.4亿元，同比增长81%，实现净利润9.2亿元，同比增长92%。其中，第三季度归属母公司净利润为4.18亿元，同比增幅高达271.34倍。

据了解，继今年9月斥资16.54亿港元收购香港上市公司星狮地产56.05%股份之后，公司的全资附属公司金地国际投资有限公司在境外定价发行3.5亿美元（约21.70亿元人民币）五年期固息债券。

事实上，现在银行完全严格执行国家相关政策，不放松贷款发放额度，在国内融资受阻情况下，海外市场成为低成本融资的一条捷径，有条件的房企纷纷加速海外融资之路。在这种背景下，标杆房企的海外融资进程加快。今年前4个月，中海和华润在海外市场上分别融资约127亿元和54亿元，主要采用银团贷款和发行债券的形式。

但是在年初，标准普尔的研究报告指出，激进的债券发行对中资房地产开发商的信用状况施压。标普地产分析师符蓓表示，杠杆性提升所带来的负面影响将会超过债务到期状况和流动性改善所带来的正面影响，激进的债务融资支持的扩张依旧是评级的主要风险之一。如果目前的市场状况迅速恶化，一些发债人的评级将有可能面临下调的风险。

债券发行的融资所得仅能暂时改善流动性，因房地产商始终在寻找机会进行扩张和买地。很多房地产商近年主要通过债务融资实现扩张，除非它们扭转自身的发展计划，否则借款规模将继续上升。而标普认为这种情景不太可能出现。

（资料来源：张冰：《金地集团激进再融资　隐忧不容忽视》，金融界网站，2012年11月22日）

试一试：走访几家公司，调查了解公司在营运资本管理方面采取什么样的管理策略？它们属于哪种类型？并将不同的管理策略进行比较。

第二节　现金管理

一、现金管理目的

现金是可以立即投入流动的交换媒介。它的首要特点是普遍的可接受性，即可以立即用来购买商品、货物、劳务或偿还债务。因此，现金是企业中流动性最强的资产。企业持有一定数量的现金主要有以下三个方面的需要：

1. 交易性需要。交易性需要（Transaction Need）即满足企业正常生产经营秩序下日常业务的现金需要。企业经常得到收入，也经常发生支出，两者不可能同步同量。收入多于支出，形成现金置存；收入少于支出，形成现金缺口。因此，企业必须维持适当的现金余额，才能使业务活动正常地进行下去。

视频　现金管理——持有现金动机与成本

2. 预防性需要。预防性需要（Preventive Need）即企业为应付紧急情况而保留的现金支付能力。由于市场行情的瞬息万变和其他各种不确定因素，企业通常难以对未来现金流入和现金流出量做出准确的估计和预期。因此，在正常现金需要量的基础上，追加一定的现金余额以应付未来现金流入和流出的随机波动，是企业在确定现金持有量时应当考虑的因素。一般来说，企业现金流量的不确定性越大，预防性现金的数额也就越大；反之，企业现金流量的可预测性强，预防性现金数额可小些。此外，预防性现金数额还与企业的借款能力有关，如果企业能够很容易地借到短期资金，就可以减少预防性现金的数额。

3. 投机性需要。投机性需要（Speculative Need）即企业为了抓住各种瞬息即逝的市场机会，获取较大的利益而准备的现金支付能力。投机性需要用于不寻常的购买机会，比如遇有廉价原材料或其他资产的供应机会，便可用手头现金大量买入；再比如在适当时机购入价格有利的股票和其他有价证券；等等。

企业缺少必要的现金，将不能应付业务开支，使企业遭受损失。如果企业置存过量的现金，又会因这些资金不能投入到周转无法取得盈利而遭受另外一些损失。在正常情况下，流动性越强的资产，其收益性越低，企业的库存现金没有收益，银行存款的利息率也远远低于企业的资金利润率。现金结余过多，会降低企业的收益；而现金太少，有可能会出现现金短缺，影响生产经营活动。这样，企业便面临现金不足和现金过量两个方面的威胁。企业现金管理的目标就是在资产的流动性和盈利能力之间做出抉择，应力求做到既保证企业交易所需资金，降低风险，又避免造成企业有过多的闲置资金。

想一想：公司持有现金还有其他动机和要求吗？能否举例说明。

二、现金最佳持有量确定

现金是一种流动性最强的资产，也是一种盈利性最差的资产。现金过多，会使企业盈利水平下降，而现金太少，又有可能出现现金短缺，影响生产经营。所以企业必须确定货币资金的最佳持有数量（Optimal Cash Balance）。确定了这个数额之后，企业应严格把握住这个数额。一旦货币持有量超过该额度，即应将多余部分迅速追加于生产经营活动或从事短期投资或偿付短期债务；而当货币持有量低于该额度时，即使有盈利甚丰的有价证券，企业也不应当贸然投资。因此，如何科学地确定现金持有量对于企业非常重要的。

现金最佳持有量（Optimal Cash Balance）：指企业拥有的现金既满足生产经营需要，又使现金使用效率和效益最高时的持有量。

案 例 链 接

322家上市公司披露2020年年报　43家现金流充裕

随着年报、季报披露季的到来，业内人士一致认为，A股公司的财务报表上，两个重要指标揭示出经营的主要成果，一是净利润，二是经营性净现金流。前者是做了多少生意，后者是收回来多少钱。

现金流无疑是企业赖以生存的血液。疫情之下，现金流对企业维持自身生存有着关键作用，更是成为近期业内人士共识。

《证券日报》记者根据同花顺统计发现，截至3月21日，沪深两市已有322家上市公司披露了2020年年度业绩。其中，有232家公司实现年报净利润同比增长，占逾七成。

“成长为先，现金为王”。金百临咨询分析师秦洪在接受《证券日报》记者采访时表示，“股票市场首先强调的是成长性，在此前提下，现金流充裕的企业自然更值得关注。经营性现金流增长，其实也说明三个问题：一是企业的经营效率，现金流越高，意味着应收账款周转率等经营要素周转快；二是上下游的议价能力，因为只有议价能力强、技术等垄断优势明显的企业，才可以获得更高的现金流；三是说明产品的畅销能力。所以，越是现金流高的公司，越具有较为确定、乐观的发展前景。”

记者进一步梳理发现，在上述232只业绩增长股中，2020年每股经营活动产生的现金流量净额为正的公司有166家，占比逾七成，其中，报告期内每股经营性活动现金流量净额在1元及以上的公司有43家，表明这些公司的经营性现金流充裕。

从行业来看，上述43家公司，主要扎堆在计算机、化工、医药生物、电子、机械设备和非银金融等行业。以科技为主导的电子和计算机行业，共有12家公司。可见，科技领域不但是成长白马股的集中地，更是有“钱”景公司聚集处。

（资料来源：张颖：《证券日报》，2021年3月22日）

现金周转模式（Cash Flow Model）：指以现金周转期来确定最佳现金持有量的模式。

（一）现金周转模式

现金周转期（Cash Conversion Cycle）是指从现金投入生产经营开始，到最终转化为现金的过程。它大体包括如下三个方面：

1. 存货周转期。存货周转期是指将原材料转化成产品并出售所需要的时间。

2. 应收账款周转期。应收账款周转期是指将应收账款转换为现金所需要的时间，即从产品销售到收回现金的时间。

3. 应付账款周转期。应付账款周转期是指从收到尚未付款的材料开始到现金支出之间所用的时间。

视频 现金最佳持有量（上）

现金周转期的计算公式如下：

现金周转期 = 存货周转期 + 应收账款周转期 − 应付账款周转期　　(13 − 1)

现金周转期确定之后，便可确定最佳现金持有量。其计算公式如下：

最佳现金持有量 = 企业年现金需求总额 ÷ 360 × 现金周转期　　(13 − 2)

现金周转期就是现金周转一次所需要的天数。根据现金周转期可以计算出现金周转率，即一年中现金周转的次数。其计算公式如下：

现金周转率 = 360 ÷ 现金周转期　　(13 − 3)

【例 13 − 5】 东方股份公司预计存货周转期为 50 天，应收账款周转期为 20 天，应付账款周转期 30 天，预计全年需要现金 450 万元，计算最佳现金持有量。

现金周转期 = 50 + 20 − 30 = 40（天）

现金周转率 = 360 ÷ 40 = 9（次）

最佳现金持有量 = 450 ÷ 9 = 50（万元）

现金周转模式简单明了，易于计算，但是这种方法必须满足如下条件：（1）必须能够根据往年的历史资料准确地测算出现金周转次数，并假定未来年度与历史年度周转效率基本一致。（2）未来年度的现金总需求量根据产销计划应该能够比较准确地预计。如果以上假设条件不能全部满足，则求得的最佳现金持有量会出现偏差。

（二）存货模式

确定现金最佳余额的存货模式来源于存货的经济批量模型。这一模式最早由美国学者威廉·鲍曼（William Baumol）于 1952 年提出，故又称鲍曼模型（Baumol Model）。

存货模式（Inventory Model）：指将存货经济进货批量模型原理用于确定最佳现金持有量的模式。

在采用存货模式测算现金的最佳持有量及有关指标时，需要满足如下条件：第一，企业多余的现金都投资于有价证券，短期有价证券投资组合内有足够的资源可随时转换为现金；第二，企业未来年度的现金流转情况可以比较准确的预测，现金流转是有规律的，每次转换可生成大量的现金流入并逐渐流出，当现金余额接近于零时再重复同样的过程。现金最佳持有量的存货模型如图 13 − 5 所示。

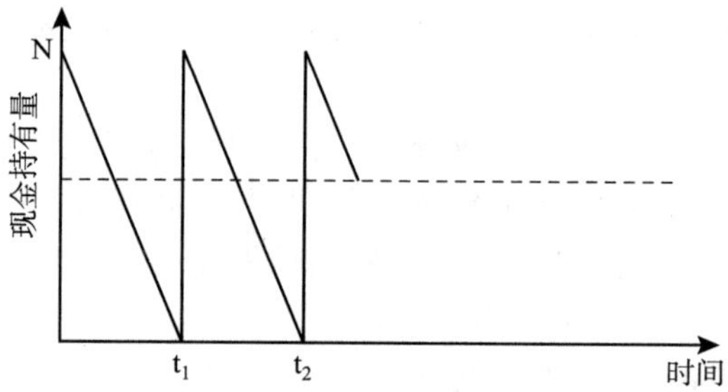

图 13－5　现金余额确定的存货模式

图 13－5 中，假定企业的现金支出需要在某一期间（如 1 个月）内是稳定的。企业原有 N 元资金，当该笔现金在 t_1 时用掉之后，出售 N 元有价证券补充现金；等到这笔现金到 t_2 时又使用完了，然后再出售 N 元有价证券补充现金。这样不断重复。

在存货模式下，与现金持有量相关的成本主要包括现金持有成本和现金转换成本。

1. 现金持有成本，即持有现金时所放弃的机会成本，这种成本通常为有价证券的利息率，它与现金余额成正比例变化。

2. 现金转换成本，即现金转换与有价证券转换时发生的成本，如经纪人费用、税收或其他管理成本，转换成本与转换次数成正比。

3. 最佳现金持有量。最佳现金持有量受现金持有成本（Holding Cost）和现金转换成本（Conversion Cost）的共同影响。持有现金的数量越多，现金持有成本越高，转换成本相对减少；持有现金余额数量越少，现金持有成本越低，转换成本则会相应增加，持有成本和转换成本的关系如图 13－6 所示。

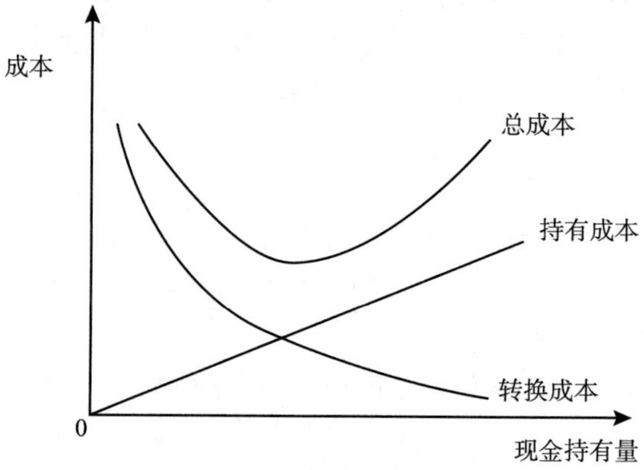

图 13－6　最佳现金持有量

最佳现金持有量，是指使现金持有成本和转换成本之和最小的现金持有量。

假设：TC——总成本；

b——现金与有价证券的转换成本；

T——特定时间内的现金需求总量；

Q——最佳现金持有数量；

i——短期有价证券利率。

则：
$$TC(Q)=\frac{Q}{2}\times i+\frac{T}{Q}\times b \qquad (13-4)$$

由图 13-6 可以看到，TC 是一条凹形曲线，所以对公式（13-4）求导，可得到 Q 的最小值①，即最佳现金持有量：

$$Q=\sqrt{\frac{2Tb}{i}} \qquad (13-5)$$

【例 13-6】 东方股份公司预计全年需要现金 800 000 元，现金与原有价证券的转换成本为每次 100 元，有价证券的利息率为 10%，则最佳现金持有量为：

$$Q=\sqrt{\frac{2\times 800\ 000\times 100}{10\%}}=40\ 000\text{（元）}$$

存货模式可以精确地测算出最佳现金持有量和变现次数，表述了现金管理中基本的成本结构，它对加强企业的现金管理有一定作用。但是，这种模式以货币支出均匀发生、现金持有成本和转换成本易于预测为前提条件。因此，只有在上述因素比较确定的条件下才能使用此种方法。

（三）成本分析模式

视频 现金最佳持有量（下）

成本分析模式（Cost Analysis Model）的基本思想就是要求持有现金的相关总成本最低，此时对应的现金额为最佳持有量。持有现金的总成本包括机会成本、管理成本和短缺成本。

1. 机会成本。现金资产一般认为是非营利性资产，库存现金没有任何直接收益，银行存款中虽然有利息收益，但是其数额是非常小的。如果企业将现金用于投资，则可能像企业其他资金一样获得大致相同的利润率，如对外贷款也可以获得按当时资本市场利率计算的利息收入。企业为持有一定数量的现金，而放弃了的获利机会，即为机会成本。机会成本（Opportunity Cost）一般可用企业投资报酬率来表示。通常认为，金融市场的利率越高，企业的投资报酬率越高，则持有现金资产的成本也就越大。所以，这就要求企业财务人员在既保持企业一定现金存量也不丧失投资机会获利的可能性之间进行合理的抉

① $d(Q)=\frac{i}{2}+\frac{Tb}{-Q^2}$，令 $d(Q)=0$，可得公式（13-5）。

择，选择最合理的现金持有量。

2. 管理成本。管理成本（Administration Cost）是指从事现金收支保管与有关管理活动的各种费用开支。如支付有关人员的工资、支付保险装置费用、建立内部控制措施及颁发而引发的费用等。在大多数情况下，管理成本是固定的，在一定的相关范围内不随现金余额的多少而变动。

3. 短缺成本。短缺成本（Shortage Cost）是指企业现金持有不足而导致企业不能应付日常业务开支产生的损失。现金的短缺成本可以表现为：由于现金不足导致企业不能维持生产经营所需的原材料及其他各项开支而对企业造成的损失；由于现金短缺不能按时付款，而失信于供货单位，造成供货方以后拒绝供货或不能延期付款的代价或者不能在信用期内享受有利的现金折扣，甚至丧失偿债能力。

想一想：你手中持有的现金会发生什么样的成本？这些成本与现金持有量之间是一种什么关系？与同学们一起讨论。

最佳现金持有量的成本分析模式，就是对以上三种不同的现金持有成本进行分析，力求使三种成本的总和为最低。成本分析模式如图13－7所示，将以上三种成本加总在一起得出的总成本在图13－7上表现为一条开口向上的抛物线，抛物线的最低点即为最佳现金持有量所在的点。此点之前，短缺成本上升造成的损失会大于机会成本下降带来的好处；超过此点，现金机会成本上升造成的损失会大于短缺成本下降带来的好处，二者都会使总成本提高。

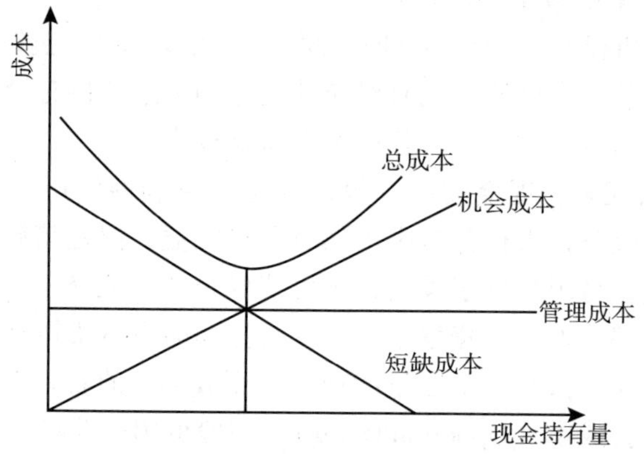

图13－7　现金持有量与相关成本

【例13－7】东方股份公司财务人员为了提高现金管理水平和效率，寻求现金最佳持有量，现拟订以下四种现金持有量的备选方案，如表13－2所示。

表 13－2　　不同现金持有量下相关成本分析　　金额单位：元

指标	甲方案	乙方案	丙方案	丁方案
现金持有量	40 000	50 000	60 000	80 000
机会成本	6 000	7 500	9 000	12 000
管理成本	5 000	5 000	5 000	5 000
短缺成本	5 000	2 500	1 500	750
总成本	16 000	15 000	15 500	17 750

注：投资成本按公司资产平均收益率 15% 计算。

由表 13－2 可知，上述四种方案中，乙方案的总成本最低，所以乙方案为最优方案，50 000 元为最佳现金持有量，此时的总成本为 15 000 元。

案例链接

中国商飞成都有限公司副总会计师左严强告诉记者，每个企业的现金流管理都应当是个性化的，因为每个企业所处的发展阶段和奉行的战略不一样。比如，对于一个处在高速成长阶段的中小型企业来说，它靠经营活动产生的现金流可以是负的，只要它能锁定中长期外部资金的支撑就好。而对于一个已经处在发展缓慢、高度竞争环境下的大型企业来说，它自身现金流的产生能力就很重要。此时，财务重组、业务重组、流动资本管理的改善，都会对企业的现金流状况产生深远的影响。因此，在左严强看来，如果要想打造一个健康的、有真正竞争力的企业，那就绝不可以将现金流管理简单地理解成“有足够的现金应对危机”。

在企业运营过程中，现金流的重要性不言而喻。现金流强有力地支撑着企业价值。可以说，现金流就像企业的“血液”一样，只有让企业的“血液”顺畅循环，企业才能健康成长。眼下，如何通过现金流量相关指标分析企业潜在的财务风险和未来风险，如何通过改善现金流量来防范、规避财务风险，早已成为 CFO 的必修课。找到风险与收益的平衡点。事实上，就短期而言，企业能否维持下去，并不完全取决于是否盈利，而取决于是否有足够的资金用于各种支出。一直以来，在企业的各项业务运作过程中，现金流量与财务风险监测和控制就相互渗透、互相补充。放眼企业的整个生命周期，现金流量和财务风险始终是相互关联的。

现金流是企业的生命线。如何确定最佳现金流量？答案或许就是：企业应该在降低风险与增加收益之间，寻求一个平衡点。

（资料来源：肖祯：《防范风险要牵住现金这个牛鼻子》，载于《中国会计报》2014 年 8 月 29 日）

三、现金预算

现金预算（Cash Budget）：指反映企业一定时期内预计现金流入和现金流出状况的预算。

现金预算的内容包括现金收入、现金支出和现金多余或不足以及现金运用和现金筹措等项目。为保证企业生产经营活动的正常运行，财务管理部门应结合企业的日常预算和各种投资决策预算，预测各期现金流的变化趋势，对现金不足的情况要及时采用借款等方式筹资；对现金多余的情况则要积极寻求各种投资机会，避免资金的闲置浪费。

【例 13－8】东方股份公司 2023 年的现金预算如表 13－3 所示。

表 13－3　　现金预算　　单位：元

项目	第一季度	第二季度	第三季度	第四季度	全年合计
期初现金余额	9 500	8 640	7 690	8 920	9 500
加：销售现金收入	69 500	77 360	79 200	109 180	335 240
可供使用现金	79 000	86 000	86 890	118 100	344 740
减：现金支出					
直接材料	17 680	19 680	20 010	26 120	83 490
直接人工	27 380	28 360	29 120	32 310	117 170
制造费用	11 350	12 540	13 450	15 230	52 570
销售与管理费用	12 450	13 230	13 890	14 450	54 020
购买设备	—	23 000	—	—	23 000
预交所得税	1 500	1 500	1 500	1 500	6 000
支出合计	70 360	98 310	77 970	89 610	336 250
现金余缺	8 640	(12 310)	8 920	28 490	8 490
资金的筹集与运用					
银行借款		20 000			20 000
偿还银行借款本金				(20 000)	(20 000)
利息				(900)	(900)
期末现金余额	8 640	7 690	8 920	7 590	7 590

其中，“期初现金余额”来自 2022 年资产负债表货币资金期末余额；“销售现金收入”来自销售预算；“直接材料”来自材料预算；“直接人工”来自人工预算；“制造费用”来自制造费用预算；“销售与管理费用”来自销售与管理费用预算；“购买设备”来自资本支出预算；“预交所得税”为利润规划时估算获得。此外，现金余额不足

时，需向银行借款，借款金额为5 000元的倍数，偿还银行借款为季初借入，季末偿还且同时偿还相应利息，借款利率为6%；假设企业各季度期末需要保持5 000元的现金余额。

四、现金日常管理策略

现金日常管理的目标在于提高现金的使用效率。在过去的几十年间，现金管理技术有了很大发展，主要原因有：第一，从20世纪80年代以来，不断提高的利率水平直接导致企业持有现金的机会成本增加，从而激励财务经理选择更加有效的方法和技术管理现金。第二，随着科学技术的发展，特别是“互联网+”技术的广泛使用，商品交易普遍实现了电子转账，加速了现金管理技术的改进和提高。

（一）加速收款

加速收款（Acceleration of Receipts）的关键在于加速资金周转。缩短现金收回的时间，可以提高现金的使用效率。企业应在不影响未来销售的情况下，尽量加快现金的收回，即在缩短收款时间和吸引顾客之间进行权衡，实行妥善的收款政策。如果现金折扣在经济上可行，应尽量采用，以加速账款的收回。企业加速收款的任务就是要使顾客早付款从而使企业得到可用于再投资的现金。为此，必须满足以下要求：（1）减少顾客付款的邮寄时间；（2）减少企业收到顾客开来的支票与支票兑现之间的时间；（3）加速资金存入自己往来银行的过程。为达到这三点要求，可采用如下措施：

1. 锁箱系统。锁箱系统（Lockboxes System）是在各个城市设收取支票的专用邮箱，通知客户将支票投寄到指定的邮箱，当地银行在授权下定期开启邮箱收取支票的一种现金管理办法。锁箱系统的优点：在很大程度上缩短了企业收取支票，内部处理和支票送存银行的时间。缺点：（1）需要支付额外的费用。该项服务主要由银行来完成，相关银行一般按照存入银行的支票数量按比例收取一定的手续费，若平均汇款数额较少，成本就会比较高；（2）银行在将邮箱中汇款存入企业的账户中去的时候，会扣除一部分补偿性余额，企业的这部分被银行占用的资金会降低资金的使用效率，增加成本。因此，是否采用锁箱系统方法及租用多少邮箱，要在节约资金带来的收益与额外支出的费用之间做出权衡。

2. 集中银行。集中银行（Concentration Banking）是指通过设立多个策略性的收款中心来代替通常在企业总部设立的单一收款中心，以加速收款的一种方法。其目的是缩短从顾客寄出账款到现金收入企业账户这一过程的时间。

集中银行系统的基本做法是：（1）根据客户分布情况和收款业务的多少，选择客户较集中、收款业务较多和数额较大的地区，建立服务于该地区的收款中心；（2）通知各地区的客户将支票寄到当地的收款中心；（3）各收款中心收妥货款后，将除补偿性余额之外的部分及时汇到企业总部所在地的开户银行，即集中银行，或在当地银行直接支用。

集中银行的优点：（1）大大缩短账单和货款的邮寄时间。账单由收款中心寄发给该地区的顾客，与由总部寄发相比，顾客能较早收到。顾客付款时，贷款邮寄到最近的收款中心，通常也比直接邮寄到总部的时间短；（2）支票兑现的时间可缩短。收款中心收到顾客汇来的支票存入该地区的地方银行，而支票的付款银行通常也在该地区内，因而支票兑现较方便。集中银行的缺点：（1）每个收款中心的地方银行都要求有一定的补偿性余额，而补偿性余额是一种闲置的不能使用的资金。开设的中心越多，补偿性余额也就越多，闲置的资金也越多；（2）设立收款中心需要一定的人力物力，花费较多。在考虑是否采用集中银行这种收款方式时，也需要权衡它给企业带来的收益与所花费成本。若是采用了集中银行制，企业应根据自身的销售分布情况，进行认真调查分析，确定合理的收款中心设立数量和地点；企业还应考虑以多大的频率向总部银行汇交支票，因为汇交次数与资金调度费成正比。

3. 电子资金转账系统。电子资金转账系统（Electronic Funds Transfer System）是利用计算机系统或者网络系统进行的企业与银行之间、银行与银行之间的货币支付或资金结算的交易系统。它具有方便、高效、便捷、经济的优势。

现金浮游量（Float of Cash）： 指企业存款账户上存款余额和银行账簿上企业存款账户余额之间的差额，也就是企业和银行之间的未达账项，这是由于账款回收程序中的时间差距造成的。

（二）控制支出

企业在加速收款的同时，应尽量延缓现金支出的时间，合理控制现金流出。

1. 运用“现金浮游量”（Float of Cash）。从企业开出支票，收票人收到支票存入银行，至银行将款项划出企业账户，中间需要一段时间。现金在这段时间的占用称为现金浮游量。在这段时间里，尽管企业已开出了支票，却仍可动用在活期存款账户上的这笔资金。不过，在使用现金浮游量时，一定要控制好使用时间，否则会发生银行存款透支。

当一个企业在同一国家内有多个银行存款账户时，则可选用一个能使支票流通在外的时间最长的银行来支付货款，以扩大浮游量。利用现金浮游量（Floating Cash Amount），企业可适当减少现金数量，达到节约现金的目的。但是，一家企业的利益，就是另一家企业的损失，因而，利用现金浮游量往往对供应商不利，有可能破坏企业与供应商之间的关系，这一因素应加以考虑。

2. 控制支出时间。为了最大限度地利用现金，在不影响企业自身的形象和信誉，不影响本企业与信用提供者关系的前提下，企业可采取一定的措施来延缓应付款的支付时间。合理控制现金支出的时间是十分重要的。例如，企业在采购材料时，如果付款条件是3/20，n/40，应安排在发票开出日期后的第20天付款，而不是第19天或第21天，这样，企业可以在最大限度地利用现金而又不丧失现金折扣。

3. 选择工资支付模式。许多企业都为支付工资而设立一个专门的存款账户。在这种情况下，企业需要对未来一段时间内的工资情况做出合理的预计和结算，以相对准确的数字和时间将现金转存至工资账户，从而既保证工资的如期支付，又尽量减少工资账户对现金的占用。

（三）现金收支的综合控制

1. 力争现金流量同步。现金流量同步（Cash Synchronization）是指企业尽量使它的现金流入与现金流出发生的时间趋于一致，使其所持有的交易性现金余额降到最低水平。合理编制现金预算，并依照现金预算来安排现金流入与现金支出，尽量使现金流入与流出趋于同步。

2. 实行内部牵制制度。在现金管理中，要实行管钱的不管账，管账的不管钱，使出纳人员和会计人员互相牵制，相互监督。凡由库存现金收付，应坚持符合制度，以减少差错，堵塞漏洞。出纳人员调换时，必须办理交接手续，做到责任清楚。

内部牵制制度（Internal Check System）：指每项业务必须经过两个或两个以上的人员或部门共同办理的各项规程、组织措施和工作方法。

3. 及时进行现金清理。在现金管理中，要及时进行现金的清理。库存现金的收支应做到日清月结，确保库存现金的账面余额与实际库存额相互符合；银行存款账户余额与银行对账单余额相互符合；现金、银行存款日记账数额分别与现金、银行存款总账数额相互符合。

4. 遵守国家规定的库存现金的使用范围。严格按照国家有关制度规定标准来管理和使用现金，如果发现企业在现金管理中有违章行为，应该及时报告并进行处理，从而保证现金的安全。

5. 做好银行存款的管理。企业超过库存现金限额的现金，应存入银行，由银行统一管理。

6. 适当进行证券投资。企业库存现金没有利息收入，银行活期存款的利息率也比较低，因此，当企业有较多闲置不用的现金时，可投资于国库券、大额定期可转让存单、企业债券、股票等，以获取较多的收益。而当企业现金短缺时，再出售各种证券获取现金。这样，既能保证有较多的投资收益，又能增强企业的变现能力，因此，进行证券投资是调整企业现金余额的一种较好的方法。

案例链接

如下图①所示，以我国上市公司为例，自2000年开始，上市公司的现金流呈普遍下降的趋势，自2005年开始企业流动资产总额中现金的比重开始提升。近年来，不论是上市公司，还是中小企业，现金流问题成为企业发展的关键所在。在很多中小企业内部，现金流短缺问题日益严重。

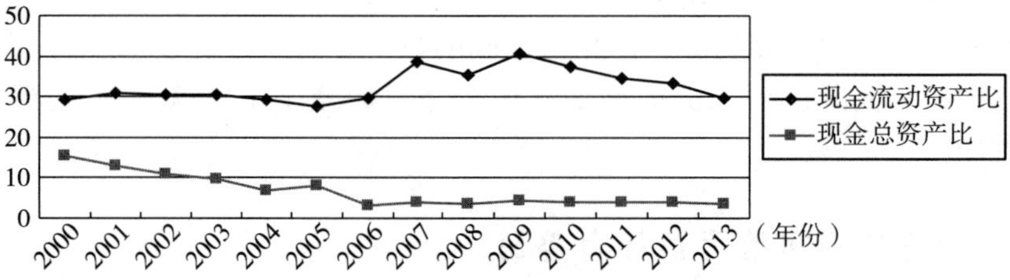

2000～2013年上市公司现金余额情况

中国四海控股有限公司副总裁、总会计师桂茂林认为：现金是企业的血液，即便一个企业的账面利润再多，如果其现金流出现问题，那也会让企业陷入困境，造成严重的财务风险，甚至导致企业因缺乏流动性而形成“失血性休克”，严重的可能致使企业破产清算。因此，CFO必须高度关注现金流管理。要通过强化业务预算，科学编制销售（收入）预算、生产预算、产品成本预算、采购预算、期间费用预算和营业外收支等预算，合理编制在预算期内进行资本性投资活动的预算，前瞻性地做好企业筹资预算，最终形成完整的财务预算。要积极做好预算分析，反馈预算的执行情况及存在的问题；平衡并确保资金流良性循环，确保全面预算管理的各个环节不脱节，有效防范资金风险和经营风险。

（资料来源：周慧洁：《全面预算管理须紧盯现金流风险控制》，载于《中国会计报》2015年1月16日）

做一做：和同学们一起利用业余时间到公司进行调研，了解公司在现金日常管理方面采取哪些措施？这些措施与我们讲的相同吗？有哪些我们没有涉及？

① 根据国泰安数据库自行整理。

第三节 应收账款管理

一、应收账款的持有动机

（一）扩大销售

企业销售商品的形式主要有两种：现销方式与赊销方式。现销方式最大的优点是应计现金流入量与实际现金流入量完全吻合，既能避免呆坏账损失，又能及时地将收回的款项进行再投资，因而受到销售方的青睐。然而，在竞争激烈的市场经济条件下，单纯地依靠现销方式会使企业丧失很多有利机会，进而使企业市场销路萎缩，竞争力下降，长期利益受到严重损害。因此，适时地采取赊销方式用以弥补现销方式的缺陷成为不可避免的选择。赊销在扩大企业销售的同时，也为购买方提供了有利条件：一是向顾客销售了商品；二是在一个有限的时间内向顾客免费提供资金。赊销在银根紧缩、市场疲软、资金匮乏的情况下，促销作用是十分明显的。在企业销售新产品、开拓新市场时，也具有重要意义。

（二）减少存货

赊销在促进产品销售的同时也大大降低了企业的库存。企业持有存货，要追加管理费、仓储费和保险费等支出；相反，企业持有应收账款，则无须上述支出。因此，无论是季节性生产企业还是非季节性生产企业，当存货较多时，一般都可以采用比较优惠的信用条件进行赊销，把存货转化为应收账款，减少存货，节约与之相关的各种支出。

二、应收账款持有成本

（一）机会成本

企业资金如果不投放于应收账款，便可以投资于其他方面并获得收益，如投资于有价证券便会获得利息收入。这种投放于应收账款而放弃的其他收入，即为应收账款的机会成本，这种成本一般按有价证券利息率计算。其计算公式如下：

$$\text{应收账款的机会成本} = \text{维持赊销业务所需要的资金} \times \text{有价证券利率} \qquad (13-6)$$

其中：

$$\text{维持赊销所需要的资金} = \text{应收账款平均余额} \times \text{变动成本率}$$

$$\text{应收账款平均余额} = \frac{\text{期初应收账款} + \text{期末应收账款}}{2}$$

$$= \frac{\text{赊销收入}}{360} \times \text{平均收款期}$$

$$\text{变动成本率} = \frac{\text{变动成本}}{\text{销售收入}}$$

在这里，假设企业的成本水平稳定，即单位变动成本不变，固定成本总额不变。因此，随着销售收入的增加，变动成本相应增加，而固定成本不变动。因此，计算应收账款占用资金时，只需考虑变动成本。

（二）管理成本

企业对应收账款进行管理所耗费的各种费用，即为应收账款的管理成本，主要包括：

（1）调查顾客信用情况的费用；

（2）收集各种信息的费用；

（3）账簿记录的管理费用；

（4）收账费用；

（5）其他费用。

一般来说，应收账款的管理成本在一定数额内是相对固定的，但一定时期企业应收账款发生很大变化时，其管理成本也会随之发生变化。

收账费用一般与赊销额高低、赊销期限长短有关，即赊销额越高，赊销期限越长，收账费用越大；赊销额越低，赊销期限越短，收账费用也就越小。

（三）坏账成本

坏账成本（Bad Account Cost）： 指企业因应收账款无法收回而造成的损失。

应收账款是基于商业信用而产生，存在无法收回的可能性，由此而给应收账款持有企业带来的损失，即为坏账成本（Bad Account Cost）。这一成本的大小一般与应收账款数额的高低呈同方向变动，即应收账款数额越高，坏账成本就越大；应收账款数额越低，坏账成本也就越小。因此，为规避坏账给企业生产经营活动的稳定性带来的不利影响，企业应按应收账款余额的一定比例提取坏账准备。

案例链接

A 股上市公司平均回款速度创十年新低！12 家公司减值损失超全年营收

2020 年报数据显示，非金融上市公司应收账款已连续 10 年增加，速度呈现逐年放缓态势。全年 A 股应收账款合计增加 1 753.07 亿元至新高点 55 278.5 亿元，同比增长 3.28%，高于同期总营收增幅 2.98%。

2020 年，A 股 4 151 家上市公司周转天数中位数超 75 天，同比增加 1 天以上，平均回款速度为近 10 年最低水平。

行业来看（剔除金融行业），受疫情影响，20 个行业周转速度变慢，占比 77%。仅计算机、交通运输、建筑材料、机械设备、综合和电气设备 6 个行业周转速度加快。钢铁、食品饮料回款最快，平均周转天数在 30 天以内。电子、汽车、机械设备等 12 个行业平均周转天数超过 100 天，其中建筑装饰和国防军工平均周转天数在 200 天以上。

2020 年，景点、酒店、旅游餐饮行业主要归属的休闲服务板块受疫情影响最大，应收账款周转天数同比增加 76.07%，为各版块最高增幅。电气设备周转天数同比减少 16.59%，在国家加速布局新能源及实现“碳中和”的大背景下，行业资金周转情况有所改善。

数据宝发布的《A 股应收账款榜》显示，上榜企业平均回款时间 3.52 年，最短也超 530 天。2020 年周转天数较 2019 年同比增长超 50% 的个股有 33 只，其中 24 只同比翻倍。北汽蓝谷为同比增长最多的非 ST 股，增幅高达 359.49%，周转天数大幅增长主要系 2020 年北汽蓝谷营收同比大幅下降 77.65% 所致。

由于 A 股整体回款速度持续恶化，50 强门槛自 2017 年来也不断降低，2017 年 368.14 天，2018 年 410.44 天，2019 年 462.01 天，2020 年 532.62 天。这一趋势也与周转天数整体增加的大趋势相吻合。

（资料来源：《东方财富网》，2021 年 5 月 12 日）

三、信用政策

制定合理的信用政策（Credit Policy），是加强应收账款管理，提高应收账款投资效益的重要前提。信用政策即应收账款的管理政策，是指企业对应收账款投资进行规划与控制而确立的基本原则与行为规范，包括信用标准、信用条件和收账政策三部分内容。

视频 应收账款持有成本与信用政策

（一）信用标准

信用标准（Credit Standard）是客户获得商业信用所应具备的最低条件，通常以预测的坏账损失率表示。如果客户达不到信用标准，便不能享受企业的商业信用或只能享受较低优惠的信用。

信用标准（Credit Standard）：企业用以衡量客户是否有资格享受商业信用所具备的基本条件。

企业在制定信用标准时，面临两难的选择。如果把信用标准定得过高，将使许多客户因信用品质达不到所设定的标准而被拒之门外，其结果尽管有利于降低违约风险及收账费用，但不利于销售收入的扩大和企业市场竞争力的提高；相反，如果企业采用较低的信用标准，虽然有利于扩大企业的销售，提高市场竞争力和市场占有率，但同时会导致坏账损失风险的加大和收账费用的增加。因此，企业需要在信用风险与企业的赊销成本之间进行权衡。

企业在设定客户的信用标准时，一般可以采用两种基本方法：经验判断法和信用评分法。

1. 经验判断法。经验判断法（Experience Judgment Method）是指通过调查分析大量的信用信息，运用特定的知识和经验进行信用标准确定的方法。一般应考虑以下三个基本要素：

（1）同行业竞争对手的情况。面对竞争对手，企业首先考虑的是如何在竞争中处于优势地位，保持不断扩大的市场占有率。如果企业的竞争对手实力很强，企业欲取得或保持优势地位，就需要采取相对竞争对手更为宽松的信用标准；反之，其信用标准可以相对严格一些。

（2）企业承担违约风险的能力。企业承担违约风险的能力的强弱，对信用标准的选择也有着重要的影响。当企业具有较强的违约风险承受能力时，就可以以较低的信用标准提高竞争力，争取客户，扩大销售；反之，如果企业承担违约风险的能力比较弱，就只能以稳健的策略，即选择严格的信用标准以尽可能降低违约风险。

资信（Credit Standing and Respectability）：指与信用活动有关的分类经济主体（组织或个人）自主履行其相关经济承诺的能力大小和可信任程度。

（3）客户的资信。企业在制定信用标准时，必须对客户的资信进行调查、分析，并在此基础上，判断客户的信用等级并决定是否给予客户信用。客户资信程度的高低通常取决以下五个方面：

第一，品质（Character）。品质是指顾客的信誉，即履行偿债义务的可能性。企业必须设法了解顾客过去的付款记录，看其是否有按期如数付款的一贯做法，以及与其他供应商的关系是否良好。这一点经常被视为评价客户信用的首要因素。

第二，能力（Capacity）。能力是指客户的偿债能力，即其流动资产的数量和质量及其流动负债的比例。客户的流动资产越多，其转换为现金用以支付款项的能力越强。同时，还应注意客户流动资产的质量，看是否有存货过多、过时或质量下降，影响其变现能力和支付能力的情况。

第三，资本（Capital）。资本是指客户的财务实力和财务状况，表明客户可能偿还债务的背景。

第四，抵押（Collateral）。抵押是指客户拒付款项或无力支付款项时能被用作抵押的资产。这对于不知底细或信用状况有争议的客户尤为重要。一旦收不到这些客户款项，便以抵押品抵补。如果这些客户提供足够的抵押，就可以考虑向他们提供相应信用。

第五，条件（Conditions）。条件是指可能影响客户付款能力的经济环境。比如，万一出现经济不景气，会对客户的付款产生什么影响，客户会如何做等。

上述各种信息资料主要通过下列渠道取得：

第一，商业代理机构或资深调查机构提供的客户信息资料及信用等级标准资料；

第二，委托往来银行信用部向与客户有关联业务的银行索取信用资料；

第三，与同一客户有信用关系的其他企业相互交换该客户的信用资料；

第四，客户的财务报表资料；

第五，企业自身的经验与其他可取得的资料等。

2. 信用评分法。信用评分法（Credit Scoring Method）是先对一系列财务比率和信用情况指标进行评分，然后进行加权平均，得出顾客综合信用的分数或指数，并以此进行信用评估的一种方法。进行信用评分的公式如下：

$$S = X_1W_1 + X_2W_2 + X_3W_3 + \cdots + X_nW_n = \sum_{i=1}^{n} X_iW_i \quad (13-7)$$

式中，S——某客户的信用评分；

W_i——企业事先拟定的对第 i 种财务变量赋予的权数；

X_i——某客户的第 i 种财务变量的评分。

采用信用评分法进行信用评估时，由于实际情况错综复杂，不同企业的实际情况存在着很大的差异性，因此在财务变量的选取和权数的确定上难以按照统一的标准进行衡量。企业的财务决策者必须在深入地考察变量内在质量的基础上，结合以往的经验，选取一组既具有代表性、能够说明付款能力和财务状况，又符合企业实际情况的财务变量，并赋予合适的权数。

【例 13－9】东方股份公司 2022 年将客户的营运资本/销售收入（X_1）、负债/资产（X_2）、资产/销售收入（X_3）和销售利润率（X_4）4 项财务变量的历史数据构建成如下一个函数关系式：

$$S = 2X_1 - 0.4X_2 + 0.2X_3 + 0.5X_4$$

据可靠的信用资料计算出的顾客 1 和顾客 2 的财务变量的评分如表 13－4 所示，试分别计算两个客户的信用评分。

表 13－4　　　　顾客评分表　　　　单位：%

财务变量	顾客 1	顾客 2
净营运资本/销售收入（X_1）	15	8
负债/资产（X_2）	45	50
资产/销售收入（X_3）	100	120
销售利润率（X_4）	6	8

顾客 1 的信用评分为：

$S_1 = 2\times15 - 0.4\times45 + 0.2\times100 + 0.5\times6 = 35$（分）

顾客 2 的信用评分为：

$S_2 = 2\times8 - 0.4\times50 + 0.2\times120 + 0.5\times8 = 24$（分）

如果东方股份公司认为公司的所有客户至少得到 25 分才有资格成为企业的信用客户，那么顾客 1 应得到信用，而顾客 2 将被拒绝。

（二）信用条件

信用条件（Credit Terms）是指企业要求客户支付赊销款项的条件，包括信用期限、折扣期限和现金折扣。信用条件一般采用“2/10，n/30”形式表示，它规定如果在发票开出后 10 日内付款，可享受 2% 的折扣；如果不想取得现金折扣，这笔货款必须在 30 日内付清。其中，30 日为信用期限，10 日为折扣期限，2% 为现金折扣。

视频 应收账款信用决策评价

1. 信用期限。信用期限（Credit Period）是企业为客户规定的最长付款时间。通常，延长信用期限，有利于企业扩大销售，增加收入，但会增加企业的应收账款占用资金，从而增加机会成本，同时也可能导致坏账损失及收账费用增加；若缩短信用期限，虽然可使机会成本、坏账损失、收账费用等减少，但不利于企业扩大销售，甚至使企业收入减少。因此，信用期限的制定，应进行利弊分析，一个合理的信用期限应该是利大于弊的。

【例 13－10】 东方股份公司 2023 年产销甲产品，信用期为 30 天，预计销售量为 80 000 件，全部为赊销。甲产品目前单位售价 6 元，单位变动成本 4 元，固定成本总额为 100 000 元。2023 年公司采用赊销政策的收账费用预计为 9 600 元，坏账损失率为 4%，平均收账期为 40 天，公司有价证券收益率为 10%。公司准备改变信用政策，现有两个方案可以选择：

甲方案：信用期限为 50 天，预计销售量会增加 25%，此时收账费用为18 000元，新增销售额的坏账损失率为 6%，原销售额部分坏账损失率仍为 4%，平均收账期为 60 天。

乙方案：信用期限为 20 天，预计销售量会减少 25%，收账费用为 3 600 元，坏账损失率为 3%，平均收账期为 20 天。

根据上述资料分析如下：

（1）机会成本：

原方案：$80\ 000 \times 6 \times \frac{4}{6} \times 10\% \times \frac{40}{360} = 3\ 555.56$（元）

甲方案：$100\ 000 \times 6 \times \frac{4}{6} \times 10\% \times \frac{60}{360} = 6\ 666.67$（元）

乙方案：$60\ 000 \times 6 \times \frac{4}{6} \times 10\% \times \frac{20}{360} = 1\ 333.33$（元）

（2）坏账成本：

原方案：$80\ 000 \times 6 \times 4\% = 19\ 200$（元）

甲方案：$80\ 000 \times 6 \times 4\% + 80\ 000 \times 25\% \times 6 \times 6\% = 26\ 400$（元）

乙方案：$80\ 000 \times (1 - 25\%) \times 6 \times 3\% = 10\ 800$（元）

其他计算过程及结果如表 13 -5 所示。

表 13 -5　　信用比较分析　　金额单位：元

指标	甲方案	乙方案
增加的销售量	20 000	-20 000
增加的销售收入	120 000	-120 000
减：增加的变动成本	80 000	-80 000
增加的收账费用	8 400	-6 000
增加的坏账损失	7 200	-8 400
增加的机会成本	3 111	-2 222
增加的收益	21 289	-23 378

信用政策改变对报表的影响

由表 13 -5 分析可知，甲方案实施后可使企业增加利润，而乙方案实施后，会使企业利润减少。因此，甲方案是最佳方案，其信用期为 50 天是最合理的信用期。

2. 现金折扣与折扣期限。如前所述，信用期限延长，会增加企业的应收账款占用资金，从而增加机会成本，同时也使坏账损失及收账费用增加。为加速资金周转，避免发生坏账，企业通常都要为客户提供一个折扣条件，以鼓励客户及早付款。

现金折扣（Cash Discounts）：指为了鼓励购货方在一定时期内早日付款而给予的价格扣除。

现金折扣（Cash Discount）具有双重作用，现金折扣一方面会减少企业的收入，从而降低企业的利润；另一方面也会使企业的机会成本、坏账损失成本及收账费用减少。所以制定折扣率时要权衡得失，进行利弊分析。

折扣期限（Discount Period）是指企业为客户规定的享受折扣的

最长期限。通常折扣期限较长，会增加客户在折扣期限内付清款项的可能，从而减少企业的收入及利润；但同时也在一定程度上可以减少企业的机会成本、坏账损失成本及收账费用。所以，折扣期限定为多少，关键在于折扣期限制定后带来的收益是否大于由此而增加的成本。

【例 13－11】 承〖例 13－10〗，东方股份公司现准备向客户提供现金折扣，有两个方案可供选择。

甲方案：折扣条件是（1/10，N/30），预计可使销售量增加到 90 000 件，估计有 50% 的客户会享受现金折扣，平均收账期缩短至 20 天，预计坏账损失率降低至 3%，收账费用为 6 000 元。

乙方案：折扣条件是（2/10，N/30），预计可使销售量增加到 100 000 件，估计有 70% 的客户会享受现金折扣，平均收账期缩短至 16 天，预计坏账损失率降低至 1%，收账费用为 1 000 元。

现对比甲、乙两个方案，分析如表 13－6 所示。

表 13－6　　不同折扣方案比较　　金额单位：元

指标	甲方案	乙方案
增加的销售量	10 000	20 000
增加的销售收入	10 000 × 6 － 90 000 × 6 × 50% × 1% ＝57 300	20 000 × 6 － 100 000 × 6 × 70% ×2% ＝111 600
减：增加的变动成本	10 000 ×4 ＝40 000	20 000 ×4 ＝800 000
增加的收账费用	6 000 －9 600 ＝ －3 600	1 000 －9 600 ＝ －8 600
增加的坏账损失	90 000 ×6 ×3% －480 000 ×4% ＝ －3 000	100 000 ×6 ×1% －480 000 × 4% ＝ －13 200
增加的机会成本*	－1 555.56	－1 777.78
增加的收益	25 455.56	55 177.78

注：＊原方案的机会成本见〖例 13－10〗，本例甲方案机会成本：$90\ 000 \times 6 \times \frac{4}{6} \times 10\% \times \frac{20}{360} = 2\ 000$（元），乙方案机会成本：$100\ 000 \times 6 \times \frac{4}{6} \times 10\% \times \frac{16}{360} = 1\ 777.78$（元）。

由表 13－6 分析可知，乙方案要比甲方案更为有利，因此企业应采取（2/10，N/30）的折扣条件。

（三）收账政策

正常情况下，客户应该按照信用条件中的规定到期及时付款，履行其购货时承诺的责任。但是由于种种原因，有的客户在期满后仍不能付清欠款。期满之后，企业应采取一些催收的措施。收账政策

（Collection Policy）就是指客户延期付款或赖账时，企业采取催收账款的政策。企业如果采用较积极的收账政策，可能会减少应收账款的机会成本，减少坏账损失，但要增加收账费用；如果采用较消极的收账政策，则可能会增加应收账款机会成本，增加坏账损失，但会减少收账费用。

收账政策（Collection Policy）：指当客户违反信用条件，拖欠甚至拒付账款时企业所采取的收账策略与措施。

在实际工作中，可参照测算信用标准、信用条件的方法来制定企业的收账政策。

【例 13－12】 承〖例 13－10〗，公司拟调整其收账政策，有关资料如表 13－7 所示，根据所给资料判断是否应调整收账政策。

表 13－7　　收账政策方案　　金额单位：元

指标	现收账政策	备选方案
年收账费用	9 600	15 000
应收账款平均收账期	40	30
坏账损失率	4%	3%

根据相关资料，计算过程与结果如表 13－8 所示。

表 13－8　　收账政策分析　　金额单位：元

指标	备选方案
年销售收入	480 000
应收账款平均收账期	30
可节约的机会成本*	889
减少的坏账损失	4 800
增加的收账费用	5 400
改变收账政策后增加的收益	289

注：＊原方案的机会成本见〖例 13－10〗，本例的机会成本：$80\ 000 \times 6 \times \frac{4}{6} \times 10\% \times 30 = 2\ 666.67$（元）。

由表 13－8 分析可知，改变收账政策后，可使企业增加收益 289 元，所以应采取新的收账政策。

一般而言，收账费用支出越多，坏账损失越少，但这两者并不存在固定的线性关系。通常情况是：开始花费一些收账费用，应收账款和坏账损失有小部分降低；收账费用继续增加，应收账款和坏账损失明显减少；收账费用达到某一限度以后，应收账款和坏账损失的减少就不再明显了，这个限度成为饱和点（Saturation Point），见图 13－8 中的 P 点。在制定信用政策时，应权衡增加收账费用与减少应收账款机会成本和坏账损失之间的得失。

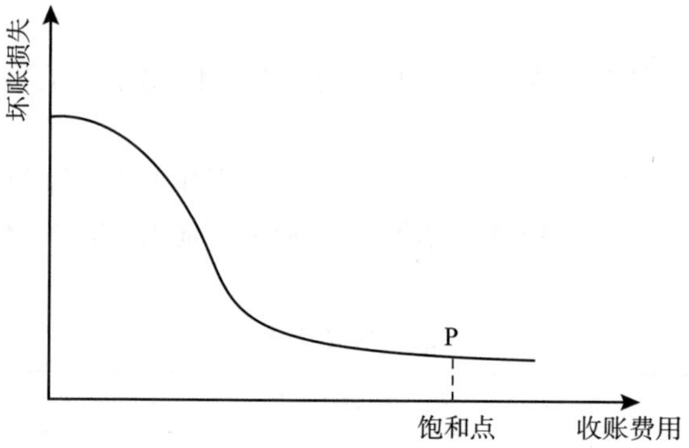

图 13－8　收账费用与坏账损失的关系

案例链接

上市公司应收账款占比过高背后迷雾重重

《证券日报》记者注意到，截至 2021 年 9 月 30 日，A 股有 102 家上市公司应收账款超百亿元；327 家上市公司的应收账款占营业收入的比例高于 100%，其中 123 家上市公司 1～9 月实现归属于母公司股东的净利润为亏损，33 家上市公司已经“戴帽”。

“每个行业应收账款周期有很大不同，比如建筑行业，应收账款周期长，应收账款就会高，而零售行业周期短，应收账款就较低。”一位不愿具名的会计师向《证券日报》记者表示，“一般而言，上市公司应收账款周期过长、占营业收入比过高，是行业地位不稳、客户回款不佳的表现，会导致上市公司现金流紧缺，资金链出现紧张。”

同花顺数据显示，截至今年前三季度末，从应收账款占营业收入的比例来看，327 家上市公司该项指标高于 100%，*ST 金洲等 8 家 ST 公司及蓝盾股份的该项指标高于 1 000%。从应收账款的增速来看，669 家上市公司截至 9 月末的应收账款同比增速超 50%，257 家上市公司该项指标超 100%。

（资料来源：张敏、许林艳：《证券日报》，2021 年 11 月 16 日）

四、应收账款的日常管理

制定合理的信用政策，优化应收账款的投资决策，是提高应收账款投资效率、降低风险损失的基本保障。在此基础上，为了更加有效地促进应收账款投资的良性循环，企业还必须进一步强化日常管理工作，健全应收账款管理的责任制度与控制措施，以期顺利实现应收账款的基本目标。

（一）应收账款监控

视频 收账政策与日常管理

企业在应收账款的管理上应该及时进行信用监控，对企业存在的应收账款实时检查，以确保客户是否按照声明的信用条件支付货款。如果客户没有按时偿付，信用监控将会提醒企业要注意这个问题。延迟付款对于公司而言代价是高昂的，因为这会增长平均收现期进而增加公司在应收账款上的投资。信用监控常用的方法有平均收现期和应收账款账龄分析。

平均收现期（Average Collection Period）是赊销货款有待偿还的平均天数。由两部分组成：一是从销售到客户付款的时间；二是客户付款后，接收、处理和提取款项的时间。

账龄分析（Aging Analysis of Accounts）：指根据应收账款的时间长短来估计坏账损失。

账龄分析（Aging Analysis of Accounts）通过编制账龄时间表，把所有应收账款按账龄进行分类，显示每一类的总额和所占比例，反映了尚未收回应收账款的质量。这种表格通常按账龄分为 0～30 天、30～60 天、60～90 天和 90 天以上等阶段，分别反映各类尚未收回的应收账款，如表 13－9 所示。

表 13－9　　应收账款账龄分析

应收账款账龄	账户数量（个）	金额（万元）	百分比（%）
0～30 天	30	22 600	73.6
30～60 天	16	4 300	14
60～90 天	5	3 800	12.4
90 天以上	0	0	0
总计	51	30 700	100

账龄时间表的结构取决于企业提供的信用条件、顾客的付款习惯和最近的销售趋势。如果企业改变其信用条件，延长客户的信用期限，账龄时间表将发生变化。企业销售收入的变化也会影响账龄分析表的结构，如当月的销售收入增加，账龄为 0～30 天的应收账款的比例将增加；相反，当月的销售收入下降则有可能减少账龄为 0～30 天的应收账款的比例。

（二）向拖欠客户追款

信用良好的客户付款迅速，无须追款；少数信用恶劣的客户将被证实是纯粹的赖账之徒，不管企业如何努力，也难以从他们手中收回账款；其他的客户介于这两者之间，称为边际信用客户，企业成功地与这些边际信用客户打交道是盈利的关键。企业在收账过程中所遵循的一系列特定步骤，取决于账款过期时间长短、应收账款金额大小等因素。典型的收账过程包括以下步骤：

1. 信件。当应收账款过期几天时，可以送出“友好的提醒”。之后如果没有收到客户的付款，可以发出一至两封甚至更多的信函，措辞应渐加严厉和迫切。

2. 电话。在发出信件函后，若没有收到预期效果，便应给客户打电话。如果客户有暂时的财务困难，可以找出折中的办法，付一部分款总比一点儿都不付要好。

3. 个人拜访。促成这笔销售的销售人员可以拜访客户，请求付款。除销售人员外，还可以派出其他的特别收款员。

4. 收款机构催收。可以把应收账款交给专门回收过期账款的收款机构负责。收款机构一般要求较高的佣金，比如所收回账款的一半，并且可能他们所收回的仅是应收账款的一部分。因此，企业的应收账款可能遭受较大的损失。

5. 法律诉讼。当上述措施无效时，可以交给企业的律师采取法律行动，通过法院裁决。为了提高诉讼效果，可以与其他经常被该客户拖欠或拒付账款的企业联合向法院起诉，以增强该客户信用品质不佳的证据。

案例链接

应收账款“爆雷”多家上市公司利润遭侵蚀

12 月 15 日晚间，科创板首批上市公司容百科技（688005.SH）发布的应收账款回款情况公告称，鉴于深圳市比克动力电池有限公司及郑州比克电池有限公司（合称“比克电池”或“比克动力”）未能足额支付一期及二期还款，公司拟对其应收款项单项计提坏账准备比例提高至40%，增加计提 1 014.85 万元坏账准备，累计单项计提坏账准备金额 8 118.83 万元。如进行全额计提，将导致2019 年净利润大幅下降甚至可能出现亏损。

登陆科创板不满半年，容百科技即陷入应收账款逾期风波。根据公司过往披露的公告，容百科技通过旗下子公司与比克电池长期保持采购合作关系，比克电池作为购买方向容百科技大量采购镍钴锰酸锂正极材料。

但是容百科技与比克电池相关的大额应收账款面临逾期危机。容百科技 12 月 15 日晚披露的公告显示，截至 12 月 15 日，公司对比克电池的应收账款为 1.99 亿元，以及银行承兑汇票 810 万元、建信融通融信签收凭证 350 万元。鉴于比克电池未能足额支付一期及二期还款，公司拟对比克电池应收款项单项计提坏账准备比例提高至 40%，增加计提 1 014.85 万元坏账准备，累计单项计提坏账准备金额 8 118.83 万元。

容百科技表示，上述坏账准备的单项计提金额将直接影响公司当期损益，较此前按照账龄法计提坏账准备，减少公司当年净利润 5 704.44 万元。如进行全额计提，将导致公司 2019 年净利润大幅下降甚至可能出现亏损。

Wind 数据显示，A 股上市公司 2019 年三季报披露的应收账款总规模为 5.55 万亿元，较去年同期上市公司三季报披露规模增加了 0.78 万亿元，同比增长 16.35%。

此外，A 股上市公司应收账款规模在逐渐攀升。Wind 数据显示，2015 年至 2018 年，A 股应收账款总规模分别为 3.30 万亿元、3.87 万亿元、4.50 万亿元和 4.91 万亿元，同比分别增长 13.71%、17.22%、16.20% 和 9.10%。

从个体来看，截至今年三季度末，有 81 家 A 股上市公司的应收账款规模超过百亿元。而截至 2018 年、2017 年及 2016 年底，应收账款规模超过百亿元的上市公司数量分别为 69 家、62 家和 55 家。

（资料来源：张斌：《经济观察报》，2019 年 12 月 17 日）

第四节　存货管理

存货（Inventory）是企业在生产经营过程中为销售或者为耗用而储备的物资。包括材料、燃料、低值易耗品、包装物、在产品、外购商品、协作件、自制半成品、产成品等。众所周知，企业的生产经营过程是由供应、生产、销售三个环节组成的，三者之间有着密切的相互制约关系，三个环节只有在时间上继起，在空间上并列，才能使企业的生产经营活动得以顺利进行，并实现较好的经济效益。否则，企业的生产经营活动就会不可避免地出现混乱。所以，经常地保持企业供、产、销之间的相互协调平衡是企业管理的首要任务之一，而在供、产、销三个环节上按适当的比例各保持一定的存货量，又对三者协调平衡起着特别重要的作用。

存货管理的三次变革

一、存货的功能

（一）防止停工待料

适量的原材料存货和半成品存货是企业生产正常进行的前提和保障。就企业外部而言，供货方的生产和销售往往会因某些原因而暂停或推迟，从而会影响企业材料的及时采购、入库和投产。就企业内部而言，有适量的半成品储备，能使各生产环节的生产调度更加合理，各生产工序步调更加协调，联系更加紧密，不至于因等待半成品而影响生产。可见，适量的存货能有效防止停工待料事件的发生，维持生产的连续性。

（二）适应市场变化

存货储备能增强企业在生产销售方面的机动性以及适应市场变化的能力。企业有了足够的库存产品，能有效地供应市场，满足市场的需要。相反，若某种畅销产品库存不足，将会失去目前或未来的市场。在通货膨胀时，适当地储备原材料存货，能使企业获得市场物价上涨的好处。

（三）降低进货成本

很多企业为扩大销售规模，对购货方提供较优厚的数量折扣待遇，即购货达到一定数量时，便在价格上给予一定的折扣优惠。企业采取批量集中进货，可获得较多的数量折扣。此外，通过增加每次购货数量，减少购货次数，可以降低采购费用支出。即便在推崇以零存货为管理目标的今天，仍有不少企业采取大批量进货方式，原因就在于这种方式有助于降低购货成本，只要购货成本的降低额大于因存货增加而导致的储存等费用的增加额，便是可行的。

（四）维持均衡生产

对于那些所生产产品属于季节性产品，生产所需材料的供应具有季节性的企业，为实行均衡生产，降低生产成本，就必须适当储备一定的半成品存货或保持一定的原材料存货。否则，这些企业若按照季节变动组织生产活动，难免会产生忙时超负荷运转，闲时生产能力得不到充分利用的情况，这也会导致生产成本的提高。其他企业在生产过程中，同样会出现上述情况，拥有一定数量的存货，可以缓冲这种变化对企业生产活动及获利能力的影响。

视频 存货相关成本

二、存货的成本

（一）进货成本

进货成本（Purchasing Cost）是指存货的取得成本，主要由存货的进价成本和进货费用两个方面构成。其中，进价成本又称购置成本，是指存货本身的价值，等于数量与单价的乘积。在一定时期进货总量既定、物价不变且无采购数量折扣的条件下，无论企业采购次数如何变化，存货的进价成本通常是保持相对稳定的，因而属于决策的无关成本。进货费用又称订货成本，是指企业为组织进货而开支的费用，如办公费、差旅费、邮资、电话电报费、运输费、检验费、入库搬运费等支出。进货费用有一部分与订货次数有关，如差旅费、邮资、电话电报费等费用与进货次数呈正相关变动，这类变动性进货费用属于决策的相关成本；另一部分与订货次数无关，如专设采购机构的基本开支等，这类固定性进货费用则属于决策的无关成本。

（二）储存成本

储存成本（Storage Cost）是指企业为持有存货而发生的费用，主要包括：存货资金占用费（存货资金的机会成本）、仓储成本、保险费、存货损坏变质损失等。与进货费用一样，储存成本中的仓库折旧费、仓库保管人员的固定月工资等，与储存数额的多少没有直接的联系，这类成本属于决策的无关成本；而变动性储存成本则随着存货储存数额的增减成比例变动关系，如存货资金的应计利息、存货残损和变质损失、存货的保险费用等，这类成本属于决策的相关成本。

（三）缺货成本

缺货成本（Shortage Cost）是因存货不足而给企业造成的损失，包括由于材料供应中断造成的停工损失、成品供应中断导致延误发货的信誉损失及丧失销售机会的损失等。如果生产企业能够以替代材料解决库存材料供应中断之急的话，缺货成本便表现为替代材料紧急采购的额外开支。缺货成本能否作为决策的相关成本，应视企业是否允许出现缺货的不同情形而定。若允许缺货，则缺货成本便是与存货数量反向相关，即属于决策相关成本。反之，若企业不允许发生缺货，这时缺货成本为零，也就无须加以考虑。

案例链接

3 219 家上市公司存货 9.57 万亿元　占营收比重超六成

《证券日报》记者通过 Choice 数据统计显示，A 股 3 342 家上市公司今年 1～6 月份共实现营收总收入合计 18.12 万亿元，而上年同期为 15.12 万亿元，同比增长 19.8%；实现归属于上市公司股东的净利润合计为 1.67 万亿元，而上年同期为 1.42 万亿元。

根据统计显示，上半年，3 342 家上市公司中，有 2 346 家公司实现了净利润的同比增长，占比达 70.19%，近千家公司净利润同比增长在 20%～100%之间。值得一提的是，业绩下滑的公司中，来自房地产开发、其他建材行业、化学制品行业、贸易、纺织、基础软件、火电等行业类企业较多。

《证券日报》记者通过 Choice 数据统计显示，2017 年 1～6 月有存货明细的 3 219 家上市公司，其存货金额合计为 9.57 万亿元，而它们的营收总额合计为 14.85 万亿元，9.57 亿元的存货金额占上市公司营收的比重达到 64.4%。而上年同期 3 052 家上市公司的存货金额为 8.07 万亿元，以存货为指标，虽然今年与去年同期可统计的上市公司数量相差 167 家，但是金额却相差 1.5 万亿元。

值得注意的是，从现有的数据来看，数据显示，上半年存货规模超过千亿元的公司有 17 家，其中，最多的是中国建筑，其存货为 5 545.9 亿元，其次是万科 A，存货金额为 4 962.9 亿元，而绿地控股和保利地产的存货金额分别为 4 681.8 亿元和 3 714.9 亿元，另外，在存货过千亿元的公司中，中字头企业包括中国石油、中国石化、中国中铁、中国铁建、中国电建和中国中冶都在其中。

（资料来源：《中国经济网》，2017 年 9 月 1 日）

三、存货的经济订货量

（一）经济订货量的假定条件

企业存货过多或不足，都会使企业遭受损失。实际上，要求企业完全避免由于存货不足或过多而引起的损失或支出是不可能的，对存货进行控制和管理，应该考虑如何将与存货有关的成本减少到尽可能低的程度。也就是说企业应保持一个适当的存货水平，它能使企业的存货既满足生产和销售的需要，同时又使企业的存货相关成本之和最低。

由上可知，存货的相关成本主要有变动性订货成本、变动性储存成本和允许缺货时的缺货成本。在订货总量一定的情况下，两者呈反向变动关系。企业采购批量越大，储存成本越高，而订货成本和缺货成本越低；相反，如果采购批量越小，储存成本越低，而订货成本和缺货成本越高。存货控制的目的就是找到存货总成本为最小的订货量，这个订货量称为经济订货量（Economic Order Quantity，EOQ）。

经济订货量（EOQ）：指企业采购中能使存货的相关总成本（进货成本和保管储存成本等）最低时的采购数量。

实际生活中，影响存货成本变动的因素很多，为了准确地分析经济订货量，必须对经济订货量给予某些假定。经济订货量基本模式的假定条件是：

（1）企业能够及时补充存货，即需要订货时便可立即取得存货；

（2）集中到货，而非陆续入库；

（3）不允许缺货，即没有缺货成本；

（4）需求量已知或能确定；

（5）存货单价不变，不考虑折扣；

（6）企业现金充足，不会因现金短缺而影响进货；

（7）所需存货市场供应充足，不会因买不到需要的存货而影响其他。

视频 存货基本模型

（二）经济订货量基本模型

1. 逐次测试法。逐次测试法也称列表法，就是根据订货量和订货成本及储存成本之间的关系，分别采用不同订货量逐次进行测试，分别计算其全年的订货成本和储存成本的总额，并将它们汇总一起加以比较，以成本总额最低的采购量为“经济订货量”。

【例 13 – 13】 东方股份公司生产电动玩具每年耗用电子元件 120 000 件，单价 100 元，每次订货成本 10 000 元，每年单位储存成本为 10 元，采取逐次测试法求其经济订货量。资料如表 13 – 10 所示。

表 13 – 10 **逐次测试法** 金额单位：元

项目	各种订货量				
每次订货量	6 000	8 000	12 000	15 000	20 000
订货次数	20	15	10	8	6
平均存货（订货量 ÷2）	3 000	4 000	6 000	7 500	10 000
订货成本	200 000	150 000	100 000	80 000	60 000
平均储存成本（平均存货 × 每年单位储存成本）	30 000	40 000	60 000	75 000	100 000
全年相关总成本	230 000	190 000	160 000	155 000	160 000

从表 13 – 10 测试结果可以看出，经济订货量应为 15 000 件，1 年采购次数为 8 次，全年相关成本总额为 155 000 元。

逐次测试法的缺点是计算的经济订货量不够准确，因为它不可能将所有的不同订货量一一列举并加以计算。因此，在上例中，真正的经济订货量并不一定恰好是 15 000 件。

2. 图示法。图示法就是在一张坐标图中绘出三条成本线：储存成本、订货成本和成本总额线，以成本总额最低的订货量作为“经济订货量”。仍以〖例 13 – 13〗资料为例，将有关数据描绘在直角坐标中，如图 13 – 9 所示。

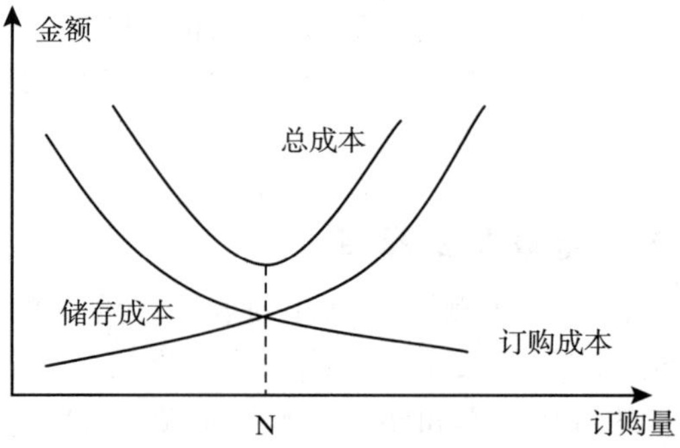

图 13－9　经济订货量

从图 13－9 中可以看出，经济订货量就是总成本曲线的最低点对应于横坐标上的 N 点，此时储存成本与定购成本之和达到最低。图解法的优点是，可以客观形象地揭示全年订货成本、全年储存成本和全年成本总额三者在不同订货量条件下的关系，有助于非财务人员理解经济订货量的含义。其缺点是，所测得的经济订货量不够精确，只能是一个大概的数据，并且运用此法，需要计算多组不同的订货量，其工作量过于繁杂。

3. 公式法。在使用公式法时，与存货订货量相关的成本只考虑储存成本和订货成本。通过一定的数学方法求出使两种成本之和最小的订货量，该订货量也称经济订货量。

$$存货总成本 = 储存成本 + 订货成本$$

式中：

$$储存成本 = 平均存货量 \times 单位储存成本 = \frac{订货量}{2} \times 单位储存成本$$

$$订货成本 = 订货次数 \times 每次订货成本$$

$$订货次数 = \frac{全年需要量}{订货量}$$

所以：

$$总成本 = \frac{订货量}{2} \times 单位储存成本 + \frac{全年需要量}{订货量} \times 每次订货成本$$

$$TC(Q) = \frac{Q}{2} \times C + \frac{D}{Q} \times P \qquad (13-8)$$

式中，Q——订货量；

C——单位储存成本；

D——年需要量；

P——每次订货成本；

TC(Q)——与订货量相关的总成本。

利用微分极值原理可求出经济订货量的基本模型，并导出最低相关总成本的计算公式。

$$\text{经济订货量} = \sqrt{\frac{2DP}{C}} \qquad (13-9)$$

$$\text{最低相关总成本} = \sqrt{2DPC} \qquad (13-10)$$

【例 13－14】 承〖例 13－13〗，计算东方股份公司的经济订货量以及最低相关总成本。

$$\text{经济订货量} = \sqrt{\frac{2\times 120\ 000\times 10\ 000}{10}} = 15\ 492\ (\text{件})$$

$$\text{最低相关总成本} = \sqrt{2\times 120\ 000\times 10\ 000\times 10} = 154\ 920\ (\text{元})$$

（三）经济订货量基本模型的扩展

经济订货量的基本模型是建立在上述各基本假定条件下的，而现实生活中能够同时满足上述条件的情况十分罕见。为了使基本模型接近于实际情况，具有较强的可用性，我们需要对基本模型进行扩展。

1. 数量折扣条件下的经济订货量。在实际经济活动下，供货厂家为争取顾客多订货，加速资金周转，往往采取数量折扣（Quantity Discount）的供应方式，即当顾客每次订货超过一定数目时，予以价格上的优惠。购货企业接受数量折扣条件，有利有弊。其利在于存货购买价格的降低，可以降低购置成本，而且由于每次订货批量加大，减少订货次数，从而降低订货成本。其弊在于订货批量加大，平均存货增加，势必提高储存成本。由此可见，企业是否接受数量折扣，必须在购置成本和订货成本降低与储存成本上升之间进行权衡。

数量折扣（Quantity Discount）： 当购买者购买数量较大时提供的一种价格折扣。

企业是否接受数量折扣的条件主要是计算接受或不接受数量折扣的年总成本，若购置成本和订货成本降低数大于储存成本上升数，则可以接受；否则，不能接受。

视频　数量折扣与陆续供应存货决策

【例 13－15】 承〖例 13－13〗，假设现供货厂家指出，若电子元件一次订货不少于 20 000 件，就给予原价 10% 的折扣。

（1）不接受数量折扣下的全年总成本。

如前计算，全年订货成本与储存成本之和 = 154 920（元）

全年总成本 = 154 920 + 120 000 × 100 = 12 154 920（元）

（2）接受数量折扣条件下的全年总成本。

在接受数量折扣条件下，电子元件每次订货的数量必须达到一定的标准，在该例中，每次订货量至少为 20 000 件。

节约材料采购成本 = 10 × 120 000 = 1 200 000（元）

$$\text{全年总成本} = 120\ 000\times 90 + 6\times 10\ 000 + \frac{20\ 000}{2}\times 10$$

$$= 10\ 960\ 000\ (\text{元})$$

（3）比较接受折扣和不接受折扣时总成本的大小。

接受折扣时，全年总成本为 10 960 000 元。不接受数量折扣时，全年总成本为 12 154 920 元。接受折扣比不接受折扣节约成本，所以，接受数量折扣有利。

2. 存货陆续供应和使用条件下经济订货量。在建立基本模型时，是假设存货一次全部入库，故存货增加时存货量变化为一条垂直的直线，事实上，各批存货是陆续入库，使存量陆续增加。尤其是产成品入库和在产品的转换，几乎总是陆续供应和陆续耗用的。一次性全部入库的情形如图 13－10 所示。

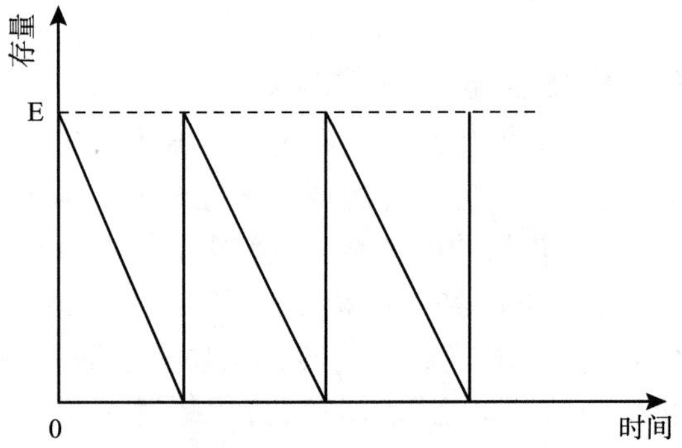

图 13－10　一次性到货

在陆续到货的情况下，需要对基本模型作一些修改。设每批订货数为 Q。由于每日送货量为 F，故该批货物全部送达所需日数则为 $\frac{Q}{F}$，称为送货期。因零部件每日耗用量为 d，故送货期内的全部耗用量为 $d \times \frac{Q}{F}$。由于零件陆续供应和使用，所以每批货物送完时，最高库存量为：$Q - d \times \frac{Q}{F}$，即图 13－11 所示的 E_1 点，低于图 13－10 的 E 点。

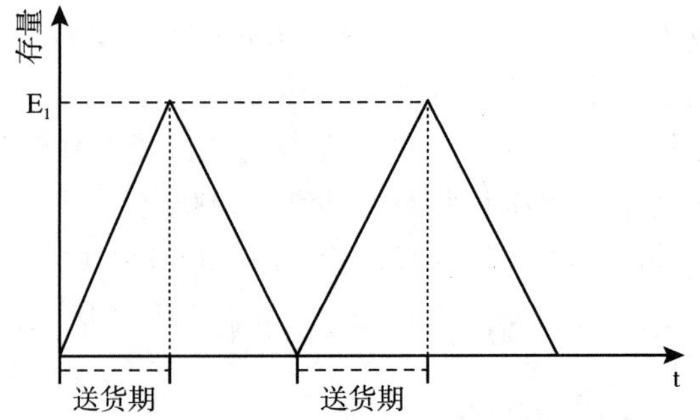

图 13－11　陆续供应与使用

与存货批量有关的总成本为 TC。

$$TC(Q)=\frac{D}{Q}\times P+\left(Q-\frac{Q}{F}\times d\right)/2\times C \qquad (13-11)$$

当订货成本与储存成本相等时，TC 有最小值，所以，存货陆续供应和使用条件下的经济订货量为：

$$Q=\sqrt{\frac{2DP}{C}\cdot\frac{F}{F-d}} \qquad (13-12)$$

$$TC=\sqrt{2DPC\cdot\left(1-\frac{d}{F}\right)} \qquad (13-13)$$

【例 13－16】东方股份公司生产扫描仪需用 M 零件，年需用量（D）为 14 400 件，每日送货量（F）为 120 件，每日耗用量（d）为 40 件，每次订货成本（生产准备成本）（P）为 50 元，单位储存变动成本（C）为 2 元。

根据〖例 13－16〗资料可计算出经济订货量：

$$Q=\sqrt{\frac{2\times 14\,400\times 50}{2}\times\frac{120}{120-40}}=1\,039.23\text{（件）}$$

3. 缺货情况下的经济订货量。在经济订货量的基本模型中，我们假定当企业的存货量为零时，企业安排再次采购，而所采购的存货能马上到达企业，从而满足企业的存货需求。也就是说，不会出现缺货，所以在基本模型中，没有考虑缺货成本（Shortage Cost）。但从实践来看，需要探讨在缺货的情况下，如何确定经济订货量。

缺货情况下的存货耗用情况如图 13－12 所示。

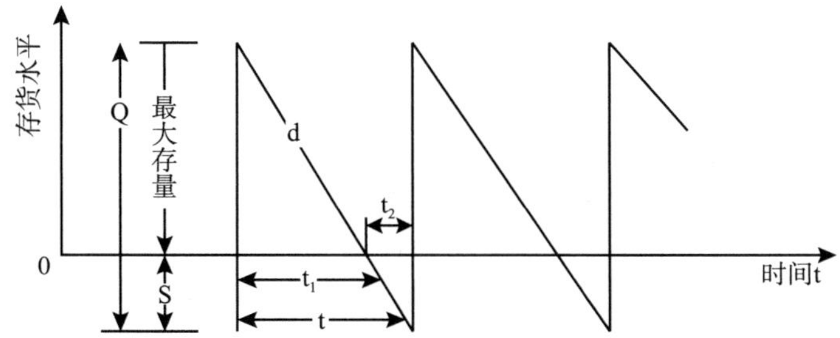

图 13－12　缺货条件下存货耗用情况

注：t_1——存货的正常耗用时间；

t_2——缺货时间；

t——存货采购周期；

S——每次订货的缺货量；

Q——每次订货量；

d——每天需求量。

因为：

t_1 期间的平均库存量 $=\frac{Q-S}{2}$

t_2 期间的平均库存量 $=0$

t_1 期间的平均缺货量 $=0$

t_2 期间的平均缺货量 $=\frac{S}{2}$

$$t=\frac{Q}{d}$$

$$t_1=\frac{Q-S}{d}$$

$$t_2=\frac{S}{d}$$

所以：

$$t\text{ 期间的平均库存量}=\frac{\frac{Q-S}{2}\times t_1+0\times t_2}{t}=\frac{(Q-S)^2}{2Q} \qquad (13-14)$$

$$t\text{ 期间的平均缺货量}=\frac{0\times t_1+\frac{S}{2}\times t_2}{t}=\frac{S^2}{2Q} \qquad (13-15)$$

相关总成本 TC = 订货成本 + 储存成本 + 缺货成本

其中：

$$\text{订货成本}=\frac{\text{年存货需要量}}{\text{每次订货量}}\times\text{每次订货成本}=\frac{D}{Q}\times P$$

$$\text{储存成本}=\frac{(Q-S)^2}{2Q}\times C$$

$$\text{缺货成本}=\frac{S^2}{2Q}\times C_S$$

所以：

$$TC(Q)=\frac{D}{Q}\times P+\frac{(Q-S)^2}{2Q}\times C+\frac{S^2}{2Q}\times C_S$$

现在只需计算出当 Q 为多少时，可使相关总成本最低即可。根据二元函数微分极值原理，TC 存在最小值，TC 取最小值时，Q、S 分别为：

$$TC'_Q=-\frac{DP}{Q^2}+\frac{2Q(Q-S)-(Q-S)^2}{2Q^2}-\frac{C_S S^2}{2Q^2}=0$$

$$TC'_S=-\frac{Q-S}{Q}\times C+\frac{S}{Q}\times C_S$$

联立方程，可解出缺货情况下经济订货量的计算公式如下：

$$Q=\sqrt{\frac{2DP}{C}}\times\sqrt{\frac{C+C_S}{C_S}} \qquad (13-16)$$

$$S=\sqrt{\frac{2DPC}{(C+C_S)\ C_S}} \tag{13-17}$$

最低相关总成本：

$$TC(Q)=\sqrt{2DPC}\times\sqrt{\frac{C_S}{C_S+S}} \tag{13-18}$$

【例13-17】 东方股份公司一年需要甲材料80 000千克，根据经验每次订货的变动性订货成本为50元，单位材料变动性储存成本为16元，若公司允许出现缺货，因采取补救措施而发生的单位缺货年均成本为49.6元，试计算此时的经济订货量。

允许缺货的经济订货量 $=\sqrt{\frac{2\times80\ 000\times50}{16}}\times\sqrt{\frac{16+49.6}{49.6}}=1\ 150$（千克）

最低相关总成本 $=\sqrt{2\times80\ 000\times4}\times\sqrt{\frac{49.6}{49.6+16}}\approx6\ 956$（元）

四、存货订货点

经济订货量模型为企业提供了确定订货的最佳数量的方法，但是，随之带来的问题是何时订货，对此问题的解答就需要研究订货点。

所谓订货点（Order Point）实际上就是一项存货在申请订货时，所应保持的存货量。也就是说，当一项存货由于生产耗用或销售而减少至这个存货量时，负责保管存货的部门就应该向有关部门提出要求生产或采购的申请。否则，存货就有断档或脱销的可能。

订货点（Order Point）：指原有货物储备量下降到必须再次订货，以便及时补充货物资库存量的界限。

（一）影响订货点的因素

存货订货点的高低，取决于三个因素，即订货时间、存货每天需要量和安全存量。

1. 订货时间。一项存货如果能在补充时立即购得或生产，“订货点”的问题，也就不再存在，因为在此条件下，此项存货可以在用完时，再考虑采购和补充，并不会影响生产和销售的正常进行，但事实上，由于种种原因，在发出订货的申请或通知后，必须经过一个或长或短的时间，存货才能得到实际的补充，因此为了满足在这一段时间内生产和销售方面的需要，就不能在存货用完时，再要求补充，而必须把申请订货的时间提前，这一提前时间，就称为“订货时间”（Order Time），又称“前置时间”。

订货时间（Lead Time）：指从订购到供应商交货所间隔的时间。

订货时间主要由下列四部分构成：

（1）企业采购部门根据需要确定订货的品种、数量及其他有关要求，来选择采购地点、供应单位和安排采购人员等所需的时间。

（2）与供应单位进行洽谈、议价和签订合同所需要的时间。

（3）所购货物由供应单位运达本企业所需的时间。

（4）货物到达后进行质量检验、数量点收以及整理、分装配套、存放等所需要的时间。

订货时间的长短，对订货点和存货水平高低影响极大。一般来说，这个时间越短，对企业越是有利。因此，为了能够合理地缩短订货时间，企业除了尽可能地提高其有关业务的工作效率外，还应争取与距离较近而又信誉可靠的供应单位建立稳定的关系，并利用较便捷而又经济的运输方式，将所购的货物运达本企业。

2. 存货日均需要量。订货时间表现在发生要求订货的申请或通知之后，必须经过若干天后存货才能得到补充。而在补充存货之前的这一段时间内，企业必须保持一定的存货量，才能保证生产、销售不间断地进行。保持多少存货则取决于各项存货每天的需要量。因此，企业各项存货的每天需要量，是决定订货点的又一个关键性因素。也就是说，在订货的时间既定情况下，每天需要量越大，订货点就越高；反之，订货点则越低。

3. 安全存量。事实上，企业的生产和销售业务不可能始终保持均衡状态。除了受季节性因素的影响外，还可能发生一些意料不到的事故或变化。因此，企业的各项存货要能适应生产、销售的不均衡和可能出现非常情况，就必须保持一个安全存量。也就是说，存货保管部门在发生订货的申请或通知时，存货的数量不仅应能满足订货时间生产、销售的正常需要，还要包括一个安全存量。“安全存量”（Safety Stock）又称为“基本存量”或“最低存量”，是一个在正常经营过程中不需动用，但又不可缺少的企业库存量。安全存量应保持多少，主要考虑以下几个因素：

安全存量（Safety Stock）：指企业的生产经营受季节等因素影响，为保持生活和供应的持续性，而对存货必须保持的最低储存量。

（1）所购货物到货期可能延误的时间；

（2）所购货物的质量可能不符合要求、数量可能短缺的情况；

（3）生产需用量或销售量可能突然增加而高于平均水平的情况。

安全存量越大，订货点就越高；反之，则订货点就越低。由于必须保持安全存量，所以提高了总的存货水平，并增加了为保持存货所需的成本。这项成本在确定经济订货量时并未加以考虑，故通过安全存量的设置而将其包括进去，是极为重要的。

（二）订货点的确定

订货点以存货量表示，其计算公式如下：

订货点 = 存货的日均需要量 × 订货时间 + 安全存量　　(13 - 19)

在不同的情况下，确定订货点的计算方法及其对存货水平的影响也有所不同，分述如下：

1. 订货时间肯定、需要量稳定。在此情况下，由于订货时间（如图 13－13 中的 t）肯定而不会发生到达期延误的情况，生产和销售也极为均衡，每天的需用量不会有较大的波动。存货的耗用情况如图 13－13 所示。

再订货点决策

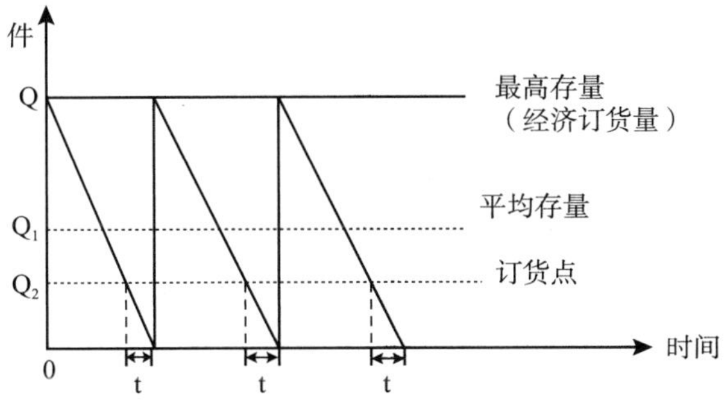

图 13－13　订货时间肯定、需要量稳定

在这种情况下，一般可以不必考虑设置安全存量，故其订货点的计算公式如下：

订货点＝存货平均每天需要量×订货时间(t)　（13－20）

【例 13－18】南方商贸公司电视机年销售量为 24 000 台，全年营业时间为 300 天，经济订货量为 2 600 台，订货时间 10 天，平均每天销售 80 台，则订货点为：

订货点＝80×10＝800（台）

2. 订货时间肯定、需用量不稳定。对于大多数企业来说，由于不可避免地受到市场需求变化和季节性因素的影响，导致其生产和销售业务不可能始终均衡，从而对存货的需求量也会增减波动。为此，有必要设置一个安全存量（如图 13－14 中的 U 点），以保证生产和销售得以不间断地进行，但对经济订货量并不影响。此时存货的耗用情况如图 13－14 所示。

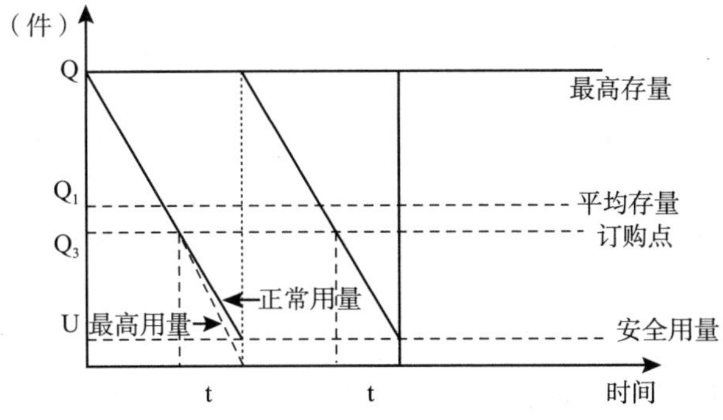

图 13－14　订货时间肯定、需用量不稳定

在此情况下，安全存量的大小，主要由估计订货时间内存货需用量可能超过平均水平这一点来决定。其计算公式如下：

订货点 = 日均需要量 × 订货时间 + 安全存量（U）　（13 - 21）

安全存量 =（预计每日最高用量 - 每天平均用量）× 订货时间　（13 - 22）

【例 13 - 19】 承〖例 13 - 18〗，若订货期间每天的销售量最高可达到 100 台，此时，订货点为：

安全存量 =（100 - 80）× 10 = 200（台）

订货点：10 × 80 + 200 = 1 000（台）

3. 订货时间和需用量均不确定。事实上，不仅存货的需要量常会有所波动，而且订货时间也是极难肯定的，因为决定订货期的主要是一些客观因素，如货源情况和运输条件等，总难免会发生意料不到的变化而使订货的到达时间有所延误，或由于质量不符合要求和规格差错等原因，而使存货得不到及时足额的补充。因此，就需要考虑实际订货期可能延长这一因素。设置相应的安全存量，适当提高订货点，以尽可能保证企业的生产销售业务免受影响。此时的存货耗用状况如图 13 - 15 所示。

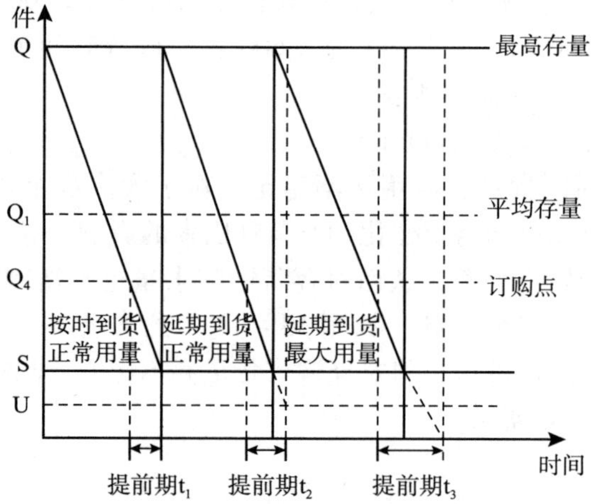

图 13 - 15　订货时间和需用量均不确定

由图 13 - 15 可以发现，按时到货时，订货提前期为 t_1；当可能发生延期到货时，订货提前期上升为 t_2（$t_2 > t_1$）；当耗用量同时也在增大时，订货提前期进一步上升到 t_3（$t_3 > t_2$）。在此情况下，存货的安全存量（S）包括两个部分，即：（1）由于订货期可能延误而应增加的存量，即延误期内的正常用量。（2）由于耗用量可能超过平均水平而增加的存量，即订货期和延误期的超额需用量。

据此，安全存量计算公式如下：

安全存量＝延误天数×日均需要量＋（延误天数＋订货时间）

×（每天最高耗用量－每天平均耗用量）　　（13－23）

【例13－20】 根据〖例13－18〗、〖例13－19〗的资料，该商品订货到达期可能要延误3天，其订货点应为：

安全存量＝80×3＋（10＋3）×（100－80）＝500（台）

由以上诸例可见，设置存货的安全存量，对于保证生产、销售业务的不间断进行具有重要的意义，但是过高的安全存量需要增加较多的成本，而较低的安全存量则会发生停工待料和产品脱销等情况，使企业遭受损失。为此，安全存量究竟应以多少为宜，应权衡利弊得失，慎重加以确定。总的原则是：为提高存量而增加的成本，应不超过可能因存货不足而引起的损失。

案例链接

跌停！广州浪奇5.72亿元存货不翼而飞，4家公司曾上演类似闹剧

卖洗衣粉和洗衣液的广州浪奇成为市场焦点。

9月28日，广州浪奇股价大跌10%，市值蒸发约3.57亿元。截至发文，股价收报5.13元，总市值为32.19亿元。

导致股价异动的原因是广州浪奇卷入5.72亿元存货“罗生门”。

9月27日晚，广州浪奇公告称，位于瑞丽仓、辉丰仓的库存货物价值分别为4.53亿元、1.19亿元可能涉及丢失风险。

这是一个什么概念呢？自上市27年以来，广州浪奇实现总净利润5.15亿元。也就是说，本次不翼而飞的5.72亿元存货数额，已经超过了27年的盈利。

广州浪奇一度表示，公司目前正在整理完善相关证据，之后将尽快采取包括诉讼、向公安机关报案在内的司法措施，坚定维护自身和投资者的合法权益。今日开盘，广州浪奇开盘跌停，直接反映出投资者的态度。

事实上，广州浪奇并非A股个例。之前，也有一些上市公司上演过存货“不翼而飞”剧情。

獐子岛是股民非常熟悉的公司。自2014以来，獐子岛的扇贝已4次消失：2014年10月，獐子岛公告称，“因北黄海遭到几十年一遇的异常冷水团，公司在2011年和部分2012年播撒的100多万亩即将进入收获期的虾夷扇贝绝收。”在2017年年报中，獐子岛公告称，因海洋灾害导致扇贝瘦死，亏损7.23亿元。在2019年一季报中，獐子岛公告称，受2018年海洋牧场灾害影响，公司于2016年、2017年底播的虾夷扇贝可收获资源总量减少。

在2019年11月11日，獐子岛又发布公告表示，公司正常情况一亩产20到30公斤的底播虾夷扇贝，可能亩产只剩下不到4公斤，账面价值损失或达3亿元。后来，证监会出动卫星拆穿了獐子岛谎言，公司董事长吴厚刚等也选择了辞职。

（资料来源：杨万里，新浪财经，2020年9月28日）

五、存货的日常管理和控制

存货的日常管理和控制是指在日常生产经营过程中，按照存货计划的要求，对存货的使用和周转情况进行的组织、调节和监督。其目的是在保证企业生产经营正常进行的前提下，尽量减少库存，防止积压。实践中形成的行之有效的管理方法主要有以下几种。

（一）ABC分类控制法

在实际生产经营过程中，大多数企业的存货不仅品种多、数量大、规格复杂、资金占用额高，而且每种存货的数量及其所占用的资金量也各有不同。为简化计算并加强对主要存货的控制，现代企业存货管理已较成功地引进了ABC分类控制法。

帕累托与ABC分类法

ABC分类控制法由意大利经济学家帕累托（J. G. Ballertine）于19世纪首创。经过不断发展和完善，现已被广泛运用于企业存货管理、生产管理和成本管理等方面，并取得了显著成效。

运用ABC分类控制法控制企业存货资金，一般按以下步骤进行。

1. 计算每一种存货在一定时间内（一般为一年）的资金占用额。

2. 计算每一种存货资金占用额占全部资金占用额的百分比，并按大小排序排列，编成表格。

3. 根据事先规定的标准，将最重要的存货归为A类，按照ABC分类控制法，此类存货的品种数量约占企业全部存货的5%～15%，资金数额约占60%～80%；将一般存货归为B类，按照ABC分类控制法，此类存货的品种数量约占企业全部存货的20%～30%，资金数额约占15%～30%；将不重要的存货归为C类，并画图表示出来。

4. 确定企业的存货控制策略：对A类存货进行重点规划和控制；对B类存货予以次重要关注；C类存货虽然种类繁多，但所占用的资金并不多，且对企业的存货状况影响不大，因此其经济批量只需凭过去的经验确定，而不需要花费太大的精力进行控制。

通过对存货进行ABC分类，可以使企业分清主次，采取相应的对策进行有效的管理、控制。企业在组织经济订货量、储存期分析时，对A、B两类存货可以分别按品种、类别进行。对C类存货只需要加以灵活掌握即可，一般不必进行上述各方面的测算和分析。此外，运用ABC分类控制法的基本原理，企业还可以结合对消费者的调查、分析，加强存货的管理工作。如企业可以按照所管辖地域内消费者的收入水平、社会地位等标准将它们区分为A、B、C三类，通过研究各类消费者的消费倾向、档次等，在市场调查的基础上确定各档次存货的购进与销售工作，从而获得良好的管理、控制效果。

（二）计算机存货控制系统

现在大多数公司都采用计算机存货控制系统（Computer Control System）对存货进行管理控制。计算机先记录下初始的存货数量，然后，存货的消耗由计算机准确地记录下来，从而存货的结余得到及时修订。到达再订货点时，计算机就发出订单，并且在收到订货时，自动增加存货量记录。例如，像大型连锁零售商就广泛地使用了计算机存货控制系统，每一种商品上都贴有条形码，出售商品时，只需要将条形码扫描到计算机中，计算机就会自动调整存货库存记录，同时将商品的价格信息发送到收银机打印出来。当存货量低于控制线时，计算机就会自动发出订单购进商品。

（三）适时存货控制系统

适时存货制（Just In Time，JIT）是指存货恰好在生产过程需要时送达，不对存货进行储存，即实现存货的“零库存量”。该制度需要精心的规划，并且在整个生产过程中都需要供应商和生产商的广泛合作。这种合作可以通过电子数据交换方便地进行。所谓电子数据交换是指商务交易信息从一台计算机直接传达到另一台计算机的电子交换。通过这种方法传递信息，企业可节约大量的时间、人力成本、物质成本，以及错误所导致的成本。适时存货制可以减少原材料存货、在产品存货和完工产品存货。适时存货制的成功取决于以下几个因素。

零库存管理（Zero Inventory Management）： 指让公司与供应商和顾客合作，降低商品作为产成品留存在存货中的时间和公司持有的存货总量，以实现最小化存货持有成本。

1. 计划要求。存货的一个基本功能是在不同的生产阶段作为保险储备。对于整个企业而言，适时存货制要求协调、完整的存货计划，通过仔细地计划与规划，适时存货制可以消除这些安全储备。当然，如果高度的协调和计划对于某个企业是不现实的，那么适时存货制将没有作用。

2. 与供应商的关系。为了使适时存货制有效运作，企业与它的供应商必须紧密合作。送货计划、数量、质量和瞬时联系都是该制度的组成部分。该制度要求按所需的数额和订单的要求，频繁送货。因此，必须要与供应商之间保持良好的合作关系。

3. 准备成本。通过降低生产期的长度，重新设计生产过程允许有尽可能大的灵活性。在生产中，每一批产品生产前总存在固定的准备成本，最优生产批量（Optimal Production Quantity）受生产准备成本的影响。采用适时存货制，通过降低准备成本，企业可以采用较短的生产期，因而获得更大的灵活性。

4. 其他的成本因素。由于适时存货制要求精心地管理和控制，采用适时存货制的企业常常为了降低成本而限制供应商的数目。很多企业通过采用适时存货制而大大降低了存货存储成本和存货准备成本。但没有任何东西是免费的，供应商被要求提高服务质量，更经常地送货，运货时按顺序排列货物，供应商额外的处理成本会提高收费价格。一般情况下，采用适时存货制的企业由于获得的收益不但能够完全抵销由此而增加的成本，还会有大量的结余。

5. 对信用条件的影响。在适时存货制环境下，购货、生产、销售过程的许多方面都由电子系统处理，电子系统可以快速地处理存货的整个流转环节，这样就会缩短资金在这个环节的停留时间，从而提高资金的使用效率，降低存货资金的占用成本。

案例链接

从 JIT 到 JIS 柔性生产催生柔性物流

如今，汽车行业的利润越来越薄，那些来自世界各地的“豪门”们也开始斤斤计较，整天削尖脑袋想办法降成本、降车价。与此同时，中国汽车消费进入个性化时代，在降成本、降车价的同时，还要最大限度地满足消费者的个性化需求。对物流环节的优化不仅能降成本，还能提高生产效率，使生产节奏更贴近市场需求。为适应这种市场变化，汽车企业在生产环节进行了调整，一条生产线只生产一种标配车型显然过时了，取而代之的是柔性生产：一条生产线可同时生产不同车型，或者同一款车型的不同配置车型。这就给汽车生产物流带来了新的课题，生产线每个工位旁边等待的零部件备货要与生产线上当时生产的车型相一致，必然要求生产物流相应地实行精准供应，倒逼生产物流控制的信息化水平大幅提高。

即时准确供货 JIS 时代来了很长一段时间，生产物流信息化主要是实现 JIT 模式，英文全称为 Just In Time，就是“即时供货”，以减少零部件的大幅度堆积。零部件按标准的流程供应到每一个工位，只要保证时间恰到好处即可。但是在柔性生产的情况下，这是远远不够的，因为你不知道下一辆是什么车型，等待中的零部件不匹配，生产就无法进行下去，甚至造成巨大损失。这就对生产物流环节的流程控制提出了更高的要求。于是，一种更高要求的供货模式应运而生，即 JIS 模式，其英文的全称为 Just In Sequence，就是准时化顺序供应。即在真正需要装配某种零件的时候，这种零件才出现在生产线边，并且零件个数有限，仅满足一个有限时段的物料需求。一辆车身过去后，后面的车又是一个新的类型，生产线旁边又会出现与这辆车匹配的零部件。

目前，中国汽车生产企业中，丰田、大众和通用等各大品牌都在推行柔性化生产，近几年新建的工厂也都是按这个标准设计的，以此适应客户个性化需求，实现实行订单式生产的目标。比如广汽丰田工厂，一条生产线同时生产 2 个平台 4 个系列 10 种车型，日生产汽车可达到 1 000 辆。生产物流管理引入信息技术一辆汽车由 1 万多个零部件组成，整个生产过程要经过 36 000 多道工序。保证零部件供货的物流环节与生产线的需求高度一致，是 JIS 模式的关键所在。

如果在JIS模式下有一个环节出现误差，就会导致整个生产线停下来。

为了规避这种风险，汽车整个生产环节和物流环节的流程控制都必须以信息技术为依托，使零部件供应和生产线上的需求严丝合缝。这就要求从汽车制造的冲压、车身、油漆和总装四大车间，直至整车检测下线，都必须实现信息化管理。据了解，生产信息管理系统涵盖了汽车制造的生产控制和物流控制，车身信息采集和车身仓储系统为实现汽车制造物流控制的重要环节。通过车身物流信息采集的检测跟踪，车身和零部件的物流仓储系统的灵活控制，可以实现汽车生产的物流控制。通过汽车生产管理的信息技术，可以随时跟踪和了解汽车制造的生产程度和物流过程。其中，最复杂的环节在总装车间，当车身进入存储区域时扫描信息，记录显示车身信息，包括车型、选装情况等规格，并存储信息，且与物流仓储控制设备连接，在生产管理系统的物流控制中显现，这样需要的零部件可以进行相应地供给，保证JIS的实现。目前，车身物流信息采集系统主要采用两种方式：条形码识别技术和数据载码体识别技术。条形码识别技术是车身上必须粘贴有车身条形码，通过设置的扫描站来读取信息，并进行处理，传给生产信息识别系统。数据载码体识别技术的系统包括数据载码体、数码体和接口模块儿，这是一种分散式的数据储存系统，通过对载码体的读写操作，实现对物流信息的跟踪和控制。

在JIS模式下，要求零部件供应商按主机厂需要的量生产并提供所需要的产品，达到无库存或库存量最小的状态，为此而出现了包括“看板”在内的一系列具体方法。对照JIT，JIS可以说是对库存的要求达到了极致。通俗地讲，整车厂要什么部件，供应商就送什么部件，当然实际送货时是按一定的频次送货。通常这些零部件价值较高，体积较大，再加上整车厂对其保质期有一定的要求，整车厂一般不存放库存。为此，一些供应商不惜通过设置一定的成品库存来应对整车厂的要求，也就是采取“批量生产，顺序供货”的模式，以满足厂家生产线旁“即时、准确”的供货需求。可见，JIS模式下物流管理已经成为一种复杂的信息管理课题。因为柔性生产改变了传统的生产物流流程，将意味着整个生产物流系统的转型。

（资料来源：韦小贝：《从厂IT到厂IS柔性生产催生柔性物流》，载于《现代物流报》2014年3月21日）

本章主要名词概念

营运资本	波动性流动资产	稳定性流动资产
主动性流动负债	自发性流动负债	流动资产投资政策
营运资本融资政策	现金最佳持有量	现金预算
现金浮游量	内部牵制制度	信用政策
信用标准	信用条件	收账政策
经济订货量	订货点	安全存量
ABC分类控制法	零库存管理	

本章小结

流动资产是企业最活跃的资产，也是日常管理的重点。本章首先就营运资本政策进行了讨论，然后重点对现金、应收账款、存货等主要流动资产的管理方法与策略进行分析与评价。主要内容如下：

1. 营运资本（Working Capital）又称营运资金，是指企业生产经营活动中占用在流动资产上的资金。营运资本有广义和狭义之分。

2. 流动资产可分为波动性流动资产和稳定性流动资产；流动负债可分为主动性流动负债和自发性流动负债。

3. 流动资产投资政策（Current Asset Investment Policy）指企业在一定时期内对流动资产投资规模的选择。主要包括：宽松投资政策、冒险投资政策和中庸投资政策三种。

4. 营运资本融资政策（Working Capital Financing Policy），主要是对如何安排波动性流动资产和稳定性流动资产的资金来源的政策。一般分为三种，即配合型策略、激进型策略和稳健型策略。

5. 现金（Cash）是企业中流动性最强的资产。企业持有一定数量的现金主要是因为满足交易性需要、预防性需要和投机性需要。

6. 最佳现金持有量（Optimal Cash Balance）的确定方法有：现金周转模式、存货模式、成本分析模式等方法。

7. 应收账款的成本包括机会成本、管理成本和坏账成本。

8. 信用政策（Credit Policy）又称应收账款政策，是指企业对应收账款进行规划与控制而确立的基本原则与行为规范。信用政策包括信用标准、信用条件和收账政策三部分内容。

9. 信用标准（Credit Standard）是客户获得商业信用所应具备的最低条件，通常以预测的坏账损失率表示。

10. 信用条件（Credit Terms）是指企业要求客户支付赊销款项的条件，包括信用期限、折扣期限和现金折扣。

11. 收账政策（Collection Policy）是指当客户违反信用条件，拖欠甚至拒付账款时企业所采取的收账策略与措施。

12. 存货成本（Inventory Cost）包括进货成本、储存成本、缺货成本。决策分析时要注意区分成本的相关性。

13. 经济订货量（Economic Order Quantity）是使企业的存货相关成本之和最低的订货量。其确定方法包括逐次测试法、图示法和公式法。

14. 经济订货量基本模型扩展决策类型主要包括：（1）数量折扣条件决策；（2）陆续供应与使用条件决策；（3）缺货条件决策等。

15. 订货点（Order Point）就是原有货物储备量下降到必须再次订货，以及时补充货物库存量的界限。存货订货点的高低，取决于三个因素，即订货时间、需要量和安全存量。

16. 存货的日常管理和控制方法包括 ABC 分类控制法、计算机存货控制系统、适时存货控制系统等。

第十四章

短 期 融 资

学习目标

学习本章后，您应该做到：

1. 了解短期融资的特点和种类；
2. 理解并掌握应付账款成本的计算及决策分析；
3. 掌握应计费用成本的特点和融资额的确定；
4. 熟悉信用借款的条件；
5. 熟悉和掌握短期借款的优缺点及借款利息的计算；
6. 熟悉短期融资券的含义及优缺点。

学习重点与难点

熟悉商业信用融资的特点；运用应付账款决策方法进行信用分析；把握短期借款的条件并进行短期借款决策评价；理解短期融资券的功能。

学习思维导图

- 短期融资
  - 短期融资原理
    - 短期融资特点
    - 短期融资类别
  - 无息债务融资
    - 商业信用
      - 应付账款
      - 应付票据
      - 预收款项
    - 应计费用
  - 有息债务融资
    - 短期借款
      - 信用借款
      - 担保借款
      - 利息支付方式
    - 短期融资券

引 导 案 例

临近春节，上市公司融资进度“不打折”。仅1月12日一天，就有五家公司公布了融资情况，其中创业环保非公开发行A股股票申请获证监会受理，天宜上佳抛出定增计划拟募资不超过23.7亿元。另外，兴业银行获准发行不超1 100亿元金融债券，宁沪高速完成发行5亿元超短期融资券，宁波建工则完成了发行2亿元超短期融资券。

Wind数据统计显示，今年以来A股有中国船舶、*ST商城、中国动力、茂业商业、亚钾国际、上海电气、沐邦高科、钧达股份、金利华电等32家公司披露融资进度，从已经披露的融资数据，这些公司累计募集资金620.15亿元，发行目的包括融资收购其他资产、项目融资、配套融资、补充流动资金、实际控制人资产注入等。

需要提及的是，2020年再融资政策松绑，证监会发布了修改后的再融资新规，降低发行条件，优化非公开制度安排，适当延长批文有效期。

“从2006~2020年，再融资政策经历了起步到成熟，从全面收紧到再度松绑。再融资新规的不断调整反映了资本市场化、法治化的改革方向，并且在不断修改中提升了再融资的便捷性和制度包容性，是我国资本市场完善基础制度的重要举措。”海通证券投资策略分析师荀玉根认为，再融资新规的推出，旨在深化金融供给侧结构性改革，进一步提高直接融资比重，增强金融服务实体经济的能力。

个股方面，剥离房地产业务、“转战”新能源发电赛道的广宇发展近日迎来资产重组完成后的人事变动，管理层巨变，多位高管辞职。这是广宇发展对其剥离房地产业务、置换新能源发电业务这一重大资产重组案的后续进展披露，资产重组完成后，广宇发展通过人事变动和组织架构调整，以匹配其未来转身进入新能源发电赛道的战略。

部分公司的重组计划并不是一帆风顺。远兴能源近日收到深交所重组问询函，要求公司说明前次交易是否与重大资产重组构成一揽子交易，前次交易是否属于重大资产重组的一部分；增资是否属于重组的一部分，先购买少数股权再增资的原因，并进一步说明银根矿业其他股东纳百川、鄂尔多斯市纳丰投资和内蒙古博源工程放弃同比例增资的原因。

（资料来源：张曌：《上市公司节前再融资不放松　超短期融资券成企业选择项》，载于《大众证券报》2022年1月12日）

第一节 短期融资概述

一、短期融资的特点

不论企业采用何种营运资本政策，只要企业存在流动资产占用，就必须安排相应的资金来满足其需求。从企业营运资本管理政策上看，企业占用在流动资产上的资金一般是通过短期融资（Short-term Financing）满足的。因为只有保持流动资产与短期融资在金额、期限上的合理匹配，才能使企业在提高资产运营能力的同时，降低融资成本并尽可能防范财务风险。

短期融资（Short-term Financing）：指企业为满足流动资产周转需要而进行的偿还期在1年之内或者一个经营周期内的融资行为。

与长期融资方式相比，短期融资一般具有以下特点：

1. 融资速度快。长期债务的债权人为了保护自身利益，往往要对债务人进行全面的财务调查，因而长期融资所需时间较长且不易取得。而企业短期资金需求额往往较少，且短时间内即可归还，债权人顾虑较少，融资手续比较简单，企业可以在较短的时间内获得资金。

2. 灵活性强。进行短期债务融资时，企业与债权人可以面对面地直接商定融资的数额、时间、利率等要素；在贷款使用期间，企业如果遇到特殊情况，也可以与债权人进行协商，及时变更相关融资条款。所以，短期债务融资具有较大的机动灵活性。

3. 融资成本低。一般情况下，短期债务的利率低于长期负债，短期负债的融资费用也低。

4. 财务风险高。短期融资需要在短时间内偿还，因而需要融资企业在规定的债务期内筹措足够的资金偿还债务，若企业资金安排不当，容易陷入财务危机。此外，短期负债的利率波动比较大，企业需要承担较高的利率变动风险。

二、短期融资的种类

（一）无息债务融资

无息债务融资（Non-interest-bearing Debt Financing）主要是指在商业交易过程中自发形成的短期债务资金，主要包括应付账款、应付票据、预收款项、应交税费、应付职工薪酬等。无息债务融资具有以下特点：一是资金来源大多属于“免费”性质，企业不需要付出任何实际代价；二是无息债务融资产生于商业交易过程，是企业经营活动而非财务活动的结果；三是融资相对灵活且不规范。正是由于无息债务融资的这些特点，在财务上人们常常将这类融资行为称为“自发性融资”。

（二）有息债务融资

有息债务融资（Interest-bearing Debt Financing）是指为满足企业流动资产占用需要而从银行等其他金融机构借入的资金，主要包括短期银行借款、短期融资券等。与无息债务融资相比：第一，它是一种单纯的借款行为；第二，它需要为借入资金的使用支付利息；第三，借款方式规范，即它需要通过借款合同明确借款双方各自的责任与义务。

试一试：走访一家企业，了解企业在进行短期融资时主要种类有哪些？它们具备什么特点？

第二节　无息债务融资

一、商业信用

自发性融资（Spontaneous Financing）：指随销售的增长而同比例增加的流动负债，包括商业信用和各种有关的应付费用等。

商业信用（Trade Credit）是指企业在商品交易中由于延期付款或预收货款而形成的借贷关系，是企业间相互提供信用的融资行为。作为一种“自发性融资”，商业信用产生于市场交易及其结算方式，其具体形式包括应付账款、应付票据和预收款项等。据统计，商业信用融资占许多企业流动负债的40%左右，是企业重要的短期资金来源。

（一）应付账款

应付账款（Accounts Payable）是最常见的一类商业信用。应付账款是指企业因购买材料、商品或接受劳务供应等经营活动应支付的款项。对卖方来讲，可用这种方式进行促销；而对买方来说，延期付款相当于向卖方借入资金购买其商品或劳务，可以满足短期资金需要。

1. 应付账款的成本。在一般情况下，应付账款在信用期内是无成本的，但在特殊情况下，企业也可能会承担较高成本。如果企业超出信用期付款，则会付出更大的代价。因此，使用应付账款融资，必须进行合理分析，把握好付款时间。下面根据供应商提供的付款条件和购买方的付款日期，具体分析应付账款的成本及合适的付款时间。

（1）付款条件中未提供现金折扣（Cash Discount），购买方在信用期内付款，以及付款条件中提供有现金折扣，购买方在折扣期内付款。这两种情况下购买方利用供应商的商业信用是没有成本的，付款最佳时间分别为信用期的最后一天和折扣期的最后一天。

现金折扣（Cash Discount）：指为了鼓励购货方在一定时期内早日付款而给予的价格扣除。

（2）付款条件中提供有现金折扣，购买方应根据放弃现金折扣的成本的多少确定付款时间。放弃现金折扣成本的计算公式如下：

$$\text{放弃现金折扣的成本}=\frac{\text{现金折扣率}}{1-\text{现金折扣率}}\times\frac{360}{\text{信用期}-\text{折扣期}} \qquad (14-1)$$

公式表明，放弃现金折扣的成本与现金折扣率的大小、折扣期的长短同方向变化，与信用期的长短反方向变化。

在实际中，购买方也有可能超过信用期付款，即延期付款。这一行为可为购买方提供额外的短期融资，但这是有成本的。可能的成本包括：①放弃现金折扣的成本（如果付款条件中提供有现金折扣）；②延期付款的罚金和利息；③可能造成与供应商关系恶化，并影响企业的信用评级，损害未来取得信用的能力。

【例 14－1】东方股份公司经与客户协商，按“2/10，n/30”的信用条件购买一批商品，价值 100 万元，分析该笔交易对公司商业信用融资的影响如下：

$$\text{放弃现金折扣的成本}=\frac{2\%}{1-2\%}\times\frac{360}{30-10}=36.72\%$$

视频 应付账款融资决策

由上可知，如果公司在 10 天内付款，可获得 10 天的免费信用，免费信用额为 98 万元。如果公司在第 30 天付款，则付款额 100 万元可以分解为两部分：供应商提供 10 天免费信用而应支付的 98 万元，供应商提供 20 天有代价信用而应支付的利息 2 万元，相当于年利率为 36.72% 的借款。所以，如果买方放弃现金折扣而获得商业信用，其代价非常高。然而，企业在放弃折扣的情况下，推迟付款的时间越长，其放弃现金折扣后的成本越小。假定公司延至 60 天付款：

$$\text{放弃现金折扣的成本}=\frac{2\%}{1-2\%}\times\frac{360}{60-10}=14.7\%$$

这时，企业放弃现金折扣成本缩小，但企业可能因此丧失商业信用，从而丧失未来更多的赊购机会。

2. 利用现金折扣的决策。在附有信用条件的情况下，因为获得不同信用要负担不同的代价，企业要在利用哪种信用之间做出决策，一般来说：

（1）如果能以低于放弃现金折扣成本的利率取得短期资金，企业应该通过其他渠道筹集成本较低的资金支付货款，享受现金折扣。

（2）如果在折扣期内将应付账款用于短期投资，且其投资收益率高于放弃现金折扣的成本，则应放弃折扣而去追求更高的收益。

延期付款损失（Deferred Payment Loss）：指因企业信誉恶化而丧失供应商乃至其他债权人的信用，或日后招致苛刻的信用条件。

（3）如果企业因资金缺乏而欲延期付款，则需要权衡减少的放弃现金折扣的成本和增加的延期付款带来的损失。

（4）如果面对两家以上提供不同信用条件的卖方，应衡量放弃现金折扣成本的大小，选择信用成本最小或所获利益最大的一家。

市场经济是一种信用经济，诚实守信是企业从事市场交易的基本原则。所以，不论出于何种原因，在未经卖方允许的条件下，买方逾期支付货款都是一种不诚信的行为。它可能会使买方短期内获得利益，但是，却不利于企业信誉的长期保持。因此，企业应该对自身的信誉给予足够的重视。

试一试：利用周末时间，了解企业是如何运用商业信用进行决策的，企业的决策方法科学吗？

案例链接

应付账款规模超3.5万亿元　产业链债务推高房企偿债风险

6月29日，A股上市公司三棵树（603737）的一则公告称，本应于今年3月31日到期的商业承兑汇票（简称“商票”）出现逾期，并涉及两家上市房企，其中一家逾期票据金额5 137.06万元，另一家逾期票据金额148.44万元。随后逾期金额较大一方向证券时报记者回应称，逾期票据已于今年6月初兑付。

本是一则不起眼的公告，却再次撕开了房企通过商票变相融资的口子。三棵树的公告中有一个细节，公告称以龙头房企为主的一线地产商使用票据支付比例提升，从而导致报告期内公司应收票据余额持续增长。

证券时报记者统计数据显示，2020年房企商票承兑规模约3 667亿元，同比增长36.2%，房企商票承兑规模大幅上升。

自2018年以来，面对房地产市场波动和政策持续调控，尤其是2020年8月20日监管下发的“三道红线”政策，房企开始纷纷调整债务结构，优化杠杆指标。

统计数据显示，2018年第一季度，上市房企的有息债务（包含短期借款、一年内到期非流动负债、长期借款、应付债券）增速同比为24.09%，到2021年第一季度，这一增速已降至2.5%，有息债务增速呈现明显下滑趋势。然而应付票据及应付账款却在大规模增加，截至2020年度，上市房企的应付账款及应付票据规模增至约3.54万亿元。房企“隐形债务”规模的大幅增加导致房企总负债规模不降反升，甚至是房企的偿债能力可能被高估。

（资料来源：罗曼：《证券时报》，2021年7月16日）

（二）应付票据

应付票据根据承兑人的不同分为商业承兑汇票和银行承兑汇票。

应付票据（Notes Payable）：指购销双方按购销合同进行商品交易，延期付款而签发的反映债权债务关系的票据。

商业承兑汇票是由收款人签发，经承兑人承兑，或由付款人签发并承兑的票据；银行承兑汇票是由收款人或承兑申请人签发，由承兑申请人向开户银行申请，经银行审查同意并由银行承兑的票据。承兑期限由交易双方商定，一般为1～6个月，最长不超过9个月。

应付票据可以带息，也可以不带息，利率一般比银行贷款利率低，且不用保持相应的补偿性余额和支付协议费，所以其资本成本一般低于银行借款的成本。在票据到期前，收款人如果需要资金，可以将未到期的票据向银行申请贴现。票据贴现实质上是企业融通资金的一种形式。票据贴现的有关计算公式如下：

$$票据到期价值 = 票据面值 \times \frac{1 + 年利率 \times 票据到期天数}{360} \tag{14-2}$$

$$贴现息 = 票据到期价值 \times 贴现率 \times \frac{贴现天数}{360}$$

$$贴现所得金额 = 票据到期价值 - 贴现息$$

（三）预收款项

对于卖方来说，预收款项相当于向买方借入资金后将来用货物抵偿。预收货款一般用于紧俏商品、生产周期长且产品价值高的产品、买方信誉较差时，但最后一种情况不属于短期融资的范畴。

预收款项（Item Received in Advance）：指卖方在交货前向买方预先收取部分或全部货款的信用形式。

如果买方对预付款项不提任何要求，累计付款额与商品售价相等，等于卖方得到无偿的商业信用，则不发生任何成本。但买方可能提出自己的要求，如折扣，此时卖方为获得商业信用就要付出代价。

二、应计费用

（一）应计费用的内容

应计费用（Accrued Expense）：指指形成在前支付在后的各种费用，它是一种最典型的自发性融资形式。

最常见的应计费用包括应交税费、应付职工薪酬、应付股利等。

一般而言，应计费用的融资成本为零，但企业却不能自主利用这一融资方式，因为应计费用一般有严格的支付日，且期限较短。如果不能按时支付，就会发生融资成本。如应交税费的纳税期由税法规定，如不能按期缴纳，税务机关就会进行罚款并要求缴纳滞纳金；推迟发放工资必定会受到职工的反对，从而影响工作积极性。因此，所谓应计费用融资，实际上只能是估计应计费用的融资量，以便企业能将它作为视同权益资金来使用。

（二）应计项目融资额的计算

应计费用融资额的计算通常有两种方法：一是按最低占用期计算；二是按平均占用期计算。

1. 按最低占用期计算。按最低占用期计算应计费用融资额的计算公式如下：

$$\text{应计费用融资额} = \text{日占用额} \times \text{可运用天数} \qquad (14-3)$$

【例 14－2】 东方股份公司 1 个月应交税费总额预计为 300 000 元，按规定在每月 10 日前缴纳，则按最低占用期计算的应交税费所能提供的融资额为：

$$\frac{300\ 000}{30} \times 10 = 100\ 000\ (\text{元})$$

2. 按平均占用期计算。按平均占用期计算应计费用融资额的计算公式如下：

$$\text{应计费用融资额} = \text{日占用额} \times \frac{\text{支付间隔期}}{2} \qquad (14-4)$$

【例 14－3】 承〖例 14－2〗，按平均占用期计算的应交税费融资额为：

$$\frac{300\ 000}{30} \times \frac{30}{2} = 150\ 000\ (\text{元})$$

第三节 有息债务融资

一、短期借款

短期借款（Short-term Bank Loan）： 指企业向银行或其他金融机构借入的期限在 1 年（含 1 年）以下的各种借款。

短期借款按照借款人是否提供担保，短期借款分为信用借款和担保借款。在我国，短期借款是绝大多数企业短期资金的主要来源。

（一）信用借款

企业举借短期借款，首先必须提出申请，经审查同意后借贷双方签订借款合同，注明借款的用途、金额、利率、期限、还款方式、违约责任等；其次企业根据借款合同办理借款手续，借款手续办理完毕，企业即可取得借款。

按照国际通行做法，银行发放短期借款往往带有一些信用条件，主要包括：

1. 信贷限额。信贷限额（Line of Credit）是银行对借款人规定的信用借款的最高限额。信贷限额的有效期一般为 1 年，但根据情况也可延期 1 年。一般情况下，在信贷限额内，企业可随时根据需要向银行申请借款，但是，银行并不承担必须提供全部信贷限额的义务。如果企业信誉恶化，即使银行曾同意按信贷限额提供贷款，企业也可能得不到借款，银行不会因此而承担法律责任。

2. 周转信贷协议。周转信贷协议（Revolving Credit Agreement）是银行具有法律义务的承诺提供不超过某一最高借款限额的贷款协议。在协议有效期内，只要企业的借款总额未超过最高限额，银行必须满足企业任何时候提出的借款要求。企业享用周转信贷协议通常要就贷款限额的未使用部分给银行一笔承诺费。

【例 14-4】 东方股份公司与银行商定的周转信贷协议额为 5 000 万元，承诺费率为 5‰。若公司已经借入了 3 000 万元，则公司除应就这 3 000 万元资金支付利息外，还应对未使用的资金向银行支付承诺费，承诺费金额为：

$$(5\ 000-3\ 000)\times 5‰=10(\text{万元})$$

3. 补偿性余额。补偿性余额（Compensating Balance）是银行要求借款企业在银行中保持按借款限额或实际借款额的一定百分比计算的最低存款余额。从银行的角度看，补偿性余额可以降低贷款风险，但对于借款企业来说，补偿性余额将提高借款的实际利率。

$$\text{实际利率}=\frac{\text{利息支出}}{\text{实际借款额}}\times 100\%=\frac{\text{名义利率}}{1-\text{补偿性余额比例}}\times 100\% \qquad (14-5)$$

【例 14-5】 东方股份公司向银行按年利 6% 借款 100 万元，银行要求保留 20% 的补偿性余额，则公司实际可以动用的借款只有 80 万元。借款的实际利率为：

$$\frac{100\times 6\%}{100\times(1-20\%)}\times 100\%=\frac{6\%}{1-20\%}\times 100\%=7.5\%$$

信用借款（Debt of Honour）：指不用保证人提供保证或以财产作为抵押，借款人仅凭其信誉取得的借款。

信贷限额（Line of Credit）：指银行提供的非正式、可撤销的借款限额。

周转信贷协议（Revolving Credit Agreement）：指一种不可撤销的借款限额，但要企业缴纳保证金。

补偿性余额（Compensating Balance）：指银行为降低风险而要求在企业账户中存入一定的款项。

短期担保借款（Short Term Secured Ioan）：指有一定担保人作担保或利用企业的财产作抵押或质押而取得的借款。

（二）短期担保借款

银行向财务风险较大的企业或对其信用不太了解的企业发放贷款时一般要求提供担保品，以减少自己蒙受损失的风险。可作为担保的资产包括应收账款、存货、固定资产和其他资产等，可作为短期担保借款的担保物主要有应收账款和存货。

1. 应收账款担保借款。应收账款担保借款是以应收账款作为担保品进行融资的一种融资方式，具体又有应收账款抵押和应收账款让售两种形式。

（1）应收账款抵押。应收账款抵押（Pledging of Accounts Receivable）是指以应收账款作为借款的担保品，贷款人不仅拥有应收账款的受偿权，而且还可以对借款人行使追索权，即当购买货物的企业或个人不能如期偿还应收账款时，以应收账款作为担保品从银行借款的企业必须承担因此而发生的损失。因此，采用以应收账款抵押的形式获得借款时，借款人依旧要承担应收账款的违约风险，借款人通常也没必要将应收账款已被用来作为担保品一事通知客户。

（2）应收账款让售。应收账款让售（Factoring of Receivables）是指借款人将其所拥有的应收账款卖给贷款人，并且当借款人的客户未能支付应收账款时，贷款人不能对借款人行使追索权，而要自行承担损失。在应收账款让售的情况下，借款人一般要将应收账款的所有权已被转移给贷款人一事通知购货的单位或个人，并请他们直接付款给贷款人。

应收账款融资具有以下优点：首先，弹性大，当企业的营业收入增加导致企业资金需求增加时，通过应收账款融资的方法，企业可以将大量的购货发票直接自动的转换为现金；其次，以应收账款作为担保品，企业可以获得以前无法获得的借款，或者以较低的利率取得借款（因为有应收账款作为担保时，只要客户的信用状况良好，就可以降低借款的风险，从而降低借款的利率）；最后，企业可以通过应收账款融资来获取金融机构所提供的成本较低而效率较高的信用审核服务。

虽然应收账款融资非常便利，但对企业而言，其成本非常高昂。一般而言，金融机构收取的信用审核与风险承担费用约占应收账款的1%～3%，而且其资本成本率高出基本利率2～3个百分点。如果金融机构认为出售应收账款的企业的客户具有较高的信用风险，将收取更高的费用。此外，由于企业已将其变现能力很高的应收账款作为担保品，将致使其他债权人蒙受损失，从而使一些供应商可能拒绝再以信用销售的方式将货物卖给企业。

2. 存货担保借款。由于存货的实体性及所具有的较强的流动性，决定了如果企业的信用较好，单凭企业拥有存货这一事实，银行就会为企业提供无担保的信用借款。但是，如果企业的信用风险较大，贷款者可能就要求以某种形式的存货抵押来提供担保借款。

一般而言，存货是变现能力较强的资产，比较适于作为短期借款的抵押品，以便贷款者在企业还款能力受限时能够通过变卖得到补偿。但是，事实上并不是任何存货项目都可以作为借款的抵押品的。贷款者乐意接受的作为抵押品的存货通常是那些相当标准化，并具有较强的可靠性和稳定的价格，且品质可靠不易损坏的存货项目。与此相反，那些具有特定使用对象的专用商品、易腐烂易损坏的商品、价格波动剧烈的商品，贷款者将不愿接受抵押，即便接受，核定的借款比例也可能很低。贷款者之所以这样考虑，倒并不是真正打算依靠自行处理来收回贷款，但他们总是希望能够为自己提供最充分的保障。

存货融资的缺点在于融资的直接成本比较高，特别是固定成本较高，相应使得许多存货规模不大的企业特别是小型企业不宜采用。这种融资方式的优点体现在：首先，存货融资不仅可以作为企业的一种可供连续使用的自发性短期资金来源，而且融资规模也具有灵活性，它还可以与存货规模的伸缩而同比例增减变动，可以较好地配合企业的资金需求；其次，由于有多种抵押方式可供选择，因而增加了融资的可能性；最后，由于贷款者的严格要求，尤其是有些情况下外部第三者的参与，可以有利于加强存货管理，甚至有时通过存货抵押管理机构还可以减少借款企业的存货管理费用。

视频 短期借款融资

（三）借款利息的支付方式

短期借款的成本随着借款人的类型、贷款的金额和时间而变化。一般而言，借款人风险越大，贷款的金额越少，经济越繁荣，银行借款的利息越高，反之亦然。银行借款的利息支付方式主要有以下三种。

1. 利随本清法。利随本清法又称收款法，是借款企业在借款到期时向银行支付利息的方法。采用这种方法，借款的实际利率和名义利率一致。

2. 贴现法。在这种方法下，银行在发放贷款时先从贷款本金中扣除利息，借款企业实际得到的金额是借款本金扣除利息后的余额，而还款时必须按借款的本金偿还。企业由此承担的实际利率大于名义利率，其计算公式如下：

$$实际利率=\frac{利息}{借款本金-利息}\times 100\%=\frac{名义利率}{1-名义利率}\times 100\% \quad (14-6)$$

【例 14－6】 东方股份公司向银行借款 10 000 元，年利 12%，采用贴现法付息，公司承担的实际利率为：

$$\frac{1\ 200}{10\ 000-1\ 200}\times 100\% = \frac{12\%}{1-12\%}\times 100\% = 13.64\%$$

3. 加息法。在这种方法下，银行首先根据名义利率计算贷款的利息，再将利息加回到企业实际贷得的资金上，计算出贷款的本息和，要求企业在贷款期内分期等额偿还本息之和。由于贷款分期均衡偿还，借款企业实际上只平均使用了贷款本金的一半，却需要支付全部利息，这样，企业所负担的实际利率高于名义利率约 1 倍。其计算公式如下：

$$\text{实际利率}=\frac{\text{借款本金}\times\text{名义利率}}{\text{借款本金}\div 2}\times 100\% = \text{名义利率}\times 2$$

【例 14－7】 东方股份公司以加息法付息的方式借入一笔名义利率为 12% 的资金 600 000 元，根据借款合同规定分 12 个月均衡偿还这笔贷款。因为名义利率为 12%，故贷款利息为 72 000 元，公司需要分 12 个月支付 672 000 元的借款本息。由于借款分期均衡偿还，公司只有在第 1 个月才能完全使用这 600 000 元的资金。公司虽然必须支付 72 000 元的利息，却平均只使用了 300 000 元的资金，其负担的实际利率为：

$$\frac{72\ 000}{300\ 000}\times 100\% = 24\%$$

（四）贷款银行的选择

对想要从银行贷款的企业而言，除了要考虑借款成本外，还必须考虑贷款银行的以下方面：

1. 承担风险的意愿。不同的银行愿意承担的风险各不相同，而且每家银行通常会对其贷款做出政策性的规定，贷款风格保守的银行只愿意承担很小的贷款风险，而贷款作风积极且附有开拓性的银行愿意承担的风险较大。银行对风险的态度与银行的经营历史、经济实力、管理人员的心态和管理风格、银行负债的稳定性、经济形势的好坏、银行的规模和当时所处的环境有关。一家服务地区相当广泛且服务对象遍及各个行业的大银行，由于能够分散不同的贷款风险，故就单笔贷款而言，可能愿意承担较大的风险。

2. 咨询与服务。有些银行在向企业贷款的同时还向企业提供财务、金融和经营方面的咨询与服务。有些银行不仅积极地向借款人提供建议，而且主动为那些处于发展阶段的企业提供发展贷款。某些银行还拥有专业化部门，为那些有成长潜力且预期将来会成为银行主要客户的企业提供贷款。

3. 对客户的忠诚度。当借款人面临困难时银行对借款人活动的支持程度叫作银行对客户的忠诚度。当企业遇到困难时，有些银行会落井下石，对企业施压，迫使企业偿还借款，使企业雪上加霜，而有些银行则愿意提供必要的支持，帮助企业渡过难关。

4. 贷款专业化的程度。一般情况下大银行都设有不同的部门，以分别处理不同类型的贷款，如房地产贷款、农业贷款等。此外，银行还可以根据行业类别如钢铁业、纺织业等将不同类型的贷款再做出进一步的细分。企业向最熟悉其业务性质且在这方面拥有丰富经验的专业化银行申请贷款，不仅较容易取得借款，还可以得到更好的咨询服务。

5. 银行的规模。银行的规模不同，经济实力不同，能够提供的最大贷款额也不同，因为银行对一个客户的贷款额不能超过其资本账户（普通股和留存收益）的10%。企业应根据其经营活动和发展目标的需要，选择能满足自身资金需要的银行。

（五）短期借款融资的优缺点

1. 短期借款融资的优点。短期借款融资的优点主要有：

（1）融资速度快。银行资金充足，实力雄厚，能随时为企业提供较多的短期贷款。对于季节性和临时性的资金需求，采用银行短期借款尤为方便。银行在发放长期贷款前要花费较长的时间对企业进行比较全面的信用调查和分析，而发行股票和债券也要经历漫长的法定发行程序，从而使得企业获取短期借款的时间远远短于长期融资方式。

（2）融资弹性大。企业与银行可以直接接触，随时通过面谈确定借款的金额、时间、利率、还款时间和方式等条件，可在资金需要增加时借入，在资金需要减少时还款。

2. 短期借款融资的缺点。短期借款融资的缺点主要有：

（1）财务风险大。短期借款的还本付息期较短，在企业经营不力、资金调度出现困难的情况下，可能无法按约定偿还本息，从而面临违约风险，甚至导致破产。

（2）资本成本高。与商业信用和短期融资券相比，银行短期借款成本较高，而担保借款因需要支付管理和服务费用，成本更高。

（3）限制条件多。向银行借款，银行要对企业的经营和财务状况进行调查以后才能决定是否贷款，有些银行还要求企业把流动比率、资产负债率等维持在一定的范围之内，这些都会构成对企业的限制。

做一做：走访一家中小企业，了解它们对银行短期贷款的态度，这些企业具体是如何进行贷款操作的？贷款时会遇到什么问题？

案例链接

705 家上市公司去年短期借款高达 9 643 亿元，超同期净利润 3 倍

伴随着 2015 年年报的出炉，去年我国 2 800 余家上市公司的业绩将逐一亮相，往往投资者们关注的是公司的盈利如何，但其实负债的情况也不容小觑。

3 月 29 日，据《证券日报》记者通过东方财富 Choice 数据统计，已有 934 家上市公司公布了 2015 年年报，其 2015 年净利润总和为 6 319.12 亿元，虽然并非这 934 家公司每家都有短期借款，但据记者统计，截至昨日，公布短期借款数据的共有 705 家，金额总和为 9 643.81 亿元，可净利润却仅为 3 035.75 亿元。

对于上述数据，有不愿具名的业内分析人士对《证券日报》记者表示："从上市公司的表现来看，近几年的公司债务攀升对应的却是企业盈利能力的下降，持续攀升的企业债务风险值得警惕。"

据相关数据显示，截至 2015 年第三季度，全部 A 股上市公司负债总计 144.09 万亿元，比 2014 年年报披露的数据高出 11%。

一般而言，一定程度的负债可以使企业盘活资产，提高盈利能力。但从公开财务数据来看，上市公司在 2015 年三季度的营业收入比 2014 年同期仅增加了 0.6%，而盈利能力的相关指标则在下降，2015 年三季度上市公司的净资产收益率平均为 3.70%，2014 年年报中的该指标则为 6.26%。

从去年年报来看，上市公司的资产负债率依旧高企。截至 3 月 29 日，资产负债率超过 100% 的共有 3 家，分别为八一钢铁、*ST 亚星和*ST 兴业。剔除银行、券商上市公司后，912 家上市公司中，资产负债率超过 50% 的共有 281 家。

（资料来源：杨萌：《证券日报》，2016 年 3 月 30 日）

二、短期融资券

短期融资券（Commercial Paper）：指企业在银行间债券市场发行和交易并约定在一年期限内还本付息的有价证券。

（一）短期融资券的含义及相关规定

短期融资券（Commercial Paper），是具有法人资格的非金融企业依照规定的条件和程序在银行间债券市场发行的，约定在一定期限内还本付息的有价证券。自 2005 年 5 月中国人民银行公布实施《短期融资券管理办法》以来，短期融资券市场获得快速发展。

短期融资券实际上是一种短期限的公司债券，属于直接融资，故其发行操作方式与公司债券相似。根据中国人民银行 2008 年公布实施的《银行间债券市场非金融企业债务融资工具管理办法》及中国银行间市场交易商协会 2009 年发布的《银行间债券市场非金融企业短期融资券业务指引》，企业申请发行短期融资券的相关规定有：

企业发行债务融资工具应由在中国境内注册且具备债券评级资质

的评级机构进行信用评级。企业的主体信用级别低于发行注册时信用级别的，短期融资券发行注册自动失效。

企业发行短期融资券应披露企业主体信用评级和当期融资券的债务评级。

债务融资工具发行利率、发行价格和所涉费率以市场化方式确定。

债务融资工具投资者应自行判断和承担投资风险。

企业发行短期融资券应遵守国家相关法律法规，短期融资券待偿还余额不得超过企业净资产的40%。

短期融资券的风险

企业发行短期融资券所募集的资金应用于企业生产经营活动，并在发行文件中明确披露具体资金用途。企业在短期融资券存续期内变更募集资金用途应提前披露。

企业发行短期融资券应由已在中国人民银行备案的金融机构承销。

短期融资券在债权债务登记日下一工作日即可在全国银行间债券市场机构投资者之间流通转让。

（二）发行短期融资券融资的特点

短期融资券作为企业的主动负债工具，可以丰富多层次的债券市场，为企业进入货币市场融资提供了新渠道。到目前为止，发行短期融资券的主要是上市公司和大型国有企业。优质企业发行短期融资券，能够有效地拓宽融资渠道、节约财务费用、优化财务结构、提高经济效益，还可以通过银行间债券市场的机构投资者，强化对企业的外部约束。

1. 短期融资券融资的优点。主要包括：

（1）融资成本较低。相对于发行企业债券和银行借款融资而言，发行短期融资券的融资成本较低。

（2）融资数额比较大。相对于银行借款融资而言，短期融资券一次性的融资数额比较大。

（3）提高企业的信誉。因为能在货币市场上发行短期融资券的都是优质企业，所以短期融资券的发行能够对提高企业的信誉产生积极影响。

2. 短期融资券融资的缺点。主要有：

（1）风险高。短期融资券到期必须归还，一般不会有延期的可能。

（2）弹性小。只有当企业的资金需求达到一定数量时才能使用短期融资券，且一旦发行，到期才能归还，即使企业资金充裕，也不能提前偿还。

（3）发行条件严格。必须是具备一定信用等级的实力强的企业，才能发行短期融资券融资。

案例链接

年内上市公司债券融资超4万亿元　短期融资券规模增逾九成

今年以来，上市公司债券融资规模进一步提升。《证券日报》记者据同花顺iFinD数据统计，截至9月27日，年内517家上市公司成功发行债券1 912只（剔除同业存单，下同），合计发行总额4.089万亿元，同比增长8.01%。其中，短期融资券发行规模显著上升，同比增长超九成。

据记者统计，从债券类型来看，上述1912只债券中，短期融资券融资规模增幅最高，年内发行总额达1.49万亿元，同比增91.91%。另外，金融债和中期票据的规模也出现增长，合计发行总额分别为1.78万亿元、2 287.8亿元，同比增长28.28%、10.96%。

从发行主体来看，上市公司债券融资集中在高等级主体。截至9月27日，年内AAA级和AAApi级的债券发行总额合计3.75万亿元，占比高达91.77%。据同花顺数据显示，从企业性质来看，央企、一般国有经营性企业债券融资占比较高，分别为46.63%、28.37%。

"近期，能体会到监管层审核快了很多，尤其是AA+以上中高评级主体发行的债券，很多债基本没有反馈意见就过了。"某大型券商投行部人士告诉《证券日报》记者。

中信证券固定收益首席分析师明明在接受《证券日报》记者采访时表示，今年上市公司进行公司债券融资更为便利，规模明显增长，但主要集中于高等级、上市央企和地方国企。其中，短债规模大增主要是由于市场供需原因，投资者对短久期流动性更好的品种需求增加。

开源证券首席经济学家兼研究所副所长赵伟对《证券日报》记者表示，今年以来，上市公司发债呈现期限短期化、行业集中、信用分层三大特征。发债明显短期化，或与短融融资成本较低、机构偏好持有短期债券等有关。

（资料来源：吴晓璐：《证券日报》，2020年9月29日）

本章主要名词概念

无息债务融资	有息债务融资	商业信用	应付票据
应计费用	信用借款	信贷限额	周转信贷协议
补偿性余额	应收账款抵押	应收账款让售	短期融资券

本章小结

本章我们主要讨论了企业短期融资的问题。不同的短期融资其特点不同、资本成本也存在差异，因此加强对短期融资管理是非常必要的。主要内容包括：

1. 短期融资一般具有融资速度快、灵活性强、融资成本低、财务风险高的特点。

2. 短期融资（Short-time Financing）一般可分为无息债务融资和有息债务融资两大类。

3. 商业信用（Trade Credit）是指商品交易中由于延期付款或预收货款而形成的借贷关系，是企业间相互提供信用的融资行为。其具体形式主要有应付账款、应付票据和预收款项等。

4. 放弃现金折扣的成本与现金折扣率的大小、折扣期的长短同方向变化，与信用期的长短反方向变化。

5. 应计费用（Accrued Expense）是指形成在前支付在后的各种费用，它是一种最典型的自然融资形式。最常见的应计费用包括应交税费、应付职工薪酬、应付股利等。

6. 信用借款（Debt of Honour）也称无担保借款，是指不用保证人提供保证或以财产作为抵押，借款人仅凭其信誉取得的借款，其信用条件包括信贷限额、周转信贷协议和补偿性余额。

7. 短期担保借款（Short Term Secured Ioan）包括应收账款担保借款和存货担保借款，应收账款担保借款又有应收账款抵押和应收账款让售两种形式。

8. 银行借款的利息支付方式主要有三种：利随本清法、贴现法和加息法。

9. 短期借款融资的优点是融资速度快、弹性好，其缺点是财务风险大、资金成本高和限制条件多。

10. 短期融资券（Commercial Paper）是指企业在银行间债券市场发行和交易并约定在一年期限内还本付息的有价证券。

第六篇

财务报表分析与财务预测

第十五章
财务报表分析

学习目标

学习本章后，您应该做到：

1. 了解财务报表主体结构；
2. 熟悉财务报表分析的内涵、目的；
3. 掌握财务报表分析原理与方法；
4. 理解并掌握财务比率内涵与计算方法；
5. 熟练运用财务比率进行财务业绩分析与评价。

学习重点与难点

理解财务报表的结构；掌握财务分析方法与分析标准；熟练运用财务比率对企业生产经营活动过程进行财务分析评价。

学习思维导图

- 财务报表分析
  - 报表分析原理
    - 报表分析内涵
    - 报表分析目的
      - 一般目的
        - 评价偿债能力与财务风险
        - 评价资产周转与管理效率
        - 评价盈利能力与利润质量
        - 评价可持续发展与增长方式
      - 特殊目的——评价主体而异
    - 报表分析基础
      - 会计报表
      - 报表附注
      - 其他资料
    - 报表分析方法
      - 比较分析法
      - 比率分析法
      - 因素分析法
  - 报表比率分析
    - 偿债能力比率
      - 短期偿债比率
        - 流动比率
        - 速动比率
        - 现金比率
      - 长期偿债比率
        - 资产负债率
        - 产权比率
        - 权益乘数
        - 已获利息倍数
    - 营运能力比率
      - 应收账款周转率
      - 存货周转率
      - 流动资产周转率
      - 资产周转率
    - 盈利能力比率
      - 营业毛利率
      - 营业净利率
      - 资产报酬率
      - 成本费用利润率
      - 净资产收益率
    - 发展能力比率
      - 营业收入增长率
      - 总资产增长率
      - 营业利润增长率
    - 上市公司比率
      - 每股收益
      - 市盈率
      - 每股股利
      - 股利支付率
      - 每股净资产
  - 杜邦分析法（原理与应用）

引导案例

截至2020年底，我国沪深两市以纺织服装为主营的上市公司约为192家，较之上年度176家统计基数，新增部分主要包括本年度IPO新上市企业18家，以及因主营业务变更剔除的2家。

192家纺织上市公司在沪深两市中的数量占比为4.65%，比2019年末占比减少了0.06个百分点。192家纺织上市公司中，上市主板有88家，科创板2家；深市主板73家，创业板29家（占比分别为45.83%、1.04%和38.02%、15.10%）。

营收维持去年水平，盈利质效有所提高

2020年沪深两市192家纺织上市公司主营业务收入12 782.51亿元，与上年度基本持平。

（1）有29家纺织上市公司主营收入超过100亿元。恒力石化（600346.SH）和荣盛石化（002493.SZ）分别以1 523.73亿元和1 072.65亿元傲居榜首第一名、第二名，恒逸石化（000703.SZ）以实现营收864.30亿元位列第三。29家主营收入过百亿元企业营收合计9 201.00亿元，占据了纺织上市公司全年营收总量的71.54%。

（2）从营收分布情况看，2020年有2/3的纺织上市公司营业收入都集中在50亿元以下。

2020年度纺织上市公司共实现净利润754.22亿元，较之上年度同比增长了20.01%，增速比上年度提高了4.32个百分点。其中：89家实现净利润同比增长，占比为46.35%（比上年度减少了0.24个百分点）。

2020年度净利润过10亿元的共20家（占比10.42%）。恒力石化（600346.SH）、荣盛石化（002493.SZ）和雅戈尔（600177.SH）分别以实现净利润134.95亿元、133.72亿元和72.07亿元名列前三。

费用控制能力表现良好，现金流量与创收喜中掺忧

统计数据显示，2020年度在销售收入基本与上年持平。在此前提下，企业三项费用成本却比上年度减少了6.15%。其中销售费用降低明显。据统计，2020年度纺织上市公司销售费用648.89亿元，管理费用460.67亿元，财务费用252.00亿元。分别比上年度下降了14.57%、2.19%和-14.42%。

统计数据显示，2020年度纺织上市公司经营活动产生的现金流量净额（总量）为1 496.87亿元，较上年增长了37.15%。每（户）单位经营活动产生的现金流量净额创收额7.80亿元，较上年度每（户）单位现金流量净额创收额6.20亿元增长了25.81%。

2020 年度共有97 家纺织上市公司经营活动产生的现金流量净额较上年度实现正增长，占比 50.52%（比 2019 年度减少 10.28 个百分点）。数据表明，2020 年度尽管仍有超过半数的上市公司经营活动产生的现金流量净额较上年度实现正增长，但实现正增长的企业占比下降明显。

年报显示，2020 年经营活动产生的现金流量净额前三名都为石化类企业，分别为恒力石化（600346. SH）、荣盛石化（002493. SZ）和中泰化学（002092. SZ）。前十排名中化纤制造业的比重占据了一半。

资本结构基本合理，偿债能力好于上年

截至 2020 年底，纺织上市公司总资产规模为 20 702.66 亿元，比上年增长 7.92%（增速比上年减少了 16.5 个百分点）。净资产规模 9 373.65 亿元，比上年增长 13.50%（增速比上年度减少了 2.11 个百分点）。

截至 2020 年底，纺织上市公司流动资产和流动负债比重均在合理安全区间内。根据年报统计数，纺织上市公司流动资产比重（均值）为 56.72%，流动负债比重（均值）为 82.62%，分别比上年度增加了 1.56 个百分点和 -0.58 个百分点。纺织上市公司资产负债率（总体均值）54.72%（较上年减少 2.23 个百分点），企业负债率（单位均值）为 39.37%（基本维持在上年水平）。

从企业负债率分布情况看，纺织上市公司资产负债率主要集中在 20% ~50% 这一区域，企业数量超过半数。2019 年企业纺织上市公司负债率分布情况如下图。负债水平仍基本处于偏低水平，总体负债比重略有上升。

（资料来源：俞亦政：《2020 年度沪深两市纺织服装行业上市公司发展简报》，载于《中国纺织报》2021 年 5 月 20 日）

第一节　财务报表分析原理

一、财务报表分析内涵

一个企业的财务报告（Financial Reports）浩如烟海，内容丰富且专业性强，如何读懂财务报表，如何分析枯燥的数据，并且能够运用相关信息进行决策，这是每一个信息使用者非常关注的问题，利用财务分析就可以帮助信息使用者实现这一目的。

财务报表分析（Financial Statement Analysis）不仅是对企业一定时期财务运行状况和经营成果的总结，而且还可以分析、评价企业的过去和现在，并预测企业未来的财务状况，为企业进行财务预测和财务决策提供科学依据。

财务报表分析（Financial Statement Analysis）：指以企业财务报告等资料为基础和起点，采用一系列专门的方法，对企业的财务状况和经营成果进行分析、研究与评价。

财务报表分析最基本的功能是将大量的报表数据转换成对特定决策有用的信息，减少决策的不确定性。

财务报表分析的基础是财务报告，财务报表则是财务报告的核心。因此，研究财务报表分析的产生与发展必然以财务报表分析的产生与发展为起点。财务报表分析是一门新兴的技术，最早起源于19世纪末20世纪初的美国。它最早是被银行界用于对借款人信用进行调查和分析，并借以判断客户的偿债能力，其主要途径是对财务报表进行解释。

随着世界区域性资本市场的发展，银行业不再是财务信息的主要使用者，一些非银行机构贷款人和股权投资者纷纷重视对财务信息的分析和使用。财务报表分析便从主要为贷款银行服务，拓展到了为投资者服务等领域。

财务报表分析萌生

随着现代公司制企业的诞生及其发展，不仅传统意义上的信息使用者如债权人、投资者需要进行财务分析，公司经营者也逐步认识到财务分析的重要性，开始进行财务分析。经营者进行财务分析的目的，一方面是为了改善盈利能力和偿债能力，以取得投资者和债权人的支持；另一方面是为了加强财务控制，为财务决策提供信息。债权人和投资者侧重于结果分析，经营者侧重于原因分析。财务分析的技术和方法也随之不断地出现。

财务报表分析领域

随着资本市场形成、发展和完善，企业融资方式的多元化、融资范围的扩大化，非银行的贷款人和股权投资者的不断增加，社会公众纷纷进入资本市场，不同的投资者要求的信息更为专业、更为广泛。财务分析开始从单纯的偿债分析走向对企业盈利能力、营运能力、融资结构、利润分配、成本费用等方面的分析。

20世纪中后期，全球经济一体化、国际化趋势逐渐增强，统一的财务报告编制规则也逐步形成并在各国推行，使对财务报告进行分析成为经济生活的重要内容。无论是企业内部经营管理者、股东、企业债权人（包括银行）、国家职能部门，还是企业的外部潜在投资者及其他利益相关者，都需要通过财务分析获得有效的信息。与此需求相反的是，企业财务报告的内容及格式都趋向于全面化和标准化，其直接影响就是分析财务报告需要更为专业的知识和训练。

财务报表分析形成

由于当今企业界的多变和复杂化，企业财务报告也变得更加复杂。全球竞争的加剧和跨国公司的出现，使得企业投资、筹资及风险管理等方面面临更大的压力。企业破产、重组、并购等频繁发生，这些变化给财务报告实务及财务分析带来了很大的挑战，也使财务分析得到了前所未有的发展。首先是财务分析的领域除了投资分析、筹资分析、经营分析等基本领域之外，在资本市场、企业重组、绩效评价、企业评估等领域的应用也越来越广泛。其次是财务分析的手段和方法也趋于完善和多样化。尤其是在20世纪80年代以后，随着计算机及其软件的迅速普及和成本的降低，信息网络分析技术得到广泛采用，数量分析方法也变得越来越普及，这些变化使得财务分析能够提供更多、更全面、更迅速的信息资料，从而服务于更广泛的领域，更好地服务于经济生活。

财务报表概括地反映了一个企业的财务状况、经营成果和现金流量的信息，但并不是所有的企业利益相关者都能够通过企业对外公布的财务报告获得所需的信息。同时，对于非专业使用者而言，读懂并能将这些财务报告所反映的会计信息作为进行决策的依据，无论是其难度还是信息深度都使决策者望而生畏。财务分析就是要通过使用一些专门的方法对财务报告进行整理和再加工，发现和发掘财务报告文字和数字背后所能揭示的大量有用的信息，为决策者服务。

如果说财务报表的产生过程是一种按某一既定的游戏规则对企业的生产经营活动进行的综合的话，那么经过综合之后的企业财务状况、经营成果和现金流量的总体面貌就基本展示在使用者面前了。财务分析则是把这个总体面貌按照另外一种规则和方法进行分解和重新组合，使之适用于不同的利益主体，并提供不同侧面的决策信息的一个过程。财务报告所反映的是过去的事项，而财务分析的意义则不仅在于评价过去，更重要的是通过分析过去和现在，来预测未来，从而站得更高，看得更远。

二、财务报表分析目的

（一）基本目的

1. 评价企业的偿债能力与财务风险。通过对企业的财务报告等会计资料进行分析，可以了解企业资产的流动性、负债水平及偿还债务的能力，从而评价企业的财务状况和经营风险，为经营管理者、投资者和债权人提供财务信息。

2. 评价企业的资产周转效率与管理水平。企业的生产经营过程就是利用资产取得收益的过程，资产是企业生产经营活动的经济资源，资产管理水平的高低直接影响到企业的收益，它体现了企业的整体素质。进行财务分析可以了解企业的保值和增值情况，分析资产管理状况、资金周转状况、现金流量情况等，为评价企业的经营管理水平提供依据。

3. 评价企业的盈利能力和利润质量。偿债能力和盈利能力是财务评价的两大基本指标。在偿债能力既定的情况下，企业应追求最大化的盈利。一个企业是否长期具有良好和持续的盈利能力是企业综合素质的基本表现。企业要生存和发展，必须获取较高的利润。只有这样，企业才能在竞争中立于不败之地。投资者、债权人和经营者都十分关心企业的盈利能力，企业较强的盈利能力有助于提高其偿债能力，进而有助于提高企业信誉。评价企业的盈利能力不能仅看其获取利润的绝对数，还应分析其相对数指标；不但要看企业目前的盈利水平，还要将其与过去相比较，并预测未来的盈利能力。

4. 评价企业未来的可持续发展与增长方式。无论是企业的经营管理者还是企业的投资者、债权人等利害关系人，他们都关心企业的未来发展是否有可持续性，企业的增长方式是否平衡、科学合理。通过财务分析可以判断出企业的未来发展趋势，预测企业的经营前景，从而为企业经营管理者和企业相关利害关系人进行经营决策和投资决策提供重要依据。

（二）具体目的

企业的利益相关者都希望通过财务分析评价取得与决策相关的信息，但不同的利益主体进行财务分析的目的却不尽相同。

1. 投资者。企业投资者进行财务分析，最为关注的是投资回报的大小和风险承担的高低。企业的投资者对企业的财产具有所有权，同时也是终极风险的承担者。作为投资者，他们重点关心企业的投资回报率；作为企业的最终风险承担者，他们密切关注企业整体的财务状况。如果投资者的投资目的仅仅是单纯获利的话，则企业的盈利能力就是这类投资者进行财务报告分析的基本目标；如果投资的目的不仅是为了获利，而且包括扩大其企业经营规模，占领市场，避免财务风险等，那么投资者进行财务分析的目的就不仅是企业的盈利能力，还必然要分析企业的整体财务状况。

2. 债权人。一般而言，由于债务具有利息固定和到期偿还的特征，债权人不对企业承担终极风险。所以债权人更多的是关心企业的偿债能力强弱、资本结构的合理性。通过流动比率、速动比率等指标，短期债权人可以获得企业短期偿债能力的评价；长期债权人在分析企业短期债务偿还能力的基础上会更多地考虑企业的经营方针、发展方向、项目性质及潜在风险等综合盈利能力。

3. 经营者。企业经营者进行的财务分析比其他信息使用者的分析更加全面，他们要求对企业财务的各方面进行全方位的分析与评价，以便获得企业的整体财务状况、风险高低和经营成果等方面的信息，同时还需要对财务状况的成因进行剖析，以改进企业的经营管理，做出正确的经营和财务决策。

4. 政府。对企业负有监管职能的政府部门主要包括工商、税务、财政、银监、审计等，他们主要通过定期了解企业的财务信息，把握和判断企业是否依法经营、依法纳税，维护正常、公平的市场秩序，保证国家经济政策、法规和有关制度的有效执行。

5. 企业员工。企业员工不但关心企业目前的经营状况和盈利能力，而且也关心企业未来的发展前景。通过财务分析，企业员工可以了解个人绩效薪酬（工资、奖金）状况、企业的福利保障程度，员工持股计划的执行和分配状况等。

会计师事务所

6. 会计师事务所等中介机构。注册会计师通过财务分析可以确定审计的重点、审计的范围、审计方法等，以保证客观、公允地发表审计意见。财务分析师则需要通过财务分析为各类报告使用者提供各种专业咨询或者决策建议。

7. 其他利益相关者。企业的其他利益相关者可能包括业务相关单位如供货商、顾客等。他们更多关心的是企业的信用状况。通过财务报表分析，业务单位可以判断企业的商业信用和支付能力，据此判断是否继续与企业保持业务往来关系。

试一试：与同学们一起利用周末走访一家企业，了解企业是如何进行财务分析的，其分析目的与我们讲述的一样吗？

三、财务报表分析基础

视频 财务报告构成

财务报告是企业对外提供的反映企业某一特定日期财务状况和某一特定时期经营成果、现金流量等会计信息的书面文件。提供财务报告的目的在于为报告使用者提供财务信息，为他们进行财务分析、经济决策提供充分的依据。

财务报告包括财务报表和其他应在财务报告中披露的相关信息和资料。其中，财务报表由报表本身及其附注两部分构成，附注是财务报表的有机组成部分，而报表至少应当包括资产负债表、利润表、现金流量表、所有者权益变动表等报表。

资产负债表（Balance Sheet）：反映企业在某一特定日期的财务状况的会计报表。

（一）资产负债表

资产负债表（Balance Sheet）主要提供有关企业财务状况方面的信息，即某一特定日期关于企业资产、负债、所有者权益及其相互关系。

根据我国企业会计准则的规定，资产负债表采用账户式的格式，即左侧列报资产方，一般按资产的流动性大小排列；右侧列报负债方和所有者权益方，一般按要求清偿时间的先后顺序排列。账户式资产负债表中的资产各项目的合计等于负债和所有者权益各项目的合计，即资产负债表左方和右方平衡。因此，通过账户式资产负债表，可以反映资产、负债、所有者权益之间的内在关系，即“资产 = 负债 + 所有者权益”。

根据财务报表列报准则的规定，企业需要提供比较资产负债表，以便报表使用者通过比较不同时点资产负债表的数据，掌握企业财务状况的变动情况及发展趋势。所以，资产负债表还就各项目再分为“年初余额”和“期末余额”两栏分别填列。

青岛啤酒股份有限公司（以下简称青岛啤酒）2018 ~ 2020 年比较资产负债表（合并）如表 15 - 1 所示。

（二）利润表

利润表（Income Statement）的列报必须充分反映企业经营业绩的主要来源和构成，有助于使用者判断净利润的质量及其风险，有助于使用者预测净利润的持续性，从而做出正确的决策。

利润表（Income Statement）：反映企业在一定会计期间的经营成果的会计报表。

利润表主要反映以下内容：营业收入、营业利润、利润总额、净利润、其他综合收益、综合收益总额和每股收益。综合收益，是指企业在某一期间除与所有者以其所有者身份进行的交易之外的其他交易或事项所引起的所有者权益变动。综合收益总额项目反映净利润和其他综合收益扣除所得税影响后的净额相加后的合计金额。其他综合收益，是指企业根据其他会计准则规定未在当期损益中确认的各项利得和损失。

财务报表列报准则规定，利润表采用多步式的格式，即通过对当期的收入、费用、支出项目按性质加以归类，按利润形成的主要环节列示一些中间性利润指标，便于使用者理解企业经营成果的不同来源。

单步式利润表与多步式利润表

青岛啤酒 2018 ~ 2020 年度比较利润表（合并）如表 15 - 2 所示。

表 15－1

比较资产负债表

编制单位：青岛啤酒股份有限公司　　　　单位：万元

资产	2018 年	2019 年	2020 年	负债和股东权益	2018 年	2019 年	2020 年
流动资产				流动负债			
货币资金	1 253 574	1 530 198	1 846 688	短期借款	29 616	27 091	70 327
交易性金融资产	120 254	152 379	188 886	应付票据	32 608	22 083	14 949
应收票据	5 380	7 510	565	应付账款	224 635	216 718	222 260
应收账款	11 071	15 107	11 951	合同负债	523 754	627 572	656 732
预付款项	17 356	11 716	23 988	应付职工薪酬	117 546	145 867	190 620
其他应收款	29 778	8 627	7 389	应交税费	69 113	51 306	54 803
存货	265 122	318 177	328 103	其他应付款	211 351	242 486	307 488
其他流动资产	73 494	56 468	55 241	一年内到期的非流动负债	42	2 221	4 209
				其他流动负债	23	30544	29 607
流动资产合计	1 776 029	2 100 182	2 46 281	流动负债合计	1 208 688	1 365 888	1 550 995
非流动资产				非流动负债			
长期股权投资	37 049	37 664	37 433	长期借款	63	21	
其他非流动金融资产	60	60	60	租赁负债	—	3 747	11 584
投资性房地产	2 793	3 650	2 718	长期应付款	22 232	37 258	46 205
固定资产	1 032 669	1 022 203	1 030 263	递延收益	234 375	251 993	289 963

续表

资产	2018 年	2019 年	2020 年	负债和股东权益	2018 年	2019 年	2020 年
在建工程	37 989	17 899	33 981	长期应付职工薪酬	52 656	93 101	99 111
使用权资产		6 697	16 833	递延所得税负债	20 518	8 404	16 756
无形资产	259 969	255 857	250 384	非流动负债合计	329 844	394 524	463 619
商誉	130 710	130 710	130 710	负债合计	1 538 532	1 760 412	2 014 614
长期待摊费用	3 311	3 526	8 626	所有者权益（或股东权益）			
递延所得税资产	120 704	145 504	171 831	实收资本（或股本）	135 098	135 098	136 418
其他非流动资产	6 244	7 285	5 767	资本公积	344 419	344 432	367 529
非流动资产合计	1 631 498	1 631 055	1 688 606	减：库存股			(27 958)
				其他综合收益	−4 470	−4 735	−1 985
				盈余公积	140 070	140 070	140 070
				一般风险准备	19 951	23 472	26 034
				未分配利润	1 161 978	1 278 821	1 422 086
				归属于母公司股东权益合计	1 797 046	1 917 158	2 062 194
				少数股东权益	71 949	74 179	74 609
				所有者权益（或股东权益）合计	1 868 995	1 991 337	2 136 803
资产总计	3 407 527	3 731 237	4 151 417	负债和所有者权益（或股东权益）总计	3 407 527	3 751 749	4 151 417

表 15－2　　　　　　　　　　比较利润表

编制单位：青岛啤酒股份有限公司　　　　　　　　　　　　　　　　单位：万元

项目	2018 年	2019 年	2020 年
一、营业收入	2 657 526	2 798 376	2 775 971
减：营业成本	1 655 577	1 708 044	1 654 061
税金及附加	232 654	231 332	221 907
销售费用	486 883	510 351	498 455
管理费用	138 638	188 105	167 805
研发费用	1 976	2 109	2 147
财务费用	－49 712	－48 417	－47 092
其中：利息费用	1 371	1 362	1 366
利息收入	－53 668	－51 483	－52 403
加：其他收益	52 317	60 290	51 705
投资收益（损失以“－”号填列）	2 052	2 451	2 524
其中：对联营企业和合营企业的投资收益	1 662	2 118	1 810
以摊余成本计量的金融资产终止确认收益（损失以“－”号填列）			
净敞口套期收益（损失以“－”号填列）			
公允价值变动收益（损失以“－”号填列）	5 417	5 675	5 509
信用减值损失（损失以“－”号填列）	－131	－709	－157
资产减值损失（损失以“－”号填列）	14 703	12 105	13 055
资产处置收益（损失以“－”号填列）	1 034	5 917	－520
二、营业利润（亏损以“－”号填列）	237 758	269 789	325 008
加：营业外收入	1 592	3 466	1 459
减：营业外支出	1 372	564	2 512
其中：非流动资产处置损失			
三、利润总额（亏损总额以“－”号填列）	237 977	272 691	323 955
减：所得税费用	81 876	79 779	91 258
四、净利润（净亏损以“－”号填列）	156 101	192 912	232 697
（一）持续经营净利润（净亏损以“－”号填列）	156 101	192 912	232 697
（二）终止经营净利润（净亏损以“－”号填列）			
归属于母公司所有者的净利润	142 220	185 210	220 132

续表

项目	2018 年	2019 年	2020 年
少数股东损益	13 881	7 702	12 565
五、其他综合收益的税后净额	-2 955	-265	2 750
归属母公司所有者的其他综合收益的税后净额			
（一）不能重分类进损益的其他综合收益			
1. 重新计量设定受益计划变动额	-2 252	92	1 779
2. 权益法下不能转损益的其他综合收益			
3. 其他权益工具投资公允价值变动			
4. 企业自身信用风险公允价值变动			
5. 其他			
（二）将重分类进损益的其他综合收益			
1. 权益法下可转损益的其他综合收益	-1		7
2. 其他债权投资公允价值变动			
3. 可供出售金融资产公允价值变动损益			
4. 金融资产重分类计入其他综合收益的金额			
5. 其他债权投资信用减值准备			
6. 现金流量套期储备			
7. 外币财务报表折算差额	-702	-357	964
8. 其他			
归属于少数股东的其他综合收益的税后净额			
六、综合收益总额	153 146	192 647	235 447
归属于母公司所有者的综合收益总额	139 265	184 945	222 882
归属于少数股东的综合收益总额	13 881	7 702	12 565
七、每股收益			
（一）基本每股收益	1.053	1.371	1.629
（二）稀释每股收益	1.053	1.371	1.627

（三）现金流量表

编制现金流量表的主要目的是为财务报表使用者提供企业一定会计期间内现金和现金等价物流入和流出的信息，以便于财务报表使用者了解和评价企业获取现金和现金等价物的能力，并据以预测企业未来现金流量。

现金流量表（Cash Flow Statement）：反映企业一定会计期间现金和现金等价物流入和流出的报表。

现金流量表（Cash Flow Statement）的作用主要体现在以下几个方面：

（1）有助于评价企业支付能力、偿债能力和周转能力。

（2）有助于预测企业未来现金流量。

（3）有助于分析企业收益质量及影响现金净流量的因素，掌握企业经营活动、投资活动和筹资活动的现金流量，可以从现金流量的角度了解净利润的质量，为分析和判断企业的财务前景提供信息。

根据企业业务活动的性质和现金流量的来源，现金流量表准则将企业一定期间产生的现金流量分为三类：经营活动现金流量、投资活动现金流量和筹资活动现金流量。

经营活动（Operating Activities）是指企业投资活动和筹资活动以外的所有交易和事项。各类企业由于行业特点不同，对经营活动的认定存在一定差异。对于工商企业而言，经营活动主要包括销售商品、提供劳务、购买商品、接受劳务、支付职工薪酬、支付税费等。

为何要分析现金流量表?

投资活动（Investment Activities）是指企业长期资产的购建和不包括在现金等价物范围的投资及其处置活动。长期资产是指固定资产、无形资产、在建工程、其他资产等持有期限在一年或一个营业周期以上的资产。这里所讲的投资活动，既包括实物资产投资，也包括金融资产投资。这里之所以将“包括在现金等价物范围内的投资”排除在投资活动之外，是因为已经将包括在现金等价物范围的投资视同现金。不同企业由于行业特点不同，对投资活动的认定也存在差异。

筹资活动（Financing Activities）是指导致企业资本及债务规模和构成发生变化的活动。资本既包括实收资本（股本），也包括资本溢价（股本溢价）；债务指对外举债，包括向银行借款、发行债券以及偿还债务等。通常情况下，应付账款、应付票据等属于经营活动，不属于筹资活动。

青岛啤酒2018～2020年比较现金流量表（合并）如表15－3所示。

表15－3　　比较现金流量表

编制单位：青岛啤酒股份有限公司　　单位：万元

一、经营活动产生的现金流量	2018年	2019年	2020年
销售商品、提供劳务收到的现金	3 188 060	3 304 823	3 224 937
收到的税费返还	2 976	1 852	1 707
收到其他与经营活动有关的现金	166 502	180 796	173 311
经营活动现金流入小计	3 357 538	3 487 471	3 399 955
购买商品、接受劳务支付的现金	1 576 980	1 645 102	1 526 395
支付给职工以及为职工支付的现金	461 651	483 027	447 113

续表

支付的各项税费	501 613	521 067	494 379
支付其他与经营活动有关的现金	418 093	436 620	436 726
经营活动现金流出小计	2 958 337	3 085 816	2 904 613
经营活动产生的现金流量净额	399 201	401 655	495 342
二、投资活动产生的现金流量			
收回投资收到的现金	154 980	166 990	253 018
取得投资收益收到的现金	5 481	7 674	8 761
处置固定资产、无形资产和其他长期资产收回的现金净额	5 856	24 810	2 046
处置子公司及其他营业单位收到的现金净额			
收到其他与投资活动有关的现金	44 491	70 147	30 807
投资活动现金流入小计	210 808	269 621	294 632
购建固定无形资产、无形资产和其他长期资产支付的现金	76 180	115 525	129 517
投资支付的现金	197 480	186 762	300 010
取得子公司及其他营业单位支付的现金净额			
支付其他与投资活动有关的现金	18 823	2 111	13 879
投资活动现金流出小计	292 483	304 398	443 406
投资活动产生的现金流量净额	－81 675	－34 777	－148 774
三、筹资活动产生的现金流量			
吸收投资收到的现金			28 158
其中：子公司吸收少数股东投资收到的现金			
取得借款收到的现金	27 459	25 662	72 012
发行债券收到的现金			
收到其他与筹资活动有关的现金			
筹资活动现金流入小计	27 459	25 662	100 170
偿还债务支付的现金	27 501	28 955	27 054
分配股利、利润或偿付利息支付的现金	63 918	71 088	79 313
其中：子公司支付给少数股东的股利、利润	4 861	5 471	4 840
支付其他与筹资活动有关的现金	113	2 491	29 412
筹资活动现金流出小计	91 532	102 534	135 779
筹资活动产生的现金流量净额	－64 073	－76 872	－35 609
四、汇率变动对现金及现金等价物的影响	1 685	404	－2 386

续表

五、现金及现金等价物净增加额	255 138	290 410	308 573
加：年初现金及现金等价物余额	910 191	1 165 329	1 455 739
六、期末现金及现金等价物余额	1 165 329	1 455 739	1 764 312

四、财务报表分析方法

（一）比较分析法

比较分析法（Comparative Analysis）：指将同一个经济指标在不同时期的执行结果进行对比，揭示差异和矛盾的一种分析方法。

比较分析法（Comparative Analysis）是一种最常用的分析方法，它可以用实际与计划进行对比，也可以用当期与上期进行对比，还可以用同行业不同企业之间进行对比。经济指标的对比必须注意指标之间的可比性，计算口径、计算基础、计算的时间等都应尽可能保持一致。比较分析法是财务分析最基本的方法，其他任何方法都是建立在比较分析方法基础上的。没有比较就不可能进行更加深入的分析和判断，也就无法了解企业经济活动过程。

试一试：你能否将比较分析法用于分析本班学习中存在的问题？与同学们讨论。

（二）比率分析法

比率分析法（Ratio Analysis）：指将某些彼此之间存在一定关系的财务指标进行对照，计算有关比率，并据以确定经济活动变动程度的分析方法。

1. 相关比率分析。相关比率（Correlation Ratio）是以两个相互联系但又不同的财务指标进行对比。利用相关比率指标分析，可以考察存在联系的经济业务活动安排是否科学合理，能否保证企业经济活动顺畅进行。例如产权比率是负债与所有者权益的比值，通过该指标可以了解企业资本结构情况及权益对负债的保障程度。

2. 构成比率分析。构成比率（Constituent Ratio）又称结构比率，是指用某项财务指标的某个部分数据与该项指标的总体数据进行对比，即通常所说的比重。通过构成比率分析，可以考察总体中某个部分的形成与安排是否合理，以便协调各项财务活动。例如对资产构成进行动态分析时，需要计算流动资产、固定资产、无形资产等各类资产占总资产的比重，通过分析可以揭示企业资产结构的变动及资产结构质量变化等原因。

视频 财务报表分析框架

3. 效率比率分析。效率比率（Efficiency Ratio）指某项财务指标所得与所费的比率，反映企业投入产出的关系。运用效率指标分析，可以进行得失比较，考察企业经营成果，评价企业经济效益。效率指标包括销售利润率、投资报酬率、成本费用利润率等，通过分析，可以从不同角度观察、分析企业的盈利能力及管理能力等。

知 识 拓 展

比率分析法的运用

运用比率分析法时，要注意：一是指标之间的相关性；二是指标对比口径的一致性；三是衡量标准的科学性。财务比率的计算是比较简单的，但对它加以说明和解释是相当复杂和困难的。分析的核心问题在于解释原因，并不断深化，寻找最直接的原因。财务分析是个研究过程，分析得越具体、越深入，则越有价值。如果仅仅是计算出来财务比率而不进行分析，那么什么问题也说明不了。

（三）因素分析法

因素分析法（Factor Analysis）主要是依据分析指标与其影响因素的关系，从数量上确定各因素对总体指标的影响程度。企业的经营活动是一个有机整体，每个指标的高低，都受到若干相关因素的影响。从数量上测定各因素的影响程度，可以帮助人们抓住主要矛盾，更有说服力地评价企业的财务状况。因素分析法按具体分析方式不同又分为：

因素分析法（Factor Analysis）：指利用指数体系分析或测定客观现象总体的总变动中各影响因素变动对其影响方向和程度的一种统计分析方法。

1. 差额分析法。例如，固定资产净值增减变动的原因分析，可分解为原值变化和折旧变化两部分。

2. 指标分解法。例如，总资产净利率的分析，可分解为总资产周转率和销售净利率的乘积。

3. 连环替代法。依次用分析值替代标准值，测定各因素对财务指标的影响。例如，对影响成本降低的因素分析。

4. 定基替代法。分别用分析值替代标准值，测定各因素对财务指标的影响，例如，对标准成本的差异分析。

【例 15－1】假定东方股份公司生产电子产品元件，2022 年 1 月相关数据资料如表 15－4 所示。

因素分析法的应用

表 15－4　　　　东方股份公司电子产品元件资料

指标	单位	预算	实际	差异
产品产量	件	150	145	－5
单位耗用量	千克	60	62	2
材料单价	元	8	8.5	0.5
材料总成本	元	72 000	76 415	4 415

根据分析原理，计算如下：

（1）确定分析对象：

76 415 −72 000 =4 415（元）

（2）建立分析模型：

150 件 ×60 千克 ×8 元/千克 =72 000（元）

（3）顺次替换：

①产量变动：145 件 ×60 千克 ×8 元/千克 =69 600（元）

公司因产量降低而影响成本：69 600 −72 000 = −2 400（元）

②单位耗用量变动：145 件 ×62 千克 ×8 元/千克 =71 920（元）

公司因材料耗用量增加而影响成本：71 920 −69 600 =2 320（元）

③材料单价变动：145 件 ×62 千克 ×8.5 元/千克 =76 415（元）

公司因材料单价提高而影响成本：76 415 −71 920 =4 495（元）

（4）各因素变动对材料总成本的影响：

(−2 400) +2 320 +4 495 =4 415（元）

在运用连环替代法时，应该注意以下几个问题：

第一，确定影响分析指标的各因素之间的相关关系时，要注意各因素与分析指标之间必须存在必然的因果关系或内在联系。

第二，分析时，应该根据各因素之间的变动依存关系确定其替代顺序。一般而言，其替代顺序为：数量因素在前，质量因素在后；内部因素在前，外部因素在后；基础因素在前，从属因素在后。

第三，因素替代顺序确定后，不得随意改动，否则将会影响财务评价结果的准确性。

做一做：利用课余时间到企业进行调研，了解企业是如何运用因素分析法的。并与同学交流调研结果。

（四）趋势分析法

趋势分析法（Trend Analysis）：指通过对有关指标的各期对基期的变化趋势的分析，从中发现问题的一种分析方法。

趋势分析法（Trend Analysis）主要是将企业连续几年会计年度或几个时期的报表中同类经济性质的指标进行对比，通过计算相关指数，分析指标的变动情况和趋势对企业所产生的影响。

指数的计算有两种方法：一是定基指数；二是环比指数。定基指数就是各个时期的指数都是以某一固定时期为基期来计算的。环比指数则是各个时期的指数以前一期为基期来计算的。定基指数表明被分析的经济指标在一定时间内总的发展趋势；环比指数表明被分析的经济指标在一定时期内不同基础上的变动趋势。指数的计算公式为：

$$定基指数 = \frac{比较期数值}{基期数值} \times 100\% \quad (15-1)$$

$$环比指数 = \frac{比较期数值}{前一期数值} \times 100\% \quad (15-2)$$

五、财务报表分析标准

在进行财务报表分析时，必须正确选择分析的标准，特别是在采用比较分析法进行财务报表分析时，更要选择好比较分析的基础标准。作为评价本企业当期实际数据的参照标准，主要包括行业标准、历史标准和预算标准。

（一）行业标准

在进行财务报表分析的横向比较分析时通常使用行业标准。由于同行业的平均数只起一般性的指导作用，并不一定具有合理性。因此，通常情况下不如选取一组有代表性的企业求其平均数，作为同业标准，这样可能比整个行业的平均数会更好。近年来，企业更重视以竞争对手的数据作为分析基础。这是因为很多企业往往实行多种经营，没有明确的行业归属，同业对比无法进行。

（二）历史标准

在进行财务报表分析的趋势分析时通常使用本企业历史数据作为比较标准。但是，历史数据只代表过去，并不一定具有合理性。企业经营环境是变化的，今年比去年利润提高了，不一定说明企业已经达到了应该达到的水平，甚至不一定能说明企业管理水平有了改进。

（三）预算标准

在进行财务报表分析的差异分析时通常使用预算作为比较标准。在进行实际与预算差异分析时，必须注意有时实际与预算的差异是由于预算不合理造成的，而不是预算执行中出了什么问题。

总之，在进行财务报表分析时，对选定的分析标准本身要准确理解，并且要在限定意义上使用分析结论，避免简单化和绝对化。

想一想：除了以上三类标准外，还有其他分析标准吗？这些财务报表分析标准在实践中如何使用？

六、财务报表分析注意的问题

财务报表分析对于了解企业的财务状况和经营成绩，评价企业的偿债能力和经营能力，帮助制定经济决策，有着显著的作用。但由于种种因素的影响，财务报表分析也存在着一定的局限性。在分析中，应注意这些局限性的影响，以保证分析结果的正确性。

（一）财务报表资料来源的局限性

1. 报表数据的时效性（Timeliness）问题。财务报表中的数据，均是企业过去经济活动的结果和总结，用于预测未来发展趋势，只有参考价值，并非绝对合理。

2. 报表数据的真实性（Authenticity）问题。在企业形成其财务报表之前，信息提供者往往对信息使用者所关注的财务状况以及对信息的偏好进行仔细分析与研究，并尽力满足信息使用者对企业财务状况和经营成果信息的期望。其结果极有可能使信息使用者所看到的报表信息与企业实际状况相距甚远，从而误导信息使用者的决策。

3. 报表数据的可靠性（Reliability）问题。财务报表虽然是按照会计准则编制的，但不一定能准确地反映企业的客观实际。例如，报表数据未按通货膨胀进行调整；某些资产以成本计价，并不代表其现在真实价值；某些支出在记账时存在灵活性，既可以作为当期费用，也可以作为资本项目在以后年度摊销；某些资产以估计值入账，但未必正确；偶然事件可能歪曲本期的损益，不能反映盈利的正常水平。

4. 报表数据的可比性（Comparability）问题。根据会计准则的规定，不同的企业或同一个企业的不同时期都可以根据情况采用不同的会计政策和会计处理方法，使得报表上的数据在企业不同时期和不同企业之间的对比在很多时候失去意义。

5. 报表数据的完整性（Integrity）问题。由于报表本身的原因，其提供的数据是有限的。对报表使用者来说，可能不少需要的信息在报表或附注中根本找不到。

（二）财务报表分析方法的局限性

对于比较分析法来说，在实际操作时，比较的双方必须具备可比性才有意义。另外，比较标准的选择也至关重要。对于财务比率的分析来说，比率分析是针对单个指标进行分析，综合程度较低，在某些情况下无法得出令人满意的结论；比率指标的计算一般都是建立在以历史数据为基础的财务报表之上的，这使比率指标提供的信息与决策之间的相关性大打折扣。对于因素分析法来说，在计算各因素对综合经济指标的影响额时，主观假定各因素的变化顺序而且规定每次只有一个因素发生变化，这些假定往往与事实不符。并且，无论何种分析法均是对过去经济事项的反映。随着环境的变化，这些比较标准也会发生变化。而在分析时，分析者往往只注重数据的比较，而忽略经营环境的变化，这样得出的分析结论也是不全面的。

（三）财务报表分析指标的局限性

1. 财务指标体系不严密。每一个财务指标只能反映企业财务状况或经营状况的某一方面，每一类指标都过分强调本身所反映的方面，导致整个指标体系不严密。

2. 财务指标所反映的情况具有相对性。在判断某个具体财务指标是好还是坏，或根据一系列指标形成对企业的综合判断时，必须注意财务指标本身所反映情况的相对性。因此，在利用财务指标进行分析时，必须掌握好对财务指标的“信任度”。

3. 财务指标的评价标准不统一。比如，对流动比率，人们一般认为指标值为 2 比较合理，速动比率则认为 1 比较合适，但许多成功企业的流动比率都低于 2，不同行业的速动比率也有很大差别，如采用大量现金销售的企业，几乎没有应收账款，速动比率大大低于 1 是很正常的。相反，一些应收账款较多的企业，速动比率可能要大于 1。因此，在不同企业之间用财务指标进行评价时没有一个统一标准，不便于不同行业间的对比。

4. 财务指标的计算口径不一致。比如，对反映企业营运能力指标，分母的计算可用年末数，也可用平均数，而平均数的计算又有不同的方法，这些都会导致计算结果不一样，不利于评价比较。

想一想：你是如何理解上述问题的？这些问题会影响财务分析的结果吗？

第二节　财务报表比率分析

一、偿债能力比率分析

企业偿还债务能力的强弱是判断企业财务状况好坏的主要标准之一。重视并有效提高偿债能力，不仅是为了维护债权人的正当权益，也是企业保持良好市场形象和资信地位，避免风险损失，实现企业价值最大化目标的客观需求；不仅是企业走向市场并在瞬息万变的市场竞争中求得生存与发展的先决条件，还是增强企业的风险意识，树立现代企业市场观念的重要表现。

偿债能力分析（Solvency Analysis）：指对企业偿还到期债务能力的分析与评价。

当资本利润率高于借入资金的成本时，举债经营能够使企业获得杠杆收益，即利用负债融资可以提高股东收益率，但举债同时也会使企业面临财务风险，企业有可能因经营不善、资金周转困难等原因丧失偿债能力。企业偿债能力的强弱对企业管理者、投资者、债权人等都至关重要。

（一）短期偿债能力分析

企业能否及时偿付到期的流动负债，是反映企业财务状况好坏的重要标志。

短期偿债能力（Short-term Liquidity）：指企业以其流动资产偿还流动负债的能力。

对债权人来说，企业只有具有充分的短期偿债能力，才能保证其债权的安全，即按期收取利息，到期收回本金。对投资者来说，如果企业的短期偿债能力出现问题，就会牵制企业经营管理人员的大量精力去筹措资金，应付还债，还会增加企业融资的难度，加大临时性紧急融资的成本，影响企业的生产经营和盈利能力。一个效益不错的企业可能会由于资金周转不灵、无法偿还短期债务而破产。

对短期偿债能力的分析主要侧重于研究企业流动资产与流动负债的关系以及资产变现速度的快慢。因为大多数情况下，短期债务需要用货币资金来偿还，所以各种资产的变现速度直接影响到企业的短期偿债能力。

反映企业短期偿债能力的财务指标主要有：营运资金、流动比率、速动比率、现金比率、现金流量比率和到期债务本息偿付比率等。

视频 偿债能力分析与评价

1. 营运资金。营运资金（Working Capital）是指流动资产与流动负债之差，表示流动资产超过流动负债的数额。其计算公式如下：

$$营运资金 = 流动资产 - 流动负债 \qquad (15-3)$$

营运资金以绝对数来衡量企业的短期偿债能力。一般的，营运资金越大，说明流动资产超过流动负债的部分越多，企业短期偿债能力越强；反之，企业短期偿债能力越弱。

在运用营运资金指标进行分析时需要注意，营运资金作为一个绝对量指标，不同行业营运资金的规模有很大的差别，此外，同一行业中不同规模的企业也会有营运资金的差别，所以，不同行业、同一行业内不同规模企业之间的营运资金缺乏可比性。另外，营运资金不宜过大。

2. 流动比率。流动比率（Current Ratio）是流动资产与流动负债的比值。其计算公式如下：

$$流动比率 = \frac{流动资产}{流动负债} \qquad (15-4)$$

流动比率表示每1元流动负债有多少流动资产作为偿付担保，反映短期债权的安全程度，是考核企业短期偿债能力的一个最基本、最通用的指标。企业能否偿还短期债务，不仅要看其有多少流动负债，还要看其有多少可用于偿债的流动资产。流动资产越多，流动负债越少，则短期偿债能力越强。相对于绝对量指标营运资金，流动比率是一个相对数，排除了企业规模不同的影响，更适合于企业之间以及本企业不同历史时期的比较。一般而言，企业的流动比率越高，短期偿债能力越强。但就企业本身来说，并非流动比率越高越好，如果是因应收账款和存货余额过大而导致流动比率较高，可能意味着企业信用政策过松、存货闲置过多。一般认为，流动比率的标准是2倍（或2∶1，或200%），因此，该比率又称为2比1比率。

想一想：一家流动比率为4∶1，但公司仍然不能支付到期债务，为什么？

运用流动比率分析企业短期偿债能力时，必须注意以下几个问题：

（1）流动比率越高，企业短期偿债越强，但这并不等于企业已有足够的现金或存款用来偿债。流动比率高也可能是存货积压、应收账款增多且收账期延长所致，而真正可用来偿债的现金和存款却严重短缺。所以，企业应在分析流动比率的基础上，需要结合现金流量进行进一步分析。

（2）短期债权人自然希望流动比率越高越好，但从企业经营角度看，过高的流动比率可能意味着企业持有过多的流动资产，会造成企业机会成本的增加和获利能力的降低。

（3）流动比率是否合理，不同行业的企业的评价标准是不同的，因此，不同行业企业的流动比率不具有可比性。

（4）注意人为粉饰流动比率的状况。

（5）仅凭流动比率的高低来衡量企业短期偿债能力的强弱会有失偏颇，必须分析流动资产和流动负债的结构内容以及流动状况的因素。一般情况下，营业周期、流动资产中的应收账款数额及其周转速度、存货数额及其周转速度是影响流动比率的主要因素。

3. 速动比率。速动比率（Quick Ratio），又称为酸性测试比率，是指速动资产与流动负债的比值。其含义是，如果流动负债立即到期，企业是否能够偿还，即是否能通过酸性测试。其计算公式如下：

$$\text{速动比率}=\frac{\text{速动资产}}{\text{流动负债}} \qquad (15-5)$$

所谓速动资产（Quick Assets），是指流动资产减去变现能力较差且不稳定的存货、预付款项、1年内到期的非流动资产和其他流动资产等后的余额。由于剔除了存货等变现能力较弱且不稳定的资产，速动比率较流动比率能够更加准确、可靠地评价企业资产的流动性及其偿还短期负债的能力。在计算速动比率时之所以要扣除存货，原因为：（1）存货在流动资产中的变现速度最慢；（2）部分存货可能已经损失报废但尚未处理；（3）部分存货可能已经作为抵押；（4）存货的成本和市价可能相差较大。

一般认为，企业的速动比率至少应维持在 1 倍（或 1∶1，或 100%），才能显示企业具有良好的财务状况和充实的短期偿债能力。因为在此条件下，一旦企业面临财务危机或进行清算时，即使存货全无价值，也不至于影响其及时偿债的能力。如果速动比率小于 1，企业将面临很大的偿债风险；如果大于 1，尽管偿债的安全性提高，但却会因企业现金及应收账款资金占用过多而增加企业的机会成本。

想一想：“速动比率越高，企业的短期偿债能力越强。”这句话对吗？为什么？

对速动比率分析时需注意以下问题：

（1）尽管速动比率较之流动比率能更好地反映流动负债偿还的安全性和稳定性，但并不能认为速动比率较低的企业绝对不能偿还到期的负债。实际上，如果企业存货流转顺畅，变现能力较强，即使速动比率较低，企业仍然有望偿还到期的债务本息。

（2）企业所处的行业不同，速动比率会有很大差别，所以，速动比率没有统一的标准。财务人员在进行速动比率分析时，应该结合特定企业的性质和其他因素进行综合分析，不能一概而论。

（3）过高的速动比率会影响企业的盈利能力。速动比率过高可能意味着企业存在大量的闲置资金，影响企业的盈利能力；也可能说明企业不能把足够的资金投入存货、固定资产等经营领域，从而使企业丧失良好的获利机会。因此，从企业经营管理的角度出发，速动比率不宜过高。

4. 现金比率。现金比率（Cash Ratio），是指现金类资产与流动负债的比例关系。现金类资产包括企业所拥有的货币资金、交易性金融资产等。其计算公式如下：

$$现金比率 = \frac{现金类资产}{流动负债} \qquad (15-6)$$

由于应收账款存在着发生坏账损失的可能，某些到期的应收账款也不一定能按时收回，因此，速动资产扣除应收账款等后计算出来的现金比率，最能直接反映企业偿付流动负债的能力。速动比率已将存货等变现能力较差的流动资产予以剔除，但速动资产中的应收账款等有时也会因客户倒闭、抵押等情况使变现能力受影响，甚至出现坏账，最终减弱企业的短期偿债能力。尤其在企业面临财务危机的情况下，即使有较高的流动比率和速动比率，也无法满足债权人的要求。因此，最稳健或者说最保守的方法是采用现金比率来衡量企业的短期偿债能力。

分析现金比率时，应注意以下几个方面：

（1）现金比率可以更好地反映企业的即刻偿债能力。一般情况下，当企业发生财务困难时，现金比率指标就会显得十分重要。尤其对某些存货和应收账款的变现时间相当长，而且经营活动具有较强的投机性和风险性的行业，应当重视观察分析其现金比率。

（2）在进行短期偿债能力分析时，单独考察现金比率意义不大。因为不可能要求企业用现金类资产来偿付全部流动负债，企业也没有必要总是保持足以还债的现金类资产。但是，在企业把应收账款和存货都抵押出去或已有迹象表明应收账款和存货的变现能力存在问题的情况下，分析该比率更为有效。因为在这种情况下，流动比率和速动比率都带有虚假性或不可靠性，容易导致企业盲目乐观。

（3）现金比率越高，企业面临的短期偿债压力越小。但过高的现金比率，意味着企业已经失去或正在失去若干有利的流转或投资机会，从而丧失相应的周转利益和投资利益，即带来较高的机会成本，因而企业一般应尽量减少现金余额。然而，一个企业保持适量的现金又相当重要，它不仅是企业充当债务支付的最终手段，也是有效把握未来获利机会的有效途径，如缺少现金，当企业以后遇到进货折扣、投资良机时，只能望洋兴叹。故计算现金比率，并经常保持一个合理的数额，无疑是十分必要的。

（4）分析现金比率时，还必须注意现金类资产的内涵变化。如某些限定用途、不得随便动用的现金，会减少企业实际可动用的现金数量；而某些账面价值不能准确反映其市场价格变动的有价证券，应对其按实际价格进行相应的调整，只有这样才能真正观察企业的短期偿债能力。

5. 现金流量比率。现金流量比率（Cash Flow Ratio）是指企业经营活动所产生的现金净流量与流动负债的比率。其计算公式如下：

$$现金流量比率=\frac{经营活动现金净流量}{流动负债} \qquad (15-7)$$

现金流量比率反映企业经营活动所产生的现金净流量足以抵付流动负债的倍数。现金流量比率越大，说明本期经营活动产生的现金流量对流动负债的保障程度越大。

需要说明的是，经营活动所产生的现金流量是过去一个会计年度的经营结果，而流动负债则是未来一个会计期间需要偿还的债务，二者分属于不同的会计期间。在使用现金流量比率指标时，需要考虑未来一个会计年度影响经营活动的现金流量变动的因素，然后才能进行具体分析应用。

6. 到期债务本息偿付比率。到期债务本息偿付比率（Repayment

Ratio of Principal and Interest of Matured Debt）是指企业经营活动产生的现金净流量与本期到期债务本息的比率。本期到期债务本息是指本期到期债务本金及相关的现金利息支出。其计算公式如下：

$$到期债务本息偿付比率 = \frac{经营活动现金净流量}{本期到期债务本息} \quad (15-8)$$

到期债务本息偿付比率反映企业经营活动产生的现金净流量是本期到期债务本息的倍数，主要衡量本年度内到期债务本金及其相关的现金利息支出可由企业该年度内经营活动所产生的现金流量来偿付的程度。到期债务本息偿付比率越高，说明本年度到期债务本金及其相关的现金利息支出可由企业该年度内经营活动所产生的现金来偿付的保障程度就越高，企业的短期偿债能力就越强。如果到期债务本息偿付比率小于1，表明企业经营活动产生的现金不足以偿付本期到期的债务本息。

【例 15－2】 根据青岛啤酒 2018～2020 年财务报表相关数据（见表 15－1、表 15－3），整理并计算公司短期偿债能力评价指标，如表 15－5 所示。

表 15－5　　青岛啤酒 2016～2018 年短期偿债能力评价指标

金额单位：万元

项目	2018 年	2019 年	2020 年
营运资金	1 776 029－1 208 688＝567 341	2 100 182－1 335 378＝764 804	2 462 812－1 550 995＝911 817
流动比率	$\frac{1\ 776\ 029}{1\ 208\ 688}=1.47$	$\frac{2\ 100\ 182}{1\ 335\ 378}=1.57$	$\frac{2\ 462\ 812}{1\ 550\ 995}=1.59$
速动比率	$\frac{1\ 776\ 029-265\ 122}{1\ 208\ 688}=1.25$	$\frac{2\ 100\ 182-318\ 177}{1\ 335\ 378}=1.33$	$\frac{2\ 462\ 812-328\ 103}{1\ 550\ 995}=1.38$
现金比率	$\frac{1\ 253\ 574+120\ 254}{1\ 208\ 688}=1.14$	$\frac{1\ 530\ 198+152\ 379}{1\ 335\ 378}=1.26$	$\frac{1\ 846\ 688+188\ 886}{1\ 550\ 995}=1.31$
现金流量比率	$\frac{399\ 201}{1\ 208\ 688}=0.33$	$\frac{401\ 655}{1\ 335\ 378}=0.30$	$\frac{495\ 342}{1\ 550\ 995}=0.32$

从表 15－5 可以看出，青岛啤酒的各项财务比率基本呈持续上升态势。这充分说明青岛啤酒的整体短期偿债能力是逐年提高的，其资产的流动性高，变现能力强，具有良好的支付能力和较强抵御财务风险的能力。如果结合同业进行比较分析，可以看出青岛啤酒在行业抵御风险的能力。

案例链接

兖州煤业流动负债超千亿元，地方煤企债券融资形势严峻

长期以来，煤炭行业都存在债务负担沉重的问题。在2020年的复杂市场形势下，A股37家上市煤企的总体资产负债率及流动负债总额与去年相比并无大幅变化，过半数煤企的流动比率和速动比率出现增长，整体偿债能力有所提升。不过，据《每日经济新闻》记者统计，仍有18家煤企流动负债超百亿元，比2019年增加1家。截至2020年末，A股37家上市煤企的流动负债总额达到近6 500亿元。

其中，兖州煤业（600188，SH）是流动负债最多的上市煤企，达到约1 020.81亿元，同比增长39.23%，进而使得兖州煤业资产负债率提高至69.19%，超越中煤能源（601898，SH）成为总负债最多的煤企。兖州煤业在投资者互动平台表示，有息负债金额上升是收购兖矿集团7项资产、增资控股内蒙古矿业51%股权、重新合并沃特岗报表以及发行美元债券所致。

2020年，兖州煤业大手笔扩张煤炭和煤化工产能。不仅以近40亿元的价格获得了内蒙古矿业集团51%的股权，还以183.55亿元的价格收购了兖矿集团旗下部分煤炭、煤化工、电力资产。据公告，控股内蒙古矿业集团为兖州煤业新增了权益煤炭资源47.5亿吨。此外，在收购兖矿集团相关资产后，其化工业务从原来单一的甲醇拓展到甲醇、醋酸、煤制油等多条产业链。值得注意的是，兖州煤业去年的业绩下滑幅度不小，同比下降28.2%。除煤价下跌因素外，合并沃特岗报表使得兖州煤业境外子公司兖煤澳洲净亏损44.4亿元，进而拖累了公司业绩。

不过，面对高额债务，兖州煤业的流动性风险不容忽视。根据2020年年报数据，兖州煤业的流动比率从0.88降至0.57，速动比率从0.78降至0.49。兖州煤业表示，银行借款是公司的主要资金来源，截至去年底尚未使用的银行综合授信额度为930亿元，集团管理层会对银行借款的使用情况进行监控，同时与金融机构进行融资磋商，以保持一定的授信额度，减低流动性风险。

（资料来源：每日经济新闻，2021年5月16日）

（二）长期偿债能力分析

企业的长期债权人和所有者不仅关心企业的短期偿债能力，更关心企业的长期偿债能力（Long-term Solvency）。因此，在进行短期偿债能力分析的同时，还必须进行长期偿债能力的分析，以便全面了解企业的偿债能力和财务风险。

长期偿债能力（Long-term Solvency）：指企业对债务的承担能力和对偿还债务的保障能力。

从长远观点看，企业的长期偿债能力与企业的利润和现金流量之间有密切的联系。由于企业的现金流入量最终取决于能够获得的利润，现金流出量最终取决于必须付出的成本以及两者之间的对比关系，因此，分析企业长期偿债能力时，需要特别强调其盈利能力和获

取现金流量的能力。此外，企业资本结构的合理性也是十分重要的。企业资本结构中债务的比例越高，企业无力偿还债务的可能性越大。如果企业资本结构合理，表明其有较强、较稳定的经济实力，从而能顺利偿还各种债务，承担经营和财务上的风险，并能应付其他各种意外。因此，企业的长期偿债能力需要从资本结构、盈利能力和现金流量等方面进行综合分析。评价企业长期偿债能力的财务指标主要有资产负债率、产权比率、所有者权益比率、权益乘数、已获利息倍数、偿债保障比率等。

资产负债率（Asset Liability Ratio）：用以衡量企业利用债权人提供资金进行经营活动的能力，以及反映债权人发放贷款的安全程度。

1. 资产负债率。资产负债率（Asset Liability Ratio）又称举债经营比率，是指负债总额与资产总额的比率。其计算公式如下：

$$资产负债率 = \frac{负债总额}{资产总额} \tag{15-9}$$

公式中的负债不仅包括非流动负债，还包括流动负债。这是因为，流动负债作为一个整体，企业总是长期占用着，可以视同长期性资本来源的一部分。例如，企业的每一笔应付账款往往是短期债务，但是，从企业应付账款整体角度来看，企业总是长期性地保持着一个相对稳定的应付账款总额。这部分应付账款可以成为企业长期性资本来源的一部分。按照稳健性原则，将流动负债包括在用于计算资产负债率的负债总额中是合理的。

资产负债率指标反映债权人所提供的债务资本占全部资本的比例，即在总资产中有多大比例的资产是通过负债筹资形成的，也可以用来衡量企业在清算时对债权人利益的保障程度。它有以下几个方面的含义：

（1）从债权人的角度看，他们最关心的是借出资本的安全性，即能否按期收回本金和利息。如果股东提供的权益资本只占企业资本总额较小的比例，那么企业的财务风险将主要由债权人来负担，这对债权人而言是极其不利的。因此，债权人希望企业的负债比率越低越好，以确保借出资本的安全性。

（2）从股东的角度看，由于企业的债务资本与权益资本在企业经营中发挥同样的作用，股东所关心的是资产的收益率是否超过借入资本的利率。当企业的总资产收益率超过债务资本利率时，股东所得到的收益就会加大；反之，则就会减少股东所得到的收益，对股东不利。因此，从股东的立场看，在财务风险得到合理控制的条件下，当总资产收益率高于债务资本利率时，负债资本比例越大越好。

（3）从经营者的角度看，企业经营者既要考虑企业债务资本带来的收益，同时也要顾及到企业所能承受的财务风险问题。资产负债率不仅能够反映企业的长期负债水平，而且还能反映企业管理者当局的举债经营能力和进取精神。如果一个企业不举债或负债水平很低，说明企业管理者当局比较保守或对企业的经营前景信心不足，举债经营能力很差。当然，如果企业的负债比率过高，表明企业的债务负担重，企业资金实力不强，不仅对债权人不利，而且企业有濒临倒闭的危险。所以，经营者希望企业的资产负债率保持合理水平。

在利用该指标进行分析时需要注意，资产负债率是一个静态指标，考察的是企业破产清算时债权人权益能够得到多大程度的物质保障，但财务分析是建立在持续经营基础上的，长期资产一般不会用来直接偿付债务，并且长期负债具有期限较长的特点，而随着时间的推移，企业长期资产的价值将随着企业的运营而发生变化，因此，用资产负债率无法完全反映企业未来偿付债务的能力。另外，资产负债率没有考虑资产的结构和负债的偿还期限，事实上，不同的资产结构对到期债务的偿付有着不同程度的保障，而不同的负债期限结构对企业的长期偿债能力的影响也是不同的。

想一想：企业存在一个“最佳负债比率”吗？解释其原因。

案 例 链 接

A 股负债榜：22 家上市公司资不抵债 54 家上榜公司获“非标”审计意见

2018 年 A 股非金融行业上市公司累计负债 36.8 亿元，同比增长 13%。资产负债率中位数 41.51%，较去年增加 2.05 个百分点。373 家非金融上市公司资产负债率超过 70%。

分行业来看，除金融外的 26 个申万一级行业中，23 个行业的资产负债率中位数同比上升，仅有钢铁、交通运输和房地产行业的负债率水平略有下滑。房地产、建筑装饰、公用事业、钢铁等重资产行业的资产负债率最高，中位数均超过 50%，医药生物、食品饮料、计算机行业的资产负债率水平最低，中位数不超过 35%。

证券时报·数据宝与中国上市公司研究院联合发布的 2018 年 A 股“上市公司资产负债率榜（非金融）”显示，上榜的 100 家公司中最低资产负债率水平为 85.52%，44 家 ST 公司上榜；54 家公司年报被出具了“非标”审计意见；22 家公司资不抵债，资不抵债公司数量创近五年新高。

上榜公司中，26 家上市公司 2018 年资产负债率较 2017 年增加超 30 个百分点，15 家上榜公司 2018 年的资产负债率较 2017 年增加超 50 个百分点。近八成公司资产负债率大幅上升的原因在于资产总额的下降，其中资产大幅减值是主要因素。

*ST 保千连续两年资产负债率水平位列 A 股最高，2018 年资产负债率高达 800.92%。资产负债表显示，公司 2018 年负债总额高达 56.77 亿元，半数为短期借款，大量银行借款、公司债券、供应商货款已逾期。公司股票已于 2019 年

4 月 26 日起停牌，存在被交易所暂停上市的风险。

榜单前十名中，仅有暴风集团一家为非 ST 公司。2018 年暴风集团业绩暴雷，亏损 10.9 亿元，其中资产减值损失为 7.68 亿元，大华会计师事务所（特殊普通合伙）对公司财报出具了保留意见。巨额计提资产减值准备导致资产总额断崖式下滑，是暴风集团 2018 年资产负债率飙升的主要原因。

带息债务是公司有偿使用的债务资本，会直接影响公司的融资成本，导致未来财务费用流出，主要包括短期借款、长期借款、应付债券等非经营性负债。2018 年 A 股非金融行业上市公司累计带息债务规模为 17.6 万亿元，同比增长 21%，增幅为近五年最高。

房地产行业带息债务规模为 3.94 万亿元，在各行业中排名第一，同比增长 38.26%；净债务（带息债务——货币资金）规模 2.72 万亿元，同比增长 50%；净负债率（净负债/所有者权益）中位数为 62.36%，同比增长 15.03%。房地产公司的负债规模和杠杆水平均有较大程度的上升。

上市公司带息债务榜（非金融）前 100 家公司中，最低的带息债务规模为 304.76 亿元。万科 A 以 7 665.5 亿元的带息债务规模位列榜首；中国建筑、中国石油和中国交建的带息债务规模分别位列 A 股第二位至第四位，均超过 3 000 亿元。

（资料来源：范璐媛：《证券时报》，2019 年 5 月 10 日）

2. 产权比率。产权比率（Equity Ratio）又称为资本负债率，是负债总额与所有者权益总额的比率。其计算公式如下：

$$产权比率 = \frac{负债总额}{所有者权益总额} \tag{15-10}$$

产权比率与
财务结构

对债权人而言，产权比率越低，表示企业长期偿债能力越强，即长期财务状况越好，债权人越有安全感。但对投资者而言，不希望企业因负债压力太大而导致资金周转不灵。如果产权比率过大，表明企业借入资金远高于股东的投资，一旦企业破产清算，债权人的损失就会很大。一般情况下，资金的供应者是不愿冒此风险的。

对产权比率的含义可以从以下几个方面来理解：

（1）产权比率指标反映的是债权人提供的债务资本与股东提供的权益资本之间的对比关系，用来反映企业的基本财务结构是否稳定。一般来说，权益资本大于债务资本较好，但也不能一概而论。从股东的角度看，在宏观经济环境恶化、通货膨胀加剧时期，企业多举债可以把通胀损失和风险转嫁给债权人；在宏观经济处于繁荣时期，企业多举债可以获得额外利润；在宏观经济处于萧条时期，企业少举债可以减少利息负担和财务风险。企业产权比率高，意味着企业拥有高财务风险、高风险报酬的财务结构。

（2）产权比率指标反映了普通股股东的权益资本对债权人的债务资本的保障程度。产权比率越低，对债权人利益的保障程度就越高。

（3）资产负债率与产权比率具有共同的经济意义，两个指标可以相互补充。

3. 权益乘数。权益乘数（Equity Multiplier）与所有者权益比率为倒数关系，反映企业的资产总额是所有者权益的多少倍。其计算公式如下：

$$权益乘数=\frac{资产总额}{所有者权益总额}=\frac{1}{1-资产负债率} \quad (15-11)$$

权益乘数越小，说明权益资本在全部资本中所占的比重越大，负债资本在全部资本中所占的比重越小，企业的财务风险越小，其偿还长期债务的能力也就越强。

权益乘数与财务风险

4. 已获利息倍数。已获利息倍数（Times Interest Earned）又称为利息保障倍数，是指企业的息税前利润与利息费用的比率。其计算公式如下：

$$已获利息倍数=\frac{息税前利润}{利息费用} \quad (15-12)$$

公式中的息税前利润是指利润表中未扣除利息费用和所得税之前的利润。它可以用利润总额加利息费用来测算。利息费用是指本期发生的全部应付利息，不仅包括财务费用中的利息费用，还应包括资本化的利息。

已获利息倍数指标反映企业息税前利润对支付利息费用的保障程度。已获利息倍数越大，说明企业支付利息的能力越强，进而说明企业获利能力对到期债务偿还的保证程度越强。只要已获利息倍数足够大，企业就有充足的能力偿付利息。一般来说，企业已获利息倍数至少要大于1，否则就难以偿付债务及利息。

对企业已获利息倍数进行分析，应该将其与其他企业特别是本行业平均指标水平进行比较，来确定本企业的指标水平是否合理。同时，从稳健性的角度出发，最好比较本企业连续几年的已获利息倍数，并选择最低指标年度的数据作为判断标准。这是因为企业在经营好的年度要偿债，而在经营不好的年度也要偿还大约同量的债务。某一个年度利润高，已获利息倍数也会高，但不能年年如此。采用指标最低年度的数据可保证企业最低的偿债能力。一般情况下，在分析已获利息倍数指标时应遵循这一原则，同时还应结合企业的实际财务状况来确定。

已获利息倍数分析的局限在于：该指标虽然反映了通过盈利来偿还债务的思想，但企业所承担的债务不仅是利息费用，还包括本金，该指标只衡量利息是不全面的。另外，债务的本金和利息不是用利润本身支付，而是用现金支付，权责发生制下的高利润并不意味着企业有足够的现金流量。

想一想：已获利息倍数会出现负值吗？如果会出现是什么原因导致的？

5. 偿债保障比率。偿债保障比率（Debt Service Coverage Ratios）又称债务偿还期，是指负债总额与经营活动现金净流量的比率，用以反映企业用经营活动获取的现金流量偿还全部负债所需要的时间。其计算公式如下：

$$偿债保障比率 = \frac{负债总额}{经营活动现金流量净额} \quad (15-13)$$

一般认为，尽管企业的投资活动和筹资活动产生的现金净流量在必要时可以用于偿债，但它们毕竟不是经常性的现金流量，经营活动产生的现金净流量才是企业获取长期资本的主要来源。所以，在计算偿债保障比率时采用的是经营活动产生的现金净流量，而非企业全部的现金净流量。偿债保障比率可以衡量使用企业通过经营活动获取的现金净流量来偿还全部债务的能力，偿债保障比率越低，企业的偿债能力就越强。

【例 15－3】根据青岛啤酒 2018～2020 年财务报表相关数据（见表 15－1、表 15－2、表 15－3），整理并计算公司长期偿债能力评价指标，如表 15－6 所示。

表 15－6　　青岛啤酒 2018～2020 年长期偿债能力评价指标

项目	2018 年	2019 年	2020 年
资产负债率	$\frac{1\,538\,532}{3\,407\,527}=45.15\%$	$\frac{1\,739\,901}{3\,731\,238}=46.63\%$	$\frac{2\,014\,613}{4\,151\,419}=48.53\%$
产权比率	$\frac{1\,538\,532}{1\,868\,995}=82.32\%$	$\frac{1\,739\,901}{1\,991\,337}=87.37\%$	$\frac{2\,014\,613}{2\,136\,805}=94.28\%$
权益乘数	$\frac{3\,407\,527}{1\,868\,995}=1.82$	$\frac{3\,731\,238}{1\,991\,337}=1.87$	$\frac{4\,151\,419}{2\,136\,805}=1.94$
已获利息倍数	$\frac{156\,101+81\,876+1\,371}{1\,371}$ $=174.58$	$\frac{192\,912+79\,779+1\,362}{1\,362}$ $=201.21$	$\frac{232\,697+91\,258+1\,366}{1\,366}$ $=238.16$
偿债保障比率	$\frac{1\,538\,532}{399\,201}=3.85$	$\frac{1\,739\,901}{401\,655}=4.33$	$\frac{2\,014\,613}{495\,342}=4.07$

从表 15－6 可以看出，青岛啤酒的各项财务指标在 2018～2020 年三年间整体呈现上升趋势。具体讲，青岛啤酒的资产负债率和产权比率分别小于 50% 和 100%，说明公司的资金主要来自股东投入。

青岛啤酒资产负债率三年基本在45% ~48%之间，说明公司的负债来源比较稳定，资本结构良好。利息保障倍数远高于1，说明公司利用借入资金进行生产经营，其获利能力是非常强的，当然，如果有必要，可以进一步了解利息保障倍数高的具体原因。

结合公司短期偿债能力一般分析，可以看出，公司2018 ~2020年整体偿债能力比较强，公司财务风险处于可控范围内。

二、周转效率分析

周转效率（Turnover Efficiency）又称资产营运效率或营运能力。资产营运是企业在生产经营过程中实现资本增值的过程，是宏观资源配置和微观经济管理的综合反映。资产营运状况如何，直接关系到资本增值的程度，同时还会影响企业的偿债能力。资产营运效率越高，企业的获利能力越强，资产变现损失风险就越小，偿债能力也就越强；反之，资产营运效率低，企业的获利能力就差，资产变现损失风险就大，偿债能力就弱。

（一）应收账款周转率

视频 资产周转效率分析与评价

应收账款在流动资产中有着举足轻重的作用。及时收回应收账款，不仅能增强企业的短期偿债能力，还能反映企业应收账款的管理效率。

应收账款周转率（Accounts Receivable Turnover）是指一定时期企业的赊销收入净额与应收账款平均余额的比例关系。其计算公式如下：

$$\text{应收账款周转率} = \frac{\text{赊销收入净额}}{\text{应收账款平均余额}} \qquad (15-14)$$

应收账款周转率表示在周转期内应收账款转换为现金的平均次数，反映了企业应收账款变现速度的快慢及管理效率的高低。一般来说，应收账款周转率越大，表明企业应收账款的回收速度越快，账龄越短，企业的短期偿债能力就越强，否则，企业的营运资金就会过多地呆滞在应收账款上，影响资金的使用效率。高应收账款周转率可以减少收账费用和坏账损失，从而相对增加企业流动资产的投资收益。

对应收账款周转率的分析应注意以下几个问题：

1. 应收账款是企业因赊销商品和劳务而发生的，为使计算的应收账款周转率具有实际意义，指标计算只能采用赊销数字，如果把现销包括进去，势必会夸大实际结果。但在企业的利润表中，并未列示赊销收入数据。所以，对于外部分析者来说，计算应收账款周转率一般用营业收入代替赊销收入进行计算。

2. 应收账款平均余额是按应收账款总额计算的，这主要是因为营业收入包括了可收回的和无法收回的应收账款。这样，应收账款余额就必须相应地反映应收账款总额，而不能只单独反映扣除坏账准备后的应收账款净额。另外，应收账款净额受企业坏账损失核算方法的影响，按应收账款总额计算可以剔除这一影响。

3. 对应收账款周转率的分析必须考虑以下影响因素：季节性经营；大量使用分期付款结算方式；大量使用现金结算；年末大量销售或年末销售大幅度下降。这些因素都会对该指标计算结果产生较大的影响。财务报表的外部使用人可以将计算出的指标分别与该企业前期指标、行业平均水平或其他类似企业的指标相比较，判断该指标的高低。

4. 应收账款应包括会计核算中的应收账款、应收票据等全部赊销账款在内。

5. 应收账款的周转速度与企业采取的信用政策密切相关。当企业放宽信用条件和信用期限时，会刺激销售增长，但同时也会增加应收账款的数额，从而降低应收账款周转速度；相反，当企业采用严格的信用政策时，会在一定程度上减少销售，但同时也会减少应收账款的数额，从而加快应收账款周转速度。企业应根据实际情况，确定合理的信用政策，并加强货款催收，尽可能地提高应收账款的周转速度。

6. 应收账款周转效率的另一表示方式是应收账款周转期，它表示企业从取得收款的权利到收回账款、转换为现金所需要的时间。其计算公式如下：

$$\text{应收账款周转期}=\frac{\text{计算期天数}}{\text{应收账款周转率}}=\frac{\text{应收账款平均余额}\times\text{计算期天数}}{\text{营业收入}}\qquad(15-15)$$

应收账款周转期越短，说明应收账款变现的速度越快；企业资金被外单位占用的时间越短，管理工作的效率越高。

做一做：利用网络等途径，查阅一家上市公司财务数据，计算公司的应收账款周转指标并对其进行相关分析，将分析结果与同学们一起讨论。

案例链接

警惕应收账款攀升的科创企业

“我们过去调研时，发现好的科技公司的应收账款都比较少。对于有应收账款的科技公司，我们一般是不会碰的。”格雷投资总经理张可兴针对近日贝斯达终止上市审核事件在接受《证券日报》记者采访时表示。

据记者了解，2016～2018年期末，贝斯达应收款项账面价值分别为6.34亿元、7.36亿元和8.08亿元，占当期资产总额的比例分别为52.1%、49.08%和51.27%。正是因为其应收账款持续攀升等原因，贝斯达在申请阶段就备受关注。此次终止上市审核，也与其应收账款有着部分原因。

受应收账款困扰的科创板公司不仅仅只有贝斯达，已经申请上市受理的北京华峰测控技术股份有限公司也有较高的应收账款。2016～2019年一季度，其应收账款余额分别为0.42亿元、0.43亿元、0.35亿元和0.64亿元，占各期末流动资产比例分别为29.09%、22.94%、14.73%和17.81%；同样已经被受理了上市申请的沈阳芯源微电子设备股份有限公司，也因应收账款和存货在过去几年连续增长而遭广泛关注。即使已经成功上市的杭可科技与容百科技等也因应收账款在过去几年的攀升，受到了媒体质疑。其他多家科创板上市公司在招股说明书中也都提到过存在应收账款无法收回的风险。

东北证券研究总监付立春告诉《证券日报》记者，“应收账款是重要的财务指标科目，极容易被人为所左右，形成财务造假”。

一般来说，企业形成应收账款的直接原因，是赊销。通过这种方式可以增加销售并且减少库存。而企业通过虚调应收账款和改变应收账款计提比例等手段，可以实现对企业利润报表的粉饰。早在2016年欣泰电气因就因虚构应收账款回收等原因成为A股创业板第一家退市公司，也是中国资本市场第一家因欺诈发行而退市的公司。

记者根据新浪财经数据统计，除晶晨股份、杭可科技与心脉医疗相关数据未显示，科创板其余25家公司应收账款平均周转率为5.9，平均周转天数为102.95天。

“从财务的角度看，应该高度关注企业的应收账款余额以及应收账款占主营业务收入的比重。”某券商分析人士告诉《证券日报》记者，“但是要具体问题要具体分析，如果短期内增加应收账款是企业的一种竞争手段，也不能说明企业有问题”。

付立春也向记者表示，“要综合考虑科创板企业的实际情况，不能仅依赖应收账款数额和所占比重等一两项指标进行判断”。

（资料来源：樊融杰：《证券日报》，2019年8月14日）

（二）存货周转率

存货在流动资产中所占的比重较大，其管理情况的好坏将直接影响企业资产的管理效率。

企业存货周转速度通常用存货周转率指标加以考核。存货周转率（Inventory Turnover）是企业一定时期内的营业成本与存货平均占用额的比例关系，其计算公式如下：

$$存货周转率=\frac{营业成本}{存货平均余额} \qquad (15-16)$$

存货周转率能测量企业的销售能力，分析存货数额是否合理，反映购、产、销之间的平衡协调程度及其效率。一般来讲，存货周转率越大，说明企业存货从投入资金到被销售收回的时间越短；其变现速度越快，短期偿债能力越强；用于存货上的资金越低，资金的利用效率越高，相应的获利能力也就越大。

对存货周转率的分析应注意以下几个问题：

1. 除了分析存货批量因素、季节性生产的变化等情况外，还应对存货的结构以及影响存货周转速度的重要项目进行分析，如分别计算原材料周转率、在产品周转率和产成品周转率等，全面掌握企业存货资产管理效率情况。

2. 存货计价方法对存货周转率具有较大的影响，在分析企业不同时期或不同企业的存货周转率时，应注意存货计价方法的口径是否一致。

3. 如果企业的经营具有较强的季节性，各月存货的变动幅度较大，根据期初和期末存货简单平均计算得出的存货余额可能不能反映企业存货的真实周转状况，这时，应尽量使用各月或各季的数字进行平均。

4. 存货周转率的周转额是营业成本而不是营业收入，主要是因为存货是以成本计价的，为保持两者的口径一致，必须以营业成本作为计算基础。

5. 企业存货周转效率的另一表示方式是存货周转期。其计算公式如下：

$$\text{存货周转期}=\frac{\text{计算期天数}}{\text{存货周转率}}=\frac{\text{存货平均余额}\times\text{计算期天数}}{\text{营业成本}} \quad (15-17)$$

存货周转期是指存货周转一次所需要的时间，存货周转期越短，表明存货周转速度越快。

试一试：利用周末时间，到一家企业进行调查，获得存货有关数据，分析企业存货管理情况，并写一份存货专题分析报告。

案例链接

华文食品存货周转率逐年降低　存货跌价准备未计提

2019年6月4日，华文食品股份有限公司（下称“华文食品”）递交了招股说明书，拟登陆A股。

梳理华文食品的招股书可知，公司营收和净利在2017年度实现了大幅增长，但2018年增速又迅速回落，尤其是营收增速迅速降至5%，波动较为明显。同时，华文食品的存货规模连年增长，存货周转率也逐年降低，2018年度已经低于同行公司的平均水平，而公司在营收增速放缓存货大幅增加的情况下，未计提存货跌价准备。

招股书显示，华文食品的主营业务是风味小鱼、风味豆干等传统风味休闲食品的研发、生产与销售，主要品牌为“劲仔”。报告期内，华文食品的营业收入和净利润都是增长的趋势，不过值得注意的是，华文食品的存货占总资产的比例也在逐年上升，而存货周转率也在逐年降低。

2016～2018年各年末，华文食品存货余额分别为0.59亿元、1.48亿元及1.78亿元，分别占当期期末总资产的比值分别为10.88%、21.53%和23.4%，分别占当期期末流动资产的比值分别是19.71%、33.5%和37.11%，都呈逐年上升的趋势。

华文食品称，公司的存货主要为原材料鳀鱼干，保持较大规模的鳀鱼干储存量是公司主动采取的采购策略，一方面可以减少鳀鱼干市场采购价格的波动影响，另一方面可以帮助公司提高对上游供应商的议价能力。

在存货余额逐年大幅增长的同时，华文食品的存货周转率也逐年降低。2016～2018年，华文食品的存货周转率分别为6.19次、5.18次和3.28次，下降趋势比较明显。华文食品称，存货周转率下降的主要原因是2017年公司主动采取保持鳀鱼干较大规模的库存水平的采购策略，鳀鱼干采购量大幅增加，导致2017年末、2018年末存货规模相对2016年末大幅上升。

2016～2018年，与华文食品可比同行上市公司存货周转率的平均值分别是3.97次、4.52次和3.81次。2016年度和2017年度，华文食品的存货周转率高于同行平均值，2018年度低于同行平均值，这与发行人2018年度存货周转率大幅降低有关。

华文食品也意识到其中风险。发行人称，随着公司生产、销售规模的不断扩大，未来公司的存货规模有可能继续增加。较大的存货规模可能会影响到公司的资金周转速度和经营活动的现金流量，降低资金运作效率，使公司面临存货规模较大的风险。

虽然意识到存货规模较大可能带来风险，但华文食品报告期内却没有计提存货跌价准备。华文食品称，报告期内，公司存货周转速度较快，不存在库存积压的情况，未发生减值迹象，未计提存货跌价准备。同时还称，公司存货周转率接近可比公司平均水平。公司建立了完善的存货管理制度，根据产品订单合理安排生产，同时加强了对库存的管理，资产周转率保持较高水平。

（资料来源：新浪财经，2019年6月21日）

（三）营业周期

营业周期（Operating Cycle）是指从取得存货开始到销售存货并收回现金为止所需的时间。营业周期的长短取决于存货周转期和应收账款周转期。其计算公式如下：

$$营业周期=应收账款周转期+存货周转期 \qquad (15-18)$$

一般情况下，营业周期越短，表明资产的利用效率越高，其收益能力相应也越强。营业周期的长短还会影响到企业的资产规模和资产结构。

（四）流动资产周转率

流动资产周转率（Current Assets Turnover）是指企业一定时期的营业收入与流动资产平均占用额之间的比例关系。其计算公式如下：

$$流动资产周转率 = \frac{营业收入}{流动资产平均余额} \quad (15-19)$$

流动资产周转率反映企业投入在全部流动资产上的资金的运用效率和周转的快慢。流动资产周转率越高，表明流动资产周转速度越快；企业以相同的流动资产完成的周转额越大，说明企业流动资产的经营利用效率越好，进而使企业的偿债能力和盈利能力得到增强。

流动资产周转率的另一表示方式是流动资产周转期。其计算公式如下：

$$流动资产周转期 = \frac{计算期天数}{流动资产周转率}$$

$$= \frac{流动资产平均余额 \times 计算期天数}{营业收入} \quad (15-20)$$

（五）固定资产周转率

固定资产周转率（Fixed Assets Turnover）是指企业一定时期的营业收入与固定资产平均余额之间的比例关系。其计算公式如下：

$$固定资产周转率 = \frac{营业收入}{固定资产平均余额} \quad (15-21)$$

固定资产周转率反映固定资产在经营活动中的周转速度、变现能力和有效利用程度，以此也可确定固定资产的投资是否有效或是否继续投资。一般来说，固定资产周转率指标越高，说明企业固定资产的利用效果越高，资产经营的风险越小，也说明企业固定资产投资得当，固定资产结构分布合理。

分析固定资产周转率时，既要考虑固定资产因计提折旧其净值不断减少和因更新重置其净值大幅度增加的影响，又要考虑因物价上涨或通货膨胀而导致营业收入虚增，固定资产周转率提高，但固定资产使用效果并未增加等情况，还要考虑到同一企业的不同时期或同一行业中不同企业所采用的折旧方法可能不同。另外，不同行业的企业，其资产状况会有较大的差别，故分析时应注意结合流动资产的投资规模和周转速度等来分析固定资产的利用效果，以免片面和偏激。

固定资产周转率也可以用固定资产周转期表示。其计算公式如下：

$$固定资产周转期=\frac{计算期天数}{固定资产周转率}$$

$$=\frac{固定资产平均余额\times计算期天数}{营业收入} \quad (15-22)$$

（六）总资产周转率

总资产周转率（Total Assets Turnover）是指企业一定时期的营业收入与全部资产平均余额之间的比例关系。其计算公式如下：

$$总资产周转率=\frac{营业收入}{总资产平均余额} \quad (15-23)$$

总资产周转率反映企业全部资产的周转快慢，说明企业全部资产的综合利用效率。该比率指标越高，说明资产的管理水平越高，相应的企业的偿债能力和获利能力就越强。反之，则表明企业利用全部资产进行经营活动的能力差，效率低，最终还将影响企业的盈利能力。如果总资产周转率长期处于较低的状态，企业则应采取适当措施提高各项资产的利用程度，对那些确实无法提高利用率的多余、闲置的资产应及时进行处理，加速资产周转速度。

总资产周转率也可用总资产周转期表示。其计算公式如下：

$$总资产周转期=\frac{计算期天数}{总资产周转率}$$

$$=\frac{总资产平均余额\times计算期天数}{营业收入} \quad (15-24)$$

想一想：如何对一家企业进行资产周转率分析？它需要哪些知识？与同学们进行讨论？

【例 15－4】根据青岛啤酒 2018～2020 年财务报表相关数据（见表 15－1、表 15－2），整理并计算公司资产周转效率指标，如表 15－7 所示。

表 15－7　　青岛啤酒 2018～2020 年周转效率指标

项目	2018 年	2019 年	2020 年
应收账款周转率（次）	$\frac{2\ 657\ 526}{(18\ 362+16\ 451)/2}$ =152.67	$\frac{2\ 798\ 376}{(16\ 451+22\ 617)/2}$ =143.26	$\frac{2\ 775\ 971}{(22\ 617+12\ 516)/2}$ =158.03
应收账款周转期（天）	360÷152.67=2.36	360÷143.26=2.51	360÷158.03=2.28
存货周转率（次）	$\frac{1\ 655\ 577}{(239\ 291+265\ 122)/2}$ =6.56	$\frac{1\ 708\ 044}{(265\ 122+318\ 177)/2}$ =5.86	$\frac{1\ 654\ 061}{(318\ 177+328\ 103)/2}$ =5.12

续表

项目	2018 年	2019 年	2020 年
存货周转期（天）	360 ÷ 6.56 = 54.88	360 ÷ 5.86 = 61.43	360 ÷ 5.12 = 70.31
营业周期（天）	2.36 + 54.88 = 57.24	2.51 + 61.43 = 63.94	2.28 + 70.31 = 72.59
流动资产周转率（次）	$\frac{2\ 657\ 526}{(1\ 407\ 298 + 1\ 776\ 029)/2}$ = 1.67	$\frac{2\ 798\ 376}{(1\ 776\ 029 + 2\ 100\ 182)/2}$ = 1.44	$\frac{2\ 775\ 971}{(2\ 100\ 182 + 2\ 462\ 812)/2}$ = 1.22
流动资产周转期（天）	360 ÷ 1.67 = 215.57	360 ÷ 1.44 = 250	360 ÷ 1.22 = 295.08
固定资产周转率（次）	$\frac{2\ 657\ 526}{(1\ 099\ 377 + 1\ 032\ 669)/2}$ = 2.49	$\frac{2\ 798\ 376}{(1\ 032\ 669 + 1\ 022\ 203)/2}$ = 2.72	$\frac{2\ 775\ 971}{(1\ 022\ 203 + 1\ 030\ 263)/2}$ = 2.71
固定资产周转期（天）	360 ÷ 2.49 = 144.58	360 ÷ 2.72 = 132.35	360 ÷ 2.71 = 132.84
总资产周转率（次）	$\frac{2\ 657\ 526}{(3\ 097\ 471 + 3\ 407\ 527)/2}$ = 0.82	$\frac{2\ 798\ 376}{(3\ 407\ 527 + 3\ 731\ 238)/2}$ = 0.78	$\frac{2\ 775\ 971}{(3\ 731\ 238 + 4\ 151\ 419)/2}$ = 0.70
总资产周转期（天）	360 ÷ 0.82 = 439.02	360 ÷ 0.78 = 461.54	360 ÷ 0.70 = 514.29

从表 15－7 中可以看出，青岛啤酒的总资产周转率持续下降，周转次数从 2018 年的 0.82 次下降到 2020 年的 0.70 次，其周转天数则增加了 75.27 天。究其原因，主要是流动资产的周转速度放慢造成的。存货周转率呈明显下降趋势（由 2018 年的 6.56 次下降到 2020 年的 5.12 次，存货周转天数增加 15 天以上），从而导致流动资产周转率也不断下滑（由 2018 年的 1.67 次下降到 2020 年的 1.22 次）。周转率指标下降说明收入的增速小于资产的增速，表明资产的利用效率和营运能力在下降。

三、盈利能力分析

盈利能力（Profitability）：指企业获取利润的能力，一般表现为一定时期内企业收益数额的多少及其水平的高低。

（一）资产盈利能力分析

资产盈利能力是指企业运营资产所产生的获取利润的能力，可以从占用资产的获利能力、消耗资产的获利能力和资产管理效率对资产获利能力的影响等方面进行分析。

1. 总资产报酬率。总资产报酬率（Return on Total Assets，ROTA）是从企业占用资产的角度反映资产获利能力的指标。

总资产报酬率从投资者和债权人的角度来考察企业全部资产的获

利能力，并反映企业管理者对所控制的所有资源管理好坏的程度。其计算公式如下：

$$
\begin{aligned}
\text{总资产报酬率} &= \frac{\text{息税前利润}}{\text{平均总资产}} \\
&= \frac{\text{息税前利润}}{\text{营业收入}} \times \frac{\text{营业收入}}{\text{平均总资产}} \\
&= \text{营业息税前利润率} \times \text{总资产周转率} \qquad (15-25)
\end{aligned}
$$

从上述公式可以看出，总资产报酬率受营业息税前利润率和总资产周转率两个指标的影响，企业要提高总资产报酬率，需要一方面提高商品经营盈利能力，也就是提高每 1 元营业收入所获得的息税前利润，另一方面提高资产管理效益，也就是提高每一元资产投资额所获得的营业收入。

视频 盈利能力分析与评价

由于总资产报酬率是一项综合性指标，分析时要注意以下几点：

（1）总资产报酬率指标集中体现了资产运用效率和资金利用效果之间的关系。资金运动越快，资产的占用总额越小，而实现的业务量越大，从而表现为较少的资产投入能够获得较多的利润。通过总资产报酬率的分析，能使企业管理者形成一个较为完整的资产与利润关系的概念，把资产运用与利润实现挂起钩来，企业要想创造高额利润，就必须重视“所得”和“所费”的比例关系，从而促使企业重视资产管理：只有合理使用资金，降低消耗，避免资产闲置、资金沉淀、资产损失浪费等，提高资产运用效率，方能提高总资产报酬率。

（2）在企业资产总额一定的情况下，利润的多少便决定着总资产报酬率的高低，利润的波动必然引起总资产报酬率的波动，利用总资产报酬率指标可以分析企业盈利的稳定性和持久性，确定企业所面临的风险。盈利的稳定性表明企业盈利水平变动的基本态势；盈利的持久性是指企业在相当长的时期内，盈利水平维持固定或按一定的比例持续增长的状况。它们受企业的收支稳定性、业务结构变化、产品结构及收支习性等因素的影响。通过总资产报酬率的分析，还将促使企业重视改善资产结构，增强其营利性和流动性。

（3）总资产报酬率指标还可反映企业综合经营管理水平的高低。由于总资产报酬率是一个综合性较强的指标，企业经营管理的各个方面都与其相关，所以可通过总资产报酬率的高低折射出企业综合管理水平的高低：企业综合经营管理水平越高，则企业各部门、各环节的工作效率和工作质量越高；资产运用越得当，费用控制越严格；利润水平越高，总资产报酬率也越高。

无疑，企业的总资产报酬率越高，表明其资产管理的效益越好；企业的财务管理水平越高，企业整体资产的投资报酬也越高。反之，总资产报酬率越低，说明企业资产的利用效率不高，利用资产创造的利润越少，企业整体资产的投资报酬也就越差，财务管理水平也越低。

2. 资产净利率。资产净利率（Return on Assels）是从企业占用资产的角度反映资产获利能力的指标，反映企业资产总额与净利润实现之间的关系，用以评价企业使用资产获取净利润的能力。其计算公式如下：

$$资产净利率=\frac{净利润}{平均资产总额} \tag{15-26}$$

3. 成本费用利润率。成本费用利润率（Ratio of Profits to Cost）是从企业耗用资源的角度反映的资产获利能力。

成本费用是企业取得利润所消耗的经济资源，与利润有着此消彼长的关系。总资产报酬率和资产净利率都是从占用资源的角度反映资产的获利能力，但占用的资源不等于消耗的资源。成本费用利润率则从耗用资源的角度反映了资产的获利能力，是揭示企业投入与产出、所耗与所得对比关系的一项经济指标。计算公式如下：

$$成本费用利润率=\frac{利润总额}{成本费用总额} \tag{15-27}$$

式中的成本费用总额包括营业成本、税金及附加、销售费用、管理费用和财务费用等。

【例 15-5】 根据青岛啤酒 2018～2020 年财务报表相关数据（见表 15-1、表 15-2），整理并计算公司资产周转效率指标，如表 15-8 所示。

表 15-8　青岛啤酒 2018～2020 年资产获利能力财务指标

项目	2018 年	2019 年	2020 年
总资产报酬率	$\frac{237\,977+1\,371}{(3\,097\,471+3\,407\,527)/2}$ =7.36%	$\frac{272\,691+1\,362}{(3\,407\,527+3\,731\,238)/2}$ =7.68%	$\frac{323\,955+1\,366}{(3\,731\,238+4\,151\,419)/2}$ =8.25%
资产净利率	$\frac{156\,101}{(3\,097\,471+3\,407\,527)/2}$ =4.80%	$\frac{192\,912}{(3\,407\,527+3\,731\,238)/2}$ =5.41%	$\frac{232\,697}{(3\,731\,238+4\,151\,419)/2}$ =5.90%
成本费用利润率	$\frac{237\,977}{2\,466\,016}$=9.65%	$\frac{272\,691}{2\,591\,524}$=10.52%	$\frac{323\,955}{2\,497\,283}$=12.97%

从表 15-8 计算结果可知，青岛啤酒的 2018～2020 年间的获利能力指标均呈现持续上升趋势，说明公司的整体资产获利能力有所增强。

（二）资本经营盈利能力分析

资本经营盈利能力是指企业在所有者权益的基础上赚取利润的能

力，其衡量指标为净资产收益率（Return on Equity）（或称股东权益报酬率、所有者权益报酬率）。该指标从投资者角度对企业盈利能力进行评价，反映投资者对企业进行投资的真正回报情况。其计算公式如下：

$$净资产收益率 = \frac{净利润}{平均（或期末）所有者权益} \quad (15-28)$$

因为净资产收益率衡量的是股东投资的获利能力，在我国实务中，式（15－28）中的净利润一般为归属于母公司所有者的净利润，所有者权益一般使用归属于母公司所有者权益。即：

$$净资产收益率 = \frac{归属于母公司所有者的净利润}{平均（或期末）归属于母公司所有者权益} \quad (15-29)$$

如果股东想要考察企业赚取全面综合收益的能力，此处的净利润形式就应当为利润表中的综合收益总额。如果股东要考察企业持续赚取利润的能力，此处的净利润形式就要将非经常性损益予以扣除。

为了客观地反映一定期间内投资者投入资本赚取利润的能力，如果企业在该期间内没有增发或回购股票等特殊活动，分母中的所有者权益应当是这一期间所有者权益期初和期末余额的算数平均数。如果企业年内发生发行或回购股票等财务活动，所有者权益就可能在年内发生较大幅度的变化，此时，可以考虑用所有者权益发生变化的时点为分界点，根据分界点确认时间权重，对期初所有者权益和期末所有者权益进行加权平均。为此，净资产收益率分为三种形式：以算数平均所有者权益作为分母的净资产收益率称为“平均净资产收益率”，以加权平均所有者权益作为分母的净资产收益率称为“加权净资产收益率”，以期末所有者权益作为分母的净资产收益率称为“摊薄净资产收益率”。

【例15－6】根据青岛啤酒2018～2020年财务报表相关数据（见表15－1、表15－2），整理并计算公司资产周转效率指标，如表15－9所示。

表15－9　　青岛啤酒2018～2020年净资产收益率

财务比率	2018年	2019年	2020年
平均/加权净资产收益率	$\frac{142\ 220}{(1\ 714\ 523+1\ 797\ 046)/2}$ =8.10%	$\frac{185\ 210}{(1\ 797\ 046+1\ 917\ 158)/2}$ =9.97%	$\frac{220\ 132}{(1\ 917\ 158+2\ 062\ 196)/2}$ =11.06%
摊薄净资产收益率	$\frac{142\ 220}{1\ 797\ 046}=7.91\%$	$\frac{185\ 210}{1\ 917\ 158}=9.66\%$	$\frac{220\ 132}{2\ 062\ 196}=10.67\%$

从表15－9的计算结果可知，青岛啤酒的净资产收益率（无论是

加权净资产收益率还是摊薄净资产收益率）均逐年稳步提高，这说明公司的资本盈利能力持续增强，为股东的投资取得一个良好的回报。

（三）商品经营盈利能力分析

1. 销售毛利率。销售毛利率（Gross Profit Percentage）是企业毛利额与营业收入的比值。其计算公式如下：

$$销售毛利率=\frac{营业毛利额}{营业收入} \quad (15-30)$$

销售毛利率是销售净利率的主要影响因素，销售净利率的高低取决于销售毛利率的高低，销售毛利率的高低又主要取决于销售成本率的高低。也就是说：其他条件一定的情况下，销售成本率越低，销售毛利率将越高，销售净利率也就越高。可见，要提高销售净利率，首先必须降低销售成本率，以提高销售毛利率。

2. 销售利润率。销售利润率（Rate of Return on Sale）是企业利润总额或营业利润与营业收入的比值。其计算公式如下：

$$销售利润率=\frac{利润总额或营业利润}{营业收入} \quad (15-31)$$

销售利润率反映企业一定时期内营业收入与利润获取之间的关系，也即说明企业通过市场销售获取利润的能力。

3. 销售净利率。销售净利率（Net Profit Margin on Sales）是企业一定时期的净利润与营业收入的比值。其计算公式如下：

$$销售净利率=\frac{净利润}{营业收入} \quad (15-32)$$

销售净利率反映企业收入实现获取净利润的能力。

有关商品经营获利能力指标都属于正向指标，即指标值越高越好。信息使用者在分析时，应当根据不同的分析目的和分析要求，确定适当的标准值，例如可选用行业标准、地区标准、国家标准等，以保证分析的客观性和准确性。

【例 15－7】根据青岛啤酒 2018～2020 年财务报表相关数据（见表 15－2），整理并计算公司资产周转效率指标，如表 15－10 所示。

表 15－10　青岛啤酒 2018～2020 年商品获利能力财务比率

项目	2018 年	2019 年	2020 年
销售毛利率	$\frac{2\,657\,526-1\,655\,577}{2\,657\,526}$ =37.70%	$\frac{2\,798\,376-1\,708\,044}{2\,798\,376}$ =38.96%	$\frac{2\,775\,971-1\,654\,061}{2\,775\,971}$ =40.42%
销售利润率（以利润总额计算）	$\frac{237\,977}{2\,657\,526}$=8.95%	$\frac{272\,691}{2\,798\,376}$=9.75%	$\frac{323\,955}{2\,775\,971}$=11.67%

续表

项目	2018 年	2019 年	2020 年
销售利润率（以营业利润计算）	$\frac{237\ 758}{2\ 657\ 526}=8.95\%$	$\frac{269\ 789}{2\ 798\ 376}=9.64\%$	$\frac{325\ 008}{2\ 775\ 971}=11.71\%$
销售净利率	$\frac{156\ 101}{2\ 657\ 526}=5.87\%$	$\frac{192\ 912}{2\ 798\ 376}=6.89\%$	$\frac{232\ 697}{2\ 775\ 971}=8.38\%$

根据表 15－10 的计算结果可知，青岛啤酒商品获利能力整体处于上升趋势，销售利润率年均增幅在 10% 左右，销售净利率增长最高，2020 年比 2018 年增长 43%，公司的商品获利能力有了大幅度提升。

案例链接

A 股上市公司先抑后扬去年盈利 4 万亿元
八成经营现金流为正 2 970 家拟分红

根据沪深交易所统计数据，截至 4 月 30 日，共计 4 299 家上市公司披露 2020 年度经营业绩。2020 年，沪市主板公司共计实现营业收入 38.19 万亿元，同比增长 1%，占全国 GDP 总额的近四成；共实现净利润 3.07 万亿元，扣非后净利润 2.82 万亿元，同比分别下降 5% 和 6%；剔除海航系三家公司、ST 康美、西水股份、*ST 安信等涉及重大风险处置的巨亏公司后，降幅均收窄至 2%。

改革后的深市主板合计 1 476 家公司，2020 年合计实现营业收入 12.76 万亿元，同比增长 8%；合计净利润 0.74 万亿元，同比增长 38%。

长江商报记者不完全统计，2020 年，两市上市公司共计实现营业收入 53.36 万亿元，归母净利润近 4 万亿元。尽管去年上半年暴发疫情，但在国家各项政策的支持下，多数上市公司业绩呈现先抑后扬的趋势，走出“V”形曲线。

以沪市主板公司为例，去年四个季度，沪市主板公司营收增速分别为 －8%、2%、5% 和 6%，净利润增速分别为 －23%、－21%、15% 和 19%，V 形走势明显。

以科技、创新为代名词的科创板和创业板公司，延续了高增长的态势。去年，科创板公司实现归母净利润 500.86 亿元，同比增长 59.13%，近七成净利实现增长，31 家增幅在 100% 以上。创业板中，25 家公司收入翻倍，146 家公司净利润增速超过 100%，平均实现净利润 1.35 亿元，同比增长 43.00%。

除了营收和净利润之外，经营现金流量净额也是衡量企业经营质量的重要指标。同花顺数据显示，去年共有 3638 家 A 股公司经营活动产生的现金流量净额为正数，占比超过 84%，经营活动产生的现金流量净额合计为 9.03 万亿元，平均值为 20.9 亿元。

（资料来源：徐佳：《长江商报》，2021 年 5 月 6 日）

四、现金获取能力分析

（一）资产现金回收率

资产现金回收率（Cash Recovery Rate of Assets）是从资产经营角度考察企业获取现金能力的指标。资产现金回收率为经营活动现金净流量与平均总资产之间的比率。计算公式如下：

$$资产现金回收率=\frac{经营活动现金净流量}{平均总资产} \tag{15-33}$$

现金流量表中包含三种不同的现金流量：经营活动现金净流量、投资活动现金净流量和筹资活动现金净流量，只有经营活动现金净流量才是企业自身经营获取的稳定的、持续的现金流量，因此，在考察企业获取现金能力时，能够反映企业获取现金能力的现金流量指标为经营活动现金净流量。

视频 现金流量分析与评价

（二）净资产现金回收率

净资产现金回收率（Cash Recovery Rate of Net Assets）是从资本经营角度考察企业获取现金能力的指标。净资产现金回收率为经营活动现金净流量与平均所有者权益之间的比率。计算公式如下：

$$净资产现金回收率=\frac{经营活动现金净流量}{平均所有者权益} \tag{15-34}$$

与资产现金回收率相同，此处在考察净资产获取现金能力时，能够反映企业获取现金能力的现金流量指标仍为经营活动现金净流量。

（三）销售获现率

销售获现率（Sales Cash Yield）是从商品经营角度考察企业获取现金能力的指标。销售获现率为经营活动现金净流量与营业收入之间的比率。计算公式如下：

$$销售获现率=\frac{经营活动现金净流量}{营业收入} \tag{15-35}$$

【例 15-8】 根据青岛啤酒 2018～2020 年财务报表相关数据（见表 15-1、表 15-2、表 15-3），整理并计算公司资产周转效率指标，如表 15-11 所示。

表 15－11　　　青岛啤酒 2018～2020 年现金获利能力指标

项目	2018 年	2019 年	2020 年
资产现金回收率	$\frac{399\ 201}{(3\ 097\ 471+3\ 407\ 527)/2}=12.27\%$	$\frac{401\ 655}{(3\ 407\ 527+3\ 731\ 238)/2}=11.25\%$	$\frac{495\ 342}{(3\ 731\ 238+4\ 151\ 419)/2}=12.57\%$
净资产现金回收率	$\frac{399\ 201}{(1\ 777\ 450+1\ 868\ 995)/2}=21.90\%$	$\frac{401\ 655}{(1\ 868\ 995+1\ 991\ 337)/2}=20.81\%$	$\frac{495\ 342}{(1\ 991\ 337+2\ 136\ 805)/2}=24.00\%$
销售获现率	$\frac{399\ 201}{2\ 657\ 526}=15.02\%$	$\frac{401\ 655}{2\ 798\ 376}=14.35\%$	$\frac{495\ 342}{2\ 775\ 971}=17.84\%$

从表 15－11 的计算结果可以看到，青岛啤酒的现金获现能力指标均呈现“U”型变动，2019 年的三项指标比 2018 年略微下降，而后在 2020 年较大幅度上升。总体来看，公司的现金获利水平是比较理想的。

五、上市公司财务比率分析

（一）每股收益分析

每股收益（Eaming Per Share）： 企业净收益与发行在外普通股股份数的比率，是普通股股东每持有一股所能享有的企业净利润或需承担的企业净亏损。

1. 每股收益内涵。每股收益（Eaming Per Share）是从基本股权份额的角度，进一步评价所有者权益的投资回报。

每股收益是评价上市公司投资报酬的基本和核心指标，因为它具有引导投资、增加市场评价功能、简化财务指标体系的作用。具体说来就是：

（1）每股收益指标具有联结资产负债表和利润表的功能，是两张财务报表之间的“桥梁”。每股收益这一单一指标具有反映两张报表的综合数值的特点，即每股收益是企业的多种因素综合作用形成的结果的表现形式，这就使企业的财务评价通过分析这一指标而变得简单易行。

（2）每股收益指标较好地反映了股东的投资收益，决定了股东的收益水平。每股收益值越高，股东投资的收益能力越强；股东的投资收益就越高，每一股份所得的利润一般也越多。

（3）每股收益还是确定企业股票价格的主要参考指标。在其他因素不变的情况下，每股收益越高，该股票的市价上升空间就越大。

视频　上市公司财务指标分析与评价

2. 每股收益的计算。每股收益是归属于普通股股东的净利润或者净亏损除以发行在外的普通股股份数。其计算方法有两种：

（1）基本每股收益。基本每股收益的计算公式如下：

$$基本每股收益=\frac{归属于普通股股东的当期净利润}{当期发行在外普通股的加权平均数} \quad (15-36)$$

从公式（15－36）中可以看出，计算基本每股收益的关键是确定归属于普通股股东的当期净利润和当期发行在外普通股的加权平均数。在计算归属于普通股股东的当期净利润时，应当考虑公司是否存在优先股。如果不存在优先股，公司当期净利润就是归属于普通股股东的当期净利润。如果存在优先股，在优先股是非累积优先股的情况下，应从公司当期净利润中扣除当期已支付或宣告的优先股股利；在优先股是累积优先股（Cumulative Preferred Stock）的情况下，公司净利润中应扣除至本期止应支付的股利。

如果以合并财务报表为基础计算的基本每股收益，分子应当是归属于母公司普通股股东的当期合并净利润，即扣减少数股东损益后的余额。如果与合并财务报表一同提供的母公司财务报表中企业自行选择列报每股收益的，以母公司个别财务报表为基础计算的基本每股收益，分子应当是归属于母公司全部普通股股东的当期净利润。

知识拓展

加权平均普通股数计算

新发行普通股股数，应当根据发行合同的具体条款，从应收对价之日（一般为股票发行日）起计算确定。当期发行在外的普通股可能处于不断的变化中，所以在计算每股收益时应计算其加权平均数。其计算公式如下：

$$当期发行在外普通股加权平均数=期初发行在外普通股股数+当期新发行普通股股数\times\frac{发行在外时间}{报告期时间}-当期回购普通股股数\times\frac{已回购时间}{报告期时间}$$

在计算当期发行在外普通股加权平均数时，权数可以按天数来计算，在不影响计算结果合理性的前提下，也可以按月来计算。

在计算当期发行在外普通股的加权平均数时，有两个问题值得注意：第一，在企业合并采用权益结合法处理的情况下（同一控制下的企业合并），应根据合并过程中发行或取消的股票数调整加权平均数；第二，在发生不改变企业资源但将引起当期发行在外普通股股数发生变动的情况（如派发股票股利、公积金转增股本、拆股和并股）下，需重新计算所有列报期间的股份数，并追溯调整所有列报期间的每股收益。

在计算流通在外普通股加权平均数时，特别要注意的是企业合并中所采取的核算方法，核算方法不同，外发普通股在外流通的时间也不相同。非同一控制下的企业合并应采用购买法核算。在购买法下，被合并企业的合并前的净利润不包括在合并企业的净利润中，只有合并以后的利润才包括在合并企业的净利润中，所以在购买法下，因合并而发行的股票流通在外的时间应从股票发行的时间开始计算。同一控制下的企业合并应采用权益结合法核算。

【例 15-9】假定东方股份公司 2021 年初发行在外的普通股为 25 000 万股，4 月 30 日新发行普通股 6 000 万股，12 月 1 日回购普通股 3 600 万股，以备奖励员工只用。公司当年的净利润为 4 140 万元。计算东方股份公司 2021 年的基本每股收益。

东方股份公司当期发行在外的普通股股份数为：

$$25\ 000+6\ 000\times\frac{8}{12}-3\ 600\times\frac{1}{12}=20\ 700\text{（万股）}$$

东方股份公司基本每股收益为：

$$4\ 140\div 20\ 700=0.2\text{（元/股）}$$

（2）稀释每股收益。计算稀释每股收益一般分为两个步骤进行：

第一，潜在普通股是否具有稀释性（Dilutability）的判别。如果公司存在潜在普通股，那么应判断潜在普通股是否具有稀释性。如果潜在普通股不具有稀释性，那么公司只需计算基本每股收益；如果潜在普通股具有稀释性，公司还应当根据具有稀释性的潜在普通股的影响，分别调整归属于普通股股东的当期净利润以及当期发行在外普通股的加权平均数，据以计算稀释每股收益。

潜在普通股是否具有稀释性的判定

第二，稀释每股收益的计算。计算稀释每股收益时，应对基本每股收益的分子和分母进行调整。就分子而言，当期归属于普通股股东的净利润应根据下列事项的税后影响进行调整：①当期已确认为费用的稀释性潜在普通股的利息；②稀释性潜在普通股转换时将产生的收益或费用。这里主要是指可转换公司债券。就分母而言，普通股加权平均股数为在计算基本每股收益时的加权平均股份数加上全部稀释性潜在普通股转换成普通股时将发行的普通股的加权平均数量。以前发行的稀释性潜在普通股应视为已在当期期初转换为普通股，本期发行的潜在普通股应视为在发行日转换成普通股。对分母的调整主要涉及股票期权和认股权证。具有稀释性的期权和认股权证不影响归属于普通股的净利润，只影响普通股的加权平均数。只有当行权价格低于平均市场价格时，股票期权和认股权证才具有稀释性。计算时，应假定已行使该期权，因此发行的普通股股数包括两部分：①按当期平均市场价格发行的普通股，不具有稀释性，计算稀释每股收益时不必考虑；②未取得对价而发行的普通股，具有稀释性，计算稀释每股收益时应当加到普通股股数中。调整增加的普通股股数用公式表示如下：

$$\begin{aligned}\text{调整增加的普通股股数}&=\text{拟行权时转换的普通股股数}\\&\quad-\text{拟行权时转换的普通股股数}\\&\quad\times\frac{\text{行权价格}}{\text{普通股平均市场价格}}\end{aligned}\qquad(15-37)$$

【例 15－10】 假定东方股份有限公司 2021 年归属于普通股股东的净利润为 12 000 万元，期初发行在外普通股股数 10 000 万股，年内普通股股数未发生变化。2021 年 1 月 1 日，公司按面值发行 2 000 万元的三年期可转换公司债券，债券每张面值 100 元，票面固定年利率为 4%，每年支付一次利息。该批可转换公司债券自发行结束后满 12 个月即可转换为公司股票，每 100 元债券可转换为 10 股面值为 1 元的普通股。债券利息不符合资本化条件，直接计入当期损益，所得税税率为 25%。

假设不考虑可转换公司债券在负债和权益成分的分拆，且债券票面利率等于实际利率。

基本每股收益＝12 000÷10 000＝1.2（元/股）

假设转换所增加的净利润＝2 000×4%×（1－25%）＝60（万元）

假设转换所增加的普通股股数＝2 000÷100×10＝200（万股）

增量股的每股收益＝60÷200＝0.3（元/股）

稀释每股收益＝（12 000＋60）÷（10 000＋200）＝1.18（元/股）

【例 15－11】 假定东方股份有限公司 2021 年归属于普通股股东的净利润为 12 000 万元，期初发行在外普通股股数 10 000 万股，年内普通股股数未发生变化。2021 年 1 月 1 日公司发行 2 000 万份认股权证，行权价格为 4 元，该公司普通股平均市场价格为 5 元。

基本每股收益＝12 000÷10 000＝1.2（元/股）

调整增加的普通股股数＝2 000－2 000×4÷5＝400（万股）

稀释每股收益＝12 000÷（10 000＋400）＝1.15（元/股）

信息使用者运用每股收益进行分析评价时需要注意以下问题：①每股收益仅仅反映上市公司过去期间的盈利能力，不能反映该上市公司所面临的风险。②每股收益反映每一股股份赚取利润或者承担亏损的能力，而股份仅仅是一个份额的概念，由于不同公司股票的价格不同，即股东对每一股股份的投入量不同，从而限制了公司间每股收益的可比性。③每股收益只是反映普通股股东每持有一股普通股所能享有的企业净利润或需承担的企业净亏损，不能反映企业的股利分配情况，因为企业的具体分红取决于其股利政策。

做一做： 与同学们一起动手查阅某行业上市公司三年财务数据，对其进行每股收益分析，写一份专题报告。

案例链接

沪深上市公司2018年三季报分析

上市公司2018年三季报加权平均每股收益、加权平均净资产收益率分别为0.454元和7.53%，和2017年三季报的0.429元和7.54%相比，分别增长了5.83%和微减了0.13%。上市公司整体业绩保持增长趋势，但增幅收窄。归属母公司股东净利润额最高的前20名上市公司的净利润额之和，占上市公司净利润总额的49.70%，集中度同比、环比均下降，2017年三季报这一数据为51.09%，2018年半年报的为50.41%。

2018年三季报亏损的有359家，占上市公司总数的10.05%，2018年半年报这两个数据为370家和10.40%，2017年三季报为275家和8.03%，显示亏损面同比上升、环比下降。亏损额最高的前20名上市公司的亏损额之和，占已披露三季报亏损上市公司亏损总额的49.56%，集中度环比、同比均下降，2017年三季报这一数据为51.33%，2018年半年报的为54.81%。

归属母公司股东净利润同比实现增长的有2 252家，所占比例63.05%，2017年三季报这两个数据为2 372家和69.24%。其中增幅在50%以上的有805家，比例为22.54%，2017年三季报这两个数据为1 019家和29.74%。这805家净利润同比大幅增加的公司中，每股收益大于或等于0.30元的有345家，所占比例为9.66%，2017年三季报这两个数据为404家和11.79%。

3 572家上市公司中2018年三季报每股收益在0.10元至0.20元的公司有615家，2017年三季报为667家；0.20至0.30元的有493家，2017年三季报为488家；0.30元至0.40元的有361家，2017年三季报为347家；0.40元至0.50元的有265家，2017年三季报为279家；0.50元至0.60元的有196家，2017年三季报为199家。0.60元以上的有594家，2017年三季报为508家。2018年三季报绩优股公司的顶级数量多于2017年三季报。

根据Wind系统统计，截至10月31日，沪深两市共有3 572家上市公司已经披露了2018年三季报业绩。这些上市公司2018年三季报加权平均每股收益、加权平均净资产收益率分别为0.454元和7.53%，和2017年三季报的0.429元和7.54%相比，分别增长了5.83%和微减了0.13%（见表1）。此前2018年半年报加权平均每股收益、加权平均净资产收益率分别为0.307元和5.25%，分别增长了8.87%和增长了2.54%。上市公司整体业绩保持增长趋势，但增幅收窄。

（资料来源：金融界，2018年11月30日）

（二）每股净资产

每股净资产（Net Asset Value Per Share）反映的是每一股普通股在企业所享有的权益。普通股所享有的权益为所有者权益，由于所有者权益是一个时点指标，因此，为了反映每一股普通股在该特定时点享有的权益，只需要考虑该时点普通股股份数即可。每股净资产的计算公式如下：

$$每股净资产 = \frac{年末所有者权益}{年末普通股股份数} \quad (15-38)$$

每股净资产（Net Asset Value Per Share）：指股东权益与总股数的比率，反映每股股票所拥有的净资产现值。

每股净资产反映每一股普通股在特定时点享有的账面权益，因此，在进行投资分析时要注意：（1）该指标反映的是每股的账面权益，而账面价值是用历史成本计算的，既不能反映净资产的变现价值，也不能反映净资产的产出能力，所以分析时要有限使用该指标；（2）每股净资产在理论上提供了股票的最低价值。也就是说，如果公司的股票价格低于每股净资产，意味着公司已经没有存续的必要，清算是公司股东的最佳选择。

（三）每股股利

每股股利（Dividend Per Share）反映的是每一股普通股在公司所分得的现金股利。其计算公式如下：

$$每股股利 = \frac{股利总额}{年末普通股股份数} \quad (15-39)$$

每股股利反映普通股股东实际收到的股利情况。每股股利的高低除了受公司盈利能力影响外，还会受到公司股利政策的影响。

（四）股利支付率

股利支付率（Dividend Payment Rate）是指实际支付给股东的股利在属于股东的经营成果净利润中所占的份额，也可以根据每一股普通股所分得的股利在每股收益中所占的比例来计算。其计算公式如下：

$$股利支付率 = \frac{股利总额}{净利润} = \frac{每股股利}{每股收益} \quad (15-40)$$

股利支付率反映了公司的股利分配情况，这一指标受公司发展战略、融资需求以及股利政策的影响。

（五）留存收益率

留存收益率（Retention Ratio）反映属于股东的经营成果净利润留存在公司用于扩大再生产的份额。其计算公式如下：

$$留存收益率 = \frac{净利润 - 股利总额}{净利润} \quad (15-41)$$

留存收益率与股利支付率具有互补性，两者之和等于100%，同样也是受到公司投资预算、融资需求以及股利政策的影响。

（六）股票获利率

股票获利率（Stock Yield）是股票持有人每投资一元钱所赚取股利的能力，即每股股利与每股市价的比值。其计算公式如下：

$$股票获利率 = \frac{每股股利}{每股市价} \qquad (15-42)$$

股票获利率反映股利和股价的比例关系。股东的投资收益包括两部分：一是股利；二是股价上涨的收益。只有投资者预期股价将上涨，才可能会接受较低的股票获利率。如果预期股价不能上涨，股票获利率就成了衡量股票投资价值的主要依据。显然，股票获利率一方面受到公司股利政策的影响，另一方面受到股票市价的影响，从而，股利获利率这个指标只能反映投资者的投资回收情况。然而投资者的投资回报除了股利外，还有资本增值，所以，这一指标并不能说明投资者全部的投资收益状况。

使用该指标的局限性在于，如果公司采用非常稳健的股利政策，留存大量的净利润用于扩张，在这种情况下，股票获利率仅仅是股票投资价值非常保守的估计，分析股价的未来趋势便成为评价股票投资价值的主要依据。

股票获利率主要应用于非上市上市公司的少数股权。在这种情况下；股东难以出售其股票，也没有能力影响股利分配政策。他们持有股票的主要动机在于获得稳定的股利收益。

（七）市盈率

市盈率（Price Eamings Rallo，P/E）是上市公司普通股市价与每股收益的比率。计算公式如下：

$$市盈率 = \frac{每股市价}{每股收益} \qquad (15-43)$$

市盈率是投资者普遍关注的指标，有关证券刊物每天都要报道各类股票的市盈率。市盈率反映投资人对每元净利润所愿支付的价格，可以用来估计股票的投资收益和风险。市盈率是市场对上市公司的共同期望指标，市盈率越高，表明市场对上市公司的未来越看好。在市价确定的情况下，每股收益越高，市盈率越低，投资风险越小。在每股收益确定的情况下，市价越高，市盈率越高，风险越大。仅从市盈率高低的横向比较看，高市盈率说明上市公司能够获得社会信赖，具有良好的前景。

使用市盈率指标时应注意以下问题：该指标不能用于不同行业上市公司的比较，充满扩展机会的新兴行业市盈率普遍较高，而成熟行业的市盈率普遍较低，这并不能说明前者的股票更具有投资价值；市盈率高低受净利润的影响，而净利润受可选择的会计政策的影响，从而使得上市公司间的比较受到限制；在每股收益很小或亏损时，市价不会降至零，此时过高的市盈率往往不能说明任何问题；市盈率的高低受市价的影响，市价变动的影响因素很多，包括投机炒作等，因此观察市盈率的长期趋势很重要。

想一想：有人说“中国资本市场市盈率过高，主要是投机因素导致的。”这种说法你同意吗？为什么？

案例链接

沪市2018年报披露时间表出炉，市盈率仅2.5倍的企业拔得头筹

在2017年12月27日晚间，上交所公布了2018年年报预约披露时间表，兰州民百先拔头筹，其将于2019年的1月25日披露2018年年报，成为沪市第一家敢于吃螃蟹的企业。

兰州民百是一家位于甘肃省兰州市，主营商品零售、批发业务的上市民营企业，今年前三季度的业绩十分优良，实现净利润12.52亿元同比增长逾10倍（1 042.98%），公司目前的PE只有2.51倍，是A股市场上目前市盈率最低的企业。如此的三季报也为该企业的年报的同比大增长埋下了伏笔，实际来说，兰州民百今年业绩的大爆发，可不是什么主业高速增长，而是公司出售孙公司股权确认投资收益，在扣除非经常性损益事项后兰州民百的净利润只有9 806.98万元同比下降11.10%。

（资料来源：百家号，2018年12月28日）

（八）市净率

市净率（Price to Book Ratio，P/B）是上市公司普通股每股市价与每股净资产的比率。计算公式如下：

$$市净率=\frac{每股市价}{每股净资产} \tag{15-44}$$

对市净率的分析主要从两个角度进行：（1）市价是投资者的投资成本，而账面价值是根据会计原则确认的投资者权益，因为会计原则中包括可靠性原则、谨慎性原则等，所以会计中确认的账面价值相对稳健。如果每股市价越接近每股净资产，即市净率越小，则说明投资者投资风险相对较小；（2）市价是投资者对未来的预期，由于会计原则的限制，账面价值无法反映那些给上市公司带来超额收益的不确定、不能可靠计量的资产的价值，所以，市净率越高，说明投资者对上市公司未来的发展具有良好的评价。但是，未来具有较大的不确定性，从而，该指标越大，说明投资者的投资风险较大。

进行投资分析时应该注意：（1）市价会受市场环境的影响，账面价值会受到会计政策的影响，从而分析市净率时同样需要考虑环境、会计政策等因素的影响；（2）当上市公司严重亏损导致净资产很小或者净资产为负时，该指标计算的结果就不再有意义；（3）市净率主要应用在上市公司的估值上。由于不同行业给企业带来经济利益流入的资产的价值与会计根据会计原则确认的资产价值之间的关系不同，所以，不能利用不同行业公司的市净率判断公司估价的合理性。

想一想：如果一家公司的市净率低于每股净资产，这意味着什么？实务中有无这种情况出现？请举例说明。

六、关联比率分析：杜邦分析

前述所介绍的财务比率分析主要是从企业经营活动的某一方面展开的，如何要全面考察企业经营业绩，我们可以把相关财务比率进行不同组合。杜邦分析就是将企业的各项财务活动、各项财务指标相互关联而进行的一种综合分析评价。

杜邦分析法（DuPont Analysis）：指利用几种主要的财务比率之间的关系来综合分析企业财务状况的方法。

杜邦分析法的核心指标是净资产收益率（权益报酬率），其分析思路是评价净资产收益率是如何受资产周转率、销售利润（净利）率和杠杆作用影响的。根据主要指标的内在联系，净资产收益率可以进行如下分解：

$$\begin{aligned}\text{净资产收益率} &= \frac{\text{净利润}}{\text{平均所有者权益}} \\ &= \frac{\text{净利润}}{\text{平均资产总额}} \times \frac{\text{资产总额}}{\text{平均所有者权益}} \\ &= \text{资产净利率} \times \text{权益乘数} \end{aligned} \tag{15-45}$$

$$\begin{aligned}\text{资产净利率} &= \frac{\text{净利润}}{\text{营业收入}} \times \frac{\text{营业收入}}{\text{平均资产总额}} \\ &= \text{销售净利率} \times \text{总资产周转率} \end{aligned} \tag{15-46}$$

即：$\text{净资产收益率} = \text{销售净利率} \times \text{总资产周转率} \times \text{权益乘数}$ (15－47)

由此可见，影响净资产收益率的因素有三个：销售净利率、总资产周转率和权益乘数。这样分析以后，就可以把净资产收益率这一综合性指标升降变化的原因加以具体化。

根据净资产收益率的计算原理，可将杜邦分析法的内容分解如图 15－1 所示，从而可以直观地看出企业财务状况和经营成果的总体面貌。

从杜邦分析图中，我们可以了解到以下财务信息：

1. 净资产收益率是一个综合性很强、极有代表性的财务比率。企业财务管理的重要目标之一就是实现股东财富的最大化，净资产收益率正是反映了股东投入资金的获利能力，体现了企业经营的目标。从企业财务活动和经营活动的相互关系上看，这一比率反映了企业投资、筹资和生产运营等各个方面经营活动的效率，提高净资产收益率是所有者财富最大化的基本保证。

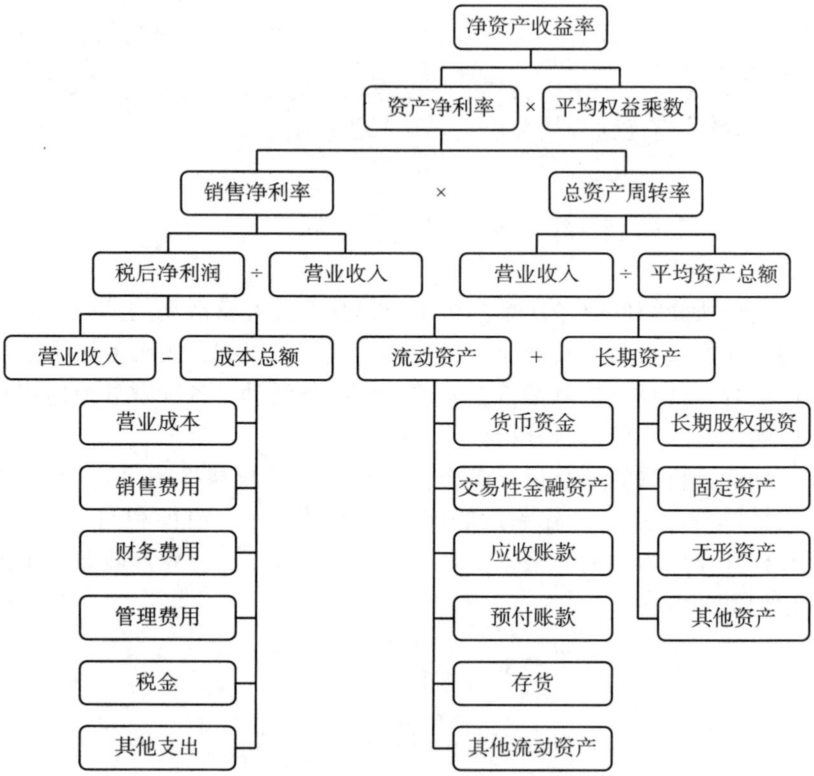

图 15－1　杜邦分析指标分解

2. 资产净利率是反映企业获利能力的一个重要财务比率，它揭示了企业生产经营活动的效率，综合性很强。企业的营业收入、成本费用、资产、资产周转速度以及资金占用量等各种因素，都直接影响着资产净利率的高低。资产净利率是销售净利率和总资产周转率的乘积。因此，可以从企业的销售活动与资产管理两个方面进行分析。

3. 总资产周转率是反映企业营运能力的一个重要指标。企业的总资产由流动资产和长期资产组成，流动资产反映了企业的偿债能力和变现能力，长期资产则体现了企业的经营规模、发展潜力和盈利能力，资产营运效率的高低是企业资产经营的核心，并最终影响到企业的经营业绩。

4. 销售净利率反映企业净利润与营业收入之间的关系，是评价企业盈利能力的重要指标，也是反映企业偿债能力的指标。一般来说，营业收入增加，企业的净利润也会随之增加。但是，要想提高销售净利率，必须一方面提高营业收入，另一方面降低各种成本费用，这样才能使净利润的增长高于营业收入的增长，从而使销售净利率得到提高。

5. 权益乘数反映所有者权益和总资产的关系，主要受资产与负债之间比例关系的影响，它和资产负债率的关系为：权益乘数 = 1 ÷ (1 - 资产负债率)。在资产总额既定的前提下，负债总额越大，权益乘数就越大，说明企业有较多的负债，给企业带来了较大的杠杆收益，同时企业也承担了较高的财务风险。

前已述及，在我国实务中，净资产收益率计算中的净利润一般为归属于母公司所有者的净利润，净资产一般使用归属于母公司所有者权益，即：

$$\text{净资产收益率} = \frac{\text{归属于母公司所有者的净利润}}{\text{归属于母公司所有者权益}} \tag{15-48}$$

为了使杜邦分析体系下的等式仍然成立，实务中主要有以下两种处理方法：

一是等式不变，但部分财务指标的计算口径有所变化，具体为：

$$\text{销售净利率} = \frac{\text{归属母公司所有者的净利润}}{\text{营业收入}} \tag{15-49}$$

$$\text{权益乘数} = \frac{\text{平均总资产}}{\text{平均归属母公司所有者权益}} \tag{15-50}$$

二是等式发生变化，具体为：

$$\text{净资产收益率} = \text{销售净利率} \times \text{归属母公司所有者的净利润占比} \times \text{总资产周转率} \times \text{权益乘数} \tag{15-51}$$

其中：

$$\text{归属母公司所有者的净利润占比} = \frac{\text{归属母公司所有者的净利润}}{\text{净利润}} \tag{15-52}$$

$$\text{权益乘数} = \frac{\text{平均总资产}}{\text{平均归属母公司所有者权益}} \tag{15-53}$$

杜邦分析法最显著的特点是将若干个用以评价企业经营效率和财务状况的比率按其内在联系有机地结合起来，形成一个完整的指标体系，并最终通过净资产收益率来综合反映。采用这一方法，可使财务比率分析的层次更清晰、条理更突出，为报表分析者全面仔细地了解企业的经营和盈利状况提供了方便。

杜邦分析法有助于企业管理层更加清晰地看到净资产收益率的决定因素，以及销售净利率与总资产周转率、债务比率之间的相互关联关系，给管理层提供了一张明晰的考察企业资产管理效率和是否最大化股东投资回报的路线图。

尽管杜邦分析法在实务中应用比较广泛，但是，从企业绩效评价的角度来看，由于杜邦分析法只包括财务方面的信息，不能全面反映企业的实力，有很大的局限性。主要表现在：

(1) 对短期财务结果过分重视，有可能助长企业管理层的短期行为，忽略企业长期的价值创造。

（2）财务指标反映的是企业过去的经营业绩，衡量工业时代的企业能够满足要求。但在目前的信息时代，顾客、供应商、雇员、技术创新等因素对企业经营业绩的影响越来越大，而杜邦分析法在这些方面是无能为力的。

（3）在目前的市场环境中，企业的无形知识资产对提高企业长期竞争力至关重要，杜邦分析法却不能解决无形资产的估值问题。

【例 15－12】 根据青岛啤酒2020年财务报表相关数据（见表15－1、表15－2、表15－3），整理并计算公司相关财务指标，如图15－2所示（采用上述第一种处理方法）：

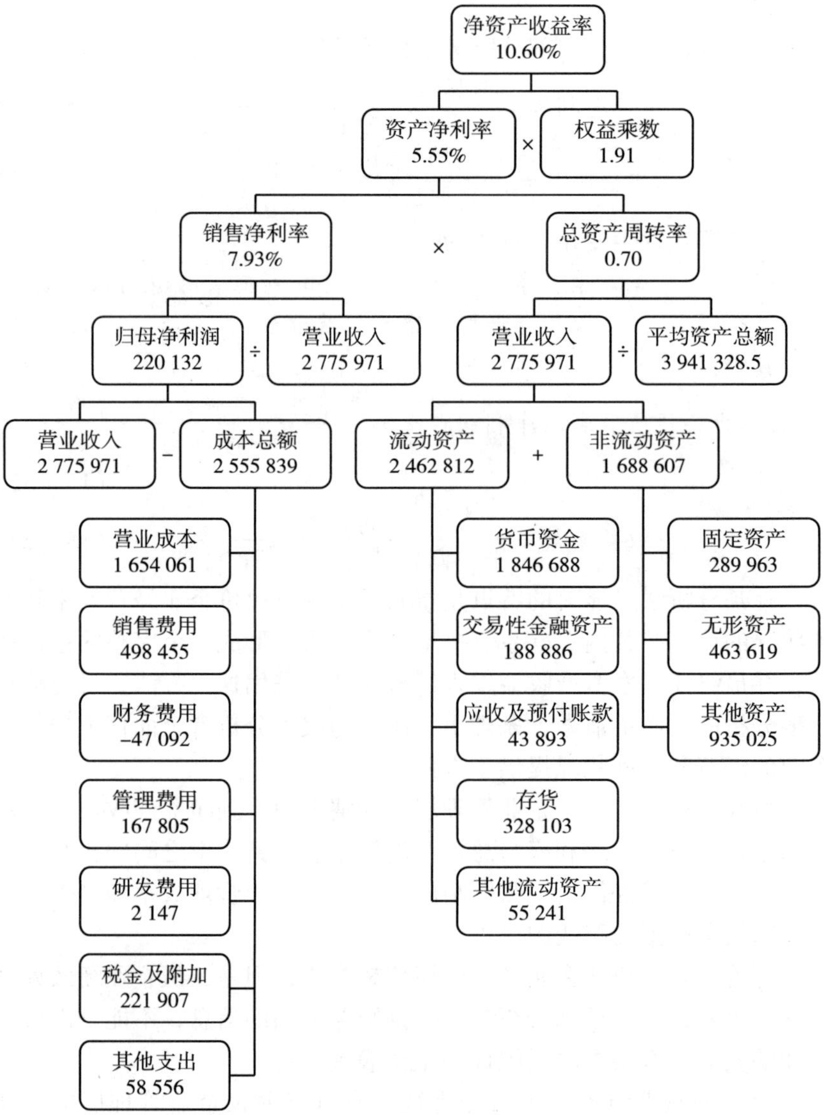

图 15－2　2020 年青岛啤酒杜邦分析

本章主要名词概念

财务报表分析	比较分析法	比率分析法
因素分析法	营运资金	流动比率
速动比率	已获利息倍数	周转效率
周转期	应收账款周转率	存货周转率
营业周期	总资产报酬率	净资产收益率
每股收益	每股净资产	市盈率
市净率	杜邦分析法	

本章小结

本章介绍了财务报表基本结构，财务报表分析目的、财务报表分析方法和分析标准。重点对财务报表比率指标和应用展开具体分析评价，本章主要内容包括：

1. 财务报表分析是指以企业财务报告等会计资料为基础和起点，采用一系列专门的方法，对企业的财务状况和经营成果进行分析、研究与评价。

2. 财务报表分析的基本目的包括：(1) 评价企业的偿债能力与财务风险；(2) 评价企业的资产周转效率与管理水平；(3) 评价企业的盈利能力和利润质量；(4) 评价企业未来可持续发展与增长方式。具体分析目的因信息使用者而异。

3. 财务报表分析的方法主要有比较分析法、比率分析法、因素分析法、趋势分析法等。

4. 财务报表分析的标准依据主要包括行业标准、历史标准和预算标准。

5. 财务报表比率之：短期偿债能力。主要财务指标包括：营运资金、流动比率、速动比率、现金比率、现金流量比率和到期债务本息偿付比率等。

6. 财务报表比率之：长期偿债能力。主要财务指标包括：资产负债率、产权比率、权益乘数、已获利息倍数、偿债保障比率等。

7. 财务报表比率之：资产周转效率。主要财务指标包括：应收账款周转率、存货周转率、营业周期、流动资产周转率、固定资产周转率、总资产周转率等。

8. 财务报表比率之：盈利能力。主要包括：(1) 资产经营盈利能力分析；(2) 资本经营盈利能力分析；(3) 商品经营盈利能力分析。具体财务指标包括：总资产报酬率、净资产收益率、销售净利率；净资产收益率（权益报酬率）；销售毛利率、销售净利率、销售利润率等。

9. 财务报表比率之：现金获利能力。主要财务指标包括：资产现金回收率、净资产现金回收率、销售获现率等。

10. 财务报表比率之：上市公司财务比率。主要财务指标包括：每股收益、市净率、市盈率等。

11. 杜邦分析法就是利用各个主要财务指标之间的内在联系，建立财务分析指标体系，来综合分析企业财务状况的方法。其基本公式为：净资产收益率 = 销售净利率 × 总资产周转率 × 权益乘数。

第十六章

财 务 预 测

学习目标

学习本章后，您应该做到：

1. 了解财务预测的含义和功能；
2. 熟悉财务预测的基本步骤；
3. 理解和掌握营业收入百分比法及其应用；
4. 理解和掌握内含增长率的本质与计算；
5. 理解和掌握可持续增长率的计算与分析。

学习重点与难点

运用营业收入百分比法进行财务预测；理解并掌握内含增长率及其对财务决策的影响；掌握可持续增长率原理及应用。

学习思维导图

- 财务预测
  - 财务预测原理
    - 财务预测含义
    - 财务预测程序
  - 营业收入百分比法
    - 营业收入总额预测
      - 确定敏感项目占比
      - 估计资产与负债项目金额
      - 计算留存收益增加额
      - 确定外部融资需求
    - 营业收入变动额预测
  - 内含增长与可持续增长
    - 内含增长率
    - 可持续增长率

引 导 案 例

创业板监管函〔2020〕第100号显示，开元股份1月23日披露《2019年度业绩预告》，预计2019年度归属于上市公司股东的净利润（以下简称“净利润”）为－35 500万元至－35 000万元。4月29日，开元股份披露《2019年度报告》，2019年度净利润为－63 497.70万元。

深交所指出，开元股份业绩预告中披露的净利润与年度报告中经审计的净利润差异较大且未及时修正。

创业板监管函〔2020〕第101号显示，嘉寓股份1月8日披露《2019年度业绩预告》，预计2019年度净利润为4 200万元至5 200万元。2月28日，嘉寓股份披露《2019年度业绩快报》，预计2019年度净利润为4 587.78万元。4月17日，嘉寓股份披露《2019年度业绩快报修正公告》，将2019年度预计净利润修正为2 554.45万元。4月28日，嘉寓股份披露《2019年度报告》，2019年度经审计净利润为2 552.52万元。

深交所指出，嘉寓股份业绩预告、业绩快报中披露的预计净利润与年度报告中经审计的净利润差异较大，且未及时披露修正公告。

深交所提醒上述两公司称，上市公司必须按照国家法律、法规和深交所《创业板股票上市规则》，认真和及时地履行信息披露义务。上市公司的董事会全体成员必须保证信息披露内容真实、准确、完整，没有虚假记载、误导性陈述或重大遗漏，并就其保证承担个别和连带的责任。

公开资料显示，开元股份成立于2000年3月，是专业从事煤质检测仪器设备的研发、生产和销售的技术企业，包括煤质化验仪器、煤质采样设备和煤质制样设备等。2017年，开元股份收购恒企教育100%的股权和中大英才70%的股权，恒企教育是一家专门从事职业教育培训企业，中大英才主要从事在线课程培训、图书销售、学习卡销售、媒体广告及数据服务等。至此，开元股份实现了仪器仪表、职业教育双主业运营。

嘉寓股份成立于1987年1月，是集研发、设计、生产、施工于一体的建筑节能、智能、光热光伏、门窗幕墙系统提供商，主营业务分为节能门窗幕墙、太阳能光伏和高端智能装备三大板块。

（资料来源：《业绩预告与最终年报数据相差大！两上市公司收监管函》，深交所网站，2020年6月29日）

第一节 财务预测原理

一、财务预测的含义和功能

一般意义上讲，预测是根据主观的经验和教训，客观的资料与条件，以及事物本身的演变，对未来进行推测、计算和分析，通过合乎逻辑的判断，来寻求事物发展的内在规律，提出在多种可能的情况下解决现实问题的方案。财务预测是一种超前的思维，这种超前的思维有助于各种决策的制定。

财务预测（Financial Forecast）：指对企业未来融资需求所进行的估计与判断。

财务预测是企业制定融资计划的前提。企业的正常生产经营活动离不开资金支持。这些资金——一部分来自留存收益，另一部分通过外部融资取得。通常，收入增长率较高时留存收益不能满足企业对资金的需要，即使获利良好的企业也需外部融资。企业对外融资需要寻找提供资金的投资者，要向他们做出还本付息的承诺或提供盈利前景，并使之相信其投资是安全的并且可以获取利润。因此，企业需要预先知道自己的财务需求，提前安排融资计划，否则就可能出现现金周转问题。

财务预测有助于改善企业的投资决策。根据销售前景估计出的融资额不一定总能得到满足，因此，企业就需要根据可能筹措到的资金来安排销售的增长以及有关的投资项目，使投资决策建立在可行的基础上，通过企业管理者的决策来保证投资项目的科学性和可行性。

财务预测有助于提高企业的应变能力。无论我们采用何种科学先进的预测方法和模型，都无法做到使财务预测非常准确。既然预测未来是如此困难，为什么还要为此花费如此大的精力呢？由于预测是一个超前思考的过程，其结果并不仅仅是一个资金需求量数字，还包括对企业未来所面临的各种可能前景的确认和思考。它着眼于未来可能发生的各种情况并为这些情况制定相应的对策。所以，财务预测可以提高企业对不确定事件的反应能力，从而减少不利事件出现带来的损失，增加利用有利机会带来的收益。

财务预测的方法很多，模拟财务报表是财务预测中广泛使用的工具，也就是人们常说的营业收入百分比预测方法。

二、财务预测的基本步骤

（一）销售预测

财务预测的起点是销售预测（Sales Forecast）。一般情况下，财务预测把销售数据视为已知数，作为财务预测的起点。销售预测本身不是企业财务的职能，但它是财务预测的基础，销售预测完成后才能开始财务预测。

销售预测对财务预测的质量有重大影响。如果销售的实际状况超出预测很多，企业没有准备足够的资金添置设备或储备存货，就无法满足顾客需要，这不仅会失去盈利机会，还会丧失原有的市场份额。相反，如果销售预测过于乐观，筹集了大量资金购买设备并储备存货，则会造成设备闲置和存货积压，使资产周转率下降，导致净资产收益率降低，股价下跌。

（二）预计资产和负债

一般情况下，资产是销售的函数，根据历史数据可以分析出该函数关系。根据预计销售状况和资产销售函数，可以预测所需资产的总量。某些流动负债也是销售的函数，也应预测负债的自然增长，这种增长可以减少企业外部融资的数额。

（三）预计收入、费用和留存收益

假设收入和费用是销售的函数，可以根据销售数据估计收入和费用，并确定净利润。净利润和股利支付率共同决定留存收益所能提供的资金数额。

（四）预计所需融资额

根据预计资产总量，减去已有的资金来源、负债的自然增长和内部提供的资金来源，便可得出外部融资的需求。

第二节　财务预测：营业收入百分比法

一、营业收入百分比法基本原理

企业的销售规模扩大时，要相应增加流动资产；如果销售规模增加很多，还必须增加长期资产。为取得扩大销售所需增加的资产，企业需要筹措资金。营业收入百分比法将反映生产经营规模的销售因素与反映资金占用的资产因素连接起来，根据营业收入与资产之间的比例关系，预计企业的外部融资需求量。该方法假设某些资产和负债与营业收入存在稳定的百分比关系，根据预计营业收入和相应的百分比预计资产、负债和所有者权益，然后利用会计等式确定融资需求量。

营业收入百分比法（Percentage of Sales Method）： 指根据营业收入增长与资产增长之间的关系，预测未来资金需求量的方法。

运用营业收入百分比法具体有两种方法：一是根据营业收入总额预计资产、负债和所有者权益的总额，然后确定融资需求量；二是根据营业收入的变动额预计资产、负债和所有者权益的增加额，然后确定融资需求量。

二、根据营业收入总额预测融资需求量

【例 16－1】 东方股份公司 2022 年 12 月 31 日的相关资料如表 16－1 所示。假定东方股份公司 2022 年营业收入为 10 000 万元，营业净利率为 10%，股利支付率为 70%。公司 2023 年营业收入预计增长 20%，由于尚有剩余生产能力，无须追加固定资产投资。预计公司 2023 年营业净利率和股利支付率保持不变。

表 16－1　　东方股份公司融资需求量预测　　单位：万元

项目	2022 年实际	营业收入百分比	2023 年预测
资产			
货币资金	500	5%	600
应收账款	1 500	15%	1 800
存货	3 000	30%	3 600
固定资产	5 000	NA	5 000
资产合计	10 000	50%	11 000
负债和所有者权益			
短期借款	2 500	NA	2 500
应付账款	2 000	20%	2 400
应付债券	1 000	NA	1 000
实收资本	2 500	NA	2 500
留存收益	2 000	NA	2 360
负债和所有者权益合计	10 000	20%	10 760

续表

项目	2022 年实际	营业收入百分比	2023 年预测
总融资需求量			600
对外融资需求量			240

说明：NA 表示不随营业收入变动而变动的非敏感项目。

根据东方股份公司的资料进行融资需求量预测如下。

（一）确定敏感资产项目和敏感负债项目的营业收入百分比

敏感项目（Sensitive Items）：指随营业收入变化而变动，且存在稳定比例关系的项目。

确定营业收入百分比的关键是区分哪些项目随营业收入的变动而变动，哪些项目不随营业收入的变动而变动，即要把资产负债表中的各项目按照其与营业收入之间是否存在稳定的比例关系分成敏感项目和非敏感项目。敏感项目（Sensitive Items）包括哪些项目要视企业的具体情况而定，一般包括现金、应收账款、存货、应付账款等项目。如果企业资金周转的营运效率保持不变，敏感项目会随营业收入的变动而呈正比例关系变动。企业应当根据历史资料和同业情况，剔除不合理的资金占用，寻找与营业收入的稳定百分比关系。营业收入百分比计算公式如下：

$$\text{营业收入百分比}=\frac{\text{基期敏感资产或敏感负债项目金额}}{\text{基期营业收入}}\times 100\% \tag{16-1}$$

〖例 16－1〗中，货币资金、应收账款、存货和应付账款为敏感项目。根据 2022 年有关资料计算确定各敏感项目的营业收入百分比：

$$\text{货币资金营业收入百分比}=\frac{500}{10\ 000}\times 100\%=5\%$$

$$\text{应收账款营业收入百分比}=\frac{1\ 500}{10\ 000}\times 100\%=15\%$$

$$\text{存货营业收入百分比}=\frac{3\ 000}{10\ 000}\times 100\%=30\%$$

$$\text{应付账款营业收入百分比}=\frac{2\ 000}{10\ 000}\times 100\%=20\%$$

（二）计算预计营业收入下的资产和负债项目金额

根据预计的营业收入和稳定的敏感资产项目和敏感负债项目的营业收入百分比，确定预测期末的资产项目金额和负债项目金额。其计算公式如下：

$$\begin{matrix}\text{预计敏感资产（负债）}\\ \text{项目金额}\end{matrix}=\text{预计营业收入}\times\text{各项目营业收入百分比} \tag{16-2}$$

〖例 16－1〗中，预计 2023 年营业收入为 12 000 万元［10 000×(1＋20%)］，则：

预计货币资金＝12 000×5%＝600（万元）

预计应收账款＝12 000×15%＝1 800（万元）

预计存货＝12 000×30%＝3 600（万元）

预计应付账款＝12 000×20%＝2 400（万元）

预计资产总额＝600＋1 800＋3 600＋5 000＝11 000（万元）

预计负债总额＝2 500＋2 400＋1 000＝5 900（万元）

（三）计算预计留存收益增加额

留存收益是企业内部的资金来源，只要企业盈利且股利支付率不是 100%，企业的留存收益就会自然增长。留存收益可以满足或部分满足企业的融资需求，这部分资金的多少主要取决于企业净利润的多少和股利支付率的高低。预计留存收益增加额计算公式如下：

预计留存收益增加额＝预计营业收入×营业净利率×(1－股利支付率)　　(16－3)

〖例 16－1〗中：

预计留存收益的增加额＝12 000×10%×(1－70%)＝360（万元）

预计所有者权益总额＝2 500＋2 000＋360＝4 860（万元）

（四）计算企业外部融资需求量

根据期初所有者权益和预计留存收益的增加额确定预测期末的所有者权益，然后根据会计恒等式计算对外融资额（External Financing Needed，EFN）。外部融资需求量计算公式如下：

外部融资需求量＝预计资产总额－预计负债总额－预计所有者权益总额　　(16－4)

〖例 16－1〗中：

外部融资需求量＝11 000－5 900－4 860＝240（万元）

本例中，东方股份公司 2023 年的营业收入预计将增加到 12 000 万元，这将导致公司的总资产规模上升到 11 000 万元。这些资产中有 5 900 万元通过负债方式筹措；4 860 万元源自所有者权益（其中包括 2015 年新增留存收益 360 万元）；不足部分 240 万元须由外部融资来满足，具体形式可以是银行借款、签发票据、出售债券、发行股票或者它们的组合。公司总的融资需要求量为 600 万元，包括 360 万元的新增留存收益和 240 万元的外部融资。

三、根据营业收入变动额预测融资需求量

在前面的讨论中，我们是用预计资产总额减去预计负债总额和所有者权益总额后的差额来估计对外融资需求量的。实际上，也可以直接用预计的营业收入变动额和相应的资产、负债及所有者权益变动额来估计外部融资需求量。其计算公式如下：

外部融资需求量＝预计资产变动额－预计负债变动额
－预计所有者权益变动额
＝敏感资产营业收入百分比×预计新增营业收入
－敏感负债营业收入百分比×预计新增营业收入
－预计营业净利率×预计营业收入
×(1－预计股利支付率)
＝敏感资产营业收入百分比×基期营业收入
×预计营业收入增长率
－敏感负债营业收入百分比×基期营业收入
×预计营业收入增长率－预计营业净利率
×基期营业收入×(1＋预计营业收入增长率)
×(1－预计股利支付率)　　(16－5)

用符号表示如下：

$$AFN=\frac{A}{S}\times S_0\times g-\frac{L}{S}\times S_0\times g-M\times S_0\times(1+g)\times(1-d) \quad (16-6)$$

式中，AFN——外部融资需求量；

$\frac{A}{S}$——敏感资产营业收入百分比；

$\frac{L}{S}$——敏感负债营业收入百分比；

S_0——基期营业收入；

g——预计营业收入增长率；

M——预计营业净利率；

d——预计股利支付率。

【例 16－2】 根据〖例 16－1〗的资料，将有关数据代入公式，可求得东方股份公司外部融资需求量为：

$$AFN=\frac{500+1\,500+3\,000}{10\,000}\times 10\,000\times 20\%-\frac{2\,000}{10\,000}\times 10\,000\times 20\%$$
$$-10\%\times 10\,000\times(1+20\%)\times(1-70\%)$$

$= 50\% \times 2\ 000 - 20\% \times 2\ 000 - 10\% \times 12\ 000 \times (1 - 70\%)$

$= 1\ 000 - 400 - 360 = 240$（万元）

案例链接

今世缘 2025 年剑指百亿营收目标遭问询：有何依据？

今世缘 13 日晚间公告称，收到上交所问询函，要求说明“公司关于 2025 年营收超过 100 亿元，争取 150 亿元”等预测性信息的依据并充分提示风险。

问询函称，1 月 13 日，今世缘盘后提交了《江苏今世缘酒业股份有限公司五年战略规划纲要（2021—2025）》。公司公告称，“到 2025 年，公司努力实现营收过百亿（争取 150 亿元）。为开好局、起好步，2021 年营收目标 59 亿元左右，争取 66 亿元。”

上交所上市公司监管一部事后审核关注到，自 2015 ~ 2019 年，今世缘营业收入从 24.25 亿元增长到 48.74 亿元。2020 年前三季度实现营业收入 41.95 亿元。公司关于 2025 年营收超过 100 亿元，争取 150 亿元等预计经营业绩将对公司未来经营产生重大影响，但公司在披露上述预测性信息时，未提供充分、客观的事实依据与预测基础。

问询函要求今世缘，结合历史和预计产能利用率情况、产销率、厂房、设备、人员配备情况，所在行业发展趋势、自身技术、竞争优势以及经营结果的实现路径等方面补充披露上述预测性信息的依据并充分提示风险。公司对前述事项的披露应当遵循合理、谨慎的原则，披露内容应当客观有据。

（资料来源：《中新经纬》，2021 年 1 月 13 日）

第三节　内含增长率与可持续增长率

增长及其管理是财务计划中的特殊难题，部分原因在于许多高级管理人员把增长看成是某些必须达到最大化的事情。他们的理由很简单，随着增长率的提高，企业的市场价值与利润也必将增加。然而，从财务角度看，增长不总是上帝的一种赐福。快速的增长会使一个企业的资源变得相当紧张，除非管理层意识到这一结果并且采取积极的措施加以控制，否则，快速增长可能导致企业走向破产。令人痛心的事实是，因为增长过快而破产的企业数量与因为增长太慢而破产的企业数量几乎一样多。那些增长过快的企业之所以失败，仅仅是因为缺乏适当管理他们企业增长的财务智慧和能力；而增长太慢的企业如果没能意识到缓慢增长的财务意义，他们将会成为视觉更为敏锐的收购者们的猎物。在上述两种情形下，增长的财务管理都是一个值得仔细考虑的题目。

由于企业要以发展求生存，销售增长是任何企业都无法回避的问题。企业增长的财务意义是资金增长，在销售增加时企业往往需要补充资金，这主要是因为销售增加通常会引起存货和应收账款等资产的增加。销售增长得越多，需要的资金越多。

从资金来源上看，企业增长的实现方式有三种：

一是完全依靠内部资金的增长。有些小企业无法取得借款，有些大企业不愿意借款，它们主要是靠内部积累实现增长。由于企业内部的财务资源总是有限的，这往往会限制企业的发展，从而无法充分利用增加企业财富的机会。

二是主要依靠外部资金的增长。从外部来源融资，包括增加债务和股东投资，也可以提高增长率，但主要依靠外部资金实现增长是不能持久的。增加负债会使企业的财务风险增加，融资能力下降，最终会使借款能力完全丧失；增加股东投入资本不仅会分散控制权，而且会稀释每股收益，除非追加投资有更高的回报率，否则不能增加股东财富。

三是平衡增长。平衡增长也称为可持续增长，是指企业保持目前的财务结构和与此有关的财务风险，按照所有者权益的增长比例增加借款，以此支持销售的增长。这种增长一般不会完全消耗企业的财务资源，是一种可持续的增长方式。

一、内含增长率

营业收入的增加所引起的资金需求的增加，其满足途径有两种：一是内部留存收益的增加；二是外部融资的增加。如果企业不打算或无法从外部进行融资，那么融资途径只有一个：仅靠内部资金积累。仅靠内部融资而实现的营业收入增长率称为内含增长率（Internal Growth Rate）。

内含增长率（Internal Growth Rate）：指企业完全不对外融资的情况下，其预测增长率的最高水平。

设企业的外部融资额为零，则内含增长率满足下列等式：

$$
\begin{aligned}
0 = &(\text{敏感资产营业收入百分比} - \text{敏感负债营业收入百分比})\\
&\times \text{基期营业收入} \times \text{预计内含增长率} - \text{预计营业净利率}\\
&\times \text{基期营业收入} \times (1 + \text{预计内含增长率}) \times (1 - \text{预计股利支付率})
\end{aligned}
$$

由上式可得：

$$
\text{预计内含增长率} = \frac{\text{预计营业净利率} \times (1 - \text{预计股利支付率})}{\text{敏感资产营业收入百分比} - \text{敏感负债营业收入百分比} - \text{预计营业净利率} \times \left(1 - \text{预计股利支付率}\right)} \tag{16-7}
$$

用符号表示，内含增长率满足下列等式：

$$AFN = \frac{A}{S} \times S_0 \times g - \frac{L}{S} \times S_0 \times g - M \times S_0 \times (1+g) \times (1-d) = 0$$

化简可得：

$$g = \frac{M \times (1-d)}{\frac{A}{S} - \frac{L}{S} - M \times (1-d)} \quad (16-8)$$

【例 16－3】 根据〖例 16－1〗的资料，东方股份公司 2023 年在不借入资金的情况下营业收入最大增长率，即内含增长率为：

$$g = \frac{10\% \times (1-70\%)}{50\% - 20\% - 10\% \times (1-70\%)} = 11.11\%$$

这说明，只要东方股份公司 2023 年营业收入的增长率不超过 11.11%，留存收益就可以满足其对资金的需求，而如果收入增长率超过 11.11%，则公司需要从外部追加融资。

想一想：你是如何理解内含增长率的？企业为什么要考虑内含增长率？与同学们一起讨论。

二、可持续增长率

（一）可持续增长率的含义

美国财务学家罗伯特·希金斯（Robert Higgins）就企业增长问题和财务问题进行了深入的研究，于 1977 年提出了可持续增长模型。可持续增长模型对一定条件下企业的增长速度受经营水平、财务资源、政策制约的关系进行了描述。该模型是制定营业收入增长率目标的有效方法，已被许多企业广泛应用。

可持续增长率（Sustainable Growth Rate）是指企业不增发新股，并保持目前经营效率和财务政策不变时，营业收入所能实现的最大增长率，即在不需要耗尽财务资源的情况下，公司营业收入所能增长的最大比率。

可持续增长率的假设条件如下：

（1）企业目前的资本结构是目标资本结构，并且打算继续维持下去；

（2）企业目前的股利支付率是目标股利支付率，并且打算继续维持下去；

（3）不愿意或者不打算增发新股和回购股票，增加债务是唯一的外部融资来源；

（4）企业营业净利率将维持当前水平，并且足以补偿所增加债务的成本；

内含增长率与可持续增长率的关系

（5）企业资产周转率将维持当前水平。

在上述假设条件成立时，营业收入的实际增长率与可持续增长率相等。企业的这种增长状态，称为可持续增长或平衡增长。在这种状态下，其资产、负债和所有者权益的增长比例相同，如表16－2所示。

表16－2　可持续增长状态下的资产、负债和所有者权益情况　单位：万元

年初资产	1 000	年初负债	600
		年初所有者权益	400
新增资产	100	年末负债	60
		年末所有者权益	40

根据可持续增长的原理，不是说企业的增长率不可以高于可持续增长率，问题在于管理人员必须事先预计并且解决超过可持续增长率的增长所可能带来的财务问题。实际增长率超过可持续增长率所导致的资金需求的增加有两个解决办法：一是提高资产获利能力；二是改变企业财务政策。提高企业经营效率和获利能力并非总是可行的，而改变财务政策也是有风险和极限的，因为超常增长只能是短期的。尽管企业的增长时快时慢，但从长期来看总是受到可持续增长率的制约。

（二）可持续增长率的计算

1. 根据期初所有者权益计算可持续增长率。

什么因素限制了营业收入的增长率？根据可持续增长率的假设条件，企业要想维持当前资产周转率水平不变，营业收入和资产必将同比例增长，所以，营业收入的增长取决于资产的增长。根据表16－2，资产的增长受制于资金的增长。由于企业要维持当前的资本结构不变，债务是唯一的外部融资来源，且企业是根据所有者权益的增长比例增加借款的，所以，资金的增长比例是取决于所有者权益增长率的。因此，在可持续增长率的假设条件下，营业收入增长率的决定因素是所有者权益增长率。可持续增长率的计算公式可推导如下：

$$\begin{aligned}\text{可持续增长率}&=\text{所有者权益增长率}=\frac{\text{所有者权益增加额}}{\text{期初所有者权益}}\\&=\frac{\text{留存收益增加额}}{\text{期初所有者权益}}=\frac{\text{净利润}\times\text{留存收益比率}}{\text{期初所有者权益}}\\&=\text{净资产收益率}\times\text{留存收益比率}\\&=\text{营业净利率}\times\text{总资产周转率}\times\text{权益乘数}\times\text{留存收益比率}\end{aligned}\tag{16-9}$$

2. 根据期末所有者权益计算可持续增长率。

由于企业增长所需资金有增加负债和增加所有者权益两个来源，所以：

$$资产增加额 = 负债增加额 + 所有者权益增加额 \quad (16-10)$$

假定总资产周转次数不变，则：

$$\frac{资产增加额}{本期资产总额} = \frac{营业收入增加额}{本期营业收入} \quad (16-11)$$

假设不增发新股或回购股票、营业净利率不变，则：

$$所有者权益增加额 = (基期营业收入 + 营业收入增加额) \times \frac{净利润}{营业收入} \times 留存收益比率 \quad (16-12)$$

假定资本结构不变，则：

$$\begin{aligned}负债增加额 &= 所有者权益增加额 \times \frac{负债}{所有者权益} \\ &= [(基期营业收入 + 营业收入增加) \times \frac{净利润}{营业收入} \\ &\quad \times 留存收益比率] \times \frac{负债}{所有者权益}\end{aligned} \quad (16-13)$$

将式（16－11）、式（16－12）、式（16－13）代入式（16－10）中，可得：

$$\begin{aligned}&\frac{营业收入增加额}{本期营业收入} \times 本期资产总额 = (基期营业收入 + 营业收入增加额) \\ &\times \frac{净利润}{营业收入} \times 留存收益比率 + [(基期营业收入 + 营业收入增加额) \\ &\times \frac{净利润}{营业收入} \times 留存收益比率] \times \frac{负债}{所有者权益}\end{aligned} \quad (16-14)$$

整理后得：

$$可持续增长率 = \frac{营业净利率 \times 总资产周转率 \times 权益乘数 \times 留存收益比率}{1 - 营业净利率 \times 总资产周转率 \times 权益乘数 \times 留存收益比率} \quad (16-15)$$

由此可见，企业的可持续增长率受四个因素的影响，其中的营业净利率和总资产周转率反映了企业生产过程中的经营业绩，而留存收益比率和权益乘数则描述了企业主要的财务政策。

可持续增长率只代表与四个比率的稳定价值相一致的营业收入增长率。如果一个企业的营业收入按照不同于可持续增长率的任何比率增长，这当中的一个或多个比率就必须改变。这意味着当一个企业以超过其可持续增长率的速度增长时，它最好能够改善其经营（以提高利润率或资产周转率为代表）或准备转变其财务政策（以提高留存收益比率或财务杠杆为代表）。

【例 16－4】东方股份公司 2021 年和 2022 年的主要财务数据如表 16－3 所示。

根据表 16－3 中的数据，分别根据期初所有者权益和期末所有者权益计算东方股份公司 2021 年和 2022 年的可持续增长率以及营业收入实际增长率，如表 16－4 所示（假定 2020 年末所有者权益为 9 000 万元）。

表 16－3　东方股份公司 2021 年和 2022 年主要财务数据　单位：万元

项目	2021 年	2022 年
年末资产总额	26 471. 25	27 846. 97
年末负债总额	15 883. 05	16 385. 62
年末股本	7 500	7 500
年末未分配利润	3 088. 2	3 961. 35
年末所有者权益总额	10 588. 2	11 461. 35
本年营业收入	21 177	21 829. 2
本年净利润	3 176. 7	1 746. 3
本年股利发放额	1 588. 35	873. 15
本年留存收益增加额	1 588. 35	873. 15

表 16－4　东方股份公司 2021 年和 2022 年可持续增长率和实际增长率

项目	2021 年	2022 年
总资产周转率	$\frac{21\ 177}{26\ 471.25}=0.8$	$\frac{21\ 829.2}{27\ 846.97}=0.78$
营业净利率	$\frac{3\ 176.7}{21\ 177}\times 100=15\%$	$\frac{1\ 746.3}{21\ 829.2}\times 100\%=8\%$
权益乘数（期初所有者权益）	$\frac{26\ 471.25}{9\ 000}=2.94$	$\frac{27\ 846.97}{10\ 588.2}=2.63$
权益乘数（期末所有者权益）	$\frac{26\ 471.25}{10\ 588.2}=2.5$	$\frac{27\ 846.97}{11\ 461.35}=2.43$
留存收益比率	$\frac{1\ 588.35}{3\ 176.7}\times 100\%=50\%$	$\frac{873.15}{1\ 746.3}\times 100\%=50\%$
可持续增长率（期初所有者权益）	$0.8\times 15\%\times 2.94\times 50\%=17.64\%$	$0.78\times 8\%\times 2.63\times 50\%=8.21\%$

续表

项目	2021 年	2022 年
可持续增长率（期末所有者权益）	$\frac{0.8\times15\%\times2.5\times50\%}{1-0.8\times15\%\times2.5\times50\%}=17.65\%$	$\frac{0.78\times8\%\times2.43\times50\%}{1-0.78\times8\%\times2.43\times50\%}=8.20\%$
营业收入增长率	$\frac{21\,177-15\,000}{15\,000}\times100\%=41.18\%$	$\frac{21\,829.2-21\,177}{21\,177}\times100\%=3.08\%$

说明：根据期初所有者权益和期末所有者权益计算的可持续增长率存在计算误差。

根据表 16－4，剔除计算误差因素的影响，根据期初所有者权益和期末所有者权益计算的可持续增长率是一致的。同时还可以看到，这两年的可持续增长率和实际增长率均不相同：2021 年的实际增长率大于可持续增长率，而 2022 年的实际增长率小于可持续增长率。

（三）可持续增长在财务中的应用

1. 实际增长率大于可持续增长率。实际增长率大于可持续增长率的情况通常出现在企业生命周期的成长期阶段。在这一阶段，企业增长较快，先期投资的一些项目并未产生回报，因此，充足的资金是支持企业进一步成长的决定性因素。

若企业目前能够较为容易地从资本市场上获取资源，那么即便实际增长大于可持续增长，管理者也不必十分担心，因为企业虽处于高速增长阶段，但不会陷入资源短缺的困境。可持续增长实质上是从“资源稀缺性”的假设出发，而上述情况不符合这一假设，因而可以容忍实际增长与可持续增长之间存在差异。但按照生命周期理论，企业不可能总处于高速增长阶段，因而实际增长与可持续增长从长期来看应趋于一致，这并不违背“均衡”的原则。在这一阶段，企业应将注意力集中于提高净资产收益率和合理安排股利支付率上：

（1）提高营业净利率。一方面，企业应加强成本管理以提高产品的边际贡献率，强化费用控制，减少不必要的浪费；另一方面，可根据产品的价格弹性适当提高单位产品价格以获取更多利润。

（2）加强资产管理，提高资产周转率。既然企业有较为充裕的资金，那么更要注意资金的使用效率，加快存货周转率、应收账款周转率和固定资产周转率，不能让雄厚的资金成为阻挡提高企业资产周转率的绊脚石。

（3）提高权益乘数。权益乘数是影响净资产收益率的重要指标，管理者应权衡股权和债券融资的风险与收益，在可接受风险范围内，适当提高债务融资的比例。

（4）制定合理的股利支付率。融资能力较强的企业可以适当提高股利支付率，以获取股东及潜在投资者对企业前景的乐观预期，便于企业今后的进一步融资。

若企业融资能力有限，应审视其增长是否已经超过了自身所能承受的能力，相应采取提高留存收益比率、提高资产周转率和提高营业净利率等财务策略。由于向资本市场融资比较困难，企业可以采取以下策略：

（1）降低营运资本需求。企业在应收账款管理上可采取较为严格的信用政策以缩短应收账款的回收期；在商业信用的选择上应尽量延长付款期，提高企业的资金周转效率。

剥离（Stripped）： 指将企业所属的一部分不适合企业发展战略目标的资产出售的行为。

（2）有益的剥离。剥离从两方面降低可持续增长率：一方面，通过出售部分非核心业务获取现金，以支持保留业务的增长；另一方面，通过摒弃某些增长资源降低销售的实际增长率。如果此时实际增长率还是远远超过可持续增长率，企业只有忍痛割爱，放弃部分市场和客户，人为地降低实际增长率，以使实际增长与可持续增长保持一致，避免陷入财务危机的困境。

2. 实际增长率小于可持续增长率。当实际增长率小于可持续增长率时，企业需要进行仔细的分析。若这种不充分的增长是暂时的，管理者只需简单地继续积累资源以等待未来的增长即可。若这种增长不充分是长期的，那么企业通常会面临以下难题：资金过剩，财务资源闲置，资产周转率降低；用于弥补固定成本的收入比例加大，销售利润率不断降低等情况。这时公司所应采取的措施有：

（1）积极开拓新市场，寻找新的增长点。进入成熟期的企业往往面临着增长动力不足的局面。如果找不到支撑增长的途径，企业必将走入生命周期的衰退期。企业除面向内部寻找和消除制约公司增长的内部因素外，还可以对外寻求那些高速增长却又缺乏资金的企业进行资产重组，这种做法被称之为买入增长。

（2）提高股利支付率，以降低可持续增长率。这种做法较为被动，它向投资者传递了经营者无力管理企业的信息。因而许多管理者对大量发放股利的方法有抵触心理。

可持续增长模型在财务管理的实际应用中，应以均衡思想为指导，通过分析可持续增长率与实际增长率之间差异的影响因素，制定出符合企业增长需求的财务政策，最终达到可持续增长与实际增长相一致的财务目标。

案例链接

两年复合增长率保持两位数，逾千家公司净利润翻倍

资本市场中报披露已经正式落下帷幕。据招商证券统计，今年上半年，全部A股上市公司净利润同比增长47.4%，在剔除金融石油石化公司后净利润增速则达到59.2%。如果说业绩大增与去年疫情影响之下的低基数有关，与2019年同期比较，A股上市公司净利润仍同比增长24.5%，两年间复合平均增长率达到11.6%。

分行业来看，周期类资源行业两年净利润复合平均增率长居前，有色金属、钢铁、基础化工三行业分别达到70.7%、52.1%和47.7%。另外，电子、电气设备及新能源行业的两年复合平均增长率也达到69.2%和34.3%。

记者根据同花顺iFinD数据梳理，今年上半年，在4 455家披露半年报的上市公司中，有3 243家净利润增长，占比达到72.8%。其中，热景生物、新世界、欣旺达等11家企业净利润增长超过10倍，250家企业净利润超过5倍，1 230家企业净利润增长超过100%。

（资料来源：熊子恒：《深圳特区报》，2021年8月31日）

本章主要名词概念

财务预测	营业收入百分比法	敏感项目
非敏感项目	内含增长率	可持续增长率

本章小结

财务预测是财务管理的重要内容之一。本章主要讨论了财务预测的技术与方法，投资者企业时常运用这些技术和方法来确定公司未来收入、融资需求、股票价值等。主要内容包括：

1. 财务预测（Financial Forecast）是指对企业未来融资需求所进行的估计与判断。财务预测的起点是销售预测。

2. 营业收入百分比法（Percentage of Sales Approack）是根据营业收入增长与资产增长之间的关系，预测未来资金需求量的一种方法。

3. 运用营业收入百分比法具体有两种方法：一是根据营业收入总额预计资产、负债和所有者权益的总额，然后确定融资需求量；二是根据营业收入的变动额预计资产、负债和所有者权益的增加额，然后确定融资需求量。

4. 内含增长率（Internal Crowth Rate）指企业在完全不对外融资的情况下，其预测增长率的最高水平。

5. 可持续增长率（Sustainable Crowth Rate）是指企业不增发新

股，并保持目前经营效率和财务政策不变时，营业收入所能实现的最大增长率。即在不需要耗尽财务资源的情况下，公司营业收入所能增长的最大比率。

6. 企业的可持续增长率受四个因素的影响：营业净利率、总资产周转率、留存收益比率和权益乘数。

附表 1 **1 元复利终值系数表**

Period	1%	2%	3%	4%	5%	6%	7%	8%	9%	10%	12%	14%	15%	16%	18%	20%	24%	28%	32%	36%
1	1. 0100	1. 0200	1. 0300	1. 0400	1. 0500	1. 0600	1. 0700	1. 0800	1. 0900	1. 1000	1. 1200	1. 1400	1. 1500	1. 1600	1. 1800	1. 2000	1. 2400	1. 2800	1. 3200	1. 3600
2	1. 0201	1. 0404	1. 0609	1. 0816	1. 1025	1. 1236	1. 1449	1. 1664	1. 1881	1. 2100	1. 2544	1. 2996	1. 3225	1. 3456	1. 3924	1. 4400	1. 5376	1. 6384	1. 7424	1. 8496
3	1. 0303	1. 0612	1. 0927	1. 1249	1. 1576	1. 1910	1. 2250	1. 2597	1. 2950	1. 3310	1. 4049	1. 4815	1. 5209	1. 5609	1. 6430	1. 7280	1. 9066	2. 0972	2. 3000	2. 5155
4	1. 0406	1. 0824	1. 1255	1. 1699	1. 2155	1. 2625	1. 3108	1. 3605	1. 4116	1. 4641	1. 5735	1. 6890	1. 7490	1. 8106	1. 9388	2. 0736	2. 3642	2. 6844	3. 0360	3. 4210
5	1. 0510	1. 1041	1. 1593	1. 2167	1. 2763	1. 3382	1. 4026	1. 4693	1. 5386	1. 6105	1. 7623	1. 9254	2. 0114	2. 1003	2. 2878	2. 4883	2. 9316	3. 4360	4. 0075	4. 6526
6	1. 0615	1. 1262	1. 1941	1. 2653	1. 3401	1. 4185	1. 5007	1. 5869	1. 6771	1. 7716	1. 9738	2. 1950	2. 3131	2. 4364	2. 6996	2. 9860	3. 6352	4. 3980	5. 2899	6. 3275
7	1. 0721	1. 1487	1. 2299	1. 3159	1. 4071	1. 5036	1. 6058	1. 7138	1. 8280	1. 9487	2. 2107	2. 5023	2. 6600	2. 8262	3. 1855	3. 5832	4. 5077	5. 6295	6. 9826	8. 6054
8	1. 0829	1. 1717	1. 2668	1. 3686	1. 4775	1. 5938	1. 7182	1. 8509	1. 9926	2. 1436	2. 4760	2. 8526	3. 0590	3. 2784	3. 7589	4. 2998	5. 5895	7. 2058	9. 2170	11. 703
9	1. 0937	1. 1951	1. 3048	1. 4233	1. 5513	1. 6895	1. 8385	1. 9990	2. 1719	2. 3579	2. 7731	3. 2519	3. 5179	3. 8030	4. 4355	5. 1598	6. 9310	9. 2234	12. 166	15. 917
10	1. 1046	1. 2190	1. 3439	1. 4802	1. 6289	1. 7908	1. 9672	2. 1589	2. 3674	2. 5937	3. 1058	3. 7072	4. 0456	4. 4114	5. 2338	6. 1917	8. 5944	11. 806	16. 060	21. 647
11	1. 1157	1. 2434	1. 3842	1. 5395	1. 7103	1. 8983	2. 1049	2. 3316	2. 5804	2. 8531	3. 4785	4. 2262	4. 6524	5. 1173	6. 1759	7. 4301	10. 657	15. 112	21. 199	29. 439
12	1. 1268	1. 2682	1. 4258	1. 6010	1. 7959	2. 0122	2. 2522	2. 5182	2. 8127	3. 1384	3. 8960	4. 8179	5. 3503	5. 9360	7. 2876	8. 9161	13. 215	19. 343	27. 983	40. 037
13	1. 1381	1. 2936	1. 4685	1. 6651	1. 8856	2. 1329	2. 4098	2. 7196	3. 0658	3. 4523	4. 3635	5. 4924	6. 1528	6. 8858	8. 5994	10. 699	16. 386	24. 759	36. 937	54. 451
14	1. 1495	1. 3195	1. 5126	1. 7317	1. 9799	2. 2609	2. 5785	2. 9372	3. 3417	3. 7975	4. 8871	6. 2613	7. 0757	7. 9875	10. 147	12. 839	20. 319	31. 691	48. 757	74. 053
15	1. 1610	1. 3459	1. 5580	1. 8009	2. 0789	2. 3966	2. 7590	3. 1722	3. 6425	4. 1772	5. 4736	7. 1379	8. 1371	9. 2655	11. 974	15. 407	25. 196	40. 565	64. 359	100. 71
16	1. 1726	1. 3728	1. 6047	1. 8730	2. 1829	2. 5404	2. 9522	3. 4259	3. 9703	4. 5950	6. 1304	8. 1372	9. 3576	10. 748	14. 129	18. 488	31. 243	51. 923	84. 954	136. 97
17	1. 1843	1. 4002	1. 6528	1. 9479	2. 2920	2. 6928	3. 1588	3. 7000	4. 3276	5. 0545	6. 8660	9. 2765	10. 761	12. 468	16. 672	22. 186	38. 741	66. 461	112. 14	186. 28

续表

Period	1%	2%	3%	4%	5%	6%	7%	8%	9%	10%	12%	14%	15%	16%	18%	20%	24%	28%	32%	36%
18	1. 1961	1. 4282	1. 7024	2. 0258	2. 4066	2. 8543	3. 3799	3. 9960	4. 7171	5. 5599	7. 6900	10. 575	12. 375	14. 463	19. 673	26. 623	48. 039	85. 071	148. 02	253. 34
19	1. 2081	1. 4568	1. 7535	2. 1068	2. 5270	3. 0256	3. 6165	4. 3157	5. 1417	6. 1159	8. 6128	12. 056	14. 232	16. 777	23. 214	31. 948	59. 568	108. 89	195. 39	344. 54
20	1. 2202	1. 4859	1. 8061	2. 1911	2. 6533	3. 2071	3. 8697	4. 6610	5. 6044	6. 7275	9. 6463	13. 743	16. 367	19. 461	27. 393	38. 338	73. 864	139. 38	257. 92	468. 57
21	1. 2324	1. 5157	1. 8603	2. 2788	2. 7860	3. 3996	4. 1406	5. 0338	6. 1088	7. 4002	10. 804	15. 668	18. 822	22. 574	32. 324	46. 005	91. 592	178. 41	340. 45	637. 26
22	1. 2447	1. 5460	1. 9161	2. 3699	2. 9253	3. 6035	4. 4304	5. 4365	6. 6586	8. 1403	12. 100	17. 861	21. 645	26. 186	38. 142	55. 206	113. 57	228. 36	449. 39	866. 67
23	1. 2572	1. 5769	1. 9736	2. 4647	3. 0715	3. 8197	4. 7405	5. 8715	7. 2579	8. 9543	13. 552	20. 362	24. 891	30. 376	45. 008	66. 247	140. 83	292. 30	593. 20	1 178. 7
24	1. 2697	1. 6084	2. 0328	2. 5633	3. 2251	4. 0489	5. 0724	6. 3412	7. 9111	9. 8497	15. 179	23. 212	28. 625	35. 236	53. 109	79. 497	174. 63	374. 14	783. 02	1 603. 0
25	1. 2824	1. 6406	2. 0938	2. 6658	3. 3864	4. 2919	5. 4274	6. 8485	8. 6231	10. 835	17. 000	26. 462	32. 919	40. 874	62. 669	95. 396	216. 54	478. 90	1 033. 6	2 180. 1
26	1. 2953	1. 6734	2. 1566	2. 7725	3. 5557	4. 5494	5. 8074	7. 3964	9. 3992	11. 918	19. 040	30. 167	37. 857	47. 414	73. 949	114. 48	268. 51	613. 00	1 364. 3	2 964. 9
27	1. 3082	1. 7069	2. 2213	2. 8834	3. 7335	4. 8223	6. 2139	7. 9881	10. 245	13. 110	21. 325	34. 390	43. 535	55. 000	87. 260	137. 37	332. 95	784. 64	1 800. 9	4 032. 3
28	1. 3123	1. 7410	2. 2879	2. 9987	3. 9201	5. 1117	6. 6488	8. 6271	11. 167	14. 421	23. 884	39. 204	50. 066	63. 800	102. 97	164. 84	412. 86	1 004. 3	2 372. 2	5 483. 9
29	1. 3345	1. 7758	2. 3566	3. 1187	4. 1161	5. 4184	7. 1143	9. 3173	12. 172	15. 863	26. 750	44. 693	57. 575	74. 009	121. 50	197. 81	511. 95	1 285. 6	3 137. 9	7 458. 1
50	1. 3478	1. 8114	2. 4273	3. 2434	4. 3219	5. 7435	7. 6123	10. 063	13. 268	17. 449	29. 960	50. 950	66. 212	85. 850	143. 37	237. 38	634. 82	1 645. 5	4 142. 1	10 143
40	1. 4889	2. 2080	3. 2620	4. 8010	7. 0400	10. 286	14. 974	21. 725	31. 409	45. 259	93. 051	188. 88	267. 86	378. 72	750. 38	1 469. 8	5 455. 9	19 427	66 521	*
50	1. 6446	2. 6916	4. 3839	7. 1067	11. 467	18. 420	29. 457	46. 902	74. 358	117. 39	289. 00	700. 23	1 083. 7	1 670. 7	3 927. 4	9 100. 4	46 890	*	*	*
60	1. 8167	3. 2810	5. 8916	10. 520	18. 679	32. 988	57. 946	101. 26	176. 03	304. 48	897. 60	2 595. 9	4 384. 0	7 370. 2	20 555	56 348	*	*	*	*

附表 2

1 元复利现值系数表

Period	1%	2%	3%	4%	5%	6%	7%	8%	9%	10%	12%	14%	15%	16%	18%	20%	24%	28%	32%	36%
1	.9901	.9804	.9709	.9615	.9524	.9434	.9346	.9259	.9174	.9091	.8929	.8772	.8696	.8621	.8475	.8333	.8065	.7813	.7576	.7353
2	.9803	.9612	.9426	.9246	.9070	.8900	.8734	.8573	.8417	.8264	.7972	.7695	.7561	.7432	.7182	.6944	.6504	.6104	.5739	.5407
3	.9706	.9423	.9151	.8890	.8638	.8396	.8163	.7938	.7722	.7513	.7118	.6750	.6575	.6407	.6086	.5787	.5245	.4768	.4348	.3975
4	.9610	.9238	.8885	.8548	.8227	.7921	.7629	.7350	.7084	.6830	.6355	.5921	.5718	.5523	.5158	.4823	.4230	.3725	.3294	.2923
5	.9515	.9057	.8626	.8219	.7835	.7473	.7130	.6806	.6499	.6209	.5674	.5194	.4972	.4761	.4371	.4019	.3411	.2910	.2495	.2149
6	.9420	.8880	.8375	.7903	.7462	.7050	.6663	.6302	.5963	.5645	.5066	.4556	.4323	.4104	.3704	.3349	.2751	.2274	.1890	.1580
7	.9327	.8706	.8131	.7599	.7107	.6651	.6227	.5835	.5470	.5132	.4523	.3996	.3759	.3538	.3139	.2791	.2218	.1776	.1432	.1162
8	.9235	.8535	.7894	.7307	.6768	.6274	.5820	.5403	.5019	.4665	.4039	.3506	.3269	.3050	.2660	.2326	.1789	.1388	.1085	.0854
9	.9143	.8368	.7664	.7026	.6446	.5919	.5439	.5002	.4604	.4241	.3606	.3075	.2843	.2630	.2255	.1938	.1443	.1084	.0822	.0628
10	.9053	.8203	.7441	.6756	.6139	.5584	.5083	.4632	.4224	.3855	.3220	.2697	.2472	.2267	.1911	.1615	.1164	.0847	.0623	.0462
11	.8963	.8043	.7224	.6496	.5847	.5268	.4751	.4289	.3875	.3505	.2875	.2366	.2149	.1954	.1619	.1346	.0938	.0662	.0472	.0340
12	.8874	.7885	.7014	.6246	.5568	.4970	.4440	.3971	.3555	.3186	.2567	.2076	.1869	.1685	.1372	.1122	.0757	.0517	.0357	.0250
13	.8787	.7730	.6810	.6006	.5303	.4688	.4150	.3677	.3262	.2897	.2292	.1821	.1625	.1452	.1163	.0935	.0610	.0404	.0271	.0184
14	.8700	.7579	.6611	.5775	.5051	.4423	.3878	.3405	.2992	.2633	.2046	.1597	.1413	.1252	.0985	.0779	.0492	.0316	.0205	.0135
15	.8613	.7430	.6419	.5553	.4810	.4173	.3624	.3152	.2745	.2394	.1827	.1401	.1229	.1079	.0835	.0649	.0397	.0247	.0155	.0099
16	.8528	.7284	.6232	.5339	.4581	.3936	.3387	.2919	.2519	.2176	.1631	.1229	.1069	.0930	.0708	.0541.	.0320	.0193	.0118	.0073

续表

Period	1%	2%	3%	4%	5%	6%	7%	8%	9%	10%	12%	14%	15%	16%	18%	20%	24%	28%	32%	36%
17	.8444	.7142	.6050	.5134	.4363	.3714	.3166	.2703	.2311	.1978	.1456	.1078	.0929	.0802	.0600	.0451	.0258	.0150	.0089	.0054
18	.8360	.7002	.5874	.4936	.4155	.3503	.2959	.2502	.2120	.1799	.1300	.0946	.0808	.0691	.0508	.0376	.0208	.0118	.0068	.0039
19	.8277	.6864	.5703	.4746	.3957	.3305	.2765	.2317	.1945	.1635	.1161	.0829	.0703	.0596	.0431	.0313	.0168	.0092	.0051	.0029
20	.8195	.6730	.5537	.4564	.3769	.3118	.2584	.2145	.1784	.1486	.1037	.0728	.0611	.0514	.0365	.0261	.0135	.0072	.0039	.0021
21	.8114	.6598	.5375	.4388	.3589	.2942	.2415	.1987	.1637	.1351	.0926	.0638	.0531	.0443	.0309	.0217	.0109	.0056	.0029	.0016
22	.8034	.6468	.5219	.4220	.3418	.2775	.2257	.1839	.1502	.1228	.0826	.0560	.0462	.0382	.0262	.0181	.0088	.0044	.0022	.0012
23	.7954	.6342	.5067	.4057	.3256	.2618	.2109	.1703	.1378	.1117	.0738	.0491	.0402	.0329	.0222	.0151	.0071	.0034	.0017	.0008
24	.7876	.6217	.4919	.3901	.3101	.2470	.1971	.1577	.1264	.1015	.0659	.0431	.0349	.0284	.0188	.0126	.0057	.0027	.0013	.0006
25	.7798	.6095	.4776	.3751	.2953	.2330	.1842	.1460	.1160	.0923	.0588	.0378	.0304	.0245	.0160	.0105	.0046	.0021	.0010	.0005
26	.7720	.5976	.4637	.3607	.2812	.2198	.1722	.1352	.1064	.0839	.0525	.0331	.0264	.0211	.0135	.0087	.0037	.0016	.0007	.0003
27	.7644	.5859	.4502	.3468	.2678	.2074	.1609	.1252	.0976	.0763	.0469	.0291	.0230	.0182	.0115	.0073	.0030	.0013	.0006	.0002
28	.7568	.5744	.4371	.3335	.2551	.1956	.1504	.1159	.0895	.0693	.0419	.0255	.0200	.0157	.0097	.0061	.0024	.0010	.0004	.0002
29	.7493	.5631	.4243	.3207	.2429	.1846	.1406	.1073	.0822	.0630	.0374	.0224	.0174	.0135	.0082	.0051	.0020	.0008	.0003	.0001
30	.7419	.5521	.4120	.3083	.2314	.1741	.1314	.0994	.0754	.0573	.0334	.0196	.0151	.0116	.0070	.0042	.0016	.0006	.0002	.0001
35	.7059	.5000	.3554	.2534	.1813	.1301	.0937	.0676	.0490	.0356	.0189	.0102	.0075	.0055	.0030	.0017	.0005	.0002	.0001	*
40	.6717	.4529	.3066	.2083	.1420	.0972	.0668	.0460	.0318	.0221	.0107	.0053	.0037	.0026	.0013	.0007	.0002	.0001	*	*
45	.6391	.4102	.2644	.1712	.1113	.0727	.0476	.0313	.0207	.0137	.0061	.0027	.0019	.0013	.0006	.0003	.0001	*	*	*
50	.6080	.3715	.2281	.1407	.0872	.0543	.0339	.0213	.0134	.0085	.0035	.0014	.0009	.0006	.0003	.0001	*	*	*	*
55	.5785	.3365	.1968	.1157	.0683	.0406	.0242	.0145	.0087	.0053	.0020	.0007	.0005	.0003	.0001	*	*	*	*	*

附表 3

1 元年金终值系数表

Period	1%	2%	3%	4%	5%	6%	7%	8%	9%	10%	12%	14%	15%	16%	18%	20%	24%	28%	32%	36%
1	1. 0000	1. 0000	1. 0000	1. 0000	1. 0000	1. 0000	1. 0000	1. 0000	1. 0000	1. 0000	1. 0000	1. 0000	1. 0000	1. 0000	1. 0000	1. 0000	1. 0000	1. 0000	1. 0000	1. 0000
2	2. 0100	2. 0200	2. 0300	2. 0400	2. 0500	2. 0600	2. 0700	2. 0800	2. 0900	2. 1000	2. 1200	2. 1400	2. 1500	2. 1600	2. 1800	2. 2000	2. 2400	2. 2800	2. 3200	2. 3600
3	3. 0301	3. 0604	3. 0909	3. 1216	3. 1525	3. 1836	3. 2149	3. 2464	3. 2781	3. 3100	3. 3744	3. 4396	3. 4725	3. 5056	3. 5724	3. 6400	3. 7776	3. 9184	4. 0624	4. 2096
4	4. 0604	4. 1216	4. 1836	4. 2465	4. 3101	4. 3746	4. 4399	4. 5061	4. 5731	4. 6410	4. 7793	4. 9211	4. 9934	5. 0665	5. 2154	5. 3680	5. 6842	6. 0156	6. 3624	6. 7251
5	5. 1010	5. 2040	5. 3091	5. 4163	5. 5256	5. 6371	5. 7507	5. 8666	5. 9847	6. 1051	6. 3528	6. 6101	6. 7424	6. 8771	7. 1542	7. 4416	8. 0484	8. 6999	9. 3983	10. 146
6	6. 1520	6. 3081	6. 4684	6. 6330	6. 8019	6. 9753	7. 1533	7. 3359	7. 5233	7. 7156	8. 1152	8. 5355	8. 7537	8. 9775	9. 4420	9. 9299	10. 980	12. 136	13. 406	14. 799
7	7. 2135	7. 4343	7. 6625	7. 8983	8. 1420	8. 3938	8. 6540	8. 9228	9. 2004	9. 4872	10. 089	10. 730	11. 067	11. 414	12. 142	12. 916	14. 615	16. 534	18. 696	21. 126
8	8. 2857	8. 5830	8. 8923	9. 2142	9. 5491	9. 8975	10. 260	10. 637	11. 028	11. 436	12. 300	13. 233	13. 727	14. 240	15. 327	16. 499	19. 123	22. 163	25. 678	29. 732
9	9. 3685	9. 7546	10. 159	10. 583	11. 027	11. 491	11. 978	12. 488	13. 021	13. 579	14. 776	16. 085	16. 786	17. 519	19. 086	20. 799	24. 712	29. 369	34. 895	41. 435
10	10. 462	10. 950	11. 464	12. 006	12. 578	13. 181	13. 816	14. 487	15. 193	15. 937	17. 549	19. 337	20. 304	21. 321	23. 521	25. 959	31. 643	38. 593	47. 062	57. 352
11	11. 567	12. 169	12. 808	13. 486	14. 207	14. 972	15. 784	16. 645	17. 560	18. 531	20. 655	23. 045	24. 349	25. 733	28. 755	32. 150	40. 238	50. 398	63. 122	78. 998
12	12. 683	13. 412	14. 192	15. 026	15. 917	16. 870	17. 888	18. 977	20. 141	21. 384	24. 133	27. 271	29. 002	30. 850	34. 931	39. 581	50. 895	65. 510	84. 320	108. 44
13	13. 809	14. 680	15. 618	16. 627	17. 713	18. 882	20. 141	21. 495	22. 953	24. 523	28. 029	32. 089	34. 352	36. 786	42. 219	48. 497	64. 110	84. 853	112. 30	148. 47
14	14. 947	15. 974	17. 086	18. 292	19. 599	21. 015	22. 550	24. 215	26. 019	27. 975	32. 393	37. 581	40. 505	43. 672	50. 818	59. 196	80. 496	109. 61	149. 24	202. 93
15	16. 097	17. 293	18. 599	20. 024	21. 579	23. 276	25. 129	27. 152	29. 361	31. 772	37. 280	43. 842	47. 580	51. 660	60. 965	72. 035	100. 82	141. 30	198. 00	276. 98
16	17. 258	18. 639	20. 157	21. 825	23. 657	25. 673	27. 888	30. 324	33. 003	35. 950	42. 753	50. 980	55. 717	60. 925	72. 939	87. 442	126. 01	181. 87	262. 36	377. 69

续表

Period	1%	2%	3%	4%	5%	6%	7%	8%	9%	10%	12%	14%	15%	16%	18%	20%	24%	28%	32%	36%
17	18.430	20.012	21.762	23.698	23.840	28.213	50.840	33.750	36.974	40.545	48.884	59.118	65.075	71.673	87.068	105.93	157.25	233.79	347.31	514.66
18	19.615	21.412	23.414	25.645	28.132	30.906	33.999	37.450	41.301	45.599	55.750	68.394	75.836	84.141	103.74	128.12	195.99	300.25	459.45	700.94
19	20.811	22.841	23.117	27.671	30.539	33.760	37.379	41.446	46.018	51.159	63.440	78.969	88.212	98.603	123.41	154.74	244.03	385.32	607.47	954.28
20	22.019	24.297	26.870	29.778	33.066	56.786	40.995	45.762	51.160	57.275	72.052	91.025	102.44	115.38	146.63	186.69	503.60	494.21	802.86	1 298.8
21	23.239	23.783	28.676	31.969	35.719	29.993	44.865	50.423	56.765	64.002	81.699	104.77	118.81	134.84	174.02	225.03	377.46	633.59	1 060.8	1 767.4
22	24.472	27.299	30.537	34.248	38.505	43.392	49.006	55.457	62.873	71.403	92.503	120.44	137.63	157.41	206.34	271.03	469.06	812.00	1 401.2	2 404.7
23	25.716	28.845	32.453	36.618	41.430	46.996	53.436	60.893	69.532	79.543	104.60	138.30	159.28	183.60	244.49	326.24	582.63	1 040.4	1 850.6	3 271.3
24	26.973	30.422	34.426	39.083	44.502	50.816	58.177	66.765	76.790	88.497	118.16	158.66	184.17	213.98	289.49	392.48	723.46	1 332.7	2 443.8	4 450.0
25	28.243	32.030	36.459	41.646	47.727	54.865	63.249	73.106	84.701	98.347	133.33	181.87	212.79	249.21	342.60	471.98	898.09	1 706.8	3 226.8	6 053.0
26	29.526	33.671	38.553	44.312	51.113	59.156	68.676	79.954	93.324	109.18	150.33	208.33	245.71	290.09	405.27	567.38	1 114.6	2 185.7	4 260.4	8 233.1
27	30.821	35.344	40.710	47.084	54.669	63.706	74.484	87.351	102.72	121.10	169.37	238.50	283.57	337.50	479.22	681.85	1 383.1	2 798.7	5 624.8	11 198.0
28	32.129	37.051	42.931	49.968	58.403	68.528	80.698	95.339	112.97	134.21	190.70	272.89	327.10	392.50	566.48	819.22	1 716.1	3 583.3	7 425.7	15 230.3
29	33.450	38.792	45.219	52.966	62.323	73.640	87.347	103.97	124.14	148.63	214.58	312.09	377.17	456.30	669.45	984.07	2 129.0	4 587.7	9 802.9	20 714.2
30	34.785	40.568	47.575	56.085	66.439	79.058	94.461	113.28	136.31	164.49	241.33	356.79	434.75	530.31	790.95	1 181.9	2 640.9	5 873.2	12 941	28 172.3
40	48.886	60.402	75.401	95.026	120.80	154.76	199.64	259.06	337.88	442.59	767.09	1 342.0	1 779.1	2 360.8	4 163.2	7 343.9	22 729	69 377	*	*
50	64.463	84.579	112.80	152.67	209.35	290.34	406.53	573.77	815.08	1 163.9	2 400.0	4 994.5	7 217.7	10 436	21 813	45 497	*	*	*	
60	81.670	114.05	163.05	237.99	353.58	533.13	813.52	1 253.2	1 944.8	3 034.8	7 471.6	18 535	29 220	46 058	*	*	*	*	*	

附表 4

1 元年金现值系数表

Period	1%	2%	3%	4%	5%	6%	7%	8%	9%	10%	12%	14%	15%	16%	18%	20%	24%	28%	32%
1	0. 9901	0. 9804	0. 9709	0. 9615	0. 9524	0. 9434	0. 9346	0. 9259	0. 9174	0. 9091	0. 8929	0. 8772	0. 8696	0. 8621	0. 8475	0. 8333	0. 8065	0. 7813	0. 7576
2	1. 9704	1. 9416	1. 9135	1. 8861	1. 8594	1. 8334	1. 8080	1. 7833	1. 7591	1. 7355	1. 6901	1. 6467	1. 6257	1. 6052	1. 5656	1. 5278	1. 4568	1. 3916	1. 3315
3	2. 9410	2. 8839	2. 8286	2. 7751	2. 7232	2. 6730	2. 6243	2. 5771	2. 5313	2. 4869	2. 4018	2. 3216	2. 2832	2. 2459	2. 1743	2. 1065	1. 9813	1. 8684	1. 7663
4	3. 9020	3. 8077	3. 7171	3. 6299	3. 5460	3. 4651	3. 3872	3. 3121	3. 2397	3. 1699	3. 0373	2. 9137	2. 8550	2. 7982	2. 6901	2. 5887	2. 4043	2. 2410	2. 0957
5	4. 8534	4. 7135	4. 5797	4. 4518	4. 3295	4. 2124	4. 1002	3. 9927	3. 8897	3. 7908	3. 6048	3. 4331	3. 3522	3. 2743	3. 1272	2. 9906	2. 7454	2. 5320	2. 3452
6	5. 7955	5. 6014	5. 4172	5. 2421	5. 0757	4. 9173	4. 7665	4. 6229	4. 4859	4. 3553	4. 1114	3. 8887	3. 7845	3. 6847	3. 4976	3. 3255	3. 0205	2. 7594	2. 5342
7	6. 7282	6. 4720	6. 2303	6. 0021	5. 7864	5. 5824	5. 3893	5. 2064	5. 0330	4. 8684	4. 5638	4. 2883	4. 1604	4. 0386	3. 8115	3. 6046	3. 2423	2. 9370	2. 6775
8	7. 6517	7. 3255	7. 0197	6. 7327	6. 4632	6. 2098	5. 9713	5. 7466	5. 5348	5. 3349	4. 9676	4. 6389	4. 4873	4. 3436	4. 0776	3. 8372	3. 4212	3. 0758	2. 7860
9	8. 5660	8. 1622	7. 7861	7. 4353	7. 1078	6. 8017	6. 5152	6. 2469	5. 9952	5. 7590	5. 3282	4. 9464	4. 7716	4. 6065	4. 2030	4. 0310	3. 5655	3. 1842	2. 8681
10	9. 4713	8. 9826	8. 5302	8. 1109	7. 7217	7. 3601	7. 0236	6. 7101	6. 4177	6. 1446	5. 6502	5. 2161	5. 0188	4. 8332	4. 4941	4. 1925	3. 6819	3. 2689	2. 9304
11	10. 3676	9. 7868	9. 2526	8. 7605	8. 3064	7. 8869	7. 4987	7. 1390	6. 8052	6. 4951	5. 9377	5. 4527	5. 2337	5. 0286	4. 6560	4. 3271	3. 7757	3. 3351	2. 9776
12	11. 2551	10. 5753	9. 9540	9. 3851	8. 8633	8. 3838	7. 9427	7. 5361	7. 1607	6. 8137	6. 1944	5. 6603	5. 4206	5. 1971	4. 7932	4. 4392	3. 8514	3. 3868	3. 0133
13	12. 1337	11. 3484	10. 6350	9. 9856	9. 3936	8. 8527	8. 3577	7. 9038	7. 4869	7. 1034	6. 4235	5. 8424	5. 5831	5. 3423	4. 9095	4. 5327	3. 9124	3. 4272	3. 0404
14	13. 0037	12. 1062	11. 2961	10. 5631	9. 8986	9. 2950	8. 7455	8. 2442	7. 7862	7. 3667	6. 6282	6. 0021	5. 7245	5. 4675	5. 0081	4. 6106	3. 9616	3. 4587	3. 0609
15	13. 8651	12. 8493	11. 9379	11. 1184	10. 379	79. 7122	9. 1079	8. 5595	8. 0607	7. 6061	6. 8109	6. 1422	5. 8474	5. 5755	5. 0916	4. 6755	4. 0013	3. 4834	3. 0764
16	14. 7179	13. 5777	12. 5611	11. 6523	10. 8378	10. 1059	9. 4466	8. 8514	8. 3126	7. 8237	6. 9740	6. 2651	5. 9542	5. 6685	5. 1624	4. 7296	4. 0333	3. 5026	3. 0882

续表

Period	1%	2%	3%	4%	5%	6%	7%	8%	9%	10%	12%	14%	15%	16%	18%	20%	24%	28%	32%
17	15. 5623	14. 2919	13. 1661	12. 1657	11. 2741	10. 4773	9. 7632	9. 1216	8. 5436	8. 0216	7. 1196	6. 3729	6. 0472	5. 7487	5. 2223	4. 7746	4. 0591	3. 5177	3. 0971
18	16. 3983	14. 9920	13. 7535	12. 6593	11. 6896	10. 8276	10. 0591	9. 3719	8. 7556	8. 2014	7. 2497	6. 4674	6. 1280	5. 8178	5. 2732	4. 8122	4. 0799	3. 5294	3. 1039
19	17. 2260	15. 6785	14. 3238	13. 1339	12. 0853	11. 1581	10. 3356	9. 6036	8. 9501	8. 3649	7. 3658	6. 5504	6. 1982	5. 8775	5. 3162	4. 8435	4. 0967	3. 5386	3. 1090
20	18. 0456	16. 3514	14. 8775	13. 5903	12. 4622	11. 4699	10. 5940	9. 8181	9. 1285	8. 5136	7. 4694	6. 6231	6. 2593	5. 9288	5. 3527	4. 8696	4. 1103	3. 5458	3. 1129
21	18. 8570	17. 0112	15. 4150	14. 0292	12. 8212	11. 7641	10. 8355	10. 0168	9. 2922	8. 6487	7. 5620	6. 6870	6. 3125	5. 9731	5. 3837	4. 8913	4. 1212	3. 5514	3. 1158
22	19. 6604	17. 6580	15. 9369	14. 4511	13. 1630	12. 0416	11. 0612	10. 2007	9. 4424	8. 7715	7. 6446	6. 7429	6. 3587	6. 0113	5. 4099	4. 9094	4. 1300	3. 5558	3. 1180
23	20. 4558	18. 2922	16. 4436	14. 8568	13. 4886	12. 3034	11. 2722	10. 3711	9. 5802	8. 8832	7. 7184	6. 7921	6. 3988	6. 0442	5. 4321	4. 9245	4. 1371	3. 5592	3. 1197
24	21. 2434	18. 9139	16. 9355	15. 2470	13. 7986	12. 5504	11. 4693	10. 5288	9. 7066	8. 9847	7. 7843	6. 8351	6. 4338	6. 0726	5. 4509	4. 9371	4. 1428	3. 5619	3. 1210
25	22. 0232	19. 5235	17. 4131	15. 6221	14. 0939	12. 7834	11. 6536	10. 6748	9. 8226	9. 0770	7. 8431	6. 8729	6. 4641	6. 0971	5. 4669	4. 9476	4. 1474	3. 5640	3. 1220
26	22. 7952	20. 1210	17. 8768	15. 9828	14. 3752	13. 0032	11. 8258	10. 8100	9. 9290	9. 1609	7. 8957	6. 9061	6. 4906	6. 1182	5. 4804	4. 9563	4. 1511	3. 5656	3. 1227
27	23. 5596	20. 7069	18. 3270	16. 3296	14. 6430	13. 2105	11. 9867	10. 9352	10. 0266	9. 2372	7. 9426	6. 9352	6. 5135	6. 1364	5. 4919	4. 9636	4. 1542	3. 5669	3. 1233
28	24. 3164	21. 2813	18. 7641	16. 6631	14. 8981	13. 4062	12. 1371	11. 0511	10. 1161	9. 3066	7. 9844	6. 9607	6. 5335	6. 1520	5. 5016	4. 9697	4. 1566	3. 5679	3. 1237
29	25. 0658	21. 8444	19. 1885	16. 9837	15. 1411	13. 5907	12. 2777	11. 1584	10. 1983	9. 3696	8. 0218	6. 9830	6. 5509	6. 1656	5. 5098	4. 9747	4. 1585	3. 5687	3. 1240
30	25. 8077	22. 3965	19. 6004	17. 2920	15. 3725	13. 7648	12. 4090	11. 2578	10. 2737	9. 4269	8. 0552	7. 0027	6. 5660	6. 1772	5. 5168	4. 9789	4. 1601	3. 5693	3. 1242
35	29. 4086	24. 9986	21. 4872	18. 6646	16. 3742	14. 4982	12. 9477	11. 6546	10. 5668	9. 6442	8. 1755	7. 0700	6. 6166	6. 2153	5. 5386	4. 9915	4. 1644	3. 5708	3. 1248
40	32. 8347	27. 3555	23. 1148	19. 7928	17. 1591	15. 0463	13. 3317	11. 9246	10. 7574	9. 7791	8. 2438	7. 1050	6. 6418	6. 2335	5. 5482	4. 9966	4. 1659	3. 5712	3. 1250
45	36. 0945	29. 4902	24. 5187	20. 7200	17. 7741	15. 4558	13. 6055	12. 1084	10. 8812	9. 8628	8. 2825	7. 1232	6. 6543	6. 2421	5. 5523	4. 9986	4. 1664	3. 5714	3. 1250
50	39. 1961	31. 4236	25. 7298	21. 4822	18. 2559	15. 7619	13. 8007	12. 2335	10. 9617	9. 9148	8. 3045	7. 1327	6. 6605	6. 2463	5. 5541	4. 9995	4. 1666	3. 5714	3. 1250
55	42. 1472	33. 1748	26. 7744	22. 1086	18. 6335	15. 9905	13. 9399	12. 3186	11. 0140	9. 9471	8. 3170	7. 1376	6. 6636	6. 2482	5. 5549	4. 9998	4. 1666	3. 5714	3. 1250

主要参考书目

1. 欧阳令南著：《公司财务》，上海财经大学出版社 1995 年版。

2. 沈熙著：《公司财务管理》，上海人民出版社 1995 年版。

3. 周忠惠、张鸣、徐逸星主编：《财务管理》，上海三联书店 1995 年版。

4. 余绪缨主编：《企业理财学》，辽宁人民出版社 1996 年版。

5. 王庆成主编：《财务管理学》，中国财政经济出版社 1998 年版。

6. 张志强编著：《期权理论与公司理财》，华夏出版社 2000 年版。

7. 汤谷良主编：《企业财务管理》，浙江人民出版社 2000 年版。

8. 宋献中、熊楚熊编著：《公司理财》，浙江人民出版社 2000 年版。

9. 张涛著：《公司财务学基础》，经济科学出版社 2004 年版。

10. 王化成、刘俊彦、荆新著：《财务管理学》（第 9 版），中国人民大学出版社 2021 年版。

11. 茅宁主编：《公司理财》，北京师范大学出版社 2006 年版。

12. 注册会计师考试委员会编：《财务成本管理》，中国财政经济出版社 2021 年版。

13. 王斌主编：《财务管理》，高等教育出版社 2007 年版。

14. ［美］詹姆斯·范·霍恩著：《财务管理学原理》，辽宁人民出版社 1987 年版。

15. ［美］费雷德·韦斯顿、托马·E. 科普兰著：《管理财务学》，中国财政经济出版社 1992 年版。

16. ［美］道格拉斯·R. 爱默瑞、约翰·D. 芬尼特著：《公司财务管理》，中国人民大学出版社 1999 年版。

17. ［美］詹姆斯·范霍恩著：《财务管理与政策教程》（第 10 版），华夏出版社 2000 年版。

18. ［美］斯蒂芬·A. 罗斯等著：《公司理财》（第 5 版），机械工业出版社 2000 年版。

19. ［美］汉姆·列维著：《投资学》，北京大学出版社 2000 年版。

20. ［美］斯蒂芬·A. 罗斯等著：《公司理财基础》，东北财经大学出版社 2002 年版。

21. ［美］戈登·J. 亚历山大、威廉·F. 夏普、杰弗里·V. 贝利著：《投资学基础》（第 3 版），电子工业出版社 2003 年版。

22. ［美］尤金·F. 布里格姆、乔尔·F. 休斯敦著：《财务管理基础》，中信出版社 2004 年版。

23. ［美］斯坦利·B. 布洛克、杰弗里·A. 赫特著：《财务管理基础》，中国人民大学出版社 2005 年版。

24. ［美］尤金·F. 布里格姆、菲利普·R. 戴夫斯著：《中级财务管理》（第 8 版），中国人民大学出版社 2009 年版。

25. ［美］劳伦斯·J. 吉特曼著：《财务管理原理》（第 11 版），中国人民大学出版社 2009 年版。

26. ［美］阿斯沃思·达摩达兰著：《应用公司财务》（第三版），中国人民大学出版社 2012 年版。

27. ［美］斯蒂芬·A. 罗斯等著：《公司理财：核心原理与应用》（第三版），中国人民大学出版社 2013 年版。

28. ［美］理查德·A. 布雷利．斯图尔特·C. 迈尔斯、艾伦·J. 马库斯著：《财务管理基础》（第 6 版），中国人民大学出版社 2014 年版。

29. ［美］威廉·拉舍著：财务管理：基于实践的方法（第六版），清华大学出版社 2015 年版。

30. ［美］威廉·R. 斯科特著：财务会计理论（第 7 版），中国人民大学出版社 2018 年 5 月第 1 版。

31. Steplien A. Westerfield, and Jeffrey Jaffe, Corporate Finance, Richard D. Irwin, Inc, 1976.

32. J. Fred Weston and Thomas E. Copeland, Managerial Finance 9th ed, Dryden Press, 1992.

33. Eugene F. Brigham and Louis C. Gapenski, Intermediate Financial Management, Dryden Press, 1999.

34. G. Foster, Financial Statement Analysis, 2nd ed, Prentice Hall Inc, 1986.

35. Eugene F. Brigham, Louis E. Gapenski, and Michael C. Ehrharat, Financial Management, 9th ed. Drgden Press, 1999.

36. Brealey & Myers, Principle of Corporate Finance, 6th, McGraw－Hill, 2000.